科学出版社"十四五"普通高等教育研究生规
首批江苏省研究生优秀教材
新编公共管理硕士（MPA）系列教材

宪法与行政法学

（第二版）

于 水／主编

科学出版社

北 京

内 容 简 介

本书立足法治国家、法治政府、法治社会一体化建设的时代背景，借鉴吸收国内外宪法与行政法学研究的最新成果，对宪法与行政法学的基本原理、基础知识进行阐释，并对行政复议、行政诉讼、行政赔偿等重要内容进行深入分析，内容精当，简洁易懂。本书的特色之处在于将理论与实践相结合，精选时政案例，注重理论知识的运用能力培养。全书共分为三大部分：第一部分为宪法内容，包括宪法概述、宪法基本制度、宪法实施；第二部分为行政法内容，包括行政法概述、行政法主体、行政行为、行政责任、行政复议；第三部分为行政诉讼法内容，包括行政诉讼、行政赔偿和行政补偿。

本书适合本科管理类教学、公共管理硕士研究生，以及其他相关学科研究生、党政机关公职人员在学习理论与案例研习时使用。

图书在版编目（CIP）数据

宪法学与行政法学 / 于水主编. —2 版. —北京：科学出版社，2024.3
科学出版社"十四五"普通高等教育研究生规划教材
首批江苏省研究生优秀教材
新编公共管理硕士（MPA）系列教材
ISBN 978-7-03-076060-9

Ⅰ. ①宪… Ⅱ. ①于… Ⅲ. ①宪法–法的理论–中国–研究生–教材 ②行政法学–中国–研究生–教材 Ⅳ. ①D921.01 ②D922.101

中国国家版本馆 CIP 数据核字（2023）第 140054 号

责任编辑：王京苏 / 责任校对：贾娜娜
责任印制：张 伟 / 封面设计：有道文化

科学出版社 出版

北京东黄城根北街 16 号
邮政编码：100717
http://www.sciencep.com

三河市骏杰印刷有限公司印刷
科学出版社发行 各地新华书店经销

＊

2014 年 12 月第 一 版 开本：787×1092 1/16
2024 年 7 月第 二 版 印张：24 1/4
2025 年 7 月第二十六次印刷 字数：580 000
定价：58.00 元
（如有印装质量问题，我社负责调换）

编委会成员

主　编　于　水（南京农业大学）

副主编　许才明（浙大城市学院）

　　　　范炜烽（南京理工大学）

编　委（以姓氏笔画为序）

　　　　王有强（西北农林科技大学）

　　　　王春业（河海大学）

　　　　朱广忠（南京财经大学）

　　　　孙永军（南京农业大学）

　　　　李　敏（江苏海洋大学）

　　　　李栗燕（河海大学）

　　　　李海峰（江苏师范大学）

　　　　杨建国（南京农业大学）

　　　　余孝东（中国矿业大学）

　　　　张　峰（江苏师范大学）

　　　　张乐乐（中国药科大学）

　　　　陈恩才（扬州大学）

　　　　侯菁如（南京师范大学）

　　　　徐　军（南京农业大学）

前　　言

　　法治是国家治理的基本方式，党的十八届四中全会提出"法治中国"的战略构想。十八大以来党中央从坚持和发展中国特色社会主义的全局和战略高度定位法治、布局法治、厉行法治，把全面依法治国纳入"四个全面"战略布局，作出一系列重大决策部署。2020年底，中共中央印发《法治社会建设实施纲要（2020—2025年）》，明确了"全民守法"的法治社会建设的目标和措施；2021年初，中共中央印发《法治中国建设规划（2020—2025年）》，统筹规划了新时代法治中国建设的纲领要点；2021年8月，中共中央、国务院印发《法治政府建设实施纲要（2021—2025年）》，为"十四五"时期全面推进法治政府建设指明施工路线。上述文件相互衔接，形成了"十四五"时期具有中国特色社会主义法治建设的"一规划两纲要"的系统架构。党的二十大报告明确指出，我国"全面依法治国总体格局基本形成"，报告用专门章节"坚持全面依法治国，推动法治中国建设"对全面依法治国作出部署，贯穿着法治思维，体现了法治精神。全面依法治国是国家治理的一场深刻革命，关系党执政兴国，关系人民幸福安康，关系党和国家长治久安。党中央号召要"更好发挥法治固根本、稳预期、利长远的保障作用，在法治轨道上全面建设社会主义现代化国家"。法治建设目标任务就是，"全过程人民民主制度化、规范化、程序化水平进一步提高，中国特色社会主义法治体系更加完善"。到2035年基本实现社会主义现代化的时候，我国法治建设目标就是"基本实现国家治理体系和治理能力现代化，全过程人民民主制度更加健全，基本建成法治国家、法治政府、法治社会"，"到本世纪中叶，把我国建设成为综合国力和国际影响力领先的社会主义现代化强国"①。

　　宪法、行政法、行政诉讼法是法治国家、法治政府、法治社会建设中所依托的重要法律制度保障。完善以宪法为核心的中国特色社会主义法律体系，坚持依法治国首先要坚持依宪治国，坚持依法执政首先要坚持依宪执政，坚持宪法确定的中国共产党领导地位不动摇，坚持宪法确定的人民民主专政的国体和人民代表大会制度的政体不动摇。加强宪法实施和监督，健全保证宪法全面实施的制度体系，更好发挥宪法在治国理政中的重要作用，维护宪法权威。法律之所以是国家意志的体现，并以国家强制力作为保障，正是因为法律不仅具有广泛的人民基础，能够代表最广大群体的利益，而且符合社会治理的一般规律。人民的权威性与科学的权威性使法律具有深厚的根基，使其在实施过程中能凝聚各方的合力。国家治理现代化是一个制度体系不断完善的过程，保持制度的延续性，使治理现代化成为一个稳中求变、审慎有序的过程更有利于国家的长治久安。法律是对既有经验、知识与规律的固定，将混乱与反复转化成稳定与秩序，为改革提供规

---

① 习近平：高举中国特色社会主义伟大旗帜　为全面建设社会主义现代化国家而团结奋斗——在中国共产党第二十次全国代表大会上的报告. https://www.gov.cn/xinwen/2022-10/25/content_5721685.htm[2022-10-27].

范性框架，使改革过程在"破"和"立"的良性关系中开展。法治政府建设要不断深化和转变政府职能，优化政府职责体系和组织结构，推进机构、职能、权限、程序、责任法定化，提高行政效率和公信力。法治所具有的正义精神使其实现的执法治理结果最符合现代文明认可的价值追求。其所确立的制度体系是民主、平等、文明等多种价值的集合反映。法治也是依法而治，通过依法治理注入中国式现代化的价值追求，国家治理才能反映出对人的关怀，使治理成果惠及全民。依法治理要深化行政执法体制改革，严格规范公正文明执法，涉及群众切身利益的重点领域执法既要有力度也要有温度，要完善行政执法程序，建立健全行政裁量基准。强化行政执法监督机制，落实行政执法责任制和责任追究制度。法治社会是构筑法治国家的基础。弘扬社会主义法治精神，传承中华优秀传统法律文化，引导全体人民做社会主义法治的忠实崇尚者、自觉遵守者、坚定捍卫者。法治能够明确国家、市场与社会的边界与责任，使市场有序，社会和谐。现阶段法治在优化民营企业发展环境，依法保护民营企业产权和企业家权益，促进民营经济发展壮大方面还应发挥作用。公共管理者要善于运用法治思维和法律制度治理国家，在推进法治中国建设的社会革命中，加强对于宪法、行政法、行政诉讼法等领域的研究，为我国法治建设的有机推进提供理论助益。

宪法是国家的根本大法，一切公共组织的行为活动都必须遵守宪法，以宪法为根本的活动准则。党领导人民制定宪法法律，领导人民实施宪法法律，党自身必须在宪法法律范围内活动。任何公民、社会组织和国家机关都必须以宪法法律为行为准则，依照宪法法律行使权利或权力，履行义务或职责，都不得有超越宪法法律的特权，一切违反宪法法律的行为都必须予以追究。宪法领域相关研究取得了丰硕的研究成果，研究主题与范畴逐渐丰富，具体体现在以下方面：一是从研究主题看，宪法学相关研究主题不仅与国际前沿接轨，还将更多的关注点放到具有"中国特色"的宪法学研究上。研究的主题主要囊括宪法基本理论研究、基本权利理论研究、国家机构与国家权力配置研究、宪法实施、宪法解释、宪法修改研究等方面。二是从研究内容上看，宪法渊源、宪法变动理论、宪法与部门法的关系、基本权利的理论建构、国家机构的纵横向关系、合宪性审查等均是学界关注的热点内容，对丰富与完善中国特色社会主义宪法学研究起到了重要作用。

依法行政是依法治国的保障与具体化，行政法作为调整行政关系的法律规范的总称，旨在约束行政权力，保护行政相对人合法权益。学界关于行政法的研究由来已久，并就以下热点议题展开积极探索：一是关于行政法法典化问题的探索。行政法学界提出先制定行政法总则，再制定行政法法典的看法，此后，行政法学界就如何法典化，即行政法法典化的基本模式、基本原则及行政法法典化中的具体问题等方面展开了深入探讨。由此可见，关于行政法应当法典化的问题已经初步达成共识。二是关于新时代背景下数字政府建设的法治保障研究。当前数字政府建设面临着一系列的法治保障挑战，如政府数字化转型后政府如何应对挑战，对数字化行政方式过程中权力行使正当性的质疑，数字化政府引入自动化系统的正当性问题，等等。此外，关于数字政府法治保障的制度探索也成为新的热点议题。三是关于涉外行政法治问题的研究。在百年未有之大变局的时代背景下，行政法学界加强了对涉外行政法治的研究，并就涉外行政法治的百年历程、理论架构、重点制度及维权路径等问题展开了积极探索，这也是贯彻习近平法治思想的重要表现。

　　行政诉讼法是依据宪法制定的，用以保证人民法院公正、及时审理行政案件，解决行政争议，保护公民、法人和其他组织的合法权益，监督行政机关依法行使职权的法律。公正司法是维护社会公平正义的最后一道防线。要努力让人民群众在每一个司法案件中感受到公平正义。要规范司法权力运行，健全公安机关、检察机关、审判机关、司法行政机关各司其职、相互配合、相互制约的体制机制。1989 年我国首部《中华人民共和国行政诉讼法》（简称《行政诉讼法》）出台后，对行政实践及相关学术研究产生了巨大影响。其一，从行政实践角度看，一是《行政诉讼法》对于公民的维权意识起到了很好的引导作用，为法治社会、法治政府建设奠定了思想基础。二是督促行政机关及其公职人员依法行政。《行政诉讼法》增强了行政公职人员的自我约束意识，提升了公职人员依法行政的观念。三是催生了诸如《中华人民共和国国家赔偿法》（简称《国家赔偿法》）等一系列规范行政行为的法律，为规范政府权力提供了法律保障。其二，从学术研究的角度看，国内学者对行政法学的研究重点出现转向，由此前的价值取向转变为规范取向，而可供解释的法律条文及判例成为行政诉讼法研究的基本前提。此外，行政诉讼法学界更加看重人民法院对于政府行政行为的审查，"行政行为—司法审查"的研究框架逐渐生成，坚守司法最后防线成为保障公民合法权益的基本共识。

　　《宪法与行政法学》（第二版）是在第一版的基础上，以 2018 年修正的《中华人民共和国宪法》（简称《宪法》）为依据，积极响应教育部办公厅印发的《普通高等学校宪法学教学重点指南》的要求编写而成的。从编写特色上看，本书具有以下特点。

　　（1）体系完整、结构合理、重点突出、繁简得当，涵盖了主要知识领域。

　　（2）突出理论性和学术前沿性，在继承传统教材知识框架和理论基础上，介绍大量学术界的最新研究成果，丰富完善了内容体系，拓宽了理论空间和研究视野。

　　（3）理论与实践相结合，各章都结合当前社会热点问题，精选典型案例，分析公共管理实践中的突出问题和前沿问题，重视应用性，强化实践能力和素质的培养。由于教材涉及内容较多，可以根据所在学校的整体教学安排和实际情况作出科学合理的教学设计，选取重点和难点在课堂上讲授相关知识，对于非重点内容，可安排学生课后自学。同时，该课程的教学需结合案例进行讲授，通过案例探讨，进一步提升学生对相关知识的理解和运用。

　　从体系结构上看，全书共分为三大部分，即宪法、行政法和行政诉讼法，集理论性、知识性和方法技能性于一体。

　　第一部分"宪法"最具理论性，主要包括宪法概述、宪法基本制度和宪法实施等内容，该部分对于宪法概念、历史与发展、基本精神、规范内涵、指导思想、理论基础、基本原则、制定与修改、基本制度构成及实践意义等做了较多探讨，较好地把握了宪法的一般特征及发展规律。

　　第二部分"行政法"兼具理论性和方法技能性，主要包括行政法概述、行政法主体、行政行为、行政责任、行政复议等内容，对行政法的渊源、特征、分类、基本原则、作用对象等展开了探索。

　　第三部分"行政诉讼法"最具方法技能性，主要包括行政诉讼、行政赔偿和行政补偿等内容，更加注重公共管理人才的实践能力培养。

从使用群体看，本书适合在以下方面使用：一是本科阶段的学历教育使用。本书适合作为本科阶段宪制教育的教学教材，为广大教师及大学生群体提供基础的宪法学基础知识及框架。二是适合管理类相关学科研究生尤其是公共管理硕士研究生学习使用。本书可为管理类学科研究生开展宪法基本理论研究提供方向指引，有利于促进研究生群体在此基础上对宪法、行政法的基本理论、原则及前沿趋势展开深入探索。三是适合党政机关及其公职人员宪制理论学习使用。党政机关作为公权力的实际执行者，必须切实贯彻依宪执政、依法行政的基本理念，本书内含丰富的理论知识及案例指引，为党政机关公职人员提供理论指导与案例警示，引导权力规范运行。

此外，参加教材编写的是来自全国十多所高校拥有丰富教学经验和较强科研能力的专家及学者，促进了教材编写过程中的优势互补与资源共享，增强了作为研究性教材的可读性和适用性。

现代社会处于不断变化之中，宪法和行政法学的教育、研究及教材编写也应与时俱进，不断拓宽研究范围，扩大研究广度和深度，积极回应和解决社会现实问题。囿于部分因素，本书编写中难免出现疏漏，衷心希望诸位专家、学者及广大读者朋友提出批评建议，以便本书更新与完善。

于　水

2023 年 12 月于江苏南京

目　录

第一部分　宪　法

第二部分　行　政　法

第三部分　行政诉讼法

第一部分　宪　法

第一章 宪 法 概 述

本章教学要求

　　宪法作为一种特有的社会现象，是人类政治、经济和文化发展到一定历史阶段的产物。宪法蕴含着一个国家，一个民族基本的价值和理念，在法律体系中占有首要的地位，并具有最高法律效力。宪法同时也是一个包括制度、观念、文化在内的复合的有机整体，是社会政治和法律文明的重要组成部分。

重点问题
（1）宪法本质、分类与宪法基本原则
（2）宪法渊源、宪法形式与宪法结构
难点问题
（1）宪法的制定程序
（2）制宪权与修宪权

第一节 宪法的概念、特征、本质与分类

一、宪法的概念

　　宪法作为一个特有的法律名词，是宪法理论中最基本的概念，同时也是最富有争议的法律概念之一。究其原因，一是在于宪法本身词义多有变迁，二是在于人们对宪法内涵在认识上存在分殊。宪法的概念准确界定，不仅涉及对学科研究对象的准确把握，而且还关系到对宪法基本价值和理念的正确认识，因此具有十分重要的意义。

　　从宪法的词源角度考察，宪法一词虽古已有之，但其含义在不同的时期、不同历史条件下却存在着较大的差异，特别是近现代宪法与古代宪法相比，其内涵更是判若云泥。

　　宪这一名词，在我国春秋时期的相关典籍中就已出现。孔子所著的《尚书》中有"监于先王成宪"之说。《国语》一书则进一步从立法的目的和作用上将法界定为"赏善罚奸，国之宪法"，但上述著作中所称宪法均指一般的典章和法度，与今人所谓的宪法则有分别[①]。值得注意的是，除了在普通法律意义上使用宪法这一名词，中国古代根据宪的最高法律的意义，还把最重要的、最根本的法律准则称为宪法[②]。《周礼·天官

---

① 王世杰，钱端升. 比较宪法[M]. 北京：中国政法大学出版社，1997.
② 钱大群. "宪"义略考[J]. 南京大学学报，1984，（2）：70-75.

冢宰·小宰》的疏文对宪的注释是"宪，为至令云"，《尔雅·释诂》说，"宪，至法也"，这里的"至令""至法"就是最高法律的意思①。

在西方，宪法最初由拉丁文"constitutio"一词引申而来，该词原本具有组织、构造、确立的含义。从古希腊开始，一些学者就已经提出了宪法的最初概念。亚里士多德曾在《政治学》一书中，对158个城邦的政治和法律制度进行研究，并根据法律的调整范围、作用及性质将城邦的法律分为宪法和普通法律②。亚里士多德认为，政体（宪法）为城邦一切政治组织的依据，其中尤其注重"最高治权"的组织，并认为法律实际是，也应该是根据政体（宪法）来制定的，不能叫政体来适应法律③。古罗马中后期，随着帝制的建立和扩张，还曾一度将皇帝的诏书、谕旨作为宪法，以彰显皇权的崇高地位。而中世纪的欧洲，由于教会和世俗权力的二权分立，以及国王与封建贵族彼此间利益的冲突，宪法还一度被用作对国王权力进行制约的工具。中世纪法国和神圣罗马帝国均设有基本法或宪法，用于对贵族或僧侣征税、诸侯选举等事项加以规范④。因而，这一时期的一些法令，已经蕴含了一些现代宪法"限制权力"的精神⑤。

从中西方古代宪法概念的演变中，我们不难看出，古代宪法的概念除在一些时候与普通法律相互混用外，还一度衍生出内容不同于普通法律，且效力高于普通法律的特定法律内涵。但尽管如此，其基本含义与近现代意义上宪法的内在属性仍然存在着根本的差别。

真正近现代意义上的宪法滥觞于资本主义启蒙运动，确立于资产阶级革命之中，且与宪政运动有着不可分割的联系。现代宪法概念最终是在18世纪后期北美英殖民地的政治实践中被确立下来的，其生成的标志有二：一是，constitution一词的用法开始由此前的复数形式变为单数形式而固定在单一独特的政府法典上；二是，宪法逐渐由不确定的语词演变为特定的政治法律术语⑥。随着资本主义的发展，资产阶级为了保护私有财产，实现自身的发展，必然要求对封建国王的权力进行限制，而具有高于普通法律效力的宪法无疑成为制约王权最为有效的手段，因而宪法被赋予了崭新的含义。从此，宪法不再仅仅是国王专权的工具，而被认为是全体社会成员包括国王在内都应当践行的基本行为准则。卢梭等启蒙思想家有关社会契约的学说又为宪法的效力提供了有力的理论武器，宪法之所以具有权威，不再仅仅因为其内容关乎国家组织和构造的基本框架，更是因为它是整个社会应当共同遵守的契约。以此为基础，为了保证宪法原则得到普遍的遵从，并能实现其既定的目标，近现代宪法又被赋予了民主、法治、人权等更多的内容。

因此，与传统宪法不同的是，近现代宪法的概念具有丰富而深刻的内涵。从内容上说，宪法是关于国家组织和社会生活基本方面的法律规定；从其在法律体系中的地位来看，宪法是国家的根本法；从其法律效力来看，是整个社会均必须普遍遵行的基本法律

---

① 馨元. 宪法概念的分析[J]. 现代法学，2002，24（2）：3-13.
② 周叶中. 宪法[M]. 北京：高等教育出版社，2000.
③ 亚里士多德. 政治学[M]. 吴寿彭，译. 北京：商务印书馆，1965.
④ 陈新民. 宪法学导论[M]. 台北：三民书局，1996.
⑤ 秦前红，陈道英，汪自成，等. 比较宪法学[M]. 武汉：武汉大学出版社，2007.
⑥ 汪太贤. 论现代宪法概念的生成[J]. 政法论坛，2020，38（1）：18-32.

准则；从其立法宗旨来看，则应当贯彻和体现近代有关宪政的基本理念与价值。

二、宪法的特征

宪法的特征指的是宪法与其他法律相比所存在的显著区别。传统宪法学说一般认为宪法同其他部门法相比，主要具有以下不同的特征。

（一）宪法是国家的根本法

宪法是国家的根本法，指的是在一个国家的法律体系中，宪法处于最为重要的地位，而且是制定其他法律最为基本的准绳和依据。宪法之所以能够成为国家的根本法，是由以下原因所决定的。

1. 宪法内容的根本性

"凡将立国，制度不可不察也。"[①]各个国家宪法虽然具体规定有所不同，但其内容都涉及的是国家政治、经济和社会生活中最为基本，也是最为关键的问题，如国家的性质、公民的基本权利、国家的基本制度等。这些内容关系到国家的基本发展方向、社会成员的根本权益和社会正常运行的基本制度框架，因此带有全局性和根本性。

2. 宪法效力的最高性

由于宪法规定的是国家和社会生活中最为重要的内容，各个国家均赋予宪法在整个法律体系中的最高效力，使其成为整个社会最高行为准则，从而保证宪法的最高权威。普通法律的制定应当以宪法为基本根据，并且不能同宪法相冲突，否则，其效力将不复存在。在依法治国的进程中，坚持依宪治国、依宪执政、确保宪法至上的法律地位是当前和未来法治中国建设的核心任务[②]宪法至上的基本观念早已深入人心。例如，我国宪法明确规定："本宪法以法律的形式确认了中国各族人民奋斗的成果，规定了国家的根本制度和根本任务，是国家的根本法，具有最高的法律效力。全国各族人民、一切国家机关和武装力量、各政党和各社会团体、各企业事业组织，都必须以宪法为根本的活动准则，并且负有维护宪法尊严、保证宪法实施的职责。"[③]

3. 宪法制定和修改的严格性

由于宪法在内容上具有极端的重要性，在法律效力上具有至高无上的权威性，与此相关，宪法在立法程序上就必须保持应有的尊严，宪法的制定和修改必须经过不同于一般法律的特别程序，以保证宪法所确立的社会原则和基本制度的权威性、稳定性和延续性。为了保证宪法制定和修改的严格性，很多国家规定宪法必须由专门的机构制定，如1787年，美国为了制定宪法成立了专门的制宪会议。另外宪法在修改上与普通法律也存在较大的区别。例如，我国宪法规定："宪法的修改，由全国人民代表大会常务委员会或者五分之一以上的全国人民代表大会代表提议，并由全国人民代表大会以全体代表的三分之二以上的多数通过。法律和其他议案由全国人民代表大会以全体代表的过半

---

① 商鞅. 商君书校注[M]. 长沙：岳麓书社，2006.

② 秦前红. 宪法至上：全面依法治国的基石[J]. 清华法学，2021，15（2）：5-20.

③ 周叶中. 宪法[M]. 北京：高等教育出版社，2000.

数通过。"①

（二）宪法是公民权利的基本保障

如果说宪法的国家根本法特征更多是从宪法在国家整个法律体系中的地位的角度来界定宪法的特征的话，那么从宪法在社会生活中的作用来看，宪法的特征主要表现为它为公民权利提供了基本的法律保障。保障公民权利是近现代宪法的核心价值和根本出发点，在资产阶级革命中，宪政运动者打着天赋人权的旗号，同封建专制展开斗争，并将革命的成果，通过宪法文件的形式加以巩固。宪法本身所具有的最高法律效力，也为资产阶级保障其自身权利创造了天然的制度化屏障。正因为如此，近现代宪法都以强调保护公民的基本权利为主要特点，通过立法形式为维护公民基本权利提供基本的法律手段和规范性工具。目前，在世界各国的宪法中，均有对包括人格尊严、生命、自由、平等、参政权、社会权在内的公民权进行保护的相关规定。一些国家为了彰显公民权利的重要性，还在宪法中将公民权利相关内容置于国家机构的相关规定之前，以表明对公民权利的保障是宪法的根本宗旨。

（三）宪法是民主政治的法律化

宪法是民主政治的法律化，也就是说宪法是以民主政治为基本的先决条件的，民主是宪法根本的社会基础；同时，宪法又将民主政治的基本原则上升为法律，从而成为所有社会组织和个人必须遵循的基本社会规范。因此，从宪法社会基础的角度观察，宪法的基本特征必然是民主政治的法律化。宪法与民主的关系从来是密不可分的，宪法本身就是民主发展到一定程度的产物。在封建专制的条件下，由于缺乏民主之土壤，真正意义上的宪法从根本上说是不可能产生的。当然，宪法对民主发展所起到的作用也是不可或缺的，民主政治的重要目标和任务，就是制定宪法，使得宪法成为整个社会必须遵从的最高法律信条，从而对政府权力进行必要的监督制约，因此宪法是民主政治制度化、法律化，民主与政治两者虽然是相互独立的社会现象，但又相生相伴、相辅相成。

三、宪法的本质

本质是与现象相对立的一个哲学范畴。本质实际上指的是隐含在事物现象之中的、决定事物形式的、内在的、最为根本的规律。关于宪法的本质，不同时期政治学和法学领域存在着不同的理解。历史上曾有许多思想家和学者将宪法的本质归结为是神的意志，如德国宪法学者施米特就认为，"现代国家理论中所有的重要概念都是世俗化了的神学概念，这不仅由于它们在历史发展中从神学转移到国家理论，比如，全能的上帝变成了全能的立法者，而且也是因为它们的系统结构"②。除此之外，一些国家也已明确表明其制定宪法的权力来源于神的授予。如瑞士联邦宪法在序言中就明确规定："谨以全能上帝的名义，制定联邦宪法。"另外还有一些人将宪法看作是全民意志的体现，如著名思想家

---

① 《宪法》第六十四条。

② 施米特 C. 政治的概念[M]. 刘宗坤，等译. 上海：上海人民出版社，2003.

卢梭就认为包括宪法在内的法律均应当是公意的体现，正如其所述"当全体人民对全体人民作出规定时，他们便只是考虑着他们自己了；如果这时形成了某种对比关系的话，那也只是某种观点之下的整个对象对于另一种观点之下的整个对象之间的关系，而全体却没有任何分裂。这时人们所规定的事情就是公共的，正如作出规定的意志是公意一样。正是这种行为，我就称为法律"①。

马克思主义者从历史唯物论出发，认为宪法作为上层建筑的重要组成部分，是人类社会政治、经济和思想文化发展的产物。尽管资产阶级标榜宪法是所有社会组织和个人共同的法律，但实际上宪法总是反映着统治阶级的意志，并集中地、全面地表现各种政治力量的对比，因此宪法的本质在于其阶级属性。正如马克思在论及英国宪法时所指出的那样，"不列颠宪法其实只是非正式执政的、但实际上统治着资产阶级社会一切决定性领域的资产阶级和正式执政的土地贵族之间的由来已久的、过时的、陈腐的妥协"②。宪法的阶级性不仅表现为宪法是长期政治斗争的产物，而且也因为其总代表着一定阶级的利益，体现着一定阶级的意志。例如，我国 2018 年通过的宪法修正案第一条第二款增加规定"中国共产党领导是中国特色社会主义最本质的特征"③。当然，强调宪法的阶级属性并不表明就应当完全否认宪法所具有的包括社会属性在内的其他属性，特别是随着现代福利国家的产生，一些国家的宪法在较大范围内增加了公民权利的内容，更加注重对公民权利的保护和对国家权力的限制，但这一切，都是以不牺牲统治者根本利益为条件的，因而不能视为是对宪法阶级性的否定。

四、宪法的分类

自西方立宪主义运动产生以来，世界各国竞相制定宪法，但由于客观历史条件不同，以及法律文化上和宪政观念上存在诸多差异，宪法在不同国家，甚至在同一国家的不同时期存在着较大的不同，千变万化的宪法现象，在给宪法研究带来较多困惑的同时，也给人们提供了丰富的现实素材，从而使人们对宪法特点的认识更为全面，对宪法规律的把握得以更加深入。其中宪法的分类在一定程度上有助于我们进一步了解宪法的属性及其制约因素。

（一）传统的宪法分类

历史上法学家们曾按照不同的标准对宪法进行比较，从而总结出诸多不同特征的宪法类别，其中比较有影响的宪法分类有以下几种。

1. 成文宪法与不成文宪法

这一宪法分类方法所依据的主要是宪法的表现形态。成文宪法就是宪法规范主要集中在统一的宪法典中，当一个国家存在一部完整的宪法典或基本法典时，我们称其为成文宪法国家。不成文宪法则是指一国没有独立的宪法典，宪法规范分散于数量较多的单

---

① 卢梭. 社会契约论[M]. 何兆武，译. 北京：商务印书馆，1980.
② 中共中央马克思恩格斯列宁斯大林著作编译局. 马克思恩格斯全集（第 11 卷）[M]. 北京：人民出版社，1974.
③ 周叶中，张权. 论我国现行宪法的中国特色社会主义最本质特征条款[J]. 政法论丛，2019，（3）：3-13.

行法规、判例或习惯之中。成文宪法与不成文宪法是英国学者詹姆斯·蒲莱士1884年在牛津大学讲学时首次提出的宪法分类①。这一分类方法自其提出后便为学术界广泛采用，成为宪法分类的主要方法之一。从目前世界各国的立宪情况看，英国的宪法是由包括1215年《自由大宪章》、1628年《权利请愿书》、1679年《人身保护法》、1689年《权利法案》、1701年《王位继承法》，以及1911年《议会法》、1918年《国民参政法》、1928年《男女选举平等法》、1969年《人民代表法》、1931年《威斯敏斯特条例》等在内的一系列法律文件所组成的，是不成文法的代表。美国自1787年制定了历史上第一部成文宪法《美利坚合众国宪法》以来，其宪法为众多的其他国家所效仿，成为成文宪法的典范。

2. 刚性宪法与柔性宪法

刚性宪法与柔性宪法区分的主要依据是宪法修改所必须履行程序的宽严程度。刚性宪法指的是同一般法律相比，宪法的修改受到更多的程序性限制，而柔性宪法则是指宪法修改的条件和过程与普通法律相比并无明显的不同。刚性宪法与柔性宪法的区分源于詹姆斯·蒲莱士的《历史与法理学研究》一书。一般来说，成文宪法国家的宪法都规定有特别的修改程序，因此往往是刚性宪法，而不成文宪法国家的宪法，由于在立法程序上与其他法律并无不同，因此往往同时也是柔性宪法。

3. 钦定宪法、民定宪法与协定宪法

传统宪法分类方法还根据宪法的立法主体不同，将宪法分为钦定宪法、民定宪法与协定宪法。其中，钦定宪法是根据国王意志制定的宪法，是君主意志的体现，一般出现在宪政革命产生之初，封建势力仍然非常强大的时候。例如，19世纪法国波旁王朝复辟后国王路易十八所颁布的宪法就属于此类宪法，我国晚清政府所制定的《钦定宪法大纲》也是钦定宪法的典型，从历史发展的角度看，晚清虽是被迫立宪，宪法大纲也是畸形的，但是其历史地位及作用应予以肯定②。民定宪法是能够反映国民真实意志的宪法，现代世界各国的宪法大多为民定宪法。协定宪法是由君主与代表民意的制宪机构共同协商，达成一致，并在此基础上制定的宪法，例如，1830年法国国王就曾与国会共同颁布了第二共和国宪法。一般来说，协定宪法往往是资产阶级与封建专制政权互相妥协的产物，是新旧政治力量势均力敌的政治斗争的客观状况在宪法上的必然体现。

（二）现代宪法分类

传统的宪法分类对进一步把握宪法的本质特点具有一定的参考价值，但由于在分类的方法上过于偏重宪法的外在形式，具有较大的局限性，受到了一些专家的批评。例如，英国宪法专家威廉就对刚性宪法与柔性宪法分类的理论和实用价值提出了异议，认为该分类方法对判断宪法效力的作用非常有限，甚至还会产生一定的误导。威廉认为，宪法修改容易与否不仅取决于宪法中的法律规定，而且取决于政治共同体中主要的政治和社

① 周叶中. 宪法[M]. 北京：高等教育出版社，2000.
② 方潇. 历史语境论下的宪政情怀及表达：张晋藩先生《中国宪法史》之评析[J]. 政法论坛（中国政法大学学报），2014，32（2）：121-133.

会团体，以及在宪法中规定的政治权力的组织和分配能使他们满意和默认的程度①。基于上述原因，现代一些政治和法律专家尝试以不同的标准对宪法进行新的分类。

1. 根据宪法与立法机关的关系进行分类

威廉在对传统刚性宪法和柔性宪法分类进行批判的同时，也对其提出了改进的细分方案，即根据宪法是否高于立法机关将宪法划分为高于立法机关并不能为立法机关修改和低于立法机关并能为立法机关修改两个不同的类型。威廉认为如果宪法修改不在立法机关的权限范围内，宪法就是高于宪法机关的，美国、澳大利亚、丹麦、爱尔兰和瑞士就属于这种类型。如果一个国家的宪法规定立法机关可以修改宪法，而且没有规定需要征得其他机构的同意，则情况相对复杂。在此情形下，如果立法机关必须遵守宪法规定的修宪程序，并且要达到宪法规定的多数人要求，则宪法仍然是高于立法机关的。

2. 根据政体及政治形态进行分类

一些学者还以世界各国的政体为标准对宪法进行了较为详尽的分类。例如，威廉除沿袭传统将宪法分为君主制和共和制宪法外，还根据国家权力的集中程度将宪法分为体现分权学说的宪法和未体现分权学说的宪法（总统制宪法和议会制宪法），并且根据国家结构形式的不同将宪法分为联邦制宪法和单一制宪法。宪法学者 L. 沃尔夫·菲利浦斯对宪法也有类似的划分，他甚至还根据议会的组成形式将宪法分为一院制和二院制宪法。

3. 根据宪法的实际运行情况进行分类

鉴于现实生活中存在着宪法名实不符的复杂社会现象，一些专家还特别注重根据宪法的实施效果对宪法进行分类。例如，美国著名宪法学家罗文斯坦就将宪法分为规范宪法（normative constitution）、名目宪法（nominal constitution）与语义宪法（semantic constitution）。其中，规范宪法是指宪法规范支配政治过程的情况，也就是权力过程服从宪法规范的宪法。他认为规范宪法不仅在法律的意义上是有效的，而且全社会必须要遵守；规范宪法实际上是成文化的立宪主义的宪法规范，是一种"活着的宪法"；名目宪法是指宪法规范只是作为一种法的形式起作用，政治过程不受宪法规范的制约，是一种缺乏现实适应性的宪法；而语义宪法则是既不反映现实情况，在实际生活中也不起任何作用的宪法，其目的是把"现实的政治权力固定化"，而不是真正实现宪法价值②。

4. 根据宪法与本国历史传统的关系进行分类

罗文斯坦还根据宪法是否根植于本国的历史传统和现实，将宪法分为原生宪法（original constitution）和派生宪法（derivative constitution）。其中，宪法本身的理念、结构及其所规范的政府组织或权力运行，完全根植于本国历史传统和现实，则是独创性宪法或原生宪法；反之，依照国外宪法模式为原型，模仿其内容的宪法就是模仿性宪法或派生宪法③。与此相类似，L.沃尔夫·菲利浦斯也将宪法分为本土（indigenous）和外来（adventitious）两种情形。

① 威廉 K C. 论宪法的分类[J]. 甘藏，肖册，译. 国外法学，1987，（2）：25-28.
② 韩大元. 比较宪法学[M]. 北京：高等教育出版社，2003.
③ 秦前红，陈道英，汪自成，等. 比较宪法学[M]. 武汉：武汉大学出版社，2007.

除了以上宪法的划分方法外，还有专家根据宪法的目标及可操作程度将宪法划分为纲领性（programmatic）宪法和确定性（confirmatory）宪法、司法适用性（justiciable）宪法及司法不适用性（nugatory）宪法；根据宪法是否带有明显的意识形态倾向将宪法分为意识形态（ideologically programmatic）宪法和意识形态中立（ideologically neutral or utilitarian）宪法。这些分类方法有的涉及宪法的功能、效果，有的注重结合宪法所体现的价值及其内容，虽标准繁杂，途径各异，但在一定程度上有助于从不同的角度揭示和展现不同宪法的内涵及特征，因此具有一定的学术价值。

第二节　宪法的制定

一、制宪权

（一）制宪权的概念

制宪权又称宪法制定权或立宪权，是指遵循一定的宗旨和价值观念，并依据由此产生的原则和特定的程序，创制国家宪法的权力。在西方历史上第一个较为系统地探讨制宪权的思想家是法国资产阶级革命时期的西耶斯，他在其代表作《论特权，第三等级是什么？》中指出，"在所有自由国家中——所有的国家均应当自由，结束有关宪法的种种分歧的方法只有一种。那就是求助于国民自己，而不是求助于那些显贵。如果我们没有宪法，那就必须制定一部：惟有国民拥有制宪权"①。从西耶斯对制宪权的表述中我们不难看到，西耶斯认为国民是拥有制宪权的唯一主体，认为公意是个人意志的简单总和②。其依据是建立在"应然"的目的论基础之上的，反映的是一种价值判断体系，即只有国民拥有制宪权才是合理正当的，这是一切权力合法性的来源。也正因为如此，制宪权具有双重属性，一是事实上创造的力量，即创造宪法的力；二是把宪法加以正当化的权威性，即制定的宪法具有合法性与现实基础。

1. 制宪权与立法权

立法权指的是制定、修订与废除法律的权力。制宪权从其概念产生之初，就与立法权有着不可分割的关系。

在资产阶级启蒙运动时期，思想家所提出的立法权，其内涵与现代意义上的立法权相比，有着根本上的不同。早期启蒙思想家均非常重视立法权的法理依据及相对于其他权力的基础地位，将立法权视为所有其他权力的根本来源。在这些思想家的论述中，他们所探讨的立法权与后来制宪权有着许多共同的特质。例如，均将立法权看作人民主权的集中体现，认为立法权行使的主体是人民，而立法权的产生基础在于社会契约，同时也认为立法权是国家其他权力的神圣来源。卢梭在其代表作《社会契约论》中认为：主权者除了立法权之外便没有任何别的力量，所以只能依靠法律而行动；而法律又只不过是公意的表示，我们已经看到，立法权力是属于人民的，而且只能是属于人民的。"所

---

① 西耶斯 EJ. 论特权，第三等级是什么？[M]. 冯棠，译. 北京：商务印书馆，1990.
② 张千帆. 整体主义的陷阱制宪权和公意理论检讨[J]. 中外法学，2018，30（2）：347-363.

以唯有当人民集合起来的时候，主权者才能行动"①。洛克在讨论立法权的范围时也说，"这个立法权不仅是国家的最高权力，而且当共同体一旦把它交给某些人时，它便是神圣的和不可变更……如果没有这个最高权力，法律就不能具有其成为法律所绝对必需的条件，即社会的同意。除非基于他们的同意和基于他们所授予的权威，没有人能享有对社会制定法律的权力"②。可以说，启蒙思想家有关立法权的论述，已在很大程度上包含了后期西耶斯制宪权理论所需的基本学理基础，并为后者所汲取并加以深化，甚至可以认为，西耶斯的制宪权理论，是启蒙思想家立法权理论的一种合理延伸。

与早期立法权神圣地位不同的是，随着孟德斯鸠权力划分和制衡思想的深入人心，立法权作为与行政和司法相独立的权力，在资产阶级革命后已由原先的"众权之母"逐步蜕化为一种具体且特定的国家机构职能。正是在这一社会背景之下，西耶斯提出了制宪权的理论，使得制宪权在一定程度上取代了原有启蒙思想中立法权的地位，成为解释权力合法化的依据。

在现代，立法权一般已被普遍界定为是一种专属于国家机关的权力。有学者根据立法机构表现形态的不同，还将立法权分为广义的立法权和狭义的立法权。其中，从广义上理解，立法权是指所有行使立法的权力，即所有创制、认可、修改、废止法规范和法规则的权力。这样，立法权的主体就不仅仅是作为立法机关的议会和其他代议机关，而且还包括某些国家有立法权的行政机关以及英美法系国家创制判例法的司法机关。而从狭义上理解，立法权是指立法机关行使的创制、认可、修改或废止法规范的权力③。

从上述立法权的界定我们不难看到，与传统立法权不同的是，在现代宪法理论中，无论是广义的立法权，还是狭义的立法权，都已转化成为国家机关制定法律规则的权力，其主体是特定的国家机关。制宪权则不同，在近现代宪法的语境之下，制宪权不仅是创造宪法的权力，而且是包括立法权在内的一切权力本身的基础和本原。从这个意义上说，制宪权是立法权的源头，有制宪权，才可能产生宪法；有宪法才可能创制出具有合法性的国家权力，而有合法性的国家权力，才有可能谈到立法权，并在此基础上衍生出其他具体的法律规范和法律规则。因此从理论上说，立宪权不仅应当在时间顺序上先于已经"世俗化"的立法权，而且其在地位上，也优于立法权。正如西耶斯所述，"国民存在于一切之前，它是一切之本源。它的意志永远合法，它本身便是法律。在它之前和在它之上，只有自然法。人为法只能来源于国民意志，如果我们想对人为法的序列有一个正确的概念，那么，我们首先注意到的便是宪法性法律"④。

2. 制宪权与修宪权

与制宪权和立法权之异同相类似的争议还出现在制宪权与修宪权关系的探讨之中。"治国无其法则乱，守法而不变则衰"⑤。任何法律都是一定社会条件的产物，而人类的社会实践和主观认识是一个动态发展的过程，因此宪法在制定后不可能一成不变，适应

---

① 卢梭. 社会契约论[M]. 何兆武，译. 北京：商务印书馆，1980.

② 洛克 J. 政府论（下篇）[M]. 叶启芳，瞿菊农，译. 北京：商务印书馆，1987.

③ 戚渊. 论立法权[M]. 北京：中国法制出版社，2002.

④ 西耶斯 E J. 论特权，第三等级是什么？[M]. 冯棠，译. 北京：商务印书馆，1990.

⑤ 摘自《慎子·逸文》。

社会发展要求是法律生命力的来源。关于制宪权和修宪权的关系，有的学者认为两者是等价的。例如，19 世纪中叶德国法实证主义者就曾否认宪法概念本身的合理性，认为制宪权、修宪权和立法权三者是同一概念，没有实质上的区别①。国内也有学者将制宪权定义为宪法制定和修改的权力，认为修改宪法实际上是人民行使制宪权的一种方式，修宪权是广义的制宪权②。但值得注意的是，大部分学者从宪法的权威性出发，强调制宪权与修宪权在本质上应当加以区别，认为制宪权是一切权力的来源，是制宪主体按照一定的原则创造宪法的权力③，带有本源性，而修宪权则与立法权一样，是由一定的国家机关所行使的，是派生于制宪权的权力。例如，有学者就认为，"制宪权是一种权利，并不是权力，而与制宪权有关的修宪权则是一种建立在制宪这种权利基础上的权力，它是制宪权利的一种特殊转化形式，是人民权利的一种让渡"④。

法国思想家西耶斯不仅奠定了近代制宪权的学说，而且特别阐释了"创设宪法之权"与"宪法所创之权"的根本区别。德国宪法学者卡尔·施米特则进一步充实了制宪权理论内涵，提出"宪章"（verfassung）与"宪律"（verfasungsgesetz）相区分的理论，从宪法理论上区分了制宪权与修宪权⑤。我国台湾地区学者许志雄和陈铭祥对传统的制宪权和修宪权理论比较后认为两者是完全不同性质的概念，"修宪权是由有效支配的实证宪法所赋予，其效力得自宪法，因此修宪权可说是国家权力的一环（修宪的机关必为宪法下的国家机关）。此与制宪权是人民外于宪法所享有的不受实证宪法所拘束之权力的性质大不相同。修宪权既然得自宪法，在理论上即属于人民保留的事项，与宪法可说有从属关系：制宪者得就修宪的条件（主体、程序和限制等）明文定于宪法中，修宪机关须受其约束"⑥。

鉴于现代世界各国将修改宪法的权力赋予特定的国家机关，因此不可否认的是，有关制宪权与修宪权在学术上加以区分确实存在着一定的积极意义，它有助于保持宪法的权威，从而设置修宪行为应有的边界，防范宪法宗旨受到损害。按照卡尔·施米特的观点，宪法的修改只能在维护制宪者所制定的根本原则的前提下，从事对宪法法规之更改、增补、删除等的权限，而不是制定新宪法的权限，也不是去修改那些可能危及基本政治决定的权力。施米特认为个别或若干宪法法规可以用另一些宪法法规来取代，但同时也认为，其前提条件是宪法作为一个整体，其同一性和连续性得到了维持⑦。我国也有学者认为，衡量是制宪还是修宪的根本标准应看宪法根本精神是否有变化，应看直接体现宪法根本精神的基本原则是否有变化。如果它们变化了，自然就应属于制宪范畴的问题，否则就属于修宪范畴的问题⑧。为了防止制宪权受到破坏，日本学者樋口阳一不仅将制宪权与修宪权严格区分，甚至还提出了"永久冻结"制宪权的极端主张。樋口阳一认为，制宪权与主权合为一体，宪法制定后，制宪权应永久冻结，不再发动，否则有心者恐将

① 周叶中. 宪法[M]. 北京：高等教育出版社，2000.
② 陈斯彬. 试论制宪权和修宪权的同质性[J]. 华侨大学学报（哲学社会科学版），2007，（1）：55-60.
③ 王勇. 制宪权理论在法治国家建设中的意义[J]. 法学，2017，（6）：106-116.
④ 雷新明，刘维逸，陈策宇. "制宪权"初论：对一种权利的解读？[J]. 唐山学院学报，2004，（1）：15-17.
⑤ 薛江武，豆星星. 制宪权与修宪权的区别及其宪政价值[J]. 政治与法律，2010，（6）：61-69.
⑥ 许志雄，陈铭祥，蔡茂寅，等. 现代宪法论[M]. 台北：元照出版有限公司，1999.
⑦ 施米特 C. 宪法学说[M]. 刘锋，译. 上海：上海人民出版社，2005.
⑧ 杨海坤. 跨入新世纪的中国宪法学（下）[M]. 北京：中国人事出版社，2001.

假以国民制宪权之名，而行破坏实定法之实①。

（二）制宪权的性质

制宪权的性质指的是制宪权与其他社会现象的内在的及根本的区别。制宪权与其他国家权力相比，最根本的特点在于其主权属性。西耶斯关于制宪权的理论，不是凭空产生的，而是建立在资产阶级人民主权理论基础之上，作为人民主权具体要旨而提出的。正如卡尔·施米特所说，在中世纪，唯有上帝才有 pstestas constituens（制宪权），如果还谈得上什么制宪权的话。因为没有权柄不是出于上帝的（Non est enim potestas nisi a Deo，罗马书第十三章第一节）——这句话表明了上帝的制宪权②。西耶斯则认为，唯有国民拥有制宪权，一切权力产生于国民的共同意志，这种权力先于宪法存在，而且是至高的、不可分割、不可限制，也是不可转让的。国民不仅不受制于宪法，而且不能受制于宪法，也不应受制于宪法，我们看到，这里的权力是属于公众的，个人意志始终是其本源，并构成基本成分；但若分开考虑，他们的权力便化为乌有。西耶斯还认为为了满足公共事务的需要，才产生了其他公共权力，但"共同体表达意志的权利丝毫未被剥夺，这是共同体的不得转让的所有权"③。从西耶斯对制宪权的相关表述中，我们不难领会其所具有的最高主权的性质。正如有学者指出，宪法制定权在逻辑上可以视为主权派生的制定宪法规范的权力或权利。作为一种权利，主权所有者与宪法制定权主体是合二为一的④。

正是由于制宪权具有主权的属性，制宪权在理论上普遍被认为是其他一切公共权力的来源。西耶斯在提出制宪权概念的同时就指出，由于社会公众人数庞大，分布的地域过广，必须有一部代表国民意志，开展公共事务的宪法，这是由委托而行使政府权力的由来。这些政府权力的产生都必须依据宪法，被西耶斯称为"根据宪法所产生的权力"。"政府只有合于宪法，才能行使实际的权力；只有忠实于它必须实施的法律，它才是合法的。国民意志则相反，仅凭其实际存在便永远合法，它是一切合法性的本源。"③因此，严格地说，制宪权虽然本身不属于国家"权力"的范畴，而被视为一种公众的"权利"，但却是一切国家权力的来源。

我们应当看到的是，制宪权从其最初提出，就带有极强的主观色彩，同社会契约、人权等其他宪法概念一样，制宪权归根结底属于一种价值化的话语"范式"，体现的是一种社会理想和伦理观念，而并不是现实存在的一种实体权力。当然，另外我们也应当看到，作为一种价值观，制宪权的学说对资产阶级宪政运动的发展起到了十分重要的推动作用，对近代资产阶级宪法的产生也是功不可没。在当代，制宪权理论在倡导权力监督和限制，保障政治民主方面依然具有其独特的作用。19世纪中叶，法实证主义曾一度在德国盛行，制宪权受到否定，但第二次世界大战后，制宪权学说再度受到重视。这也说明，一部宪法仅仅有其客观性、科学性是远远不够的，宪法所体现的价值内核才应当

① 杨临宏. 试论制宪权理论的起源及历史发展[J]. 思想战线，2004，（6）：26-32.
② 施米特 C. 宪法学说[M]. 刘锋，译. 上海：上海人民出版社，2005.
③ 西耶斯 E J. 论特权，第三等级是什么？[M]. 冯棠，译. 北京：商务印书馆，1990.
④ 莫纪宏. 现代宪法的逻辑基础[M]. 北京：法律出版社，2001.

是其灵魂所在。

二、宪法的制定程序

（一）制宪机构的设立

自西耶斯提出近代制宪权学说以来，制宪权属于国民几乎已成为宪法的应有之义。但学术界一般认为制宪权的归属与制宪权的具体行使是两个完全不同的概念。西耶斯在强调国民是制宪权的唯一主体的同时，也认为国民共同体表达意志的权利行使必须通过委托。西耶斯进而将宪法性的法律分为两个部分，"一部分规定立法机构的组织与职能；另一部分规定各种行动机构的组织与职能"①。前者应当先于任何宪法而建立，而后者则应由专门的代表性意志来制定。从世界宪政史发展的实践情况来看，各国为了制定宪法，大多也设立有一定的制宪机关，制宪机关在各国依国情不同而不同，有着不同的表现形式。

1. 由专门的制宪会议或立宪机构行使制宪权

由于立宪权在理论上先于其他国家权力，西耶斯曾明确反对将立宪权交由"根据宪法所产生的权力"加以行使，并认为"宪法的每一部分都不能由宪法所设立的权力机构去制定，而是由立宪权力机构去制定"。因此，一些国家为了立宪的需要，往往会成立专门的经过选举产生的制宪会议或国民会议等立宪机构，这些机构经过授权可以制定宪法。例如，1789 年，法国第三等级代表为反对国王提出的增税方案，召开国民会议，后宣布为制宪会议，最终制定了《人权和公民权宣言》，该宣言经制宪会议多数通过而生效，并未进行全民公决，因此制宪会议在事实上行使了制宪权。除立宪机构直接行使制宪权以外，一些国家的宪法由立宪机构制定后，虽然最终生效还需取决于其他程序，从程序上看立宪机构的制宪行为具有一定的"间接性"，但由于制宪机构在宪法的制定中起到了决定性的作用，也可视为是专门制宪机构行使制宪权的特殊形式。例如，1787 年美国在费城召开了制宪会议，最终通过了《美利坚合众国宪法》，并因此产生了世界上的第一部成文宪法。该宪法虽最终交由各州批准后通过，但却不能否认联邦制宪会议对宪法产生所做出的实质性贡献。

2. 由议会、国会等立法机构行使制宪权

按照传统的制宪权理论，制宪机构只有独立于国家权力时，才能制定出真正意义上作为政府准则的宪法。但由于在现代社会生活中，议会、国会作为专业的立法机构，往往拥有丰富的立法技术和经验，加之这些机构本身就是由选举产生，具有相对广泛的代表性，因此很多国家的立宪往往由议会或国会等立法机构直接行使制宪权。例如，英国历史上的宪法性文件，大多首先是由议会通过，然后由国王做出妥协签署的。

我国除新中国成立之初的临时宪法《中国人民政治协商会议共同纲领》以外，宪法的制宪权、修宪权均由全国人民代表大会行使。这主要是考虑到全国人民代表大会不仅是国家最高的立法机构，同时也是国家最高的权力机构，无论从立法的技术层面，还是

---

① 西耶斯 E J. 论特权，第三等级是什么？[M]. 冯棠，译. 北京：商务印书馆，1990.

从宪法应有的效力层面考虑，全国人民代表大会都是最为合适的制宪机构。

（二）宪法草案的提出

近现代宪法作为民主制度法律化的产物，其制定必须以普遍存在的民意为基础，但民意的发现与表达是一个极其烦琐的过程。卢梭在《社会契约论》中一方面认为"服从法律的人应当是法律的创作者；规定社会条件的，只能是那些组成社会的人们"，但另一方面，他同时也认为"必须要有一个立法者"。从各国立宪实践看，一些政治组织和政治人物在宪法的制定中起了十分重要的作用。一些国家在提交公民对宪法的表决前，都有设立专门的"起草宪法法规的会议……草案随后交付公民投票（公民复决），或交由拥有表决权的公民批准"[①]。1787年美国宪法，最先也是由制宪会议起草，最后交付各州专门的会议表决通过的。我国宪法的制定也有严格的草案提出程序，以1954年《中华人民共和国宪法》为例，中央人民政府委员会在1953年1月专门成立了以毛泽东同志为首的中华人民共和国宪法起草委员会。宪法草案初稿最先由中国共产党中央委员会提出，并由宪法起草委员会组织，在首都和全国各地组织各民主党派、人民团体和来自各行各业的公民代表，对初稿展开广泛的研究和讨论。在此基础上制定了宪法草案，并在1954年6月由中央人民政府委员会公布，征求全国人民的相关意见和建议。这一草案一公布便引起了整个社会广泛的关注，获得了很多修改和补充的意见。根据这些意见，宪法起草委员会对原来的草案再度作了修改，并且经过1954年9月9日中央人民政府委员会第三十四次会议讨论通过，最终形成正式的宪法草案[②]。宪法起草和草案修改的过程，就是一个各种利益和意愿诉求、表达和不断整合的过程，征求意见越广泛，程序越健全，则立宪的社会基础就越加牢固。

（三）宪法的通过

为了保证宪法的权威性，各国的宪法在产生效力前都必须履行严格的通过程序。一般要求宪法草案在表决中赞同票达到立法机构的绝对多数才能通过。除此之外，很多国家在宪法生效问题上还要求履行特别的批准程序。例如，美国宪法第七条规定，经九个州制宪会议的批准，即足以使本宪法在各批准州成立。《德意志联邦共和国基本法》第一百四十四条规定，本基本法应经本法初期施行之德意志各邦之民意代表机关三分之二之认可。一些国家在通过宪法时，还要求采用全民公决等公民形式，如现行的瑞士联邦宪法就是于1999年经由公民投票通过的。

（四）宪法的公布

由于宪法的普遍适用效力，世界各国均要求宪法以一定的方式公布。例如，1947年日本宪法就规定，本宪法自公布之日起，经六个月后开始施行，将宪法的公布作为实施的条件。《德意志联邦共和国基本法》第一百四十五条也明确规定，"一、制宪会议应

① 施米特 C. 宪法学说[M]. 刘锋，译. 上海：上海人民出版社，2005.
② 刘少奇. 刘少奇选集（下卷）[M]. 北京：人民出版社，1985.

在大柏林代表之参加下举行公开会议，通过本基本法，签署并公布之。二、本基本法自公布期满时生效。三、本基本法应刊登联邦公报"。我国现行宪法由全国人民代表大会通过后，也于当天以全国人民代表大会公告的形式向整个社会加以公布施行。

第三节　宪法的基本原则

一、宪法基本原则的概念和特征

宪法的基本原则指的是宪法中所贯穿的基本准则，是立法者基本宪法理念的集中体现。因此有学者认为，宪法基本原则是"制宪者在制定宪法时依据的基本理论，在规定国家制度和社会制度时遵循的根本标准"[①]。还有学者认为宪法原则是"体现在宪法制度与程序中的价值和理念，是构成宪法价值共同体的基础和联结点"[②]，以及"一定文本的宪法所规定或者确认的基本原则、基本准则和基本价值，体现了统治者的根本意志、利益和要求"[③]。

不同于一般的宪法规则，宪法原则具有普遍性、特殊性、最高性、抽象性、稳定性。普遍性指的是宪法原则反映着近现代宪法的基本精神，带有一定的共同性。特殊性是指宪法原则是为宪法这一法律部门所特有的基本准则，是与宪政活动密切相关的原则。宪法原则的最高性的特点最终是由宪法作为国家的根本大法的地位所决定的，宪法的原则在所有法律原则体系中居于最高的位阶，一切法律规则均不能与其相抵触。宪法原则的抽象性，指的是宪法的原则是宏观的而不是具体的准则，它具有高度的概括性，是所有宪法规则中所共同蕴含的基本宪法精神。另外，由于宪法是国家的基本法，为了保证宪法的权威，宪法的修改具有严格的程序，而宪法的基本原则更是具有极强的稳定性，只有这样才能保证国家法度的连续性。

当然，宪法原则具有一定的普遍性，这并不表明各国的宪法可以相互照搬。不同国家宪法根植的历史传统和社会土壤各异，其性质、使命和发展的路径也存在天渊之别。因此，虽然各国对宪法原则的基本精神及其表述具有一定的相似性，术语上也可以相互借鉴，但却有着完全不同的政治和文化深层的内涵，并服务于各国不同时期的政治和社会目的。每一种法治形态背后都有一套政治理论，每一种法治模式当中都有一种政治逻辑，每一条法治道路底下都有一种政治立场[④]。历史和现实告诉我们，只有传承中华优秀传统法律文化，从我国革命、建设、改革的实践中探索适合自己的法治道路，同时借鉴国外法治有益成果，才能为全面建设社会主义现代化国家、实现中华民族伟大复兴夯实法治基础[⑤]。既不存在所谓的"普世"宪法，也不存在足以成为别国完全效仿之"典

① 张庆福. 宪法学基本理论[M]. 北京：社会科学文献出版社，1999.
② 韩大元，林来梵，郑贤君. 宪法学专题研究[M]. 北京：中国人民大学出版社，2004.
③ 林世龙. 认识与彰显宪法原则探讨[J]. 中学政治教学参考，2020，（2）：28-30.
④ 中共中央文献研究室. 习近平关于全面依法治国论述摘编[M]. 北京：中央文献出版社，2015.
⑤ http://www.qstheory.cn/laigao/ycjx/2021-03/02/c_1127158692.htm[2021-03-02].

范"宪法①。历史上无数事实证明，中国只有坚持走中国特色社会主义法治道路，才能真正实现民族的复兴。正如习近平总书记在十八届四中全会第二次全体会议上的讲话中强调的那样："中国特色社会主义法治道路是一个管总的东西。具体讲我国法治建设的成就，大大小小可以列举出十几条、几十条，但归结起来就是开辟了中国特色社会主义法治道路这一条。"②

二、宪法的基本原则的内容

学术界一般认为，与近现代宪法的基本精神和价值相关，宪法的基本原则主要表现为以下几方面。

（一）党的领导原则

政党政治是现代政治的基本形态，同时也是现代政治生活开展的基本途径。亨廷顿认为，对于处于现代化之中的社会来说，所谓"建立国家"，部分意味着创建有效的官僚机构，但更重要的还是建立一个能够调整新集团参与政治的有效政党体系③。因此，政党对社会的领导是现代社会民主政治的一个显著特征。

党的领导是我国宪法的首要原则。2018 年，第十三届全国人民代表大会第一次会议把"中国特色社会主义最本质的特征是中国共产党领导"纳入宪法，从而以宪法的形式确立了党的领导地位。党的十九届四中全会审议通过的《中共中央关于坚持和完善中国特色社会主义制度、推进国家治理体系和治理能力现代化若干重大问题的决定》把"坚持党的集中统一领导"归纳为我国国家制度和国家治理体系 13 个方面显著优势之首，并把"坚持和完善党的领导制度体系"放在极为重要的位置。党的二十大进一步强调要"坚决维护党中央权威和集中统一领导，把党的领导落实到党和国家事业各领域各方面各环节，使党始终成为风雨来袭时全体人民最可靠的主心骨，确保我国社会主义现代化建设正确方向，确保拥有团结奋斗的强大政治凝聚力、发展自信心，集聚起万众一心、共克时艰的磅礴力量"④。这些重要举措在理论和实践层面，把坚持党的全面领导推向了新的境界⑤。我国宪法之所以将党的领导以原则的形式加以确立，首先是由党的性质和宗旨所决定的，中国共产党是按照马克思列宁主义思想建立的新型政党，是工人阶级的先锋队，中国共产党从诞生之日起，就把全心全意为人民服务当作自己的唯一宗旨，因而具有思想和组织上的先进性。其次，中国共产党的领导是中国历史发展的必然规律。"中国共产党始终代表最广大人民根本利益，与人民休戚与共、生死相依，没有任何自己特殊的利益，从来不代表任何利益集团、任何权势团体、任何特权阶层的利益"⑥，也正因为如此，历史和人民选择了中国共产党，使中国共产党成为中国人民的领导核心。再次，党

---

① 苗连营，陈建. 习近平法治思想中的宪法观[J]. 法律科学（西北政法大学学报），2021，（3）：4.
② http://fuwu.12371.cn/2015/06/02/ARTI1433212875173637_1000.shtml? from=groupmessage&isappinstalled=0[2018-05-07].
③ 亨廷顿 S P. 变化社会中的政治秩序[M]. 王冠华，刘为，等译. 上海：上海人民出版社，2005.
④ https://www.gov.cn/xinwen/2022-10/25/content_5721685.htm[2022-10-27].
⑤ 樊欣. 坚持党的全面领导的首要原则[N]. 中国社会科学报，2021-06-17（001）.
⑥ https://www.gov.cn/xinwen/2021-07/01/content_5621847.htm[2021-07-16].

的领导地位，也是党在中国革命和社会主义建设的长期实践中确立的。正如我国宪法序言中所表述的那样，中国新民主主义革命的胜利和社会主义事业的成就，是中国共产党领导中国各族人民，在马克思列宁主义、毛泽东思想的指引下，坚持真理，修正错误，战胜许多艰难险阻而取得的。只有在中国共产党成立后，中国人民和中华民族才找到了实现民族独立、人民解放和国家富强、人民幸福的正确道路①。中国共产党同时也是中国现代宪政运动和法治建设的倡导者和领导者，也是中国特色社会主义法治体系的缔造者，其领导地位的确立，可以说是实至名归。中国历史的发展充分证明，在中国，只有中国共产党才能充分团结全国人民，实现社会发展、国家富强和民族的复兴。最后，在我国，党的领导不仅是宪法人民主权原则的集中体现，同时也是其他宪法原则得以实现的基本保障。宪法是党和人民意志的集中体现，是通过科学民主程序形成的国家根本法，党的领导，不仅体现了中国广大人民的意志，同时党的性质和作用决定了，在中国只有依据党的坚强领导，才能真正实现人民当家作主，充分实现人民民主的权利。

十八大以来，中国特色社会主义进入新时代，在习近平总书记的指引下，中国共产党坚持和加强党的全面领导，统筹推进"五位一体"总体布局、协调推进"四个全面"战略布局，坚持和完善中国特色社会主义制度、推进国家治理体系和治理能力现代化，坚持依规治党、形成比较完善的党内法规体系，战胜一系列重大风险挑战，实现第一个百年奋斗目标，明确实现第二个百年奋斗目标的战略安排，党和国家事业取得历史性成就、发生历史性变革，为实现中华民族伟大复兴提供了更为完善的制度保证、更为坚实的物质基础、更为主动的精神力量。中华民族迎来了从站起来、富起来到强起来的伟大飞跃，实现中华民族伟大复兴进入了不可逆转的历史进程。

（二）人民主权原则

《宪法》第二条规定，中华人民共和国的一切权力属于人民。此等宪法规定被公认是"人民主权"原则的宣示②。人民主权指的是一个国家的最高权力应掌握在社会全体成员手中。主权的概念，最初由中世纪思想家博丹在其《国家论六卷》中所提出，博丹认为主权是一个国家的绝对的和永久的权力，是不受法律约束的，对公民和臣民进行统治的最高权力③。因此，博丹强调国家存在着一种绝对的、永久的、最高的统治权力，并且认为这一权力必须由君主所享有。博丹提出主权学说，目的在于维护国王的权威，以便协助君主与宗教和割据势力相抗衡，应当说，在当时的历史条件下其观点曾产生了一定的进步意义。但其所主张的主权在君思想，也为后来的封建专制提供了理论依据，一度成为历史发展的障碍。在博丹之后，著名思想家格劳秀斯、霍布斯、洛克等对主权问题也进行了较为深入的讨论，虽然观点有所不同，但都对主权学说的全面确立和进一步完善做出了贡献。

主权理论在其发展过程中的一个令人瞩目的重大转折点在于卢梭提出的人民主权学

① 习近平. 坚持和完善中国特色社会主义制度　推进国家治理体系和治理能力现代化[J]. 求知，2020，（2）：4-9.
② 刘练军. 人民主权理论的思想史叙事[J]. 政法论坛，2020，38（3）：3-16.
③ 谷德春，吕世伦. 西方政治法律思想史（上）[M]. 沈阳：辽宁人民出版社，1986.

说。与博丹主权在君观点不同的是，卢梭立足于社会契约论，在主权归属问题上，主张主权在民。我们每个人都以其自身及其全部的力量共同置于公意的最高指导之下，并且我们在共同体中接纳每一个成员为全体不可分割的一部分……这一由全体个人结合所形成的公共人格……当它是主动时，就称它为主权者[①]。卢梭认为，人民主权是绝对的，不受限制的，并没有而且也不可能有任何一种根本法律是可以约束人民共同体的，由于主权是不可转让的，同样理由，主权也是不可分割的[③]。

值得一提的是，在博丹最初提出主权学说时，该理论就存在着先天不足。卢梭的人民主权学说也是建立在虚幻的社会契约假说基础之上的，同样具有其历史局限性，但人民主权学说的历史进步意义也是显而易见的。人民主权学说对近代资产阶级革命和宪法的产生起到了重要的推动作用，并成为近代民主和宪政的重要理论基础。1776年美国《独立宣言》就明确表明，"政府的正当权力，系得自被统治者的同意，如有任何一种形式的政府变成损害这些目的的，那么人民就有权来改变或废除它"。马克思在批判君主专制时，也将人民主权思想作为强大的思想武器，马克思说："人民的主权不是从国王的主权中派生出来的，相反地，国王的主权倒是以人民的主权为基础的"[②]。

人民主权原则在今天仍然有其独有的价值，人民主权原则在解释国家权力的来源与合法性、保障社会民主方面具有十分重要的意义，因此是宪法最主要的原则之一。"如果我们把宪法看作一种总的价值体系的话，那么这种价值体系的基础在于国民合意"[③]。当然，我们也应当看到，现代资本主义国家虽然都以宪法形式确立了人民主权，但其社会性质决定了其立法体现的只能是垄断集团的意志和利益。

只有在社会主义条件下，人民主权才能得到真正实现。"我国社会主义制度保证了人民当家作主的主体地位，也保证了人民在全面推进依法治国中的主体地位。这是我们的制度优势，也是中国特色社会主义法治区别于资本主义法治的根本所在"[④]。《宪法》第二条明确规定，"中华人民共和国的一切权力属于人民"，人民依照法律规定，通过各种途径和形式，管理国家事务，管理经济和文化事业，管理社会事务。因此，维护宪法权威，就是维护党和人民共同意志的权威。捍卫宪法尊严，就是捍卫党和人民共同意志的尊严。保证宪法实施，就是保证人民根本利益的实现[⑤]。

（三）人权原则

人权（human rights）又称基本人权或自然权利，指的是人作为人类社会主体而应当享有的权利。人权是个人都有生活在他所在的环境之中的权利，像所有其他人一样生活的权利，发展的权利，生存的权利，工作的权利，休息的权利，发现的权利，同其他人生活在一起的权利，结婚的权利和抚养子女的权利：人权就是人按照其本性生活并与他

① 卢梭. 社会契约论[M]. 何兆武，译. 北京：商务印书馆，1987.
② 中共中央马克思恩格斯列宁斯大林著作编译局. 马克思恩格斯全集（第1卷）[M]. 北京：人民出版社，1956.
③ 韩大元. 亚洲立宪主义研究[M]. 北京：中国人民公安大学出版社，1996.
④ 习近平. 习近平谈治国理政（第二卷）[M]. 北京：外文出版社，2017.
⑤ 习近平. 在首都各界纪念现行宪法公布施行30周年大会上的讲话[N]. 人民日报，2012-12-05（002）.

人生活在一起的权利。①

　　人权的概念最初是随着文艺复兴运动的兴起而产生的，文艺复兴时期的思想先驱们为了反抗中世纪一统天下的神权统治，大力倡导人文主义，主张社会生活应当以人为中心而不是以神为中心，强调尊重人的主体价值和人的基本权利。在17～18世纪出现的资产阶级启蒙运动中，资产阶级启蒙思想家运用自然法和社会契约论为人权提供了进一步的理论依据，使人权学说真正得以系统化，从而成为否定君主专制的有力武器。正如马里旦所说，"人权的哲学基础是自然法"，而康德也认为，"天赋的权利是每个人根据自然而享有的权利，它不依赖于经验中一切法律条例"②。

　　人权的观念随着资产阶级革命的成功在宪法上得到全面的确立。1776年美国《独立宣言》中明确指出，"我们认为这些真理是不言而喻的：人人生而平等，造物主赋予他们若干不可剥夺的权利，其中包括生命权、自由权和追求幸福的权利"。1789年法国《人权和公民权宣言》也明确指出，"任何政治结合的目的都在于保存人的自然的和不可动摇的权利。这些权利就是：自由、财产、安全和反抗压迫"。1776年美国《独立宣言》表明，"为了保障这些权利，所以才在人们中间成立政府"。

　　应当说，人权学说在历史上曾经起到过进步作用，人权已成为宪法基本原则。但我们也应当看到，人权最初的提出，只是满足资产阶级发展资本主义的诉求和手段，人权在阶级社会的资本主义世界中是不可能真正实现的。马克思一针见血地指出，在资本主义社会，"平等地剥削劳动力，是资本的首要的人权"③，"人权本身就是特权"④。在当代经济全球化条件下，一些国家也将人权用作干涉他国内政的理论工具，以"人权高于主权"作为挑战别国主权的借口。

　　需要指出的是，尽管人权学说具有一定的非科学性，甚至存在着沦落为霸权工具的负面效应和风险，但由于人权诉求本身所具有的正当性，人权理念已发展成为当今世界各国宪法所普遍接受的基本价值观。《联合国宪章》规定联合国的宗旨就在于促成国际合作，以解决国际间属于经济、社会、文化及人类福利性质之国际问题，且不分种族、性别、语言或宗教，增进并激励对于全体人类之人权及基本自由之尊重。在对待人权的态度上，一方面，由于人权是近现代宪法的基本精神和宪政的根本目的，我们应当充分肯定其价值，不能因为对人权的理解存在不同，就否定人权本身的进步意义。但另一方面，也应当防范一些国家以人权为借口实现其狭隘的国家利益。什么是人权？首先一条，是多少人的人权？是少数人的人权，还是多数人的人权，全国人民的人权？西方世界的所谓"人权"和我们讲的人权，本质上是两回事，观点不同。⑤2004年我国通过的宪法修正案，首次在宪法中引入人权的概念。《宪法》第三十三条明确规定："国家尊重和保障人权。"这是中国民主宪政和政治文明建设的重大突破，也是我国人权发展过程中的一个里程碑。因此，人权原则也为我国宪法所确认的基本宪法原则。"推进全面依

　　① 弗莱纳 T. 人权是什么？[M]. 谢鹏程，译. 北京：中国社会科学出版社，2000.
　　② 康德. 法的形而上学原理：权利的科学[M]. 沈叔平，译. 北京：商务印书馆，1991.
　　③ 中共中央马克思恩格斯列宁斯大林著作编译局. 马克思恩格斯全集（第23卷）[M]. 北京：人民出版社，1972：324.
　　④ 中共中央马克思恩格斯列宁斯大林著作编译局. 马克思恩格斯全集（第3卷）[M]. 北京：人民出版社，1960：229.
　　⑤ 邓小平. 邓小平文选（第3卷）[M]. 北京：人民出版社，1993.

法治国，根本目的是依法保障人民权益。"①保障人权不仅体现了我国宪法的基本宗旨，而且也为宪法实施提供了现实的条件。正如习近平总书记所指出的那样："要把以人民为中心的发展思想贯穿立法、执法、司法、守法各个环节，加快完善体现权利公平、机会公平、规则公平的法律制度，保障公民人身权、财产权、人格权和基本政治权利不受侵犯，保障公民经济、文化、社会等各方面权利得到落实，确保法律面前人人平等"②，"只有保证人民依法享有广泛的权利和自由，维护最广大人民根本利益，实现人民群众对美好生活的向往和追求，宪法才能深入人心，走入人民群众，宪法实施才能真正成为全体人民的自觉行动"②。

（四）权力监督制约和民主集中制原则

权力监督制约指的是国家权力应做出合理的划分，各部分相互牵制，彼此监督，只有这样才能保障权力运行的合法性、公正性和科学性，权力的监督制约，是权力行使的内在要求。习近平总书记指出："要强化制约，合理分解权力，科学配置权力，不同性质的权力由不同部门、单位、个人行使，形成科学的权力结构和运行机制。"③党的二十大特别强调要"健全党统一领导、全面覆盖、权威高效的监督体系，完善权力监督制约机制，以党内监督为主导，促进各类监督贯通协调，让权力在阳光下运行"④。

有关权力划分和制约的思想自古有之，古希腊时期著名思想家亚里士多德就认为由于人性存在着向恶的因素，因此权力必须加以制约，人之间互相依仗而又互相限制，谁都不得任性行事，这在实际上对每个人都有利⑤。在古雅典，经过梭伦、克里斯提尼和伯里克利等的改革，民主政治曾一度发展到较高的水平，并形成了较为完善的监督机制，其中包括官员任职前的资格审查制度、信任投票制度、卸任检察制度、不法申诉制度、贝壳放逐制度等一系列权力制约制度⑥。

近代的资产阶级思想家进一步发展了古代思想家有关权力制约的学说，其中孟德斯鸠的观点最具有代表性。孟德斯鸠主张将国家权力根据其功能和属性不同划分成三个相对独立的部分，彼此制约，达到权力运用上的均衡的效果，从而避免权力专断的弊端。孟德斯鸠认为，每一个国家有三种权力：①立法权力；②有关国际法事项的行政权力；③有关民政法规事项的行政权力……依据第一种权力，国王或执政官制定临时的或永久的法律，并修正或废止已制定的法律。依据第二种权力，他们讲和或宣战，派遣或接受使节，维护公共安全，防御侵略。依据第三种权力，他们惩罚犯罪或裁决私人讼争。我们将称后者为司法权力，而第二种权力则简称为国家的行政权力。孟德斯鸠宣称，当立法权和行政权集中在同一个人或同一个机关之手，自由便不复存在了；因为人们将要害

---

① 习近平. 坚定不移走中国特色社会主义法治道路，为全面建设社会主义现代化国家提供有力法治保障[J] 求是，2021，（5）：4-15.

② 习近平. 论坚持全面依法治国[M]. 北京：中央文献出版社，2020.

③ 中共中央纪律检查委员会，中共中央文献研究室. 习近平关于党风廉政建设和反腐败斗争论述摘编[M]. 北京：中央文献出版社，中国方正出版社，2015：128.

④ https://www.gov.cn/xinwen/2022-10/25/content_5721685.htm[2022-10-27].

⑤ 亚里士多德. 政治学[M]. 吴寿彭，译. 北京：商务印书馆，1983.

⑥ 何勤华. 外国法制史[M]. 北京：法律出版社，2002.

怕这个国王或议会制定暴虐的法律，并暴虐地执行这些法律……如果司法权不同立法权和行政权分立，自由也就不存在了。如果司法权同立法权合而为一，则将对公民的生命和自由施行专断的权力，因为法官就是立法者。如果司法权同行政权合而为一，法官便将握有压迫者的力量……如果同一个人或是由重要人物、贵族或平民组成的同一个机关行使这三种权力，即制定法律权、执行公共决议权和裁判私人犯罪或争讼权，则一切便都完了。①

近代宪法有关权力制约的原则在各国宪法中均得到了一定的体现，法国 1789 年《人权和公民权宣言》中明确规定，凡权利无保障和分权未确立的社会，就没有宪法。美国宪法规定，立法权属合众国的国会，国会由一个参议院和一个众议院组成。行政权力赋予美利坚合众国总统，而美利坚合众国的司法权属于一个最高法院及由国会随时下令设立的低级法院。应当说，孟德斯鸠的权力划分与相互制衡的学说尽管对权力的监督和制约起到了一定的作用，但一些国家将三权鼎立奉为圭臬，完全将不同的部门作为独立、平行的权力主体，则不仅造成了部门权力的膨胀，与制度设立的初衷也相去甚远，甚至背道而驰，而且相互的扯皮也人为导致了政府的割裂和低效，最终成为社会的沉重的负担。因此如何解决权力制衡和公平效率的冲突，已日益成为一些国家社会治理中无法根治的顽疾。

我国在长期的宪法实践中形成了具有中国特色的权力制约和监督制度，其中民主集中制既是在我国行之有效的国家机关组织方法，同时也是有效的权力监督和制约的原则。我国宪法明确规定，"中华人民共和国的国家机构实行民主集中制的原则"，"全国人民代表大会和地方各级人民代表大会都由民主选举产生，对人民负责，受人民监督"，"国家行政机关、监察机关、审判机关、检察机关都由人民代表大会产生，对它负责，受它监督。中央和地方的国家机构职权的划分，遵循在中央的统一领导下，充分发挥地方的主动性、积极性的原则"。另外，我国宪法还充分保障了公民对国家机关的监督权，宪法规定，"中华人民共和国公民对于任何国家机关和国家工作人员，有提出批评和建议的权利"，这些规定既保证了权力行使的统一性和高效性，同时也为公共权力合法、合理行使提供了重要的保障。

（五）法治原则

法治（rule of law）最为直接的含义是由法律而不是人进行的统治。法治思想可以追溯到古希腊时期，按照一般的观点，法治一词，最初来源于古希腊著名哲学家亚里士多德的有关论述。与注重贤人政治的柏拉图不同，亚里士多德更为推崇法律的作用，主张法治。亚里士多德认为法律的特点在于其没有感情，凡是不凭感情因素治事的统治者总比感情用事的人们较为优良，法治应当优于一人之治，因此最后的裁决权利应该寄托于正式订定的法律，而个人的权力或若干人联合组成的权力，只应在法律有所不及的时候，方才应用它来发号施令，作为补助。亚里士多德还认为，法治应包含两重含义：已成立的法律获得普遍的服从，而大家所服从的法律又应该本身是制

　　① 孟德斯鸠. 论法的精神（上册）[M]. 张雁深，译. 北京：商务印书馆，1961.

定的良好的法律①。亚里士多德的上述表述准确概括了法治最为基本的构成要素，并将法治作为人治的对立的范畴加以阐述，从而提出了与传统人治迥然不同的另一种社会治理模式。尽管如此，亚里士多德有关法治的观念与近现代法治观念仍有着本质的区别。

近代意义上的法治观，起源于西方资产阶级革命时期，是与资本主义基本政治价值观紧密相连的。例如，英国著名思想家洛克在其《政府论（下篇）》一书中就认为，法律一经制定，任何人也不能凭自己的权威逃避法律的制裁；也不能以地位优越为借口，放任自己或任何下属胡作非为，而要求免受法律的制裁②。法律不论贫富，不论权贵和庄稼人都一视同仁，并不因特殊情况而有出入，并认为法律的目的不是取消或限制自由，而是维护和扩大自由。这是因为在所有能够接受法律支配的人类的状态中，哪里没有法律，哪里就没有自由①。如果说亚里士多德更多是从政体和治理方式的优劣角度来衡量人治与法治的不同，而近现代的法治，则更多展现的是一种新型的社会结构和人与人的关系。

近代英国法学家戴雪（Dicey）被政治学和法学界公认为近代西方法治理论的奠基者。戴雪曾从三层意义上对法治进行了阐释：第一，人人皆受法律统治而不受任性统治；第二，人人皆须平等地服从普通法律和法院的管辖，无人可凌驾于法律之上；第三，宪法源于裁定特定案件里的私人权利的司法判决，故宪法为法治之体现或反映，亦因此，个人权利乃是法律之来源而非法律之结果③。

20世纪以来，法学界对法治的内涵进行了更为充分的探讨，如美国著名自然法学家富勒提出了包括一般性、对社会颁布、不溯及既往、清晰性、非冲突性、可行性、连续性、官方行动与公布的规则之间的一致性在内的法治八项具体原则，对法治的要件进行了具体的分析④。莱兹和菲尼斯等也对法治的原则进行了具体的阐释。1959年在印度召开的"国际法学家会议"上所公布的《德里宣言》，则提出了著名的法治三原则，即立法机关的职能就在于创设和维护使得每个人保持"人类尊严"的各种条件；法治原则不仅要对制止行政权的滥用提供法律保障，而且要使政府有效地维护法律秩序，借以保障人们具有充分的社会和经济生活条件；司法独立和律师自由是实施法治原则不可缺少的条件⑤。

党的十八大之后以习近平同志为核心的党中央对全面推进依法治国的问题高度重视。习近平总书记指出："我们要实现经济发展、政治清明、文化昌盛、社会公正、生态良好，必须更好发挥法治引领和规范作用。"⑥2014年10月，中国共产党第十八届中央委员会第四次全体会议做出了《中共中央关于全面推进依法治国若干重大问题的决定》（简称《决定》），提出"全面推进依法治国，总目标是建设中国特色社会主义法治体系，

---

① 法学教材编辑部《西方法律思想史编写组》. 西方法律思想史资料选编[M]. 北京：北京大学出版社，1983.

② 洛克J. 政府论（下篇）[M]. 叶启芳，瞿菊农，译. 北京：商务印书馆，1987.

③ 夏勇. 法治是什么：渊源、规诫与价值[J]. 中国社会科学，1999，（4）：177-143，207.

④ 富勒LL. 法律的道德性[M]. 郑戈，译. 北京：商务印书馆，2005.

⑤ 王人博，程燎原. 法治论[M]. 济南：山东人民出版社，1989.

⑥ 中共中央文献研究室. 习近平关于全面依法治国论述摘编[M]. 北京：中央文献出版社，2015：4.

建设社会主义法治国家"，这是全面推进社会主义法治建设的总纲领。我国宪法规定：
"中华人民共和国实行依法治国，建设社会主义法治国家。国家维护社会主义法制的统一
和尊严。一切法律、行政法规和地方性法规都不得同宪法相抵触。一切国家机关和武装
力量、各政党和各社会团体、各企业事业组织都必须遵守宪法和法律。一切违反宪法和
法律的行为，必须予以追究。任何组织或者个人都不得有超越宪法和法律的特权。"宪
法的上述规定，是中国全面建成社会主义现代化强国的基石。

第四节 宪法形式、宪法渊源与宪法结构

一、宪法的形式和渊源

（一）宪法的形式

宪法的形式是相对于宪法内容而言的，指的是宪法作为一个法律部门，在体系结构、
法典体例和规范构成等方面所具有的一切外在表现形式。宪法的形式与宪法的内容是相
辅相成、互为表里的，优良的立法不仅需要有内容上的科学性和先进性，而且还需要辅
以良好的立法形式，只有这样才能保障宪法价值和理念在现实生活中得到有效的实施和
应用。

（二）宪法的渊源

在"推进合宪性审查"的背景下，宪法渊源应该被作为一个实践性问题重新提出[①]。
宪法的渊源是宪法形式的重要组成部分，一般是指组成宪法这一法律部门在法律规范上
的构成和来源，即宪法这一法律体系，在形式上究竟是由哪些不同形态和种类的规范所
构成的。

1. 宪法的主要渊源

从世界各国立宪的情况看，宪法的渊源复杂多样的，表现形态不一，不同种类的规
范其制定主体有所区别，效力也有所不同，常见的宪法渊源主要有以下几点。

1）成文宪法典

成文宪法典指的是一国所专门制定或编纂的一部以宪法或基本法为名的体系完整的
单一宪法性法律文件，它一般由专门的制宪机关按照特定的程序制定，并在法律规范体
系中具有最高的法律效力。目前世界大部分国家均制定有成文的宪法典，如美国于1787
年制定的《美利坚合众国宪法》，经过多次修订，仍然是美国宪法的主要渊源。

2）宪法性法律

宪法性法律指的是为了落实宪法（典）中的根本内容，而由相应的权力主体所制
定的相应法律[②]。例如，英国近现代所制定的《人身保护法》《权利法案》《王位继承
法》，以及《议会法》等，虽未冠以宪法之名，但均发挥着宪法的实际功能。另外，

---

① 张翔. 宪法概念、宪法效力与宪法渊源[J]. 法学评论，2021，39（4）：24-35.
② 韩秀义，闫明明. 宪法性法律：党章之规范定位[J]. 辽宁大学学报（哲学社会科学版），2019，47（3）：93-104.

世界各国为实施宪法而制定的组织法、选举法、代表法、立法法、国籍法等，因与宪政核心体制的运行密切相关，是宪法基本规范的直接延伸，因此也属于宪法性法律文件的范畴。

3）宪法惯例

宪法本身，无论整个的或部分的，都可以是不成文法、习惯法[1]。宪法惯例是指虽然无明文规定，但长期以来在政治生活中约定俗成，为国家认可并得到社会普遍遵从的习惯性做法。例如，英国关于"内阁首相自行组阁"的宪法惯例，就是 1834 年首相罗伯特·庇尔为保持内阁稳定，自行组阁并获得英王默许而逐渐形成的[2]。在西方历史上，一些法学流派曾极度推崇习惯法的地位，甚至将习惯法视为非构成性(constructive)的，且具有宣告性(declaratory character)的行为[1]。也就是说，人们遵从习惯并不是将习惯上升为法律的立法行为，习惯之所以能为人遵守是因为其本身就是法律，而人们只是发现了法律而已，这种法律或者是自然法的体现，或者是民族精神的产物，或者是社会连带关系的客观体现，在某种意义上，其地位远高于人定的法律。当然，相较于一些形同具文的语义规范和文义规范，不成文的习惯作为政治"潜规则"能得以普遍遵从，足以显现其所具有的较强的适应性和生命力。然而，我们也应当看到，无论是在成文宪法还是不成文宪法的国家，宪法惯例均不可能替代宪法和宪法性法律的作用。正如英国著名法学家哈特所述，习惯在现代世界不是一个非常重要的"渊源"。在立法机构可以用法规剥夺一个习惯之法律地位的意义上，习惯通常是一个次要的渊源[3]。

4）宪法判例

司法机构在审理案件过程中所做出的与宪法有关的判例在一些国家也具有法律效力，并成为宪法的一个重要渊源。例如，美国虽然有成文的宪法典，但因其在传统上是一个判例法国家，因此美国宪法中一些重要的宪法制度或宪法权利，都来源于司法判例。1801 年美国联邦法院通过"马伯里诉麦迪逊"一案开创了美国联邦法院对政府行为和国会立法进行合宪性审查的先例，从而在美国历史上正式确立了司法审查制度。1963 年的米兰达一案，使美国联邦法院正式通过判决将犯罪嫌疑人的沉默权确定为宪法性权利。在美国历史上，一些著名的宪法性司法判例往往对美国宪法的演进和发展产生了关键的推动作用。

5）宪法解释

宪法解释一般被划分为两类：第一类是宪法解释机关所作的独立的宪法解释决议；第二类则是在合宪性审查过程中为了判断法律是否合宪而对宪法作出的解释[4]。目前学术界对宪法解释的主体还存在着不同的看法，有的学者认为从广义上看任何国家机关、组织和个人均可以对宪法的含义进行相关的解释。但也有学者认为，宪法解释与宪法理解不同，宪法解释就是为了解决人们因对宪法规范理解上的分歧而产生在执行和遵守上存

① 凯尔森 H. 法与国家的一般理论[M]. 沈宗灵，译. 北京：中国大百科全书出版社，1996.
② 周叶中. 宪法[M]. 北京：高等教育出版社，2000.
③ 哈特 H L A. 法律的概念[M]. 张文显，郑成良，杜景义，等译. 北京：中国大百科全书出版社，1996.
④ 卢野，陈一. 论我国合宪性审查中的宪法解释：从宪法走向规范依据[J]. 四川师范大学学报（社会科学版），2021，48（6）：62-73.

在着的不一致的问题，如果承认任何的组织、个人都能对宪法进行解释，并按照自己的解释来遵守和执行宪法的话，就无法保证对宪法遵守和执行上的统一①。作为宪法来源之一的宪法解释，显然指的不是一般学理性的阐释，而是一种特殊形式的立法活动，指的是享有宪法解释权的国家机关针对宪法实施过程中所涉及的相关具体问题，对宪法条文的内涵作出的进一步界定和细化。根据有权解释宪法主体的不同，宪法解释又可以分为立法机关解释、司法机关解释和专门机关解释三种主要的模式。其中我国采用立法机关解释模式，美国采用的是由普通法院解释宪法的司法机关解释模式，而德国的宪法法院和法国的宪法委员会作为专门机关对宪法行使解释权。

6）国际条约和惯例

国际条约指的是两个或两个以上的国家或国际组织之间，就相互间权利义务关系所签订的法律文件的总称，而国际惯例则是国际交往实践中长期形成的，在国际上被普遍接受并视为具有法律约束力的行为规则或模式。目前大部分国家都赋予国际法具有高于国内法的优先地位，很多国家在宪法中明文规定了国际条约的法律效力。例如，美国宪法第六条明确规定：美利坚合众国已经缔结及将要缔结的一切条约，皆为全国之最高法律。法国宪法第五十五条也规定：国际条约或协议经正式批准或认可并经签约国对方付诸实施者，自公布日起具有优于法律之效力。当然，各国宪法在承认国际条约为宪法的渊源之一的同时，出于保护国家主权的宗旨，也对国际条约的生效设定了一定的条件和程序，如法国宪法第五十三条就明确规定，媾和条约、商务条约、有关国际组织之条约或协议、涉及国家财政之条约或协议、涉及修改具有法律性规定之条约或协议、有关个人身份之条约或协议，以及有关领土之让与、交换、归并之条约及协议，须经立法程序批准及认可。上述条约及协议非经批准或认可，不生效力。领土之让与、交换及归并，非得当地人民之同意，不生效力。

7）权威性宪法著作

法学家的学术观点，表达的是个人对法律的学理性理解，本身不是法律，一般也不具有法律效力。但在历史上，一些法学家由于在学术上所具有的极高地位和声誉，其著作和学术观点往往在审判中被广泛引用，以至成为审判的依据，在一定程度上起到了与法律规范同等的作用。罗马时期，罗马皇帝曾一度颁布《学说引证法》，赋予五大法学家帕比尼安、乌尔比安、盖尤斯、保罗和莫迪斯蒂努斯的著作和对法律的解答具有法律效力，以至于法学家的解答和著述也成为罗马法的重要渊源。而近现代，在宪法领域，采用成文宪法的国家一般排斥权威性宪法著作的法律效力，但在判例法国家，在没有宪法规定和成例的情况下，权威性宪法著作往往会在审判中被引用，从而成为审判的依据，因此，学术界一般认为，权威性的宪法著作在特定条件下也可以成为宪法的渊源。以英国为例，历史上的一些著名宪法学权威著作，如布莱克斯通的《英国法释义》、白芝浩的《英国宪法》、詹宁斯的《法与宪法》、戴雪的《英宪精义》等一度在审判中起到了十分重要的作用。以致到 20 世纪末，戴雪的话仍然被誉为"某种意义上英国所拥有的唯

---

① 王广辉. 宪法解释与宪法理解[J]. 中国法学，2001，（4）：177-181.

一成文宪法"①。

2. 我国宪法的主要渊源

一般认为我国宪法渊源主要包括成文宪法典、宪法性法律、宪法惯例、宪法解释等表现形式。

1）成文宪法典

我国是传统的成文法国家，成文宪法典是宪法的主要法律渊源。新中国成立后，制定了《中国人民政治协商会议共同纲领》，其在当时起到了临时宪法的作用。其后，我国曾先后于1954年、1975年、1978年和1982年分别制定了四部宪法。1982年制定的现行宪法经过1988年、1993年、1999年、2004年、2018年五次修正和不断完善，既是对我国改革开放的基本成果的法律总结，同时也充分体现了现代宪法的基本理念和发展方向，作为中国法治建设的最重要的成绩，在我国整个法律体系中占有最高的法律地位。

2）宪法性法律

在我国除了具有独立的宪法典以外，全国人民代表大会还制定了一系列宪法性的法律，以保障宪法典的全面实施。这些法律有《中华人民共和国全国人民代表大会组织法》《中华人民共和国国务院组织法》《中华人民共和国人民法院组织法》《中华人民共和国国籍法》《中华人民共和国全国人民代表大会和地方各级人民代表大会代表法》《中华人民共和国未成年人保护法》《中华人民共和国妇女权益保障法》《中华人民共和国老年人权益保障法》等，都属于宪法性的法律，这些法律与宪法典相辅相成，共同构成了一个完整、有机的宪法性规范体系。

3）宪法惯例

关于我国是否存在宪法惯例，学术界至今仍存在着争议，一些学者对此持否定观点。例如，有学者认为作为成文法的传统国家，中国缺少宪法惯例存在的土壤。有学者甚至从实现法治的目的和任务出发，完全否定宪法惯例在中国宪法实施中的作用。认为中国宪法的实施途径，首要在于宪法的法律化和违宪审查机制的建立，那些零星、有争议的宪法惯例是无法独当宪政建设之重任的，而宪法惯例的不恰当泛化，已构成对宪法规范性的直接挑战，因而有必要重申宪法的规范性②。从我国宪法发展的实际情况而言，这些观点应当说具有一定的客观性和合理性。但我们同时也应当看到，就传统而言，宪法惯例在我国虽然并不具备与成文法一样的地位，但在宪政实践中确实存在着一些宪法惯例，这是不容置疑的。例如，我国每年全国人民代表大会和政治协商会议往往同时召开；而国家的重大决策，往往会先由政治协商会议、各民主党派和人民团体展开讨论，并征询相关专家的意见，最终由全国人民代表大会做出决定，这些为既往经验证明行之有效的做法，已在政治生活中被不断重复并逐步固定，从而上升为惯例，在我国政治生活中起到了良好的作用，因此也是我国宪法不可忽视的一个法律渊源。

① 何永红. "新"与"旧"之间的英国宪法：原则及其解释[C]//高鸿钧，余盛峰，鲁楠. 清华法治论衡：宪制与制宪. 北京：清华大学出版社，2013：99-100.

② 何永红. 中国宪法惯例问题辨析[J]. 现代法学，2013，35（1）：18-27.

4）宪法解释

享有宪法解释权的机关对宪法所做的解释也是我国宪法的重要渊源。我国宪法第六十七条规定，全国人民代表大会常务委员会行使解释宪法的职权。因此在我国，全国人民代表大会常务委员会是法定的唯一宪法解释机关，其关于宪法条文及其含义的解释和说明依照宪法典的规定具有法律效力。

二、宪法的结构

（一）宪法结构的概念

结构本身指的是各个组成部分的搭配和排列[①]。由于我们平常所说的宪法，既可以指宪法这一部门法的整体，也可以专门指名为宪法的一部法典，因此宪法的结构，也可以从上述两个不同的层面加以理解，一是指宪法作为一门部门法，其整个部门法体系的结构；二是指宪法典本身的结构。另外，既然宪法的结构是宪法各个组成部分的搭配和排列，则这种"组成部分"既可以是内容，也可以是形式，因此宪法的结构相应地也可以分为内容上的搭配和排列，以及形式上的搭配和排列。

宪法的结构与宪法的形式是相互独立又相互交叉重叠的两个不同的概念。首先，两者在内涵上具有根本的差别，是两个不同属性的范畴。宪法的结构是组成宪法诸要素的搭配和排列的模式，而宪法的形式指的是宪法内容的外在表现形态。其次，两个概念在外延上又存在着一定程度的交叉和重叠。其中，宪法结构不仅表现为宪法内容要素上的结构，也表现为形式上的结构形态，如宪法典的编排体例，而后者也是宪法形式的重要表现之一，因而两者在一定范围内存在密切的相关性。

（二）宪法的体系结构

宪法的体系结构指组成一国的宪法的不同形式法律规范的组合及协调。目前世界上不同国家的宪法体系可分为成文宪法体系和不成文宪法体系，其中成文宪法体系是以宪法典为主体，宪法性法律文件、宪法惯例、宪法判例和宪法解释为补充和辅助的有层次、有核心的有机结构。对于不成文宪法体系是否存在结构，不同的专家存在不同的观点。有专家认为不成文宪法体系中各种宪法性法律、宪法惯例、宪法判例和宪法解释相互间不存在效力上的差别和相互间的隶属关系，因此不存在结构问题。但也有专家认为这种理解不正确，尽管诚如许多学者指出的那样，不成文宪法本身的结构不够规范，其具有松散的特点或者根本不存在所谓严格结构的问题，可是结构不够规范、松散、不严格并不能说明不成文宪法就不存在结构的问题[②]。有学者对两种不同宪法条件下的宪法体系结构进行了分类，在成文法国家，宪法体系表现为以成文宪法典为核心，以宪法性法律、宪法惯例、宪法解释为补充的中心发散性结构；而在不成文宪法国家，宪法性法律、宪法惯例、宪法判例等，它们之间的结构问题可称为等列平行型，其没有处于

---

① 中国社会科学院语言研究所词典编辑室. 现代汉语词典[Z]. 北京：商务印书馆，2012.

② 文露. 论宪法结构的要素构成及其功能[J]. 人民论坛：中旬刊，2010，（3）：62-63.

核心地位的法律规范，故结构较零散①。但无论是何种模式，都是宪法体系结构的不同形态。

（三）宪法典的结构

不同国家宪法典在内容和形式的组织、编写方式上有所不同。从宪法典所规范的内容上看，各国的宪法典在相关内容展开的先后顺序、分类标准和规制角度上使用的手段和方法各异。我国宪法典内容是根据宪法调整对象的性质及其层级的不同，依次按宪法宗旨、基本原则和基本制度、公民的基本权利和义务、国家机构的组织、其他内容的格局来分别作出规定。美国宪法则是按照联邦的权力、州的权力、宪法的修改及效力的内容划分进行组织编排，联邦权力中又按照立法、行政、司法三权的划分分别加以规范。

宪法典的形式结构包括体例和格式两个方面，其中宪法典的体例指的是宪法典在行文上的层次结构。我国的宪法分别由章、节、条、款、项、目组成，而美国宪法则由条、款、项、目组成。有些国家宪法在章之上还设有篇这一层级，如意大利、印度、新加坡等国家，都采用这一体例。

宪法的格式指的是宪法典中各章节如何根据其不同的表达功能加以划分，并在空间上进行合理的编排。大部分国家的宪法格式均由名称、目录、序言、正文、附件、制定机构和制定时间等部分组成，并依次分别展开。其中，序言是指放在宪法正文之前，说明宪法制定的由来、目的、制宪者的意志、治国的基本原理等内容的一段陈述性或宣告性的文字②。宪法的正文是宪法典的实体部分，一般由总则、分则和附则三部分构成，是关于宪法基本原则、基本制度、宪法效力和修改程序的相关规定。

第五节　宪法规范与宪法关系

一、宪法规范

（一）宪法规范的概念和主要特征

宪法规范是指宪法所确立的各种行为准则。宪法规范是法律规范的特殊形态，除具备法律规范所有的普遍特征外，也表现出其不同的属性。

（1）宪法规范在其内容上具有根本性。宪法规范所规定的内容都是国家基本的政治、经济和社会制度及公民的基本权利和义务，同时涉及社会存在和发展最重要、最基本的问题，因此带有根本性。

（2）宪法规范在效力等级上具有最高性。宪法规范其效力居于普通法律规范之上，若其他法律规范与宪法规范产生冲突，则应当遵从宪法的规定。

（3）宪法规范在调整范围上具有广泛性。与一些部门法规范不同，宪法规范是调整整个社会生活领域中的社会关系，它既涉及政治和经济制度，也关系到社会生活，因此

---

① 纪高峰，任立民. 宪法结构刍议[J]. 河北科技大学学报（社会科学版），2005，5（1）：53-56.

② 宫泽俊义. 日本国宪法精解[M]. 董璠舆，译. 北京：中国民主法制出版社，1990.

具有广泛性。

（4）宪法规范在规范方式上具有原则性。宪法是关于社会生活最为基础性的规定，带有很强的宏观性，因此只能是一些概括性的规定，从而作为其他法律规定的原则性和方向性指导，这与具体的部门法规定有着较大的区别。

（5）宪法规范在变迁进程上具有稳定性和适应性。宪法是社会法治和秩序的基石，因此宪法的规定不能随便变更，应在较长的时期内保持稳定。但另外，宪法规范与其他法律规范一样，都必须与社会实际相适应，也只有与社会实际相适应，才能发挥应有的作用。否则，就会变成形式意义上的规范，阻碍社会的进步和发展，失去规范的价值。在这一点上，宪法规范与其他法律规范是相同的，只不过宪法规范能在更大的幅度内适应社会实际的变化[①]。为了保证宪法的适应性，在制定宪法时，不仅要全面立足于社会现状，还要兼顾社会发展的总体趋向，从而使宪法与社会发展的目标保持一致。

（二）宪法规范的构成要素和种类

1. 宪法规范的构成要素

宪法规范从其逻辑结构上看，主要包括三个相互关联的部分，即假定、处理和制裁。其中，假定是指宪法规范适用的条件；处理是指宪法所界定的标准的行为模式，是对行为主体应当、可以或不能做什么而做出的法律上的引导和要求；而制裁则是指违反规范所应承担的法律后果。关于宪法规范的具体构成要素，目前学术界仍存在着不同意见，特别是对宪法规范是否具备制裁要素的问题。有一些学者认为宪法并不具备制裁要素，因为从宪法规范的文字表述上看，其在逻辑结构上往往只有假定和处理部分，一般没有制裁部分。有学者甚至认为，无具体制裁性或惩罚性，是宪法规范的一大特点。上述学者的这一观点，也有学者认为是不妥当的。宪法如果没有制裁性，则其最高规范的效力将无从体现。因此有学者认为，宪法不是没有制裁要素，而是包含在其他具体化法律、法规中，由这些法律、法规予以补充、完善。但也有专家认为，宪法典本身完全具备制裁措施，宪法作为根本法，与其他法律的作用方式、作用领域、作用对象是不同的，其制裁措施也与其他法律有所不同。各国宪法监督机关或者适用宪法的国家机关所能够采取的措施主要有：对立法、行政行为以及司法裁决予以撤销、宣布无效，或宣告在具体案件审理中拒绝适用，对责任人员的罢免和弹劾，以及对某些特定组织的取缔等。宪法典一般都明确规定了这些制裁措施，同时宪法典在规定这些制裁措施时，与其他法律规范还有一个不同之处就是它不是在每一个条款当中都规定这些制裁措施，而是集中在某些条文当中做出规定[②]。

2. 宪法规范的种类

由于不同的宪法规范在具体功能、内容、表现形式等方面有所不同，宪法规范具有一定的多样性，并可按照不同的标准分为不同的种类，通常使用较多的宪法规范分类方

---

① 胡锦光. 论宪法规范的基本特点[J]. 中国人民大学学报, 1996, （2）: 41-46.
② 胡锦光. 论宪法规范的构成要素[J]. 法学家, 1998, （4）: 10-13, 129.

法主要有以下几种。

1）确定性规范、委任性规范和准用性规范

根据规范内容的直接性和独立性的差异，宪法规范可划分为确定性规范、委任性规范和准用性规范三个不同的种类。其中，确定性规范指的是规范本身内容确定，无须引用其他规范加以说明；而委任性规范是没有直接确定行为规则的内容而委托某一专门机关加以确定的规范[①]，准用性规范则是指某一部分规定得并不具体，而准许引用其他法规[①]。

2）强制性规范和任意性规范

由于宪法规范的强制程度各不相同，宪法规范还可以区分为强制性规范和任意性规范。强制性规范指的是宪法规定的内容必须加以执行，不允许当事人变更法律的相关规定。我国宪法规定，"任何组织或者个人都不得有超越宪法和法律的特权"，这就是典型的禁止性的强制性规范。任意性规范则是指依据该规范，当事人可以对其具体行为方式进行有条件的选择。

3）授权性规范和义务性规范

按照宪法规范所规定的当事人的行为模式，宪法规范往往还划分为授权性规范和义务性规范。授权性规范是指授予宪法主体有权采取一定行为或不采取一定行为的规范。义务性规范是指要求宪法主体必须采取或不得采取一定行为的规范。授权性规范和义务性规范在有些特定的情况下可能出现竞合，从而表现为权义复合性规范。例如，我国宪法规定"中华人民共和国公民有受教育的权利和义务"就是具有典型意义的权义复合性的规范。在宪法中存在大量授权性规范，其中绝大多数是有关国家机关及其工作人员的组织和活动的规范[②]。

4）实体性规范和程序性规范

实体性规范是直接对宪法主体的权利、义务或职责作出明确规定的规范，宪法中的大部分规范属于实体性规范。程序性规范是相对于实体性规范而言的，指的是宪法中有关国家基本制度运行程序的相关规定。例如，我国宪法第六十一条规定，"全国人民代表大会会议每年举行一次，由全国人民代表大会常务委员会召集。如果全国人民代表大会常务委员会认为必要，或者有五分之一以上的全国人民代表大会代表提议，可以临时召集全国人民代表大会会议。全国人民代表大会举行会议的时候，选举主席团主持会议"，这一规定就是关于全国人民代表大会召集和召开的相关程序性规定。

二、宪法关系

（一）宪法关系及其特征

宪法关系是指依照宪法在宪法主体之间所形成的，与宪法性权利、义务相关的一种特殊的法律关系。相较于一般法律关系，宪法关系表现出以下几种不同的特征。

---

① 张先成，刘金国. 法理学[M]. 北京：中国政法大学出版社，1991.
② 张文显. 对法律规范的再认识[J]. 吉林大学社会科学学报，1987，（6）：1-6.

1. 宪法关系是社会生活中最为基本的法律关系

不同效力等级的法律所规范的社会关系层面也存在相应的差异。普通法律所调整的社会关系，往往是社会领域中相对具体的社会关系。宪法是国家的根本法，是社会生活中最为基本的准则。与此相关，宪法所调整的也是社会生活中带有根本意义的最为重要的社会关系，这些社会关系是整个社会生存和发展的基础。普通的法律关系，是宪法关系的具体化，自然应当遵循宪法关系的根本要求。

2. 宪法关系是以宪法规范为基本依据的社会关系

任何法律关系都是法律所确认的社会关系的标准模式，是法律对普通社会关系规制后所产生的理想状态。法律关系的合规范性特点，是法律关系和普通社会关系的重要区别。同样，宪法关系也是为宪法所确认、规范、校正后所形成的必然产物，宪法关系就是符合宪法基本要求、为宪法所认可的社会关系。因此，宪法规范是宪法关系产生的重要前提，也是宪法关系成立的基本依据。

3. 宪法关系是以宪法性权利、义务为内容的法律关系

不同的法律关系依照法律各不相同，并且主体间的权利和义务也有着根本性的差别。民事法律关系是在当事人之间围绕人身和财产问题所产生的权利和义务关系；而行政法律关系则是以行政活动为内容的权利和义务关系。与这些法律关系不同的是，宪法所涉及的权利和义务关系，既不涉及普通的人身和财产等民事问题，也不涉及具体的行政活动，而是与国家整体的宪政活动相关，是国家基本制度运行和公民基本权利行使过程中形成的根本性的权利和义务关系。

4. 宪法关系是兼具事实与价值双重属性的法律关系

宪法不能创造社会关系，而只是对现有的社会关系进行调整和规范，从这个意义上说，宪法关系是主体之间的事实关系，带有客观现实性。宪法的规定往往体现了一个社会的基本价值观念，宪法所设计的社会关系的标准模型，反映了一个社会顶层设计的理念，渗透着人们对社会关系理想状态的一种愿望，对社会生活发挥着引导作用。因此，宪法关系是一种客观存在，同时也反映着特定的价值追求，具有双重属性。

（二）宪法关系的构成

宪法关系作为法律关系的一种特殊形态，与普通法律关系相比较，同样具备主体、内容和客体等基本构成要素。

1. 宪法关系的主体

宪法关系的主体是宪法关系的参加者，是宪法所规定的权利的享有者和义务、职责的承担者，宪法关系主体这一概念所解答的是某一宪法关系究竟是发生在谁和谁之间的问题。一般认为，宪法关系的主体主要是公民和国家，因此，宪法关系主要发生在公民和国家之间。

1）公民

公民即在国籍上隶属于某国，并在这一国家享有法定权利并承担法定义务的个人。在宪政产生前的历史阶段，个人与政府的地位是极不平等的，政府占有绝对的优势地位，而组成社会的绝大多数个人并不是真正意义上社会政治关系的主体，甚至只是客体。只

有在宪政条件下，公民才被认为是主体，并且是最为重要的权利主体。现代各国宪法中一般都设有专章以阐释公民的基本权利，很多国家的宪法有关公民权利的内容在编排顺序上也往往先于国家机构，以彰显公民权利的重要性及公民优于国家权力的法律地位。公民是国家产生的原因，也是国家存在的目的。公民不仅是国家权力的最终来源，还是宪政实践的直接参与者，因此是宪法关系中最为重要的主体。

2）国家

国家也是宪法关系的主体，这不仅是因为国家为了履行其社会治理的职能，必须享有一定的职权，还因为其承担着重要的宪政义务，国家在现代社会中是最重要的宪法义务承担者。由于国家是一个抽象的整体概念，国家机关往往演化为国家的主要物化形式和具体表征。以中央国家机关为代表的整个国家机构诸种权力机关作为一种公法法人，执行对公民和社会的公共管理职能，是一种无可置疑的宪政公法关系基本主体[1]。

3）其他主体

除公民与国家外，现代政治生活中政党往往也是至关重要的参与者，是推动现代政治运行的最为重要的政治力量之一。目前世界上已有 70 多个国家的宪法对政党的组织和活动制定了相关原则，一些国家还制定有专门的政党法[2]。因此，政党也是现代宪法的重要主体。还有一些学者认为，当代社会，民族问题已引起世界各国的日益重视，很多国家宪法中都有关于民族地位和权利的相关规定。另外，一些学者也主张，在现代社会政治生活中，工会等社会组织、宗教团体及一些利益集团也发挥着重要作用，因此民族和这些社会组织、团体、集团，也应当是宪法关系的主体。

2. 宪法关系的内容

宪法关系的内容指的是宪法关系的主体围绕一定的宪法客体而产生的权利、义务，宪法关系内容需要解答的问题是宪法关系主体间究竟发生的是何种关系。

与内容较为单一的普通法律关系不同，宪法关系中的权利、义务同其他部门法中的权利、义务相比，呈现出鲜明的特点。首先，不同主体宪法性权利、义务的属性存在较大差异。突出表现在国家因其在社会生活中担负着不可推卸的重要职能，因此国家所享有的权利一般被称为权力，而其所承担的义务，也往往被称为职责，且国家权力与职责具有统一性，被统称为职权。其次，权利、义务在一定范围内和一定条件下存在着不均衡性。尽管从总体上来说，宪法权利、义务具有对等性，但宪法关系中的具体法律关系，多数表现为绝对法律关系，即其中主体一方是具体的公民、社会组织或国家机关，相对一方为不特定的其他一切主体，表现为"一个人对一切人"的关系。除国家、社会组织和公民的财产、资源所有权关系为公认的绝对法律关系外，公民的人身权利、政治、经济、文化和社会权利，以及最高国家机关对其他国家机关、权力机关对同级其他机关、上级机关对下级机关等的关系，大多数都不是双向互约关系，而是一方享有权利或权力，其他一切主体有满足其要求或服从其权力的义务的单向制约关系[3]。最后，权利、义务关

---

① 梁忠前. 论宪法关系[J]. 法律科学（西北政法学院学报），1995，（1）：23-31.

② 何力平. 政党法律制度研究[M]. 哈尔滨：黑龙江人民出版社，2003.

③ 赵世义，汪进元. 宪法关系论纲[J]. 国家检察官学院学报，1996，（1）：10-16.

系往往体现为公民权利和国家权力之间的彼此关联和对应。其中，公民一般作为权利主体出现，而国家则是主要的义务主体。鉴于在国家与公民的关系中，公民天生处于弱势地位，因此对国家的权力进行制约，从而保护公民的权利，这是现代宪法最为基本的出发点。这就决定了在宪法关系的内容中，更多地表现为对公民权利的保护和对国家权力的制约。也就是说，对公民来说，宪法所突出的是其权利；而对国家来说，宪法所强调的是其义务。虽然宪法赋予了国家一定的职权，但这些职权，是为履行国家职责所必须的，其实是职责的另一种体现。

由于宪法关系的内容，相对于公民来说首先表现为权利而非义务。因此宪法所规定的公民基本权利条款，对其他公民是否具有法律效力，已成为法律界争议较多的一个难题。传统的观点认为宪法主要是约束国家权力的，是用来防范国家权力的侵害。因此宪法所规定的公民基本权利，其义务主体只能是国家，对"第三人"即其他公民来说，宪法所规定的基本权利不具有法律效力。传统的立宪主义旨在国家权力与公民权利之间设置相互调整的制度，即针对专制的国家权力的肆意运用，而保护自由自立的个人所固有的、不可侵犯的权利，此为基本人权的保护，为近代宪法的价值体系的核心。于是，在这种理念下，对公权力拥有独占性地位的国家权力，就被假定为基本人权的侵害主体，而公民的基本权利在很大程度上被界定为相对于国家权力的防御权①。国外有学者还从公法和私法的划分角度出发，认为宪法有关基本权利的规定，属于公法范畴，而要求一个公民对另一个公民承担义务，属于私法问题。因此如果肯定公民基本权利对其他公民的法律效力，则必然会导致公法与私法界限的混淆。目前，关于宪法基本权利的第三人效力问题，在德国讨论较为激烈，并形成了以尼伯代（Nipperdey）为代表的直接效力学说和以杜立希（Duerig）为代表的间接效力学说。前者认为宪法基本权利条款既然是最高规范，当然应当直接在私人间适用，而后者否定宪法基本权利条款对第三人的效力，但主张其可以通过宪法对民法的影响从而间接地得到适用，从而实现基本权通过客观价值秩序对一般法（einfache rechte）产生影响（所谓的辐射效力 ausstrahlung-swirkung）②。

对宪法关系内容的理解，也影响着宪法规范在司法审判中的直接适用，即宪法司法化的可行程度。我国20世纪90年代发生的齐玉苓一案③，法院对侵犯公民受教育权行为判决的一个重要前提，即涉及宪法所规定的公民基本权利可诉性问题。因此对宪法关系内容的探讨，特别是对其性质的认定，存在较强的理论价值的同时，也有着十分重要的现实意义。

3. 宪法关系的客体

宪法关系的客体指的是宪法主体所享有的权利和承担的义务所指向的对象，宪法关系客体所解答的问题是宪法主体间究竟是围绕什么发生的关系。这与可以同时表现为物和行为等多种类型客体的其他法律关系不同，宪法关系的客体往往表现为单一的行为。

---

① 尹晓红. 宪法对第三人效力探微[J]. 辽宁行政学院学报，2006，（9）：33-35.
② 张巍. 德国基本权第三人效力问题[J]. 浙江社会科学，2007，（1）：107-113.
③ 1990年，被告之一陈晓琪参加中等专科学校的预选考试落榜，而原告齐玉苓被山东省济宁商业学校录取。陈晓琪遂在其父陈克政的策划下，截留齐玉苓的通知书，冒名顶替到济宁商业学校就读，毕业后分配到中国银行滕州支行工作，后被齐玉苓发现，齐玉苓以自己受教育权被侵犯为由向法院起诉陈晓琪父女、济宁商业学校等，要求其承担赔偿责任。

例如，对于公共规范性文件、政治职位与职权、政治措施、国家对外政策等，既不能为主体的权利和权力所直接指向，也不能为宪法规范所直接调整，必须通过宪法行为才能在宪法关系中得以表现①。因而宪法关系的客体只能是行为，其中既包含行使宪法性权利的行为，也包含依照宪法执行权力的行为。

除具有主体、内容及客体三方面的构成要素外，宪法关系也会因为一定的法律事实而产生、变更或消灭，因此事实不仅是宪法关系产生、变更和消灭的原因，也是宪法关系的构成要件之一。宪法事实既包含不以人的意志为转移的客观事件，也包含体现着宪法主体主观意志的行为。前者如人的出生和死亡，虽不以人的意志为转移，但却会引起宪法关系的产生和消灭，而后者如司法机关剥夺罪犯政治权利的行为，也会引起宪法关系内容的变化。

第六节　宪法的价值和作用、宪法观念、宪法文化与宪政

一、宪法的价值

（一）宪法价值的内涵

价值在哲学上是一个较为抽象的概念。学术界往往是从主客体关系的角度来界定价值的概念。从客体的角度而言，价值是指客体的存在、作用，以及它们的变化对于一定主体需要及其发展的某种适合、接近或一致②。因此价值的最基本含义指的是某种事物能够满足他人需求的所有特征之总和。与此同时，人们往往还从主体的角度谈论价值，价值往往也可以是指一定主体所持有的有关客体价值的一种观念和评价标准，即价值观。人的价值观念是指一种价值或一种价值观念体系。一个人可以据此判断好坏是非，并指导自己的行为③。因此，价值观是指一个人对特定事物是否存在价值及其价值大小所持有基本的认识和观念，既包括一个人的价值取向、目标，同时也表现为一定的衡量价值的尺度和标准。价值观为人自认为正当的行为提供充分的理由，是浸透于整个个性之中支配着人的行为、态度、观点、信念和理想的一种内心尺度④。

宪法价值是法律价值的最重要组成部分或根本表现⑤。由于人们对价值的认识本身具有一定的复杂性，宪法价值也是一个多元化的概念。广义的宪法价值除可以指宪法本身对人类发展所做出的客观贡献外，还指人们有关宪法的价值观念。价值观念中既包括人们判断、衡量一部宪法优劣的评价标准，也包括宪法本身所体现的社会价值观。狭义的宪法价值则专指宪法中所包含的人们的基本价值观念，即一个民族自我价值取向和评价事物的是非标准，特别是宪法中所折射出的社会理想、理念、目标和信念。由于宪法价值

① 周叶中. 宪法[M]. 2 版. 北京：高等教育出版社，2005.
② 李德顺. 价值论：一种主体性的研究[M]. 北京：中国人民大学出版社，1987.
③ 马斯洛. 人类价值新论[M]. 胡万福，谢小庆，王丽，等译. 石家庄：河北人民出版社，1988.
④ 黄希庭. 心理学导论[M]. 北京：人民教育出版社，1991.
⑤ 宁凯惠. 论宪法价值的实现[J]. 法学评论，2019，37（3）：38-46.

地位极其重要，因此在一种突出的意义上，因一种特定内容而被称为宪法的"宪法"①。

（二）宪法基本价值

宪法作为资产阶级革命的产物，不可避免地体现资产阶级有关正义、自由、平等、博爱、人权、民主、法治、秩序等基本的价值观。这些价值观的提出带有强烈的阶级属性，服务于资产阶级夺取政权和发展资本主义的需要。但我们也应看到，这些社会理想和理念之所以在资产阶级革命时期得到当时社会广泛的认同，主要原因也在于其在一定程度上顺应了人们的总体愿望，体现了共同的社会理想，因而有关宪法的价值，其中很多并不是资本主义的专利，而是人类共同的文化财富。

价值观是一种多维度多层次的心理倾向系统……罗克奇根据工具-目标维度把价值观区分为工具性价值观和终极性价值观②。与一般价值观一样，宪法的价值也是一个具有不同维度和层面的复合结构体系。根据某类价值在实现人类社会理想过程中的地位和作用，同样可以将宪法价值划分为终极性价值观和工具性价值观。其中宪法终极性价值观，是宪法所蕴含的人类最终的社会目标。当然，对于哪些应当是宪法的终极价值，不同的学者有着不同的看法，较为普遍的观点是将正义、人权及社会秩序看作宪法的最终目标。美国政治学家罗尔斯在谈到正义的作用时认为，正义是社会制度的首要价值，就像真理是思想体系的首要价值一样。一种理论，无论它多么精致和简洁，只要它不真实，就必须加以拒绝或修正；同样，某些法律和制度，不管它们如何有效率和有条理，只要它们不正义，就必须加以改造或废除③。人权在很多法律思想家的心目中具有同样重要的地位，康德认为它属于天赋权利的范畴，甚而高于人定的法律，天赋的权利是每个人根据自然而享有的权利，它不依赖于经验中的一切法律条例④。正因为如此，马里旦认为，人权的哲学基础是自然法⑤。也有学者将社会秩序视为是宪法的最高价值之一，如英国法学家富勒认为法律的价值在于满足或有助于满足人们共同需要的一种合作努力，每一条法律规则都有旨在实现法律秩序某种价值的目的⑥。

与宪法的终极价值相关联，宪法还包含一系列工具性的价值，这些价值不仅本身体现着人们的社会理想和信念，有其相对的独立性，而且同时也是实现宪法终极价值必须借助的手段和途径。例如，宪法中所包含的民主、法治、人权、权力制约等传统的基本价值观，这些价值一方面在宪法的长期实践中已演化为宪法不可或缺的标志性符号，另一方面也是社会正义、人权和社会秩序坚实的制度化和基础性的保障手段。

二、宪法的作用

宪法的作用即宪法可能产生的效果。规范作用和社会作用是宪法作用的两个不同的

---

① 施米特 C. 宪法学说[M]. 刘锋，译. 上海：上海人民出版社，2005.
② 黄希庭. 心理学导论[M]. 北京：人民教育出版社，1991.
③ 罗尔斯 J. 正义论[M]. 何怀宏，何包钢，廖申白，译. 北京：中国社会科学出版社，1988.
④ 康德. 法的形而上学原理：权利的科学[M]. 沈叔平，译. 北京：商务印书馆，2002.
⑤ 马里旦. 人和国家[M]. 刘山，等译. 北京：商务印书馆，1986.
⑥ 博登海默 E. 法理学：法哲学及其方法[M]. 邓正来，姬敬武，译. 北京：华夏出版社，1987.

表现层面。其中，宪法的规范作用指的是宪法本身作为一种行为准则对人的行为模式会产生什么样的直接影响；而宪法的社会作用则是指宪法实施后对整个社会生活所带来的变化及其结果。宪法的规范作用是宪法产生社会作用的前提，而宪法的社会作用是宪法规范作用在社会生活中的进一步应用、实现和扩张。

宪法的规范作用体现为宪法规范对个体行为所具有的指引、评价和预测效用。

宪法规范的指引作用是指宪法规范可以对宪法主体加以指示、引导，从而规范宪法主体的行为。例如，我国宪法规定，一切国家机关和武装力量、各政党和各社会团体、各企业事业组织都必须遵守宪法和法律。该条规定对一切社会组织和团体的行为均具有指导作用，并成为这些组织和团体必须遵守的行为准则。

宪法规范的评价作用是指宪法规范作为一种参照体系，是认定和衡量人们行为正确与否的基准，进而成为对人们行为进行鼓励、谴责或处罚的依据。例如，我国宪法规定，中华人民共和国公民的人身自由不受侵犯。如出现侵犯公民人身自由的现象时，人们就可以依照宪法的上述规定，对侵害公民人身自由的行为给予否定的评价，并以此要求对侵害者进行必要的谴责和惩罚。

宪法规范的预测作用是指依照宪法的相关规定，宪法主体可以事先判断某种行为的法律后果，同时也可以了解其他主体的行为方式，并据此做出正确的行为选择。例如，我国宪法规定，对于公民的申诉、控告或者检举，有关国家机关必须查清事实，负责处理。任何人不得压制和打击报复。根据该项规定，公民可以预测到国家机关对公民申诉、控告或者检举的保护态度，从而积极行使相关的权利。

宪法的规范作用的表现形式是多方面的，除上述作用外，宪法往往还具有教育、强制等其他规范作用。

由于宪法具有至高无上的法律地位和法律效力，其影响力是无所不在的，在不同的社会领域中均发挥着十分重要的作用，其社会作用主要体现为宪法对政治生活的作用、对经济生活的作用和对社会文化生活的作用。宪法不仅确立了一个国家最根本的政治、经济和文化制度，而且规定了不同社会主体在政治、经济和文化生活中的基本权利和义务，因此是国家治理和社会发展不可或缺的基石。

三、宪法观念与宪法文化

（一）宪法观念

宪法观念指的是人们在实践中形成的关于宪法的各种认知的总和。宪法观念是宪法意识的一个有机的组成部分，宪法意识是人们对宪法规范及宪法现象所具有的全部知识和心理态度的总称。宪法观念是对宪法理性思考所产生的认知，宪法观念虽然属于人的主观认识范畴，但却来源于客观实践。因此马克思认为"观念的东西不外是移入人的头脑并在人的头脑中改造过的物质的东西而已"[①]。

宪法观念按照不同的考察标准和角度可以形成不同的类别，其中按照形成时间的不

---

① 马克思 K. 资本论（第1卷）[M]. 中共中央马克思恩格斯列宁斯大林著作编译局，译. 北京：人民出版社，1975.

同，可以将其划分为古代宪法观念、近代宪法观念和现代宪法观念；按照持有某种观念的主体不同，可以将其归纳为个体宪法观念、阶层宪法观念和社会宪法观念；按照宪法所包含的内容不同，可以将其总结为整体宪法观念和具体宪法观念；按照一定主体对宪法的认识程度不同，又可以将其区分为大众宪法观念和深层宪法观念；按照宪法历史类型的不同，还可以将其概括为社会主义宪法观念和资本主义宪法观念。

宪法观念与宪法的产生及其发展存在着高度的相互关联性。先进的宪法观念可以推动和促进宪法的产生和发展，而落后的宪法观念必然会影响和阻碍宪法的产生和发展。例如，历史上启蒙思想家关于宪法的理论和学说，曾一度成为资产阶级革命的重要思想武器，并对宪政运动产生了巨大的推动和促进作用。

（二）宪法文化

文化是人类可以用语言表达的最为复杂的概念之一。文化一词，来源于英文 culture（拉丁文是 cultus），最初是一个农业术语，原意为种植和耕作，逐渐被引申为与自然相对应的人类活动[①]。英国著名人类学家泰勒认为：文化或文明，在广泛的人类学意义上，是一个复杂的整体，包括知识、信仰、艺术、道德、法律、风俗，以及其任何作为社会成员的人所取得的能力和习惯[②]。目前学术界一般从两方面来界定文化的概念，一是广义的文化，指的是人类在改造自然和社会历程中所积淀的全部物质和非物质财富。二是狭义的文化则专门指人类在历史发展过程中所积累的精神财富的总和[③]。

与狭义的文化总体概念相适应，宪法文化一般指的是宪法产生和发展过程中人类所创造和积累的相关精神财富的统称。有学者还将宪法文化区分为观念文化（意指对人、政府和法律等问题的基本认识和总的观点）、制度文化（意指特定社会的"游戏规则"，它包括正式规则、非正式规则及规则执行机制三个基本的组成部分，这三部分构成不可分割的完整的制度内涵）和行为文化（意指与立宪政治相匹配的行为方式）三个不同的文化层面[④]。

宪法文化作为上层建筑的重要组成部分，不仅建立在一定的经济基础之上，而且与上层建筑的其他组成要素也有着密不可分的关系。一个国家的宪法文化不可避免地反映和渗透着其特有的历史传统、风俗习惯、道德伦理和宗教信仰。例如，中西方文化传统的差异，使得中国人的宪政文化与西方相比有许多不同的特点，其中在宪法理念和制度设计上，相较于注重个人主义的传统的西方，中国人更侧重于宪法中体现的集体主义和社会秩序等基本价值。宪法文化的探索表明，宪法是一个庞大的文化体系，仅仅依靠物化的制度构建是远远不够的，宪法的推广和实施，不仅取决于相关的立法，同时也依赖于宪法思想的传播、宪法知识的推广和整个社会宪法意识的提高，因而是一项复杂的系统工程。

① 萧俊明. 文化的语境与渊源：文化概念解读之一[J]. 国外社会科学，1999，（3）：18-25.
② Tylor E B. Primitive Culture: Researches Into the Development of Mythology, Philosophy, Religion, Art, and Custom(vol. 1)[M]. London: John Murray, 1871.
③ 周叶中. 宪法[M]. 北京：高等教育出版社，2000.
④ 江国华. 论宪法文化[J]. 中南民族大学学报（人文社会科学版），2010，30（3）：83-87.

四、宪法与宪政

宪政又称"立宪政体""立宪主义"，起源于资产阶级革命时期，最初是为了满足资本主义对君主权力加以约束的要求而产生的一种对合理政治模式的构想，其核心是将宪法作为有力的武器，用于限制君主的权力，从而达到民主的政治目标，通俗地说，就是法大于权的一种政治体制。关于宪政的概念，虽然学术界目前仍存在不同的理解，但一般认为宪政是同古代依附于君主个人意志的专制政治相对立的一个概念，指的是符合近现代宪法基本理念，以宪法为基石，并为宪法所规范和制约的一种近现代政治形态。

关于宪政的基本内涵，有学者认为应当由民主、法治和人权三要素构成，其中民主是宪政的基础，法治是它的重要条件，人权保障则是宪政的目的[①]。首先，宪政是以民主为基础的，没有近代资产阶级革命对民主的追求，就不可能产生宪法。因此，毛泽东同志在《新民主主义的宪政》中对宪法的含义做出了明确的回答："宪政是什么呢？就是民主的政治。"[②]其次，法治是宪政的重要条件。宪政就是运用宪法监督制约权力行使的政治形态，因此法治是宪政得以实现的基本手段和途径。"依法执政首先要坚持依宪执政。党领导人民制定宪法法律，领导人民实施宪法法律，党自身必须在宪法法律范围内活动。任何公民、社会组织和国家机关都必须以宪法法律为行为准则，依照宪法法律行使权利或权力，履行义务或职责，都不得有超越宪法法律的特权，一切违反宪法法律的行为都必须予以追究"[③]。最后，人权是宪政的最终目的。无论是民主还是法治，本身并不是目标，最终还是为了保障人的基本权利。宪政作为专制政治制度的对立物，其基本内涵就是：用宪法这一根本法的形式把已取得的民主事实确认下来，用法治的精神发展和完善这种民主事实，以此保障公民权利[④]。

在宪法与宪政的关系上，大部分学者均认为，宪法是宪政的前提条件，如果不存在宪法也就当然不会产生受到宪法规范的宪政。但我们也应看到，徒法不足以自立，徒法亦不足以自行。一部良好的宪法必须还立足于其健康的政治生活，宪政的实践对宪法的发展也起到十分重要的促进作用，二者是相辅相成，互为条件的。

思考与讨论

（1）对宪法可以作哪些分类？各种分类的标准分别是什么？

（2）宪法有哪些基本特征？

（3）宪法包括哪些基本原则？

（4）如何理解制宪权属于人民？

（5）宪法制定的主体有哪些？制定宪法要遵循什么程序？

（6）宪法有哪些渊源？我国宪法的主要渊源形式有哪些？

---

① 张文显，李步云. 法理学论丛（第一卷）[M]. 北京：法律出版社，1999.
② 毛泽东. 毛泽东选集（第二卷）[M]. 北京：人民出版社，1966：732.
③ 习近平. 加强党对全面依法治国的领导[J]. 思想政治工作研究，2019，（3）：6-9.
④ 张庆福. 宪法学基本理论（上）[M]. 北京：社会科学文献出版社，1999.

（7）宪法规范有哪些特点？又有哪些种类？

（8）什么是宪法关系？宪法关系由哪些要素组成？

（9）什么是宪政？宪政和宪法的关系如何？

案例分析题

　　被告人胡某因其女患有先天性癫痫病，长期通过委托代购的方式从境外获取药物用于治疗，并建立了较为稳定的海外药物购买渠道。在女儿的治疗过程中，胡某结识了一些同样希望购买上述药物的患儿家长，并建立了两个微信群，成员达到数百人。胡某除自己购买药物外，还接受委托，通过境外渠道购买药物加价后销售给其他患儿家长。2019年5月至2021年7月，胡某从境外邮购氯巴占、氨己烯酸、西罗莫司，用于转售，共计销售金额为50.41万余元，获利达3.1万余元。案发后，公安机关共查扣胡某购买的氯巴占155盒、氨己烯酸132盒、西罗莫司18盒。2023年3月，河南省中牟县人民检察院依法就被告人胡某的犯罪事实向河南省中牟县人民法院提起公诉。法院经审理，查明氯巴占、氨己烯酸、西罗莫司均系尚未获准在国内销售的境外处方药品。根据我国药品管理规定，未经国家行政主管部门批准，不得在国内进行销售。其中，氯巴占还属于国家实行特殊管理、定点经营的二类精神药品。法院认为，胡某未经许可经营法律、行政法规规定的专营、专卖物品或者其他限制买卖的物品，扰乱医药管理和市场秩序，情节严重，已构成非法经营罪。但考虑到胡某所买卖的药品系用于治疗癫痫病患者，社会危害性较小，且具有认罪、悔罪等从轻情节。2023年3月31日，河南省中牟县人民法院对被告人胡某非法经营案进行了公开宣判，认定被告人胡某犯有非法经营罪，判决免予刑事处罚。该案的审判引起了社会广泛的关注，一些人大代表、政协委员、媒体记者及当地群众参与了旁听，审判结果也受到社会各界的赞同，有专家认为该案的判决维护了法律的尊严，同时也满足了大众的期待。该案被最高人民法院和中央广播电视总台等单位主办的法治宣传活动评选为"新时代推动法治进程2023年度十大案件"之一。

　　问题：

　　运用所学知识谈谈你认为该案的判决体现了宪法的哪些原则？

第二章　宪法基本制度

本章教学要求

　　掌握宪法基本制度中关于国家性质、国家形式、公民的基本权利和义务、选举制度、国家机构和政党制度的基本知识要点，熟悉我国宪法条文的规定，能够熟练运用本章知识分析我国社会中的宪法基本制度及宪法现象。

重点问题
（1）我国的国体与政体
（2）国家机构的种类与职能
难点问题
（1）公民政治权利的范围和界限
（2）选举制度和政党制度的内容和运作规则

第一节　国　家　性　质

一、国家性质概述

　　国家不仅是全部政治的基本问题，也是宪法学中一个最为基本的概念。从古到今，关于国家的概念说法各异，主要的国家学说有国家契约说、社会共同体说、国家统治说、国家要素说、政治实体说、国家神权说、国家有机体说和马克思主义国家说等。现代国际法上的国家是指隶属于一个国家主权管辖之下的地球表面的特定部分，或是指一定范围领土之上的居民在一个独立自主的政府之下组成的社会[①]。因此，宪法学意义上的国家应将现代国家概念与宪法政治结合起来，形成以特定法律哲学为思想基础上的概念。国家是阶级矛盾不可调和产物，是阶级统治机器，包含定居的人民、土地、政府和主权四个要素。

　　我国宪法学界一般将国体、国家性质与国家本质做同一的理解。只不过，从根本含义上来说，国家性质是国家政权的阶级归属，是国体的核心内容。国家本质与国体是两个既紧密联系而又相互区别的概念。国家本质虽然主要指国家政权的阶级归属，但其是从抽象的、一般意义角度上讲，并不特指某一国家，同时国家本质是同国家特征相对应

[①] 秦前红. 新宪法学[M]. 武汉：武汉大学出版社，2005.

的。国体是与政体相对应的,只有在研究具体特定的国家时才有意义。所以,对国家本质与国体做个适当的区分,才是比较合适的。

国体首先是一个从政治学上借用过来的概念。在政治学上,其指国家的阶级本质,即在一个国家里各个阶级在社会政治生活中的地位。在宪法学领域内一般认为国体主要是反映宪法规范上的国家的根本制度。如沈宗灵先生认为"国体"一词,是指国家的本质,尤指国家的阶级本质。因而,此根本制度不能简单地认为是一项制度,可认为是系列制度的组成。中外思想家关于国家起源和本质的观点与理论众多,但真正科学地阐明国家起源与本质,特别是国家的阶级本质的,主要为持马克思主义理论观点的理论家。从国家的产生来看,马克思国家理论认为国家是阶级矛盾不可调和的产物;从国家的组织与职能来看,是统治阶级统治的暴力工具,是阶级矛盾、对立、斗争的产物。从这两个理由出发,认为国家历来是一个阶级对另一个阶级的统治,是统治阶级实行阶级统治的工具。基于此,在马克思国家理论基础上形成的毛泽东思想就认为"这个国体问题,从前清末年起,闹了几十年还没有闹清楚""其实,它只是指的一个问题,就是社会各阶级在国家中的地位""资产阶级总是隐瞒这种阶级地位,而用'国民'的名词达到其一阶级专政的实际"①。自近现代宪法国家产生以来,可以认为主要存在有两种形式的国体——资产阶级专政的国体和无产阶级专政的国体,与此相适应的是反映国家本质属性的国家形式,即资本主义国家和社会主义国家两种形式。

我国宪法学界关于国体的内涵概括起来主要有三种观点。

第一种观点为阶级本质说。观点主要认为国体是社会各阶级在国家中的地位。该观点是目前我国宪法学界关于国家性质的通说观点。该观点的形成是在以毛泽东同志对新民主主义理论观点作为依据的基础上,由学者进行不同的表述所形成的。有的学者认为国体是阶级属性,是宪法对社会各个阶级、阶层的权利和义务作出的最基本的规定,它表明哪些阶级、阶层处于统治阶级,哪些阶级、阶层处于同盟者地位,而又有哪些阶级、阶层处于被统治阶级,即国家对哪些阶级实行民主,哪些实行专政②。有的学者认为国体是各阶级在国家中的地位,即国家的阶级本质③。有的学者认为国体是国家的阶级性质,即国家的阶级本质,它是由社会各阶级在国家中的地位反映出来的国家属性④。除此外,还有一些不同的表述,但对国体的内涵论述基本上是一致。根据该观点,可以得出我国的国家性质,即国体是人民民主专政。

第二种观点为国家根本制度说。观点认为需区分政治意义上的国家和宪法意义上的国家。在政治上,国家性质、国家本质和国体都是同义语,指的是国家的阶级本质,即在一个国家里,各个阶级在政治生活中的地位,其中哪个阶级是统治阶级,哪个阶级是被统治阶级。在宪法上,国家性质是通过特定的宪法规范和宪法制度所反映的一国在政治、经济、文化等方面的基本特征,它反映该社会制度的根本属性,具体而言,宪法学上所陈的国家性质是对客观宪法规范和宪法制度的总结,表现着特定的政治经济和

① 毛泽东. 毛泽东选集(第2卷)[M]. 2版. 北京:人民出版社,1991.

② 蒋碧昆. 宪法学[M]. 北京:中国政法大学出版社,2002.

③ 田军. 宪法学原理[M]. 南京:南京大学出版社,1991.

④ 韩大元. 宪法学[M]. 北京:法律出版社,2000.

文化制度的基本特征，反映特定国家社会制度的根本属性，因此，它一般指国家的根本制度①。

　　第三种观点为国家主权归属说。该观点首先认为，不能简单地将国体与国家性质、阶级本质等同起来。国家性质、国家的阶级性质和国家本质主要指国家政权的阶级归属，尽管这是国体的核心，但国体的内涵应该比这更广，社会各阶级在国家的地位应该是全方位的，除体现在国家政权方面外，还应该包括经济、文化、社会生活等方面。其次，社会各阶级在国家中的地位实际上取决于国家主权的归属。主权掌握在哪个阶级手中决定一个国家的国体，如果资产阶级掌握了国家主权，这个国家就是资产阶级统治的国家，如果是无产阶级掌握了国家主权，就是无产阶级统治的国家。最后，对国体内涵的分析应该从政治、经济、思想三方面进行，三者共同决定并反映国体，具体来说，社会各阶级在政治生活中的地位如何，是决定并反映国体的第一个重要因素，社会各阶级在政治生活中的地位乃是他们在社会经济结构中所处地位的反映，因此经济制度的性质和内容等是决定并反映国体的第二个重要因素。任何在经济、政治领域里占统治地位的阶级如果未能在思想领域占统治地位，那么它的政权是不稳固的，所以，社会的精神文明是决定并反映国体的第三个重要因素①。

　　决定国家性质有三个方面的因素：第一是各阶级在政治生活中的地位如何；第二是经济制度的性质；第三是社会的精神文明。至于这些因素在决定国家性质方面所起的作用则存在着不同的观点②。在此，我们认为三个因素都具有决定性的作用。社会各阶级在国家政治生活中直接体现和决定着国体，社会经济基础是国体的根本决定力量，社会精神文明影响着国家性质的发展。基于此，我们认为国家性质的基本内容应当包括政治制度、经济制度和社会文化制度。

二、国家的政治制度

　　政治制度的核心是规定哪个阶级掌握国家政权，主导国家政治生活和发展方向。此外在宪政国家的宪法中还应当规定其他阶级和阶层的社会政治地位，以便确定在国家发展中的各阶级和阶层的社会力量地位，哪些可以依靠，哪些应当打击，哪些应当限制。政治制度直接规定和反映了各阶级阶层在社会政治生活中的地位，体现一个国家内部阶级与阶级之间的支配关系，谁是统治阶级，谁是被统治阶级；统治阶级内部各阶级、阶层之间在国家中所处的地位。掌握国家政权的统治阶级往往通过国家机器把本阶级的意志上升为国家意志，而被统治阶级则在统治阶级的领导下从事其所许可的活动。当然，被统治阶级的意志也可以通过宪法法律得到一定的体现，但是不能直接地通过现有的国家机器实现。被统治阶级要么服从于统治阶级的意志，遵守现有的法律制度，保持国家的稳定发展；要么反对统治阶级的阶级统治，进行社会革命，用暴力手段进行夺取政权

　　① 韩大元，胡锦光. 宪法教学参考书[M]. 北京：中国人民大学出版社，2003.
　　② 第一种观点认为国体的决定因素有三个：第一是最重要的因素，各阶级在国家政治生活中的地位；第二是国家的何种性质的经济基础；第三是社会具有何种性质和程度的精神文明。第二种观点认为决定国家性质的首要因素是社会经济制度，还存在其他因素。第三种观点认为决定国家性质的只有经济因素。第四种观点认为有三个决定因素，分别为各阶级在政治生活中的地位如何、经济制度的性质和社会精神文明。当然，除此之外，还有一些表述不尽相同的，在这仅罗列主要的观点。

的活动。在现代民主宪治国家，资本主义国家和社会主义国家的宪法对国体规定的方式不同，资本主义国家宪法一般不明确规定国体，但通常可以根据宪法中相关规定得出其阶级关系和阶级本质，从而确定国体，社会主义国家的宪法一般都明确规定国体。

（一）资本主义国家

资本主义国家一般不在宪法中明确规定国体，但并不妨碍我们从其宪法或宪法惯例中得出其国家性质的本质。资本主义国家宪法受资产阶级革命思想基础的影响，大多以"人民主权""国民主权""一切权力来自国民""民有、民治、民享"等词句来规定和表达国家性质。例如，1789 年法国《人权和公民权宣言》第三条规定，"整个主权的本原根本上乃存在于国民（La Nation）。任何团体或任何个人皆不得行使国民所未明白授予的权力"。1958 年《法兰西第五共和国宪法》第二条规定"法兰西为一不可分的、世俗的、民主的、社会的共和国"。1949 年《德国基本法》第二十条规定"所有国家权力来自人民。国家权力，由人民以选举及公民投票，并由彼此分立之立法、行政及司法机关行使之"。1975 年《希腊宪法》第一条规定"人民主权为政府的基础。一切权力来自人民和民族，并依照宪法的规定行使"。1978 年《西班牙宪法》第一条规定 "西班牙是一个法制社会和民主的国家，维护自由、正义、平等和政治多元化为其法律秩序的最高价值"。

由此可以得出，资本主义国家宪法大多不明确表明其国家的阶级本质，而是以一些模糊的术语来代表其本质属性。

（二）社会主义国家

社会主义国家的宪法一般都较为明确地规定了其国家性质为无产阶级专政的社会主义或社会民主主义国家。从资本主义向共产主义过渡，当然不能不产生非常丰富和多样的政治形式，但本质必然是一样的——都是无产阶级专政[①]。人类历史上首次真实地、毫不隐讳地公开宣称一个阶级对另一个阶级的专政是 1918 年的《俄罗斯苏维埃联邦社会主义共和国宪法（根本法）》。该法第一条规定"俄国宣布为工农兵代表苏维埃共和国"，第十条规定"俄罗斯共和国为俄国全体劳动者自由的社会主义社会。俄罗斯社会主义联邦苏维埃共和国的全部权力都属于联合在城乡苏维埃之中的本国全体劳动居民"。以后的一系列社会主义国家宪法也同样做了相关的规定。如 1936 年《苏维埃社会主义共和国联盟宪法》规定"苏维埃社会主义共和国联盟是工农社会主义国家；苏联的政治基础，是由推翻地主和资本家的政权并争得无产阶级专政，而成长和巩固起来的劳动者代表苏维埃；苏联的一切权力属于城乡劳动者，由各级劳动者代表苏维埃实现之"。《越南社会主义共和国宪法》第二条规定"越南社会主义共和国是人民的国家，由人民所组成，为了人民。一切国家权力属于以工人阶级与农民和知识分子联盟为基础的人民"。《朝鲜民主主义人民共和国社会主义宪法》规定"朝鲜民主主义人民共和国是代表全体朝鲜人民利益的自主的社会主义国家"。我国宪法也明确规定了国体为人民民主专政，下面

---

① 韩大元，胡锦光. 宪法教学参考书[M]. 北京：中国人民大学出版社，2003.

将展开论述，在此不赘述。

由此可见，社会主义国家一般都真正承认人民权利的保证在于人民中那些意识到并且善于争取这些权利的各阶级的力量对比，能够真实地指出国家的本质，而不回避谈论统治与被统治问题。社会主义国家各国宪法虽然表述不同，但实质上都明确规定了无产阶级专政的国体。

（三）我国宪法规定

中国共产党把马克思主义无产阶级专政理论与中国具体国情相结合，创造性地提出了人民民主专政的理论。人民民主专政经历了资产阶级民主革命和社会主义革命两个历史阶段，前一个阶段所要完成的是民主革命的任务，因而这个阶段的人民民主专政与无产阶级专政有着本质上的不同。从 1949 年《中国人民政治协商会议共同纲领》到 1982 年《宪法》，对国体的规定可以说是一脉相承的，从规定我国是人民民主主义国家过渡到人民民主专政的社会主义国家。1982 年《宪法》第一条规定了"中华人民共和国是工人阶级领导的、以工农联盟为基础的人民民主专政的社会主义国家。社会主义制度是中华人民共和国的根本制度。中国共产党领导是中国特色社会主义最本质的特征。禁止任何组织或者个人破坏社会主义制度。"同时在序言中解释道："工人阶级领导的、以工农联盟为基础的人民民主专政，实质上即无产阶级专政。"

1. 人民民主专政内容

人民民主专政是中国共产党人在我国革命和建设过程中，对我国人民长期革命斗争的经验总结，从当代中国实际情况出发，为了有利于我国政权建设而提出的。这种提法创造性地发展了马克思主义理论中国家和无产阶级专政理论。

具体对我国人民民主专政的国体可以做如下的理解。

第一，以工人阶级为领导。马克思主义理论认为无产阶级夺取政权以后应当建立无产阶级专政的政权，由无产阶级政党享有领导权。《共产党宣言》中的工人革命的第一步，就是使无产阶级上升为统治阶级，争得民主①。1875 年的《哥达纲领批判》中进一步阐述了无产阶级专政的理论，指出从资本主义向共产主义社会转变的国家，"只能是无产阶级的革命专政"②。中国共产党人在马克思列宁主义理论指导下，根据我国革命和建设时期的实际情况，提出了与之适应且又同出一源的主张。土地革命时期"工农民主共和国"，抗日战争时期"人民共和国"，新中国成立之初的"人民民主主义国家"，社会主义建设过程中的"人民民主专政的社会主义国家"。1949 年 9 月通过的《中国人民政治协商会议共同纲领》第一条规定了"中华人民共和国为新民主主义即人民民主主义的国家，实行工人阶级领导的、以工农联盟为基础的、团结各民主阶级和国内各民族的人民民主专政，反对帝国主义、封建主义和官僚资本主义，为中国的独立、民主、和平、统一和富强而奋斗"。同时在序言中规定了"中国人民民主专政是中国工人阶级、农民阶级、小资产阶级、民族资产阶级及其他爱国民主分子的人民民主统一战线的政权，而

---

① 中共中央马克思恩格斯列宁斯大林著作编译局. 马克思恩格斯选集（第 1 卷）[M]. 北京：人民出版社，1995：293.
② 中共中央马克思恩格斯列宁斯大林著作编译局. 马克思恩格斯选集（第 4 卷）[M]. 北京：人民出版社，1995：547.

以工农联盟为基础，以工人阶级为领导"。随着社会主义改造，逐渐取消了新民主主义，确立了具有中国特色的社会主义国家，人民民主专政的国家性质并没有发生改变。1982年《宪法》第一条规定了"中华人民共和国是工人阶级领导的、以工农联盟为基础的人民民主专政的社会主义国家"；第二条规定了"中华人民共和国的一切权力属于人民"。同时序言规定了，"在我国，剥削阶级作为阶级已经消灭，但是阶级斗争还将在一定范围内长期存在。中国人民对敌视和破坏我国社会主义制度的国内外的敌对势力和敌对分子，必须进行斗争"，"社会主义的建设事业必须依靠工人、农民和知识分子，团结一切可以团结的力量。在长期的革命和建设过程中，已经结成由中国共产党领导的，有各民主党派和各人民团体参加的，包括全体社会主义劳动者、拥护社会主义的爱国者和拥护祖国统一的爱国者的广泛的爱国统一战线，这个统一战线将继续巩固和发展。中国人民政治协商会议是有广泛代表性的统一战线组织，过去发挥了重要的历史作用，今后在国家政治生活、社会生活和对外友好活动中，在进行社会主义现代化建设、维护国家的统一和团结的斗争中，将进一步发挥它的重要作用"。

第二，以工农联盟为基础。无产阶级组成自己的武装，夺取政权、巩固政权都离不开工农联盟。俄国十月革命反映了城市工人阶级必须依靠士兵和农民，才能夺取政权，提出了"工兵农代表苏维埃"的口号。我国在国内革命战争时期，也曾提出过"工农兵代表苏维埃"的口号。无产阶级夺取政权后，仍然需要依靠工农联盟的政治基础，否则就无法建成社会主义。因为无产阶级不可能独自完成国家社会主义建设的任务，必须结成最为广泛的同盟，调动一切可以调动的社会力量，社会主义建设才有可能成功。所以，我国现在正处在社会主义初级阶段，进行社会主义建设，工农联盟的政治基础不仅不能削弱，还应当适时适当地加强。

第三，知识分子是工人阶级的一部分。知识分子从阶级属性上说，是包含在进步阶级中的阶层，并不独立于工人阶级和农民阶级。知识分子是社会主义建设必须依靠的知识力量，他们利用自己的智慧为国家建设服务。1949年以后，我国关于对待知识分子的宪法法律与政策从团结、教育和改造知识分子转变为依靠知识分子，知识分子是工农联盟的组成部分。

第四，对人民实行民主和对敌对势力、敌对分子实行专政。民主和专政是一个问题的两个方面，两者辩证统一。两者虽然对象、内容、范围各不相同，但是却相互依存。对人民实行民主是对敌人专政的基础，反过来，对敌人专政是对人民民主的保障。人民是一个政治概念，在不同的国家和一个国家不同发展时期有着不同的内涵意义，一般是指以其存在和活动推动历史向前发展的那些社会阶级、阶层或社会集团，相对于敌人而言，在不同时期有着不同的范围。现阶段，人民的范围已经等同于国内的劳动者和最为广泛的爱国统一战线，即包括了绝大部分的公民。人民民主专政的专政对象——敌对势力和敌对分子，随着国家任务和社会发展状况的不同，范围正在逐渐缩小。现阶段，我国主要的专政对象已经缩小为极少数严重破坏社会主义建设、严重危害社会治安的犯罪分子。对人民实行民主，国家一切权力属于人民，人民有权管理国家和社会的政治、经济和文化等方面的事务。当人民内部发生矛盾时，应该采用教育和说服的方法。民主是民主集中制下的民主，不是无政府主义，对敌对势力和敌对分子专政，不能任意地扩大专政范围，应该正确认识社会阶级关系和阶级斗争形式，应当符合社会进步发展的需要。

第五，实行广泛的爱国统一战线。我国的爱国统一战线是在长期的革命斗争实践中建立和发展起来的，是中国革命和建设的法宝。在其历史发展中，存在着不同的内容，在抗日战争时期，爱国统一战线是抗日民族统一战线，解放战争时期爱国统一战线是人民民主统一战线，现阶段我国的爱国统一战线，是由中国共产党领导的，有各民主党派和各人民团体参加的，包括全体社会主义劳动者、社会主义事业的建设者、拥护社会主义的爱国者、拥护祖国统一和致力于中华民族伟大复兴的爱国者的广泛的爱国统一战线。在这个统一战线里有两个联盟：一个是劳动者联盟，包括工人、农民、知识分子和其他社会主义劳动者等；另一个是爱国者联盟，包括所有拥护社会主义的爱国者、拥护祖国统一和致力于中华民族伟大复兴的爱国者。这两个联盟的力量结合起来，成为最广泛的爱国统一战线。该战线就是我国的政治基础，也是社会主义建设的群众基础。人民政治协商会议是爱国统一战线的组织形式，也是中国共产党领导的多党合作和政治协商制度的一种重要形式。人民政治协商会议设全国委员会和地方委员会，其主要职能是政治协商和民主监督，对国家和地方的大政方针，以及政治、经济、文化和社会生活中的重大问题在决策之前进行协商和就决策执行过程中的重要问题进行协商，是各党派、各人民团体、各族各界代表人物团结合作、参政议政的重要场所。

另外需要指出的是，我国统一战线的构成表述并非一成不变，而是不断发展巩固的，在 1982 年《宪法》颁布之初，我国统一战线的组成人员包括全体社会主义劳动者、拥护社会主义的爱国者和拥护祖国统一的爱国者。2018 年现行《宪法》第 5 次修正为包括全体社会主义劳动者、社会主义事业的建设者、拥护社会主义的爱国者、拥护祖国统一和致力于中华民族伟大复兴的爱国者的广泛的爱国统一战线。实质上是将统一战线的范围进一步扩大，将社会主义事业的建设者和致力于中华民族伟大复兴的爱国者纳入统一战线的表述中，仍然是从劳动者联盟和爱国者联盟两个维度，进一步增加统一战线的覆盖面，提高统一战线团结各方面力量的广度与深度。

2. 人民民主专政与无产阶级专政

马克思主义建国理论是无产阶级专政的理论基础和指导思想，它要求无产阶级在夺取国家或地区政权后实行无产阶级的专政。这就意味着，一个社会主义国家政权的建立需要在马克思主义的建国思想基础上结合本国的斗争实践，寻找适合本国的无产阶级专政的方式。我国以毛泽东同志为中心的中国共产党人正是在马克思主义理论的指导下，找到了一条适合中国国情的无产阶级专政之路，那就是实行人民民主专政。当然，1949年新中国成立后，我国先后制定了 4 部宪法，宪法表述也从 1975 年宪法和 1978 年宪法的"无产阶级专政"到现行宪法的"人民民主专政"。究竟这两者是同一概念，还是存在着不同意义的概念，我们下面进行进一步论述。

根据彭真同志《关于中华人民共和国宪法修改草案的报告》中的说明，可以理解我国的"人民民主专政实质上就是无产阶级专政"，"无产阶级专政在不同国家可以有不同形式，人民民主专政是中国共产党领导人民所创造的适合我国情况和革命传统的一种形式"。

首先，我国采用人民民主专政是无产阶级专政的一种形式，是以马列主义理论为指导，以工人阶级通过其政党来领导的，是以工农联盟为基础的，是对人民实行民主，对敌人实行专政的。工人阶级对国家政权的领导，是无产阶级专政在政治上的根本标志。我国是在中国共产党的领导下，团结工农联盟进行抗日战争、解放战争和社会主义建设的，符合无产阶级专政的要求。我国宪法采取人民民主专政的说法主要有以下三方面的原因：第一，无产阶级专政在不同国家可以有不同的表现形式；第二，人民民主专政的概念和理论，是我国人民长期革命斗争的经验总结，反映了我国政权建设的特点，适合我国的实际情况，我国无产阶级并不如俄国革命时期时那样强大，单单依靠无产阶级的力量是无法完成革命任务的，必须在不同的历史时期，与农民阶级和其他可团结的社会力量结盟，以取得我国革命的胜利，人民民主专政的提法充分反映了我国社会主义条件下，各阶级的地位及相互关系，表明了我国政权的广泛基础和民主性质；第三，人民民主专政更为准确地反映了我国无产阶级的全部实际内容，直接实现了对人民的民主和对敌人的专政。

其次，人民民主专政实质上就是无产阶级专政，也就是说无产阶级专政和人民民主专政在本质上没有任何区别，两者都是以工人阶级为领导，以工农联盟为基础，两者的国家职能并无本质差别，两者的最终归宿都是建成共产主义。

我们可以得出人民民主专政是无产阶级专政的一种形式，从本质上或实质上来说就是无产阶级专政。我国宪法采取人民民主专政的说法是具有重要益处的。这种提法更符合我国的社会和阶级现状，能够更切实全面反映我国人民政权的民主和专政两个方面的政治内容，比较切实符合我国人民政权建设的历史传统，而且这种表述比较通俗易懂，有利于广大人民群众理解和接受。

3. 人民民主专政的阶级结构

阶级结构理论是马克思主义关于阶级和阶级斗争学说的重要组成部分。阶级结构就是社会的阶级构成（包括各阶级内部结构），各阶级的地位及各阶级之间相互关系的总和，阶级结构中包括基本阶级和非基本阶级，基本阶级是与该社会占统治地位的生产方式直接联系在一起的阶级，非基本阶级是与不占统治地位的生产方式相联系的阶级，基本阶级之间的关系构成其社会结构的主体。①

学界一般认为我国人民民主专政的阶级结构是：第一，工人阶级是人民民主专政的领导力量；第二，工农联盟是人民民主专政的基础；第三，知识分子已成为工人阶级的组成部分。②

我国工人阶级除具有工人阶级的一般特点以外，还具有独特的优点，即同农民阶级具有天然的联系，易于结成工农联盟。我国是一个农业人口占绝大多数的国家，农民问题始终是我国革命和建设事业的根本问题。从历史上看，我国工人阶级领导新民主主义革命、社会主义革命和社会主义建设，工农联盟是一个关键的问题。正是工人阶级和农民阶级结成了牢不可破的联盟，我国新民主主义革命和社会主义革命才取得了胜利。我国工人阶级和农民阶级在根本利益上的一致性决定了建立工农联盟的可能性。列宁曾指出，工农联盟是无产阶级专政的最高原则和准则，是苏维埃政权的力量源泉之所在。我

① 高光，李真，马鸣，等. 中国社会主义初级阶段阶级结构研究[M]. 北京：中共中央党校出版社，1988.
② 周叶中. 宪法[M]. 北京：高等教育出版社，2001.

国现阶段的知识分子同工人、农民一样依靠自己的劳动取得生活来源，他们与工人、农民的区别只是劳动分工不同，知识分子已成为工人阶级的组成部分。知识分子作为社会主义现代化建设的一支重要力量，同时也是社会主义建设事业的依靠力量之一。《宪法》第二十三条规定："国家培养为社会主义服务的各种专业人才，扩大知识分子的队伍，创造条件，充分发挥他们在社会主义现代化建设中的作用。"同时在序言中宣布，"社会主义的建设事业必须依靠工人、农民和知识分子"，这些宪法文本规定都充分明确了现阶段我国知识分子的地位和作用。

三、国家的经济制度

经济基础是指在一定历史发展阶段的国家中占主导地位的生产关系的总和。其中，生产资料的所有制形式是决定性因素，决定着经济基础的性质，从根本上决定了国家的本质。宪法国家一般通过宪法确认和保障经济基础，确立国家的基本经济制度。

经济制度是以宪法规范的形式规定社会各阶级的经济地位来确定各阶级的经济权利。各阶级阶层拥有社会财富的数量受国家法律制度的影响，法律制度通过鼓励或者限制某个阶级阶层拥有更多财富来确立统治或被统治的地位。所以，各阶级阶层所拥有的社会财富决定了其社会经济地位。统治阶级在掌握国家政权以后，必然通过宪法形式规定有利于本阶级的经济制度，用宪法规范确保自己的主导地位，确立统治阶级的阶级利益。经济地位决定与直接影响着政治地位。也可以说，各个阶级阶层的政治地位是由其所处的经济地位决定的，经济地位是最为根本的决定因素。经济制度是政治制度的基础，同时经济制度又服务于政治制度。当宪法确认了统治阶级的政治地位后，其可以利用宪法的规定来确立自身的经济主导地位，同时尽可能地掌控其他阶级阶层的经济利益。

资本主义国家早期主要通过宪法中"私有财产神圣不可侵犯"的原则性规定来确立生产资料私有制；进入20世纪后，采用更多的条款对经济制度和公民经济生活做出了规定。社会主义国家宪法一开始就把经济制度作为重要内容进行规定，如1918年《俄罗斯苏维埃联邦社会主义共和国宪法》第一篇"被剥削劳动人民权利宣言"中规定的"为实现土地社会化，废除土地私有制，宣布全部土地为全民财产，并根据土地平均使用的原则无偿地交付劳动者使用。全国性的一切森林、蕴藏与水利，全部家畜与农具，实验农场与农业企业均宣布为国有财产"等内容。

我国《宪法》从第六条到第十八条规定了经济制度。目前，我国处于社会主义的初级阶段，这一阶段的基本经济制度就是以生产资料公有制为主体、多种所有制经济共同发展，体现劳动者在生产过程中主人翁地位和他们之间的平等、互助合作关系，并且按照劳动的数量和质量分配社会产品的各项制度的总和。

到20世纪80年代，遵循"实践是检验真理的唯一标准"的思想原则，中国终于越来越清醒地认识到，社会主义国家也必须实行市场经济。20世纪80～90年代，是中国市场经济的"破窗"期，计划经济的纸窗户被渐次捅破，理论认识和政策表述逐步明确清晰：从承认社会主义经济是"有计划的商品经济"，到"计划经济为主，市场调节为辅"，直到明确认识社会主义也可以实行市场经济，实现了放弃计划经济教条，主张市场经济的根本性观念转变。1978 年中共中央十一届三中全会开启了经济体制改革历程；1984 年中共中央十二届三中全会通过了《中共中央关于经济体制改革的决定》；1993 年中共中央十四届三中全会通过了《中共中央关于建立社会主义市场经济体制若干问题的决定》，实现了全党全国的思想一致。这一历时十几年的观念转变过程，体现了中国共产党进行经济制度理论逻辑艰难探索，而做出的大胆突破和理论创新，也是对马克思主义社会经济理论的重大发展①。

社会主义公有制又称"社会主义所有制"，是指生产资料属于全体人民或者劳动者集体所有的形式。主要包括国有经济和劳动群众集体所有制经济，还包括混合所有制经济中的国有成分和集体成分。国有经济是指生产资料归社会全体成员公有、由代表全体人民的国家占有生产资料的一种所有制形式，是国民经济中的主导力量；劳动群众集体所有制经济是指由集体经济组织内部的劳动者共同占有生产资料的一种所有制形式。

非公有制经济是社会主义市场经济的重要组成部分，包括法律规定范围内的个体经济、私营经济和在中国境内的中外合资企业、中外合作企业和外商独资企业等形式。个体经济是指由城乡劳动者个体占有生产资料和产品，以自己从事劳动生产为基础的一种经济形式；私营经济是指企业资产属于私人所有，雇用一定人数工人的一种营利性经济形式；外商投资企业是依照中国法律规定，外国经济组织或个人在中国投资所形成的一种经济模式，其合法权益受中国法律保护。

我国《宪法》第六条规定："社会主义公有制消灭人剥削人的制度，实行各尽所能、按劳分配的原则。""坚持按劳分配为主体、多种分配方式并存的分配制度。"该条文确定了我国分配原则。在坚持按劳分配为主体的前提下，国家允许和鼓励资本、技术、管理等各生产要素参与收益分配，即无论是劳动收入还是非劳动收入，只要是合法收入，都是分配的存在形式。这与我国社会主义初级阶段坚持公有制为主体、多种所有制经济共同发展的基本经济制度是相互适应的。

社会主义公有财产神圣不可侵犯和公民合法的私有财产不受侵犯。国家保护社会主义的公有财产和公民合法的私有财产。社会主义公共财产是巩固和发展社会主义制度，是建立富强、民主、文明、和谐、美丽的社会主义现代化强国的物质基础，是逐步提高各族人民物质文化生活水平的物质源泉。公民合法的私有财产是指公民个人通过劳动或其他合法方式所享有的具有一定物质内容并直接体现为经济利益的权利，主要有物权、债权和知识产权等权利。国家依法保护公民合法收入、储蓄、房屋和其他合法财产的私有财产权和继承权，只有基于公共利益的需要，才可以依法对公民的私有财产实行征收或征用并给予补偿，这为保障公民财产权的法律制度提供了宪法基础。

四、国家的文化制度

我国宪法明确了把我国建设成为富强、民主、文明、和谐、美丽的社会主义现代化强国目标，必须实现物质文明、政治文明、精神文明、社会文明和生态文明建设的协调

① 金碚. 中国共产党百年探索：市场经济的制度逻辑[J]. 海南大学学报（人文社会科学版），2021, 39（6）：1-8.

发展。物质文明、政治文明、精神文明、社会文明和生态文明建设与和谐社会构建有着密切的关系。文化制度属于其中旨在规范文化活动的规则体系。一般来说，文化活动范围不同，文化制度的内涵不同，在整个国家制度中所起的作用也各不相同。目前，文化制度在国家制度体系中的地位和作用越来越受到各国政府的重视，其重要性主要体现在规范社会成员和完善国家制度体系、保障国家制度体系运转、促进国家制度体系变革创新等方面。①

物质文明是人类改造自然界的物质成果，表现为物质生产的进步和人们物质生活的改善及不断丰富。目前，我国的物质文明达到了前所未有的程度。生产力持续发展，社会主义市场经济体制初步建立，经济保持平稳较快增长，经济结构加速调整，农业和农村经济发展进入新阶段，城镇化加快发展。科学事业不断发展，科学技术作为第一生产力在经济社会发展中的作用越来越大，许多重要领域的核心技术和关键产品的自主创新能力持续提高。我国人民生活全面达到小康水平，区域、城乡经济社会的协调发展取得显著成绩，但发展不平衡现象依然存在，缩小地区发展差距和促进经济社会协调发展任务艰巨。

政治文明主要包括政治制度和政治观念两个层面。在政治制度层面，主要表现为由经济基础和阶级力量对比的变化所引起的国家管理形式、结构形式的进化发展，即政体或国体、政体范围内的政治体制、机制等方面发展变化的成果。民主政治制度的建立是政治制度文明发展的最重要成果。在政治观念层面，主要表现为政治价值观、政治信念和政治情感的更新变化。社会主义政治制度的建立是人类政治文明发展的最新成果。建设社会主义政治文明，必须按照社会主义政治生活的发展规律，全面加强政治建设，不断推进社会主义民主法治建设的进程。

精神文明的内容决定着一个国家活动的方向，对国家政策的制定有着巨大的作用，对国家性质的确定有着很大的影响。宪法通过总纲具体规定了我国文化建设和思想道德建设，主要为发展教育事业、发展科学事业、发展医疗卫生体育事业、发展文化事业；培养"四有"公民，提倡"五爱"的社会公德，进行马克思主义教育，反对资本主义的、封建主义的和其他腐朽思想。社会主义精神文明建设包括文化建设和思想建设。前者是建设社会主义物质文明的重要条件，也是提高人民群众思想觉悟和道德水平的重要条件；后者决定着社会主义精神文明的性质。国家文化制度是影响和体现国体的重要因素。马克思主义唯物论认为，社会存在决定社会意识，社会意识反映社会存在。社会结构和文化制度，都来自一个国家历史的积淀，统治阶级的社会结构和文化积淀决定着这个阶级会采取什么样的国体。社会结构和文化不断地运动，新旧社会结构与文化的更替发展之间不断进行着制约、继承、抛弃。

社会文明是社会领域的进步程度和社会建设的积极成果，包括社会主体文明、社会关系文明、社会观念文明、社会制度文明、社会行为文明等方面。社会文明的本质是全体人民各尽所能、各得其所而又和谐相处。加强社会文明建设，要求现代国民教

① 贾世奇，祁述裕. 中国特色社会主义文化制度建设的内在逻辑：基于新制度主义理论的视角[J]. 治理现代化研究，2021，37（5）：72-79.

育体系更加完善，终身教育体系基本形成，全民受教育程度和创新人才培养水平明显提高，社会就业更加充分，覆盖城乡居民的社会保障体系基本建立，人人享有基本生活保障，合理有序的收入分配格局基本形成，中等收入者占多数，绝对贫困现象基本消除，人人享有基本医疗卫生服务，社会管理体系更加健全，这些为社会文明建设指明了方向。

生态文明是人类遵循人、自然、社会和谐发展这一客观规律而取得的物质与精神成果的总和，是以人与自然、人与人、人与社会和谐共生、良性循环、全面发展、持续繁荣为基本宗旨的社会形态。建设生态文明是关系人民福祉、关系民族未来的大计。小康全面不全面，生态环境质量是关键。良好生态环境是最公平的公共产品，是最普惠的民生福祉。我国明确把生态环境保护摆在突出的位置，既要绿水青山，又要金山银山，绝不以牺牲环境为代价去换取一时的经济增长。国家强调要基本形成节约能源资源和保护生态环境的产业结构、增长方式、消费方式。为此要做到循环经济形成较大规模，可再生能源比重显著上升，主要污染物排放得到有效控制，生态环境质量明显改善，生态文明观念在全社会牢固树立，这些都是生态文明建设应采取的措施。

我国的社会主义现代化建设是一个巨大的系统工程，具体来讲就是"五个文明"的协调发展。"五个文明"协调发展是中国共产党统筹推进经济建设、政治建设、文化建设、社会建设、生态建设"五位一体"总体布局的宪法化表达。社会主义社会应该是物质文明、政治文明、精神文明、社会文明和生态文明全面发展的社会，实现现代化的过程是包括经济、政治、文化、社会和生态发展在内的全面进步的过程。在这个过程中，生态文明是"五个文明"系统中的前提，物质文明是"五个文明"系统中的基础，政治文明是"五个文明"系统中的保障，精神文明是"五个文明"系统中的灵魂，社会文明是"五个文明"系统中的目的。强调"五个文明"共同发展、协调发展，是对人类社会发展趋势的正确回应。"五个文明"共同构成文明的系统整体，"五个文明"协调发展、相互影响、相互制约，最终实现宪法确立的国家根本任务。

第二节　国家形式

一、国家政权组织形式概述

政权组织形式是一种国家形式，与国家性质相对。我国宪法学界一般将政权组织形式等同于政体或国家管理形式，认为是一个国家的根本政治制度。政权组织形式指掌握政权的统治阶级，用以实现其行使国家权力的特定形式，即统治阶级为了反对敌人、保护自己而组织的政权机关。实际上，政体与政权组织形式分属于两个不同层次，政体是宏观角度上的国家政权构架；而政权组织形式则是其微观体现。所以，政权组织形式是指国家机关的内部构成形式，即实现国家权力的国家机关及国家机关之间的相互关系。国家政权组织形式主要是指最高国家权力机关的组织形式，包括政权的构成、组织程序和最高权力的分配情况，以及公民参加管理国家和社会事务的程序和方式。

政权组织形式的确立，一方面要与国家的阶级本质、民族特点、历史发展相适应；

另一方面要与国家机关实现国家权力的方式相吻合。不同时期不同国家会形成与其相适应的政权组织形式，不过具体来说政权组织形式至少应当包括国家机关设置、组织原则与制度、各国家机关权力配置及关系等诸多方面的内容。同一政体可能采取完全不同的政权组织形式，不同政体也可能建立内容相近的政权组织形式，从而使得政权组织形式在概念与内容方面相比政体更为丰富和关键。

国家政权组织形式必须服从统治阶级的需要，为实现统治阶级的统治目的而服务，即国体决定了政权组织的基本形式。同时，国家政权组织形式也不是简单地体现和反映国体，而是对其发挥着能动的反作用。

二、国家政权组织形式的类型

按照马克思主义的观点，国家政权组织形式的分类不能脱离对国体的分析，阶级性质的分析是根本出发点。因此，首先以国体的不同将国家政体分为剥削阶级国家的政权组织形式和社会主义国家的政权组织形式。在此基础上，按照历史分析比较的方法进行具体细化性分类。

（一）剥削阶级国家的政权组织形式

1. 君主制国家的政权组织形式

君主制国家以一名君主作为实际上或名义上的最高国家权力机关，君主一般是世袭的，实行终身制，适应不同国家不同历史时期剥削阶级统治的需要。[①]在不同阶段的历史时期曾出现下列具体的政权组织形式。

（1）贵族君主制。贵族君主制是与领主占有制经济和分封割据制的国家结构结合的一种政权组织形式，实际上是一种君权较弱并呈分割状态的君主制，君主只在名义上掌握国家最高权力。

（2）等级代表君主制。等级代表君主制是中世纪后期一些西欧封建国家采用过的政权组织形式，主要是通过举行封建等级代表会议同意君主进行国家税收，同时决议其他国家大事，但对君主没有强制的约束力。

（3）专制君主制。专制君主制也称绝对君主制，国家君主集立法、行政、司法、军事、财政等国家大权于一身，拥有不受任何机关和任何法律限制的绝对权力。

（4）君主立宪制国家的政权组织形式。君主立宪制又称有限君主制，是指以君主或国王为国家元首，国家最高权力实际上或者名义上由君主一人掌握的政权组织形式，并依据宪法规定，上述权力在一定程度上受到其他国家机关的限制。君主立宪制又分为二元君主立宪制和议会君主立宪制。

二元君主立宪政体下的君主，权力虽然受到宪法的限制，但仍然很大。君主通过掌握内阁的任命权控制着国家的行政权，议会享有立法权，两者成为国家的两个权力中心。议会君主立宪制的基本特征是：国家权力实际上控制在政府手中，政府是由议会中占多数席位的政党或政党联盟所组成的；政府在形式上对议会负责，而实际上却控制着议会；

---

① 贺日开，季金华，韦宝平. 宪法学[M]. 北京：中国法制出版社，2010.

君主是国家的元首或象征，其权力受到宪法和议会的限制和制约，君主一般是"临朝不理政"或"统而不治"，奉行的是"议会至上"原则。英国是最早实行议会君主立宪制的国家，第二次世界大战后，实行这一政体的国家除英国外，还有西班牙、荷兰、卢森堡、比利时、瑞典、挪威、丹麦等。

2. 共和制国家的政权组织形式

共和制是指国家的最高权力实际上或名义上不属于一个人所有，通过选举产生并且由一定任期的国家机关掌握的政权组织形式，是较多的资产阶级国家所采取的政权组织形式。共和制政体从其组织特点来看，一般可以分为议会制、总统制和委员会制三种形式。

议会制也称责任内阁制，简称为内阁，是资本主义国家的主要政权组织形式，议会在国家政治生活中占有主导地位；政府即内阁，它由议会选举产生并对议会负责；总统由选举产生，一般不掌握实权，只为名义上的国家元首。内阁总理由议会选举产生并组织政府，行使一切行政权力，领导和管理国家政府机关，享有军事指挥权和宣布国家处于紧急状态的权力，是国家实际的权力中心。西欧的德国、意大利等国家是实行议会制的典型国家。

总统制是在资产阶级共和政体中以总统为国家元首兼政府首脑的政权组织形式。实行总统制的国家，奉行立法、司法、行政三权分立的制衡模式。总统由全国选民直接选举产生，不需要议会批准，对全体选民负责。政府由总统组阁，议会中的政党对总统没有直接的决定性影响力。美国是最早实行总统制的国家，其后拉丁美洲的大多数国家及亚洲、非洲的一些国家也采用总统制。半总统制是一种兼有议会制特点的总统制。它的主要特征是：首先，形式上有两名行政首脑。总统既是国家元首，又享有最高行政权，与此同时政府还设有总理。其次，政府对议会负责。议会可以谴责政府，当议会对政府提出不信任案或否决政府的施政纲领时，总理必须向总统提出辞职。就这一点来说，它具有内阁制的特点。最后，总统由选民直接选举产生，法国就是半总统制的代表，半总统制也被称为戴高乐式的总统制。

在共和政体中，除议会制和总统制外，有的国家，如瑞士还采用了委员会制的政权组织形式。其他资本主义国家没有仿效瑞士的，它是资本主义世界中的一个特别典型。联邦委员会是瑞士最高行政机关，它是议会的执行机关，它必须服从和执行联邦议会的决定，它无权解散议会。议会行使立法权，但议会否决委员会的某项政策或提案时，委员会不必因此而辞职，这是不同总统制和议会制的主要特点。

（二）社会主义国家的政权组织形式

社会主义国家与剥削阶级国家的国体不同，是无产阶级专政，决定了其政体必须是与其相适应的共和政体，即人民代表制。其特点是：①国家的一切权力属于人民。人民是国家的主人。人民（或议员）通过直接或间接选举方式选举组成各级国家权力机关，行使管理国家和社会的一切权力。②实行民主集中制原则。国家行政机关、军事机关、审判机关、检察机关都由国家权力机关产生，向它负责并接受它的监督，保证国家权力的集中统一行使。③工人阶级的政党是国家的执政党。党对国家政权实行政治上、思想上和组织上的领导。党通过制定正确的方针政策选拔德才兼备的干部，坚持进行思想教育工作，保证国家政权沿着正确道路前进。各社会主义国家都坚持共产党在国家政权组织体制中的领导地位，保证社会主义国家朝着正确的方向发展。

三、我国的政权组织形式

我国是社会主义国家，人民代表大会制度的政体以人民代表大会制度的政权组织形式来实现。人民代表大会制度是中华人民共和国的根本政治制度，是人民民主专政的政权组织形式。它是指我国的一切权力属于人民；人民在普选的基础上选派代表，按照民主集中制的原则，组成全国人民代表大会和地方各级人民代表大会并集中统一地行使国家权力；其他国家机关由人民代表大会产生，受人民代表大会监督，对人民代表大会负责；全国人民代表大会常务委员会向本级人民代表大会负责，人民代表大会向人民负责，并最终实现人民当家作主的一项根本政治制度。所以，人民代表大会制度具有人民代表大会在国家权力配置中处于核心地位、实行民主集中制的组织原则、具有独特的组织结构和由兼职的人大代表组成四个基本特征。

（一）人民代表大会制度的历史发展

人民代表大会制度是在中国共产党领导新民主主义革命的过程中，经过长期摸索与实践，逐渐建立起来的代表人民的一项政治制度。第一次国内革命战争时期的"一切权力归农会"的"农民协会"形式和1925年省港大罢工中的"罢工工人代表大会"，都是人民代表大会制度的原始形态；第二次国内革命战争时期、抗日战争时期和第三次国内革命战争时期主要依据《中华苏维埃共和国宪法大纲》和《陕甘宁边区宪法原则》等规范，先后形成了"工农兵苏维埃代表会议""参议会""人民代表会议"三种形式，为中华人民共和国成立后的人民代表大会制度积累了宝贵的经验。新中国成立时的《中国人民政治协商会议共同纲领》和我国后来历部宪法都将其确立为我国的政权组织形式。人民代表大会制度是我国长期革命和建设的实践结果，是符合中国特色的适合中国人民民主专政和社会主义现代化建设需要的政权组织形式。

（二）人民代表大会制度的地位及作用

人民代表大会制度是我国一项根本政治制度，支配着整个政治制度运作，在我国国家制度中占有非常重要的地位。此制度最能体现我国人民民主专政的国体，体现我国社会主义民主政治的要求和体现我国政治生活的全貌。在中国共产党的领导下，由普选产生的各级人民代表充分地反映了民众的意志，将民主原则制度化，涵盖了我国政治生活的各个主要方面。

首先，人民代表大会制度保障着国家的社会主义性质和社会主义民主。国家性质决定了政权组织形式，同时政权组织形式对国家性质的巩固与发展发挥着积极的作用。我国是人民民主专政的社会主义国家，人民代表大会制度在保障公有制经济的主体地位的同时发展其他形式的所有制经济，保障着人民民主专政的公有制经济基础。人民代表大会按照法定选举原则、条件和程序选举产生，从而真正做到人民代表大会的代表来自人民、代表人民、对人民负责、受人民监督；实现了人民代表大会的权力来自人民，人民行使当家作主权利，是社会主义民主的基本形式。

其次，人民代表大会制度发挥着凝聚、协调中央与地方、全国各民族关系的基本作用。人民代表大会制度将国家机关之间、中央和地方之间的权力关系秩序化，从而既保障了全国人民代表大会是最高国家权力机关，又保障了地方的主动性和积极性。全国人民代表大会和地方各级人民代表大会是国家权力机关，既体现了人民主权原则，也能充分体现人民意志，在反映人民整体利益的基础上行使国家权力。由人民代表大会产生的各级国家行政机关、审判机关和检察机关对其负责，受其监督。人民代表大会制度团结全国各民族，使各民族能够平等地参与国家政治生活，共同行使国家权力。

最后，人民代表大会制度是其他政治制度建立的基础。经历革命战争自我创造的政权组织形式——人民代表大会制度是我国根本政治制度，为了贯彻该制度而形成了其他一系列政治制度，如选举制度、共产党领导的多党合作制度、政治协商制度等。这些制度在人民代表大会制度的主导和支配下，形成了新中国的政治制度体系。

四、国家结构形式

国家结构形式是国家制度的重要内容，和政权组织形式一样，同属于国家形式方面的制度，是指特定国家的统治阶级根据什么原则，采取什么形式来划分国家内部的组成及调整国家整体与组成部分之间相互关系的国家制度。国家结构的形式是指国家各部分领土的政治权力之间的关系，主要包括中央和地方的权力关系[①]，国家的统治阶级如何划分国家的内部区域，调整国家整体和组成部分即中央和地方，以及地方机关与地方之间关系的国家制度。

世界各国政治传统、民族关系、地理环境、意识形态等具体国情不同，处理中央和地方关系的原则和方式也有所不同，会形成不同或相似的国家结构形式。一般来说，国家结构形式主要有单一制和复合制两大类。

（一）单一制

单一制是以普通行政单位或自治单位的形式来划分其国家内部组成的一种国家结构形式，国家的外在形式是一个统一完整的政治实体。单一制的主要特点是：国家设有统一的立法机关和统一的中央政府；全国只有一部宪法；每个公民只有一个国籍；国家元首代表国家进行国际交往；按行政区域划分行政单位和自治单位，各行政单位和自治单位都受中央的统一领导，没有脱离中央而独立的权力。地方行政单位虽然也设有相应的权力机关或立法机关、行政机关和司法机关，但它们的权限有些是宪法授予的，有些是由中央政府直接授予或委托的，地方权力的大小完全取决于宪法的规定或中央的授予。在对外关系中，单一制国家是单一的主体，在其领土上没有任何其他类似的国家组织存在。

① 张千帆. 宪法学导论：原理与应用[M]. 北京：法律出版社，2004.

（二）复合制

复合制主要包括联邦和邦联两种形式。实行联邦制的国家也叫联邦国家，是以州、邦或共和国的形式来划分其国家内部组成的。联邦制的主要特点是：除有整个联邦的宪法、法律和最高国家机关以外，各成员单位还有自己的宪法和法律及最高行政机关，根据联邦宪法的规定，行使自己的国家权力。联邦的权力可以遍及全国，而各州或共和国的权力只能在各州或共和国内部行使，各成员国的公民，同时又是联邦公民。有的联邦成员国还有进行国际外交活动的权力。但在对外关系中，大多数联邦的组成单位不是单独的主体。联邦权力源自加盟国让予，剩余权力属加盟国，有双重国籍的加盟国可为国际法主体（但大多数不是），有的甚至拥有脱离联邦的权力。

邦联是一种松散的联盟。它一般以有关国家签订的条约为基础，是一些主权国家为了达到军事、贸易或其他共同目的而组成的一种国家联合。邦联不是主权国家，没有统一的宪法、最高权力机关和行政机关，也没有统一的军队、赋税预算、国籍等。邦联所设的机关仅具有协商的性质，所形成的决定以成员国的自觉接受和自愿服从为基础。

五、我国国家结构形式

我国实行单一制的国家结构形式。新中国的历部宪法序言都明确规定了中华人民共和国是全国各族人民共同缔造的统一的多民族国家，表明了国家的"单一制"；《宪法》第三条、第一百一十条第二款、第一百一十六条具体规定了我国中央和地方的关系，明确了我国采取的是以民族区域自治和特别行政区为补充的单一制国家结构形式。

（一）我国采取单一制国家结构形式的原因

我国采取单一制国家结构形式符合马克思列宁主义关于无产阶级应当建立集中统一国家的理论观点，具有历史必然性，是符合我国历史发展和民族状况的必然选择。第一，我国自秦汉以来，大部分时期实行的是统一中央集权制度，政治经济上的大一统孕育着大一统的思想理念。政治上讲究的是如何加强中央集权，强化对地方的控制及地方政权机构的建设。同时，单一制也是农耕文明模式和儒家观念、特有的宗法制度和官僚制度的内在要求。第二，适应各民族的分布状况和民族关系的历史发展。以汉族为主体，各民族大杂居、小聚居的分布，决定了少数民族不能建立独立的民族国家。民族融合和对中华民族的认同、地理环境和抵御江河泛滥的多种因素共同促成了各民族团结以谋得生存与发展的历史脉络。第三，单一制的国家结构形式适应我国当前社会主义现代化建设需要。我国还是处于社会主义初级阶段的国家，各地区发展不平衡。只有在单一制下，中央才能统一运用公共利益和相应财富的分配权，对不同地区采取相应的扶持，以缩小地区和民族间经济发展上的差距，实现全国各民族的共同繁荣和进步。第四，有利于在现实的国际环境和国际阶级斗争形势中维护我国国家主权和领土完整。单一制的国家结构形式，有利于建立统一国防，增强国防力量，维护国家主权和独立。

（二）我国单一制国家结构形式的特点

我国单一制国家结构形式与其他国家的单一制相比较，具有以下特点。

第一，中央集权，领导地方并赋予地方一定权力。根据我国宪法、立法法和组织法，我国全国人民代表大会及其常务委员会统一行使立法权、中央人民政府国务院统一领导地方各级人民政府、中央军委统一领导全国武装力量、中央司法机关最高人民法院和最高人民检察院行使最高审判权和最高检察权；省级和较大市一级人民代表大会及其常务委员会有权制定地方性法规、地方各级人民政府管理本地区的各项行政事务。全国性事务由中央统一管理，地方性事务由地方管理，中央有权进行监督。

第二，基层实行群众自治制度。按照宪法、居民委员会组织法、村民委员会组织法，在城市设立居民委员会和在农村设立村民委员会，这是通过民主选举，由广大人民自我管理、自我服务、民主决策、民主监督的自治组织。

第三，根据少数民族居住与生活特点，建立民族自治地方，灵活处理中央和地方的权力关系。在民族聚居的地方实行民族区域自治制度，授权民族自治地方的自治机关可以行使宪法和法律规定范围内的自治权，有效地解决了民族特殊性和国家统一的问题。民族区域自治制度有利于维护少数民族人民实现当家作主的权利，促进各民族团结，利于实现我国社会主义现代化建设的目标。

第四，"一国两制"政策的实施，建立特别行政区，解决历史遗留问题，实现国家的统一。特别行政区享有高度的自治权，甚至比联邦制下的成员单位的权力还大，体现了我国单一制国家结构形式的巨大包容性和特殊性。这使得现在我国的单一制不同于传统的单一制，它具有某些联邦制的特点。[①]

（三）我国的行政区划

行政区划是指统治阶级为了实现有效的行政管理，将全部领土按照一定原则划分为若干不同的区域，分级设立相应政权机关的制度。行政区划与中央地方权力配置密切相关，层级的数量直接关系到中央集权程度和中央对地方的控制程度。行政区划必须考虑政治、经济、民族、历史沿革，有利于党中央集中统一领导和地方主动性、积极性的发挥，实现国家的繁荣发展。

根据《宪法》第三十条、第三十一条，我国的行政区划可以分为以下几类。

1. 一般的行政区域单位：省、直辖市、县、市、市辖区、乡、民族乡、镇

我国实行分级审批管理体制：全国人民代表大会决定特别行政区的设立及其制度，批准省、自治区、直辖市的建置；国务院批准省、自治区、直辖市的区域划分，批准自治州、县、自治县、市的建置和区域划分；省级政府决定乡、自治乡、镇的建置和区域划分。

2. 民族自治地方：自治区、自治州、自治县

民族区域自治制度是指在统一的祖国大家庭内，在国家统一领导下，按照宪法的规定，以少数民族聚居区为基础，建立相应的自治地方，设立自治机关，行使自治权，民族区域自治的民族实现当家作主，管理本民族内部地方性事务。各民族自治地方都是中

---

① 杨海坤，上官丕亮，陆永胜. 宪法基本理论[M]. 北京：中国民主法制出版社，2007.

华人民共和国不可分离的组成部分。

3. 特别行政区：国家在必要时得设立特别行政区

1997 年 7 月 1 日，我国恢复对香港行使主权，正式设立了香港特别行政区；1999 年 12 月，我国恢复对澳门行使主权，正式设立了澳门特别行政区。特别行政区是指在我国版图内，根据宪法和法律的规定，实行不同于一般行政区的政治、经济和法律制度，具有特殊法律地位，是在中央政府管理之下，不拥有国家主权的行政区域。特别行政区与其他一般行政区共同之处主要表现在三个方面：第一，都是中华人民共和国不可分离的一部分，是我国地方制度的有机组成部分。第二，特别行政区是中华人民共和国的一级地方行政区域，直辖于中央人民政府。第三，特别行政区选举人民代表参加全国人民代表大会。特别行政区与一般行政区的区别主要表现在以下几个方面：第一，地方政权体系不同。第二，行使权力的大小不同。第三，中央对它们的干预程度不同。第四，实施的法律不同。需要强调的是，特别行政区之所以特别，主要是国家赋予了特别行政区特殊的地方治理权限，但在本质上仍然是中央和地方的关系，特别行政区的外交、防务、重要人事任免等权力仍然由中央所享有。特别行政区享有的特殊地方治理权限是在严格遵守《宪法》和特别行政区基本法的基础上，在党中央集中统一领导下，实行"港人治港""澳人治澳"。必须防范外国势力和特别行政区的反动势力扰乱特别行政区治安，打击分裂国家和危害国家安全的犯罪行为。《中华人民共和国香港特别行政区维护国家安全法》已于 2020 年 6 月 30 日公布施行，这部法律是全国人民代表大会常务委员会根据第十三届全国人民代表大会第三次会议通过的《全国人民代表大会关于建立健全香港特别行政区维护国家安全的法律制度和执行机制的决定》制定的，是一部兼具实体法、程序法和组织法内容的综合性法律，目的在于坚定维护国家统一，为特别行政区制度有效运行提供保障。

现行宪法规定的行政区划基本上是三级制，即省（自治区、直辖市）、县（自治县、县级市）、乡（民族乡、镇）。有的省、自治区下设自治州、市，而州、市下属的自治县、县或区又设乡、民族乡、镇。需要指出的是，现行《宪法》第三十条关于中华人民共和国的行政区域划分的规定中，并没有通常意义上所讲的地级市，按照《宪法》的规定，实行省、县、乡三级地方行政区划体系，只有较大的市可以管辖县。但《宪法》实施后，出现了较多的市管县，这些管县的市并不是自然形态上的"较大"，也非国务院批准的"较大的市"，而是我们通常意义上称为地级市的市。在《宪法》的第九十七条、第一百条、第一百零二条中，又出现了"设区的市"这一表述，实际上这里的"设区的市"和"管辖县"的市，都是一般意义上讲的"地级市"。

第三节　公民基本权利与义务

一、人、人权与基本权利概述

世界上第一部成文宪法《美利坚合众国宪法》中出现"人"的次数多达 22 次，1789 年法国《人权和公民权宣言》更是以"人"的概念命名这一宪法文件。但是无论哪部宪法都没有对"人"下过定义。基督教发觉了这个具有决定意义的概念"人"。个人的独特性和不可重复性是一个由基督教确认、主张和传播的原理。人的概念由此得到普及，为启蒙运动提供了思想的溯源。启蒙运动高扬理性的旗帜，将人的自由和解放扩大到整个欧洲社会。由基督教文化所形成的人的形象同样注入了第二次世界大战之后的德国基本法。将人的尊严条款列为第1条。德国联邦宪法法院在一段著名的宣示中说明了对人的意义的认识：人是一个（在个人自由与自主决定的意义之下）自我负责的人格，他不是一个任意独断的个体，而是一个侧身在团体中身负多样义务的人格。宪法的价值体系以社会共同体之中自由发展之人的人格及其尊严为核心。依据宪法的合宪秩序，个人并非被理解为离群索居独立自主的单一生命体，而是一个在共同体之中生活、负有责任的成员，他是一个精神上具有道德性的生物，在团体关联与团体拘束的自由之中，能自我决定及发展，并且使自己的行为合乎于自由的限制，这个限制是立法者在普遍性期待的范围内，为照顾与促进社会的共同生活所规定的，这个限制的前提是人的独立性受到保障。它表明了宪法上的人的特征：第一是生物；第二是具有道德性的生物；第三是能够自由发展、自我决定、自我负责、负有责任的共同体一分子，其核心在于人的尊严，这其实就是人的个性与社会性。宪法上的人的核心价值是拥有尊严。

人权最初是从道德权利发展起来的，基本含义是作为人应该享有的自由。人权作为道德权利，具有超国家和超实定法的性质，人权在一般情况下以道德的赋予和社会伦理的力量存在，并不仅仅指诉讼过程中发挥的效力。人权具有三方面的含义：第一，人权是一种道德意义上的权利，属于应有权利的范围，作为人应有的权利；第二，人权就其实质而言，是国内管辖的问题，是一种法律权利；第三，人权还必须是一种实有权利，一种实实在在的现实权利。20世纪50年代后，随着民族解放运动的发展，突破了传统人权概念，从个人人权发展到集体人权，增加了民族自决权、和平权、环境权等内容。学界也出现了对人权的代际划分，将保护公民自由免遭侵犯的权利称为"消极的权利"（negative rights），即第一代人权；将需要国家采取积极行动保障实现的权利称为"积极的权利"（positive rights），即第二代人权。20世纪60年代以来，随着国际格局的演变，在广大发展中国家反对殖民压迫的民族解放运动中出现了包括民族自决权、发展权、和平权、环境权、自然资源权、人道主义援助权等，这些权利从国内保护扩展到国际保护，要求在维持和平、保护环境和促进发展等领域加强国际合作，此类权利被称为"第三代人权"。

纵观世界各国的宪法文本，人权可以有以下几种表述：第一，在宪法文本中直接规定；第二，宪法文本中可不直接出现人权字眼，但解释上人权表现为基本权利或基本权；第三，严格限制人权在宪法文本中的含义，直接以基本权利规定人权的核心内容；第四，文本中同时出现人权与基本权利、基本的权利等表述，通过宪法解释规则确定其具体内涵。《宪法》第三十三条直接规定了"国家尊重和保障人权"。

各国学者和宪法文本对人权表述不尽相同，不过在基本价值与核心理念上已达成如下共识：人权本质在于尊重人作为人的尊严，国家的义务都应该是保持其统治下的所有个人享受人作为人所具有的尊严。在宪法文本中人权与基本权利、人权与基本权都存在的情况下，人权内涵的界定有不同的标准。人权与基本权利的区别主要在于：第一，人权是一种自然权利，而基本权利是实定法上的权利；第二，人权具有永久不变的价值上的效力，而基本权利是法律和制度保障的权利，其效力与领域受到限制；第三，人权表现为价值体系，而基本权利具有具体权利性；第四，人权源于自然法，基本权利源于人权。区别决定了宪法文本中的人权需要法定化，并转化为具有具体权利内容的基本权利形态。人权一旦转化为宪法文本中的基本权利，公民与国家机关就都应受到基本权利的约束。人权在宪法文本中的不同表述与含义，有助于人们区分不同意义上的权利，使人权的不确定性获得统一的基础。

我国宪法文本中人权条款的解释可以考虑以下要素：一是作为宪法原则意义上的人权；二是国家价值意义上的人权；三是转化为基本权利内容的人权。人权具有约束一切公共权力和社会生活领域的效力，由于中国缺乏系统地保障人权的历史和文化传统，把人权纳入国家价值观体系是十分必要的，有助于进一步明确国家存在的目的，形成国家整体的价值观，确立国家活动的基本目标与追求。人权与基本权利之间存在价值上的空间互换，需要适当限制人权条款的内涵，使之保持概括性条款的性质。我国《宪法》第二章规定的基本权利主体的公民与人权主体的人之间、人权内容与列举的基本权利之间需要保持逻辑上的协调与解释规则的统一。公民的基本权利与人权之间的价值互换是通过一定形式实现的，实现的程度则取决于社会发展对人权的需求与现实条件。

二、公民的基本权利

（一）基本权利概念

权利是指公民在宪法与法律规定的范围内，以作为或不作为的方式取得利益的一种行为。现实生活中，权利是一种综合性的社会现象，其内涵的判断应基于多样化的方法与知识体系。权利不仅表现为一种价值体系，同时表现为人们社会生活的实践过程，不仅是人们追求的一种理想，同时也是人类实践活动的总结和概括。权利在现实生活中有实有权利和应有权利之分，应有权利是人的价值的集中体现或载体，是人作为社会主体的价值确定方式，是主体资格的权能表现，即应有权利是人生存和发展的基本价值需求。人应有的权利，如人身权、财产权等。这种应有权利与实有权利区分对于理解权利的完整形态和价值体系是必要的，但现实社会运行过程中强调应有权利的价值也存在特定的范围，可以表现为现有权利的基本价值尺度，但不能取代实有权利的实践意义。

根据权利所表现的内容与内部结构体系，权利可分为普通权利与基本权利。基本权利源于人权的权利体系，但两者性质不同。人权是自然权，基本权利是实定法上的权利。人权与基本权利的不同性质与表述实际上体现了国家与社会、市民社会与政治国家的区别。基本权利又可称为人权或基本人权，公民的基本权利，就是公民所享有的基本的、具有重要意义的权利。在权利体系中，那些具有重要地位并为人们必不可少的权利，即基本权利。世界各国一般都以宪法规范的形式对公民的基本权利予以确认和表述，并加以保障和实施。所以，基本权利往往被称为宪法权利，但更确切地说，应称为"宪法所保障的权利"。基本权利是宪法赋予的，规定公民根本的政治、经济和社会地位的权利，反映了国家权力与公民权利之间的相互关系，构成了一个国家政治制度运行的基础。

（二）基本权利的特征

基本权利的主体主要有公民、外国人和法人等，其具有的主要特征有以下几点。

第一，固有性和法定性。基本权利是由宪法确认与保障的权利，是基本人权的宪法化之后的产物。基本权利是社会生活中的人出于自身的要求，为了自身的生存与发展，保障自身的尊严而在人类社会历史发展过程不断形成与发展的权利。基本权利的法定性体现在其只有通过宪法规定的方式才能实现对人的尊严与自由的保障。

第二，不受侵犯性和受制约性。既然基本权利是宪法确认与保障的人所享有的固有权利，那必然可以推导出其不受侵犯性。宪法之所以规定人的基本权利，就是为了防范人的基本权利受到侵犯，这一点从 1789 年的法国《人权和公民权宣言》所言明的宪法对人权保障的思想即可看出。同时，基本权利又具有受制约性。从宪法学角度来说，这种制约性主要体现在两个方面：一是内在制约，主体对基本权利的行使权不得受侵犯且不能损害其他主体的权利，只有与其他主体的权利并存才能取得合法的地位，这是基本权利的理性要求；二是外在制约，基本权利因保障公共利益或国家利益的需要而受到限制。如果从社会学或哲学角度说，外在制约更多是指主体享有基本权利的程度及保障受到一个国家或民族的历史文化、地理环境、社会制度、经济水平及人权观念等因素的制约。

第三，普遍性和特殊性。既然基本权利具有固有性、不受侵犯性，那么人们所享有的基本权利是基于人而享有的，就不应该完全受到性别、出身、宗教信仰、职业、教育程度、财产状况、民族、种族的限制，从而具有普遍性。当然，这并不排斥因为一国的宪法所规定的基本权利会受其具体的社会历史条件的制约而呈现出的特殊性。

（三）基本权利的分类

传统宪法学的一种分类是以公民与国家的隶属关系为基础的，反映了国家中心主义思想。耶利内克（Jellinek）把国民的地位分为被动的、消极的、积极的、能动的四个方面，与此相对应确定了国民的公义务、自由权、受益权和请求权、参政权。这种分类方法的核心是以主观的公权与地位为基础的，主观的公权以客观法秩序的存在为基础，强调个人在共同体中的地位，赋予个人以国家内部组成部分的性质。但有学界观点认为这种理论过分突出了自由权的比重，没有反映基本权利之间相互交叉的权利形态，不利于将新的权利概念引入基本权利体系之内。

我国宪法学界更注重从宪法本身的权利体系对基本权利分类，主要有四类。第一类是将基本权利分为十项：平等权、政治权利与自由、宗教信仰自由、人身自由、批评建议申诉控告检举和取得赔偿权、社会经济权利、文化教育权利和自由、妇女的权利和自由、有关婚姻家庭老人妇女儿童的权利及华侨归侨和侨眷的权利①。第二类是将基本权利分为四类，分别为参政权、人身自由和信仰自由、经济和教育文化权和特定人的权利②。第三类是将基本权利分为五类，分别为平等权、政治权利和自由、人身自由和信仰自由、社会经济文化权利和特定人权利③。第四类基本权利的分类，将基本权利分为平等权、政治权利、精神文化活动的自由、人身的自由与人格的尊严、社会经济权利和获得权利救济的权利④。

（四）基本权利的效力

基本权利的效力是指基本权利的价值与具体内容能够得到实现的一种力量，具体表现为基本权利对社会生活领域产生的拘束力，其目的是保障宪法规定的人权价值的实现。

维护与尊重人权是现代法治国家进行立法活动的基本要求，基本权利的效力直接约束立法者与立法过程，以防止立法者制定侵害人权的法律，同时立法是建立法治的基础。有关行政的一切活动都要体现基本权利的价值，以保障行政权的合宪性，从而实现基本权利对行政权的约束。司法活动是保障人权的最后壁垒，人们要求司法活动体现基本权利的价值。不尊重基本权利价值的司法活动是缺乏正当性基础的，不可能获得必要的社会基础。现代司法权运行的出发点和最终目标是实现宪法保护的人权价值，从而使基本权利直接约束着司法权。

三、我国公民的基本权利与自由

（一）平等权

1. 平等权的宪法含义

平等与自由是人类长期以来追求的目标，实际上构成了宪法发展的内在动力。但两者的价值并不是始终统一的，有时存在矛盾和冲突。为了获得人的价值的平等，消除实际上存在的各种不平等的现象，人类进行了不懈的努力。平等作为重要的价值目标而得到具体体现，构成基本权利体系的基础。平等是表明与其他对象之间相互关系的概念，宪法上的平等概念是一种以宪法规范的平等价值为基础，在宪法效力中体现平等的内涵。平等是多样化的概念，按照不同标准有不同的种类，如形式平等和实质平等。

平等权在宪法上主要是作为一种基本权利而存在的，但它与其他基本权利不同，在整个宪法的基本权利体系中具有一定的超越地位。它不但通过民族平等权、男女平等权，而且还广泛地通过政治平等权、社会经济平等权及其他具体的基本权利来体现其作为一种基本权利的具体内容，因此是一种原理（原则）性的、概括性的基本权利。

① 吴家麟. 宪法学[M]. 北京：群众出版社，1983.
② 魏定仁. 宪法学[M]. 2 版. 北京：北京大学出版社，1994.
③ 许崇德. 中国宪法[M]. 2 版. 北京：中国人民大学出版社，1996.
④ 许崇德. 宪法[M]. 4 版. 北京：中国人民大学出版社，2009.

值得注意的是，平等权不意味着绝对均等，必须要区分绝对均等与平等权。每个人在生理、身体、心理、能力等方面有着先天差异，不可能消灭这种差异，实现人的绝对平等。但每个人都有人的尊严，在自由人格的形成上必须享有平等的权利，这是近代平等观念产生的缘由。近代宪法确立的"法律上的平等"有巨大的进步意义。但由于仅仅只是确定机会的平等，它一方面有助于实现实质意义上的平等，但另一方面也有可能异化，走向其反面，加剧实质的不平等。

《宪法》第三十三条规定："中华人民共和国公民在法律面前一律平等。"这既是我国社会主义法制的一项重要原则，也是公民的一项基本权利，简称平等权。其含义是：第一，任何公民平等地享有宪法和法律规定的权利，平等地履行宪法和法律规定的义务；第二，国家机关适用法律，对任何人都是平等的，不因人而异；第三，任何组织和个人都没有超越宪法和法律的特权。

2. 平等权的特点

第一，平等权具有双重性，即作为主观权利和客观权利的规范性质，平等权为公民向国家要求平等地位和消除各种不平等现象提供了权力基础。第二，从公民与国家关系来看，公民有权要求国家提供平等的保护，不因为性别、年龄、职业、出身而有所差别，国家有义务无差别地保护每一个公民的平等地位。第三，平等权意味着公民平等地行使权利，平等地履行义务。权利义务一致性源于平等权的价值观，平等权观念与理论原则要求权利与义务价值并重。第四，平等权概念意味着它是实现基本权利的方法或手段。平等权是基本权利体系的一部分，同时也是实现政治权利、经济权利、社会权利和文化权利的必要手段，为这些权利的实现提供了基础环境。

3. 形式上的平等和实质上的平等

形式上的平等在宪法学上又称为"机会的平等"或"机会均等"，是近代宪法所确立的平等原理，其在终极的意义上指的是宪法对每个人所保障的、各自在其人格的形成和实现过程中的机会上的平等。实质上的平等是现代宪法对形式上的平等原理进行修正和补足的原理，指的是为了纠正因保障形式上的平等所招致的事实上的不平等。依据每个人的不同属性分别采取不同的方式，对作为每个人的人格发展所必需的前提条件进行实质意义上的平等保障。实质上的平等又称为"条件的平等"。实质上的平等原则并不保障结果上的平等，"结果上的平等"是平均主义的做法，最终可能导致对平等的反动。形式上的平等指"机会的平等"，是近代宪法确立的平等原理的初始含义。它有一定的局限性，需要实质上的平等原理予以补充和修正。但形式上的平等原理仍可适用于精神自由、人身自由、人格尊严和政治权利等基本权利的保障。实质上的平等原则主要适用于对社会经济权利的保障。

4. 法律适用平等和法律内容平等

法律适用平等说又称"司法上的平等"，由于它否定了平等原则对立法者的拘束，所以也称为"立法者非拘束说"。

法律内容平等说又称"立法上的平等"，它不仅要求公民在适用法律上必须平等，还要求公民在法律内容上也应当享有平等权利，立法者不能制定违反平等原则的法律。所以它又称"立法者拘束说"。

如果没有法律内容上的平等,法律适用的平等并不能完全保证真正意义上实现平等,这就如同"恶法之法治"不是真正的法治。

5. 禁止差别对待和合理差别

法律面前一律平等,就其形式上的平等要求来说,旨在反对不合理的差别,即禁止差别对待原则。就其实质上的平等要求来说,旨在承认和允许合理差别。这两者构成了一种相辅相成的关系。

不合理差别是指没有合理根据的差别。根据平等权的内容,宪法禁止差别对待的方式有三种:其一是宪法只列举禁止差别的理由,如宪法规定的男女平等原则;其二是宪法只列举禁止差别对待的领域,如宪法规定的有关教育机会平等的权利;其三是同时规定禁止差别的理由和禁止的领域,如《宪法》规定的公民选举权的九个不分,即《宪法》第三十四条"中华人民共和国年满十八周岁的公民,不分民族、种族、性别、职业、家庭出身、宗教信仰、教育程度、财产状况、居住期限,都有选举权和被选举权"。现实中人们存在的许多差别有其合理性,如人的权利能力平等,但人的行为能力并不平等。完全无视这些合理差别,强求整齐划一,反而是不合理的。所以,实质平等的要求在一定程度上允许合理差别。

平等权的内容不同,我国现行宪法允许合理差别的情形有以下几种:①因年龄差异所采取的责任、权利等方面的合理差别,如第三十四条对选举权和被选举权年龄的限制;②依据人的生理差异所采取的合理差别,如第四十八条对妇女的特殊照顾规定;③依据民族差异采取的合理差别,如选举法对少数民族人大代表所代表的人口基数之不同于汉族的规定;④依据保护弱者原则所采取的合理差别,如宪法关于禁止虐待老人、妇女和儿童的条款,又如国家和社会保障残疾公民的劳动、生活和教育的规定;⑤对从事特定职业的权利主体的特殊义务的加重和特定权利的限制,如《中华人民共和国国籍法》关于国家工作人员和现役军人无权申请退出我国国籍的规定,又如国家工作人员须进行财产申报,普通公民就无此义务。

（二）政治权利与自由

政治权利又称参政权或政治参加的权利,是人们参与政治活动的一切权利和自由的总称。政治权利其实就是民主权利,与此相应,政治权利的法性质也受到民主制度的具体方式的制约。政治权利主要包括选举权、被选举权及政治表现的自由。此外,政治权利当然还包括其他各种政治参与的权利。公民的政治权利既构成了实现人民主权原理及其各种具体的民主制度的不可或缺的前提条件,同时又反过来体现了人民主权原理及其各种具体的民主制度的必然要求。

1. 政治权利的法性质、内容与宪法地位

政治权利是人们参与政治活动的一切权利和自由的总称。它具有能动的性质,其性质和地位表现为:第一,政治权利反映了公民在国家与政治生活中的宪法地位,能否享有政治权利和享有的政治权利实现程度反映了一个国家政权的性质,是衡量民主政治发展程度的重要标志。第二,政治权利是基本权利体系的基础。政治生活在人类生活中处于重要地位,与此适应,政治权利在整个基本权利体系中占有基础地位。如果公民没有选举权和被选举权，就不能参加国家的具体管理，也就无法取得享有人身自由、经济自由的权利与机会。第三，政治权利具有协调国家权力和公民权利的功能。在一个国家的政治生活中，国家权力与公民权利之间的冲突与矛盾是不可避免的，如何确定国家权力和公民权利的界限，达到二者间的平衡是宪政体制建设中需要注意解决的问题。通过行使政治权利，一方面可以建立、监督政治权力结构，另一方面可以合理地调整政治权力的具体运行过程。如公民的选举权包括投票权、监督权、罢免权，对权力结果中的一些问题可以通过公民选举权的功能进行调整，公民的政治权利是监督、制约、完善国家权力结构，及时解决社会冲突和矛盾的有效形式。

政治权利主要包括选举权、被选举权和政治表现的自由。根据我国《宪法》的相关规定，还包括公民的监督权、通过各种形式管理国家各项事务的管理权。

公民的政治权利构成了实现人民主权原则及其各种具体的民主制度的前提条件，同时反过来体现了人民主权原则及其各种具体的民主制度的必然要求。它可称为"主权上的权利"。公民的政治权利在整个权利体系中居于特别重要的地位，它被视为具有一定程序意义的基本权利或为实现其他基本权利而存在的基本权利。

2. 选举权与被选举权

1）宪法含义

选举权与被选举权有广狭两义。狭义的选举权与被选举权是公民参加国家权力机关或代表机关的创设或组织所必需的那种选举中的权利；而广义的选举权与被选举权是公民为实现任何国家机关、公共团体乃至私人组织的创设或组织所必需的那种选举中的选举权与被选举权。其中，狭义的选举权与被选举权是宪法学研究的重点。狭义的选举权即公民有按照自己的意愿选举人民代表的权利；被选举权是指公民有被选举为人民代表的权利。选举权的展开形态为罢免权，主要指的是罢免已通过选举产生的特定的代表的权利。它是选举人或选举母体对代表实行监督的最为严厉的手段之一。

选举权和被选举权的特征：第一，享有选举权和被选举权必须具备法定资格，即国家宪法和法律赋予公民选举权和被选举权。第二，选举权与被选举权的行使对象有两个方面——代议机关代表和特定国家机关公职人员。第三，选举权和被选举权的行使方式是法定的，通常采取投票表决等形式。

2）选举权与被选举权的享有主体

一种观点认为，就选民的选举资格来说，选举分限制选举和普及选举两种。凡除年龄、国籍、具有行为能力、享有政治权利等条件以外，设有其他资格限制，如民族、种族、性别、财产状况、教育程度、有无住所、居住期限等，而不能参加选举的，即限制选举。反之，如果除了年龄、国籍、具有行为能力、享有政治权利等限制以外，不另设其他限制的，即普及选举。还有一种观点认为，限制选举是指必须要具有一定财产、必须接受一定的教育或必须是男性，才有选举权；普及选举是指不以财产或性别为条件，凡是本国人民，达到一定年龄，即可具备选举权。

《宪法》第三十四条规定："中华人民共和国年满十八周岁的公民，不分民族、种族、性别、职业、家庭出身、宗教信仰、教育程度、财产状况、居住期限，都有选举权和被选举权；但是依照法律被剥夺政治权利的人除外。"从这条规定来看，选举权与被选举权的享有主体应当是公民，而不是所谓的人民。

剥夺选举权与被选举权是对享有主体的一种限制，主要针对某些严重的犯罪人。除此之外，还有两种限制形式，一是选举权与被选举权的不行使，主要适用于精神病患者。二是选举权与被选举权的停止行使，主要针对某些犯罪嫌疑人或被告人。

3. 表现自由

表现自由是指人们通过一定的方式将自己内心的精神作用公之于外部的精神活动的自由。典型的方式有言论、出版、集会、结社、游行和示威。表现自由也称表达自由。言论和出版的自由是表现自由的最基本的、最典型的类型。

1）言论和出版的自由

言论和出版自由是公民通过各种语言形式表达自己思想、意见和意愿的自由。对言论自由的理解不同，会产生言论自由是否包含出版自由的问题。如果认为言论自由仅指口头语言表达的自由，那就不包括出版自由。如果认为言论自由是公民以言语表达意思的自由，那么包括口头的和书面的。出版自由是公民可以通过出版物，自由地表达自己对国家政治、经济、文化、社会各方面事务的见解和看法的自由。

尽管言论自由涉及各个方面，但政治言论自由是言论自由的核心和基础。政治言论自由至少包括以下内容：第一，批评和反对现行法律的言论自由；第二，批评政府的自由；第三，发表言论宣传和支持各种政治见解、政治观点、政治学说和政治信仰的自由；第四，批评执政党的言论自由。

言论自由的界限：客观上存在一个法定界限，受合理的限制。这种界限不是绝对的，是受一定条件限制的。言论自由的受限制性是人权发展的普遍规律，各国在人权立法中一方面强调言论自由的实体价值，另一方面又对言论自由的内容与行使程序作出了必要的限制。《宪法》第五十一条规定了限制的内容，中华人民共和国公民在行使自由和权利的时候，不得损害国家的、社会的、集体的利益和其他公民的合法的自由和权利。具体表现在两个方面：第一，外在限制。宪法确定的言论自由有确定的效力范围，在其效力范围内的言论才能得到法律的保护。第二，内在限制。行使程序在法律规定程序内的言论自由才是合理的，否则就是滥用。合理界限内的言论自由应当是主观上善意和客观上无害的行为，有害于国家或社会利益，侵害他人权利或侮辱他人的各种言论均属于禁止之列。

出版自由的界限：出版自由的保障和出版管理是统一的，合理的出版管理是保障出版自由的重要条件。国家权力可以根据一定的原则，对出版物和出版活动进行必要的限制，确定其合理界限。

2）结社的自由

结社指的是特定的多数人形成具有共同目的的社会群体的行为。结社自由是特定的多数公民为了共同的目的，依照法律规定的程序组织持续性的结合体的自由。因结社的目的不同，结社自由可分为两种：一是以营利为目的的结社，如成立公司等，此类结社由民法、商法调整；二是不以营利为目的，包括政治性结社和非政治性结社。各国对政治性结社往往实行严格的法律限制。对结社自由的保障程度与结社立法的发展程度是评价一个国家民主政治发展程度的重要指标。我国 1998 年 10 月的《社会团体登记管理条例》明确了结社的基本程序。

3）集会、游行和示威的自由

集会指的是特定或不特定的多数人在一定的场所聚集形成一时性的集合体的活动。集会自由指特定或不特定数量的多数公民为某一共同目的临时集合在一定场所，用演讲或讨论的形式发表意见、表达意愿与交流思想的自由。游行自由指特定或不特定数量的多数公民在公共道路、露天公共场所采取列队行进的方式表达政治或经济上的共同意愿的自由。示威自由则指特定或不特定数量的多数公民在露天公共场所或者公共道路采取集会、静坐或游行的方式，对特定的对象诉求意愿，提出抗议或支持等某种强烈意愿的自由。

4）监督权

监督权是公民监督国家机关及其国家工作人员公务活动的权利。《宪法》第四十一条规定："中华人民共和国公民对于任何国家机关和国家工作人员，有提出批评和建议的权利；对于任何国家机关和国家工作人员的违法失职行为，有向有关国家机关提出申诉、控告或者检举的权利，但是不得捏造或者歪曲事实进行诬告陷害。"这一规定表明监督权包括六项基本权利：批评权、建议权、申诉权、控告权、检举权和国家赔偿请求权。

（三）精神文化活动的自由

1. 宪法含义

精神文化活动的自由是指那些与人的精神作用或精神生活相关联的所有自由权利的总称。其中主要包括思想和良心的自由，言论、出版、结社、游行、示威等的表现的自由，宗教信仰自由，文化活动的自由等内容。这类自由的宪法意义是：第一，它具有个体发展意义上的价值。它是发展自身人格、提升和实现个人价值的基础。第二，它是公民参与国家政治意志形成及决定的必要前提，具有民主政治价值。第三，它具有促进思想自由市场发展的价值。第四，它有助于建设精神文明，为人们享受精神成果提供前提条件。

2. 内容

第一，宗教信仰自由。宗教是一种意识形态，与马克思主义的世界观是相对应的，是一种人们在自然力量和社会力量的支配下产生的世界观。宗教被认为是人与神之间进行交往的信仰，同时还是超人间超自然力量的一种社会意识，是一种世俗经验情感的精神状态现象。宗教信仰是指对超自然的、超人格的存在的确信、敬畏或崇拜的心理或行为。宗教信仰的自由包括：①内心的信仰自由，包括公民对宗教有信仰与不信仰的自由，有选择信仰何种宗教或者何种教派的自由，有改变自己宗教信仰的自由。②宗教上的行为的自由，包括礼拜、祈祷及举行或参加宗教典礼、宗教仪式等行为的自由。有的国家还包括传教自由。③宗教上的结社自由，包括设立宗教团体、举行宗教团体活动、加入或不加入特定的宗教团体等方面的自由。

许多国家对宗教信仰自由的保障均以政教分离原则为前提，包括以下几点：第一，国家不能设立国教；第二，政教分离，禁止国家机关开展或参与宗教活动，同时禁止任何宗教团体享有国家赋予的特权或行使政治上的权力。我国《宪法》对公民宗教信仰自由的保障做了原则性的规定，禁止强制公民信仰宗教或不信仰宗教，禁止歧视信仰宗教的公民和不信仰宗教的公民。同时，国家保障正常的宗教活动，第三十六条相对比较明确地规定了宗教信仰自由的界限：任何国家机关、社会团体和个人不得强制公民信仰宗教或者不信仰宗教，不得歧视信仰宗教的公民和不信仰宗教的公民。国家保护正常的宗教活动。任何人不得利用宗教进行破坏社会秩序、损害公民身体健康、妨碍国家教育制度的活动。宗教团体和宗教事务不受外国势力的支配。

第二，文化活动的自由。文化活动的自由指公民进行科研、文艺创作和其他文化活动的权利自由。《宪法》第四十七条规定，中华人民共和国公民有进行科学研究、文学艺术创作和其他文化活动的自由。国家对于从事教育、科学、技术、文学、艺术和其他文化事业的公民的有益于人民的创造性工作，给以鼓励和帮助。在某种意义上，文化活动的自由属于思想与良心的自由。

第三，通信的自由和通信秘密。《宪法》第四十条对此作了规定。通信自由是指公民通过书信、电话、电信及其他通信手段，根据自己的意愿自由地与他人进行联系、交往的自由，任何组织或个人不得干涉。通信秘密是指通信内容无须对第三人公开，任何组织和个人不得采取偷看、偷听手段或强制方法去知晓通信内容，它与通信自由不可分割，没有通信秘密，就没有通信自由可言，两者缺一不可，合起来成为通信自由权。人民检察院和公安机关出于国家安全和追查刑事犯罪需要，可以依法检查公民的信笺，除此以外，公民的通信不受审查干涉。

（四）人身自由与人格尊严

1. 宪法含义

人身自由指公民个人在符合国家法律要求的范围内有一切举止行动的自由，它包括公民的人身自主、居住行动的自由、住宅不受侵犯、通信自由等。公民的人身自由是公民参加社会生活和享受其他自由权利的前提和基础，是公民最基本、最起码的权利之一。《宪法》第三十七条明确规定："中华人民共和国公民的人身自由不受侵犯。"人身自由是近代以来伴随着个人的解放所确立的一项传统的基本人权，指的是无正当理由身体的活动不受拘束的权利，故而又称身体自由。人身自由是人们一切行动和生活的前提条件，因此也是基本权利之中最基本的权利之一。人身自由的核心内容是人身自由不受侵犯的权利，当然广义的人身自由还包括住宅不受侵犯的权利、生命权。

2. 内容

第一，人身自由不受侵犯。人身自由不受侵犯的权利是人身自由在起点意义上的内容，指的是公民享有的不受任何非法搜查、拘禁、逮捕的权利，即人身自由不受非法限制或剥夺的权利。在面对国家司法权的作用时，人身自由这一基本权利的重要内容就转化为人身自由受限制的合法程序保障的权利。

第二，住宅不受侵犯的权利是指公民居住、生活、休息的场所不受非法侵入或搜查的权利。住宅不受侵犯的权利是人身自由的一种延伸，同时，保障公民的住宅不受侵犯，与保护公民的私生活和家庭也有着密切的关联性。

第三，生命权。生命权是人们公认的自然权。生命权是指公民有生命、自由与追求幸福等权利。具体有防御权、享受生命的权利、生命保护请求权。生命权具有不可转让和不可处分性。生命权包含了作为人的基本权利——人格尊严。人格尊严的宪法含义是指与个人的人格价值具有密切联系的名誉、姓名、肖像、隐私等不容侵犯的权利。人格尊严不受侵犯具体包括姓名权、肖像权、名誉权、荣誉权、隐私权的不受侵犯。《宪法》第三十八条规定："中华人民共和国公民的人格尊严不受侵犯。禁止用任何方法对公民进行侮辱、诽谤和诬告陷害。"狭义的人格权指的是与个人的人格价值具有基本关联性的、不可侵犯的权利，主要包括名誉权、姓名权、肖像权及隐私权；而广义的人格权则同时还包括构成人格本质的个人的生命、身体、精神及与个人的生活相关联的利益等其他内容。

（五）社会经济权利

1. 宪法含义

社会经济权利指公民依照宪法规定享有经济物质利益的权利，是公民实现其他权利的物质上的保障。它是一个复合概念，是经济权利和社会权利的统一。经济权利被传统宪法学视为"经济自由"，主要包括择业自由、营业自由、合同自由、居住和迁徙自由等经济活动方面的自由。这些自由在早期"自由竞争"时期的资本主义宪法那里得到了充分的肯定。社会主义宪法诞生以后，由于长期实行计划经济，宪法关于这方面的规定便由经济自由转移到社会权利。而社会权利即通过国家对整个经济社会的积极介入来保障所有人的社会或经济生活的权利，社会主义宪法规定的财产权、劳动权、休息权、退休人员的生活保障和社会保障权、物质帮助权、受教育权等内容即属于社会权利范畴。与此同时，资本主义宪法在国家干预经济取代"自由竞争"的历史条件下，也产生了自身的社会权概念，主要包括受教育权、劳动权、劳动者的结社自由，以及劳动者的团体交涉和争议权等权利内容。

2. 内容

第一，财产权。财产权是公民个人生活方面最基本的权利，指财产上的私权，即一切具有财产价值的权利，主要包括财产所有权及与财产所有权有关的权利。它不仅包括物权，也包括债权、知识产权、继承权等私法上的权利，还包括具有财产权性质的公物使用权（如土地使用权、水利权），甚至还包括合同自由。我国《宪法》第十三条规定："公民的合法的私有财产不受侵犯。国家依照法律规定保护公民的私有财产权和继承权。"

现代财产权的宪法保障制度的内容主要蕴含了三重结构，即不可侵犯条款、制约条款和征用补偿条款。不可侵犯条款又可称为保障条款，财产权不可侵犯或受宪法保障。制约条款又称限制条款，即在不可侵犯条款的前提下，承认私人财产权具有一定的社会性，肯定对财产权的公共制约的条款，如规定财产权必须受公共福利的制约或规定财产权的内容由法律规定等。征用补偿条款即规定国家根据公共的需要而对私人财产进行征用时必须予以正当补偿的条款。

第二，劳动权。劳动权是指一切有劳动能力的公民，都有获得劳动就业、适当劳动条件和取得劳动报酬的权利。劳动权是人们赖以生存的权利，因而是其他权利的基础。《宪法》第四十二条规定："中华人民共和国公民有劳动的权利和义务。"宪法之所以规定劳动既是权利又是义务，是因为劳动是公民的一项基本权利，国家和社会必须创造条件，保障公民的劳动就业权。从国家的角度看，劳动是一切有劳动能力的公民的光荣职责，每一个人都要为建设社会主义国家贡献力量，所以劳动又是公民的义务。因此，劳动权所指向对象——劳动，既是一项权利，同时也是劳动者应尽的义务。

第三，休息权。休息权是指劳动者所享有的休息和休养的权利。休息权与劳动权具有内在的关联性。休息权不仅与劳动权有着内在的关联性，而且还与劳动者的生存权及精神文化活动的自由也有着密切的联系。一般而言，休息权是劳动者实现生存权的一个重要条件，而劳动者对休息权的行使也可结合对精神文化活动自由的行使方式（如享受文化、娱乐生活）来得以实现。当然，作为一项社会经济权利，休息权的保障形态和实现程度也受到了一定的社会经济条件的制约。《宪法》第四十三条规定了这项权利。休息权和劳动权密切相关，其目的是保证劳动者劳逸结合，保护劳动者身心健康，提高劳动效率，并使劳动者有闲暇时间参加文化和社会活动，以丰富精神生活和提高文化科技知识水平。可以说，休息权是劳动权的必然延伸。我国宪法第四十三条规定了国家发展劳动者休息和休养的设施，规定职工的工作时间和休假制度。

第四，生存权。生存权包括民族集体意义上和个人对国家意义上的生存权。宪法文本中主要集中表达后者层面上的生存权，主要指物质帮助权和退休人员的生活保障权。生存权即公民享有维持其身体所必需的健康和生活保障权。公民行使这种权利，必须以无法实现劳动权或已经尽了劳动的义务为前提，这是生存权作为一种权利所具有的内在界限。生存权的实现受到一个国家或社会生产力发展水平、经济发展程度及人口状况等社会经济条件的制约。《宪法》第四十五条规定中华人民共和国公民在年老、疾病或者丧失劳动能力的情况下，有从国家和社会获得物质帮助的权利。为了实现这一权利，宪法同时还规定了三项措施，一是国家发展为公民享受这些权利所需要的社会保险、社会救济和医疗卫生事业；二是国家和社会保障残疾军人的生活，抚恤烈士家属，优待军人家属；三是国家和社会帮助安排盲、聋、哑和其他有残疾的公民的劳动、生活和教育。

第五，受教育权。教育既是公民个人人格形成和发展的一个必不可少的手段，我国《宪法》第四十六条规定："中华人民共和国公民有受教育的权利和义务。"受教育的权利主要包括三个具体的内容，并分别要求不同的保障措施。

（六）获得救济的权利

获得救济的权利本身既是一项基本权利，又是保障其他权利实现的衍生权利。权利救济是权利保障的最后手段。"无救济，无权利"，对基本权利的救济主要有宪法上的救济和普通法律上的救济。前者靠宪法监督制度，后者靠普通法的诉讼救济或非诉讼救济手段，包括刑事救济、民事救济和行政救济等方式。目前我国宪法规定的获得权利救济的权利包括：①申诉控告权；②国家赔偿权及补偿请求权。

中国宪法基本权利的分类如表 2-1 所示。

表 2-1　中国宪法基本权利的分类

分类目录		具体权利	条文出处
一般主体的基本权利	平等权	法律面前人人平等	33
	政治权利	参加管理的权利 选举权和被选举权 表达自由：言论、出版、结社、游行、示威的自由 监督权	2，16，17，111，35，27，41
	精神自由	宗教信仰自由、文化活动的自由、通信的秘密和自由	36，47，40
	人身自由与人格尊严	人身自由权、人格尊严权、住宅权	37，38，39
	社会经济权利	财产权、继承权、劳动权、生存权、受教育权	13，42，43，44，45，46
	获得救济权利	提起申诉和控告的权利 国家赔偿请求权	41
特定主体的基本权利		民族平等、少数民族合法权利保障	4
		保护妇女、男女平等	48
		保护婚姻、家庭、母亲、儿童	49
		保护华侨和侨属	50

四、我国宪法上公民的基本义务

宪法规定一定的主体必须作出某种作为或作出某种不作为的责任，即公民的基本义务。基本权利与基本义务的关系如下。第一，基本权利的享有主体与基本义务的承担主体之间的关系：①一般情形下的同一关系。任何公民既是基本权利的享有主体，同时又是一定的基本义务的承担主体。②具体情形下的对角关系。公民与国家之间都存在着相互联系的关系，而在这两种不同的关系中，基本权利主体（公民）与基本义务主体（公民）之间则构成了一种交叉的对角关系。第二，基本权利的内容与基本义务的内容之间的关系：①一般情形下的非对等性；②特定情形下的统一性。

宪法规定，我国公民基本义务有五项，按条款顺序分列如下：①维护国家统一和全国各民族团结的义务；②必须遵守宪法和法律，保守国家秘密，爱护公共财产，遵守劳动纪律，遵守公共秩序，尊重社会公德的义务；③维护祖国的安全、荣誉和利益的义务；④保卫祖国、抵抗侵略的职责和依法服兵役、参加民兵组织的义务；⑤依法纳税的义务。此外，公民有劳动的义务；受教育的义务；夫妻双方有实行计划生育的义务；父母有抚养教育未成年子女的义务，成年子女有赡养扶助父母的义务。

第四节 选举制度

一、选举制度概念及其宪治价值

宪法上的选举是指选民或选举单位依照宪法或选举法的规定，选举国家代表机关的代表或国家机关公职人员的活动。宪治语境中的选举是指享有政治权利的一国公民，通过这种行为（投票或其他方式），选择治理国家的代理人。[①]

选举制度有广义和狭义之分。广义选举制度的概念包括选举国家代表机关代表与特定公职人员的选举，选举主体的范围比较广泛。狭义选举制度概念是指选民依据选举法的规定选举国家代表机关代表的制度。选举制度是国家形式方面的重要制度，体现了国家权力和公民权利的宪政关系，在一国民主政治运作中具有重要地位。选举制度是科学地分配与运用权力的重要的组织形式，属于国家制度的重要组成部分，体现了国家权力与公民权利之间的平衡关系。

选举制度的宪治价值在于：第一，选举制度是国家成为宪法主体的前提。国家权力只有赋予每个具体公民行使时，才能将国家及其权力的宪法性规定转化为实在的政治生活和社会生活，才能使国家真正拥有宪法主体的地位，同时具体的公民才能通过选举制度选择国家权力行使者，从而影响国家的发展进程及其宪政状态。第二，是国家权力合法的依据。具体公民选举产生国家代表机关代表和公职人员，采用宪法下的和平方式形成国家权力进行国家的统治，维持国家权力的合法性。第三，是实现人民主权原则的重要途径。通过公民行使选举权和被选举权实现代表国家权力的机关及个人的合法权力，通过和平非暴力的方式实现公共权力的更替或过渡，实现人民主权原则，使之成为现代重要的宪治制度。

二、选举制度的历史发展

人类社会早期的选举活动具有社会公共性，不具有阶级倾向性。进入阶级社会以后，选举具有了阶级性，成为统治阶级分配和组织国家权力的基本形式，但此时的选举，无论是选举权的享有主体，还是选举渗透国家管理的深度和广度及其效能权威性等，都有很大的局限性。到了资本主义社会，随着民主政治的发展、政党政治的兴起，选举成为资产阶级政权组织的基本形式，其标志是：主体扩大、效能得到很大提高、权威性获得社会普遍认可、已经成为政权存在的合法性基础。

我国选举制度的发展呈现出一种曲折前进的过程。1953 年颁布了新中国的第一部选举法，确立了平等县级以下的直接选举和县级以上的间接选举相结合、无记名投票等基本制度。1979 年对 1953 年的选举法进行修改，进一步扩大了普选范围、直选范围，规定了差额选举、选区划分等多项制度，否定了动员型选举。《中华人民共和国全国人民代表大会和地方各级人民代表大会选举法》进行了一系列的修改，1982 年 12 月 10 日第

[①] 韩大元. 比较宪法学[M]. 北京：高等教育出版社，2003.

五届全国人民代表大会第五次会议、1986 年 12 月 2 日第六届全国人民代表大会常务委员会第十八次会议、1995 年 2 月 28 日第八届全国人民代表大会常务委员会第十二次会议、2004 年 10 月 27 日第十届全国人民代表大会常务委员会第十二次会议、2010 年 3 月 14 日第十一届全国人民代表大会第三次会议、2015 年 8 月 29 日第十二届全国人民代表大会常务委员会第十六次会议、2020 年 10 月 17 日第十三届全国人民代表大会常务委员会第二十二次会议进行了七次修正，明确了城乡选举权平等、代表候选人、预选等制度，同时逐渐向竞争型选举发展。选举制度虽然历经波折，但仍在不断地自我完善与发展，这推动着我国社会主义民主与法制建设的蓬勃发展。

三、选举制度的基本原则

（一）选举权的普遍性原则

选举权的普遍性原则是指公民除了未达法定年龄或被依法剥夺政治权利之外，在法律上不受其他条件限制而享有选举权的一项选举制度的基本原则。《宪法》第三十四条规定，中华人民共和国年满十八周岁的公民，不分民族、种族、性别、职业、家庭出身、宗教信仰、教育程度、财产状况、居住期限，都有选举权与被选举权；但是依照法律被剥夺政治权利的人除外。由此可以明确，只要具有我国国籍、年满 18 周岁和享有政治权利即可参加选举或享有选举权。同时，还要注意以下四个问题：第一，精神病患者选举权的问题。精神病患者享有选举权和被选举权，只有在其无法行使权利，并经过选举委员会的确认后，才可以不列入选民名单。第二，因羁押被暂时停止选举权的问题。正在接受侦查、起诉、审判的经过人民检察院或人民法院决定的羁押人员，在羁押期停止选举权的行使。第三，准予行使的问题。根据 1983 年 3 月 5 日第五届全国人民代表大会第二十六次会议通过的《全国人民代表大会常务委员会关于县级以下人民代表大会代表直接选举的若干规定》，下列人员准予行使选举权：被判处有期徒刑、拘役、管制而没有附加剥夺政治权利的；被羁押，正在受侦查、起诉、审判，人民检察院或者人民法院没有决定停止行使选举权利的；正在取保候审或者被监视居住的；正在被劳动教养的（劳动教养条例已经被废止）；正在受拘留处罚的。以上所列人员参加选举的，由选举委员会和执行监禁、羁押、拘留或者劳动教养的机关共同决定，可以在流动票箱投票，或者委托有选举权的亲属或者其他选民代为投票。被判处拘役、受拘留处罚或者被劳动教养的人也可以在选举日回原选区参加选举。第四，旅居国外的中国公民选举权问题。根据《中华人民共和国全国人民代表大会和地方各级人民代表大会选举法》第七条：旅居国外的中华人民共和国公民在县级以下人民代表大会代表选举期间在国内的，可以参加原籍地或者出国前居住地的选举。

（二）选举权的平等性原则

选举权的平等性原则是指每一选民在一次投票时只能有一个投票权；每一选民所投的票的价值和效力完全一样，不允许任何选民享有特权，禁止对选民投票行为的非法限制和歧视。在 2010 年修正后，《中华人民共和国全国人民代表大会和地方各级人民代表大会选举法》第五条明确规定了"每一选民在一次选举中只有一个投票权"，第十五条明确规定了"每一代表所代表的城乡人口数相同的原则",这些体现了公民享有平等的选举权。《中华人民共和国全国人民代表大会和地方各级人民代表大会选举法》第十八条、第十九条、第二十条、第二十一条规定了少数民族的代表人数确定原则,其照顾了少数民族权益,以实现实质上的平等选举,让人大代表可以真正地代表全国各族人民。

（三）直接选举和间接选举并用的原则

直接选举是由选民直接投票选举代议机关的议员或代表,选举其他国家机关的公职人员。间接选举是由选民选出选举人或选举团体,然后由选举人或选举团体再选举被选举人。《中华人民共和国全国人民代表大会和地方各级人民代表大会选举法》第三条规定了直接选举和间接选举的适用范围：全国人民代表大会的代表,省、自治区、直辖市、设区的市、自治州的人民代表大会的代表,由下一级人民代表大会选举。不设区的市、市辖区、县、自治县、乡、民族乡、镇的人民代表大会的代表,由选民直接选举。

（四）差额选举原则

差额选举是指在选举中候选人人数多于应选代表名额的选举。与差额选举相对应的是等额选举,它是指在选举中候选人的人数与应选代表名额相等的选举。《中华人民共和国全国人民代表大会和地方各级人民代表大会选举法》规定,全国和地方各级人民代表大会代表实行差额选举,代表候选人的人数应多于应选代表的名额。由选民直接选举人民代表大会代表的,代表候选人的人数应多于应选代表名额三分之一至一倍;由县级以上的地方各级人民代表大会选举上一级人民代表大会代表的,代表候选人的人数应多于应选代表名额五分之一至二分之一。相比于等额选举,差额选举一方面能保障选民的自由选择和真实意愿的实现,另一方面也能增强候选人的竞争意识。

（五）无记名投票原则

无记名投票也称秘密投票,是指选民不署自己的姓名,亲自书写选票并投入密封票箱的一种投票方法,体现了选举制度的民主性和科学性。选民如果是文盲或因残疾不能书写选票的,可以委托他信任的人代写。《中华人民共和国全国人民代表大会和地方各级人民代表大会选举法》第四十条规定了："全国和地方各级人民代表大会代表的选举,一律采用无记名投票的方法。选举时应当设有秘密写票处。"无记名投票是尊重选民自由意志的重要保障。

四、选举的组织与程序

（一）选区划分

选区是以一定数量的人口为基础划分的区域,是选民选举产生人民代表的基本单位。选区可以按照居住状况划分,也可以按照生产单位、事业单位和工作单位划分。选区的大小,一般按照每一选区选1~3名代表划分。本行政区域内各选区每一代表所代表的人口数应当大体相等。划分选区时所遵循的原则如下：第一,便于选民参加选举活动,便于组织选举工作;第二,便于联系了解候选人,便于代表联系选民;第三,有利于选民行使监督权和罢免权。

（二）选举机构

选举机构应当依法设置，以保证选民意志的实现与选举公正。《中华人民共和国全国人民代表大会和地方各级人民代表大会选举法》第九条规定，全国人民代表大会常务委员会主持全国人民代表大会代表的选举。省、自治区、直辖市、设区的市、自治州的人民代表大会常务委员会主持本级人民代表大会代表的选举。不设区的市、市辖区、县、自治县、乡、民族乡、镇设立选举委员会，主持本级人民代表大会代表的选举。不设区的市、市辖区、县、自治县的选举委员会受本级人民代表大会常务委员会的领导。乡、民族乡、镇的选举委员会受不设区的市、市辖区、县、自治县的人民代表大会常务委员会的领导。省、自治区、直辖市、设区的市、自治州的人民代表大会常务委员会指导本行政区域内县级以下人民代表大会代表的选举工作。

（三）选民登记

选民登记是选民取得选民资格的基本程序。选民成为选举权主体应当具备如下条件：一是实质要件，又分为积极要件和消极要件，积极要件包括国籍要件与年龄要件，消极要件包括身体要件与政治权利要件；二是形式要件，即必须经过选民登记。实质要件即上面提及的选举权普遍性原则所确定的选举主体的范围，符合法定要求的公民都可进行选民登记。《中华人民共和国全国人民代表大会和地方各级人民代表大会选举法》第二十七条规定：选民登记按选区进行，经登记确认的选民资格长期有效。每次选举前对上次选民登记以后新满十八周岁的、被剥夺政治权利期满后恢复政治权利的选民，予以登记。对选民经登记后迁出原选区的，列入新迁入的选区的选民名单；对死亡的和依照法律被剥夺政治权利的人，从选民名单上除名。精神病患者不能行使选举权利的，经选举委员会确认，不列入选民名单。第二十八条规定：选民名单应在选举日的二十日以前公布，实行凭选民证参加投票选举的，并应当发给选民证。第二十九条规定：对于公布的选民名单有不同意见的，可以在选民名单公布之日起五日内向选举委员会提出申诉。选举委员会对申诉意见，应在三日内作出处理决定。申诉人如果对处理决定不服，可以在选举日的五日以前向人民法院起诉，人民法院应在选举日以前作出判决。人民法院的判决为最后决定。

（四）代表候选人的提名

《中华人民共和国全国人民代表大会和地方各级人民代表大会选举法》对代表候选人的提名做了明确详细的规定，主要涉及四个方面。

第一，代表候选人的产生。《中华人民共和国全国人民代表大会和地方各级人民代表大会选举法》第三十条规定：全国和地方各级人民代表大会的代表候选人，按选区或者选举单位提名产生。各政党、各人民团体，可以联合或者单独推荐代表候选人。选民或者代表，十人以上联名，也可以推荐代表候选人。推荐者应向选举委员会或者大会主席团介绍代表候选人的情况。接受推荐的代表候选人应当向选举委员会或者大会主席团如实提供个人身份、简历等基本情况。提供的基本情况不实的，选举委员会或者大会主席团应当向选民或者代表通报。各政党、各人民团体联合或者单独推荐的代表候选人的人数，每一选民或者代表参加联名推荐的代表候选人的人数，均不得超过本选区或者选举单位应选代表的名额。

第二，实行差额选举。《中华人民共和国全国人民代表大会和地方各级人民代表大会选举法》第三十一条规定：全国和地方各级人民代表大会代表实行差额选举，代表候选人的人数应多于应选代表的名额。由选民直接选举人民代表大会代表的，代表候选人的人数应多于应选代表名额三分之一至一倍；由县级以上的地方各级人民代表大会选举上一级人民代表大会代表的，代表候选人的人数应多于应选代表名额五分之一至二分之一。

第三，正式代表候选人名单的确定。《中华人民共和国全国人民代表大会和地方各级人民代表大会选举法》第三十二条规定：由选民直接选举人民代表大会代表的，代表候选人由各选区选民和各政党、各人民团体提名推荐。选举委员会汇总后，将代表候选人名单及代表候选人的基本情况在选举日的十五日以前公布，并交各该选区的选民小组讨论、协商，确定正式代表候选人名单。如果所提代表候选人的人数超过本法第三十一条规定的最高差额比例，由选举委员会交各该选区的选民小组讨论、协商，根据较多数选民的意见，确定正式代表候选人名单；对正式代表候选人不能形成较为一致意见的，进行预选，根据预选时得票多少的顺序，确定正式代表候选人名单。正式代表候选人名单及代表候选人的基本情况应当在选举日的七日以前公布。县级以上的地方各级人民代表大会在选举上一级人民代表大会代表时，提名、酝酿代表候选人的时间不得少于两天。各该级人民代表大会主席团将依法提出的代表候选人名单及代表候选人的基本情况印发全体代表，由全体代表酝酿、讨论。如果所提代表候选人的人数符合本法第三十一条规定的差额比例，直接进行投票选举。如果所提代表候选人的人数超过本法第三十一条规定的最高差额比例，进行预选，根据预选时得票多少的顺序，按照本级人民代表大会的选举办法根据本法确定的具体差额比例，确定正式代表候选人名单，进行投票选举。第三十三条规定：县级以上的地方各级人民代表大会在选举上一级人民代表大会代表时，代表候选人不限于各该级人民代表大会的代表。

第四，代表候选人的介绍方式。《中华人民共和国全国人民代表大会和地方各级人民代表大会选举法》第三十四条规定：选举委员会或者人民代表大会主席团应当向选民或者代表介绍代表候选人的情况。推荐代表候选人的政党、人民团体和选民、代表可以在选民小组或者代表小组会议上介绍所推荐的代表候选人的情况。选举委员会根据选民的要求，应当组织代表候选人与选民见面，由代表候选人介绍本人的情况，回答选民的问题。但是，在选举日必须停止代表候选人的介绍。

（五）选举投票

在直接选举中，选举投票由选举委员会主持；在间接选举中，选举投票由该级人民代表大会主席团主持。选举投票结束后，进入选票核算及公布程序，必须包括的内容有确定选举是否有效、代表候选人当选的确定、宣布选举结果三个方面。

（六）对代表的监督和罢免、辞职、补选

《中华人民共和国全国人民代表大会和地方各级人民代表大会选举法》规定，间接选举产生的人民代表大会代表，可以向选举他的人民代表大会的常务委员会书面提出辞职；直接选举产生的人民代表大会代表，可以向本级人民代表大会常务委员会书面提出辞职。对代表监督与罢免实现了人民对代表的监督权利，通过罢免实现对代表人民的代表追责的结果。《中华人民共和国全国人民代表大会和地方各级人民代表大会选举法》第五十条规定：对于县级的人民代表大会代表，原选区选民五十人以上联名，对于乡级的人民代表大会代表，原选区选民三十人以上联名，可以向县级的人民代表大会常务委员会书面提出罢免要求。第五十一条规定：县级以上的地方各级人民代表大会举行会议的时候，主席团或者十分之一以上代表联名，可以提出对由该级人民代表大会选出的上一级人民代表大会代表的罢免案。在人民代表大会闭会期间，县级以上的地方各级人民代表大会常务委员会主任会议或者常务委员会五分之一以上组成人员联名，可以向常务委员会提出对由该级人民代表大会选出的上一级人民代表大会代表的罢免案。罢免案应当写明罢免理由。

第五节　国　家　机　构

一、国家机构概述

国家机构是统治阶级为了行使国家权力，按照一定的组织原则而建立的具有不同职能和层次，又有机联系在一起的国家机关的总称。国家机构是整体，国家机关是国家机构的一部分。[1]国家机构一般具有以下特点：第一，国家机构有鲜明的阶级性；第二，国家机构行使国家权力，以国家的名义进行活动；第三，国家机构是由统治阶级中最优秀的那部分成员组成的；第四，国家机关是一个严密的组织体系；第五，国家机构是一个历史范畴。在我国，按照国家机关的不同职能，可分为权力机关、行政机关、军事机关、审判机关、检察机关和监察机关；按照国家机关的不同等级，又可分为中央国家机关和地方国家机关。

二、国家代议机关

（一）概述

国家代议机关是指建立在现代民主政治基础上，主要通过选举方式产生并组成的，以行使国家立法权为主要职责的国家机关。[2]我国的国家代议机关是全国人民代表大会，是国家最高权力机关。全国人民代表大会和地方各级人民代表大会一起构成了我国国家权力机关体系。全国人民代表大会由省、自治区、直辖市和军队选出的代表组成，全国

① 童之伟. 宪法学[M]. 北京：清华大学出版社，2008.
② 贺日开，季金华，韦宝平. 宪法学[M]. 北京：中国法制出版社，2010.

人民代表大会代表每届任期五年。为了保证每一届全国人大代表在任期届满以后能够和下一届衔接起来，在全国人民代表大会任期届满的两个月前，全国人大常委会必须完成下届全国人民代表大会的选举。如果遇到不能进行选举的非常情况，由全国人大常委会以全体组成人员的 2/3 以上的多数通过，可以推迟选举，延长本届全国人大的任期。但在非常情况结束后一年内，全国人大常委会必须完成全国人民代表大会的选举。全国人民代表大会代表，简称全国人大代表，是依照法律规定选举产生的最高国家权力机关的组成人员。

（二）全国人民代表大会

1. 全国人民代表大会的职权

全国人民代表大会在整个国家机构体系中处于核心地位，其主要职权有以下六个方面：①修改宪法和监督宪法实施的权力。②制定和修改国家基本法律的权力。③对国家机构组成人员的选举、决定和罢免权。④对国家重大事项的决定权。⑤对其他国家机关的监督权。⑥其他应当由它行使的职权。

2. 全国人民代表大会的会议

全国人大会议每年举行一次。在每年的第一季度举行，会期一般为半个月。如果全国人大常委会认为有必要，或者有 1/5 以上的全国人大代表提议，可以临时召集全国人大会议。无论是例会还是临时会议均由全国人大常委会召集。会议必须有 2/3 以上的代表出席，始得举行。

3. 全国人大各专门委员会

专门委员会的性质：专门委员会是全国人大的常设性机构，由全国人大产生，受全国人大的领导，在全国人大闭会期间，受全国人大常委会领导。全国人大专门委员会是全国人民代表大会的常设工作机构，由全国人民代表大会产生，受全国人民代表大会领导，向全国人民代表大会负责。在每次全国人民代表大会会议上，各专门委员会都要向全国人民代表大会书面报告一年来的工作和今后一年的工作要点；在每届一次会议上还要报告过去 5 年的工作。在全国人民代表大会闭会期间，全国人大各专门委员会受全国人大常委会的领导。它是全国人民代表大会及其常委会的工作机关，不是最后决定问题的国家权力机关。全国人大专门委员会没有独立的法定职权，其主要职责是在全国人大及其常委会的领导下，研究、审议和拟定有关议案。全国人民代表大会根据宪法的规定和实际需要设立专门委员会。专门委员会由主任委员、副主任委员和委员若干人组成。目前全国人大有十个专门委员会：民族委员会、宪法和法律委员会、财政经济委员会、教育科学文化卫生委员会、外事委员会、监察和司法委员会、华侨委员会、环境与资源保护委员会、农业与农村委员会和社会建设委员会。

需要特别指出的是，第十三届全国人大一次会议通过了宪法修正案，将全国人民代表大会下设的"法律委员会"更改为"宪法和法律委员会"。设立宪法和法律委员会，既体现了依宪治国与依法治国的统一，同时也明确了我国宪法监督与合宪性审查工作的实施主体，其必将推动宪法的实施，提高宪法的尊严和权威。全国人民代表大会宪法和法律委员会是统一审议向全国人大或者全国人大常委会提出的法律案的机构。其他专门委员会就有关的法律案进行审议，向宪法和法律委员会提出意见，并印发全国人民代表大会会议或者常委会会议。宪法和法律委员会虽然也是一种专门委员会，但相比其他专门委员会，它在全国人大及其常委会的立法乃至整个法制活动中，担负更多也更为重要的责任。这是中国立法一个非常重要的制度，在法制有待继续发展、提案人的法律专业化或职业化状况有待继续提升的整体局面下，实行这一制度有助于保证立法质量，有助于统筹国家立法大局，分清立法的轻重缓急，维护中国特色社会主义法制的统一。

4. 全国人民代表大会常务委员会

全国人民代表大会常务委员会是全国人民代表大会的常设机关，是经常行使国家最高权力的机关和全国人民代表大会日常事务处理机关。全国人民代表大会常务委员会隶属于全国人民代表大会，受全国人民代表大会的领导和监督，向全国人民代表大会负责并报告工作。在全国人民代表大会闭会期间，国务院、中央军事委员会、最高人民法院、最高人民检察院、国家监察委员会都要对全国人民代表大会常务委员会负责，接受其监督。全国人民代表大会常务委员会由委员长一人、副委员长若干人、秘书长一人、委员若干人组成。全国人民代表大会常务委员会每届任期与全国人民代表大会每届任期相同，均为五年。委员长、副委员长连续任职不得超过两届。全国人民代表大会常务委员会设立委员长会议，处理常委会的重要日常工作。委员长会议由委员长、副委员长、秘书长组成，委员长召集并主持。全国人民代表大会常务委员会设立代表资格审查委员会、香港特别行政区基本法委员会、澳门特别行政区基本法委员会、法制工作委员会、预算工作委员会及办公厅等机构。现行《宪法》规定全国人民代表大会常务委员会的职权共 22项，归纳起来有立法权、法律解释权、监督权、国家其他重大事项的决定权、决定任免权、全国人民代表大会授予的其他职权。

（三）国家元首

国家元首是主权国家对内对外的最高代表，是国家机构的组成部分。国家元首有虚位和实位之分。新中国成立初期，中央人民政府委员会是享有国家元首职权的国家机关。1954 年宪法设立国家主席；1975 年宪法取消这一规定，将其部分职权改由中共中央和中共中央主席行使；1978 年宪法仍不设国家主席，将应由国家主席行使的职权改由全国人大常委会委员长和中共中央共同行使；1982 年宪法恢复了国家主席的设置，规定了中华人民共和国主席对外代表国家，并根据全国人大及其常委会的决定行使职权。

中华人民共和国主席、副主席由全国人民代表大会选举产生。按照 1982 年宪法的规定，有选举权和被选举权的年满四十五周岁的中华人民共和国公民可以被选为中华人民共和国主席、副主席。国家主席、副主席每届任期五年，和全国人大每届任期相同，连续任职不得超过两届。但在 2018 年宪法修正案中，删除了"连续任职不得超过两届"的规定。同时宪法还规定了国家主席缺位时，由副主席继任主席职位。国家副主席缺位时，由全国人大补选。国家主席、副主席都缺位时由全国人大补选；在补选前，由全国人大常委会委员长暂时代理主席职位。国家主席享有的职权主要有以下几个方面：①公布法律和发布命令权；②提名权与任免权；③外事权；④授予荣誉权。国家主席不独立决定任何国家事务，他只是根据全国人大及其常委会的决定予以宣布或者执行。

（四）国家行政机关

国家行政机关是指管理国家具体事务，行使国家行政权的国家机关，涉及内政、外交、教育文化等多方面。各国行政机关的组织形式是由各国的历史发展和政治力量所确定。我国最高国家行政机关是国务院，即中央人民政府，是最高国家权力机关的执行机关，对全国人大及其常委会负责并报告工作；同时领导地方各级人民政府日常行政工作。

国务院由总理、副总理若干人、国务委员若干人、各部部长、各委员会主任、审计长和秘书长组成。国务院每届任期五年，与全国人大每届任期相同。国务院总理、副总理、国务委员每届任期不得超过两届。国务院实行总理负责制，总理领导国务院的工作，总理召集和主持国务院常务会议和国务院全体会议。各部、各委员会实行部长、主任负责制。

国务院的会议制度有两个基本制度：一是由国务院常务会议，由总理、副总理、国务委员和秘书长组成；二是由国务院全体会议，由总理、副总理、国务委员、各部部长、各委员会主任、审计长和秘书长组成。

《宪法》规定了国务院的 18 项职权，概括起来有：①根据宪法和法律，规定行政措施，制定行政法规，发布决定和命令；②对中央和地方各级行政机关的领导、监督权；③对国民经济、国防建设、教育、科学、文化、卫生、体育、计划生育、民政、公安、司法行政和监察、对外事务、民族事务的领导和管理权；④审定行政机构的编制，依照法律的规定任免、培训、考核和奖惩行政人员；⑤提出议案权；⑥最高国家权力机关授予的其他职权。

国务院设置组织机构。根据其职责、法律地位的不同可分为六种：①国务院的组成部门。分别履行国务院基本行政职能的行政机关，即各部、各委员会、中国人民银行、审计署。②国务院直属机构。主管国务院某项专门业务，具有独立行政管理职能的行政机关，如海关总署、国家税务总局等。③国务院办事机构。协助总理办理专门事项，不具有独立行政管理职能的行政机关，如国务院外事办公室、国务院侨务办公室等。④国务院组成部门管理的国家行政机构。⑤国务院议事协调机关。⑥国务院办公厅。

地方各级人民政府是地方各级国家权力机关的执行机关，是地方各级国家行政机关。地方各级人民政府实行双重从属制，即它对本级人民代表大会负责并报告工作，在人民代表大会闭会期间，对本级人大常务委员会负责并报告工作。同时它还必须对上一级人民政府负责并报告工作，并受国务院的统一领导。地方各级人民政府每届任期与本级人民代表大会每届任期相同。省、自治区、直辖市、自治州、设区的市的人民政府分别由省长、副省长，自治区主席、副主席，市长、副市长，州长、副州长和秘书长、厅长、局长、委员会主任组成。县、自治县、不设区的市、市辖区的人民政府分别由县长、副县长，市长、副市长，区长、副区长和局长、科长组成。乡、民族乡的人民政府设乡长、副乡长，镇人民政府设镇长、副镇长。地方各级人民政府实行首长负责制，即省长、市长、县长、区长、乡长、镇长负责制。行政首长对本级人民代表大会及其常委会承担行政领导责任。首长负责制与一定的会议制度相联系。县级以上地方各级人民政府的会议分全体会议和常务会议两种。

民族自治地方的人民政府对本级人民代表大会和上一级国家行政机关负责并报告工

作,在本级人民代表大会闭会期间,对本级人民代表大会常务委员会负责并报告工作。各民族自治地方的人民政府都要服从国务院的统一领导。

香港特别行政区行政长官是香港特别行政区的首长,代表香港特别行政区,依照基本法的规定对中央人民政府和香港特别行政区负责。香港特别行政区政府是香港特别行政区行政机关,其首长是香港特别行政区行政长官。澳门特别行政区行政长官是澳门特别行政区的首长,代表澳门特别行政区,依照基本法的规定对中央人民政府和澳门特别行政区负责。澳门特别行政区政府是澳门特别行政区行政机关,其首长是澳门特别行政区行政长官。

(五)中央军事委员会

我国军事领导机关经历了新中国成立初期的中央人民政府人民革命军事委员会、国家主席担任国防委员会主席统率全国武装力量和中央军事委员会的阶段。《宪法》第九十三条规定:"中华人民共和国中央军事委员会领导全国武装力量。"

中央军事委员会由主席、副主席若干人、委员若干人组成,实行主席负责制。主席由全国人大选举产生,其他组成人员根据主席的提名,由全国人大决定。在全国人大闭会期间,根据主席提名,由全国人大常委会决定中央军事委员会其他组成人员的人选。全国人大有权罢免中央军事委员会主席和中央军事委员会其他组成人员。中央军事委员会每届任期五年,与全国人大任期相同。中央军事委员会主席由全国人民代表大会产生并向它负责,全国人民代表大会有权罢免中央军事委员会主席和中央军事委员会其他组成人员。

(六)国家监察委员会

2016年12月25日,第十二届全国人大常委会第25次会议通过决定,在北京市、山西省、浙江省开展国家监察体制改革试点工作,在上述三省市及其所辖县、市、区设立监察委员会,行使监察职权,试点地区的人民检察院查处贪污贿赂、失职渎职及预防职务犯罪等部门的职能整合进监察委员会。2017年11月,通过《全国人民代表大会常务委员会关于在全国各地推开国家监察体制改革试点工作的决定》,省、市、县三级监察委员会组建完毕。2018年宪法修正案第五十二条赋予了监察委员会宪法地位。2018年3月20日通过的《中华人民共和国监察法》(简称《监察法》),系统规定了国家监察委员会的各项职权和机构设置等内容。2021年8月20日,第十三届全国人民代表大会常务委员会第三十次会议通过了《中华人民共和国监察官法》,落实党中央深化国家监察体制改革的重大决策部署,进一步丰富了国家反腐败立法。

1. 监察委员会的性质和地位

各级监察委员会是国家的监察机关,是行使国家监察职能的专责机关,依法对所有行使公权力的公职人员进行监察,调查职务违法和职务犯罪,开展廉政建设和反腐败工作,维护宪法和法律的尊严。国家监察委员会由全国人大产生,对全国人大及其常委会负责,并接受其监督。地方各级监察委员会由本级人大产生,对本级人大及其常委会和上一级监察委员会负责,并接受其监督。

2. 监察委员会的组成和任期

中华人民共和国设立国家监察委员会和地方各级监察委员会。监察委员会由主任、副主任若干人和委员若干人组成。国家监察委员会主任每届任期同全国人大每届任期相同，连续任职不得超过两届。地方各级监察委员会主任每届任期同本级人大每届任期相同。

3. 监察委员会的领导体制

国家监察委员会是最高监察机关。省、自治区、直辖市、自治州、县、自治县、市、市辖区设立监察委员会。国家监察委员会领导地方各级监察委员会的工作，上级监察委员会领导下级监察委员会的工作。

4. 监察委员会和人民法院、人民检察院、执法部门的关系

监察委员会依法独立行使监察权，不受行政机关、社会团体和个人的干涉。监察机关办理职务违法和职务犯罪案件时，应当与审判机关、检察机关和执法部门相互配合、相互制约。

此外，2019年10月26日第十三届全国人大常委会第十四次会议通过的《关于国家监察委员会制定监察法规的决定》，明确了"国家监察委员会根据宪法和法律，制定监察法规"。因此，国家监察委员会可以在不与宪法和法律相抵触的前提下，制定《中华人民共和国监察法实施条例》等配套规定。[1]

（七）人民法院和人民检察院

我国宪法规定，人民法院是国家的审判机关。中华人民共和国设立最高人民法院、地方各级人民法院和军事法院等专门人民法院。最高人民法院是最高国家审判机关，国家审判权只能由各级人民法院统一行使。最高人民法院监督地方各级人民法院和专门人民法院的审判工作，上级人民法院监督下级人民法院的审判工作。人民法院独立行使审判权，不受任何行政机关、社会团体和个人的干涉。

我国宪法规定，人民检察院是国家的法律监督机关，是专门行使国家检察权的机关。人民检察院实行双重领导体制，即最高人民检察院领导地方各级人民检察院和专门人民检察院的工作，上级人民检察院领导下级人民检察院的工作。地方各级人民检察院对本级人民代表大会和本级人大常委会负责并报告工作。人民检察院独立行使检察权，不受任何行政机关、社会团体和个人的干涉。

香港特别行政区各级法院是香港特别行政区的司法机关，行使香港特别行政区的审判权。澳门特别行政区法院行使审判权，独立进行审判，只服从法律，不受任何干涉；澳门特别行政区设立初级法院、中级法院和终审法院。

第六节 政 党 制 度

一、政党概述

一般认为政党是在市场经济和民主政治的基础上产生与发展的。关于究竟什么是政

---

① 丁方旭，任进. 国家监察体制改革视域下中国特色监察官制度的构建[J]. 行政管理改革，2021，（1）：46-53.

党，存在多种观点。马克思经典作家认为政党是由一定阶级或阶层或集团中的中坚分子所组成的，为实现其政治主张和经济利益而奋斗的政治组织。我国学者表述多样，不过一般都认可政党是一个通过选举实现公共权力和平转移，实现参政议政的政治组织。政党在当代西方国家政治生活中占主导作用，组织和控制政府、实现利益聚合与表达，最终实现社会利益的整合，牵引着一国的宪政秩序。

政党应当具有以下特征：第一，政党权力来源于宪法。宪法的规定使政党具有了合宪性的基础，所以政党必须在宪法规则的限制下来开展政治活动，实现政党政治。政党在处理党际关系、党群关系和党人关系时必须遵守民主的原则。第二，政党代表的是部分团体的利益，并不具有全民性。但政党要获得国家多数的支持才能成为执政党，发展壮大政党组织，其必然要实现多元利益的整合，在保障本团体合法权益的同时适当满足其他群体的合法权益。

二、政党制度概述

政党制度与选举制度、议会制度一起构成了现代民主制度的三大支柱，其能否发挥宪法性作用直接关系到一国民主制度的成败。政党制度是指政党参与政治的固定化的模式，即由法律规定或者在实际生活中形成的有关政党的组织、活动及政党参与政权的方式、程序等一系列制度性规定的总和。[①]

根据一国政党的数量或垄断地位与掌权方式，政党制度可以分为一党制、两党制、多党制和一党领导的多党合作制；根据意识形态和社会制度，政党制度可以分为社会主义制度下的政党制度、资本主义制度下的政党制度和其他制度下的政党制度。当然，有些学者对上述分类形成的种类进行了更为细微的分类，形成了更多的种类，如一党专制、一党权威、一党多元等。

三、我国政党制度的宪法解读

我国宪法规定了中国共产党领导的多党合作和政治协商制度，明确了我国政党制度的基本内容。它在性质上根本不同于西方国家的两党或多党制，也有别于苏联和其他东欧国家等实行的一党制，它是一种新型的符合中国国情的社会主义政党制度。

（一）中国共产党是执政党

中国共产党经历了革命、国家建设与改革等不同时期，领导人民夺得了国家政权，成为长期执政的党。执政党对国家政权进行控制、掌握和行使，即获得执政权，实现对国家政治生活的领导。执政党的执政权来源于人民的授予，所以其执政要代表人民，受人民的监督和制约。具体来说，执政党执政活动要符合宪法法律的规定，实现社会利益的有效整合，实现国家的发展目标。依法执政，让党以合法的方式进入政权组织，成为国家政权机关的领导党。党处理好与国家权力机关、国家行政机关和国家司法机关的关系成为政党制度发展的关键。2018年第十三届全国人大第一次会议表决通过的宪法修正

① 秦前红. 新宪法[M]. 武汉：武汉大学出版社，2005.

案第三十六条，将"中国共产党领导是中国特色社会主义最本质的特征"增写入宪法第一条。"中国特色社会主义最本质的特征是中国共产党领导"是新时代中国特色社会主义思想的一个重要论断，深刻揭示了中国共产党领导与中国特色社会主义之间的内在统一性。把这一理论创新成果充实进宪法规定的国家根本制度之中，对于坚持和加强党的全面领导、科学表述和完善发展国家的根本制度与国体、推进中国特色社会主义事业发展都具有重要而深远的意义。

（二）民主党派

结合 1989 年中国共产党在《中共中央关于坚持和完善中国共产党领导的多党合作和政治协商制度的意见》中提出的各民主党派是"接受中国共产党领导的，同中共通力合作、共同致力于社会主义事业的亲密友党，是参政党"理念，能够更好地理解我国的中国共产党领导的多党合作和政治协商制度。多党合作体现的是中国共产党是执政党，其他党派参与政治活动；政治协商是对国家和地方的大政方针，以及政治、经济、文化和社会生活等重大问题在决策前进行协商和就决策执行过程中的重要问题进行协商，民主党派可以通过人民政协这一爱国统一战线组织实现政治协商。

目前我国有八个民主党派，分别是：中国国民党革命委员会、中国民主同盟、中国民主建国会、中国民主促进会、中国农工民主党、中国致公党、九三学社和台湾民主自治同盟。

中国国务院新闻办公室于 2021 年 6 月 25 日发表《中国新型政党制度》白皮书，全景展示了中国共产党领导的多党合作和政治协商制度的产生、发展、特色和优势，阐明了中国新型政党制度是马克思主义政党理论与中国实际紧密结合的产物，是中国共产党、中国人民和各民主党派、无党派人士的伟大政治创造，是中国特色社会主义新型政党制度。[①]

思考与讨论

（1）什么是国体？什么是政体？二者有什么联系与区别？

（2）我国人民代表大会制度有什么重要特征？

（3）我国民族区域自治制度与特别行政区制度有什么区别？

（4）什么是公民基本权利？公民基本权利与人权是什么关系？基本权利与非基本权利的区别何在？

（5）保障公民基本权利有什么重要意义？

（6）我国公民有哪些基本权利？如何保障公民的基本权利？

（7）我国选举制度有哪些特点？遵循哪些基本原则？

（8）我国全国人大及其常委会与西方国家议会在职权上有何异同？

（9）如何保障人民法院和人民检察院独立行使职权？

（10）中国政党制度有什么特色？如何保障中国共产党在宪法和法律范围内活动？

---

① 王江燕. 中国新型政党制度何以为"新"[N]. 人民政协报，2021-08-11（008）.

案例分析题

案例一：20 世纪 50 年代，堪萨斯州、南卡罗来纳州、弗吉尼亚州和特拉华州的黑人公民分别向各州法院提起了集体诉讼，要求各州法院取消各州对中、小学所实行的校区隔离的法律。各州判决虽有差异，但基本都维持了各州法律对中、小学实行的校区隔离的条款并不违宪的结论，最后案件上诉到美国联邦最高法院后，以沃伦院长为代表的联邦最高法院的多数法官反对各州判决，最终最高法院作出了认为各州对中、小学校实行的对不同肤色的种族实行校区隔离的法律违宪的判决，史称"布朗第一案"。

问题：

该案中，各州关于对中、小学实行的校区隔离的法律侵犯了公民哪些基本权利，为什么？如何理解相关公民基本权利？

案例二：20 世纪 60 年代，美国得克萨斯州的刑法规定，任何堕胎行为都是犯罪行为（除了按照医生的要求为拯救母亲的生命以外）。1969 年化名为简·罗伊（Jane Roe）的妇女和其他人一起提起诉讼，挑战该刑法规定。原告罗伊诉称其遭到强奸而怀孕，得克萨斯州刑法禁止堕胎，而其他州并没有此刑法规定，但她无力支付去其他不禁止堕胎的州进行堕胎手术的费用，从而必须继续妊娠。原告认为，孕妇有权选择是否及何时何地终止妊娠，得克萨斯州的刑法限制了孕妇的自由选择权，违反了美国联邦宪法。被告得克萨斯州政府则辩称，胎儿也是宪法所称的"人"（person），非经法定程序而剥夺胎儿生命是宪法第 14 修正案所禁止的行为。此案最终上诉到美国联邦最高法院。1973 年，美国联邦最高法院以 6：3 的多数意见，判决得克萨斯州刑法禁止堕胎的规定过于宽泛地限制了妇女的自主决定权，侵犯了第 14 修正案所保护的个人自由。Blackmun 大法官认为，妇女自行决定堕胎的权利属于宪法所保护的隐私权的范围，但美国宪法并没有规定隐私权。

问题：

在该案中，对于宪法未规定的权利如何进行确定？胎儿是否能成为基本权利的主体？当胎儿的生命权与母亲的个人选择权之间的冲突，应当如何协调？

案例三：

2012 年 6 月 21 日，中华人民共和国民政部公告宣布，国务院正式批准，撤销西沙群岛、南沙群岛、中沙群岛办事处，建立三沙市，政府驻西沙永兴岛。2012 年 7 月 17 日上午，海南省四届人大常委会第 32 次会议通过了《海南省人民代表大会常务委员会关于成立三沙市人民代表大会筹备组的决定》，三沙市的政权组建工作正式启动。同日，三沙市第一届人民代表大会筹备组成立。2012 年 7 月 23 日，三沙市第一届人民代表大会开幕。来自西沙群岛、中沙群岛、南沙群岛的共计 45 名代表出席了会议。2012 年 7 月 24 日上午，三沙市成立大会暨揭牌仪式在永兴岛举行，重达 68 吨的三沙市碑在永兴岛正式揭牌，三沙市人民政府、党委、人大和解放军三沙警备区挂牌成立。同时启用新邮编和邮戳，银行、医院等各机构换牌，三沙市正式成立。

问题：

三沙市在我国的行政区划中属于什么级别？决定我国行政区划变动的因素有哪些？

案例四：

2021 年某县级市选举人大代表，某选区应选代表两名。该选区公布了 12 500 人的选民名单，实际参加投票的选民为 6240 人。该选区三位代表候选人分别是孙某、王某和赵某。孙某是该县某乡镇干部，王某是该县著名企业家，赵某是邻县中学教师，孙某获得的选票 5000 票，王某获得的选票 2000 票，赵某获得的选票 6000 票。

问题：

根据《中华人民共和国全国人民代表大会和地方各级人民代表大会选举法》，本次选举中孙某、王某和赵某是否能当选该县人大代表，为什么？本次选举是否有效？

第三章　宪 法 实 施

本章教学要求

通过本章的学习，学生应当掌握宪法实施的相关概念，了解宪法实施、宪法解释、宪法修改及违宪审查制度的含义，把握宪法实施的现实关系、特点、原则、条件及过程、保障内容和意义、评价体系。掌握宪法解释的原因、原则、方式和程序，宪法修改的限制、方式、程序，宪法行政机关的职责和职权，违宪审查制度的主要模式、违宪责任形式。学习和掌握中国特色违宪审查制度的建设等内容。

重点问题
（1）宪法实施保障的体制和方式
（2）违宪审查的主要模式和违宪责任
难点问题
（1）不同种类宪法解释的效力
（2）修宪和限制修宪的必要性
（3）违宪审查与宪法监督、司法审查的区别

第一节　宪法实施和保障

宪法实施问题在宪法研究和宪法实践中，都处在被聚焦的位置。宪法的根本法地位，决定了宪法必定要在国家和社会中得到贯彻实施，以使宪法的具体规定及其原则精神得到实现，而宪法作为根本法的权威作用的发挥，关键也在于宪法是否得到有效实施。可以毫不夸张地说，"宪法的生命在于实施，宪法的权威也在于实施"。党的十九大报告对宪法实施问题有着非常明确的定位和要求："加强宪法实施和监督，推进合宪性审查工作，维护宪法权威。推进科学立法、民主立法、依法立法，以良法促进发展、保障善治。"①这从政策层面上为推动宪法实施问题研究走向深入提供了重要保障。

一、宪法实施基本理论

（一）宪法实施的概念

学界对于宪法实施的定义并不统一，角度不同导致界定的结论也迥然不同，当下宪

---

① 金达人. 学习贯彻十九大精神　加强宪法实施和监督[N]. 伊春日报，2018-12-04（002）.

法实施的定义有十余种之多，其分歧主要根源于学界对于宪法的实施有不同的理解。有的观点认为宪法实施是指宪法的原则精神和具体条文的贯彻执行；有的观点认为宪法实施是指把宪法规定付诸实践，把文字的规定变为实际的行动；还有学者认为宪法实施又叫宪法适用，是指国家有权机关依照法定的方式和程序，从宪法规范的特点出发，使其得以贯彻落实并发挥作用的专门活动等。以上造成对宪法实施的理解有差异的重要原因就是学者对于宪法实施的认识脱离了宪法文本，同时对宪法实施与宪法适用、宪法遵守、宪法实现等概念的关系认识不清。我们认为对宪法实施的概念界定必须考虑两个最基本的因素：其一，宪法实施的概念有其特定历史背景，要基于宪法文本及宪法实施概念自身特点去认识；其二，宪法实施概念应与其他如宪法实现、宪法适用及宪法监督等相近的概念进行比较认识。因此，我们认为宪法实施是宪法的具体条文规定及原则精神在现实生活中贯彻落实的过程，包括保障宪法规范在社会生活中得以实现的活动和措施，其内容包括宪法遵守、宪法执行（宪法解释、宪法修改等）和宪法监督。

一般来说，宪法实施主要由三部分构成：宪法遵守、宪法执行和宪法监督。宪法遵守是宪法实施最基本的要求，也是一种消极的宪法实施方式，要求一切国家机关、社会组织和公民个人严格依照宪法的规定从事各项行为，侧重不违宪。宪法执行是一种积极主动的宪法实施方式，表现为一定国家机关对宪法实现所进行的干预，强调运用宪法来处理具体事情。宪法解释、宪法修改等都属于宪法执行的形式并各具特色。宪法监督也就是监督宪法的实施，是一种负责违宪审查的特殊宪法实施方式。

（二）宪法实施的基本方式

宪法实施是一项涉及面广、影响极大且需要整合各种力量加以审慎推进的庞大社会系统工程。角度不同，宪法实施方式也各不相同。概括起来，宪法实施基本方式主要有：①行为实施和规范实施。行为实施是指国家机关、社会组织、公民个人以具体的行为实施宪法。规范实施是指特定主体依据宪法规定制定法律、法规、规章等规范性文件，从而落实宪法规定及宪法的原则精神。②主动实施和被动实施。主动实施是指主体自愿主动地遵守宪法规定，享受宪法权利，履行宪法义务；被动实施是指特定主体在宪法监督机制的强制和要求下实施宪法的规定。③事前依照实施和事后追惩实施。事前依照实施是指主体在违宪后果出现之前严格依照宪法的规定进行活动,落实宪法条文和原则精神；事后追惩实施是指在违宪事实出现的情况下，特定主体依法追究有关组织和个人违宪责任的活动。④专门实施和一般实施。专门实施是指特定的专门机关，如宪法法院、宪法委员会、宪法监督委员会等依照法定的程序和技术实施宪法。一般实施则是指一般的宪法关系主体在日常生活中遵照和贯彻宪法的规定。除上述四类宪法实施方式外，还有单一方式实施和综合方式实施、直接实施和间接实施等宪法实施的基本方式。

（三）宪法实施的特点

宪法作为法律之一种，其必具有普通法律之诸多共性，而宪法实施具有和普通法律实施诸多共同特点也就不足为奇。但宪法毕竟为有别于普通法律的国家根本法，其调整内容、范围、对象的特殊性注定宪法实施又具有自身的特点。

1. 广泛性

宪法实施的广泛性是指宪法实施范围的广泛性和宪法实施主体的广泛性。宪法是调整国家基本政治、经济、文化、社会、生态等社会关系的根本法，它与普通法律往往只调整国家和社会生活中某一种或某些方面不同。宪法调整的范围涉及国家和社会生活的方方面面，它们都存在着宪法实施问题。可以说宪法实施范围的广泛程度远远超过普通法律。同时，宪法实施的主体也非常广泛。我国现行宪法明确规定："全国各族人民、一切国家机关和武装力量、各政党和各社会团体、各企业事业组织，都必须以宪法为根本的活动准则，并且负有维护宪法尊严、保证宪法实施的职责。"也就是说，宪法的实施是一切国家机关、各政党、各社会团体、各企业事业组织和公民的责任，他们都是宪法实施的主体。

2. 根本性

宪法实施的根本性是由宪法的内容及其在法律中的地位和效力所决定的。无论宪法的形式如何，宪法的结构、内容各异，所有宪法所具有的共同点在于宪法是国家的根本大法，规定的是国家和社会生活中最基本、最重要的问题。在任何宪政国家，宪法都明确规定其具有最高法律效力。现代法治国家所要求的依法治国，首要是依宪治国，将宪法付诸社会生活、政府建设和国家建设之中。我国现行宪法的序言中也明确规定：宪法"是国家的根本法，具有最高的法律效力"。

3. 原则性

宪法实施的原则性是由宪法实施的根本性决定的。由于宪法所调整的社会关系十分广泛，在具体的规定过程中，只能规定调整社会关系的一般原则，不可能也没必要规定社会关系的方方面面。因此，宪法的实施过程，也就表现为宪法规范从宏观上、总体上对所调整的社会关系进行原则性指导的过程。这种原则性指导主要表现在：其一，宪法所确定的是社会主体行为的基本方向和原则标准，一般不涉及人们行为的具体模式，这些具体模式往往由普通法律予以界定。其二，宪法在实施过程中对人们的行为往往只是从总体上作出肯定或否定的评价，从而为普通法律对人们的行为进行具体评价和追究法律责任提供基础和依据。宪法实施的原则性决定了宪法实施与普通法律实施之间的相互关系，即宪法实施是普通法律实施的基础，普通法律实施是宪法实施的具体化。

4. 间接性

就宪法的实施方式而言，普通法律的实施都具有直接性，而宪法的实施则表现出间接性或多层次性，即宪法在实施过程中往往要经过许多中间环节，逐级落实以达到立宪目的最终实现。这个特点是由宪法的根本性和原则性所决定的。宪法的根本性和原则性规定往往由法律加以具体化，而法律的规定有时还需要次位阶的法规、规章再进一步具体化，直到操作易行的具体规范产生，宪法规定才有可能得以有效落实。宪法在实施过程中主要通过具体的部门法规范来作用于具体的人和事，国家的法律、法规和规章必须以宪法为依据，不能和宪法相抵触，因此，对法律、法规和规章的实施就是在间接地实施宪法。虽然宪法的某些规定可以直接实施，但宪法的大多数规范需要通过法律、法规、规章甚至公共政策等中间环节予以间接实施。

5. 动态性

宪法实施是使静态宪法转化为动态宪法的宪法实践，成为活的宪法、行动中的宪法，是包括宪法适用、宪法遵守、宪法保障及宪法监督等的全面的制度和机制体制。在持续运作中，彼此碰撞、调整、试错、互动，甚至有反复，是一个十分活跃的动态过程。宪法的实施需要全社会各个主体都要以宪法规定为基本依据，充分调动各自的积极性，激发各自活力，唯有如此，宪法方可有效实施。当然，这也需要我们全方位地建构和完善这一制度体系。

6. 过程性

宪法实施不仅包括宪法修改、宪法解释、宪法适用、宪法遵守及宪法保障等制度，还包括准备、监督、评价、要求等阶段，它们步步推进，环环紧扣，是一个持续性的、不间断的过程。这些制度和阶段共同构成了完整的宪法实施过程和机制。

（四）宪法实施的基本原则

宪法实施的基本原则不同于宪法基本原则，它是指宪法在付诸实施的过程中应遵循的基本原则和精神，为实施宪法确定了底线、指明了方向。

1. 最高权威性原则

这一原则源于宪法的根本法地位和法律效力最高性。它要求任何国家机关、社会组织及个人都必须维护宪法的权威和尊严，即在守宪、行宪和司宪等活动中都必须严格遵守、绝不抵触。唯有确立宪法至上权威，方可使得宪法实施不会走形变样。

2. 民主原则

现代宪法本身就是政治民主化的产物，民主也是宪政制度的应有之义。纵观世界各国宪政实践，离开了民主，现代意义的宪法就不会产生，更谈不上什么宪政法治。因此，在宪法实施过程中，在宪法修改、宪法解释、宪法监督等各个环节都必须要坚持民主原则，这是宪政目标得以实现的民意基础、合法性和正当性基础。

3. 合法原则

宪法实施要有规则意识，要遵守法制精神。宪法实施活动的开展必须在宪法关系范围内，宪法实施主体、权限、范围、程序等都不能超越宪法和法律规定的边界，否则宪法实施就会越界，反过来也会损害宪法自身的权威，破坏宪政秩序。

4. 稳定原则

稳定原则当然不是指宪法不能变，而是指宪法变化的速度不能过大，在变动中保持连续性。古希腊的亚里士多德早就认识到法律常变将不利于确立对法律的信任感。宪法实施就是把静态的宪法激活的过程，在动态的宪法运作过程中必须要认识到稳定的重要意义，因为宪法是和稳定联系在一起的，没有稳定就没有宪法。

5. 公开原则

公开原则是指宪法实施必须公开进行，不得由少数人私下拍板。公开原则要求宪法实施的程序公开，从宪法实施的启动到宪法实施的完结都必须在阳光下进行，其中最重要的是两个环节：一是宪法实施必须允许进行辩论，绝不允许未经深入辩论就启动实施程序；二是宪法实施的每个环节都必须公布，绝不能秘而不宣。

6. 发展原则

宪法的实施过程就是宪法不断推动社会进步，优化和完善社会治理的过程，同时也是重新塑造宪法本身的过程。因此，实施宪法不仅要确保贯彻落实宪法的条文内容，从而使书面宪法转化为现实宪法，还要根据现实生活中各种新情况、新问题形成的客观要求来发展宪法，使得宪法更能符合社会生活实际，更有生命力和可持续性。

（五）宪法实施与宪法实现的关系

宪法实现是指宪法规范和宪法价值的落实，是指宪法的规范要求转化为宪法主体的行为，基本权利得以实现，基本义务得以履行，宪法责任得以兑现，从而形成现实宪法关系的状态。一般来说，宪法实现包括三层含义：第一，宪法规范程序上的贯彻和执行，包括宪法规范实施的主体、实施方式方法及实施程序；第二，宪法实体内容的实现，主要体现为宪法所规定的权利和义务转化为现实，并根据立宪的要求形成具体的宪法关系和宪法秩序；第三，宪法的应然精神和价值得到实现。如果将这三个层次的内涵按照上述顺序予以连接，那么宪法实现的完整过程可以分为三个不同的阶段，或者是三个系统，宪法的规范系统、宪法的实施系统、宪法实现的结果系统。由此，我们可以看出，宪法实施与宪法实现存在着极为密切的联系，宪法实施实际上是宪法实现的中心环节和主体部分。同时，二者之间也存在着明显的区别：其一，宪法实现比宪法实施的含义更为广泛。宪法实施是一种实际的活动过程。宪法实现则不仅包括这一过程，而且还包括这一活动产生的结果。其二，宪法实施主要侧重于宪法的执行、适用及遵守。其三，宪法的实施既可能是正值也可能是负值，而宪法实现则肯定是正值。其四，宪法实施是过程、是手段，宪法实现是目的、是结果。没有宪法的实施就不可能有宪法的实现，宪法实施是宪法实现的前提；同样，没有宪法实现，宪法的实施则丧失了实际意义，宪法实现是宪法实施的目的所在。

二、宪法实施的条件及过程

（一）宪法实施的条件

宪法实施必须具备若干条件，宪法实施的条件是指影响和制约宪法能否实施及宪法实施程度的内外部因素，主要是指外在的社会因素，也就是宪法实施的环境条件。具体来说，外部条件包括以下几个方面。

1. 政治条件

宪法实施的政治条件主要是指民主政治和政治稳定。民主政治是宪法实施的政治基础和条件。民主政治不仅对宪法制定起着决定性的作用，而且对宪法实施也有重大影响。如果政治不民主，人民主权原则、人权原则，以及法治原则和权力制约原则等宪法基本原则都不能得以体现和实现，宪法的实施就会大打折扣。同时，宪法是政治力量对比的反映，因此政治稳定也是宪法实施的必要政治条件。如在北洋军阀时期，各种政治力量明争暗斗，政治极为不稳定，所以这个时期，无论宪法好和坏，都无法有效实施。

2. 经济条件

宪法本身是市场（商品）经济发展的产物，市场经济的发展又给宪法的实施提供了经济基础和条件。市场经济及体制的不断发展和完善，必然要求以规范国家权力、保障公民权利为主旨的宪法得到有效贯彻实施，以维护市场主体的合法权益和正常的市场经济秩序，防止国家权力的非法干预及侵害。同时，宪法的实施也需要一定的物质条件，宪法实施是需要经济成本的，所以市场经济发展程度和水平的高低，也直接影响着宪法实施的程度和状态。

3. 思想意识条件

宪法实施的思想意识条件，主要是指人们对宪法的内心感知和形成的认识系统对于宪法实施的评价和影响。它主要包括不断提高与增强公民的文化素质、公民意识、宪法意识、法治观念、权利观念、权力观念等这些直接关系到对宪法实施的要求和期望，并能加深对宪法的条文及其蕴含的精神的理解，增强遵守宪法的自觉性，从而奠定宪法得以实施的内在的思想基础。

4. 法治条件

宪法实施的法治条件主要指法治统一、宪法权威、法治体系完整性等。因此，形成以宪法为核心的有机的科学严密的法律体系，使各个法律部门之间相互沟通和互动，并保持宪法的最高法律地位，才能正确有效实施法律。

上述外部条件为宪法的有效实施提供了可能性，内部条件（因素）也同样不可或缺。外部条件要求我们创造合理的民主政治架构、坚实开放的经济基础、深厚彻底的宪法意识和宪法观念来推动和促进宪法实施。宪法内部条件（因素）即宪法本身的规定是否完善则是宪法能否得到有效实施的前提。这就要求宪法规定尽可能科学、合理与完善，随着实践的发展在遵守宪法实施的基本原则的前提下逐步完善宪法规定，使其顺应时代潮流。

（二）宪法实施的过程

宪法实施过程更多体现在宪法实施程序之中，是宪法作用于社会生活的过程，是指宪法实施的连续性在时间和空间上的表现。它既是宪法在人类社会中存在和发展总过程的一部分，同时又是由若干具体过程所构成的。

目前，对宪法实施过程的研究比较弱，是宪法学研究方面的一个短板，未来应作为宪法学研究的重点之一，意义非常重大：其一，有利于顺利、有效地实施宪法；其二，有利于发现和解决宪法实施可能面临的问题和阻碍；其三，有利于准确评价宪法的合理性，进而完善和发展宪法；其四，有利于分解和细化宪法实施的目标和任务，增强人们对宪法实施的信心。

为了便于研究，我们可以把循环交错、持续不断的宪法实施从理论上分解为三个相对独立的阶段，即宪法实施准备阶段、实际实施阶段和实施评价阶段。

1. 宪法实施准备阶段

宪法实施准备阶段的基本任务是为宪法实际实施创造条件、打好基础。宪法实施准备阶段涉及的内容很多，主要包括以下几个方面：一是明确宪法实施的指导思想，用以指导宪法的实施活动，保证宪法实施活动的顺利进行。二是设计宪法实施方案。结合不同的实际情况，把宪法中的原则规定具体化，并制订出详细的计划，作为宪法实施活动的实际依据。三是建立健全合理的宪法实施机构。宪法实施机构是宪法有效实施的组织保障，建立健全各职能部门的组织，确立各部门的管理目标，分工合理清楚、考核标准明确可行尤显重要。

2. 实际实施阶段

实际实施阶级是宪法实施程序中的主要环节，是宪法规范调整各种社会关系的具体体现，是体现宪法规范中的立宪价值和宪政精神能否得以实现的关键。这一阶段有以下几点需要引起重点注意：一是加强宪法的学习、宣传，提高宪法实施主体的宪法意识，使宪法实施主体的行动与宪法的要求相一致；二是掌握实施的进度，把握实施方向；三是保证实施机制运转，提高实施效率。

3. 实施评价阶段

宪法实施评价是指有关国家机关和公民个体以宪法规范、立宪价值取向及社会发展需要等为标准，对宪法实施行为和实施结果所作的事实评判和价值评价。它包括宪法实施行为评价、宪法实施结果评价，前者主要是对宪法实施行为主体、内容、程序、方式等宪法实施基本要件的合法性和正当性评判，后者是对宪法实施在构建宪政秩序及在社会发展中发挥实际功能的评判；前者是事实评价，后者是价值评价，二者有机结合，构成了宪法实施评价体系。对于宪法实施评价的功能等作用，学术界基本没有分歧，问题的关键在于如何在现实中构造一个可行的宪法实施评价机制，使这一措施制度化，对此理论界和实务界很少有人深入探讨。目前，我国对宪法实施状况究竟如何没有系统的评价制度，对违宪行为也无法通过正当合法的途径予以纠正和追责，因此，建立系统的宪法实施评价机制尤为必要和重要。

三、宪法实施保障

（一）宪法实施保障的内容和意义

宪法实施保障是宪法实施的坚强后盾，也是宪法是否得以实现的最后屏障。就宪法实施保障的基本内容来说，主要包括两大方面。

1. 保障法律、法规、规章及其他规范性文件的合宪性

如前所述，宪法的实施往往表现出间接性或多层次性，宪法的原则性规定往往由法律加以具体化，而法律的规定有时还需要次位阶的法规、规章再进一步具体化，直到操作易行的具体规范产生，宪法规定才有可能得以有效落实。如果法律、法规和规章等规范性文件，甚至公共政策背离宪法的原则精神，那么宪法实施则成为空谈。所以确保法律、法规等规范性文件的合宪性是宪法实施保障的重要内容。

2. 保障国家机关及其工作人员、各政党、武装力量、社会团体、企事业组织和全体公民的行为合宪性

世界各国宪法基本上都规定了各自国家宪法是其国内一切宪法关系主体的行为准则，可以想象如果各国宪法关系主体漠视其宪法的存在，做出突破宪法边界的行为，背

离宪法所确立的基本准则和原则精神,同样也将有损宪法的尊严和权威。

保障宪法实施具有重要意义:一是有利于巩固和发展国家的根本制度。如果宪法得不到实施,将导致一国的根本制度遭到任意侵害、破坏或者改变。二是有利于健全法制。如果宪法因得不到实施变成了一纸空文,那么该国法制的健全和统一也就无从谈起。三是有利于真正发挥宪法的作用。可以毫不夸张地说,宪法实施保障的完善与否,是衡量一国民主法制健全程度的重要标尺。

(二)宪法实施保障体制

宪法实施保障体制一般是指在立宪国家中哪种机关承担保障宪法实施的职责,以及该机关保障宪法实施的权限和方式。综观世界各国,宪法实施保障体制主要有以下三种。

1. 普通司法机关保障机制

它是普通法院在审理具体案件中,对该案中所适用的法律和法规的合宪性进行审查、裁决的一种宪法实施保障体制。由普通法院负责监督宪法的实施起源于美国。1803年美国联邦最高法院在审理"马伯里诉麦迪逊"一案时,首席大法官马歇尔在判决中宣布:"违宪的法律不是法律,阐明法律的意义乃是法院的职责"。从而开创了由联邦最高法院审查国会制定的法律是否违宪的先例。在第二次世界大战后,许多国家受美国的影响,也采取了这种宪法实施保障机制,如澳大利亚、日本、加拿大、印度、斯里兰卡、菲律宾、委内瑞拉、丹麦等。在这类国家中,法律的违宪审查权一般为最高法院所保留,但日本等个别国家的地方法院也可以行使这项权力,如日本1946年《宪法》第81条:规定权由普通法院行使,但最高法院为有权决定一切法律、命令、规则以及处分是否符合宪法的终审法院。由普通司法机关审查法律是否违宪,体现了国家机关之间的制约关系,是"三权分立"理论在制度上的具体化。

2. 立法机关保障机制

它是由宪法或宪法惯例所确定的立法机关(或权力机关)负责审查、处理和制裁违法事件的一种宪法实施保障体制。由立法机关监督宪法的实施起源于施行不成文宪法的英国。英国长期奉行"议会至上"原则,认为议会是代表人民的,是主权机关,因此立法机关的权力应高于行政机关和司法机关。而且英国不成文宪法的传统导致宪法和法律没有明显的分界,议会能制定法律,也有权解释和监督宪法的实施,因而法律是否违宪,只能由议会作出判断。除英国外,瑞士也可以看作是西方实行这种制度的典型国家之一,但西方单一实行这种体制的国家极少。

社会主义国家的中央立法机关一般都是国家的最高权力机关,其他中央国家机关均由它产生,对它负责,受它监督,执行它所通过的法律和决议。因此,最高法院等其他国家机关自然不具有宪法监督实施的职责,保障宪法实施的机关只能是最高国家权力机关。目前社会主义国家基本上采取这种由立法机关监督宪法实施的体制,如中国、古巴、越南等。我国《宪法》第六十二条规定了全国人民代表大会行使"监督宪法的实施"的职权,第六十七条规定了全国人民代表大会常务委员会行使"解释宪法,监督宪法的实施"的职权。

3. 专门机关保障机制

它是指根据宪法规定，在普通法院或者立法机关之外另设一定的专门机关负责对法律、法规、规章和特定行为的合宪性进行审查，并加以处理和制裁的一种宪法实施保障体制。1799年法国设立护法元老院，作为"宪法守护者"，它有权撤销违宪的法律，这可视作此类体制的开始。1920年奥地利《宪法》最早设立宪法法院，由宪法法院专门负责宪法监督，裁决违宪案件。后来捷克、西班牙等国也曾设立过。第一次世界大战和第二次世界大战后，联邦德国、意大利、葡萄牙等欧洲国家相继建立了宪法法院。由宪法法院行使宪法监督的职权成为大陆法系国家采用的比较普遍的形式，后来它又被许多亚洲、非洲、拉丁美洲国家采用，如土耳其、埃及、危地马拉、韩国等国家。宪法法院不审理普通民事、刑事案件，而是专门审理宪法问题的特定司法审查机关。另外，在专门机关监督体制中，还有一种不同于特设司法机关（宪法法院）监督的，被我国宪法学界学者称为专门政治机关监督的体制，其典型代表为法国第二次世界大战后设立的宪法委员会（或称宪法会议）。依照法国现行宪法的规定，宪法委员会的首要任务是监督共和国总统选举的合法性。宪法委员会审查申诉，并且公布投票的结果。在发生争议的情况下，宪法委员会就国民议会议员和参议院选举的合法性作出裁决。由于保障总统及议员选举的合法性是一项政治性极强的职能，再加上宪法委员会的审查范围不包括公民提起的因国家机关的行为造成公民基本权利被侵害的宪法诉讼案，一般认为它不具有司法审查的意义，因而该体制被称为专门政治机关监督体制。类似的还有芬兰的宪法委员会、伊朗的监护委员会、泰国的宪法仲裁委员会等。

特别需要说明的是，上述三种宪法实施保障体制是世界上立宪国家的大致情况，是侧重从谁有权监督立法行为的合宪性方面来探讨体制的。如果从宪法监督是一种全面监督来分析问题，有的国家实行的并不是单一的宪法监督体制，而是混合（或复合）监督体制，即由两个或两个以上的国家机关共同承担监督宪法实施的职责，行使宪法监督权。目前，该体制中主要有：由宪法委员会、行政法院和总统共同行使宪法监督权，保障宪法实施的法国体制；由议会和普通法院共同行使宪法监督权的英国体制；由议会、联邦委员会和法院共同保障宪法实施的瑞士体制；由国家权力的最高领导机关和检察机关共同监督实施的朝鲜体制。如在法国，行政法院负责审查行政法规、行政规章和行政行为的合宪性、合法性；各个组织法在公布前，议会两院的规章在实施前，都必须提交宪法委员会，宪法委员会应就其是否符合宪法作出裁决（1958年法国《宪法》第61条）；共和国总统监督对宪法的遵守。总统进行仲裁以保证国家权力的正常行使和国家的持续性（1958年法国《宪法》第5条）。再如，在英国，议会的立法是否合宪由它自己负责审查，但议会一般不会对侵犯公民权利的违宪案件进行审查，根据法治原则，这类案件由普通法院裁决。

（三）宪法实施保障的基本方式

1. 事先（前）监督

事先监督又称预防性监督，是指法律、法规和其他规范性文件制定完成后尚未正式公布实施前，由有权机关审查其合宪性，如果发现其违宪即予修改、纠正，以避免在生效之后产生不良的后果。实行这种监督方式的国家，都把法律等规范性文件是否违宪作为审查的唯一内容。这种方法最早见于第二次世界大战后1947年的意大利《宪法》，后为采取专门机关监督宪法实施体制的国家广泛接受。如1958年法国《宪法》第62条规定，被宣告为违反宪法的规定，不得予以公布，亦不得施行。对宪法委员会的裁决，不得进行任何上告。这表明法国的宪法监督是事先监督，即在法律正式公布和实施前的监督，一旦公布施行就不再审查。需要指出的是，这种事先监督的方式在实行其他监督体制的国家也被广泛采用。如爱尔兰《宪法》第26条规定，总统在同国务委员会磋商后，可将财政法案、修宪法案以外的任何法案，提交最高法院裁决该法案或者其中任一指定条款，或其中任何条款是否与本宪法或者本宪法中任何条款不一致；在最高法院宣布裁决前，总统不得签署之。在我国，全国人大常委会制定的法律在付诸表决之前，要经过三次审议。全国人大常委会审议的内容较多，很重要的一点是审查有关法律草案是否与宪法相抵触。只有在不违背宪法的情况下，才考虑做其他实质性的和技术性的修改，在确信法律草案比较成熟，并且与宪法相一致的时候，才交付表决，通过后予以施行。

2. 事后监督

它是指法律、法规和其他规范性文件已经生效并已经开始执行，或者在特定行为产生实际影响以后，因对它的合宪性产生怀疑，由有权机关对其是否合宪进行的审查。与事先监督方式不同，事先监督的对象只能是法律、法规和其他规范性文件，而事后监督的对象虽然主要是法律、法规和其他规范性文件，但在有些国家，特定国家机关及其工作人员、政党、社会团体和公民个人的行为也可能成为事后监督的对象。具体而言，事后监督主要有以下情况。

（1）主动性审查监督。它是指法律生效后在没有引起争讼的情况下，由有权机关就法律是否与宪法相一致进行一般的评价和判断。这种宪法监督方式只存在由立法机关负责宪法监督的国家，如英国、中国。代议机关代表人民行使主权原则决定了法律是否违宪是立法机关自己裁量的问题，不需要发生法律争讼以后，才由立法机关审查其合法性（当然也可以提请而审查法律是否违宪）。一般说来，在宪法实施后，立法机关对法律的合宪性作原则性的审查监督，凡与宪法相一致客观上又需要的，就继续执行；凡是经审查违宪的，就予以修改或废除。

（2）提请性审查监督。它主要是指特定的国家机关或一定数目的议员或国家领导人依法将有争议的法律等规范性文件或特定行为，提请该国的宪法监督机关进行合宪性审查和裁决。如德国联邦宪法法院经联邦政府、州政府或联邦议院1/3议员的请求，可就法律是否符合宪法进行裁决。又如，西班牙王国1978年《宪法》规定，宪法法院的职权根据各方面的上诉对违宪的法律文件和公职人员的行为进行审理和裁决。具体包括：政府首相、护民官、50名参议员、50名众议员、自治区集体执行机构和自治区议会，可以就有关违宪问题向宪法法院上诉；政府对自治区机构作出的规定和决议有异议，可以向宪法法院上诉；司法机构在审判工作中，认为对所办案件的判决有决定作用的法律可能违反宪法，可以向宪法法院提出请求审定等。实行宪法法院监督宪法实施的国家一般都有这种规定，而在普通法院司法审查的国家中没有这种方式。应说明的是，在实行立法机关监督宪法实施体制的国家，立法机关也可以应某一国家机关、政党、其他社会组织乃至个人的要求对法律性文件进行合宪性审查，但不一定像宪法法院监督那样产生直接的裁决效力。如《中华人民共和国立法法》（简称《立法法》）第一百一十条规定，国务院、中央军事委员会、国家监察委员会、最高人民法院、最高人民检察院和各省、自治区、直辖市的人民代表大会常务委员会认为行政法规、地方性法规、自治条例和单行条例同宪法或者法律相抵触，或者存在合宪性、合法性问题的，可以向全国人民代表大会常务委员会书面提出进行审查的要求，由全国人民代表大会有关的专门委员会和常务委员会工作机构进行审查、提出意见。前款规定以外的其他国家机关和社会团体、企业事业组织以及公民认为行政法规、地方性法规、自治条例和单行条例同宪法或者法律相抵触的，可以向全国人民代表大会常务委员会书面提出进行审查的建议，由常务委员会工作机构进行审查；必要时，送有关的专门委员会进行审查、提出意见。

（3）起诉性审查监督。这里的起诉性审查监督是指宪法诉讼，它是指公民个人有权就宪法所保障的基本权利受到国家机关的不法侵害而向宪法法院提出控诉的一种宪法监督制度。就广义而言，国家机关、联邦与其成员国之间的权限争端、选举诉讼、公民基本权利受国家机关的不法侵害而直接向宪法法院提出控诉等均属于宪法诉讼的范畴。本书仅指公民宪法权利受侵害的宪法诉讼。如在联邦德国，任何公民只要认为某个法律、法规或国家机关的公务行为侵犯了个人的宪法权利，不管是否发生了具体的侵权行为，也不管是否涉及本人的利益，均有权就此向宪法法院起诉，要求宪法法院审查其合宪性。宪法法院有权确认该法律、法规或公务行为违背了基本法的哪一条规定从而侵害了个人的基本权利，并宣布其为违宪，从而使其失去效力。

（4）附带性审查监督。它是指普通司法机关在审理民事、刑事或行政案件的诉讼过程中，如当事人或审理法院认为该案拟适用的法律、法规涉及是否违宪的问题，而对该法律、法规进行合宪性审查，并对此作出一定的裁决。特定的诉案是附带性审查监督的前提，与诉讼有关的法律、法规是附带性审查监督的对象。此种宪法监督方式起源于美国，凡是被美国联邦法院宣布为违宪的法律、法规，不仅最高法院不再引用，而且下级法院也不再引用。附带性审查是美国、日本等一些普通法院负责监督宪法实施的国家进行违宪审查的唯一方式。但是，在有些采取普通司法机关监督体制的国家，司法机关不仅有附带性审查监督方式，而且还存在其他宪法监督方式。

另外，在有些立宪国家，宪法监督方式并不是单一的，为了更好地发挥宪法监督体制的作用，采用了混合审查监督方式，即事先审查监督和事后审查监督合并使用的方式。就是说法律、法规和其他规范性文件颁布实施之前或之后，宪法监督机关都有权对其进行审查监督。我国现行宪法规定的监督方式就属于此种方式，泰国、斯里兰卡、葡萄牙及瑞士等国也采用这种方式。

四、宪法实施评价

（一）宪法实施评价的概念及体系

深入探讨宪法实施评价问题是深入研究宪法实施不可或缺的内容，具有重要的理论意义，更具有重要的实践价值。

宪法实施评价，主要是指国家有权机关及公民个人以宪法规范、立宪价值取向及社会发展需要等为评价标准，对宪法实施行为和宪法实施结果所作出的价值评价。它反映了评价主体对宪法及宪法实施的态度和倾向，二者相互补充、相互映衬，形成宪法实施评价体系，其具体包括以下两类。

（1）宪法实施行为评价。宪法实施行为评价是指评价主体对宪法规范调整社会关系时所必须采取的措施以及守宪、行宪和违宪制裁等行为的评价。宪法实施行为是一个系统，它由无数围绕宪法实施且相互联系的行为构成，主要包括公民、社会团体和国家机关遵守宪法的行为，国家有关机关执行宪法的行为及特定主体适用宪法并采取措施的行为。从行为实施方式分类，有行使权利和权力行为、履行积极义务行为、不违反禁令行为、制裁违宪行为等。宪法实施行为评价包括五个基本方面：第一，行使权利行为评价；第二，行使权力行为评价；第三，履行积极义务行为评价；第四，不违反禁令行为评价；第五，制裁违宪行为评价。

（2）宪法实施结果评价。宪法实施结果评价是指评价主体对宪法调整社会关系的现实状况或实际结果的价值分析和评判。宪法实施结果评价是立宪和宪法实施目的客观化、现实化状况的实际反映。只有通过对宪法实施结果的评价，才能揭示宪法实施在满足社会综合需要中的利弊得失，才能揭示宪法发挥应有作用的实际程度，才能揭示宪法实施过程及宪法本身的缺陷，由此才能有针对性地采取完善宪法实施机制的措施。在众多评价角度和方式中，比较有系统意义的是从宪法实施的规范目标、社会目标及最佳性等方面结合起来进行的评价。首先是规范目标评价。宪法实施最基本的要求是宪法规范转化为人们的行为，形成宪法法律关系，因此，从规范目标评价宪法实施结果，就是宪法实施活动的结果是否达到特定宪法规范的设计目标，宪法规范要求在多大程度上转化成了人们行使权利和权力、履行义务、遵守禁令的行为，这是对规范目标的正面评价。其次是社会目标评价。这主要是对宪法实施在完成其社会任务方面所达到的程度、宪法实施结果是否满足了社会需要、宪法实施结果与社会条件的适应状况等进行价值评判。最后是最佳性评价，它是对宪法实施结果在综合满足社会多种需要方面是否有益、最有效的综合评判。

（二）宪法实施评价标准

宪法实施评价标准包含宪法规范标准和宪政价值标准。

1. 宪法规范标准

宪法规范标准及其实施程度是评价宪法实施最基本、最一般的标准。它是指对宪法实施进行评价所依据的宪法规范原则、内容及现实化等客观事实。明确宪法规范标准的具体内容是评价活动有效进行的必然要求。由于各个国家制宪背景、历史条件及民主发展程度不同，该标准的具体内容因国别甚至同一国家不同时期而有所差别，但基本内容大致差不多。因而，从总体上看，宪法规范标准又可分为：第一，促进法制统一标准，具体表现为法律、法规、规章的合宪性；法律、法规、规章之间的协调性和一致性；法律、法规、规章的制定是否符合宪法规定的原则和程序等。第二，公民权利保障标准，其内容涉及公民权利享有的广泛性和可行性、公民权利保障的系统性和程序性，以及公民权利享有和保障的平等性。第三，国家机构有序运行标准。它具体包括各国家机关行使职权的方式、原则、程序的法定性；各国家机关行使职权范围和界限的确定性；各国家机关及整个国家机构体系运作的有序化。

2. 宪政价值标准

宪法规范具体落实是宪政价值实现的必要前提，宪政价值的实现是宪法规范的实施与众多社会条件的综合结果，也是宪法规范现实化的升华。因此，要求全面、深层次地评价宪法实施离不开宪政价值的实现标准。

宪政有多重价值，因此宪政价值标准又可细分为三个标准：第一，人权保障标准。纵观全球，无论是英、法、美等欧美法治发达国家，还是印度、巴西、俄罗斯、中国等广大新兴发展中国家，都把保障人权作为制定宪法、建立宪政的首要目标。作为后发现代化的国家，我国在建设社会主义宪政国家过程中仍然要求把人权保障作为必须追求的宪政价值。第二，权力制约标准。其具体内容包括公民权利对国家权力的制约，横向的国家立法权、行政权与司法权之间的相互制约，纵向的国家权力与其组成部分之间的权力制约，这是宪政价值的本质要求。形象点说就是"把权力关进笼子"。第三，宪政秩序标准。它是以宪法实施中宪政秩序构建的程度、进程、性质等客观事实来判断宪法实施状况的，是立宪目的的客观要求。

宪法实施的价值是多方面的，不能用单一标准去衡量，必须有多项标准综合评价。同时，宪法实施作为一种实践活动，处于不断发展变化之中，表现为从不成熟到成熟的过程。因而，评价标准也并非一成不变，而是随着宪法实施的发展，尤其是随宪法实施内部要素关系的变化而发生变化。

（三）宪法实施评价机制

评价标准是宪法实施评价的前提和基础。评价活动的开展，还有赖于包含评价标准等要素在内的科学评价机制。

宪法实施评价机制的构建始终需紧紧围绕以下三个核心内容展开：第一，宪法实施评价标准的选择。评价标准的选择是评价活动赖以进行的基本前提，是信息整合环节的价值取向，是评价效果的保障。选择适宜的评价标准对后期信息的获取、选择、加工，以及宪法实施的法律心理和法律思维都有重大影响。第二，信息整合。信息整合是中心环节，这是一个复杂的过程，一般表现为评价主体首先获取关于宪法实施过程中行为事实等方面的信息，再依据一定的价值取向和现实评价活动的客观需要对所获取的信息进行筛选，进而依据评价标准，运用由具体到抽象和由抽象到具体的方法（可能来回多次）对信息进行加工，从而使评价主客体间的价值关系信息得以整合。第三，评价效果。评价效果是宪法实施评价的目的。通过评价效果可以获取宪法实施的有关信息，及时发现宪法实施中的问题，比较宪法实施的优劣，总结宪政实践的经验与教训，为宪政建设服务。

第二节　宪法解释

宪法解释作为成文宪法的主要变迁手段之一，对一个施行宪政的国家来说，具有重要意义，它不仅使宪法顺应社会需要成为一部活的法律，而且保障了宪法的稳定性，可以说宪法解释是宪法生命力的组成部分。鉴于此，围绕宪法解释的一些基本问题进行研究具有很强的理论意义和实践价值。

一、宪法解释基本理论

（一）宪法解释的含义及原因

对于宪法解释的定义，学界认识并不统一，代表性的观点主要有以下几种：其一，宪法解释是指对宪法规范的具体内容或对宪法的原则和精神所作的阐释；其二，宪法解释是以宪法或宪法性文件为解释对象的一种法律解释；其三，宪法解释是指宪法解释机关依据宪法精神对宪法规范的内容、含义和界限所作的说明；其四，宪法解释是指在宪法实施过程中，当人们对宪法条文存在不同理解，由有权解释机关阐明其含义的、具有法律效力的行为；等等。上述各种观点都有一定道理，但主要分歧在于解释对象和适用阶段两个方面。我们认为，宪法解释的对象是宪法规范，宪法解释发生在宪法适用阶段。据此，我们认为，宪法解释是指在宪法实施过程中，有权机关在不变动宪法条文的情况下，对宪法规范的内容与含义予以准确阐明或者赋予其某种新的含义的、具有法律效力的行为，以确保宪法适应时代需要，保证宪法规范的准确适用。

宪法为什么需要解释？归纳起来主要有以下几点原因。

第一，宪法规范是法律规范的一种，必然具有原则性、抽象性、概括性特点，而且作为根本大法的宪法的原则性、抽象性、概括性特征比一般法律规范更强。要使宪法得到准确遵守和实施，必须对宪法的含义进行准确的说明。

第二，宪法是国家的根本大法，是最高和最根本的行为准则，也是国家法治建设的根基。如果对宪法规范的理解不统一，极易造成法治的不统一，从而影响法律的公正性和权威性。因此，维护法治统一和社会公正需要宪法解释。

第三，宪法是一种相对稳定的行为规范，而社会关系则不断变化发展。宪法制定后既需要适应社会关系的变化，又不能失去其应有的稳定性，而行之有效的解决办法，就是通过宪法解释赋予宪法规范以新的含义，使之适应社会关系的需要，而且宪法自身也在解释中得到发展。

第四，制定宪法是一项十分艰巨的工作，任何一部宪法或宪法中的某些内容总有其时代局限性，即使制定者素质再高，也难免做到完美无缺，疏漏甚至过失在所难免。在需要保持宪法相对稳定的情况下，宪法解释就成为弥补漏洞、改正错误的重要方法。

第五，宪法解释也是违宪审查的需要。立法机关制定的法律或者政府实施的行为往往存在违宪嫌疑，但到底是否违宪必须要经过严格认定。这项工作启动的第一步就要对认为被违反的宪法规定进行解释，作出确切说明，这样才便于比较分析并做出最后判断。

第六，宪法解释也是提高公民宪法意识的需要。在宪法实施过程中，公民的宪法意识起着十分重要的作用，通过阐明宪法的含义，可以加强公民的宪法意识，使公民在具体的宪法解释的案例中感受宪法的存在，在实际生活中关注宪法问题，充分保护自己的利益。

（二）宪法解释与相关概念的比较

学界在对宪法解释的研究过程中往往把宪法解释与诸多概念，如法律解释、宪法修改、宪法监督、宪法实施等概念不加细分，极易造成概念混乱。为了准确理解宪法解释的确切含义，有必要对此加以区分，特别需要把宪法解释与法律解释、宪法修改加以严格区别。

1. 宪法解释与法律解释

从法律解释学角度看，宪法解释属法律解释体系的一种，具有法律解释的普遍特点，同时又具有自身特殊性。首先，宪法是法律的一种，因此宪法解释无疑属于广义上的法律解释，故宪法解释的原则、方法、程序及运用的一般原理皆服从于法律解释的一般规律。此外，宪法解释不仅在产生上与法律解释密切相关，而且在其发展过程中，它的基本原则也并没有背离法律解释的一般原则。在不成文宪法国家，甚至有人主张用普通法解释规则来解释宪法。如澳大利亚高等法院的法官指出，澳大利亚宪法作为一项《联合王国议会法》，应依照关于制定法解释的习惯规则予以解释。

然而，尽管宪法解释属于广义上的法律解释，但是考虑到宪法作为最高法的法律特征，越来越多的人认为宪法解释等同于一般法律解释势必会影响到宪法的法律地位，宪法解释与法律解释应该有所不同。林纪东学者就曾指出，由于宪法与普通法律相比具有历史性、简洁性、包容性、敏感性等不同特征，宪法解释也就具有一般法律解释所不具有的许多特点。具体来说，宪法解释主要有以下特点：首先，由于宪法本身原则性规定较多，宪法解释相对于一般解释，更容易采取扩大和限制宪法条文字面含义的办法来使宪法原则适用于特定的法律事实；其次，由于宪法规定了一国的根本制度，其内容的政策性较强，故宪法解释多结合历史条件和现实意义来分析宪法条文和宪法规范的含义；最后，由于宪法是一国的根本大法，宪法解释程序必然比普通法律解释程序更为严格。

2. 宪法解释与宪法修改

宪法解释与宪法修改是两个较易区别的概念，前者属于解释学的概念，后者属于立法学的概念；就其行为特性来说也泾渭分明。从世界各国宪政实践看，宪法解释和宪法修改也有各自不同的运作程序，对宪法产生不同的变化效应。例如，一般认为增加新的宪法条款和删去旧的宪法条款是宪法修改；而对宪法条文的字面含义作语言学和逻辑学意义的界定可视作宪法解释。我们在这里主要讨论的是宪法解释是否可以不拘泥于宪法条文的字面含义，甚至改变立法原意而作出比较自由解释的问题，也就是宪法解释的界限问题。一种意见认为，宪法解释是广义的宪法修改行为。在实行"司法审查"的国家，由于宪法解释的力度强劲，宪法在无形修改中较好适应了行宪实践的需要。另一种意见认为，宪法解释应遵循严格的"准则主义"，即宪法的解释范围不能随意扩大，释宪者权限过大会导致宪法权威的降低，因此宪法条款的变更应采取宪法修改的方式。我们同意后一种观点。事实上，虽然宪法解释应该拥有一定的自由度，但是放任其发展成为一种任意性却为立宪主义所不能允许。释宪权应体现对制宪权、修宪权和社会现实的尊重，宪法解释应符合制宪目的、宪法的基本精神和基本原则。

3. 宪法解释的分类

通常而言,学者对宪法解释主要有以下几种分类。

(1)正式解释和非正式解释。正式解释也称法定解释、有权解释,是指由宪法授权的机关或习惯认可的机关根据一定的标准或原则对宪法条文所作出的具有法律效力的说明。正式解释中解释机关一般由宪法明确规定,也有些国家对此并无明文规定,但通常习惯上认可某一特定的机关行使解释权,如美国。正式解释中,解释本身具有法律效力,当然这种法律效力的范围及影响由于具体国家制度的差异会有所不同。

非正式解释是指非特定的机关、团体和个人对宪法所作的不具有法律效力的说明。非正式解释可以分为学理解释和任意解释。学理解释通常是指学者就宪法规范的文字和内容,依据法学理论作出的阐释;任意解释是普通公民根据自己的理解和感悟,从各自的利益和角度出发,对法律作出的认知、评价和解释。非正式解释虽然不具有法律效力,不能作为宪法实施的依据,但可能对立法机关产生一定的影响,尤其是其中的学理解释。

(2)文理解释、系统解释和历史解释。文理解释指按照语法规则和逻辑规律分析宪法条文的句子、文字及标点符号等,从而说明宪法的内容。系统解释指分析某一宪法规范与其他宪法规范的内在联系来说明宪法的内容。历史解释指考察宪法制定的历史背景及同旧宪法比较来说明宪法的内容。

(3)字面解释、限制解释和扩充解释等。字面解释也称普通含义解释,是指对宪法依据其字面最普通、最通常的含义所进行的解释。限制解释指对宪法条文中过于宽泛的含义作出符合宪法规范要求的限制的解释。扩充解释指对宪法条文规定的含义作出广于字面规定含义的解释。

二、宪法解释制度

从世界各国宪法的有关规定来看,有权解释宪法的机关包括立法机关、国家元首、普通法院、特殊解释机构,以及一些特殊性质的宪法解释主体。这些不同的宪法解释主体解释宪法的权力也不相同。有的国家实行单一的宪法解释主体制度,有的国家实行几个机关有权解释宪法的共同解释宪法制度。但大多数国家宪法解释的最终机构基本上是唯一的。总之,由于世界各国宪政体制历史传统和人们宪政理念的差异,宪法解释主体的性质、职能和类型也就表现出了很大的不同。下面就几种典型的宪法解释主体作一些简单的介绍和分析。

(一)立法机关解释制

立法机关解释制即由该国立法机关负责宪法的解释。立法机关解释制肇始于英国。英国之所以采取这种制度,其原因在于英国传统上以议会为其主权机关,司法机关无权推翻议会制定的法律,而英国的不成文宪法特征又决定了其宪法与法律无明显区分,因此法律是否违宪只能由议会解释。这种宪法解释制度有其主要的特点:一是宪法解释依照立法程序进行;二是宪法解释权由立法机关主动行使,或者依其他机关的申请而行使;三是宪法解释的形式或者是由立法机关单独作出决定,或者寓解释于立法之中。这种解释制度的优点是有利于保证宪法的权威性和适宜性,因为在许多国家立法机关就是制宪机构。因此，为保障宪法自身含义解释的权威性，赋予立法机关以宪法解释权应属当然。由立法机关解释法律是罗马法的一项传统。从罗马法开始，法律解释就是循着一条严禁法官释法的道路前进的。法官的职责只是适用法律，而法律的疑义问题，应由法院申请议会解释，且只能由立法机关解释法律。这样在一些受罗马法影响的国家，往往在刚刚开始制定宪法时，就采用立法机关解释制。

（二）普通法院解释制

普通法院解释制即由普通法院在审判案件的过程中，对该案所涉及的法律是否合宪进行附带性审查，如认为违宪，则否认其效力而拒绝加以适用。这种解释一般又称司法审查解释，其主要特点是被动性、附带性、司法性，奉行遵循先例、不告不理和政治问题予以回避原则。虽然创立此制的美国，其普通法院所享有的解释宪法的权力是作为宪法惯例而存在的，但大多数仿效此制的国家则在宪法中明确规定了这一宪法解释体制。在普通法院解释制的国家，一般都认为宪法解释权属于司法权的性质，基于三权分立的信念，因而应当由法院来行使。美国建国初期的政治家就认为，解释宪法乃是法院的正当的与特有的职责。而宪法事实上是，亦应被法官看作根本大法，所以对宪法以及立法机关制定的任何法律的解释权应属于法院。[①]马歇尔大法官正是根据汉密尔顿的观点，认为法官在解释法律和宪法中有最后发言权。目前西方法学著作中所说的法律解释和宪法解释就是指这种司法解释。在西方，基本上没有立法解释制度，实行立法解释制度的主要是一些社会主义国家和部分第三世界国家。

（三）特设机关解释制

特设机关解释制即设立专门的宪法法院或者宪法委员会负责处理宪法争议，并就其中相关宪法条文的含义进行释义的制度。这一宪法解释机制出现较上述两种解释制晚。它的建立主要是基于以下考虑：首先，从宪法的最高法地位考虑，认为宪法解释是一国最重要的权力，因此行使宪法解释权的国家机关应该具有超然的地位，这样才有利于解决宪政体制下的重大问题，维护宪法的权威。其次，认为美国式的普通法院解释制虽然在美国运行效果良好，但如果不考虑本国实际，一味模仿于他国，则有可能破坏三权的平衡，造成所谓的"司法的独裁"，因而有必要在普通法院之外再设专门的宪法法院行使宪法解释权。最后，若宪法解释权隶属于普通法院，虽然最高法院拥有最终决定权，但各级法院在审查相同性质的案件时难免有分歧，故易形成普通法院内部相互冲突的宪法解释。

特设机关解释制产生于第一次世界大战后的欧洲大陆诸国。具体来说这种解释机关包括两类：宪法法院解释制（如德国、奥地利、意大利等）及宪法委员会解释制（如法国）。总的说来，特设机关解释制特点有三：一是专门性，即它以专门处理宪法问题为职责；二是权威性，即其组成人员往往是地位较高的法官或政治家，在国家政治机构中具有崇高地位；三是解释方式的多样性。

---

① 汉密尔顿 A，杰伊 J，麦迪逊 J. 联邦党人文集[M]. 程逢如，在汉，舒逊，译. 北京：商务印书馆，1997.

（四）国家元首解释制

日本《明治宪法》中最早确立了国家元首解释制。日本《明治宪法》规定，宪法解释权由天皇行使。由于国家元首解释制与君主息息相关，而人民主权思想又构成了近现代宪法的基本原则，因此近现代宪法不再将宪法解释权授予国家元首。但由于国家元首在一国政治体制中的特殊地位，许多国家的宪法都规定，国家元首可行使宪法赋予的职权，包括可以对宪法的含义进行解释。此外，有学者指出，由于各国宪制基础不同，国家元首解释宪法的权限也有所差异。如在美国，总统有权对国会通过的法律行使否决权，同时还可以通过任命最高法院的法官来影响联邦最高法院对美国宪法的解释倾向。因此，美国总统的宪法解释权限较大。但在法国，总统在共和政府中对宪法所作的解释，就可能被反对派总理以违宪为由提交宪法委员会审查。

（五）其他主体解释制

除上述机关拥有宪法解释权外，纵观世界各国，还有以下主体可以参与宪法解释[1]：党派、公民团体和学者。党派解释源于宪法惯例，如在美国，政党的活动事实上可以改变或者扩大宪法原来的规定并影响最高法院对宪法的解释。一些国家实行公民复决制度，这使得公民团体具有了最终解释宪法的权力，如瑞士即采用了公民复决制度。在这种制度下尽管联邦议会和联邦法院被授予了宪法解释权和违宪审查权，但是它们只能作出初步的解释而不能作最终的解释，最终解释权由公民所保留。在拥有判例法传统的国家，一些权威的法学著作被日益频繁地引用于释宪判决文书中。因此，在这些国家，学者也同样构成了宪法解释的主体。

三、宪法解释的原则、方法与程序

（一）宪法解释的原则

宪法解释的原则是指指导宪法解释与开展宪法解释实践所应遵循的准则和法律精神。宪法解释所要解决的一个核心问题就是，面对宪法规范的模糊、漏洞和滞后，释宪者追寻制宪原意是否可能，制宪者的原意不能适应已经变化了的社会状况又该如何，即宪法解释的目的是采用主观标准还是客观标准。由于在不同的法律背景和不同的历史时期，人们对上述问题有不同的态度，由此便形成了宪法解释的两种不同模式、不同的解释理论和原则。其主要内容如下。

1. 严格的宪法解释模式

在严格的解释模式之下，宪法解释机关是严格根据制宪者的真实意图而去对宪法的规定进行阐释和说明的。其所奉行的原则主要有以下几点。

1）字面解释原则

字面解释原则是指对宪法的有关规定，根据最普通、最常用的含义进行解释。该原则为美国联邦最高法院首席大法官马歇尔在斯塔基斯诉克罗尼西亚德一案（1819年）中

---

① 莫纪宏. 宪政新论[M]. 北京：中国方正出版社，1997.

所确立。他认为，在宪法语言清楚的情况下，不论是立法机关的实践还是其他外部环境，都不能改变这种清楚的含义。这一原则构成了宪法解释的最基本原则，也是宪法解释权威性和合宪性的基础，它在宪法解释制度形成和发展过程中有巨大的影响和作用，尤其是在那些以三权分立为基础，实行司法审查的国家，字面解释原则仍然是宪法解释的主要依据，并形成了宪法解释中的实证主义传统。

2）系统解释原则

该原则主张宪法解释的对象不仅仅是僵死的宪法条文，而且是反映在宪法条文中由宪法规范构成的有机整体，包括宪法规范的结构体系、宪法原则、功能及相关法律关系。1951 年联邦德国宪法法院在德国西南重组案中确立了该原则。其他国家虽未明确提出系统解释原则，但多数国家主张从整体上来考察宪法条文含义。系统解释原则突破了宪法解释的局限，着重从体系的途径来认识宪法的意义，使宪法形成一个规范社会制度的行为规则体系；同时，利用宪法的一个实质理论来抓住宪法的整体，克服了从单个理论出发而给宪法带来的约束。

3）历史解释原则

当宪法规定含义不清时，应根据制宪的历史资料、背景、条件来解释宪法，而不能凭解释者自己的主观臆造，否则就违背了宪法制定时的初衷。该原则始于德雷德·斯科特诉桑福德一案（1857 年）。大法官塔兰认为，如果宪法的任何规定在现在被认为是非正义的，那么该宪法本身就会规定有一种可以使它得到修改的方式。但是，如果在它尚未得到修改时，那么现在对它的解释就必须按照通过它时的理解进行；只要它继续以目前的形式存在，那么它就不仅需要以相同的措施来表达，而且还应该具有相同的含义与意图。历史解释原则在 20 世纪 30 年代又得到了进一步发展。

4）目的论解释原则

在主张历史解释原则的释宪实践中，目的论解释原则成为历史解释原则的核心内容。德国学者耶林强调，目的是全部法律的创造者，每条法律规则的产生都源于一种目的，即一种事实上的动机。[①]因此，解释宪法必先了解法律所欲实现何种目的，以此为出发点加以解释，始能得其要领。目的为解释法律之最高准则。目的论解释原则在解决宪法条文规定不明、释义困难方面引起了释宪实践的广泛关注。

2. 非宪法解释模式

宪法解释中的非解释模式要求宪法解释机关超越宪法的文字规定，适用法律文件虽未明文规定，但对社会和政治制度具有永恒的和基本的价值的某些原则进行了宪法解释。这一模式下的宪法解释原则主要有以下几种。

（1）现实解释原则。它主张宪法是一个活的法，其自身随着时代的变化而不断发展。美国大法官马歇尔认为，联邦最高法院在进行司法审查时，当宪法条文的含义清晰明了时，应该按照字面解释的原则来进行严格解释宪法，而当含义不清时，特别是与现实有重大冲突时，就不应拘泥宪法的文字规定而应根据现实情况来解释宪法的意义。现实解释原则在美国联邦最高法院得到了相当多法官的支持。

---

① 博登海默 E. 法理学：法哲学及其方法[M]. 邓正来，姬敬武，译. 北京：华夏出版社，1987.

（2）情势变迁原则。它主张随着时间和环境的变化，在宪法解释中可以适当地赋予宪法词语新的含义，宪法是应作渐进的解释的基本法。

（3）利益分析原则。20世纪初，随着社会法学的兴起，利益分析原则便成为现实解释原则和情势变迁原则的核心内容。该原则强调宪法不过是社会各种利益的集合体，宪法条文规定的冲突不过是社会不同利益间矛盾的反映，因此，宪法解释机关必须拥有较大的自由裁量权从而对宪法条文中所规定的利益进行权衡和分析，依照社会功利主义原则确定优先利益加以保护。这种原则强调的是了解宪法诉讼中事实的重要性，考虑不同的裁决会对社会造成的影响，以及分析、协调和平衡具体案件中的社会利益冲突。

（二）宪法解释的方法

宪法解释工作在各国开展的方式有所不同，解释的方法也有诸多差别，但主要有以下几种。

1. 统一解释

统一解释是指对那些存有歧义且人们认识不一致的宪法规范作出明确而统一说明的方法。这种方法可以消除人们之间的误解，从而明确承认或者否定某项行为规范，并使国家机关、社会团体和全体公民能够一体遵行。

2. 条理解释

由于宪法规范具有原则性、概括性和纲领性的特点，为准确理解宪法条文的含义而需要根据文字含义、法理、先例、类推和上下文之间的关系等对之予以说明——这种方法就是条理解释。

3. 补充解释

补充解释是指宪法在规定过程中存在遗漏，从而在实施中通过解释予以补充的方法。这种解释方法可以消除宪法条文内容上的缺漏，从而使宪法在实际运用过程中，发挥其灵活完整的作用。

4. 扩大解释

扩大解释是指由于社会情况的变化发展，宪法的内容不能满足社会现实的需要，因而通过宪法解释扩大其含义的方法。这种解释方法具有高度的适应性，它既能避免烦琐的修宪手续，又能重新赋予宪法以生机和活力。但由于这种解释的方法弹性太大，稍不注意会产生很多弊端，所以在运用过程中必须慎重。

（三）宪法解释的程序

世界各国在宪法解释实践中遵循的具体程序存在诸多差异。但通过充分抽象梳理，发现宪法解释程序也有着不少共性，大致如下。

1. 宪法解释的提出

这是指宪法实施过程中出现宪法规范与社会现实生活不一致，需要对相关的宪法条文作出解释时，特定主体以口头或书面形式提出宪法解释的要求。以我国为例，根据宪法和法律的规定，全国人大常委会行使宪法解释权，国务院、中央军事委员会、最高人民法院、最高人民检察院和全国人大各专门委员会等，可以向全国人大常委会提出宪法解释的要求。

2. 宪法解释的审查

相关主体提出宪法解释要求后，宪法解释机关依照一定程序进行审查，比对相关条件，决定是否进行解释。在我国，宪法解释的审查机关是全国人民代表大会常务委员会。在具体进行审查时，有些宪法解释要求可由全国人大常务委员会直接予以审查，有些可以委托专门委员会先进行审查，审查结束后再向全国人大常务委员会提交审查报告。

3. 宪法解释的决议

宪法解释机关一般都是通过会议的形式行使宪法解释权，对宪法解释进行表决时须过半数通过，表决可采用举手方式，也可采用无记名投票的方式。

4. 宪法解释的公布

宪法解释机关对宪法作出解释和形成相应的决议，并按照一定程序予以公布，通常自公布之日起发生法律效力。宪法解释一般由国家元首公布。从一般的情况看，宪法解释一旦作出，便成为宪法的组成部分，与宪法条文一样产生普遍的约束力。

第三节　宪 法 修 改

一、宪法修改概说

（一）宪法修改的含义

宪法修改是宪政运行过程中解决宪法稳定性与适应性之间矛盾的重要手段之一，它指的是在宪法实施过程中出现宪法的内容与社会现实不相适应的时候，由有权机关依照法定程序对宪法内容进行变更、删除、调整、补充的活动。一般来说，宪法修改是成文宪法国家宪法修改机关的特定活动。

宪法修改具有以下几个特征：首先，宪法修改以宪法与社会生活之间发生冲突为前提，并以解决该冲突、提高宪法适应力，以求得宪法与社会生活之间的和谐为目的；其次，着手宪法修改的机关是宪法授权的特定机关，一般是国家的立法机关或专门的修宪机关；最后，宪法修改必须遵循特定的法定程序，且修宪程序较一般的法律程序更为严格。

（二）修宪权的性质及宪法修改的必要性

1. 修宪权的性质

虽然最初提出制宪权理论的是法国的西耶士，但是进一步充实和发展制宪权理论的却是德国的施密特，施密特对制宪权理论最大的贡献就在于从宪法理论上区分了制宪权和修宪权的界限。虽然拉班德、耶林等从法实证主义学说的角度出发主张修宪权、制宪权和立法权是同一概念，认为制宪权和修宪权之间不存在任何区别，但是多数学者还是赞同对二者进行区分的。

我们认为制宪权和修宪权存在以下区别：首先作为一种原生性权力，制宪权并不依赖于任何其他权力而产生、形成。近现代国家的国家权力从形式上来源于宪法，从性质上来说，制宪权来源于不同性质国家权力更迭的事实，而修宪权则是一种派生性的权力，因为宪法的修改是以既存的宪法为前提的，而修宪的主体和程序也是由宪法所规定的。也就是说，制宪权是"创制宪法的权力"，修宪权则是"宪法创设的权力"，修宪权以制宪权为来源，应该服从于制宪权。区分制宪权和修宪权的意义在于，只有承认了制宪权与修宪权的区别，才会承认修宪权对制宪权的尊重，才会承认修宪权必须尊重宪法所规定的修宪程序而不能任意对宪法进行修改。

2. 宪法修改的必要性

宪法可以修改吗？国内外学者对此问题有较大分歧，大致形成两种学说：肯定说和否定说。以法国制宪权理论提出者西耶士为代表的肯定说认为，宪法只能束缚根据宪法而产生的机关，而不能束缚享有制宪权的人民或人民选出的制宪机关，而有的国家也的确在宪法中规定了宪法不得修改，如苏丹1973年颁布了"永久宪法"，而日本《明治宪法》也宣称自己是"不灭的大典"。尽管如此，肯定说仍占据主流。对于宪法修改的必要性可以从以下几个方面来进行分析：首先，从宪法的性质来讲，现代西方学者多数不承认宪法是一种契约，而认为宪法是一种法律，制宪是一种立法活动。从逻辑上看，宪法属于法律的一种，法律可以修改，宪法当然可以修改。其次，从各国宪政实践来看，世界上150多部宪法基本上都规定了严格的修宪程序，这也就是承认了宪法是可以修改的；另外，各国基本上都有修宪的实践。

具体说来，宪法修改因为具有以下作用而成为必要。

首先，宪法修改可以使宪法的规定更好地适应社会实际的发展和变化。社会生活总是处在不断的发展变化中的，而宪法规范又具有相对的稳定性，因此宪法规范与现实的社会实际总是处于冲突、协调、再冲突、再协调的永恒的矛盾和冲突之中。当然，这种冲突可能由各种原因造成，当其发展到一定程度，也就是根据现有的宪法规范不能加以解决、通过宪法解释的手段也无法加以弥补时，修宪就成为不可避免的。

其次，宪法修改可以起到弥补宪法规范在实施过程中出现漏洞的作用。一方面，受到人们认识能力的限制，制宪者难免有考虑不周之处，这样就会导致宪法规范存在某些缺漏而需要以宪法修改的方式来加以弥补和完善。另一方面，制宪者在制宪技术上的缺陷会导致宪法条文的不明确、不具体、不严谨，从而给宪法的执行造成困难，进而使得宪法修改成为不可避免，如我国1954年宪法第二十四条关于"非常情况"之规定即是如此。

二、宪法修改的限制

关于宪法修改是否应该受到限制的问题，学界也存在无限制说和有限制说两种声音。无限制说理由如下：一是人民主权是绝对的，修宪权和制宪权一样都是人民行使主权的表现和反映，因此修宪行为不应受到限制，后代人不应受前代人的宪法的限制；二是宪法中任何宪法条文都是相等的，不应有高下之别，不应该存在有的条款可以修改而某些条款不得修改的状况；三是限制修改宪法某一条款的做法，未必有效，因为修宪者可以删除限制修改的条文后再进行修改。目前看无限制说不占据主流。有限制说认为：制宪权是居于宪法之外的权力，而修宪权是制宪权派生的权力，因此修宪权应遵从制宪权而不得变更作为其存在基础的制宪权根源，即人民主权原则和保障人权原则。此外，任何一部宪法都有其根本立场和根本精神（或称为宪法灵魂），而宪法条文就是以根本精神为基础的。这种根本精神不能成为宪法修改的对象。我们赞同宪法修改的有限制说。

各国宪法对宪法修改的限制主要有如下几类。

1. 内容上的限制

这是指宪法明文规定其中的某些内容不得修改。这些内容在宪法中具有极其重要的地位，如果加以修改，将动摇宪法的根基。具体包括这样几种情形。

（1）宪法基本原则不得修改，如德国基本法规定，对基本法的修正不得影响联邦划分为州及各州按原则参与立法，或者第1条和第20条规定的基本原则。又如，挪威宪法规定，宪法修正案不能与宪法所包含的原则相抵触，只能在不改变宪法的精神的前提下对某些具体条款进行修改。

（2）共和政体不得修改，如意大利现行宪法规定，共和政体不得成为宪法修改的对象。法国宪法也有类似规定。

（3）宪法修改不得有损于国家主权和领土完整，如法国现行宪法规定，任何有损于领土完整的修改程序，不得着手进行。

2. 时间上的限制

宪法修改时间上的限制，表现为三种形式。

（1）宪法制定后一定时间内不能被修改，或者宪法修改后在一定时期内不能被再次修改。如希腊1964年宪法规定，宪法公布后10年之内不得修改。希腊1975年宪法规定，宪法修改尚未满5年，不得再次修改。这种限制的目的是维护宪法的稳定性。

（2）宪法制定后一定时间内必须进行修改或者再次修改。波兰、葡萄牙等国宪法都有所规定。这种限制的目的则是保证宪法的适应性。

（3）不能在非常时期修改宪法。如法国1946年宪法规定，法国本土之全部或部分在外国军队占领时，不得进行宪法修改。西班牙1978年宪法规定，在战时和紧急状态、特别状态和戒严状态期间不得进行宪法修改。这种限制是为了防止宪法修改为激情所左右，为外力所强制或干扰，从而使修改的内容背离宪法本应具有的精神实质，尤其是危及对人权的有效保障。

3. 程序上的限制

由于宪法具有特殊性，各国宪法一般都规定了严格于普通法律修改程序的宪法修改程序，而宪法修改活动必须遵循宪法所规定的这种严格的修宪程序。

三、宪法修改的方式

一般认为，宪法修改主要包括全面修改、部分修改和无形修改三种方式。

（一）全面修改

宪法的全面修改是指对原来的宪法文本的大部分内容进行调整、增删、变动后再重新加以公布的修改方式。全面修改的基本特征在于：一是宪法修改活动依据原宪法所规定的宪法修改程序进行，这是宪法全面修改与宪法制定的主要区别；二是宪法修改机关用修改后的宪法文本取代原来的宪法文本，这是宪法全面修改与部分修改的主要区别。

从各国全面修改宪法的实践来看，一般都是在国家出现极为特殊的情况下或者国家生活（特别是国家的政治生活）发生了某些重大变化的情况下，才进行这种活动。全面修改方式的优点是，当社会实际发生了较大变化后，宪法规范的绝大部分内容已经不能适应变化了的社会实际，而全面修改能促进宪法适应时代变化。全面修改的弊端则在于，稳定性是宪法的基本价值所在，宪法的权威和宪政的实现都有赖于此，全面修改对宪法大部分内容进行修改并重新公布，会使社会成员在直观上感到宪法的不稳定，对宪法的稳定性价值有较大的负面影响。

（二）部分修改

宪法的部分修改又称局部修改，是指保留原来的宪法文本，只对其中的个别内容进行增补、变更或废除的修改方式。增补即在不改变或触动原宪法文本的前提下，仅增加其条文数量或者某些条文所包含条款、项的修改方式。如我国 2004 年第十届全国人民代表大会第二次会议通过的《中华人民共和国宪法修正案》规定，在 1982 年《宪法》第三十三条增加"国家尊重和保障人权"一款就属于这种情形。变更即对宪法文本中某些条文的内容、表达方式及用语加以改变的修改方式。如我国 2004 年第十届全国人民代表大会第二次会议通过的《中华人民共和国宪法修正案》规定，将 1982 年《宪法》第六十七条全国人民代表大会常务委员会职权第二十项"决定全国或者个别省、自治区、直辖市的戒严"修改为"决定全国或者个别省、自治区、直辖市进入紧急状态"就属于这种情形。废除即将某些宪法条款或内容从宪法文本中取消，使其不再具有法律效力的修改方式。例如，2018 年第十三届全国人民代表大会第一次会议通过的《中华人民共和国宪法修正案》第四十五条规定，宪法第七十九条第三款"中华人民共和国主席、副主席每届任期同全国人民代表大会每届任期相同，连续任职不得超过两届"修改为"中华人民共和国主席、副主席每届任期同全国人民代表大会每届任期相同"。

根据各国宪政实践情况，部分修改可以采取决议方式或者宪法修正案的方式。决议方式即直接在宪法条文中以新内容代替旧内容或者直接废除宪法条文中的某些内容，修改之后，重新公布宪法。宪法修正案方式由美国首创，是指以修改宪法年代先后重新设立条文，附于原宪法文本之后，按照"新法优于旧法"的原则，凡与新条文相抵触的旧条文一律无效。宪法修正案是宪法的组成部分之一。

（三）无形修改

宪法的无形修改也称宪法变迁，是指在宪法条文未作变动（包括修改、解释或者宪法惯例加以补充）的情况下，由于社会的发展、国家权力的运作等，宪法条文本来的含义发生了变化。宪法的无形修改不是宪法修改机关依据宪法的程序而进行的一种有意识的活动，所以不包含在上述宪法修改的含义之中。但是，它可以使宪法条文的本来含义在事实上发生一定的变化，达到与修改宪法基本相同的效果，因而属于广义的宪法修改。宪法无形修改最典型的实例是美国总统的选举方式。依照美国宪法的规定，总统的选举方式是间接选举，即先由选民投票选举出总统选举人团，再由选举人团投票选举总统和副总统。但其后的宪政实践却使其演化成了一种直接选举。

四、宪法修改的程序

由于宪法的特殊性，宪法的修改必须由一定的权威机关按照一定的程序进行。特别是由于宪法作为"人权保障书""政府的政治圣经"的特殊性使然，人们又不愿意宪法被轻易地，甚至无足轻重地被修改，由此，宪法便获得了一种区别于普通法律的形式属性，即其修改程序更为严格和复杂。在修改宪法时，速度和效率并非追求的首要价值，人权保护与民主程度才是人们最大关切。设置严格的修宪程序规则的目的就是给社会成员提供尽可能大的保护。显然只有在国家根本法不会被轻率地修改，也不会在得不到绝大多数民意代表或人民中大多数同意的情况下被修改时，人民的安全和利益才能得到比较可靠的保障。可以说，宪法的修改程序问题几乎自成文宪法诞生之日起，就成了许多国家宪法典的共同内容。修宪程序的法定化使宪法的修改过程在很大程度上被纳入了法定的轨道，成为一种特定的宪法现象；修宪议案从提出、审议，到表决、公布都有一套明确、严格的程序规则；修宪机关必须依照法定的步骤、程序和方式行使职权；任何违反法定程序的修宪行为都应受到否定。这些程序规则历经时间的涤荡，沉淀于各国的宪政制度之中，凝练为系统的、稳定的规范体系，成为维护宪法秩序、进而保障由此产生的各项宪法规范科学公正的前提条件。

总的看来，虽然各国宪法所规定的修宪程序不尽一致，但通常包括以下几个阶段。

（一）提案程序

作为宪法修改的开始阶段，提案程序所解决的是由法定的提案主体依照法定的程序向修宪机关提出宪法修改的动议或草案的问题，在提案程序完成后，宪法修改草案得以形成，其后就可以交由议决机关去讨论表决了。因此，在提案阶段最需要解决的就是提案主体的问题。对此，各国对提案主体都规定了不同的限制条件。最常见的提案主体就是国会或议会（包括一定数量的议员）。当然这种提案权的成立也存在限制，如美国宪法第 5 条规定国会应在两院 2/3 议员认为必要时，提出本宪法的修正案；日本宪法第 89 条也规定由各议院全体议员 2/3 以上赞成，由国会提议；而奥地利 1983 年宪法第 44 条第 2 款规定，除非 1/3 的国民议会议员或联邦议院议员提出要求，不得对联邦宪法作任何部分的修改。除立法机关及其成员外，还有的国家规定其他国家机关或政府首脑享有提案权。如法国宪法第 89 条第 1 款规定，修改宪法的倡议权，同时属于共和国总统（基于总理的动议）和议会议员。多哥宪法第 52 条规定，本宪法可以根据总统和议会的提议进行修改。在提案主体中比较特殊且又值得我们引起注意的则是有关公民创制权的规定，即在有些国家规定一定数量的公民享有修改宪法的提案权。如瑞士宪法规定有表决权的十万公民可以申请修改宪法的部分，应否修改由人民公决[①]。根据学者的总结，世界各国宪法规定的有权提出修宪建议的主体有：立法机关、一定数量的立法机关成员、最高国家权力机关的常设机关、国家元首、行政机关、一定数量的地方立法机关、地方行政区等。

---

① 瑞士宪法第 121 条规定，部分修改宪法可依照人民创议或联邦法律规定的方式进行。人民创议是指由十万名有表决权的瑞士公民提出的关于增订宪法新条文或关于废止或修订现行宪法中某些条文的要求。

除规定提案主体外,有些国家还规定有审查程序,也就是规定需由特定的主体对宪法是否应该修改作出判断,具体如何修改却并非此机关来决议,因此其仍属于提案程序。这种审查程序的设置体现了某些国家对于修宪的特别谨慎的态度,它主要指的是先决投票程序。此外,还有的国家规定在提案成立之后、议决机关议决之前,要将宪法修正案草案予以公告。有 20 多个国家,如比利时、荷兰、卢森堡等在宪法中明确规定了公告程序。

（二）审议和表决程序

许多国家对宪法修改的审议、表决和通过,都规定了一套比普通法律的审议、表决、通过更严格和复杂的程序。如意大利宪法规定:宪法及宪法性法律的修改应由两院经两次审核通过,第二次表决时必须经每一院议员 2/3 多数赞同或绝对多数赞同。日本宪法规定宪法之修改必须经各议院全体议员 2/3 以上的赞同,由国会创议,向国民提出,并得其承认。此项承认,必须在特别国民投票或国会规定的选举时进行投票,获得半数以上的赞同。美国宪法规定国会两院或制宪会议提出的修正案经各州 3/4 州议会或 3/4 制宪会议批准,即成为宪法一部分而实际发生效力。美国联邦宪法关于修正案提出和批准的规定实际上体现了制定宪法时联邦派和州权派之间的妥协,即联邦掌握修正案提案权,而州拥有批准权。此外,虽然宪法本身规定修正案的提出和批准各有两种方式,但迄今为止,一般都是由 2/3 多数的国会议员提出,并由 3/4 多数州议会加以批准的。唯一例外的是 1933 年生效的第 21 条宪法修正案,内容是废除 1919 年生效的关于禁酒的第 18 条宪法修正案。国会在提出这项宪法修正案时,由于考虑到各州议会中持禁酒态度的地方势力相当强大,如果由州议会批准很可能会阻碍这一宪法修正案的批准,便硬性规定应由州召开制宪会议加以批准。

（三）公布程序

公布程序是宪法修改的最后一道程序,指的是由特定主体宣告宪法修正案的成立。由于宪法修改的公布程序对于宪法修改的效力并无实质性影响,拥有公布权的机关一般不得拒绝公布、推延公布或者要求对修改内容进行再次审议,因此有学者认为,公布一般只是一个纯粹的程序而已,没有什么实质性意义。总的来说,公布机关有以下几种。

（1）由国家元首公布。由于国家元首是一国的代表或国家的象征,采用国家元首公布宪法修正案的情况非常普遍。如日本现行宪法第 96 条就规定宪法的修订在经过国民承认后,由天皇公布;而挪威宪法第 112 条第 2 款也规定,宪法修正案由议长或议会秘书签署后,呈送国王印文公布。

（2）由行政机关公布。例如,美国宪法并未明文规定宪法修正案的公布机关,但依其宪法惯例,宪法修正案在交给各州批准后,各州将审议的投票结果通知联邦国务卿,由国务卿计算批准宪法的州是否已达到总州数的 3/4,如果达到,则由国务卿宣告宪法修正案已成立,正式公布该修正案。

（3）由议决机关公布。我国现行宪法的公布就是采取的此种公布方式。采用这种方式的理由是，修宪机关具有最高地位，不应受其他任何机关的限制。采用这种公布方式的国家极为少见。

第四节　违宪审查制度

一、违宪审查制度概述

（一）违宪审查的概念和特征

违宪问题是宪法实施的关键所在，解决违宪问题、消除违宪现象、预防宪法危机、保障宪法顺利实施成为各国宪政实践的着力点与试金石。由于制宪者思维方式不同，以及学者看待分析问题的角度差异乃至用词的偏好不同，呈现在我们面前的有关制度及其表述大致有如下几种：宪法保障制度、宪法监督制度、违宪审查制度、宪法诉讼制度、司法审查制度等。以上各类制度在内涵外延方面或有交叉关系，或有彼此包含关系，但各种制度目的指向都是是否违宪。因此直指问题核心且表意明确的"违宪审查制度"这一概念更能为学界所接受。

违宪审查即指依法享有违宪审查权的国家机关通过法定的程序，以特定方式审查和裁决某项立法或某种行为是否合宪的制度。它是落实宪法监督职能的重要手段，其目的在于保证宪法实施，维护宪政秩序。据此，违宪审查制度具有以下特征。

（1）违宪审查的主体是享有违宪审查权的特定国家机关。违宪审查实质上是对国家或公权力行为的一种审查，它直接影响到一国宪法实施状况和宪政生活的走向，承担这一职责的机关即违宪审查机关，必须在该国家和社会中具有崇高的政治地位和较强的权威，唯有如此，其裁决才能为社会普遍接受。

（2）违宪审查机关所做出的裁决具有法律效力。任何组织和公民虽然都可对某一国家机关或社会组织的行为是否违宪提出自己的看法和做出自己的判断，但这些看法和判断并不具有法律意义，不能产生法律效果。违宪审查机关是有权审查某一法律或行为是否违宪的国家机关，它作出的裁决具有法律效力，一切国家机关、组织和个人都必须遵守。

（3）违宪审查的对象是国家机关、公共机构，以及社会组织的某种行为、活动或存在状态。国家机关或公共机构的行为包括抽象行为和具体行为两种类型。抽象行为涉及立法或规范性文件，具体行为涉及行政机关的处理决定、司法判决及事实行为等。此外，一些社会组织（如政党）的行为或存在状态也可以成为违宪审查的对象。

（4）违宪审查程序多样性。违宪审查程序多样性是由审查范围的广泛性决定的。性质不同的审查范围决定了审查程序的差异。有些国家通过专门法律对不同审查对象作出不同的程序规定。

（5）违宪审查方式区别于一般司法案件的审判。一般司法案件的审判主要采用辩论方式或控辩方式，而违宪审查方式有其独特方式，如以被审查对象是否已经发生法律效力为标准，其方式就包括事先审查、事后审查、事先审查与事后审查相结合等方式。

（二）违宪审查与宪法监督、司法审查的区别

在我国宪法学界存在将违宪审查等同于宪法监督和司法审查的情况，这其实是严重的误读。我们认为违宪审查不同于宪法监督和司法审查。违宪审查只是宪法监督的一种，具体来说，它们在审查或监督对象、主体、形式上都不相同。从对象上看，宪法监督对象宽，违宪审查对象窄，后者为前者的一部分；从主体上看，宪法监督主体包括所有政党、组织和全体公民，违宪审查主体则是指享有违宪审查权的国家机关；从形式上看，宪法监督既包括违宪审查这种具有法律意义的监督，也包括舆论批评、抗议活动等不具有法律意义的监督，而违宪审查对立法或行政行为等所作的是否违宪的结论都具有法律意义。

违宪审查有多种模式，司法审查只是其中一类。同时，在实行司法审查的国家中，司法审查既包括对违宪的审查也包括对违法的审查，美国就是实行这种模式的典型，这表明违宪审查与司法审查的范围有时也不尽一致。

二、违宪审查的主要模式

违宪审查模式是指立宪国家中由哪些机关专职承担违宪审查的职责，以及该机关监督宪法实施的权限、步骤、方式、方法、原则等构成的相对固定的形式。综观世界各国的成文宪法、宪法性法律、宪法惯例和判例，违宪审查模式大体上有以下三种。

（一）普通司法机关审查模式

它是指由普通法院在审理具体案件中，对该案中所适用的法律和法规的合宪性进行审查、裁决的一种模式。由普通法院负责监督宪法的实施起源于美国，1803 年美国联邦最高法院在审理"马伯里诉麦迪逊"一案时，首席大法官马歇尔在判决中宣布：违宪的法律不是法律，阐明法律的意义乃是法院的职责。从此开创了由联邦最高法院审查国会制定的法律是否违宪的先例。第二次世界大战后，许多国家受美国影响，也采取了这种模式，如日本、加拿大、澳大利亚、印度、斯里兰卡、委内瑞拉、丹麦等。在这类国家中法律的违宪审查权一般为最高法院所保留，但日本 1946 年宪法第 81 条规定，宪法的监督权由普通法院行使，最高法院为有权决定一切法律、命令、规则以及处分是否符合宪法的终审法院。由普通司法机关审查法律是否违宪，体现了国家机关之间的制约关系，是"三权分立"理论在制度上的具体化。这一模式，其优点在于能使一国的违宪审查具有经常性、有效性、可操作性，从而有利于平衡国家权力、协调各种利益关系、稳定国家政权结构、维护宪法的最高权威和法制的统一等；其不足在于它不能直接撤销违宪的法律及法律文件，无法实现法律体系的整体合宪化。

（二）立法机关审查模式

它是由宪法或宪法惯例所确定的立法机关（或权力机关）负责审查、处理和制裁违宪案件的一种模式。由立法机关监督宪法的实施发端于英国。英国长期奉行"宪法至上"原则，认为议会是代表人民的，是主权机关，因此立法机关的权力应高于行政机关和司

法机关。除英国外,瑞士也是西方国家实行这种模式的典型之一。社会主义国家的中央立法机关一般都是国家的最高权力机关,其他国家机关均由它产生、对它负责、受它监督,执行由它所通过的法律和决议。依其逻辑,最高司法机关等其他国家机关自然不具有监督宪法实施的职责,监督宪法实施的机关只能是国家最高的权力机关。在宪政实践中都能看出这一模式的优势和不足,优势是有权威性、统一性、直接性和快捷性,其不足在于实效性、连续性和公正性不够等。

(三)专门机关审查模式

它是根据宪法规定,在普通法院或者立法机关之外另设一定的专门机关,负责对法律、法规、规章和特定行为的合宪性进行审查并加以处理和制裁的一种宪法监督模式。1799年法国宪法设立护法元老院,作为"宪法守护者",它有权撤销违宪的法律,这可视作此类模式的开始。1920年奥地利宪法最早规定设立宪法法院,由宪法法院负责宪法监督、裁决违宪案件,后来捷克、西班牙等国也曾设立过类似的机关。第二次世界大战后,联邦德国、意大利、葡萄牙等欧洲国家相继建立了宪法法院。因为由宪法法院行使宪法监督的职权成为大陆法系国家采用的较为普遍的形式,尤以德国实践最为成功,所以此模式又被称为"欧洲模式"或"德国模式"。宪法法院不审理普通民事、刑事案件,而是专门审理宪法问题的特定司法审查机关。另外,在专门机关司法审查模式中,还有一种不同于特设司法机关(宪法法院)监督的,被我国宪法学界称为专门政治机关监督的体制,其典型为法国第二次世界大战后设立的宪法委员会模式。由于保障总统及议员选举的合法性是一项政治性极强的职能,再加上宪法委员会的审查范围不包括公民提起的因国家机关的行为造成其公民权利被侵害的宪法诉讼案,所以一般认为它不具有司法审查的意义,因而该体制被称为专门政治机关监督体制。类似的还有芬兰的宪法委员会、伊朗的监护委员会和泰国的宪法仲裁委员会等。

特别需要说明的是,上述三种违宪审查模式是世界上立宪国家的大致情况,主要是侧重于从谁有权监督立法行为的合宪性方面来探讨违宪审查模式的。如果从宪法监督是一种全面监督来分析问题,有的国家实行的并不是单一的违宪审查模式而是混合(或复合)违宪审查模式,即由两个或两个以上的国家机关共同承担违宪审查的职责,行使违宪审查权。目前,该体制中主要有:由宪法法院、行政法院和总统共同行使违宪审查权的法国模式;由议会和普通法院共同行使违宪审查权的英国体制;由议会、联邦委员会和法院共同行使违宪审查权的瑞士模式;由国家权力的最高领导机关和检察机关共同监督宪法实施的朝鲜模式。混合(或复合)违宪审查模式的特点在于审查主体的双重性或多重性,且各审查主体相互分工,密切配合,使违宪案件得到有效审查,不过,该模式也有违宪审查权分散、不统一的缺陷。

三、违宪责任

(一)违宪责任的概念和特征

对违宪责任重视与否是衡量一个国家是否要真诚落实宪法规定的试金石和核心支

撑，没有了违宪责任的追究，违宪审查的价值将会大打折扣。绝大多数国家的宪法规范和宪政实践都明确了违宪责任，我国也不例外。

违宪责任是一种特殊的法律责任，它是指国家机关及其公职人员、政党、社会团体、企事业单位和公民的行为或言论违背宪法的原则、精神和具体内容而必须承担相应宪法意义层面的责任。其特殊性主要表现为一种政治责任和领导责任。

违宪责任不同于其他的法律责任，如刑事责任、民事责任、行政责任等，它具有自身内在的特征。

（1）违宪责任的承担主体是公权力行使者且主要是国家立法机关。违宪责任承担主体为公权力行使者，通常包括国家机关、武装力量、政党、社会团体、企事业单位及担任特殊公职的个人。它既不同于刑事责任、民事责任承担主体，也不同于行政责任承担主体，主要是国家立法机关和具有行政立法权的行政机关。

（2）违宪责任是基于宪法关系而发生的，即在宪政实践中，由宪法关系主体违宪而引起。

（3）违宪责任追究程序的多元性。违宪责任承担主体的多重性，决定了作出违宪制裁措施的机关及其程序具有多元性。由于这些机关的职权范围、活动方式不一，对违宪行为进行制裁时，其适用的程序也各有不同。

（4）违宪责任兼具法律属性和政治属性。民事责任、刑事责任及行政责任一般来说只具有法律性质，而违宪责任在一定程度上仅具有法律责任的部分特征，不涵盖其全部。同时，违宪责任还反映一定的政治愿望和要求。

（5）违宪责任承担方式不同于其他法律责任。违宪责任是由破坏了宪法关系而引起的，其承担方式主要是弹劾、罢免、撤销、宣告无效、拒绝适用等。这些承担方式和民事责任、刑事责任的承担方式有着很大的区别。

（二）违宪责任的形式

西方国家在长期的宪政实践中形成了一些颇具实效的违宪责任形式。对于这些世界宪政的文明成果，我们既不能简单地排斥，也不能机械地照搬，应当根据我国实际积极借鉴与我国根本制度相适应的违宪责任形式。具体的违宪责任形式如下。

（1）弹劾是指特定的国家机关依照法定程序和权限剥夺违宪或违法失职的国家领导人和重要公职人员职务的一种制裁措施。实行总统制的国家往往都采取这种追责措施。如美国历史上对多名法官和总统都启动过这一制裁程序；韩国也启动过弹劾总统程序。

（2）罢免是指对政府公共官员在其任职届满之前，由选民或原选举单位以选举方式撤免其职务的一种制裁措施。瑞士最早采用过这种措施。现在这一违宪追责方式为社会主义国家宪法所普遍采纳，我国宪法第六十三条对全国人民代表大会有权罢免对象有明确的规定。罢免责任适用对象主要是违宪失职、悖逆民意、失职腐败、缺乏为官德才的政府官员。

（3）撤销是指违宪审查机关废除违宪的法律法规的一种措施。撤销这一违宪责任，一般由实行立法机关审查或专门机关审查模式的国家宪法规定。

（4）宣告无效是指违宪审查机关否定违宪法律法规和行为效力的一种措施。这一措施是 1803 年美国联邦法院大法官马歇尔在审理"马伯里诉麦迪逊"一案时所确立的。在该案判例中，大法官马歇尔宣布，违宪的法律不是法律，首次运用宣告表明了违宪法律法规无效的违宪责任。据统计，自 1803 年至 1997 年，美国联邦最高法院已宣告 151 个法律无效。受美国影响，许多国家宪法都规定了这一违宪责任。

（5）拒绝适用是指普通法院在审理具体案件中，对违宪法律法规不予采用的一种措施。这是实行司法审查模式的国家经常采用的一种违宪追责方式。

（6）责令作为指由特定机关责令违宪主体履行宪法义务。在宪法实施过程中，某些宪法关系主体怠于或拖延履行其宪法义务，这对宪法的有效实施造成影响，为促其及时履行，维护宪法的权威，由特定机关责令其依法作为。

（7）取缔政治组织是指违宪审查机关禁止违宪政党存在与活动的一种措施。世界上不少实行政党政治的国家都正在采用这一违宪责任形式，德国基本法就明确规定，被联邦德国宪法法院裁决违宪的政党必须承担被取缔的违宪责任。

四、建立中国特色的合宪性审查制度

党的十九大报告明确提出，要"加强宪法实施和监督，推进合宪性审查工作，维护宪法权威"[1]。这是合宪性审查这个概念首次出现在党的正式文件中。2018 年 3 月，第十三届全国人大一次会议通过的宪法修正案，将全国人大法律委员会修改为宪法和法律委员会；同年 6 月，全国人大常委会作出关于全国人民代表大会宪法和法律委员会职责问题的决定；10 月，经过近半年的筹备工作，全国人大常委会法制工作委员会宪法室正式成立。

（一）我国合宪性审查制度的历史变迁

我国合宪性审查制度的雏形可以追溯到 1954 年的《宪法》，该部宪法规定，全国人民代表大会是宪法实施的监督机关。但是，1954 年《宪法》所确立的宪法监督制度很粗略，虽然规定了由最高国家权力机关行使监督权，但对审查的范围、程序和方式等缺乏全面的规定。1978 年颁布的《宪法》对 1954 年《宪法》所规定的内容有所恢复，规定全国人大行使"修改宪法"和"监督宪法"的职权，全国人大常务委员会行使"解释宪法"的职权。1982 年《宪法》第六十二条规定全国人大有权"监督宪法的实施"，第六十七条规定全国人大常务委员会有权"解释宪法，监督宪法的实施"。

宪法和法律委员会的设立，可以说实现了 1982 年《宪法》起草以来学界一直呼吁的设想，即希望能有一个专门的合宪性审查工作机构。在我国 1982 年《宪法》的起草过程中，"宪法监督"就是最重要的议题之一。当时就有设立宪法委员会的设想，但最终没有实现。直至 2018 年第五次宪法修正，设立宪法和法律委员会才被提上议程，合宪性审查在机构和职责安排上终于实现了突破。

---

① https://www.gov.cn/zhuanti/2017-10/27/content_5234876.htm[2017-10-18].

（二）进一步完善我国合宪性审查制度

总体上讲，我国的合宪性审查工作正在有序推进。全国人大宪法和法律委员会对提请全国人大常委会会议审议的每部法律案是否符合宪法都会进行审议，认真研究、妥善处理及时回应各方面对宪法问题的重大关切，确保常委会通过的法律、作出的决定决议与宪法的原则、规定、精神保持一致，推进以宪法为核心的中国特色社会主义法律体系不断完善。

（1）坚持以习近平新时代中国特色社会主义思想指导合宪性审查。合宪性审查是监督宪法实施的重要制度，是中国宪法理论和实践的重大制度创新，具有很强的政治性、理论性、科学性、实践性，必须始终坚持以习近平新时代中国特色社会主义思想为指导，始终坚持中国共产党的领导，坚定不移地走中国特色社会主义法治道路，坚持从国情和实际出发，将中国特色社会主义法治理论贯穿合宪性审查全过程。

（2）坚持在人民代表大会制度框架内推进合宪性审查。《宪法》第六十二条规定，全国人民代表大会具有"修改宪法""监督宪法的实施"的职权、第六十七条规定了全国人民代表大会常务委员会具有行使"监督宪法的实施"的职权。这些规定就决定了我国开展合宪性审查，必须遵循我国宪法确立的政治体制，在人民代表大会制度框架内有序推进。

因调查交通事故案件需要，公安机关交通管理部门可以查阅或者复制有关单位记载过往车辆信息的资料，以及车辆维修单位维修记录和交通事故当事人的通讯记录，必要时可以依法提取和封存相关信息、资料，有关单位应当及时、如实、无偿提供，不得伪造、隐匿、转移、销毁。

（3）加强备案审查制度和能力建设。备案审查是合宪性审查的前置条件。对行政法规、地方性法规、司法解释开展备案审查，是宪法法律赋予全国人大及其常委会的一项重要职权，是维护宪法法律尊严、保障宪法法律实施、保证国家法制统一的重要制度安排。

（4）健全宪法解释程序机制。宪法实施和监督与宪法解释密切相关。宪法解释可以无须启动修宪程序，而通过正式的宪法解释或者通过审查报告等变相解释的形式，明确宪法规范的内容、含义和界限，赋予宪法以鲜活生命，实现宪法与时俱进。《宪法》第六十二条将"修改宪法"的职权赋予全国人大，第六十七条规定全国人大常委会拥有"解释宪法"的职权。

（5）加快形成完备的法律规范体系。无论是审议修改法律法规、开展立法调研，还是进行制度设计、研究重大问题，都要始终坚持以宪法为依据，坚决把宪法精神贯彻到立法工作的各方面和全过程，加快形成以宪法为核心的法律体系，在立法中严格落实一切法律、行政法规和地方性法规都不得同宪法相抵触的规定，维护社会主义法制统一、尊严、权威。要积极探索建立健全在宪法和法律委员会统一审议法律草案、有关法律问题的决定中进行合宪性审查或确认的有效机制，努力使每一项立法都符合宪法精神。

思考与讨论
（1）宪法如何实施？宪法实施有哪些保障方式？
（2）宪法实施效果如何评价？
（3）宪法解释必要性何在？
（4）宪法解释需遵循哪些原则？
（5）宪法解释有什么效力？
（6）制宪与修宪有何联系与区别？
（7）宪法解释与宪法修改之间的关系？
（8）如何构建中国特色的合宪性审查制度？

案例分析题

案例一：《××省道路交通安全条例》第九十六条规定：因调查交通事故需要，公安机关交通管理部门可以依法向有关单位、个人调取汽车行驶记录仪、卫星装置、技术监控设备的记录资料以及其他与事故有关的证据材料。有关单位和个人应当如实提供，不得伪造、隐匿、毁灭。2013 年《××自治区实施〈中华人民共和国道路交通安全法〉办法》也作了同样的规定。

有公安系统内人士表示，开车时打电话是导致交通事故的罪魁祸首之一。发生交通事故后，警方调查时如发现司机可能有开车打电话的行为，通信记录就相当于是不容抵赖的"铁证"。此外，在一些交通事故中调取通信记录则能够让警方了解司机一些行动轨迹等更多信息线索。

也有观点认为，警方如此处理并无必要，交警处理交通事故的时候检查好路面情况，基本上就可以把事故了解得比较清楚。有律师认为，按照宪法规定，除因国家安全或者追查刑事犯罪的需要，由公安机关或者检察机关依照法律规定的程序对通信进行检查外，任何组织或者个人不得以任何理由侵犯公民的通信自由和通信秘密。有学者认为，通信自由是宪法明文规定的权利，企业收集用户信息都必须征得本人同意，行政机关收集个人信息应当面临更高的要求，需符合"法无授权不可为"的原则。直接在地方道路交通法规"赋权"警方查通信记录，超越了立法法赋予的地方性法规的立法权限。

针对地方道路交通安全法规及部门规章中规定的道路交通管理措施和行政处罚、行政强制是否符合上位法，是否不当限制公民权利或者增加公民义务，2018 年全国人大常委会法制工作委员会进行了一次"专项审查"。全国人大常委会法制工作委员会经研究认为，上述规定涉及公民通信自由及通信秘密，缺乏法律依据，并于 2019 年 2 月向两地人大常委会发出审查意见以督促纠正。

问题：

（1）请运用宪法解释原理和方法分析法院调取通话记录是否属于《宪法》第四十条规定的通信检查？

（2）全国人大对地方性法规的监督有哪些方式？结合本案谈一谈我国违宪审查程序存在的不足。

　　案例二：2020 年 6 月，山东陈某一被"冒名顶替上大学"事件再度引起关注。陈某一在学信网上查询学籍信息时，意外地发现自己已于 2004 年 9 月 1 日进入山东××大学国际经济与贸易专业（专科）就读。当年，她被该校录取后，却因迟迟没有等到录取通知书而不得不离乡打工。其后，经山东省纪委监委等有关单位调查核实，陈某二、张某等通过冒领录取通知书、伪造档案、户籍造假等手段使陈艳萍顶替了陈某一，进入山东××大学学习。6 月 20 日，山东省纪委监委机关通报了调查情况并依规依纪对相关人员作出处理。12 月 26 日，第十三届全国人大常委会第二十四次会议表决通过的刑法修正案（十一），将冒名顶替他人高等教育入学资格、公务员录用资格和就业安置待遇认定为犯罪。

　　问题：

　　（1）请运用宪法解释原理和方法分析《宪法》第四十六条规定的受教育权的规范含义。

　　（2）结合本案谈谈宪法与部门法在保护公民受教育权方面的交互影响。

第二部分　行　政　法

第四章　行政法概述

本章教学要求

　　行政法作为一个独立的法律部门，在国家法律体系中占有重要的地位。通过本章的学习，了解行政、行政法上的行政，行政权的内涵与特征，行政法的概念与特征；把握行政法的地位与作用、行政法的渊源、理论基础；掌握行政法律关系的产生、变更、消灭的条件；正确理解与运用行政法的基本理论与原理，为全面掌握行政法打下基础。

重点问题
（1）行政与行政权
（2）行政法律关系的产生、变更、消灭
难点问题
（1）行政法渊源
（2）行政法的理论基础

第一节　行政法的基本概念

一、行政与行政权

　　行政法涉及的概念颇多，对于这些基本概念将会在每一章节具体介绍，这里主要介绍与行政法关系非常密切的行政和行政权。

（一）行政的含义与特征

　　学者对行政的内涵的界定有不同的看法，西方学者对行政的理解主要有：魏劳毕从"小政府"（行政部门）的角度将行政看作政府组织中的行政部门的业务活动；古德诺从国家职能的角度将行政视为国家意志的执行，是推行政府职能的活动；怀特从管理学的角度将行政定义为通过组织、计划、协调、控制等手段，有效地处理公务和政务活动；戈德特纳从公共政策的角度，将行政理解为制定和执行政策的活动。国内学界对于"行政"的界定大体上有四个角度：第一，行政活动主体，即掌握行政权的国家行政机关；第二，在国家管理中的功能，即一种权力的执行行为；第三，行政本身的特征和功能；第四，整合各种研究的视角。总的来讲，我国行政学界更多的是从行政活动主体的角度来定义和理解的[①]。

　　行政的概念有广义和狭义之分。广义的行政概念是指政府包括自身在内的整个社会的管理[②]。狭义的行政是指政府机关执行任务和进行的活动。本章对行政概念的理解主要是狭义的行政，即认为行政是国家权力机关的执行机关依法管理国家事务、社会公共事务和机关内部事务的活动。此外，行政还有公私之分，公行政即"公共行政"，是指以政府为主体的公共组织对公共事务的管理。私行政也称"一般行政"，是指一般组织和自然人对自身事务所实施的管理。行政法上所讲的行政一般指的是公共行政，作为公共行政的行政，与私行政相比，有着明显的区别：一是主体不同，私行政的主体是自然人和组织，而公行政的主体是国家公共部门和服务机构；二是范围不同，私行政涉及的是组织或自然人的内部事务，公行政涉及的是公共事务；三是目的不同，私行政以个人或组织的最大利益为目的，公行政以社会公共利益的增进与公平分配为目的；四是性质不同，私行政不具有公共性，公行政公权力的行使活动，具有公共性；五是手段不同，与私行政相比，公行政在公权力行使过程中可采用强制、命令等手段，私行政则不能；六是产生的历史背景不同，私行政与人类的产生同时存在，公行政则与国家产生同时存在；七是依据不同，公行政的依据是宪法等，私行政的依据是民法、劳动法等；八是救济程序不同，公行政适用行政救济和行政诉讼等，私行政则适用调节、仲裁等[③]。人类社会治理宏观视野中的"行政"现象，可以按照性质的角度划分为统治行政、管理行政、服务行政。农业社会统治行政并不具有公共行政的含义，管理行政和服务行政在形式意义上都属于公共行政，其中，管理行政可以被看作具有形式公共性的公共行政，服务行政则是形式公共性与实质公共性相统一的公共行政。[④]

　　作为行政法上的行政还具有以下几个特征。

　　（1）国家意志性。行政是以政府为主体的公共组织以国家名义对国家事务和社会事务进行的决策、组织、管理和调控活动，它具体体现和实现国家的意志[⑤]。政府活动具有国家意志性，是对国家意志的贯彻和执行，从而区别于私人行政。

　　（2）执行性。行政从其内涵上讲不具有创制功能，即不能进行立法，但可在立法机关委托的前提下进行委任立法，委任立法在本质上仍属于法律范畴。它是行政机关依职权制定的抽象行政行为，包括国务院制定的行政法规，属于实施宪法和法律的活动[⑥]。按照古德诺的"政治行政二分原则"，政治是国家意志的表现，行政是国家意志的执行，行政是具体的实践活动。

　　（3）法律性。依法治国是我国的基本方略，法治原则是国家制度的基本原则。法律性体现在行政领域，即要求行政主体依法行政。行政的法律性体现为：行政机关必须依

　　① 于水. 行政管理学[M]. 2 版. 北京：中国农业出版社，2014.
　　② 张康之. 论公共性的生成及其发展走向[J]. 青海社会科学，2018，（3）：1-12.
　　③ 陈亚平. 行政法与行政诉讼法[M]. 北京：中国农业出版社，2005.
　　④ 郑家昊. 公共行政概念的历史流变与本土化构图：兼论张康之教授等对"公共行政概念"的学术考证[J]. 理论与改革，2014，（6）：95-99.
　　⑤ 胡锦光. 行政法学概论[M]. 北京：中国人民大学出版社，2006.
　　⑥ 刘连泰，孙悦. 改革开放以来中国行政法学的理论谱系[J]. 厦门大学学报（哲学社会科学版），2021，（4）：19-29.

法组织；行政机关的相互关系必须依法规范；一切行政活动必须具有法律上的授权，遵循法律所规定的条件、程序、方式和形式进行[①]。

（4）强制性。行政既然是国家意志的实现，那么它的实施就必然需要国家强制力作为后盾，根据法定职权和程序对行政相对人的人身、财产和行为实施行政强制措施、行政强制执行。

（二）行政权的内涵与特征

1. 行政权的内涵

行政权是伴随着近代人民主权而产生的。古希腊的政治法律思想家亚里士多德，在《政治学》一书中就谈起过国家的行政职能，但他所说的行政权在内涵上与现在的行政权还不是一回事。国家主权学说之父布丹在《国家论六卷》中提出官吏行使的命令权，认为官吏行使的命令权是立法权的派生物。在《政府论》中，洛克第一次明确把国家权力分为对外权、行政权、立法权，但洛克的这种划分方法仍有含混之处，他所使用的行政权没有与司法权作严格区分，将司法权与行政权混为一谈了。孟德斯鸠在《论法的精神》一书中基于对立法权和司法权的理解来谈论行政权，使行政权成为国家行政机关法定权限范围的同义语。

行政权贯穿于行政法基本原理之中，是行政法的起因和归宿，是全部行政法理论的基点和中心范畴[②]。对于行政权，学者的理解大同小异。从现代意义上讲，行政权是指国家行政机关执行国家法律、政策、管理国家内政外交事务的权力[③]。也有学者认为行政权是国家行政机关执行法律、管理国家行政事务的权力，是国家权力的组成部分[④]。还有人将行政权定义为国家行政机关执行法律规范，实施管理活动的权力[⑤]。总体而言，行政权是指由国家行政机关执行法律，对行政事务主动、直接、连续、具体管理的权力，是国家权力的组成部分[⑥]。为了进一步理解"行政权"的内涵，我们有必要对以下几组概念进行阐释。

1) 权力与权利

权力是指特定机关或组织依法所具有的支配力量，如行政机关在具体的行政实施过程中的裁量权、执行权等。权利是指国家机关、社会组织和自然人可以依法进行一定的作为和不作为的资格，如公民参与权、私有财产保护权等。二者的区别为：①权力的主体只能是国家机关和组织，权利的主体包括国家机关、组织、自然人等。②权力的实施行为属于国家行为，而权利的享受行为不属于国家行为。③权力是法律所确认的权能和支配力；权利是法律所赋予的自由和利益。④权力行为具有单方面性，其实现取决于权

① 胡锦光. 行政法学概论[M]. 北京：中国人民大学出版社，2006.
② 沙卫鹏. 监督行政对权利的影响：以《行政诉讼法》第 1 条为基础的解释学展开[J]. 交大法学，2021，（1）：121-140.
③ 姜明安. 行政法与诉讼法[M]. 北京：北京大学出版社、高等教育出版社，1999.
④ 张树义. 行政法学[M]. 北京：中国政法大学出版社，1995.
⑤ 罗豪才. 行政法学[M]. 北京：中国政法大学出版社，1996.
⑥ 王贵松. 论行政法上的法律优位[J]. 法学评论，2019，37（1）：36-47.

力主体自身的行为，不以相对人的态度和行为为转移；权利不具有单方面性，它的实现取决于义务人的行为。⑤权力不能自由处置，否则行为人应承担法律责任；而权利可以自由地放弃或转让。在这对关系上，行政权属于权力而不是权利。二者的联系是：①权利是权力的本源，即无权利便无权力。②权力是权利的后盾，即无权力的保障便无从享受权利。③权利与权力共同寓于法律中，即权利与权力是法律的核心内容。

2）行政权与政权

政权是一个国家的统治权，统治完整而独立就表现为它的主权。行政权是国家政权的一个组成部分，是国家主权的一个重要内容，政权的主体是国家，行政权的主体是政府（行政机关），因而行政权不等于政权。在这对关系上，孙中山有独特的看法，他认为，国家的权力可分为两个部分：一部分叫政权，一部分叫统治权。政权属于人民，统一而不可分；统治权属于国家，可划分为立法、行政、司法、考试、监察，并分给不同的机关①。

3）行政权与行政职权

行政权是国家行政机关执行法律、管理国家行政事务和社会事务的权力，是一个较为抽象的概念，是对现实生活中存在的诸多行政权力的理论概括。行政职权是国家行政权的转化形式，是具体行政机关和工作人员所拥有的，与其行政目标、职务、职位相适应的管理资格和权能，是被具体到职位上的行政权，是依法具体定位到行政主体身上的行政权，即行政权的具体化、特定化，可以说行政权与行政职权的关系是抽象与具体的关系②。

2. 行政权的内容

虽然各国宪法对行政权的内容都有规定，但规定有相当差异。如美国宪法规定行政权属于总统，总统具有任命官员权、缔结条约权、军队统帅权等，美国宪法规定的是美国总统的权力，而非完整意义上的行政权。日本宪法对行政权的规定是以行政事权的内容为依据的，这样的规定使得行政权的内容较为宽泛。在我国，行政权的内容有行政规范制定权（如国务院制定行政法规，国务院部委和地方有关政府制定行政规章等）；证明、确认权即公证机关；对权利的赋予、剥夺权即行政奖励权、行政处罚权；对义务的科以、免除权即纳税、颁发许可证；对争议的调处权即对民事争议的调解和对行政争议的复议裁决③。现代国家行政机关部门林立，纷呈复杂的国家行政事务，具体到不同的行政机关的行政职权也就不同，内容相异，但总体而言可以分为下列内容：行政立法权、行政命令权、行政监督检查权、行政制裁权、行政强制执行权、行政裁决权等④。

3. 行政权的特点

行政权与其他国家权力和社会组织、公民个人的权利不同，相对于其他国家权力而言，它具有裁量性、主动性和广泛性等特点，相对于一般社会组织、公民个人而言，它

① 胡建淼. 行政法学[M]. 北京：法律出版社，1998.
② 夏泽祥，王芳. 行政法学[M]. 济南：山东大学出版社，2008.
③ 胡建淼. 行政法学[M]. 2版. 北京：法律出版社，2003.
④ 罗豪才，湛中乐. 行政法学[M]. 2版. 北京：北京大学出版社，2006.

则具有强制性、单方性等特点①。行政权的特性：①执行性，从根本上来讲行政权是执行国家意志的权力。②法律性，即行政权是法定权力，为法律所设定。③强制性，行政权的实施以国家强制力为保障，有国家强制力作为后盾，就使得行政权在行使过程中相关方有服从和协助的义务与职责。④优益性，行政权是国家和人民意志的体现，它涉及社会公共利益，行政主体在行使行政权时，依法享有一定的行政优益权，它由行政优先权和行政受益权两部分组成。其中行政优先权主要表现为先行处置权、获得社会协助权和推定有效权，行政受益权主要表现为保障性受益权、发展性受益权和保护性受益权。⑤不可处分权，行政机关非经法定程序和法律条件不得自由转让行政职权；行政主体不得自由放弃行政职权，因此，公务员在有关机关接受他的辞职请求前，不得停止履行职责，否则，应视为失职行为，须承担法律责任。

二、行政法的概念

"行政法"一词最早出现于法国，法语为"droitadministratif"，英语译成"administrative law"，日文译成"行政法"，而我国的"行政法"一词是从日本传过来的，行政法有古代意义的行政法和近现代意义上的行政法②。我国行政法研究起步较晚，对行政法的认识经历了众说纷纭到逐渐趋于统一的过程。早期学者对行政法多从行政管理、行政法内容的角度进行界定。例如，侯洵直在《中国行政法》中将行政法界定为行政法是关于国家行政机关进行行政管理活动的各种法律规范的总和③。沈宗灵在《法学基础理论》中将行政法界定为，行政法，是中国特色社会主义法律体系中一个不可缺少的部门，它规定国家行政机关的编制、组织和活动的基本原则、办事规程④。现在行政法学者多从行政法调整对象和内容的角度进行界定。如罗豪才在《行政法学》中将行政法界定为，行政法是国家重要的部门法之一，是调整行政关系以及在此基础上产生的监督行政关系的法律规范和原则的总称，或工作人员的奖励办法等行政法规。或者说是调整因行政主体行使其职权而发生的各种社会关系的法律规范和原则的总称。⑤应松年在《行政法与行政诉讼法》一书中指出，行政法是关于行政活动的法，是关于行政权的授予、行使以及对行政权的授予、行使进行监督和对后果予以补救的法律规范的总称⑥。

（一）大陆法系国家关于行政法的界定

大陆法系国家的行政法及行政法学是在法国等国家建立起行政法院、行政诉讼及行政赔偿制度的基础上产生发展起来的，最早包含对行政规范的一系列法规、法令进行系统研究。德国行政法奠基人奥拓·迈耶在1886年《法国行政法理论》一书中将行政法定义为，行政法即关于行政之法，属于行政之法，使行政法成为一门独立的法律科学。大

---

① 马颜昕. 行政引导下的基层合作治理：以实证分析为视角[J]. 行政法学研究，2021，（1）：126-141.

② 薛刚凌. 行政法法典化之基本问题研究：以行政法体系建构为视角[J]. 现代法学，2020，42，（6）：78-95.

③ 侯洵直.中国行政法[M]. 郑州：河南人民出版社，1987.

④ 沈宗灵. 法学基础理论[M]. 北京：北京大学出版社，1988.

⑤ 罗豪才. 行政法学[M]. 北京：北京大学出版社，2001.

⑥ 应松年. 行政法与行政诉讼法[M]. 北京：中国政法大学出版社，2008.

陆法系学者从公共管理角度，将行政法解释为调整行政活动的公法，通过公权力的行使实现公共服务的目的，这与大陆法系将法律解释为公法和私法的法律传统相吻合。

法国是行政法的"母国"，因此对行政法概念的表述及其研究尤为重要，从形式意义上考察行政，认为行政是行政机关的公务行为，在此基础上，法国学者认为行政法就是有关行政的法，是调整行政机关一切行政活动的国内公法。在1886年《法国行政法理论》出版后，奥拓·迈耶又于1895年出版了《德国行政法》，他认为行政法是特别用于调整作为管理者的国家和作为被管理者的臣民之间关系的法律部门。德国行政法学家沃尔夫和巴乔夫关于行政法概念的表述在德国相对占据统治地位，他们认为行政法在广义上是公共行政机关据以操作的法律规则的综合；在狭义上，则是关于公共行政机关主体之主权权力的法律规则[①]。从内容角度界定行政法的概念，即以特定的方式调整行政行为的法律规范总称，是行政所特有的法，包括对行政行为、行政程序、行政组织的调整，但是这并不意味着行政法是行政组织及其活动的标准，更确切地说行政法是调整政府与公民之间的关系，确立公民权利义务的规范[②]。

第二次世界大战后由于受到普通法系的影响，日本有关行政法概念的研究得到了进一步的发展。行政法是指专门有关行政的法，除了包括政府的行政组织和行政活动以外，还包括与行政行为相关的法律和程序规则，以及解决行政纠纷的机制和途径。从广义上讲，行政法是指行政组织如何发挥作用及处理与此有关的纠纷乃至行政救济的法。日本学者的观点虽有不同，但大多数都承认行政法是关于行政的法，而且一般将行政法体系分为行政组织法、行政作用法和行政救济法三个部分。[③]

大陆法系国家关于行政法概念的界定，多从内容和性质的角度着手，最为典型的表述是：行政法是关于行政权的组织及其作用的国内公法的总称。其中包含三个要点：行政法是公法；行政法是国内法；行政法是关于行政权的法。

（二）英美法系关于行政法概念的界定

英美法系又称普通法系，英美法系国家的行政法理论研究晚于大陆法系国家。最早对行政法进行界定的是19世纪初英国著名法学家奥斯丁（Austin），他认为行政法是"公法"之一，规定主权行使的限度与方式，君主或主权者直接行使其主权，或其所属的高级行政官吏行使主权者授予或委托的部分主权；美国著名行政法学家古德诺是最早把行政法作为独立的部门法进行研究的学者，他在1893年出版的《比较行政法》一书中指出行政法是宪法的必要补充。宪法规定政府组织的基本轮廓，而行政法则是将其具体化，而且它包括了有关行政机关活动的法律范围；此后，英国著名行政法学家波特（Port）进一步提出了宪法规定政府组织的静态，行政法规定其动态的观点[④]。

在当代英国，对行政法研究具有代表性的学者是韦德，他从实质与内容的角度对行政法进行界定。从实质性角度将行政法界定为控制政府权力的法律，他认为行政法是行

① 赛夫 M P. 德国行政法：普通法的分析[M]. 周伟，译. 台北：五南图书出版公司，1991.
② 毛雷尔 H. 行政法学总论[M]. 高家伟，译. 北京：法律出版社，2000.
③ 牛余凤，韦宝平. 行政法学[M]. 北京：中国政法大学出版社，2011.
④ 夏泽祥，王芳. 行政法学[M]. 济南：山东大学出版社，2008.

政国家的产物，是防止政府权力滥用和保护公民权益的重要环节；从内容角度将行政法界定为调整行政机关行使权力和履行职责的基本原则的总称。韦德认为，一方面，行政法没有一部成文的法典，只是规范行政权形式和行政职责履行的一些基本原则；另一方面，行政法主要是调整行政机关和履行职责的法律，而非主要调整行政机关组织和公务员与国家关系的法律。美国当代行政法权威学者戴维斯（Davis）从实质与内容的角度对行政法进行研究，戴维斯认为行政法是有关行政机关权利和程序的法律，特别包括对行政行为进行司法审查的法律。这一定义强调了行政程序和司法审查，体现了英美法系国家行政法的中心观点和基本特点。

受普通法系国家传统"控权理论"的影响，普通法系国家对行政法概念的界定强调行政法是控制、程序和审查的法，即"控制政府法"——通过行政程序和司法审查对政府权力进行有效控制。总的来说，普通法系国家行政法的内容大多包括委任立法、司法审查、行政裁判、行政程序等。

（三）关于新行政法的研究

国内关于"新行政法"较早的探索者是北京大学法学院的姜明安教授，他在20世纪90年代中期就介绍过澳大利亚新行政法的有关制度内容[1]。新行政法源于传统行政法，且不同于传统行政法，是对传统行政法模式的反思，是在内容和形式上发生了重大变革和演进的现代行政法，传统行政法以控制权力滥用、保障公民权利为目标，主要关注行政的合法性构建、违法行政行为的治愈与监督，以及对行政权的司法审查，随着近年来非权力行政、预防行政、协作行政等公共行政实务新形态的不断壮大，传统行政法的回应力已捉襟见肘[2]。新行政法作为一种初步系统化的行政法学术意识，这一学术思路主要采取的是一种制度功能主义的论证，缺乏规范层面的解释与架构，新行政法的规范性诉求，在宪法学看来就是"依宪行政"，即建构一种基于宪政民主的行政程序法体系，重塑宪法性的"政府—公民"关系框架，"依宪行政"是"新行政法"规范建构的合理方向，其容纳了传统的行政法治理论和新兴的行政民主理论，有利于在一种更加宽厚的宪法框架内拓展行政法治模式，探索宪法实施的行政法路径[3]。新行政法的"新"体现在三个方面。新的调整范围：从仅调整公域到既调整公域也调整私域，从仅规范国家公权力到既规范国家公权力也规范社会公权力。新的调整方式：从管制到自治，从命令—服从到协商—参与，从刚性管理到柔性指导。新的法源形式：从静态到动态，从硬法到软法，从单一法源到多元法源，新行政法的研究重心从"行政"到"治理"[4]。新行政法使传统面向司法的行政法拓展到同时面向立法、执法、司法、守法的行政法，行政法形式的扩张将人大立法、行政立法、司法立法，以及部分公立院校、医院等非政府公共行政组织的内部规范皆纳入行政法学的研究范畴，"软法""活法""党法""内部行政"等法概念形式相继被引入或提出，行政规则、行政惯例、自由裁量权标准

① 姜明安. 澳大利亚"新行政法"的产生及其主要内容[J]. 中外法学, 1995,（2）：66-70.
② 朱新力, 梁亮. 公共行政变迁与新行政法的兴起[J]. 国家检察官学院学报, 2013,（1）：113-120.
③ 邓联繁, 田飞龙. 新行政法与依宪行政[J]. 行政法学研究, 2011（1）：90-98.
④ 李洪雷. 中国行政法（学）的发展趋势：兼评"新行政法"的兴起[J]. 行政法学研究, 2014,（1）：112-119, 126.

等具体形式得到理论界与实践界的重视，行政组织法、程序法在法治政府建设中的地位也日益提高[1]。

理顺国内外学者关于行政法概念的界定，从全面性的角度来表述行政的概念，行政法是指有关国家行政管理活动的各种法律的总称，是以行政关系为调整对象的，仅次于宪法的独立法律部门，其目的是保障国家行政权运行的合法性和合理性[2]。行政法是规定国家行政主体的组织、职权，行使职权的方式、程序以及对行使行政职权的法制监督，调整行政关系的法律规范的总称。

三、行政法的特征

我国的行政法与其他国家相比，既有共性又有特殊性，我国的行政法是在我国特定的国情条件下孕育和发展起来的，行政法的特点是理解行政法的基础，是区别于其他法律部门的重要标志。

就内容而言，行政法有三个特征：①对象的确定性。以行政关系为调整对象，调整对象的确定性，决定了行政法作为一个独立法律部门的地位。②内容的广泛性。行政法涉及的内容非常广泛，既调整政治、经济、科技、文化，又规范公安、民政、军事、外交等，几乎涉及生活的每一个方面。③内容的相对易变性。行政管理领域广阔，内容复杂而具体，社会关系又发展较快，行政法的内容也必须随时修正，如婚姻法的修订。

就形式而言，行政法通常由分散的各种法律规范来表现，具有多样性的特征。①缺乏统一完整的实体行政性法典。行政法是控制和规范行政权的法，然而，由于行政法涉及范围广，几乎包括了社会生活的各个方面，内容纷繁复杂，行政法需要因时、因地、因事进行调整，因而难以制定一部全面而又完整的统一行政法典。②涉及领域广泛。伴随着现代行政权力的急剧膨胀，其活动领域已不仅仅限于国防、治安、税收等领域，而是扩展到了人们日常社会生活的各个方面。因此，这样的现实生活就决定了各个领域所发生的社会关系均需要行政法调整，现代行政法所适用的领域范围呈现出前所未有的宽广。③变动性强。由于现实社会和活动关系复杂，作为调节行政关系的行政法律规范也具有较强的变动性，需要与时俱进，经常进行废、改、立等[3]。

四、行政法的内容与形式

（一）行政法的内容

行政法的内容是指行政法律规范的内容，即行政法所确立的各项权利与义务的内容。法国行政法是以公共行政理论为基础的，其内容包括：行政主体、行政机关组织、行政行为原理、公务员制度、公产和公共工程、警察行政一般原则、行政诉讼等。德国行政

---

① 李响. 权力清单的定性研究：兼谈行政法法概念的回应型变迁[J]. 西南大学学报（社会科学版），2021，47（4）：59-70.

② 万里鹏. 行政权的边界界定及其规制研究[J]. 宁夏社会科学，2019，（1）：85-91.

③ 孙红义. 外国行政法特点的比较研究[J]. 行政事业资产与财务，2011，（4）：112-113.

法是以国家权力行为、公权的概念为基础的，其内容包括：公共行政及有关法律、行政法及有关学科的历史发展、公法与私法的区别、行政法与宪法的关系、行政法原则、行政法渊源、行政组织法、行政行为、行政程序、国家责任等。日本行政法的内容有：行政组织法、行政作用法、行政救济法。英国行政法的内容包括：委托立法、行政裁判、司法审查、行政责任、议会行政专员等。美国行政法的内容与英国行政法的内容相似，但行政程序法占很大比重，包括：关于行政机关权力的法律、关于行政程序的法律、关于司法审查的法律。①

目前，中国行政法的内容较一致的看法是：①有关行政主体的法律规范，涉及行政组织制度、公务员制度等；②有关行政行为的法律规范，涉及抽象行政行为和具体行政行为；③有关行政程序的法律规范，涉及行政程序法等；④有关行政违法和行政责任的法律规范，涉及行政赔偿等；⑤有关行政救济的法律规范，涉及行政复议和行政诉讼等②。

（二）行政法的形式

行政法的形式指行政法律规范的表现形式，有两种：一是集中式；二是分散式。

集中式（法典式）即以行政法典的形式表现行政法律规范。行政法典是指对各种行政关系进行集中和系统调整的规范性法律文件。自20世纪以来，不少国家已制定了行政程序法典：奥地利1925年出台的《一般行政程序法》《行政处罚法》，美国1946年出台的《联邦行政程序法》和1970年出台的《各州标准行政程序法》，德国1976年出台的《行政手续法》，虽然也有国家做过制定统一实体法法典的尝试，但至少目前还没有行政实体法的法典。行政法是没有统一法典的部门法。

分散式以分散的法规来表现行政法律规范。我国采取的便是这种形式，主要有：①宪法，宪法所规定的某些内容（与行政管理相联系的）同时也是行政法的基本内容，宪法是我国行政法的根本渊源，是行政法规的一种表现形式，这是因为宪法是行政立法的最高法律依据，在行政执法中，宪法具有最高的适用效力。②法律，法律是行政法律规范的表现形式，我国不少行政法的内容是由法律直接规定的，如法律直接规定了国家行政机关的职权、组织、领导体系和任期。③行政法规，行政法规作为行政法的一种渊源，与其他法律渊源相比，更集中、更具体地表现了行政法律规范的内容，如国务院于1987年5月公布的《中华人民共和国民用航空器适航管理条例》是对具体行政管理活动的直接规范；④地方性法规，是指省、自治区、直辖市人民代表大会和其常务委员会，在不与宪法和法律相抵触的前提下，根据本地区的实际情况制定的规范性法律文件，如2023年1月江苏省第十三届人民代表大会常务委员会第三十四次会议通过的《江苏省集体协商条例》。⑤自治条例和单行条例，指自治区、自治州、自治县人民代表大会，依照当地的民族政治、经济和文化的特点，经法律程序制定的，在本自治地方有效的规范性法律文件、经济特区的法规和规章。⑥条约和行政协定，条约是指两个或两个以上国家关

① 陈亚平. 行政法与行政诉讼法[M]. 北京：中国农业出版社，2005.
② 张淑芳. 行政法规范衔接瑕疵及整合[J]. 法学杂志，2021，42（3）：35-47.

于政治、经济、贸易、法律、文化、军事等方面规定其相互权利和义务的各种协议的总称，行政协定是指两个或两个以上的政府相互之间签定的有关政治、经济、贸易、法律、文化和军事等方面内容的协议，两者之间的区别：条约是由国家签定的，行政协议是由政府签定的，所签的条约和行政协议在我国对国内的机关、组织和公民同样具有法律拘束力，是我国行政法的一种表现形式。法律解释，它指人们对法律规范的含义，以及所使用的概念、术语、定义所作的说明和解释，法律解释分为有权解释和无权解释。无权解释（学理解释）没有法律效力，因此不能成为行政法的渊源，有权解释（具有法律效力的解释）可分为立法解释、司法解释、行政解释、地方解释。⑦规章，规章包括部门规章和地方规章，部门规章是指国务院各部门根据法律和行政法规等在本部门权限内制定的规定、办法、实施细则等规范性文件，地方规章是指由省、自治区、直辖市以及省、自治区、直辖市人民政府所在地的市和经国务院批准的较大的市的人民政府根据法律和行政法规，按照规定程序所制定的普遍适用于本地区行政管理的规范性文件①。

五、行政法的地位与功能

（一）行政法的地位

关于行政法地位的研究，学界的一致观点认为行政法是一个独立的法律部门。判断一部法律是否为独立的法律部门，关键在于它是否有特定的调整对象。行政关系以命令、服从为特征，是一种纵向关系，具有独立性。行政法与刑法、民法共同组成了现代法律体系中的三大基本法律部门，在中国特色社会主义法律体系中具有极其重要的地位。行政法虽然与刑法和民法相互衔接，但彼此相互独立，互不包含，因为行政法具有特定的调整对象——行政关系。

行政法与宪法相比，行政法仅次于宪法，有人把宪法看成"静态的宪法"，把行政法看成"动态的宪法"。行政法与宪法不属于同一个法，行政法从属于宪法，行政法是宪法下面的一个部门法，而不是分支法；与民法相比，民法调整的是民事关系，它是一种横向、平等的关系，行政法与民法在性质、调整方法、主体地位、诉讼程序等方面各有特点；与刑法相比，只有当民事违法与行政违法上升为刑事违法（犯罪）时，才构成刑法的调整对象，具体而言，行政法与刑法在内容、调整方法、制裁机关、程序等方面都不相同。因此，行政法是一个独立的法律部门。

（二）行政法的功能

从政治意义上说，行政法主要有以下功能。

（1）行政法是高度社会主义民主的体现和保障。行政法使宪法所确立的"一切权力属于人民"的原则具体化，通过规范国家工作人员的各种制度，使人民实现管理国家的政治权利；行政法不仅规定和落实了人民对国家的管理权，而且规定和落实了人民对国家管理的监督权。行政法通过检举、揭发、控告、申诉和来信来访制度的规定，为人民监督国家管理，尤其是国家行政管理提供了多种途径、手段和法律程序，从而保证了人

---

① 胡建淼. 行政法学[M]. 2 版. 北京：法律出版社，2003.

民监督权的实施，行政法是维护公民合法权益的有力武器。行政违法和其他违法一样，直接损害了公民的合法权利和利益，行政法规定了行政违法的构成要件及制裁措施，特别是规定了公民行政诉讼的权利和程序，使公民的合法权益受到完整而有效的法律保护。

（2）行政法是社会主义法制的体现和组成部分。中国特色社会主义法律体系是中国特色社会主义制度的重要组成部分，是全面实施依法治国基本方略，建设社会主义法治国家、法治政府、法治社会的基础。新中国成立 70 多年以来，特别是改革开放 40 多年以来，中国形成了在宪法统领下的宪法及宪法相关法、民法商法、行政法、经济法、社会法、刑法、诉讼与非诉讼程序法等七个主要构成部分，涵盖法律、行政法规和地方性法规三个层次的法制体系。

（3）行政法有助于提高国家行政管理的效率。行政法以法律的形式确认了行政管理的客观规律，把规律性和合法性相结合；赋予行政主体许多强有力的管理手段，如命令、制裁、强制执行等，从而保证了行政管理的有效进行；行政法调整了行政主体的内部结构，协调和理顺了它们之间的关系，从而减少了管理上的"内耗"；行政法规定了国家公务员的岗位责任和首长负责制，从而调动了行政人员的积极性和主动性。

（4）行政法是国家行政管理法治化的标志。行政管理法治化是指以完备的行政立法来统一和规范整个国家的行政管理系统，以完整齐备的行政管理法规调整和控制国家行政管理活动，其核心标志就是形成一套规范行政主体与行政相对人、行政法治监督主体之间关系，以及有效调整行政主体内部关系的法律规范。行政法由规范行政主体和行政权设置的行政组织法、规范行政权行使的行政行为法、规范行政权运行程序的行政程序法、规范行政权监督的行政监督法和行政救济法等组成，核心是控制和规范行政权力，保护行政相对人的合法权益。

从法律意义上说，行政法是宪法的具体化，它有助于宪法的实施和保障；行政法律事实的变化会引起行政法律关系的变化，导致行政法律关系的产生、变更与消灭，而行政法作为一种法律事实导致法律关系产生、变更或消灭，它能成为民事法律关系形成或消灭的依据，并且在一定的条件下，能成为刑事法律关系构成的基础。不少犯罪的构成以该行为违反行政管理法规为前提；行政法可成为当事人提起诉讼，尤其是行政诉讼的根据；行政法还能成为人民法院审理案件的适用规范（如假冒商标罪）。

六、行政法律关系

（一）行政法律关系的概念、特征与构成要素

1. 行政法律关系的概念

法律关系是法律规范在指引人们的社会行为、调整社会关系的过程中所形成的人们之间的权利和义务关系[①]，行政法律关系是指行政法律规范在调整行政主体实现国家行政职能范围内的各种社会关系的过程中形成的行政主体之间及行政主体与其他主体之间的

---

① 张文显. 法学基本范畴研究[M]. 北京：中国政法大学出版社，1993.

权利义务关系①。行政法律关系是指受法律规范调控的因行政权行使而形成或产生的权利义务关系，这种权利义务关系不只是行政法上的权利义务关系，行政法律关系最直接地体现了行政法的调整对象即行政主体与行政相对人之间的社会关系，它存在若干具体类型，在特性上它具有主体的恒定性与不可转化性、单方意志性与权利义务不对等性、权力与权利的综合性、救济性或监督性等。

2. 行政法律关系的特征

（1）在行政法律关系双方当事人中，必有一方是行政主体，即行政法律关系中一方主体具有恒定性（行政主体），行政主体是指能够以自己的名义行使行政权，实施行政管理活动，并能独立承担由此产生的法律责任的组织，它包括行政机关或得到授权的其他组织。没有行政主体的存在就不可能发生行政法律关系，换言之，行政主体的存在是发生行政法律关系的前提条件，否则，就不属于行政法律关系。

（2）当事人对行政法律关系中的权利和义务不能自由处分。民事法律关系中当事人可以相对自由地处理自己的权利与义务，而行政法律关系中，当事人的权利与义务不能自由处分，而是由行政法律规范事先规定的（如行政主体不能放弃或转让行政职权、企业不能将自己的营业执照随便地转让等）②。

（3）行政法律关系中行政主体始终处于主导地位，享有优益权。从行政法律关系双方当时所处的地位来讲，具有不平等性，而这种不对等性是由行政主体的法律地位决定的③。在行政法律关系中行政主体占主导地位，以国家强制力保证实施行政管理活动，在相对方拒不履行义务时，行政主体可以强制对方履行，如行政强制。此外，行政主体在行使行政权的过程中享有行政特权。行政法律关系的产生、变更和消灭，大多取决于行政主体的单方面行为，无须与相对方协商。

（4）行政法律关系引起的争议在解决方式和程序上具有特殊性。行政法律关系中引起的行政争议，行政主体虽然是行政争议的一方，但通常可由行政主体按照行政程序和司法程序予以解决，除特殊规定外，不需要将行政争议提交到人民法院④。

3. 行政法律关系的构成要素

行政法律关系由三个要素构成，即行政法律关系主体、行政法律关系客体和行政法律关系内容。行政法律关系主体是行政法律关系的首要构成要素；行政法律关系的客体是行政法律关系内容的表现形式；行政法律关系内容是行政法律关系的核心。

1）行政法律关系主体

行政法律关系主体是指行政法律关系当事人，行政法律关系主体的确认标准在于我国行政法对其是否有约束力，或者是其是否享受我国行政法所规定的权利并且是否承担相应的义务（如中国警察到美国纽约去管理交通，对美国公民就不具有拘束力）。依据这样的准则我国行政法律关系的主体有：国家行政机关；其他国家机关；企业、事业单位；社会团体和其他社会组织；公民；在我国境内的外国组织和外国人。当然，这些主

① 王维达. 中国行政法学教程[M]. 上海：同济大学出版社，2006.
② 胡建淼. 行政法学[M]. 北京：法律出版社，1998.
③ 皮纯协，张成福. 行政法学[M]. 北京：中国人民大学出版社，2007.
④ 夏泽祥，王芳. 行政法学[M]. 济南：山东大学出版社，2008.

体在行政法律关系中的地位是不同的，有的主体可代表国家实施行政管理权，如国家行政机关，在具体法律关系中属于管理一方；有的主体没有行政管理权，如外国人在具体的行政法律关系中属于被管理方。

此外，需要注意的是行政主体与相对人的身份划分不是绝对的，在一种行政法律关系中属于行政主体的组织，在另一种关系中可以是相对人，行政法律关系有时还会存在第三人，即与行政行为仅具有间接利害关系的公民、法人或其他组织①。

2）行政法律关系客体

行政法律关系客体是指行政法律关系当事人的权利和义务所指向的对象，其实质也是一种利益，包括人身、物、行为、精神财富。我国行政法学界普遍认为行政法律关系的客体可以概括为：行为、物质财富、精神财富。也有学者认为应将人身列入行政法律关系客体的行列。虽然行政法学界对具体的行政法律关系客体有争议，但是对行政法律关系客体的范围必须由宪法和法律加以规定，并且要求其与行政法律关系主体相联系使之具体化这一看法上还是一致认同的，行政法律关系客体是主体存在及活动的物质基础，也是行政法律关系主体双方产生行政法律关系的条件所在。

本书中行政法律关系客体包括人身、行为、物、精神财富。人身是指人的身体和身份，如对身体实施的行政拘留、身份的居民身份证管理。行为包括作为和不作为，可以是行政主体的行政行为也可以是行政相对人的一般行为，如行政主体及其工作人员的执法管理行为或玩忽职守的渎职行为、行政相对人工商登记的行为或无照经营的行为。物是指具有使用价值和价值的物质资料，可以是物质形式（如没收违禁品）、货币形式（如罚款）、消费资料（如消费品定价）、生产资料（如对机器设备进口的审批）。精神财富是指行政法律关系主体从事治理活动取得的成果，如专利权、商标权和著作权等。

3）行政法律关系内容

行政法律关系内容是指行政法律关系主体双方所享有（或行使）的权利和所承担的义务的总和。行政法律关系内容包括行政主体的权利和义务，也包括行政相对人的权利和义务。有人认为行政法律关系内容就是行政法的权利和义务，但它不限于权利义务，它还包括引起法律关系变动的原因和事实等②。

（二）行政法律关系的产生、变更、消灭

1. 行政法律关系的产生

行政法律关系的产生（形成）是指行政法律关系主体之间形成的特定的权利与义务关系。行政法律关系的产生除了有明确的法律关系主客体外，还必须具有两个基本条件。

（1）具有明确的法律规范根据。行政法律关系属于法律关系，其发生必须以相应法律、法规或规章为根据，如行政机关对相对人实施行政处罚，如果没有法律规范根据，那该处罚要么无效，要么随后被有权机关宣布无效。

（2）相应的法律事实的出现。行政法律关系的产生不能因关系主体和法律规范的存

① 闫尔宝. 新《行政诉讼法》中的第三人确定标准论析[J]. 行政法学研究, 2017, （3）: 52-62.
② 罗豪才. 行政法学[M]. 北京: 中国政法大学出版社, 1996.

在而自动发生，还必须有法律事实的出现。法律事实包括法律行为和法律事件。引起行政法律关系发生的法律事实主要是法律行为，如行政主体对行政相对人实施的行政处罚行为、行政强制行为、行政征收行为等，有些行政法律关系也可由行政相对人的行为所引起，如相对人的申请许可证照行为、申请行政复议行为、行政申诉、控告、检举行为等；法律事件作为引起行政法律关系发生的法律事实的情形较少，其中主要有战争、自然灾害、公民的出生和死亡等。因此行政法律关系的产生必须有相应的行政法律规范和法律事实的共存，两者缺一不可。

2. 行政法律关系的变更

行政法律关系在进行过程中可能因外部条件的变化而变更，也可能因其本身一定因素的变化而变更。外部条件变化包括：行政法律关系产生的依据的改变，导致行政法律关系双方当事人权利义务的变更；引起行政法律关系发生的法律事实的变化，法律事实的变化引起行政法律关系的主体或内容变更。行政法律关系本身因素变化包括：行政法律关系主体变更，如作为一方当事人的公民死亡或丧失行为能力，其近亲属接替或代理其参加相应行政法律关系；行政法律关系客体变更，主要是指行政法律关系客体指向的物、行为、智力成果等发生变化引起行政法律关系的变更。行政法律关系内容因其他因素的变化而引起变更，双方当事人权利、义务因法律规范的改变而变更，也可以依双方当事人协商或第三者调解（协商和调解须有法律根据）而变更，有时还可因某种法律事实的变化而变更。

3. 行政法律关系的消灭

行政法律关系的消灭是指由于行政法律关系主体双方权利义务关系的不存在或消灭，包括主体消灭、内容消灭、客体消灭。行政法律关系消灭的情形主要有：①双方当事人发生法律关系的目标实现，相应行政法律关系结束。②行政法律关系主体一方消失（如作为相对人的公民死亡、作为相对人的组织被撤销等），且无权利、义务承受人接替其参加相应行政法律关系。③作为行政相对人的公民丧失行为能力，且无法定代理人代其继续参加相应行政法律关系。④作为相应行政法律关系的客体消灭，该行政法律关系无继续存在和进行的意义。⑤根据新的法律、法规、规章或其他规范性法律文件，相应行政法律关系应予终止。

行政法律关系的产生、变更、消灭，必须严格依法办理手续，不能朝令夕改，反复无常，否则会造成行政法律关系主体间的损失，应当承担赔偿责任。

七、行政法学

（一）行政法学的概述

行政法学是法学的分支学科，是以行政法这一社会特定现象为其研究对象的一门法学学科[①]。它与行政法之间的关系既有联系又有区别，其联系为：行政法学以行政法为前提，它产生于行政法之后，并伴随着行政法的发展而发展。其区别为：①范畴不同，后

---

① 关保英. 行政法学的认知基础研究[J]. 东方法学，2017，（1）：40-60.

者是一个法律部门；而前者是一门法学学科。②对象不同，后者的调整对象是行政关系；而前者的研究对象主要是行政法，但不限于行政法，还应研究与行政法相关的问题，如行政法的历史发展等。③性质不同，前者是一门学科，具有法学的学科特性，而后者是法律体系中的一个法律部门。

行政法学与宪法学的关系最为密切，其体现为：①历史相同，两者的产生都是19世纪末和20世纪初。②产生的基础和背景相同，两者都脱胎自近代分权理论和人权保障思想。③内容相同，主要体现在对国家行政机关的组织规定与职权行使方面。④性质相同。两者都是典型的公法，行政法的许多规范直接源于宪法。因此，宪法学在广泛的领域为行政法学提供了理论根据；行政法学也在广泛的领域为宪法学提供了实证研究的素材。

（二）行政法学与其他学科的关系

行政法学与行政管理学的关系最为邻近，其体现为：两者互为手段和目的。行政法既是行政管理的根据，又是行政管理的手段。同时，行政法就是为了规范和控制行政管理而制定的，是作用于行政管理的。两者的区别在于：①对象不同。前者是以行政法为研究对象的，探讨的是法律的现象；后者是以实际行政管理为研究对象的，探讨的是管理技巧、艺术和方法的问题。②目的不同。前者研究的目的是加强行政法治，完善行政法对行政管理的法律调整；后者研究的是改善行政管理，提高行政效率。③方法不同。前者通过对法律文件和关系的研究来揭示行政法的原理原则；后者通过对管理过程和管理行为的研究来揭示行政管理的原理原则。④性质不同。前者属于法学，是法学的分支学科；后者从属于政治学或管理学，是政治学或管理学的分支学科。⑤角度和内容不同。前者把行政管理作为一种法律现象，主要研究行政管理中的法律问题，包括公共行政权所能产生的影响、应当遵循的法律规则等。后者把行政管理作为一种社会现象，分析行政管理中的现实问题，主要研究行政组织的结构、层次和幅度及行政管理的原理和技术。

行政法学与政治学的关系更密切，其体现为：前者由于研究国家权力之一，即公共行政权与公民的关系及与其他国家权力的关系，具有一定的政治内涵，其理论基础具备一定的政治学渊源。这是因为政治学的基本理论是构成行政法的基础。后者是研究国家性质和活动的科学，其有关国家的性质和活动、政治与行政的关系、自由和权力的关系、个人与政府的关系等理论，直接涉及公共行政权的性质、行政活动的范围和方式，构成前者的一般常识。

行政法学与行政诉讼法学的关系，在我国有两种主要观点。一种观点认为，后者是与刑事诉讼、民事诉讼法学并列的三大诉讼法学，与前者是平行的学科。另一种观点认为，行政诉讼法应是行政法的一个组成部分，属于行政监督制度的内容，因而后者在实质上也只应作为行政法学的一个组成部分。本书同意第二种观点，即主张后者是前者的分支学科。这是因为：①从总体上说，后者应是前者的一部分。广义的前者包括行政法学总论、分论、行政诉讼法学、比较行政法学等；狭义的前者仅指行政法学总论，但总论中通常也包含行政诉讼法学的内容。②行政诉讼法与行政法是不可分的，它们之间的关系不同于民事诉讼法与民法、刑事诉讼法与刑法的关系。首先，行政法调整行政关系，规范公共行政权的行使；行政诉讼法则调整行政诉讼关系，规范监督公共行政权的行为。规范监督公共行政权的法律是规范公共行政权行使的法律的实施保障。其次，行政诉讼法调整的行政诉讼制度与行政法调整的行政复议、行政裁判制度是紧密相连的，行政诉讼往往以行政复议、行政裁判为前置程序。再次，行政诉讼既是解决行政争议、处理行政纠纷的一种手段和途径，同时也是对行政行为实施司法监督和对行政相对人实施法律救济的手段和途径。对行政行为的司法监督与对行政行为的行政监察监督、审计监督等，都是对公共行政权的监督机制，即行政法制监督；通过司法程序提供的司法救济与行政复议、申诉、控告等提供的救济，都是对行政相对人的法律救济机制，即行政法律救济。最后，作为行政实体法的法律文件，同时载有行政诉讼法的规范，如提起行政诉讼的诉权、起诉条件、起诉时限的规范等；而作为行政诉讼法的法律文件也往往同时载有行政实体法的规范，如对具体行政行为司法审查范围的规范、具体行政行为停止执行条件的规范、合法性标准的规范等。行政诉讼法中相关司法解释的与时俱进，有助于行政法学理论的发展和完善[①]。但相对于行政法的其他部分来说，又相对独立，其体现为：行政诉讼关系与行政实体关系在主体、客体、内容等各个方面均有较大的差异。因此，建立从属于行政法学的独立的行政诉讼法学分支学科是必要的。

（三）行政法学的研究对象和范围

行政法学的研究对象是行政法现象，它是相对的、开放的，可随时代的变迁和需要作相应的调整，它不能局限于实然行政法规范，而应从现存的行政状态出发，探讨公共行政权行使的状况和其中的法律问题，指明应然和实然的差异，即通过应然行政法规范去改变现存的行政关系。因此，行政法规范不是行政法学研究的出发点，而是其研究的落脚点。

行政法学的范围包括以下几点。①产生、发展及其规律，即通过研究、认识和找寻行政法产生、存在和发展的经济、政治、文化等条件，认识行政法发展所需要的社会环境。②价值与功能，即对行政法的价值、功能的分析应与具体的时空条件联系起来，且对不同的价值观进行比较、鉴别，探寻较实际的结论。③内容与形式，前者主要包括以下几点：第一为行政组织法的规范和制度；第二为行政行为法的规范和制度；第三为行政法制监督、行政责任、行政救济法的规范和制度。后者主要指行政法的法源形式，如法律、行政法规、规章、判例、法理等；同时也指行政法的结构形式，如编、章、节、条、款、项等。前者是行政法学最重要的研究对象。④法律关系包括主体、客体、内容、产生、变更和消灭等。⑤理论基础包括四点，第一为与其他法学共同的；第二为特有的；第三为具体的；第四为各个国家、各种学术流派的各种不同的。⑥研究方法包括案例分析、实证研究及法律实务方法等。

---

① 章志远. 新《行政诉讼法》司法解释对行政法学理论的发展[J]. 福建行政学院学报，2018，（4）：43-50.

第二节　行政法渊源

一、概述

"法源"实质上是指法产生的源泉，即其来源与出处，形式上是指法的效力来源，也有学者将其称为法的表现形式或法律规范的载体。由于行政法调整的社会关系广泛，难以制定统一的法典，从而导致行政法律规范分散，法源众多。行政法的渊源也称行政法的法源，行政法渊源是指行政法律规范的表现形式，是行政机关活动合法性的依据，对于实现行政法治有重要意义。关于行政法渊源分类的研究，学术界的观点不一，分类也各不相同，有的分为正式和非正式，有的分为一般和特殊，有的分为基本法源和其他法源，有的分为集中式和分散式。行政法的特殊渊源是指行政法规范和原则的法律解释及国际条约、惯例；行政法的一般渊源是指国家权力机关或行政机关制定的规范性文件，有宪法、法律、行政法规和部门规章、地方性法规、地方规章、自治条例、单行条例①。

学术界关于行政法渊源的研究有的从法律的相对性出发，并依据调整对象特点的不同，认为宪法不是行政法，行政立法也不是行政法，宪法不是行政法的渊源，法律、委任立法、地方性法规、判例、我国加入的国际条约和协定才是行政法的正式渊源②。有的认为我国行政法渊源实行成文法制度，主要种类有宪法、法律、行政法规、地方性法规、民族自治条例和单行条例、行政规章、国际条约和协定及法律解释，它们以各自的效力在我国行政法治实践中发挥着重要的作用③。但总的来讲可概括为三种：一是行政法的渊源是行政法规则的表现形式或存在形式，二是行政法渊源在我国具体是指由特定国家机关依照特定程序制定和颁布的规范性文件，三是行政法渊源包括宪法、法律、法规、行政规章、法律解释、条约与协定等④。

第一种观点依据行政主体和行政法官在适用法律时的分工与地位的不同，将行政法的渊源分为"行政法律渊源"与"行政的法律渊源"，从而将法律与行政区别开来，从法律的角度解释行政法的渊源，而不是从行政与法律两个角度理解行政法的渊源⑤。因此，持这种观点的学者得出规章不属于行政法的渊源，而是行政的渊源，并且从司法审查的角度看，行政法的渊源就只能是法律、中央政府的法规和地方性法规的结论，这样就可以解释为什么部门规章与地方规章是行政法的渊源，而中小城市政府颁布的规范性文件不属于行政法渊源的矛盾⑥。该种观点指明了行政法渊源的特殊性及它与行政渊源的区别与联系，认为两者不可混为一谈。

第二种观点认为关于行政法渊源的主流观点并不能解释那些不被承认为法律渊源的

---

① 罗豪才，湛中乐. 行政法学[M]. 2 版. 北京：北京大学出版社，2006.

② 毛玮. 论行政法的正式渊源[J]. 行政法学研究，2003，（3）：81-87.

③ 张鹏，杨阳. 行政渊源与行政法渊源的关系研究[J]. 法制与社会，2011，（29）：167.

④ 张晨. 对行政法基本原则确立为行政法法律渊源的探讨[J]. 法制博览，2015，（1）：134-135.

⑤ 毛玮. 行政法渊源新论：基于黑格尔式三段论的分析[J]. 法治社会，2020，（4）：91-104.

⑥ 孙笑侠. 法律对行政的控制：现代行政法的法理解释[M]. 济南：山东人民出版社，1999.

材料，而这些材料对司法及行政执法活动却有着实际的影响，而那些被确认为行政法渊源的法律规章也并非在任何情况下都会对行政执法及司法活动有约束作用，从而陷入自相矛盾的困境。为了摆脱这种尴尬的困境，可以以叙述法律、使用法律进行争辩的论据为理解基础，并且基于这样的观点，将行政法渊源分为两类，即成文法渊源与不成文法渊源，成文法源包括：宪法的司法适用，国际条约、公约的适用方式，法律解释文件，其他规范性文件，与制定法有关的背景材料。不成文法源包括：法律原则，先例、惯例和习惯，法律学说，公共道德，行政政策比较法①。该观点存在合理之处，但也存在值得商榷的地方，如其理论基础是"采取有说服力的论据说"，否定了法律效力的决定作用。

持第三种观点的学者指出，行政法渊源的评判标准应当是客观的，所有已经被证明或者将要被证明会切实引发生成法官借以调整行政争议的行政法规则的因素都应当被视为行政法的渊源。持该观点的学者首先，认可了宪法、法律、法规、法律解释、条约协定这些通常意义上的行政法渊源是行政法渊源的一部分，其次，肯定了行政规章的行政法渊源的地位，进而认为对规章以外的其他规范性文件应具体分析而不能一概否认其作为行政法渊源的可能性，再次，点明判例、习惯、公理、法的一般原则、学说等一些不成文法源也应被认为是行政法渊源，最后，指出了一些更为间接的联系，如比较法、社会政治、伦理道德观念等也都将成为行政法的渊源②。第三种观点强调行政法渊源的动态性，弥补了第二种观点的不足。

二、我国行政法的渊源

我国作为成文法国家，行政法的法源以制定法为主，包括最高权力机关制定的宪法与法律，国务院制定的行政法规，地方权力机关（民族自治地方）制定的地方性法规、自治条例、单行条例，宪法、组织法授权的特定中央和地方行政机关制定的规章，以及法律解释和国际条约等。

（一）宪法

宪法是我国的根本大法，规定国家的基本制度，具有最高的法律地位和法律效力，不仅是行政法的法源，还是其他法律部门的渊源。宪法作为行政法的直接渊源是因为宪法典的相关内容起着行政法规范的作用，当宪法具有这种作用时，它只有形式上的宪法规范性，而其实质已经与行政法典设定的行为规则没有质的区别③。宪法中包含行政法规范的内容有以下几点。

（1）关于行政管理活动基本原则的规范，如关于人民参与管理的原则、法制统一的原则、工作责任制原则、民族平等原则、行政首长负责制原则、行政机关工作人员接受人民监督和保障公民权利的原则等基本原则规范。

（2）关于国家行政机关组织、基本工作制度和职权的规范，如关于国务院的组织、

① 刘芳. 行政法渊源主流观点面临的问题及其解决[J]. 福建行政学院福建经济管理干部学院学报，2007，（1）：38-42.

② 静涛，王胜芳. 行政法渊源概念之法治透视[J]. 广东行政学院学报，2004，（4）：39-43.

③ 门中敬. 论宪法与行政法意义上的法律保留之区分：以我国行政保留理论的构建为取向[J]. 法学杂志，2015，36(12)：24-33.

基本工作制度和职权的规范；关于国务院各部委和审计机关的基本职权规范；关于地方各级人民政府的组织、基本工作制度和基本职权的规范；关于民族自治地方人民政府的组织、基本工作制度和基本职权的规范；等等。

（3）关于国家行政区域划分和设立特别行政区的规范。

（4）关于公民基本权利和义务的规范，如关于公民批评权、建议权、申诉权、取得赔偿权、言论、出版、集会、结社、游行、示威自由权、非经法定程序不受逮捕拘留权、劳动权、受教育权、社会保障权以及服兵役的义务、纳税的义务、遵守法律、公共秩序、尊重社会公德的义务的规范。

（5）关于保护外国人合法权益和关于外国人义务的规范。

（6）关于国有经济组织、集体经济组织、外资或合资经济组织及个体劳动者在行政法律关系中的权利、义务的规范，如关于国有企业在法律规定的范围内享有经营管理自主权的规范、关于集体经济组织在遵守有关法律的前提下享有独立进行经济活动自主权的规范、关于国家保护私营经济合法权益，对私营经济实行引导、监督和管理的规范等。

（7）关于国家发展教育、科学、医疗卫生、体育、文学艺术、新闻广播、出版发行等事业方针政策的规范；关于发挥知识分子作用、建设社会主义精神文明、推行计划生育、保护环境、防止污染和其他公害的规范；关于加强国防、保卫国家安全和维护社会秩序的规范等。

（二）法律

法律是指由全国人民代表大会及其常委会制定的基本法律和其他法律。全国人大制定的规范性文件属于基本法律，人大常委会制定的规范性文件属于非基本法律（其他法律）。法律是对宪法中相关原则性规定的具体化，其效力仅次于宪法，也是其他法律法源的依据。法律作为行政法的正式法源，有两种情况：一是某一项法律全部的法律法规都属于行政法规范，如《中华人民共和国治安管理处罚条例》《中华人民共和国国务院组织法》等。二是某一项法律中只有某一部分或某一条款属于行政法规范，其他部分或条款属于其他性质的法律规范，如《中华人民共和国地方各级人民代表大会和地方各级人民政府组织法》《中华人民共和国环境保护法》中只有约一半的法律规范属于行政法规范，其他法律规范属于其他法律部门的范畴；《中华人民共和国人民警察条例》中大部分是行政法规范，但关于人民警察犯罪的规定属于刑法规范[1]。

（三）行政法规

行政法规是指国务院为了实现对政治、经济、教育、科技、文化等事务的管理与领导，以宪法和法律为依据，遵循法定的程序制定的各类规范总称。行政法规相对于宪法和法律规定而言，其内容更加具体化，它是行政法律规范中一种具体化的形式，其效力次于法律[2]。依据国务院关于《行政法规制定程序条例》的规定，行政法规的名称有条例、

① 皮纯协，张成福. 行政法学[M]. 北京：中国人民大学出版社，2002.
② 温晋锋. 行政法学[M]. 北京：科学出版社，2010.

规定、办法三种。

（四）地方性法规、自治条例和单行条例

地方性法规是指省、自治区、直辖市的人民代表大会及其常委会，省、自治区人民政府所在的市、国务院批准的较大的市及经全国人大和全国人大常委会批准设立的经济特区的人民代表大会及其常委会，在不与宪法、法律、行政法规相抵触的情况下所制定和颁布的规范性文件的总称，地方性法规是地方行政机关行使行政权力的主要规范依据之一，也是行政法的法源[①]。

自治条例和单行条例是指民族自治地方的人大依据《宪法》、《中华人民共和国民族区域自治法》和其他法律规定的权限，结合当地的政治、经济和文化特点所制定的规范性文件的总称。自治区的自治条例和单行条例报全国人大常委会批准后生效，自治州、自治县的自治条例和单行条例报省或自治区的人大常委会批准后生效并报全国人大常委会备案；自治条例和单行条例是民族自治地方人民政府行政管理的规范依据之一，也是行政法的重要法源[②]。

（五）规章

规章包括部门规章和地方规章。部门规章是指国务院各部委、中国人民银行、审计署和具有行政管理职能的直属机构，根据法律和国务院的行政法规、决定、命令，在本部门的权限范围内，依照法定程序制定的规范性文件的总称，其效力次于行政法规。地方性规章是指省、自治区、直辖市和较大市人民政府，根据法律、行政法规和本省、自治区、直辖市的地方性法规，依法制定的规范性文件的总称，规章的内容主要是针对本部门、本地区的行政管理活动制定的，数量大，适用范围广，是行政法的重要法源。

（六）法律解释

有权的国家机关做出的法律解释也是行政法的渊源。法律解释包括立法解释、司法解释、行政解释、地方解释。1981年第五届全国人大常委会第十九次会议通过了《关于加强法律解释工作的决议》，其对法律解释作出了如下规定："一、凡关于法律、法令条文本身需要进一步明确界限或作补充规定的，由全国人民代表大会常务委员会进行解释或用法令加以规定。二、凡属于法院审判工作中具体应用法律、法令的问题，由最高人民法院进行解释。凡属于检察院检察工作中具体应用法律、法令的问题，由最高人民检察院进行解释。最高人民法院和最高人民检察院的解释如果有原则性的分歧，报请全国人民代表大会常务委员会解释或决定。三、不属于审判和检察工作中的其他法律、法令如何具体应用的问题，由国务院及主管部门进行解释。四、凡属于地方性法规条文本身需要进一步明确界限或作补充规定的，由制定法规的省、自治区、直辖市人民代表大会常务委员会进行解释或作出规定。凡属于地方性法规如何具体应用的问题，由省、自

① 胡锦光. 行政法学概论[M]. 北京：中国人民大学出版社，2006.
② 陈亚平. 行政法与行政诉讼法[M]. 北京：中国农业出版社，2005.

治区、直辖市人民政府主管部门进行解释。"在各种法律解释中，最高人民法院的司法解释具有特殊重要的地位，因为在法律解释实践中，最高国家权力机关很少作出立法解释，很多法律都是在司法实践中由最高人民法院进行司法解释。

（七）国际条约

国际条约或国家协定有的涉及国内行政管理，成为调整国家行政机关与公民、法人或外国人之间行政关系的行为准则，因此，它们也是行政法的渊源。例如，我国和世界很多国家签订的领事条约，其中关于领事馆的设立，馆长的任命和承认，领事的职权，护照和签证的颁发，同派遣国国民的联系，公证和认证，监护托管等的规定都涉及国家行政管理，调整着一定领域的行政关系。又如，我国和世界一些国家签订的刑事、民事、商事、司法协助的协定，其中很多规定涉及国家行政管理，调整一定领域的行政关系。很多其他条约、协定，也或多或少与国家行政管理有一定关系，如《万国邮政公约》《承认及执行外国仲裁裁决公约》《国际劳工公约》《核事故或辐射紧急情况援助公约》《国际热带木材协定》《邮政包裹协定》等。

第三节　行政法的理论基础

任何一种法律制度如果没有理性的理论作为指导，它就不会是自觉的、理性的和科学的，而是盲目的、非理性的和支离破碎的[①]。近年来以行政法的理论基础为研究热点，行政法学界展开了热烈的讨论，形成了百家争鸣的景象。然而，研究表明，学术上的讨论、争辩需要有一种秩序在里面，这种秩序和章法的关键在于自由讨论的各方必须享有一个共同对话的基础，必须遵循一定的对话规则[②]。而且，不同科学之间的沟通、对话、合作在很大程度上是借助于范畴进行的，如果没有自己的范畴或者范畴的内容模糊不清，就不能引发共识，各门科学就无法正常地、有效地沟通、对话和合作[③]。因此，对行政法的理论基础进行研究必须先对行政法理论基础的范畴做界定。

一、行政法理论基础的范畴界定

关于行政法理论基础这一命题，学者说法不一，有的将其称为行政法理论基础，有的将其称为行政法的基础理论，有的称为行政法的核心理念，虽然学界对此称谓不同，但都涉及行政法理论基础本体认识问题的同一性。不置可否，关于行政法理论基础范畴的界定，学者有不同的观点。

（一）具体内容揭示说

具体内容揭示说是从具体内容方面揭示行政法理论基础范畴的。持这种观点的学者

---

① 孙笑侠. 法律对行政的控制：现代行政法的法理解释[M]. 济南：山东人民出版社, 1999.
② 罗豪才. 现代行政法的平衡理论[M]. 北京：北京大学出版社, 1997.
③ 张文显. 法学基本范畴研究[M]. 北京：中国政法大学出版社, 1993.

认为，行政法理论基础是关于行政法产生、发展客观规律的总结与阐释，关于行政法中的基本制度及这些制度之间的内在逻辑关系的分析和由此得出的一系列主张和结论，还有关于行政法的价值、功能、作用、行政法的核心问题——行政权力与公民权利之间关系的阐释等，它们共同构成了行政法基本理论的重要组成部分。[①]

（二）精神内涵阐明说

精神内涵阐明说主要是从行政法理论基础的地位与作用方面阐释的，具有一定的普遍性，行政法学理论基础应该是整个行政法理论内容的基本精神或精神内核，是构成行政法理论大厦的基石，它直接决定了行政法理论的各个主要方面[①]。

（三）目标等同说

该观点是从行政法理论基础的目标来说明其范畴的。行政法的理论基础为了准确地认定法律规范和案件的性质，从而正确地适用法律，科学地完善法律设施，因为我国也存在着行政法与民法、行政庭与民庭、经济庭的分野[②]。行政法的理论基础是为了科学地揭示行政法与其所赖以存在的基础之间的辩证关系，准确地界定行政法内涵和外延，客观地分析行政法区别于其他部门法的性质和特点、内容和形式，全面地发展和把握行政法产生、发展和消亡的客观规律，从而为解释具体的行政法现象和建立行政法体系提供指导。[①]

（四）部门法理论基础共性说

行政法与民法、刑法等都是法律体系的平等组成部分。因此，从共性理解行政法理论基础的范畴是可行的。从理论高度来看，行政法理论基础具有对行政法实践的导向、概括和升华的作用与意义；从理论广度来看，行政法理论基础应该与其他部门法一样具有理论涵盖力，能够反映行政法的整个历史发展过程、行政法在各国的不同表现、行政法所有领域的内容和特征、行政法不同时期的指导思想和观念；从理论深度来看，行政法理论基础应当具有渗透力，能够反映行政法与其他部门法之间的关联性，反映行政法与社会经济之间的关联性，反映行政法与社会经济、政治和文化生活的关联性；从理论密度来看，行政法理论基础应该具有浓缩力，这既是行政法律制度的基点，又是行政法律精密的思想源，由行政法理论基础流淌出解决实践问题的各种思维。[③]

（五）作用、范围、本质、目标综合说

行政法理论基础可以从作用、范围、本质、目标等角度思考，其中作用占主导地位。考察外国行政法的理论基础，都是从行政法的功能角度来阐述的，如欧洲功能主义理论（强调行政权的保障）与英美规范主义理论（强调行政权的控制）。又如，有学者指出，我们在此给行政法的理论基础定位为，从行政法的功能角度所确立的一个基本观念，能

① 罗豪才. 现代行政法的平衡理论[M]. 北京：北京大学出版社，1997.

② 张弘，曲畅. 统一行政法理论基础之批判[J]. 西南政法大学学报，2010，12（4）：64-77.

③ 孙笑侠. 法律对行政的控制：现代行政法的法理解释[M]. 济南：山东人民出版社，1999.

够奠定相当长的时期内行政法的立法、执法和司法等理论体系的基石和根据，它应该对该时期行政法实践具有指导力、涵盖力、渗透力和浓缩力。[①]

（六）时空差异说

时空差异说认为无论行政法理论基础如何定位，模式和内涵都不是永恒不变的，行政法理论基础依赖于行政权产生和存在的客观基础，也在于行政权的有效实现。时代背景的差异或国度的不同都会使得行政法的理论基础存在差异。当然，持该说的学者同时也强调，行政法理论基础必然与行政的理论源头有着不可脱节的联系，只能在原有的理论源头上有所变革和调整，而不是背离。[①]

理论界对行政法理论基础范畴的观点众说纷纭，使得我国行政法理论基础的界定更加扑朔迷离。然而每一种范畴界定必有其合理之处，它们不过是从不同的角度解释行政法理论基础所具有的个别属性，随着行政法理论基础研究的不断深入，形成了不同的行政法理论基础模式。上面就是我国学者从不同的角度对我国行政法理论基础作出的阐释。

二、行政法的理论基础分类

行政法作为独立的法律部门，有其自身的理论基础。我国行政法理论基础被视为行政法学理论体系大厦的基石，堪称行政法的"龙头理论"[②]。虽然关于行政法理论基础的研究观点林立，但总的来说可以归纳为保权论、控权论、平衡论三类。

（一）保权论

保权论也可称为管理论，早期管理论在大陆法系国家的行政法学中占主导地位。它是从管理层面来概括行政法的，反映的是行政法的动态过程，即"行政法就是国家管理法"。保权说的主要观点是认为行政法是在各行政管理领域内规范被管理者的行为，以保障国家行政权的顺利实施，维护国家行政管理秩序的一个法律部门。换句话说行政法是一种管理法，是国家实施行政管理的手段和工具[③]。行政行为的基本模式是命令与服从，行政法是管理法、保权法。行政法既是行政机关管理社会公共事务的法，同时也是管理行政机关与公务员的法。行政法的根本目的是保障国家运用法律手段对社会实施管理。持保权论观点的学者还认为行政法是由行政组织法和行政管理法两部分组成的，行政组织法体现了国家运用法律手段对国家行政组织的管理，行政管理法体现了行政组织运用法律手段对社会的管理[③]。

（二）控权论

受英美法系的影响，我国有些学者认为行政法的理论基础是控权论，即行政法理论基础和核心是"控制行政权力"。控权论强调对行政权的控制，是基于行政权的扩张及可能发生的侵害性行为出发的，他们认为法律需解决的不是行政权力本身，而是行政权

① 吕艳辉，李迎春. 对行政法理论基础的比较思考[J]. 行政论坛，2002，（4）：43-45.

② 罗豪才. 现代行政的平衡理论[M]. 北京：北京大学出版社，1997.

③ 皮纯协，张成福. 行政法学[M]. 北京：中国人民大学出版社，2002.

运行产生的后果。行政权是行政法的核心，行政权是全部行政法理论的基点与中心范畴。因此，行政法的核心不是保障行政权，而是要求行政权的行使要依照法律规范，监督控制行政权是否依法行使，行政法的理论基础应是控权论[①]。控权论的主要观点包括两个方面，一是认为行政机关享有权力和进行管理是一个事实问题，而非法律问题，授予行政机关权力不是行政法所能决定的，行政法所能规范的是权力行使的后果，是由于享有权力、运用权力带来的法律问题；二是认为行政权的行使无须法律保障，行政法就是对行政权力进行控制的法。这一观点较多地借鉴了西方行政法作用的理论[②]。

基于控权论的基本理念，在分析行政权责任体系的基础上提出了新控权论，新控权论通过构建双重责任机制来加强对行政权的制约，妥善解决了控制政府权力与发挥行政权的积极功能之间的潜在冲突，也对控权论的批评做出了更有说服力的回应[③]。

（三）平衡论

平衡论是北京大学罗豪才教授等于 1993 年在其论文《现代行政法的理论基础：论行政机关与相对一方的权利义务平衡》一文中提出的，在论文中罗豪才等认为现代行政法实质上是"平衡法"相适应，现代行政法存在的理论基础应是平衡论。平衡论的基本含义是处于行政关系中的行政主客体双方在权利义务上应当是平衡的，这既包括行政机关自身权利义务的平衡，也包括行政相对方权利义务的平衡。平衡论又被称为兼顾论，即坚持国家、公共与个人利益的一致性，无论哪方的合法权益受到侵害，都必须予以严格纠正。在我国，平衡论存在的客观基础是国家利益、公共利益与个人利益在根本上是一致的。之后，赞同该理论的学者又从不同角度、不同层面对这一观点进行了论证，并用平衡论的观点解释我国现实社会中的行政法律关系，这在一定程度上丰富了平衡论的理论内涵[④]。

平衡论是学界关于行政法理论基础的主流观点，虽然支持该观点的学者占绝大多数，但是由于每个人价值观念、研究思路的不同，平衡论还是遭到了部分学者的反击。他们认为平衡论不能作为行政法的理论基础，理由是平衡论没有解决行政法的适用范围这一本质问题。平衡论没有揭示行政法功能的本质特点，没有揭示行政主体与相对人之间的关系的性质，没有从行政法所赖以存在的客观基础来解释行政法现象[⑤]。

除了以上提到的占据主导地位的保权论、控权论、平衡论以外，还有公共权力论、保权控权双重说、公共利益与个体利益协调论等。公共权力论认为马克思主义的公共权力论是行政法的理论基础，这里的公共权力主要是指建立在马克思主义国家学说基础上的行政权。公共权力论作为行政法的理论基础主要有三个条件，一是由行政法的本质决定的；二是公共权力论是行政法律体系赖以建立的理论基础；三是公共权力论说明行政

① 李贵. 对行政法理论基础的探讨[J]. 法制与社会，2010，（19）：20-21.

② 郑贤君. 对行政法理论基础问题讨论的评价[J]. 首都师范大学学报（社会科学版），1999，（6）：47-51.

③ 楚德江. 新控权论：构建双重责任机制[J]. 郑州大学学报（哲学社会科学版），2009，42（1）：49-52.

④ 罗豪才，袁曙宏，李文栋. 现代行政法的理论基础：论行政机关与相对一方的权利义务平衡[J]. 中国法学，1993，（1）：52-59.

⑤ 叶必丰. 行政法的理论基础问题[J]. 法学评论，1997，（5）：20-24.

法历史发展的理论基础①。保权控权双重说认为行政法是控权与保权的二合一，行政法是双重性的，一方面保证行政权顺利行使，另一方面对行政权进行控制，从而保障公民的合法权益。公共利益与个体利益协调论是指行政法通过对行政权力和公民个人权利的合理配置，行政机关和公民的利益在行政权行使过程中都能得到充分反映，从而达到公共利益与个人利益的协调状态。行政特权或者行政强权力的存在是协调论得以成立的现实基础，协调论揭示了行政法的基本矛盾规律，反映了行政法的任务与宗旨，同时克服并借鉴了以往关于行政法的理论基础研究的不足与经验②。这一理论较之平衡论、公共利益本位论、控权论有较大合理性，认为实现公共利益与个体利益的协调，必须完善行政程序，尤其是在行政立法环节应对二者有充分的考虑③。社会主义行政法的作用是积极的建设性的，它被视为提高政府效率，保障和促进社会主义建设的工具④。

三、新时代我国行政法理论的反思与重构

上述学说从不同视角揭示了行政法的基本理论，为这一问题的探讨提供了丰富的内容与重要启示。随着我国行政法具体实践的不断深入，有必要结合新时代的新变化对行政法的理论基础进行进一步的本土化阐释，以更契合新时代行政执法的吁求。为此，有关学者已经开始耕耘并取得可喜成果。其中，尤以公共利益本位论更加契合新时代"以人民为中心"的价值追求。

个人与社会的关系，从本质上来说是个人利益与社会利益的关系。不论是控制论，还是平衡论，它们所揭示的关系从根本上来说都是一种利益关系。控权论是注重对个人利益的维护，平衡论的目标是寻求行政主体权力与行政相对人权利之间的平衡，即兼顾公共利益、国家利益与个人利益之间的均衡⑤。公共利益本位论抓住了行政主体与行政相对人之间的本质关系，从利益视角探讨与揭示了行政法的理论基础。

结合我国具体国情，叶必丰教授较早提出了公共利益本位论。这种观点大约形成于1995 年，叶必丰教授在一篇文章中从历史唯物主义出发，认为法的基础是社会关系，而社会关系实质上是一种利益关系，所以，利益关系是法的基础。利益在质上可分为公共利益和个人利益两种，利益关系在质上也就可以分为公共利益与公共利益、个人利益与个人利益、公共利益与个人利益三种利益关系⑥。周佑勇教授在其著作《行政法原论》中进一步加以阐述。该理论的核心要义在于：第一，利益关系是一切社会关系的实质和基础，政治和法律也不例外。在一定程度上以调整公共利益和个人利益之间的关系为基础和调整对象的法律规范统称为行政法。第二，公共利益是个人利益的凝练与升华，是全体或者大多数社会成员的共同利益，其凌驾于社会之上。个人利益是个体社会成员所具

① 武步云. 行政法的理论基础：公共权力论[J]. 法律科学（西北政法学院学报），1994，（3）：15-20.

② 石文龙. 协调论与现代行政法的理论基础[J]. 云南大学学报（法学版），2006，（5）：44-49.

③ 刘小艳. 现代行政法的理论基础：公共利益与个体利益协调论[J]. 行政法学研究，2004，（4）：30-36.

④ 罗豪才. 行政法论[M]. 北京：光明日报出版社，1988.

⑤ 张安文. 论行政法的理论基础[J]. 山西高等学校社会科学学报，2008，20（12）：89，90.

⑥ 叶必丰. 论行政法的基础：对行政法的法哲学思考[C]//罗豪才. 现代行政法的平衡理论（第二辑）. 北京：北京大学出版社，2003：292-303.

有的利益，包括本人自身的各项权益和其所分享的公共利益。个人利益与公共利益是对立统一的关系。行政法所体现和调整的则是公共利益与个人利益的关系，在公共利益本位的基础上，探求公共利益与个人利益的和谐统一。第三，行政主体作为公共利益的分配与维护者，在执法过程中享有强制权，也就是要求相对人服从的权力。这种强制权的本质是为了维护公共利益。在社会主义制度下，个人利益与公共利益具有一致性。公共利益的维护，其实质便是为相对人个人利益的实现提供服务，行政执法行为也是以人为本的服务行为。

当前，中国特色社会主义进入了新时代。新时代的一个重要特征和变化便是我国社会的主要矛盾已经转化为人民日益增长的美好生活需要和不平衡不充分的发展之间的矛盾。满足人民日益增长的美好生活需要科学地回答了为什么发展的问题，体现了中国共产党人的初心和使命，体现了新时代以人民为中心的价值追求。公共利益本位论契合了这一发展理念与价值追求，具备了作为行政法理论基础所应具备的条件：公共利益本位论既科学地解释了行政法赖以存在的客观基础及其内在矛盾运动，又以此为逻辑起点，科学地揭示了行政法的内涵和外延、本质和功能等问题；既为行政法诸现象的阐释奠定了科学的理论基础，又为指导行政法研究和行政法治建设提供了正确依据。[①]

四、行政法的基本原则

（一）行政法基本原则的概述

行政法的基本原则是规范行政法律规范的制定和实施，指导行政法律关系主体行使行政职权、履行行政职能的根本原则，是贯穿于整个行政法的主导思想和核心观念，是在行政法调控行政权的长期过程中形成的，体现着行政法基本价值理念，是整个行政法的理论基础[②]。我国行政法基本原则应当包括行政合法性原则与行政合理性原则。行政法基本原则通常是在学说、判例等基础上发展而来，因而常与判例法或习惯法呈现相互交错的现象，有些原则也可能会直接规定在法律之中[③]。

1. 行政法基本原则的特征

行政法的基本原则区别于其他法学与学科就在于其自身的特性，行政法基本原则具有四个主要特征：普遍性，既然称行政法原则，在范围上只要能表明行政法治国家中行政权行使的法律原则，都应该予以涵盖；伦理性，行政法基本原则都蕴含着十分浓厚的伦理性质，富于自然法的意味；抽象性，这些原则涵盖面广，不免抽象，因而有被滥用之虞，所以，现代行政法非常重视通过判例、学说来予以具体化、明晰化；情势变更的特性，行政法基本原则本身并非封闭的，而是随着社会形势的变化、社会思潮和学说的变化而发生变化，在时代发展中，可能演化出新的原则，原有原则的某些方面也可能发生变化。

---

① 王由海. 学理、规范与方法论：行政法学体系的初步表达[J]. 现代法治研究, 2019, （2）：110-119.
② 马小华. 试论行政法的基本原则及指导作用[J]. 人民论坛, 2011, （11）：90-91.
③ 余凌云. 行政法讲义[M]. 3版. 北京：清华大学出版社, 2019.

2. 行政法基本原则的功能

在我国行政法律规范制定和实施的过程中，在行政主体行使行政职权、履行行政职能的过程中，行政法的基本原则都起着非常重要的指导作用，体现着法的根本价值和我国宪政制度的根本要求[1]。具体体现在：行政法的基本原则是行政法规范制定的依据；统领与繁衍行政法的具体规范，体现其中的法律价值和基本理念；补充法律、法规、规章之欠缺或改善法律适用的僵化不合理状况[2]；学习它有助于理解和掌握行政法的基本精神，解决行政纠纷；当行政法具体规范不明确或没有规定的情况下，行政机关可以直接适用行政法的基本原则，也可以根据行政法的基本原则作出法律解释。

（二）行政法基本原则的内容

1. 行政合法性原则

行政法治的核心内容是行政合法性原则，它认为行政权的设立、行使必须依据法律，符合法律要求，不能与法律相抵触。行政合法性原则要求行政主体必须严格遵循行政法规范的要求，不得享有行政法规范以外的特权，超越法定权限的行为无效；违法行政行为依法应受到法律制裁，行政主体应对其行政违法行为承担相应的法律责任[3]。

行政合法性原则包含实体合法与程序合法两个方面。实体合法是指符合实体法的规定，即符合行政主体在行政管理活动中的权利与义务关系的行政法律规范。程序合法是指为保障程序公正，保障实体权得以实现的行政法律规范。行政程序合法包括三个内容：一是任何人不能成为审理自己案件的法官（回避制度）；二是行政机关在裁决行政纠纷的时候不能偏听偏信，要给予当事人辩论的机会；三是决定对当事人不利的事务时，应当事先通知当事人并给其发表意见的机会[4]。

具体来讲，行政合法性原则应当包括以下几个内容。

（1）职权法定原则，任何行政职权都必须基于法律的授予才能存在，这要求行政主体必须在法定的职权范围内行使职权，不合法产生的行政职权不能构成合法行政，不能越权。

（2）法律优位原则，正式的法律渊源要优于从属的法律渊源，也就是法律比所有的从属立法的效力都高。通俗来讲就是任何行政职权的行使不得与法律相抵触，该原则要求行政主体遵循程序法和遵循实体法并重，不能存在偏倚的现象。

（3）法律保留原则，只有在法律明确授权的情况下才可以实施某种行政行为。

行政合法性原则的基本内容可概括为依法、守法、平等和责任。行政合法性原则要求行政主体必须依法行政，这里的法是指广义上的法律，包括权力机关制定的宪法与法律，行政机关制定的法规、规章等。

2. 行政合理性原则

行政合理性原则是指行政机关不仅应当按照法律、法规规定的条件、种类和幅度范

---

① 马小华. 试论行政法的基本原则及指导作用[J]. 人民论坛，2011，（11）：90.

② 余凌云. 行政法讲义[M]. 3 版. 北京：清华大学出版社，2019.

③ 胡锦光. 行政法学概论[M]. 北京：中国人民大学出版社，2006.

④ 皮纯协，张成福. 行政法学[M]. 北京：中国人民大学出版社，2002.

围作出行政决定，而且要求这种决定应符合法律的意图和精神，符合公平正义等法律理性，行政行为内容客观、适度、合乎情理。行政合理性原则中的"理"是指体现全社会共同遵守的行为准则的法理。

行政合理性原则是基于实际行政活动的需要而存在的。任何法律都是有限度的，尤其是规范行政活动的法律。主要表现在：法律不可能规范全部行政活动，法律对行政活动的规范，应留出一定的余地，以便行政机关根据具体情况处理。行政合理性原则正是基于自由裁量权而产生的。自由裁量权是指行政在法律规范明示或默许的范围内，基于行政目的，在合理判断的基础上决定作为或不作为，以及如何作为的权力。

具体来讲，行政合理性原则的基本内容有以下几点。

（1）平等原则：相同案件相同处理，不同案件不同处理，不能因为当事人的社会地位、经济状况或性别等而区别对待。

（2）正当裁量原则：在行政裁量决定作出的过程中追求适当的目的，并且考虑相关因素。

（3）比例原则：也称禁止过度原则，行政权的行使保持在适度、必要的限度之内，即政府实施行政权的手段与行政目的间，应存在一定比例。

此外，还有学者将诚信作为行政法基本原则的看法，1931 年德国帝国法院在一个判例中明确宣称：诚实信用原则，对于一切法律界，且包含公法在内，皆得适用之[①]。自此开启了该原则在行政法上适用的先河，并引发了人们对这一古老的原则进行新的思考，诚信原则不仅在民法中发挥了重要的作用，同时在行政法中的地位也日益凸显[②]。

思考与讨论

（1）行政法的特征是什么？

（2）行政优益权是指什么？包括哪些？

（3）试讨论权力与权利的区别与联系。

（4）行政法的地位和作用是什么？

（5）试论行政法律关系的产生、变更、消灭的条件。

（6）行政法的基本原则及其内容是什么？

（7）行政法学与其他学科的关系是什么？

案例分析题

案例一：

当事人于 2021 年 8 月 14 日从外地某水产经营部以 30 元/斤[③]的价格购进罗氏虾 8

---

① 何孝元. 诚实信用原则与衡平法[M]. 台北：三民书局，1977.

② 梁成意，汤蕾. 诚信作为行政法基本原则之证成[J]. 吉首大学学报（社会科学版），2013，34（4）：79-84.

③ 1 斤=0.5 千克。

斤，购货金额 240 元，之后，以 40 元/斤的价格在其位于某市的一个摊位对外销售。某省市场监督管理局委托产品质量监督检验研究院对上述产品进行抽查，检验结论为商品内含有呋喃西林代谢物，不符合农业农村部公告第 250 号《食品动物中禁止使用的药品及其他化合物清单》要求，被判定为不合格。2021 年 10 月 18 日，执法人员对当事人的经营场所进行现场检查，并送达检验报告和食品安全抽样检验结果通知书，在法定期限内，当事人对检验结果未提出异议，也未提出复检申请。至案发时止，当事人共销售罗氏虾 7 斤，损耗 1 斤未销售，货值金额 280 元，获利 40 元。

《中华人民共和国食品安全法》第一百二十四条规定"违反本法规定，有下列情形之一，尚不构成犯罪的，由县级以上人民政府食品安全监督管理部门没收违法所得和违法生产经营的食品、食品添加剂，并可以没收用于违法生产经营的工具、设备、原料等物品；违法生产经营的食品、食品添加剂货值金额不足一万元的，并处五万元以上十万元以下罚款；货值金额一万元以上的，并处货值金额十倍以上二十倍以下罚款；情节严重的，吊销许可证：（一）生产经营致病性微生物，农药残留、兽药残留、生物毒素、重金属等污染物质以及其他危害人体健康的物质含量超过食品安全标准限量的食品、食品添加剂"。办案人员拟根据上述规定对当事人没收违法所得 40 元，处罚款 1 万元。

问题：

结合行政法基本原则，讨论本案行政行为的程序是否合法，裁量是否适当。

案例二：

2018 年 5 月，杨某向市住房保障和房产管理局等单位申请廉租住房，因其家庭人均居住面积不符合条件，未能获得批准。后杨某申请公开经适房、廉租房的分配信息并公开所有享受该住房住户的审查资料信息（包括户籍、家庭人均收入和家庭人均居住面积等）。市住房保障和房产管理局于 2018 年 6 月 15 日向杨某出具了《关于申请公开经适房、廉租住房分配信息的书面答复》，答复了 2013 年以来经适房、廉租房、公租房的建设和分配情况，并告知，其中三批保障性住房人信息已经在政务信息网、市住房保障和房管局网站进行了公示。杨某提起诉讼，要求一并公开所有享受保障性住房人员的审查材料信息。

根据《廉租住房保障办法》，经审核，家庭收入、家庭住房状况符合规定条件的，由建设（住房保障）主管部门予以公示，公示期限为 15 日；对经公示无异议或者异议不成立的，作为廉租住房保障对象予以登记，书面通知申请人，并向社会公开登记结果。

《××市民政局、房产管理局关于经济适用住房、廉租住房和公共租赁住房申报的联合公告》中说明：社区（单位），对每位申请保障性住房人的家庭收入和实际生活状况进行调查核实并张榜公示，接受群众监督，时间不少于 5 日。

问题：

杨某要求公开的政府信息包含享受保障性住房人的户籍、家庭人均收入、家庭人均住房面积等内容，此类信息涉及公民的个人隐私，请结合行政法基本原则，分析行政机关是否应当予以公开该信息？

案例三：

住在 S 市一个别墅小区的李先生最近碰上了一件头疼事。

2021 年 1 月 20 日，他请人来修剪一棵香樟树，这棵树是他在 2002 年花 1.1 万元买来的，此前他将树种在院子内，随着香樟树越长越高，遮挡了家中的阳光，几年后，李先生又将香樟树移到了院外，又过了数年，香樟树继续生长，再次挡住了院内花草的阳光，李先生这才决定将香樟树修剪一番。此外，他还专门去过绿化部门的窗口咨询树木修剪事宜，得到了"你这才一棵树，我们哪里管得过来"的口头回复。

于是他请来工人，将树的分枝全部砍除，剩余 2 米多高的主干，在李先生看来，这棵树本就是他买的，如今雇人来修剪也是理所应当的。

然而，李先生却因此被居民举报至城管部门，经调查，城管工作人员向李先生开具了一张行政处罚书，罚款人民币 14.42 万元。

为什么会这样？城管部门工作人员给出了这样的解释："个人在未得到区绿化部门审批前，是没有权利对公共绿地上的树木进行移植和砍伐的。"即便李先生说这棵树是他买的，但因为数年前种在院外，已属于公共绿化，如果需要修剪树木，只能通过养护部门修剪，同时在修剪过程中也必须按照标准执行。

城管部门工作人员说，只有在一种情况下，居民才能自行处置树木，那就是树木在自己家院落内，且树木胸径小于 25 厘米，否则如果树木胸径过大，即使修剪种在家里的树木也会受到相应处罚。

记者从 S 市松江区绿化和市容管理局了解到，2021 年 2 月 4 日，该部门对李先生砍伐的树木种类进行了认定，认定结果为香樟树，且依据《S 市物价局、市财政局关于调整本市部分绿化行政事业性收费标准的通知》文件对树木价值进行了认定，认定该树木补偿价格为 28 840 元。

城管部门工作人员告诉记者，由绿化部门认定了被砍伐树木的品种、价值后，城管部门根据《S 市绿化条例》第 43 条第 2 款规定，考虑到李先生认错认罚的态度较好，所以对李先生给予了标准最低的 5 倍处罚，即 14.42 万元。

问题：

给定材料中，李先生因"修剪"门前一棵自买的香樟树而被罚 14.42 万元。请从行政法基本原则的角度加以分析。

第五章　行政法主体

本章教学要求

通过本章的学习，学生应当掌握行政法主体的概念，把握行政机关的含义、性质和特征，行政机关的职责和职权并清晰地了解其他行政主体的种类。要求掌握公务员的概念及其种类，熟悉我国公务员基本制度。明确行政相对人的概念、分类及其法律地位。学习和掌握行政法制监督主体概念、种类和监督内容等。

重点问题
（1）行政机关的职责与职权
（2）行政法制监督的主体、监督的内容和监督的程序
难点问题
（1）行政主体和行政法主体
（2）受委托行使行政职权的组织法律地位和范围

第一节　行政法主体概述

一、行政法主体的含义

行政法主体就是行政法律关系的主体，即行政法调整的各种行政关系的参与者（组织及个人），包括行政相对人和行政主体。

国家行政机关是行政法主体的组织之一，除此之外还包括法律、法规授权的组织（如行业组织、基层群众性自治组织、事业与企业组织、工会、共青团、妇联等社会团体、行政机关的内设机构及派出机构）；法律、法规未授权行使公权力时的社会公权力组织；作为行政相对人的企事业组织及其他组织。作为行政法主体的个人，包括在行政机关和其他公权力组织中行使行政职权的国家公务员、其他行使公权力的公职人员，以及作为行政相对人的公民、外国人、无国籍人等。①

行政法主体是行政法关系的第一要素。要研究解决任何行政法问题，首先要厘清其

---

① 关于行政法主体，学界历来争议颇大。许崇德、皮纯协主编的《新中国行政法学研究综述》给行政法主体所下的定义是：行政法主体，也即行政法律关系主体，包括国家行政机关、国家公务员、被授权人、被委托人，以及其他国家机关、社会团体、企事业单位和公民个人。在我国法律体系中，依照我国法律法规规定享有行政权力和承担行政义务的外国组织和公民、无国籍人士也是我国行政法的主体（详见该书第133页）。

所涉及的行政法律关系主体，否则将无法把握问题的脉络和发展路径。例如，在行政诉讼关系中，不弄清楚原告是谁、被告是谁，会导致行政审判活动无从下手。所以，在研究行政法律关系时，应该首先从研究行政法主体入手。

二、行政法主体与相关概念的区别

（一）行政法主体与行政主体

为进一步厘清行政法主体，即行政法律关系主体的概念，需要分析行政主体和行政法主体之间的关系，因为两者既相互区别又互相联系。

我国最早使用行政主体概念的是《行政法学原理》[①]一书。自20世纪80年代末（《行政诉讼法》颁布前后）引入了"行政主体"概念[②]后，行政主体理论在行政法学中也占显著地位，该概念属舶来品。行政主体与民事主体有所不同，行政主体仅是一个法学概念而非法律概念[③]。我国行政法中，行政主体通常是指拥有行政权力，能以自己的名义行使国家的行政职权，做出影响行政相对人权利义务的行政行为，并且能够对外承担行政法律责任的组织。主要包括行政机关和法律、法规授权的组织。行政主体的概念主要包括以下几层含义。

第一，行政主体是组织而不是个人。在一定条件下组织可以被称为行政主体，但行政主体不能是自然人。虽然具体的行政行为多数是由国家机关的公务员实施的，即真正行使行政权的人是自然人，但他们不是以个人的名义而是组织的名义进行的。

第二，行政主体是依法享有国家行政职权的组织。依法拥有国家行政职权是指这个组织的行政职权由法律法规设定，或由有权机关通过法定程序授予。因此，未经授权的其他组织，不能成为行政主体。行政权不同于国家的立法权、司法权及监察权。在我国，人大及其常委会行使立法权，人民法院行使审判权，人民检察院行使检察权，监察委员会行使监察权，它们均不是行政主体。《宪法》第八十五条、第八十九条、第一百零五条和第一百零七条规定，我国的行政主体主要是行政机关，即各级人民政府及被列入国务院编制序列的各部门。除此以外，在特定条件下，被授权组织，即特定的行政机构、企事业单位及社会组织，在法律、法规的授权下，也可以被称作行政主体。

第三，行政主体必须是能依法以自己的名义实施行政职权的组织。依法以自己的名义是指该组织可以在行使行政职权的过程中，依照法律法规，根据自己的意志作出处理和判断并采取各种措施。能否以自己的名义实施行政管理是判断一个行政机关是否是行政主体的重要标准。作为一个庞大的组织系统，行政组织内部存在各种各样的行政机关，有些行政机关虽然实施具体行政管理活动，但其并不能以自己的名义作出行政行为，因而不属于我们这里谈到的行政主体。例如，水政执法大队只能以水利局的名义对外实施行政行为，复议机构只能以所属政府或政府职能部门的名义作出复议决定，因此，其都不是行政主体。2000年《最高人民法院关于执行〈中华人民共和国行政诉讼法〉若干问

① 张焕光，胡建淼. 行政法学原理[M]. 北京：劳动人事出版社，1989.
② 袁杰. 中华人民共和国行政诉讼法解读[M]. 北京：中国法制出版社，2014.
③ 胡建淼. 行政法与行政诉讼法[M]. 北京：中国法制出版社，2010.

题的解释》第十九条规定，当事人不服经上级行政机关批准的具体行政行为，向人民法院提起诉讼的，应当以在对外发生法律效力的文书上署名的机关为被告。

第四，行政主体是可以独立承担法律责任的组织。要想成为行政主体，不仅要具有行政权能，能够以自己的名义去实施行政职权，还要能够独立参加行政诉讼活动和行政复议，同时独立承担实施行政职权所导致的法律责任。一个组织若只实施行政职权，却不承担因此产生的法律责任，就不能称其为行政主体。这个特征使行政主体区别于受行政主体委托的行使一些行政职权的组织或个人。例如，某社会团体基于行政机关的委托从事公务活动，却不承担由此产生的责任，如果最终责任由委托的行政机关承担，则该受委托的社会团体就不能称其为行政主体。再如，《中华人民共和国税收征收管理法实施细则》第四十四条规定，税务机关根据有利于税收控管和方便纳税的原则，可以按照国家有关规定委托有关单位和人员代征零星分散和异地缴纳的税收，并发给委托代征证书。受托单位和人员按照代征证书的要求，以税务机关的名义依法征收税款，纳税人不得拒绝；纳税人拒绝的，受托代征单位和人员应当及时报告税务机关。其中受委托的单位和人员均非税收征收行为的行政主体，税务机关仍是该征税行为的行政主体。

第五，行政主体包括行政机关和法律、法规授权的组织。我们前面已经谈到行政主体主要是指行政机关，却又不仅限于行政机关，法律、法规授权的非行政机关的社会组织，如企业和事业单位，在实施某种具体的行政行为或者行使某种具体行政职权时，即享有行政主体的地位。

因而，行政法主体和行政主体的主要区别是前者包括行政主体和行政相对人，而后者指行使行政职权的行政机关和法律、法规授权的组织。

（二）行政主体与行政机关

区别行政主体与行政机关的概念是进一步明确行政主体的概念的前提。区别行政主体和行政机关的概念是行政法的重要环节，这也是对行政主体具体含义深入解释的必要步骤。拥有行政职权，实施行政管理活动，并为自己的行为承担责任的主要是行政机关。但两者仍然有区别。

（1）行政主体是一个法学上的概念，抑或是理论上的概念，属于行政法律关系一方参加人进行一般研究而创制的抽象概念，与行政相对人概念相对应。行政机关是享有某种行政职权的机关，属于生活用语。当然，行政机关同时也是一种具有法律意义的称谓。

（2）并非所有的行政机关都可以成为行政主体，只有具备一定条件的行政机关才可以成为行政主体。例如，行政机关内部的某个协调性机构或者行政机构，若其只负责协调或管理内部事务，并不行使对外职权，自己对此也不承担责任，就不具有行政主体资格。

（3）行政主体不限于行政机关。除行政机关外，行政主体还包括法律、法规授权的组织。许多情况下，非行政机关的社会团体取得了行政法上的行政主体资格，便也可以享有行政权力。尤其是在现代社会，国家行政的范围日益扩展，公共职能不断扩张，许多事情授权于非行政机关的社会组织实施，这些组织因获得法律、法规的授权而取得了行政法上的行政主体地位。①

（4）行政机关并非在任何场合均能成为行政主体。行政机关在法律上具有身份的双重性，即行政主体和民事主体资格。例如，当其在商店租用办公用房、购买办公用品时，其为民事主体；当其从事行政管理活动时，为行政主体。不同的场合需要遵循不同的法律规则，行政法关注的则是行政机关的行政主体身份。

三、行政法主体与行政组织法

（一）行政法主体与行政组织

前面的论述已经提到，行政法主体包括组织和个人，这里的组织指行政组织。行政组织是指国家按照宪法和法律规定设立并享有公共行政权，行使国家行政管理职能的特殊社会组织，包括行政机关和构成行政机关的内部机构，即行政机构。在行使行政权的过程中，行政组织需要通过相应的法律对其行为进行规制，行政组织法由此而出。行政组织法即与行政组织和组织行政相关的法律规范的总称。现阶段对于行政组织的行政管理活动，我国宪法、法律及法规等作了相应的规定，如《中华人民共和国国务院组织法》②《中华人民共和国地方各级人民代表大会和地方各级人民政府组织法》③等。行政组织法并非单一的法律，而是有关行政组织的法律法规的集合。这两部法律是我国行政组织法的主要渊源。

在大陆法系，传统的行政法学著作通常都设"行政组织"或"行政组织法"编（章）④，专门研究行政机关的性质、地位、职权、职责及组织体系问题，有的学者在"行政组织"或"行政组织法"编（章）中还同时研究公务员制度，包括公务员的性质、地位、任务，公务员的权利、义务和责任等。⑤英美法系的行政法著作，通常都不设"行政组织"或"行政组织法"的专门编（章），而只在有关编章中附带研究行政机关的问题。

我国行政法学研究主要受大陆法系的影响，学者通常在其教科书中单设"行政组织"或"行政组织法"编。进入 20 世纪 90 年代，在我国行政法学的体系和内容中，行政组织（法）的比重逐渐减少，并且往往不再以"行政组织"（法）设编，而对其内容加以修改删减，改设"行政法律关系主体"（或"行政法主体"）编（章）。有的行政法学著作则进一步缩小范围，以"行政主体"设编⑥。

---

① 张树义. 行政法与行政诉讼法学[M]. 北京：高等教育出版社，2002.

② 该法于 1982 年 12 月 10 日第五届全国人民代表大会第五次会议通过。

③ 该法于 1979 年 7 月 1 日第五届全国人民代表大会第二次会议通过，并于 1982 年、1986 年、1995 年、2004 年、2015 年和 2022 年 6 次修改。

④ 室井力. 日本现代行政法[M]. 吴微，译. 北京：中国政法大学出版社，1995. 第四篇"行政组织法"；南博方. 日本行政法[M]. 杨建顺，周作彩，译. 北京：中国人民大学出版社，1988. 第二章"行政组织"；林纪东. 行政法[M]. 台北：三民书局，1976. 第三章"行政组织法".

⑤ 陈新民. 行政法学总论[M]. 台北：三民书局，1991.

⑥ 如罗豪才主编的行政法教科书《行政法学》（中国政法大学出版社 1989 年版）共 12 章，其中第三章为"行政法律关系主体"；熊文钊著《行政法通论》（中国人事出版社 1995 年版）共 5 编，其中第二编为"行政法主体"；王连昌主编的《行政法学》教科书（四川人民出版社 1993 年版）共 4 编，其中第二编为"行政主体"。

学术界对行政组织法的定义并没有一致的认识。日本学者认为，行政组织法是指关于国家、地方公共团体及其他公共团体等行政主体的组织及构成行政主体的一切人的要素（公务员）和物的要素（公物）的法的总称①。我国有学者认为行政组织法就是关于行政机关和行政人员的法律规范的总称，是管理者的法②。也有观点认为行政组织法是规范和调整行政组织关系的法律规范的总和③。我们认为，行政组织法即与行政组织及组织行政相关的法律法规的总称。目前学术界对于行政组织法采取了广义的定义，行政组织法由三部分组成，即行政机关组织法、行政机关编制法，以及公务员法。行政机关组织法涉及行政机关的性质、组成、职责权限、决策制度和工作规则等。我国目前没有一部适用于所有机关的行政组织法，但存在某个或者某一类行政机关的组织法则，这些组织法则是行政组织法的重要组成部分，指导着行政机关行使职能④。

（二）行政组织法的主要内容

行政组织法有广义和狭义之分。广义的行政组织法包括行政机关编制法、行政机关组织法和公务员法，而狭义的行政组织法指行政机关组织法。我们这里研究的行政组织法为狭义的行政组织法。行政机关组织法是指规定行政机关的性质和地位、权限和设置、相互关系和法律责任及其相关制度的法律规范的总称。狭义的行政组织法通常包括以下基本内容。

1. 国家行政机关的性质和法律地位

行政组织法需要解决的任务是在国家设立行政机关时，确定该行政机关的性质、法律地位及与其横向、纵向的各种国家机关的相互关系。例如，《中华人民共和国地方各级人民代表大会和地方各级人民政府组织法》第二条对地方人民政府的性质和地位作出了下述规定："地方各级人民政府是地方各级国家权力机关的执行机关，是地方各级国家行政机关。"第六十九条规定："地方各级人民政府对本级人民代表大会和上一级国家行政机关负责并报告工作。县级以上的地方各级人民政府在本级人民代表大会闭会期间，对本级人民代表大会常务委员会负责并报告工作。全国地方各级人民政府都是国务院统一领导下的国家行政机关，都服从国务院。"《中华人民共和国地方各级人民代表大会和地方各级人民政府组织法》这两项规定中的第一项规定明确了地方各级人民政府的性质——是地方各级国家权力机关的执行机关和国家行政机关；第二项规定确定了地方各级人民政府与本级人大、本级人大常委会的关系，与国务院的关系及上下级国家行政机关相互之间的关系——分别为向其负责和报告工作的关系、接受统一领导的关系及领导与被领导、下级向上级负责并报告工作的关系。⑤

2. 国家行政机关的组成及结构

必须依法设置行政机关。行政组织法在设置行政机关后，同时也确定了国家行政机

① 杨建顺. 日本行政法通论[M]. 北京：中国法制出版社，1998.
② 应松年，朱维究. 行政法学总论[M]. 北京：工人出版社，1985.
③ 张焕光，胡建淼. 行政法学原理[M]. 北京：劳动人事出版社，1989.
④ 陆雄文. 管理学大辞典[M]. 上海：上海辞书出版社，2013.
⑤ 姜明安. 行政法与行政诉讼法[M]. 5版. 北京：北京大学出版社、高等教育出版社，2011.

关的组成和结构。例如，《中华人民共和国国务院组织法》第二条规定："国务院由总理、副总理、国务委员、各部部长、各委员会主任、审计长、秘书长组成。"第八条规定："国务院各部、各委员会的设立、撤销或者合并，经总理提出，由全国人民代表大会决定；在全国人民代表大会闭会期间，由全国人民代表大会常务委员会决定。"第十一条规定："国务院可以根据工作需要和精简的原则，设立若干直属机构主管各项专门业务，设立若干办事机构协助总理办理专门事项。每个机构设负责人二至五人。"

3. 国家行政机关的职权

行政机关组织法最重要的功能是规定国家行政机关职权，行政法治原则的最基本要求是行政机关权限法定，所以规定行政机关的职权是任何一部行政组织法最主要的内容。比如，《中华人民共和国地方各级人民代表大会和地方各级人民政府组织法》分别以第七十三条至第七十六条规定了县级以上地方人民政府的 11 项职权，以及省级政府、省会市政府、较大市的政府的制定规章权和乡镇人民政府的 7 项职权。

4. 国家行政机关的设立、变更、撤销的程序

作为实体法，行政组织法也规定了相关程序问题，如行政机关会议程序，行政职权委托或代理程序以及行政机关设立、变更、撤销的程序等。其中最为重要的程序为行政机关设立、变更、撤销的程序。例如，《中华人民共和国国务院组织法》第八条规定："国务院各部、各委员会的设立、撤销或者合并，经总理提出，由全国人民代表大会决定；在全国人民代表大会闭会期间，由全国人民代表大会常务委员会决定。"《中华人民共和国地方各级人民代表大会和地方各级人民政府组织法》第七十四条规定："省、自治区、直辖市的人民政府可以根据法律、行政法规和本省、自治区、直辖市的地方性法规，制定规章，报国务院和本级人民代表大会常务委员会备案。设区的市、自治州的人民政府可以根据法律、行政法规和本省、自治区的地方性法规，依照法律规定的权限制定规章，报国务院和省、自治区的人民代表大会常务委员会、人民政府以及本级人民代表大会常务委员会备案。"

5. 国家行政机关的基本活动原则和制度

行政组织法除了规定上述基本内容外，通常还规定行政机关办理业务、开展内部活动的主要工作原则、方式和方法，如民主集中制、首长负责制、工作责任制、全体会议、常务会议、委托、代理制度、文件签署制度、批准、备案、工作的请示、报告、批复等。例如，《中华人民共和国国务院组织法》第四条规定："国务院会议分为国务院全体会议和国务院常务会议。国务院全体会议由国务院全体成员组成。国务院常务会议由总理、副总理、国务委员、秘书长组成。总理召集和主持国务院全体会议和国务院常务会议。国务院工作中的重大问题，必须经国务院常务会议或者国务院全体会议讨论决定。"该条规定了国务院的会议制度。

尽管行政组织法繁简不一，但国家行政机关的性质、地位、职权、组织均为必备的内容。

（三）行政组织法的体系

一个国家的行政组织法体系与该国的行政机关体系应该相对应。总体来说，行政组织法体系应包括两个部分，即中央行政组织法和地方行政组织法。中央行政组织法又包括中央人民政府（国务院）组织法和中央人民政府工作部门（部、委、直属机构、办公机构等）组织法（或组织条例）。地方人民政府组织法则包括省、自治区、直辖市、市（辖县的市和县级市）、自治州、县、自治县、乡、民族乡、镇等各级人民政府的组织法。

我国现阶段的行政组织法体系仍不是很完善，中央行政组织法仅有《中华人民共和国国务院组织法》，该法总共 11 条，国务院的部、委、直属机构和办公机构均无相对应组织条例；地方行政组织法仅有《中华人民共和国地方各级人民代表大会和地方各级人民政府组织法》，该法规范地方各级人民政府组织和地方各级人民代表大会，省、市、县、乡、镇等均无单独行政组织法。行政职能的交叉错位，不仅导致了部门间的互相扯皮现象，而且导致过多经济资源被行政机构自己消耗，行政效能低下，最重要的是其无法实现市场监管、宏观经济管理、社会管理等职能，无法向民众提供合格的社会保障及公共服务。因而，对现有政府机构进行有效整合，整顿政府职能交叉、机构繁多的现象显得尤为必要，可通过降低各部门协调难度，减少机构数量来使政府运作更加高效，更适应市场经济的宏观管理和公共服务的角色定位。改革开放至今，我国在 1982年、1988 年、1993 年、1998 年、2003 年、2008 年、2013 年、2018 年和 2023 年先后对政府机构进行了 9 次改革。2023 年 3 月 10 日，十四届全国人大一次会议表决通过了关于国务院机构改革方案的决定，批准了这个方案。改革后，除国务院办公厅外，国务院设置组成部门仍为 26 个。行政组织的法治化进程和我国建设社会主义法治国家的进程和命运休戚相关。所以建设法治政府和高效政府，必须要对我国的行政组织法进行完善和加强。

四、我国行政主体的种类

总体看，在我国可能成为行政主体的有行政机关和授权组织两类。行政机关是国家设立专门行使行政职权的组织，主要包括各级人民政府、县级以上人民政府的工作部门和派出机关。授权的组织即法律、法规、规章授权的组织。授权的组织大多不是行政机关，而是企事业单位、社会团体、行政机关的内设机构和派出机构等。这些组织经法律、法规和规章授权取得特定的行政职权，当它们行使这些授予的行政职权时，便成为行政主体。[①]总之，在现行法律体制下，行政主体包括且仅包括行政机关和法律、法规、规章授权的组织两类。

---

① 《行政诉讼法》第二条规定："公民、法人或者其他组织认为行政机关和行政机关工作人员的行政行为侵犯其合法权益，有权依照本法向人民法院提起诉讼。前款所称行政行为，包括法律、法规、规章授权的组织作出的行政行为。"这是对法律、法规和规章授权的组织法律地位的承认。

第二节　行　政　机　关

一、行政机关概述

（一）行政机关的含义

行政机关是指依据宪法及行政组织法相关规定设立的，行使国家行政职能的国家机关，具体是指政府中的各类机关，如国务院及其相关部门。相对于行政相对人它是行政主体，相对于国家权力机关它是执行机关。

首先，行政机关是代表行使国家职权并以自己的名义对外实施行政活动的机关。这使它与政党、社会组织、团体相区别。政党，特别是执政党，尽管能对国家政治、经济的发展起重要甚至是决定性的影响作用，但其不是国家机关。社会组织、团体虽然经法律、法规授权，可以行使一定的国家公共行政职权，但由于其不同于国家设置专门代表国家行使国家职能的机关，不属于国家机关。

其次，行政机关是行使国家行政职能的国家机关。因此，它与立法、司法机关相区别。立法与司法机关虽然也都是国家机关，但是立法机关行使的是国家立法职能，司法机关行使的是国家司法职能，而行政机关行使的是国家行政职能，即执行法律，管理国家各项行政事务。

最后，行政机关是根据宪法或行政组织法规定而设置的行使国家行政职能的国家机关。这使其与法律、法规授权的组织有所不同。法律、法规授权组织行使一定的职权是基于具体法律、法规的授权，而非宪法或者行政组织法设置。所以行政机关是基本的、固定的行政主体，而法律、法规授权的组织仅在行使所授职权时才具有行政主体的资格。

（二）行政机关的性质和特征

相对于人民代表大会，行政机关是执行机关；相对于行政相对人，行政机关是行政主体。因此，我们说，行政机关具有双重性质。

首先国家行政机关是执行机关，执行最高国家权力机关制定的法律和各级国家权力机关作出的决议和决定是其基本职能。它必须完全服从和全面执行体现人民意志、利益的法律，以及人民代表机关的其他决议、决定。国家行政机关相对于行政相对人是行政主体。它代表国家行使公共行政权，有权向相对人发布行政命令，进行行政行为，管理国家内政外交事务；必要时，还可以对行政相对人采取行政强制措施，实施行政处罚。行政相对人对行政机关的管理活动不服从，仅能通过法定途径寻求救济，一般不可以直接进行抵制。

在行政管理体系中行政机关是行政主体，在其他法律关系和社会关系中则具有其他法律地位。例如，在诉讼关系中可作为诉讼当事人，在民事法律关系中可作为民事主体。但是行政机关的两个基本角色仍然是执行机关和行政主体。

与其他国家机关相比，行政机关一般主要具有以下五个特征。

1. 行使国家行政职权，管理国家行政事务

行政机关区别于其他国家机关的实质特性是行使国家行政职权、对国家行政事务管理。依据宪法，人民代表大会拥有立法权和对其他国家机关的监督权；人民法院行使国家审判权；人民检察院行使国家检察权；行政机关则行使行政权。三者的区别是明显的，国家权力机关立法，司法机关司法，行政机关执法。

2. 在组织体系上实行领导—从属制

行政机关行使行政管理职能和处理行政事务具有高效快捷的特点，这决定了其在组织体系上实行领导—从属制，即上级行政机关领导下级行政机关，下级行政机关从属于上级行政机关，向上级行政机关负责和报告工作。这一特征是国家权力机关和国家审判机关均不具备的。上级国家权力机关对下级国家权力机关制定的同宪法、法律、行政法规相抵触的地方性法规和决议，只能通过法律程序予以撤销。上级人民法院不对下级法院实施领导，不能对下级人民法院发号施令。上级人民法院对于下级人民法院作出的错误的判决、裁定，只能通过审判监督程序予以纠正。

3. 在决策体制上一般实行首长负责制

行政机关行使组织管理职能时，特别要求速度和效率，故在组织体系上实行从属制。即上级行政机关领导下级行政机关，下级行政机关从属于上级行政机关。这一特征是其他种类的国家机关所不具备的。例如，省级国家权力机关不能对市级国家权力机关发号施令，上级人民法院对下级人民法院做出的错误判决、裁定，也只能通过二审程序或审判监督程序予以纠正。又由于对各级、各类行政机关有权限清晰、责任明确、具有效率的要求，故于决策体制上，不同于立法机关或司法机关行使职能时所采取的合议制形式，一般实行首长负责制。

4. 在行使职能上通常是主动的、经常的和不间断的

国家行政机关其职能履行具有主动的、经常的和不间断的特性，主要行使保障国家安全、维护社会秩序、发展社会经济和福利等国家社会、经济、文化的组织管理职能。

5. 行政机关最经常、最直接、最广泛地与个人、组织打交道

行政机关与个人、组织有着最密切的联系，无论是征税收税、维持社会秩序、颁发证照、管理商标和广告，还是规定产品质量标准、确定存款利率、进行环境监测，均与个人及组织的权益休戚相关。因而，行政机关为了实施管理，必须经常与个人、组织发生直接、广泛的联系。

二、行政机关的职责和职权

这里的行政机关的职责和职权，不仅指某个具体行政机关的职责和职权，而是指行政机关一般职责和职权。因为行政职权和行政职责主要由行政机关行使，由法律、法规授权的组织和其他社会公权力组织只能部分地行使行政职权和履行行政职责，两者之间权责存在较大区别，理论上应对两者分别进行探讨，但是我们在这里暂且只研究行政机关的职权和职责。

行政机关的职权因职责而产生。法律赋予了行政机关各种职责，为保证这些职责的

开展，法律又授予行政机关相应的职权及各种管理措施。

（一）行政机关的一般职责

宪法与行政组织法赋予了不同层级、不同种类、不同管理领域的各种行政机关具体的不同职责。我们对其进行归纳、总结，可以概括出以下一般职责。

1. 保障国家安全

行政机关的传统职责之一是保障国家安全。政府权力是人民赋予的，人们设立政府，通过缴纳税费和限制自己的一定自由，来要求政府保障国家安全和生活和平。因此，为了保障人民利益，政府要加强和巩固国防，防止外敌入侵。

2. 维护社会秩序

维护社会秩序也是行政机关的传统职责之一。为此，行政机关设立了专门的公安和安全机构，建立了警察队伍。在平时，行政机关运用这些机构、设施，防止和打击违法犯罪行为，保障人们的正常生产、生活秩序，使人们安居乐业；当发生动乱、暴乱时，行政机关运用这些机构、设施，甚至动用武装力量，强行镇压动乱、暴乱，以恢复和重建秩序。

3. 保障和促进经济发展

在现代社会，保障和促进经济发展是行政机关的职责。在 19 世纪以前，政府通常不积极干预经济，主要起"守夜人"的作用。但是，进入现代社会以后，随着各种社会关系的复杂化及各种社会矛盾的激增，单纯依赖"看不见的手"无法解决市场上各种缺陷，因此，人们发现，市场经济稳健运行必须依靠"看得见的手"，即政府干预来调控，否则，整个社会经济将陷入瘫痪和崩溃。当然，政府干预是有限的，其对市场经济的干预对于市场机制的缺陷只是起着补充作用。适度有限的政府干预会促进经济发展，对规制市场秩序起着良性作用。但是，过度的市场干预极有可能扼杀市场活力，妨碍甚至破坏市场经济的发展运行。

4. 保障和促进文化建设

保障和促进文化的进步是行政机关在现代社会下的职责要求。现代政府除了要保障国家安全、维护社会秩序、促进经济发展，同时也要积极地保障和促进人们物质文明、精神文明的发展，增强人民的幸福感，是一个宽泛的职责。需要指出的是，这里的"文化"泛指科、教、文、卫、体等精神文明建设的内容。

5. 健全和发展社会保障与社会福利

行政机关这一职责是在其进行管理、干预经济的过程中衍生出来的。在现代社会，行政机关对于社会保障和社会福利必须予以足够的重视。健全和发展社会保障与社会福利具有多重意义：首先，其极大地解决了现代经济发展带来的各种社会问题，如下岗失业、环境污染及各种生产事故和工业化进程中所导致的其他损害等。此外，其对于防止社会动荡、保持社会安稳、缩小两极分化具有独特的功能。目前，许多发达国家政府运用国家财政和其他经费致力于举办各种社会救济和兴办各种社会福利事业。例如，失业补助、养老金发放、残疾人补助、灾民救济，以及举办各种社会公益和服务事业，如幼儿园、养老所、医院、体育馆、图书馆，以及公共交通和其他公用事业等。我国在进入新时代以后，特别重视社会公共服务，将"坚持在发展中保障和改善民生"作为我们各级政府的重要使命，要求各级政府"在幼有所育、学有所教、劳有所得、病有所医、老有所养、住有所居、弱有所扶上不断取得新进展"，"不断促进社会公平正义"①。

6. 保护和改善人类生活及生态环境

环境问题事关经济、社会和人类的可持续发展。行政机关对环保的重要性认识不够，因此，目前效果不尽如人意，环境污染和破坏相当严重，横亘在经济发展、生活质量前的环境问题十分严峻。此外，治理和改善环境需要多方面合作和大量的财政支出，个别企业、组织、个人往往难以胜任，因而必须由行政机关进行组织和协调，或由行政机关直接出资进行相关工程建设。《宪法》②第二十六条规定："国家保护和改善生活环境和生态环境，防治污染和其他公害。国家组织和鼓励植树造林，保护林木。"行政机关将这一职责贯彻执行的好坏程度决定了是否能保障和平、有序地生产、生活，以及社会、经济的可持续发展。行政机关的职责涉及政府与公民、政府与市场、政府与社会的关系。正确界定行政机关的职责对于正确处理上述三种关系是至关重要的。我国自 20 世纪 80 年代改革开放以来，政界和学界一直在探讨政府的正确定位和行政机关职能的适当范围。直到 21 世纪初，各方初步达成共识，将行政机关的主要职能归纳为四项：经济调节、市场监管、社会管理和公共服务。党的十八大和其后的三中全会、四中全会又强调经济调节主要限于宏观调控，社会管理改为社会治理。随后，中共中央、国务院印发的《法治政府建设实施纲要（2015—2020 年）》将政府主要职能增加为五项：宏观调控、市场监管、社会治理、公共服务和环境保护，并将环境保护放在政府五项职能中非常重要的位置。党的十九大报告要求要"像对待生命一样对待生态环境，统筹山水林田湖草系统治理，实行最严格的生态环境保护制度，形成绿色发展方式和生活方式，坚定走生产发展、生活富裕、生态良好的文明发展道路，建设美丽中国，为人民创造良好生产生活环境，为全球生态安全作出贡献"①。

（二）行政机关的主要职权

为保证行政机关切实履行其职责，法律赋予其相应的职权。根据宪法和组织法的有关规定，行政机关的主要职权一般有下述七项③。

1. 行政立法权

行政立法权是指行政机关制定行政法规、规章的权力。立法机关享有立法权，行政机关不享有此权力。但在现代社会，仅靠立法机关的立法无法满足行政机关履行其职责对法的需要。因而，法律便赋予行政机关更广泛的包括准立法权在内的权力，即在宪法和法律规定的框架内，允许行政机关基于法律的原则、精神和法律的相关规定，制定相应的实施规范、解释细则或补充性规范，来规范各类行政关系和行政相对人的行为。

---

① 参见习近平：《决胜全面建成小康社会 夺取新时代中国特色社会主义伟大胜利——在中国共产党第十九次全国代表大会上的报告》第三部分"新时代中国特色社会主义思想和基本方略"。

② 全国人大常委会办公厅研究室政治组. 中国宪法精释[M]. 北京：中国民主法制出版社，1996.

③ 如前文对行政机关职责的探讨一样，我们这里探讨的职权是指对整个行政机关职权的概述，不是指每个具体行政机关都享有这些职权。

2. 行政命令权

行政命令权是指行政机关向行政相对人发布命令，要求其作为或者不作为的权力。行政命令的形式有多种，如通告、通令、布告、规定命令、决定、通知等。发布的主体不同是行政命令与行政立法两者的主要区别：行政立法的发布主体是法律授权的特定行政机关，行政命令的发布主体是一般行政机关。

3. 行政处理权

行政处理权是指行政机关在进行行政管理的过程中，对涉及特定行政相对人权利义务的事项作出相关处理的权力。这是行政机关实施行政管理、履行行政职责中最经常、最广泛使用的一种行政职权。行政机关大部分的行政职责是通过行政处理来实现的。行政处理的范围很大，包括行政许可、行政征收、征用、行政给付等。

4. 行政监督权

行政监督权是指为保证行政机关的行政管理目标得以实现，行政机关对行政相对人遵守法律、法规及履行义务的情况进行检查、监督的权力。行政监督权是行政立法权、行政命令权、行政处理权得以实现的基础保障。其形式多种多样，常见的有检查、审查、统计、审计、检验、要求相对人提交报告、报表等。

5. 行政裁决权

行政裁决权又称行政司法权，是指行政机关在行政管理过程中处理纠纷、裁决争议的权力。裁决争议、处理纠纷本来是法院的固有权力，但随着社会经济的发展和科技的进步，现代社会中的行政管理涉及的问题已逐渐趋向专门化、复杂化，对专业技术性提出了更高的要求。这样，普通法院在处理与此有关的争议和纠纷方面所需要的成本、时间、精力越来越多，不利于提高司法效率。由于行政机关的职权范围内长期覆盖这方面事务，已经较好地具有处理这类争议、纠纷的专门知识、经验和技能，于是，法律赋予行政机关以准司法权，即允许行政机关在行政管理过程中自主地裁决、处理相关民事、行政争议和纠纷，如有关专利、商标、医疗事故、交通事故、鉴定、劳动就业以及资源权属等的争议和纠纷。当然，行政机关的行政裁决权是有限的，在行使过程中要受到司法审查的监督。

6. 行政强制权

行政强制权是指行政机关在实施行政管理过程中，对不依法履行行政义务的行政相对人采取人身或财产方面的强制措施，以迫使行政相对人履行相应义务权力。由于行政机关的这项权力与行政相对人的人身权利及财产权利密切相关，法律必须对其加以严格的限制和规范，行政机关应当慎重行使此项权力，非必要不行使，必须行使时亦应限制在必要的限度内。否则，将导致行政专制和对相对人权益侵犯。

7. 行政处罚权

行政处罚权是指行政机关在实施行政管理过程中，对违反行政管理秩序的行政相对人依法给予制裁的权力，以保护公共利益和维护社会秩序，保障其他公民、法人及相关组织的合法权益。但同时，应对此加以严格限制，规范、慎重行使此项权力。行政处罚权和行政强制权的目的和形式有所不同：行政处罚权的目的主要在于制裁违反行政管理秩序的行政相对人，而行政强制权的目的是通过施加压力迫使不履行行政义务的人履行义务；行政处罚的形式包括但不限于罚款、拘留、没收、吊扣牌照等，行政强制的形式主要为查封、扣押、划拨、冻结及对人身扣留、约束等强制措施。

三、建设现代服务型政府

2002 年，我国行政领域提出"服务型政府"的概念，并将其作为中国政府改革的目标选择。服务型政府是指在公民本位、社会本位理念的指导下，在整个社会民主秩序的框架下，通过法定程序，按照公民意志组建起来的以为公民服务为宗旨并承担着服务责任的政府。

服务型政府不是一个法律上的概念，但却是行政法律制度完善的一个理想模式。将服务型政府这一概念放到行政法的语境中来理解，这里的"服务"不仅指传统行政法中作出给付行政行为的行政主体，还包括具有行政处罚、行政强制等规制职能的行政主体。服务型政府要求政府坚持依法治国基本方略，权责一致、分工合理、决策科学、执行顺畅、监督有力，为人民提供高效、优质的服务，保障国家和社会公共利益，尊重和保障公民合法权益。

法治政府与服务型政府并不是相互对立的两个概念，可以说服务型政府是法治政府发展到较高水平的一种政府模式。推进法治政府的建设是服务型政府理念的最好体现。

建成法治政府是我国建设服务型政府的基础。首先，服务型政府是权力受到限制的政府，行政主体当合理合法地运用其职能及权力；其次，服务型政府是以高效便民为目的的政府，行政部门结构合理精简，以较低的投入获得最大化的行政效果，是一种高效率的行政模式，用方便的方式和程序服务人民，获取人民的支持与信任；最后，服务型政府是权责一致的政府，行政主体在宪法和法律授权的范围内合法合理地行使行政职权，对违法或者越权的行为承担相应的责任。服务型政府中"服务"一词是指行政主体在行使行政权力时的核心导向；而法治政府中"法治"一词更侧重于强调行政权力行使的方式和方法。我国坚持"以人为本"的政治理念，人民是国家的主人，国家的一切权利属于人民，从本质上讲行政权是由人民通过法律授权而行使的国家管理权力，其根本目的就是保障和维护人民的利益及权益。建设服务型政府是我国行政法治今后发展的大势，是社会主义市场经济发展的时代趋势，是加快转变政府职能与行政体制改革的需要，是实现中国梦的需要。

服务型政府要求政府坚持依法治国，做到权责统一、分工有序、科学决策、文明执行、监督有力，保障国家和社会公共利益，尊重和保障公民合法权益。服务型政府应该是"法治政府""阳光政府""责任政府"。具体而言，可以分为以下几点。

（1）服务型政府是负责任的政府。民主政治理论是责任政府的理论基础。建设服务型政府要求行政机关推进自身职能从传统的"管制"向"服务"转变，使用市场调节、社会监管、依法行政、公共服务等方法行使职权，在服务中实施管理，在管理中体现服务。

（2）服务型政府是提供优质公共服务的政府。建设服务型政府，行政机关要创新行政管理体制，优化行政组织结构，加强行政法治化建设，不断提高行政公务员队伍的思想、能力和作风，不断完善行政绩效评估机制、行政问责制度和行政监管体系。

（3）服务型政府是能做到"以人为本"，服务于人民根本利益的政府。建设服务型政府，行政主体应不断提高自身提供行政服务的能力和水平，不断提高为社会主义市场经济服务的能力和水平，建成公平、公正、公开的行政法治体系，建成阳光透明、惠及全民、可持续发展的行政管理体制，使得中国社会法治发展的成果由人民共享。

服务型政府是更加关注服务的政府，不是停止一切规制手段的政府。一个服务型政府首先是一个职能有限的"有限政府"，即政府的职能范围是有限的，政府职能定位在政策制定、体制创新、秩序维持、资源整合等方面，政府管理必须由指挥经济变为服务经济，管理目的在于纠正"市场失灵"，弥补"市场缺陷"，对市场调节起到补充性作用，从而实现市场职能与政府职能的协调。根据公共选择理论的主张，政府应当是最低限度的政府，政府存在的目的只是为人们进行成本和利益的竞争制定规则。①

四、我国行政机关的体系

我国目前的行政机关的体系由中央行政机关、地方行政机关两大部分组成。

（一）中央行政机关

我国中央行政机关由国务院及其工作部门（部、委、行、署、局等）组成。

国务院是我国的中央人民政府，即最高国家权力机关的执行机关，是最高国家行政机关。国务院由全国人民代表大会产生，对全国人民代表大会负责，受全国人民代表大会及其常务委员会监督。国务院由总理、副总理、国务委员、各部部长、各委员会主任、审计长、秘书长组成，实行总理负责制。国务院设有全体会议和常务会议：国务院全体会议由国务院全体成员组成，国务院常务会议由总理、副总理、国务委员、秘书长组成。总理召集和主持国务院全体会议和国务院常务会议。国务院工作中的重大问题，必须经国务院常务会议或者国务院全体会议讨论决定。国务院发布的决定、命令和行政法规，要向全国人大或全国人大常委会提出的议案，人员任免，由总理签署。

国务院各部、委（含行、署，下同）是国务院的工作部门，部、委的设立首先经总理提出，由全国人民代表大会决定，在全国人民代表大会闭会期间，由全国人民代表大会常务委员会决定。部、委实行部长、主任负责制，部长、主任领导本部门的工作并召集、主持部务会议、委务会议和委员会会议。部、委工作中的方针、政策、计划和重大行政措施，应向国务院请示、报告，由国务院决定。部、委上报国务院的重要请示、报告和下达的命令、指示，由部长、主任签署。根据第十三届全国人大第一次会议《关于国务院机构改革方案的决定》，国务院除办公厅外，设置组成部门26个。

国务院除设立部、委作为其正式工作部门外，还设有1个直属特设机构、14个直属机构和1个办事机构。国务院直属特设机构和直属机构由国务院根据工作需要和精简的原则设立，无须全国人大或全国人大常委会批准，是国务院主管各项专门业务的机构。除直属机构和办事机构以外，国务院还设有7个直属事业单位。

---

① 费雷德里克森 H G. 公共行政的精神[M]. 张成福，刘霞，张璋，等译. 北京. 中国人民大学出版社，2003.

除直属机构和办事机构以外，国务院还设有 8 个直属事业单位（虽称事业单位，但其中大多为行使行政规制职能的典型的行政机关）。

（二）地方行政机关

地方行政机关包括一般地方行政机关、民族自治地方行政机关和特别行政区行政机关。一般地方行政机关即地方各级人民政府。地方各级人民政府是地方各级国家行政机关，也是地方各级人民代表大会的执行机关。在我国，地方各级人民政府由四级组成，即省、自治区、直辖市；设区（县）的市、自治州；县、自治县、市辖区及不设区的市；乡、民族乡和镇。地方各级人民政府由正副职政府首长及各工作部门负责人组成，省级人民政府组成人员还包括秘书长；乡镇人民政府则设乡长、副乡长、镇长、副镇长，而不再设专门工作部门。地方各级人民政府均实行首长负责制。本级人民政府的全体会议和常务会议由政府正职首长主持。

地方人民政府的派出机关。地方人民政府的派出机关是指县级以上地方人民政府在一定区域内，经有权机关的批准设立的行政机关。《中华人民共和国地方各级人民代表大会和地方各级人民政府组织法》第八十五条规定，省、自治区的人民政府在必要的时候，经国务院批准，可以设立若干派出机关。县、自治县的人民政府在必要的时候，经省、自治区、直辖市的人民政府批准，可以设立若干区公所，作为它的派出机关。市辖区、不设区的市的人民政府，经上一级人民政府批准，可以设立若干街道办事处，作为它的派出机关。

虽然派出机关不是一级人民政府，但具有行政主体资格。依照组织法的相关规定，派出机关在一定区域内行使所有行政事务的管理权，并对外能以自己的名义作出行政行为和对该行为产生的后果独立承担法律责任。

地方县级以上人民政府的职能部门是依照有关法律、法规的规定，行使专门权限和管理专门行政事务的行政机关。县级以上地方人民政府职能部门具有行政主体资格，享有独立的行政职权，能以自己的名义行使职权，并承担相应的法律责任。根据工作需要，地方县级以上各级人民政府设立若干职能部门，承担相关方面的行政事务的管理职能。《中华人民共和国地方各级人民代表大会和地方各级人民政府组织法》第七十九条规定，地方各级人民政府根据工作需要和优化协同高效以及精干的原则，设立必要的工作部门。县级以上的地方各级人民政府设立审计机关。地方各级审计机关依照法律规定独立行使审计监督权，对本级人民政府和上一级审计机关负责。

省、自治区人民政府的派出机关即行政公署下辖的职能部门，与地方人民政府职能部门具有同等的法律资格和地位，也是行政主体。

民族自治地方行政机关是指自治区、自治州、自治县、民族乡的人民政府及其工作部门（民族乡不设专门工作部门）。民族自治地方的人民政府既是民族自治地方人民代表大会的执行机关，也是民族自治地方的行政机关。同时，自治区、自治州、自治县的人民政府与人民代表大会同为民族自治地方的自治机关。民族自治地方行政机关的组织同为一般地方行政机关的组织，只是自治区、自治州、自治县人民政府的正职行政首长必须由实行民族区域自治的民族的公民担任。民族自治地方的行政机关除行使宪法和法律规定的一般地方行政机关职权外，同时依照宪法、民族区域自治法和其他有关法律的规范行使自治权，根据本地方实际情况贯彻执行国家的法律、政策。

特别行政区行政机关。《宪法》第三十一条规定："国家在必要时得设立特别行政区。在特别行政区内实行的制度按照具体情况由全国人民代表大会以法律规定。"根据《宪法》的上述规定，我国于 1997 年 7 月 1 日设立香港特别行政区，1999 年 12 月 20 日设立澳门特别行政区，全国人民代表大会先后为此专门制定了《中华人民共和国香港特别行政区基本法》（于 1990 年 4 月 4 日由第七届全国人民代表大会第三次会议通过）和《中华人民共和国澳门特别行政区基本法》（于 1993 年 3 月 31 日由第八届全国人民代表大会第一次会议通过）。

第三节 其他行政主体

一、其他行政主体的含义

其他行政主体是指行政机关以外的行使一定行政职能的法律、法规授权的组织和其他社会公权力组织。

二、其他行政主体的种类

其他行政主体主要有两大类别：一类为法律、法规授权的组织；另一类为其他社会公权力组织。法律、法规授权的组织包括几种不同情形：其一是法律、法规授权的社会公权力组织，如行业协会、基层群众性自治组织、工青妇类社会团体等；其二是法律、法规授权的国有企业事业单位，随着经济体制改革的深化，法律、法规授权企业行使公权力的情况越来越少，一般仅授权管理公共事务的事业组织行使某些行政职能；其三是民办非法人组织、民间社团组织等；其四是行政机关的内设机构、派出机构等。

其他社会公权力组织则是指在法律法规未授权情况下的社会公权力组织，其他社会公权力组织，包括行业协会、基层群众性自治组织、工会、共青团、妇女联合会等社会团体。这些组织在有法律、法规授权的情况下则为"法律、法规授权的组织"，在没有法律、法规授权而依组织章程行使某些行政性职能的情况下则为"其他社会公权力组织"。

三、法律、法规授权组织的含义、范围及法律地位

法律、法规授权组织是指基于法律、法规的具体授权而行使特定职能的非国家行政机关的组织。目前，我国法律、法规没有明确规定被授权的组织的条件。基于行政法的基本原则及一般法理，被授权的组织应满足下述基本条件，法律、法规才能授权其行使一定的行政职能：其一，被授权的组织至少应该与被授权行使的行政职能无利害冲突。其二，被授权的组织应具掌握与所行使行政职能有关的法律、法规和有关经验、安全、技术知识等。其三，被授权的组织应具备行使所授权行政职能所需要的基本设备和条件。

　　法律、法规授权组织主要有以下几种：其一是行政机关的内部机构、派出机构等，如工商管理所、税务所、公安派出所等。其二是法律、法规授权的社会公权力组织。例如，基层群众性自治组织，包括律师协会、注册会计师协会等行业协会及工会、中国共产主义青年团、中华全国妇女联合会等社会团体。其三是法律、法规授权的国有企事业单位，如中国社会科学院、电力公司、高等教育学校等。其四是私法人或者民办社团组织，如民营企业、民间社团组织等。

　　法律、法规授权组织的法律地位主要体现在以下三个方面：其一，被授权组织只有在行使法律、法规所授权的行政职能时，才算是行政主体，可以基于授权作出行政决定，发布行政命令，采取行政措施，实施行政行为，依法对违法不履行义务或违反行政管理秩序的相对人采取行政强制措施或作出行政处罚。此时其法律地位与行政机关基本相同。其二，被授权组织对外能以自己名义行使法律、法规授予的职能，并承担该行政行为由此产生的法律责任。被授权的组织通常都是具有法人地位的社会团体或企事业单位，有一定的对外承担法律责任的能力。因而，依据法律、法规的授权，被授权组织作为独立的行政主体，可以以自己的名义对外作出具体行政行为并对外承担法律责任。其三，被授权组织不行使行政职能时，不享有行政权，不具有行政主体资格。被授权组织只有在行使行政职能时才具有行政主体的资格，在不行使行政职能时，与其他法人或其他组织无异，履行其作为社会团体、企业、事业单位的本身职能，享有民事主体或行政相对人的地位。

四、其他社会公权力组织的含义、范围及行政主体资格

　　其他社会公权力组织是指法律、法规对其没有明确授权，依其组织章程行使特定社会公权力，从而取得行政主体资格的组织。

　　社会公权力组织因为可以被法律、法规授权行使行政职能，从而成为法律、法规授权的组织。但在实践中，社会公权力组织并非能普遍性和经常性地被法律、法规授权。部分社会公权力组织被法律、法规授权长期或者临时行使国家行政职能，仍有部分社会公权力组织没有被授权行使国家职能。比较明显的是被法律、法规授权临时性行使国家行政职能的社会公权力组织，一旦行使完被授权的行政职能，便恢复到"其他社会公权力组织"的行列中。尤其是其他社会公权力组织可以依其组织章程，对内对外行使一定的公权力，取得行政主体资格。因此，"其他社会公权力组织"的范围理论上要宽于被法律、法规授权的社会公权力组织的范围。

五、行政委托情形下的行政主体

（一）行政委托概述

　　行政委托是指行政机关在其职权职责范围内，依法将其行政权或行政事项委托给行政机关以外的社会公权力组织，受委托的社会公权力组织以委托机关的名义实施行政管理和行使行政职权，但由委托机关承担相应的法律责任。

　　行政委托有其实践需要。首先，在现代社会，经济、社会的发展使得行政机关的行

政事务增加及行政职能扩张。行政机关由于编制、经费等的限制，难以完成既定的行政任务和实现预定的行政目标，从而使得行政委托有存在的必要。其次，实践中新情况或突发性事件的出现（如 2018 年美国对中国发动的贸易战、2020 年发生的新冠疫情），使得行政机关随时会增加一些新的、临时性任务，对于这类新的、临时性的任务，没有必要也来不及新设机构或者新增编制，行政委托更符合效益、节约原则。最后，行使行政职能的过程中，有时会遇到技术性、专业性很强的任务，由于这些任务并非经常性的，行政机关也就没必要设置专门的机构或者招聘专门的技术型人员来处理相关业务。对于这种情况，行政委托显然是首选方案。

从以下四个方面阐述行政委托的法律要件：①行政委托必须有相关法律依据。行政机关只有在法律、法规及规章规定可以委托的情况下，才能进行委托。没有依据的委托，即自行委托，是不合法且无效的。②委托行政机关必须拥有法定权限。委托机关委托给受委托组织的行政职权只能是其自身合法拥有的行政职权。如果行政机关把一项本身不拥有的行政职权委托给受委托组织行使，这显然是滥用职权，超越权限的委托当然无效。③行政委托必须在法定程序中进行，且被委托行使的行政权是有限的。例如，限制人身自由的行政处罚权只能由公安机关行使。[①]④行政委托的对象应当是符合法定条件的有关企事业单位、社会组织或者个人，且是非国家行政机关的组织。

关于委托的事项，国外行政程序法通常的做法是列举不可委托的事项，除去不可委托的，其余的均可委托。比如，西班牙的《公共行政机关及共同的行政程序法》[②]第十三条规定，在任何情形下均不得委托与下列事务相关的职能：①涉及国家元首、政府首脑、议会、自治区政府主席及自治区议会的事务；②一般性规定的制定；③作出成为申诉对象的行为的行政部门内进行的申诉裁决；④根据法律性质的规定所确定的事务。[③]国内学者在他们的试拟稿中对行政委托的事项并没有做出明确列举，只是笼统地规定，基于技术、经济、便利等因素需要委托行政机关以外的个人、组织实施行政活动显然这样笼统的规定会给实践中的操作会带来诸多问题。

另外，行政委托与行政授权有共同点，其对象都是行政机关系统以外的组织，委托和授权的行政职能都属于管理公共事务的职能，但是，两者区别也很明显：①法定依据不同。行政授权是基于法律、法规或者规章明确的依据的，若无法定依据，则被视为行政委托；行政委托不强调有明确的法律依据。②法定方式不同。行政授权的方式可分为直接授权和间接授权，即法律、法规规定特定行政机关根据法律法规规定的条件或者其自身需要，将特定的行政职权授予特定的组织。行政委托的方式较为灵活，由行政主体在行政管理活动中作出具体的委托决定。③法律后果不同。行政授权的法律后果不外乎增加具有行政主体资格的组织的职权内容，或者使得不具备行政主体资格的组织获得行政主体资格。法律、法规、规章授权的组织在授权范围内以自己名义对内对外行使被授予职权，并独立承担由此而产生的法律后果。行政委托则会转移行政职权和职责，受委

① 参见《中华人民共和国行政处罚法》（简称《行政处罚法》）第十六条。
② 许可祝. 西班牙《公共行政机关及共同的行政程序法》的颁布背景及主要特点[J]. 行政法学研究, 1996, （2）: 3.
③ 应松年. 外国行政程序法汇编[M]. 北京: 中国法制出版社, 2004.

托的组织不会也并不因此取得行政职权或是取得行政主体资格。受委托组织根据行政委托行使职权时必须以委托机关的名义，而不是以自己的名义进行，其行为对外产生的法律责任也不是由其承担，而是由委托机关承担。

此外，行政委托与民事委托都是委托，具有共同性，但也各有自己的特点：第一，行政委托以法律规定为前提。民事委托不以法律规定为前提。行政委托关系到行政职权由谁行使的问题，因此，必须要有明确的法律依据。《行政处罚法》第二十条规定："行政机关依照法律、法规、规章的规定，可以在其法定权限内书面委托符合本法第二十一条规定条件的组织实施行政处罚。"《中华人民共和国行政许可法》（简称《行政许可法》）第二十四条第一款规定："行政机关在其法定职权范围内，依照法律、法规、规章的规定，可以委托其他行政机关实施行政许可。"这两处法律规定都强调了行政委托的法定性原则。从这两个法律规定看，法律依据仅指法律、法规和规章。

第二，行政受托人须具备一定条件。民事委托对受托人没有特别要求。行政职权的受托人应当具备与被委托的行政职权的行使相适应的行为能力。这一点在《行政处罚法》和《行政许可法》中得到了充分体现。《行政处罚法》第二十一条规定，"受委托组织必须符合以下条件：（一）依法成立并具有管理公共事务职能；（二）有熟悉有关法律、法规、规章和业务并取得行政执法资格的工作人员；（三）需要进行技术检查或者技术鉴定的，应当有条件组织进行相应的技术检查或者技术鉴定"。除此之外，行政机关不委托其他组织或者个人实施行政处罚[1]。《行政许可法》则将受委托的主体限定在行政机关范围之内[2]。

第三，行政委托禁止再委托。民事委托的代理人在一定条件下可以将受托事项再委托给他人。但在行政委托中，从现行法律规定看，再委托基本上是被禁止的。《行政处罚法》第二十条规定：受委托组织在委托范围内，以委托行政机关名义实施行政处罚；不得再委托其他组织或者个人实施行政处罚。

（二）受委托组织的含义和条件

受委托组织一般应是依法成立享有管理公共事务职能的企事业组织，其工作人员熟悉有关法律、法规、规章和业务。受委托组织必须具备能够组织进行相应的技术检查或者技术鉴定的条件及设施，才能被授权履行此类行政职能。

在现行法律、法规中，《行政处罚法》第一次明确规定了受委托（行使行政处罚职权的）组织的下述条件：①受委托组织应是依法成立的具有管理公共事务职能的企事业组织。这意味着，受委托组织首先得是依法成立、长期性的事业组织，而非临时成立的。其次，受委托组织只能是事业组织，而非企业组织或其他社会组织。最后，受委托组织的基本职能是管理公共事务，而非以营利等为目的的其他职能。②受委托组织中要具有

---

[1] 参见《行政处罚法》第二十一条。
[2] 《行政许可法》第二十四条规定，行政机关在其法定职权范围内，依照法律、法规、规章的规定，可以委托其他行政机关实施行政许可。

熟悉有关法律、法规、规章和业务的工作人员。这是关于工作人员方面的要求，受委托组织中必须有了解和掌握与受托行使的行政职能有关的法律知识和业务知识的工作人员。③受委托组织基于委托行使对违法行为进行技术检查或者技术鉴定的行政职能，应当具备组织进行相应的技术检查或者技术鉴定的条件。这是关于物质条件方面的要求，受委托组织要具备包括技术、设备、场地等其他相关物质条件。

（三）受委托组织的法律地位

受委托组织以委托行政机关的名义行使所授予的相应的行政职能，由委托行政机关对其行为对外承担法律责任。受委托组织的权利和义务表明了其法律地位。

受委托组织的主要权利有：①依法行使被委托的行政职权和办理被委托的事项；②取得行使行政职权所应有的权力、管理手段和工作条件；③请求有关行政机关在其履行所授权的行政职权时予以配合和协助；向委托机关提出变更或改进委托事项相应领域行政管理的建议；④取得履行职责所需要的经费和报酬。

第四节　国家公务员

一、国家公务员概述

（一）国家公务员的概念

公务员一词来源于英国，原文为 civilservant，翻译为中文有"公务员""文职人员""公职人员""文官"等称谓。英国的公务员一般指在政府中常务次官以下的文职人员。他们经公开考试择优录用，不与内阁共进退。诸如议员、首相、大臣、政务次官、政治秘书、法官和军人等经选举或任命的工作人员不属于公务员的范畴。

国家公务员是指国家依法定的方式和程序任用的，任职于中央和地方各级国家行政系统，依法行使国家行政权、执行国家公务的工作人员。《中华人民共和国公务员法》（简称《公务员法》）第二条规定："本法所称公务员，是指依法履行公职、纳入国家行政编制、由国家财政负担工资福利的工作人员。"关于我国现行《公务员法》确定的我国公务员的概念，我们同样可以从三个方面予以阐述。

其一，我国公务员是指依法履行公职的人员。公职是指提供公共管理、公共服务等公共物品，以实现公共利益的职务，这种职务是通过法定方式设立，并须通过法定程序取得的。

其二，我国公务员是指纳入国家行政编制、由国家财政负担工资福利的人员。这意味着我国公务员不包括国有企业和一般事业单位的职工①。但是，法律、法规授权的具有公共事务管理职能的事业单位中除工勤人员以外的工作人员，经批准可参照

---

① 在国外，有的国家将国有企业职工和公立学校的教师纳入公务员管理的范围。当然，这些国家的国有企业和公立学校的数量较少，在整个社会中占的比例很小。

《公务员法》进行管理[1]。

其三，我国公务员包括执政党和参政党机关，以及公共社会团体中履行公职、纳入国家行政编制、由国家财政负担工资福利的人员。这一点是由我国社会主义国家性质决定的。过去，《国家公务员暂行条例》并没有将这一部分人员纳入公务员的范围，但在实践中是将他们作为公务员对待，并参照适用《国家公务员暂行条例》的。

（二）公务员的分类

西方国家一般在国家人事制度层面，将政府中管理国家公务、执掌人事权力的公职人员分为业务类公务员和政务类公务员两大类。政务类公务员是指通过政治任命或者选举产生，任期具有严格规定，与相应政党共进退的政府人员及担任其他政治性较强职位的行政人员。其职责通常是决定国家和地区发展的战略规划和目标，制定国家的大政方针和政策。业务类公务员通常是指公开考试、择优录用的，无过失即可长期任职、无任期限制，并且不与相对应的政党共进退的公务员，又称业务官。其职责是专门管理国家公共事务，执行政务类公务员的政治决策，并完成具体的行政工作。

我国是共产党领导的社会主义国家，不实行政党轮流执政的多党制度，无论是政府组成人员还是非政府组成人员，所有公务员一律适用包括《公务员法》在内的公务员法律法规。自2016年中央印发《专业技术类公务员分类管理规定（试行）》和《行政执法类公务员分类管理规定（试行）》后，我国终结了单一综合管理类的管理模式，在分类管理上取得了实质性突破[2]，2019年6月1日起施行的新修订的公务员法从职级序列、录用、考核和分类分级培训等方面进行了强化，进一步提高了我国公务员管理效能和科学化水平[3]。

根据公务员适用法律法规的不同，我国公务员分为一般职公务员和特别职公务员。一般职公务员指除特别职公务员外的所有公务员。特别职公务员指公务员中的领导成员，以及法官、检察官等。《公务员法》第三条规定，公务员的义务、权利和管理，适用本法。法律对公务员中领导成员的产生、任免、监督以及监察官、法官、检察官等的义务、权利和管理另有规定的，从其规定。这就是说，此类公务员除适用《公务员法》外，还要适用特别法的规定，而且特别法的适用优于普通法，即《公务员法》的适用。

《公务员法》规定，按照公务员职位的性质、特点和管理需要，将我国国家公务员职位类别划分为：综合管理类、专业技术类和行政执法类。根据宪法、相关法律、职务层次和机构规格设置，确定综合管理类的领导职务。《公务员法》并未明确规定专业技术类和行政类执法类公务员的职务系列，根据该法由国家另行规定。对于除综合管理类、专业技术类和行政执法类以外的具有特殊性的职位，需要单独管理的，《公务员法》授权国务院可增设其他职位类别。[4]

① 参见《公务员法》第一百一十二条。

② 郝玉明. 新公务员法基本特征与制度展望：基于公务员法最新修订条款的制度文本分析[J]. 新视野，2020，（2）：81-87.

③ 参见《公务员法》第十九条、第二十三条、第三十五条和第六十六条。

④ 参见《公务员法》第十四条至第十七条。

我国实行公务员职务与职级并行制度，国家根据公务员职位类别和职责设置公务员领导职务、职级序列。公务员领导职务根据宪法、有关法律和机构规格设置。领导职务层次分为：国家级正职、国家级副职、省部级正职、省部级副职、厅局级正职、厅局级副职、县处级正职、县处级副职、乡科级正职、乡科级副职。公务员职级在厅局级以下设置。综合管理类公务员职级序列分为：一级巡视员、二级巡视员、一级调研员、二级调研员、三级调研员、四级调研员、一级主任科员、二级主任科员、三级主任科员、四级主任科员、一级科员、二级科员。①

公务员的领导职务、职级应当对应相应的级别。②根据工作需要和领导职务与职级的对应关系，公务员担任的领导职务和职级可以互相转任、兼任；符合规定资格条件的，可以晋升领导职务或者职级。公务员的级别根据所任领导职务、职级及其德才表现、工作实绩和资历确定。公务员在同一领导职务、职级上，可以按照国家规定晋升级别。公务员的领导职务、职级与级别是确定公务员工资及其他待遇的依据。

（三）公务员的法律地位

国家行政机关的公务员的法律地位在不同的法律关系中是不一样的。

外部行政管理法律关系是作为行政主体的行政机关或法律、法规授权的组织与作为行政相对人的个人、组织发生的关系，而不是公务员与相对人发生的关系。在外部行政管理法律关系中，公务员代表行政机关，以所在行政机关的名义行使行政职权，对外产生的法律责任由相应的行政机关承担。在外部行政管理法律关系中，公务员并非一方当事人，因而不具备一方当事人，即行政主体的资格。

公务员在行政诉讼法律关系中不具有诉讼当事人的地位，既不是原告，也不是被告。根据《行政诉讼法》的规定，只有公民、法人或者其他组织认为行政机关和行政机关工作人员的具体行政行为侵犯其合法权益时，才能提起行政诉讼，取得行政诉讼的原告资格。只有作出具体行政行为的行政机关或通过行政复议改变原具体行政行为的复议机关才能被诉和取得行政诉讼被告的资格。③

公务员作为公民身份（即不处于公务员地位）时，可以成为行政相对人，作为外部行政法律关系一方主体与行政机关发生关系，对行政机关的具体行政行为不服时，可以提起行政诉讼，作为行政诉讼的原告。

这就涉及如何认定公务员的双重身份及其划分问题。公务员的"原身"是公民，公民经法定程序进入国家公务员序列后，与原来的公民身份并存。公务员具有国家公民和国家公务员的双重身份，相应地，公务员也拥有双重行为。公务员以个人名义进行的活动属于个人行为，当其代表国家进行行政管理时，其活动属于公务职务行为，即行政行为。综上，对公务员在具体活动中的具体身份进行划分和确定的原则是：当其从事个人行为时，其身份是公民；当其从事行政行为时，其身份为公务员。也就是说，对于公务

---

① 参见《公务员法》第十七条至第十九条。
② 具体对应关系可参见《专业技术类公务员管理规定（试行）》第九条、《行政执法类公务员管理规定（试行）》第十条。
③ 参见《行政诉讼法》第二条、第二十四条至第三十条。

员双重身份的划分取决于其所从事行为的性质。

在内部行政法律关系中，如行政机关对公务员进行考核、奖惩、晋升、确定工资福利待遇时，公务员可以以个人的名义作为一方当事人与行政机关发生法律关系；公务员要求改善工资条件、工资待遇，对考核、奖惩、晋升结果不服，向行政机关提出申诉等，这些行为所引起的都是公务员为一方当事人，而国家行政机关为另一方当事人的内部行政法律关系。《行政诉讼法》第十三条规定："人民法院不受理公民、法人或者其他组织对下列事项提起的诉讼：（一）国防、外交等国家行为；（二）行政法规、规章或者行政机关制定、发布的具有普遍约束力的决定、命令；（三）行政机关对行政机关工作人员的奖惩、任免等决定；（四）法律规定由行政机关最终裁决的行政行为。"

在行政法制监督法律关系中，公务员可以作为监督对象，成为一方当事人与监督主体发生关系。例如，行政监察机关能够对所有公务员进行监督；国家权力机关可通过质询、调查、罢免等形式对公务员进行监督；人民法院在对具体行政行为进行司法审查的过程当中，也可通过司法建议等形式间接地对公务员进行监督。

公务员的法定权利和法定义务决定了其在内外行政法律关系中的法律地位。

（四）公务员的权利

根据《公务员法》第十五条的规定，公务员享有下列权利："（一）获得履行职责应当具有的工作条件；（二）非因法定事由、非经法定程序，不被免职、降职、辞退或者处分；（三）获得工资报酬，享受福利、保险待遇；（四）参加培训；（五）对机关工作和领导人员提出批评和建议；（六）提出申诉和控告；（七）申请辞职；（八）法律规定的其他权利。"

（1）执行职务权。公务员有权依法执行职务，并且拥有履行职责所应当具有的工作条件。比如，若因执行公务需要，公务员能够使用公款公物等。

（2）职位保障权。公务员一经任用，非因法定事由和非经法定程序，不受免职、降职处分，不受撤职、辞退或受到其他不利于执行职务的行政处分。

（3）工资福利权。公务员有权要求国家提供与其地位和作用相称的工资报酬和福利、保险、休息、休假待遇。

（4）参加培训权。《公务员法》第六十八条规定，公务员培训情况、学习成绩作为公务员考核的内容和任职、晋升的依据之一。因而，公务员有权参加业务知识和技能的培训。

（5）批评建议权。《宪法》第四十一条规定，中华人民共和国公民对于任何国家机关和国家工作人员，有提出批评和建议的权利。《公务员法》第十五条规定，公务员享有下列权利：对机关工作和领导人员提出批评和建议。据此，任何机关和个人都不得压制公务员的批评和建议，更不得乘机或变相打击报复。否则，将追究打击报复者的法律责任。

（6）申诉、控告权。公务员合法权益被侵犯或受到不公平待遇时，有权向监察部门或者司法部门提出申诉或控告。申诉和控告权是维护公务员自身利益的有力手段，也是同不法行为进行斗争的武器。

（7）辞职权。公务员由于主观或者客观原因不愿意继续担任公职，有权根据法定条件和法定程序辞职。公务员和国家之间的关系并非人身依附关系，故公务员有权决定自己是否继续在行政机关工作，这是公务员的权利，任何机关或个人不可予以剥夺。不过，由于职务的特殊性，国家可以规定公务员的最低服务年限。例如，我国公务员的最低服务年限是两年。未满最低服务年限的不得辞职。还可以剥夺某些特殊岗位人员辞职的权利，如在涉及国家安全、重要机密等特殊职位上任职的公职人员，不得辞职。《公务员法》第八十六条规定，公务员有下列情形之一的，不得辞去公职："（一）未满国家规定的最低服务年限的；（二）在涉及国家秘密等特殊职位任职或者离开上述职位不满国家规定的脱密期限的；（三）重要公务尚未处理完毕，且须由本人继续处理的；（四）正在接受审计、纪律审查、监察调查，或者涉嫌犯罪，司法程序尚未终结的；（五）法律、行政法规规定的其他不得辞去公职的情形。"公务员的辞职也要依据法定程序进行，首先要向任免机关提出书面申请，并且审批期间申请人不得擅自离职，否则要追究其法律责任。

（8）法律规定的公务员的其他权利。例如，游行、集会、结社等权利。

（五）公务员的义务

根据《公务员法》第十四条的规定，公务员应当履行下列义务："（一）忠于宪法，模范遵守、自觉维护宪法和法律，自觉接受中国共产党领导；（二）忠于国家，维护国家的安全、荣誉和利益；（三）忠于人民，全心全意为人民服务，接受人民监督；（四）忠于职守，勤勉尽责，服从和执行上级依法作出的决定和命令，按照规定的权限和程序履行职责，努力提高工作质量和效率；（五）保守国家秘密和工作秘密；（六）带头践行社会主义核心价值观，坚守法治，遵守纪律，恪守职业道德，模范遵守社会公德、家庭美德；（七）清正廉洁，公道正派；（八）法律规定的其他义务。"

（1）守法的义务。遵守宪法、维护宪法，是我国公务员最基本的条件，也是最重要的义务。因此，公务员不得违宪、违法，应当模范遵守、自觉维护宪法和法律。

（2）认真履行职责的义务。公务员应按照法律的相关规定认真履行职责，尽职尽责、忠于职守，努力提高工作质量和效率。

（3）为人民服务和接受人民监督的义务。公务员应全心全意为人民服务，做好人民公仆，倾听群众意见和建议，并且随时接受人民监督。

（4）维护国家利益的义务。公务员应随时注意维护国家的安全、荣誉和利益。《公务员法》第五十九条规定，公务员应当遵纪守法，不得有下列行为："（一）散布有损宪法权威、中国共产党和国家声誉的言论，组织或者参加旨在反对宪法、中国共产党领导和国家的集会、游行、示威等活动；（二）组织或者参加非法组织，组织或者参加罢工；（三）挑拨、破坏民族关系，参加民族分裂活动或者组织、利用宗教活动破坏民族团结和社会稳定；（四）不担当，不作为，玩忽职守，贻误工作；（五）拒绝执行上级依法作出的决定和命令；（六）对批评、申诉、控告、检举进行压制或者打击报复；（七）弄虚作假，误导、欺骗领导和公众；（八）贪污贿赂，利用职务之便为自己或者他人谋取私利；（九）违反财经纪律，浪费国家资财；（十）滥用职权，侵害公民、法人或者其他组织的合法权益；（十一）泄露国家秘密或者工作秘密；（十二）在对外交往中损害国家荣誉和利益；（十三）参与或者支持色情、吸毒、赌博、迷信等活动；（十四）违反职业道德、社会公德和家庭美德；（十五）违反有关规定参与禁止的网络传播行为或者网络活动；（十六）违反有关规定从事或者参与营利性活动，在企业或者其他营利性组织中兼任职务；（十七）旷工或者因公外出、请假期满无正当理由逾期不归；（十八）违纪违法的其他行为。"

（5）忠于职守的义务。公务员应勤勉尽责，忠于职守，服从并执行上级依法作出的决定和命令。否则，将受到行政处分直至被追究法律责任。但是，《公务员法》第六十条规定："公务员执行公务时，认为上级的决定或者命令有错误的，可以向上级提出改正或者撤销该决定或者命令的意见；上级不改变该决定或者命令，或者要求立即执行的，公务员应当执行该决定或者命令，执行的后果由上级负责，公务员不承担责任；但是，公务员执行明显违法的决定或者命令的，应当依法承担相应的责任。"

（6）保守秘密的义务。公务员的特殊身份和职责决定了其必须随时注意保守国家秘密和工作秘密，防止泄密。

（7）遵守纪律和恪守道德的义务。公务员应遵守纪律，恪守职业道德，模范遵守社会公德和家庭美德。

（8）廉洁奉公的义务。公务员应清正廉洁，公道正派，克己奉公，不得以权谋私。

（9）法律规定的公务员的其他义务。

二、行政职务关系的产生、内容和消灭

（一）行政职务关系的产生

我国公务员的行政职务关系由以下四种方式产生。

（1）考任，指公民通过国家行政机关组织的公开考试，以择优录用的方式担任公务员。该方法适用于行政机关录用担任主任科员以下非领导职务的公务员。《公务员法》第二十三条规定："录用担任一级主任科员以下及其他相当职级层次的公务员，采取公开考试、严格考察、平等竞争、择优录取的办法。"[①]

（2）选任，即由权力机关通过选举任命公务员。这种方式在我国目前只适用于作为对各级政府的领导职务类公务员的任用，在国外，一般也只适用于政务类公务员的任用。例如，《宪法》第一百零一条规定，地方各级人民代表大会分别选举并且有权罢免本级人民政府的省长和副省长、市长和副市长、县长和副县长、区长和副区长、乡长和副乡长、镇长和副镇长。

（3）委任，即有权机关不通过选举，直接任命某公民担任行政公职。委任可以由行政机关委任，也可以由权力机关委任。例如，《宪法》第六十二条规定，全国人民代表大会根据中华人民共和国主席的提名，决定国务院总理的人选；根据国务院总理的提名，决定国务院副总理、国务委员、各部部长、各委员会主任、审计长、秘书长的人选。

---

① 《公务员法》第二十三条同时也规定，"民族自治区地方依照前款规定录用公务员时，依照法律和有关规定对少数民族报考者予以适当照顾"。

（4）调任，指行政机关将国有企业事业单位、人民团体和群众团体等行政系统外部的人员直接调入行政机关内任职的方式。根据《公务员法》第七十条的规定，国有企业、高等院校和科研院所以及其他不参照本法管理的事业单位中从事公务的人员，可以调入机关担任领导职务或者四级调研员以上及其他相当层次的职级。调任人选应当具备本法第十三条规定的条件和拟任职位所要求的资格条件，并不得有本法第二十六条规定的情形。调任机关应当根据上述规定，对调任人选进行严格考察，并按照管理权限审批，必要时可以对调任人选进行考试。

选任、委任、调任这三种方式适用于公务员行政职务关系的发生。

聘任指行政机关通过合同选拔任用公务员的一种人事管理制度。聘用方式只适用于公务员任用的较小范围。自聘任合同签订之日起，被聘任者即取得公务员资格，与国家形成行政职务关系。《公务员法》第一百条规定，机关根据工作需要，经省级以上公务员主管部门批准，可以对专业性较强的职位和辅助性职位实行聘任制。例如，金融、法律、财会、信息技术等方面专业性较强的人才，以及辅助性职位，普通文秘、书记员、资料管理、数据录入等方面的辅助性职位。

（二）行政职务关系的内容

公务员的行政职务关系的内容非常广泛，大致可以分为两个方面：其一，因行政机关对公务员管理而产生的关系，即人事管理关系；其二，公务员从行政机关获取工资福利待遇而产生的关系，即具有一定特殊性的劳动关系。[①]

人事管理关系方面，公务员主管部门对公务员的管理主要包括以下五个制度。[②]

（1）考核制度。公务员考核制度是公务员主管部门对公务员的思想品德、工作成绩、工作能力和工作态度进行考查、审核，以确定其是否胜任现职和决定对其是否任用及任用后的相关待遇等的制度。根据《公务员法》有关规定，我国公务员的考核制度包括以下内容：①考核分为平时考核、专项考核和定期考核，平时考核和专项考核是定期考核的基础。②考核的范围囊括德、能、勤、绩、廉五个方面，政治素质和工作实绩是重点考核的对象。③考核结果分为优秀、称职、基本称职和不称职四个等次，考核结果应书面形式通知公务员本人，并以此作为调整公务员职位、职务、职级、级别、工资以及公务员奖励、培训、辞退的依据。[③]

（2）奖惩制度。奖励制度是公务员主管部门为了调动公务员的工作积极性，对工作表现突出、有显著成绩或贡献，以及其他突出事迹的公务员和公务员集体所给予的精神上或者物质上的奖励。《公务员法》第五十一条规定了公务员奖励制度的奖励对象及原则："对工作表现突出，有显著成绩和贡献，或者有其他突出事迹的公务员或者公务员集体，给予奖励。奖励坚持定期奖励与及时奖励相结合，精神奖励与物质奖励相结合、以精神奖励为主的原则。"同时，《公务员法》第五十二条规定，公务员或者公

① 姜明安. 行政法与行政诉讼法[M]. 5 版. 北京：北京大学出版社，高等教育出版社，2011.
② 公务员管理制度除以下五项制度外，其他制度还有职位分类、职务任免、培训、交流、申诉控告等（参见《公务员法》相应章节），这里就不一一展开了。
③ 参见《公务员法》第三十五条至第三十九条。

务员集体有下列情形之一的，给予奖励："（一）忠于职守，积极工作，勇于担当，工作实绩显著的；（二）遵纪守法，廉洁奉公，作风正派，办事公道，模范作用突出的；（三）在工作中有发明创造或者提出合理化建议，取得显著经济效益或者社会效益的；（四）为增进民族团结，维护社会稳定做出突出贡献的；（五）爱护公共财产，节约国家资财有突出成绩的；（六）防止或者消除事故有功，使国家和人民群众利益免受或者减少损失的；（七）在抢险、救灾等特定环境中做出突出贡献的；（八）同违纪违法行为作斗争有功绩的；（九）在对外交往中为国家争得荣誉和利益的；（十）有其他突出功绩的。"另外，奖励与考核相联系，从而与工资级别的晋升相联系。

惩戒制度是公务员主管部门对违反纪律的公务员给予处分以示警诫的制度。我国公务员的惩戒制度主要包括以下内容。①《公务员法》第五十九条规定，公务员应当遵纪守法，不得有下列行为：散布有损宪法权威、中国共产党和国家声誉的言论，组织或者参加旨在反对宪法、中国共产党领导和国家的集会、游行、示威等活动；组织或者参加非法组织，组织或者参加罢工；挑拨、破坏民族关系，参加民族分裂活动或者组织、利用宗教活动破坏民族团结和社会稳定；不担当，不作为，玩忽职守，贻误工作；拒绝执行上级依法作出的决定和命令；对批评、申诉、控告、检举进行压制或者打击报复；弄虚作假，误导、欺骗领导和公众；贪污贿赂，利用职务之便为自己或者他人谋取私利；违反财经纪律，浪费国家资财；滥用职权，侵害公民、法人或者其他组织的合法权益；泄露国家秘密或者工作秘密；在对外交往中损害国家荣誉和利益；参与或者支持色情、吸毒、赌博、迷信等活动；违反职业道德、社会公德和家庭美德；违反有关规定参与禁止的网络传播行为或者网络活动；违反有关规定从事或者参与营利性活动，在企业或者其他营利性组织中兼任职务；旷工或者因公外出、请假期满无正当理由逾期不归；违纪违法的其他行为。②惩戒处分分为警告、记过、记大过、降级、撤职、开除。除警告处分外，公务员受处分期间不得晋升职务和级别，亦不得晋升工资档次；受撤职处分的，同时按照规定降低级别。③公务员在受处分期间有悔改表现，且无再发生违纪行为的，除受到的行政处分以外，处分期满后，由处分决定机关解除处分并以书面形式通知本人。晋升工资档次、级别和职务在解除处分后，不再受原处分的影响。但解除降级、撤职处分的，不视为恢复原级别、原职务和原职级。④对公务员实施处分，要经过调查，告知、陈述与申辩，作出处分决定，书面通知一系列程序，其中的告知、陈述与申辩程序体现了自然公正原则，即书面通知程序都对公务员合法权益的保障具有十分重要的开创性意义。

（3）晋升制度。晋升指公务员主管部门依一定原则和条件提升公务员职务的制度。我国公务员晋升制度主要包括以下内容：①公务员若晋升职务，应当具备拟任职务所要求的思想政治素质、文化程度、工作能力及任职经历等方面的条件和资格。②公务员的晋职应当逐级晋升，除非特别优秀的或者工作特殊需要的，可以按照规定破格或者越一级晋升。③公务员若晋升领导职务，应当按照相关法律有关规定实行任职前公示和任职试用期。④依管理权限讨论决定后按规定履行任职手续。⑤机关内设机构厅局级正职以下领导职务出现空缺时，可以在本机关或者本系统内通过竞争上岗的方式，产生任职人选。厅局级正职以下领导职务或者副调研员以上及其他相当职务层次的非领导职务出现空缺时，可以面向社会公开选拔，产生任职人选。

（4）任免制度。任免制度是指公务员主管部门根据职权和法定程序，任免或者免除公务员的职务行为。职务任免是公务员管理的一项基础性环节，公务员的录用、晋升、交流、辞退和退休等环节都要通过职务任免来实现。

公务员职务任免具有一般性要求：①相应职位空缺是公务员任职的前提条件。②公务员原则上一人一职。③被任用人员符合规定的资格条件。④公务员职务任免要按法定程序进行。

公务员的职务任免有选任制、委任制和聘任制三种方式：①选任制。实行选任制的公务员是各级政府的组成人员。选任制公务员在权力机关的选举结果生效时即任当选职务，但有任期的限制，在任期内辞职、被罢免、被撤职的，所任职务随即终止。②委任制。委任制是有关机关按照法律法规以及党内有关任免权限的规定，任免被委任人担任一定职务的方式。其优点是任免手续办理简单明了、便于操作，不仅有利于在行政机关中贯彻首长负责制，而且还有利于行政机关中上级对下级的统一指挥，保障政令的贯彻执行。但其缺点也很明显，缺乏透明度，主观随意性大。对此，任免机关应当注重公务员职务委任的法定程序性，特别是领导职务公务员的委任，应当经过民主推荐，组织考察，按照惯例权限讨论决定，按照法定程序办理任职手续。委任制公务员一般没有任用期限。③聘任制。聘任制是通过签订聘任合同的形式来确定公务员法律关系的方式，机关根据工作需要，对于专业性较强的职务和辅助性职务进行任命。聘任制公务员的职务、职责要求、工作期限及工资、福利待遇均由聘用合同确定，国家机关根据公务员法和聘任制合同对聘任制公务员进行管理。聘任合同期限为一年至五年，聘期届满，公务员职务关系自然解除。

（5）回避制度。公务员回避指公务员在任职和执行公务时，有涉及与本人的利害关系的情形，为防止徇私舞弊或偏私，在职务行为和职务关系上采取的措施。

目前，我国公务员的主要存在三种回避情形。第一任职回避。当公务员之间有夫妻关系、直系血亲关系、三代以内旁系血亲关系及近姻亲关系的，应当实行职务回避。职务回避的范围包括：同一机关双方直属同一领导人员的职务关系；同一机关有直接上下级领导关系的职务；在其中一方担任领导职务的机关中从事组织、人事、纪检、监察、审计和财务工作的。第二公务回避。依照《公务员法》的规定，可引起公务回避的情形比任职回避的情形更宽泛，除包括法定亲属人员的利害关系，涉及本人利害关系的和其他可能影响公正执行公务的情形也包含在内。公务回避涉及的职务行为主要包括三个方面：①执行内部公务的行为，如处理机关内部人事、监察、案件审理、事项审批等参与调查、讨论、审核和决定等工作的。有涉及法定回避情形的，应当回避。②行政执法行为。当涉及行政相对人权益的公务行为如有法定回避的情形发生时，应当回避。③司法裁判中行为。这是针对司法人员行使检察、审理和裁判职权时，有法定回避情形出现，对司法人员职权行为的限制。公务回避可以通过自行回避、申请回避和决定回避三种启动方式得以实现。第三地域回避。这是指担任一定层次领导的公务员不得在自己的原籍及其他不得任职的地区担任一定级别公职的情形。

公务员与其所在行政机关的特别劳动关系（也有观点认为是公务员的"经济利益

权"）^①主要体现为以下三种制度。

（1）工资。公务员的工资属于其正当劳动报酬，《公务员法》也明确规定公务员有获得工资报酬的权利。我国公务员的工资制度主要包括以下内容：①公务员实行国家统一的职务与级别相结合的工资制度。②基于按劳分配的原则，综合考虑工作职责、工作能力、工作实绩、资历等因素，保持不同职务、职级、级别之间的合理工资差距。③主要包括基本工资、津贴、补贴和奖金。④国家建立了公务员工资的正常增长机制。公务员的工资水平应当与国民经济发展相协调，与社会进步相适应。⑤任何机关不得违反国家规定自行更改公务员的工资、福利、保险政策，擅自提高或者降低公务员的工资、福利、保险待遇。任何机关不得扣减或者拖欠公务员的工资。^②

（2）福利。公务员按照国家规定享受福利待遇及休假权利，国家根据经济社会发展水平提高公务员的福利待遇。公务员实行国家规定的工时制度，公务员在法定工作日之外加班的，应当给予相应的补休，不能补休的按照国家规定给予补助。在休假方面，公务员除了享受各种节假（如春节、元旦、端午节、国庆节、劳动节、中秋节等假日）外，还根据职务和任职年限，享受一定的年休假。在培训方面，国家机关根据公务员工作职责的要求和提高公务员素质的需要，对公务员进行相应的分级分类培训。行政机关通常为公务员提供各种脱产和不脱产、定期和不定期的带薪学习机会。国家建立专门的公务员培训机构，有计划地加强对后备领导人员的培训。行政机关也可以委托其他培训机构来承担公务员的培训任务。同时，把公务员的培训情况、学习成绩作为公务员考核的内容和任职、晋升的依据之一。

（3）保险。公务员保险制度是指国家对因年老、伤残、疾病、失业、死亡、生育等原因而暂时或永久性丧失劳动能力的公务员给予物质保障的一系列法律法规的总称。保险制度的刑事承担、法治化、责任义务关系和保险内容在改革前后存在较大差别^③，目前公务员的保险费主要由国家各级财政分担，公务员个人不承担或只承担很小的比例（在其工资中扣除）。公务员享受的保险待遇不局限于其本人，在其失去劳动能力或死亡后，根据有关规定还给予由他们抚养的直系亲属。至于保险待遇标准，则根据公务员的工龄、职务和其他法定条件，由相应行政机关具体确定。我国现行的保险制度涉及基本养老保险制度、基本医疗保险制度、工伤保险、失业保险制度、生育保险制度和失业保险制度。

（三）行政职务关系的消灭

公务员行政职务关系消灭，指由于发生某些行为或事实，使得公务员职务关系不能继续存在的情形。

导致公务员行政职务关系消灭的原因包括法定原因和事实原因。其中，法定原因主要包括开除、辞职、辞退、退休、被判刑罚。

① 应松年. 行政法与行政诉讼法学[M]. 北京：法律出版社，2005.
② 参见《公务员法》第七十九条至第八十四条。
③ 郑尚元. 论我国公务人员养老保险法制之建构[J]. 行政法学研究，2021，（3）：61-75.

（1）开除。公务员因违反政纪受到开除处分意味着所在机关强制其退出公职系统，其公职关系自然终止。开除公职是公务员因严重违法失职、违反纪律而受到的最为严厉的行政处分。2007年4月22日国务院发布的《行政机关公务员处分条例》规定了行政机关开除公务员的具体程序和要求。

（2）辞职。辞职指公务员因主观或客观原因，自愿解除公务员行政职务关系而辞去所担任的公职的行为。根据《公务员法》的规定，我国公务员享有辞职权。公务员辞去公职，应当向任免机关提出书面申请，任免机关应自接到申请之日起三十日内予以审批，其中对领导成员辞去公职的申请，应自接到申请之日起九十日内予以审批。但公务员辞职因涉及国家社会公益，不同于企事业职员或社会团体工作人员的辞职，法律、法规对此有若干限制。例如，有下列情形之一的，不得辞去公职：①未满国家规定的最低服务年限的；②在涉及国家秘密等特殊职位任职或者离开上述职位不满国家规定的脱密期限的；③重要公务尚未处理完毕，且须由本人继续处理的；④正在接受审计、纪律审查、监察调查，或者涉嫌犯罪，司法程序尚未终结的；⑤法律、行政法规规定的其他不得辞去公职的情形。

（3）辞退。辞退指由于公务员不履行应尽的职责，经教育不改的，由所在行政机关提出建议，按管理权限报任免机关审批，强行解除公务员行政职务关系。我国公务员辞退的法定情形包括：①公务员在年度考核中，连续两年被确定为不称职的；②不胜任现职工作，又不接受其他安排的；③因所在机关调整、撤销、合并或者缩减编制员额需要调整工作，本人拒绝合理安排的；④不履行公务员义务，不遵守法律和公务员纪律，经教育仍无转变，不适合继续在机关工作，又不宜给予开除处分的；⑤旷工或者因公外出、请假期满无正当理由逾期不归连续超过十五天，或者一年内累计超过三十天的。

机关辞退公务员，按照管理权限决定。辞退决定应当以书面形式通知被辞退的公务员，并且应当告知辞退依据和理由。被辞退的公务员，可以领取辞退费或者根据国家有关规定享受失业保险。

此外，现行《公务员法》还规定了行政机关不得辞退公务员的若干情形：①因公致残，被确认丧失或者部分丧失工作能力的；②患病或者负伤，在规定的医疗期内的；③女性公务员在孕期、产假、哺乳期内的；④法律、行政法规规定的其他不得辞退的情形。①

（4）退休。退休指公务员因年龄或身体方面的原因而消灭公务员行政职务关系的行为。退休后的公务员与国家所形成的公务员行政职务关系也相应结束，但仍享有国家规定的各项待遇，如保险金等。根据《公务员法》的规定，公务员符合下列条件之一的，本人自愿提出申请，经任免机关批准，可以提前退休：①工作年限满三十年的；②距国家规定的退休年龄不足五年，且工作年限满二十年的；③符合国家规定的可以提前退休的其他情形的。

（5）被判刑罚。公务员若触犯了刑法，被人民法院判处刑罚，公务员行政职务关系便告消灭。

---

① 参见《公务员法》第八十五条至第九十一条。

导致公务员行政职务关系消灭的事实原因包括死亡、丧失国籍。

（1）死亡。公务员死亡后，其职务与责任关系自然消灭。其所抚养的直系亲属可依据国家的有关规定享受抚恤和其他保险待遇。

（2）丧失国籍，标志着公务员公民资格的丧失，其公务员行政职务关系也必然消失。

第五节　行政相对人

一、行政相对人的概念及分类

行政相对人是与行政主体相对应的概念，是指行政法律关系中，行政主体的行政行为影响其权益的公民、法人和其他组织。

关于行政法律关系中除行政主体之外的另一方当事人的称谓，我国行政法学理论和行政法律制度中都存在不同的表述。有的将其称为"行政相对方"[1]；有的将其称为"当事人"[2]；还有的称为"行政诉讼原告"[3]。在《中华人民共和国行政复议法》（简称《行政复议法》）和《行政诉讼法》等法律制度的具体规范中则一般采用"公民、法人或其他组织"的列举式来表述；但"行政相对人"这一概念在行政法学界是使用最频繁的。

根据不同的标准，可以将行政相对人分为以下几类。

（一）个人相对人与组织相对人

行政相对人是以一定的组织体为标准，据此可以分为个人相对人和组织相对人。在具体行政法律关系中，行政主体的行政行为可能涉及多个个人，除非这些个人构成一定的组织体，相互之间有组织上的联系，否则，即使这些个人数量再多，他们仍为个人相对人，而非组织相对人。所以个人相对人不一定是单个的个人。作为行政相对人的组织主要是指各种具有法人地位的企、事业组织和社会团体，包括在我国取得法人资格的外国企、事业组织和社会团体。行政主体主要对各种法人组织的社会、经济、文化等各项事业进行管理，并对其实施诸如批准、许可、授予、免除、征收、给付、统计、裁决、处罚等行政行为，以便实现行政管理目标。

（二）直接相对人与间接相对人

根据行政相对人与行政主体行为关系的相关性，行政相对人分为直接相对人和间接相对人。行政主体行政行为的直接对象是直接相对人，行政行为的结果直接影响其权益，如行政许可、行政给付的申请人，行政处罚的被处罚人，行政征收的被征收人等；行政主体行政行为的间接对象则是间接相对人，行政行为的结果间接影响其权益，如治安处罚关系中被处罚人行为所侵害的人，行政许可关系中其权益可能受到许可行为不利影响的与申请人有利害关系的人（公平竞争人或相邻人），行政给付关系中依靠给付对象抚养的直系亲属等。

① 罗豪才，崔卓兰. 论行政权、行政相对方权利及相互关系[J]. 中国法学，1998，（3）：3-8.
② 参见《行政处罚法》。
③ 黄宇骁. 行政诉讼原告资格判断方法的法理展开[J]. 法制与社会发展，2021，27（6）：88-110.

（三）作为行为的相对人与不作为行为的相对人

以行政主体的行政行为对相对人权益影响的性质为标准，可将行政相对人分为作为行为的相对人和不作为行为的相对人。作为行为的相对人指行政相对人权益会受到行政行为作为方式的影响的相对人，作为方式包括行政征收、行政强制、行政裁决、行政许可、行政处罚。不作为行为的相对人指行政相对人权益受到行政行为不作为方式影响，如行政机关不履行法定职责，导致其人身权益或财产权被侵害，行政机关不依法发给其抚恤金或者对其申请许可证照的请求不予答复等。

（四）抽象相对人与具体相对人

以行政主体的行政行为对行政相对人权益的影响是否产生实际效果为标准，可以将行政相对人分为抽象相对人与具体相对人。行政行为对其权益尚未产生实际影响而仅仅具有潜在影响的相对人是抽象相对人，行政行为对其权益已产生实际影响的相对人是具体相对人。

（五）授益相对人与侵益相对人

以行政主体行政行为对行政相对人产生的权益性质为标准，行政相对人可分为授益相对人与侵益相对人。授益相对人是指行政行为对其权益产生有利影响，从而获取某种权益的相对人；侵益相对人是指行政行为对其权益产生不利影响，从而失去某种权益或其利益受到侵害的相对人。因此，区分授益相对人与侵益相对人不能只关注行政主体行政行为的种类，而应看主要行政行为对相对人权益影响的性质，即取决于行政行为对具体当事人的实际影响是有利还是不利。

二、行政相对人的法律地位与权利、义务

行政相对人的法律地位体现在以下三个方面：第一，行政相对人是行政主体进行行政管理的对象。行政相对人必须服从行政主体的管理并遵守行政管理的秩序。第二，行政相对人也是行政管理的参与人。当代社会中，行政相对人所扮演的角色不再只是被动的行政管理对象，也要主动地通过各种方式和途径积极参与行政管理。第三，行政相对人在行政救济法律关系和行政法制监督关系中可以转变成救济对象和监督主体。总而言之，行政相对人的法律地位是行政相对人在行政法上的权利与义务的综合体现。

根据我国相关法律、法规的规定和行政法理，行政相对人在行政法律关系中主要享有下述十项权利。

（1）申请权。行政相对人有权依法向行政主体提出实现其法定权利的各种申请，如申请办理许可证照，申请取得抚恤金、补助金、救济金，在合法权益受到侵犯时，申请获得法律保护等。[①]

（2）参与权。行政相对人有权依法参与行政管理，如以通知、批评、建议、信访、听证会、意见征求会等形式参与行政立法和其他各种行政规范性文件的制定；通过获取

---

① 参见《宪法》第四十一条和《行政许可法》等有关法律。

告知、陈述意见、提出申辩、提供证据、参加听证、辩论等行政程序参与具体行政行为的实施。

（3）知情权。政府信息公开是现代行政法的根本要求，行政相对人有权依法了解和获取行政主体的各种行政信息，包括各种规范性法律文件、会议决议、决定、制度、标准、程序规则及与行政相对人本人有关的各种档案材料。行政相对人有查阅、复制和要求行政主体主动提供的权利，但法律、法规规定应予保密的除外。

（4）正当程序权。行政相对人在行政主体的行为与其自身权益相关，尤其是损害自身权益时，有权要求行政主体告知根据并说明理由；有权陈述自己的意见和看法，提供有关证据材料，进行说明和申辩，必要时可要求举行听证。

（5）批评、建议权。行政相对人对行政主体及其工作人员实施的违法、不当的行政行为有权提出批评，并有权就如何改善行政主体的工作和提高行政管理质量提出建议、意见。

（6）申诉、控告、检举权。行政相对人对行政主体及其工作人员作出的对自己不公正的行政行为有权申诉，对行政主体及其工作人员的违法、失职的行为有权控告或检举。

（7）申请复议权。行政相对人认为行政主体作出的具体行政行为侵犯其合法权益时，有权依法申请复议。

（8）提起行政诉讼权。行政相对人对行政复议决定不服的，可以依照行政诉讼法的规定向人民法院提起行政诉讼。

（9）请求国家赔偿、补偿权。当国家机关及其工作人员行使职权行为违法侵犯了行政相对人的合法权益并造成其损失时，其有权依法请求给予国家赔偿。行政相对人财产因公共利益需要而被国家征收、征用，或其合法权益因国家机关及其工作人员合法行使职权行为而受到损害、损失时，有权依法请求补偿。

（10）抵制违法行政行为权。行政相对人对于行政主体实施的明显违法或重大违法的行政行为有权依法予以抵制，如抵制没有相应法律根据的罚款等。

根据我国相关法律、法规的规定和行政法理，行政相对人在行政法律关系中主要应履行下述六项义务。

（1）服从行政管理的义务。在行政管理法律关系中，行政相对人的第一义务是服从行政管理，如遵守行政机关发布的行政法规、规章和其他规范性文件；执行行政命令、行政决定；履行行政法上的各项义务。

（2）协助公务的义务。行政相对人对行政主体及其工作人员执行公务的行为，有义务主动予以协助，不得妨碍、阻挠公务行为。例如，行政主体行使调查、检查权时，行政相对人应当予以配合，如实提供真实信息；或者在必要时，为配合行政主体维持秩序而提供交通工具或其他设施。

（3）维护公益的义务。行政相对人有义务维护国家和社会公共利益，在国家和社会公共利益正受到或可能受到损害或威胁时，应采取措施，尽可能防止或减少损害的发生。行政相对人因维护公益致使本人财产或人身受到损失或伤害的，事后可请求国家予以适当补偿。

（4）接受行政监督的义务。行政相对人在行政管理法律关系中，要接受行政主体依法实施监督，包括检查、审查、检验、鉴定、登记、统计、审计，向行政主体提供情况、说明和报表、账册等有关材料。

（5）提供真实信息的义务。行政相对人在向行政主体申请提供行政服务（如申请许可证照）或接受行政主体监督时，向行政主体提供的各种信息资料应真实、准确，若故意提供虚假信息，要承担相应的法律责任。

（6）遵守法定程序的义务。行政相对人应当基于法律、法规规定的程序、手续和时限，请求行政主体实施某种行政行为或应行政主体要求作出某种行为。否则可能导致自己提出的相应请求不能实现，甚至要承担相应的法律责任。

第六节　行政法制监督主体

一、行政法制监督的概述

行政法制监督是指国家权力机关、国家司法机关、上级行政机关、专门行政监督机关，以及国家机关体系以外的个人和组织依法对行政主体及其工作人员行使行政职权行为和遵纪守法行为所进行的监督，监督类型上可以划分为外部监督与内部监督、直接监督与间接监督，以及惩戒性监督与规范性监督等类型，任何类型的行政法制监督都是为了保证政府的民治性和行政的高效率[①]。

应当指出，行政法制监督并不是行政监督的一个部分，行政法制监督与行政监督是性质完全不同的两类行为，两者既有区别又有联系。

（一）行政法制监督与行政监督的区别

（1）监督对象不同。两者最重要的区别是监督的对象不同，前者监督的对象是行政主体及其工作人员，既包括国家行政机关、国家公务员，还包括法律、法规授权的组织和其他社会公权力组织，以及行政机关委托的组织中行使被授予、被委托的一定公权力的人员；后者监督的对象是行政相对人。

（2）监督主体不同。行政法制监督的主体是国家权力机关、国家司法机关、专门行政监督机关，以及国家机关系统外部的组织和个人；而行政监督的主体是作为行政法制监督对象的行政主体。

（3）监督内容不同。行政法制监督主要是对行政主体行为合法性和合理性的监督；而行政监督主要是对行政相对人遵守法律及履行行政法规定的义务的监督。

（4）监督方式不同。行政法制监督主要采取权力机关审查、调查、质询、司法审查、行政监察、审计、舆论监督等方式；而行政监督的方式主要包括检查、检验、登记、统计、查验、鉴定等。

---

① 叶必丰. 行政复议机关的法律定位[J]. 法学，2021，474（5）：34-46.

（二）行政法制监督与行政监督的联系

（1）监督的总目标相同。无论是行政法制监督还是行政监督，其监督的出发点都是为了维护和保障行政法制监督，维护和保障人权，维护和保障行政管理秩序，以在行政领域实现民主、公正和提高效率为总目标，都是维护行政法制监督不可或缺、不可偏废的有力武器。

（2）监督主体有部分交叉。行政法制监督的主体除了有专门的行政监督机关，如监察机关、审计机关外，还包括一般行政机关。这些行政机关同时也是行政监督的主体。特别是审计监督，它同时对国务院各部门和地方各级政府的财政收支，以及国有金融机构和企事业组织的财务收支进行监督，前者为行政法制监督，后者为行政监督。[①]

（3）两种监督有时相互结合进行。行政法制监督和行政监督是两种性质不同的监督，但这两种监督在进行过程中有时相互结合。例如，有关国家机关联合进行的执法大检查，既检查相对人遵守法律和履行行政义务的情况，也同时检查行政主体及其工作人员执法和廉政、勤政的情况。个别国家机关进行的单项法律检查，有时也同时包括对行政主体执法情况和对行政相对人守法情况的检查。行政法制监督和行政监督在一定条件下同时进行更有利于提高监督效率。[②]

二、行政法制监督主体的种类

（一）国家权力机关的监督

行政法制监督最重要的主体是各级国家权力机关，尤其是全国人民代表大会及其常务委员会。

国家权力机关对行政的监督主要包含以下内容。

1. 全国人民代表大会常务委员会对行政立法的监督

全国人民代表大会常务委员会主要通过法律备案、裁决法律效力冲突、审查和撤销等各种方式和途径进行监督：①法律备案。行政法发布后，应在30日内向全国人民代表大会常务委员会备案。②裁决法律效力冲突。地方性法规与部门规章之间就同一事项的规定不一致，不能确定如何适用时，由国务院提出意见。国务院认为应适用地方性法规的，即适用地方性法规；国务院认为应适用部门规章的，应提请全国人民代表大会常务委员会裁决。③审查和撤销。中央军委、最高人民法院、最高人民检察院及省、自治区、直辖市人大常委会认为行政法规同宪法和法律相抵触的，可以要求全国人民代表大会常务委员会进行审查；其他国家机关、社会团体、企事业组织及公民如果认为行政法规同宪法和法律不一致的，可以建议全国人民代表大会常务委员会进行审查。全国人民代表大会常务委员会审查后，如认为行政法规同宪法和法律确实相抵触，有权予以撤销。

① 姜明安. 行政法与行政诉讼法[M]. 5版. 北京：北京大学出版社，高等教育出版社，2011.
② 姜明安. 行政法与行政诉讼法[M]. 7版. 北京：北京大学出版社，高等教育出版社，2019.

2. 省、自治区、直辖市人民代表大会常务委员会对地方政府规章的监督

根据《宪法》《立法法》《中华人民共和国地方各级人民代表大会和地方各级人民政府组织法》的规定，省、自治区、直辖市人民代表大会常务委员会可以通过备案、审查和撤销其认为不适当的规章的方式，以对地方政府规章进行监督。

3. 其他地方国家权力机关对相应地方人民政府规范性文件的监督

其他地方国家权力机关通过审查监督，如认为相应地方人民政府规范性文件同有关法律、法规相抵触，可以撤销相应地方人民政府的规范性文件。

4. 国家权力机关对各级人民政府组成人员的监督

国家权力机关如发现政府组成人员有渎职、失职行为，可以通过法定程序罢免相应渎职、失职人员。

（二）国家司法机关的监督

国家司法机关的监督包括人民法院的监督和人民检察院的监督。

1. 人民法院的监督

人民法院履行其监督职能，主要是以行政诉讼的形式，对具体行政行为的合法性进行审查，将违法的具体行政行为撤销，将显失公正的行政处罚进行变更。除此以外，人民法院还可以通过司法建议的方式，建议行政机关纠正不属于人民法院撤销范围的违法行政行为和建议处分有违法行政行为的国家公务员。

2. 人民检察院的监督

人民检察院的监督对象主要限于严重违法乱纪，并可能构成犯罪的国家公务员。人民检察院特别通过对犯有贪污贿赂罪、渎职罪等的公务员进行侦查和提起公诉，实现其行政法制监督职能。此外，人民检察院对监狱、看守所及其管教人员实行日常监督，通过通知主管机关予以纠正的方式实现其行政法制监督职能。

另外，人民检察院还可以通过提起行政公益诉讼对行政机关违法行政行为和不作为进行监督。《行政诉讼法》第二十五条规定，人民检察院在履行职责中发现生态环境和资源保护、食品药品安全、国有财产保护、国有土地使用权出让等领域负有监督管理职责的行政机关违法行使职权或者不作为，致使国家利益或者社会公共利益受到侵害的，应当向行政机关提出检察建议，督促其依法履行职责。行政机关不依法履行职责的，人民检察院依法向人民法院提起诉讼。人民检察院通过提起行政公益诉讼的方式进行行政法制监督的制度，对于监督行政机关依法行政维护社会公共利益具有重大意义。该制度始于2017年6月27日第十二届全国人大常委会第二十八次会议通过的对《行政诉讼法》的修改决定，该决定于2017年7月1日起正式施行。

（三）专门行政监督机关的监督

专门行政监督主要包括行政监察机关的监督和国家审计机关的监督。

1. 行政监察机关的监督

行政监察机关监督的主要内容是国家公务员遵纪守法的情况。行政监察机关通过主动调查和接受行政相对人的申诉、控告、检举来发现并办理违反行政纪律案件，对相应

国家公务员的违法违纪行为作出监察决定或者向相应主管行政机关提出监察建议。监察机关在办理中，可以提请有关行政部门、机构予以协助。根据检查、调查结果，按照国务院的规定，组织协调、检查指导政务公开工作和纠正损害群众利益的不正之风工作。

2. 国家审计机关的监督

国家审计机关主要针对以下行为进行监督：国务院各部门、地方各级政府及其工作部门的财政收支行为。审计机关对审计监督过程中发现的违法或违反国家有关规定的财政收支行为，依法或提请有权处理的机关予以处理、处罚，以保障财政领域的行政法治。

（四）国家机关系统外部的个人、组织的监督

党内监督与党外监督相配合，是新形势下解决我国重大问题的现实需要，也是有效提升国家机关行政效率、建设透明政府的需要[1]。个人、组织作为民主监督主体是重要的国家机关系统外部的监督力量，其可以通过向有权国家机关提出批评、建议、申诉、控告、检举、起诉或通过媒体报道揭露、曝光违法行政行为，为有权国家机关的监督提供信息，来对行政主体行使职权的行为和国家公务员遵纪守法的情况实施监督，是行政法制监督的基础。

思考与讨论

（1）行政主体有哪些种类？

（2）行政组织法的主要内容有哪些？

（3）行政机关的特征有哪些？行政机关一般职责和主要职权有哪些？

（4）服务型政府与法治政府两者有什么关系？

（5）法律法规授权的组织具有什么法律地位及被授权组织的条件和范围是什么？

（6）行政委托的概述以及行政委托与行政授权的区别是什么？

（7）行政相对人的概念是什么？行政相对人具有什么法律地位？

（8）什么是行政法制监督？行政法制监督的主体种类有哪些？

案例分析题

某市拥有规模相差不大的造纸厂甲与乙，两个造纸厂共同向河流排放污水，河流涨水，致使沿岸农民庄稼受损，颗粒无收。该市环保局经检测发现，甲与乙都超标排放了某类有毒物质，而且，农民庄稼受损的原因是该类有毒物质致害。于是，该市环保局作出一项决定，甲厂交纳超标排污费1万元，乙厂交纳超标排污费1万元，并责令甲厂与乙厂赔偿农民损失5万元，每人一半。甲厂不服，遂向人民法院提起行政诉讼。甲厂认

---

[1] 陈家勋. 行政检察：国家行政监督体系中的补强力量[J]. 现代法学，2020，42（6）：121-135.

为，市环保局的行政征收显失公正，要求人民法院责令市环保局重新作出合理的行政征收费额。甲厂认为其处于河流的下游，自己只对农民的损失有轻微的致害行为，所以不应当与乙厂平均承担农民损失，而且农民的损失根本没有 5 万元，请求人民法院对赔偿费用重新作出确定。

问题：

（1）人民法院是否应该受理该案？为什么？

（2）甲厂的第一项诉讼请求与第二项诉讼请求性质上有什么差异？

第六章 行 政 行 为

本章教学要求

通过本章的学习，学生应当掌握行政行为的含义、分类，行政行为模式及其价值，行政立法的概念、分类、原则与程序，行政规范性文件的含义、分类，行政处理的含义，依申请的行政处理行为，依职权的行政处理行为，行政机关实施的行政指导行为、行政合同行为和行政事实行为，行政程序的含义、特征、原则与基本制度等内容。

重点问题
（1）行政立法的原则与程序
（2）行政程序的基本原则与基本制度
难点问题
（1）行政行为的模式及其价值
（2）行政合同行为与行政事实行为

第一节 行政行为概述

一、行政行为的概念

（一）国外有关行政行为的含义

行政主体行使行政权主要是通过行政行为来实现的，因此，行政行为就成为行政法关注和研究的重点，有关行政行为的理论也就成为行政法学重要的研究对象。一般认为，行政行为概念最初起源于法国。1789 年法国大革命之后，立法、行政、司法三权分立的政体得以在法国形成。行政机关在日常的行政管理活动中，经常针对一些具体的事项作出相应的处理决定，如同法院的判决，行政机关这种处理决定对事对人亦具有法律上的约束力，学者称其为"Acte Administratif"。这便是传统意义上的行政行为，其在本质上表现为相对人必须服从的主权者单方的决定或命令。法国的"Acte Administratif"被德国学者引入，经过概念法学的方法处理后形成了"Verwaltungsakt"概念。起初，"Verwaltungsakt"在德国被解释为公共行政机关依据公法或私法所采取的一切行政措施。逐渐地，"Verwaltungsakt"的范围仅限于公共行政机关依据公法所采取的行政措施。后来德国的"Verwaltungsakt"概念被日本、我国及其他大陆法系国家引入。在引入行政行为概念的时候，大多根据自己的需要重新界定行政行为的概念，构建行政行为体系。申言之，不同国家界定行政行为时的态度并不一样。有的国家对行政行为的含义和范围持宽泛和开放的态度，如法国。法国初创行政法时，主要是基于行政诉讼的需要，把行政行为做了宽泛的界定，使行政行为的概念与行政诉讼的受案范围密切相关，而对于类似我国行政法学中的具体行政行为概念则以行政处理代替，这样行政行为这个概念就不为过于精致、严谨的学术研究所累，而能在受案范围上进退自如。有的国家对行政行为的含义和范围持严谨和封闭的态度，如德国，奥托·迈耶（Otto Mayer）把行政行为引入德国后，对该概念进行了重新定义，他把行政行为定义为："行政机关对相对人在具体事件中作出的决定其权利的优越性的宣示。"尽管奥托·迈耶定义的行政行为在德国遭到了批评，但是仍然是德国占主导地位的学说。1976 年的《联邦德国行政程序法》对行政行为做了法律上的界定，行政行为是指行政机关为规范公法领域的个别情况采取的具有直接对外效力的处分、决定或其他官方措施。分析该法对行政行为的定义可以发现，一是，行政行为是具体行政行为，而非抽象行政行为；二是行政行为是外部行政行为，而非内部行政行为；三是行政行为是法律行为，而非事实行为。这个概念将事实行为、公法契约等排除在行政行为之外。

（二）我国有关行政行为的含义

我国学者对"行政行为"概念的理解深受国外学说的影响，在借鉴和引入国外行政法中有关行政行为及其相关概念的基础上，提出了各种行政行为的定义，从最广义的"行政行为是行政主体依照职权所为的一切行为"，到最狭义的"行政行为是行政主体就某具体事项所为的具体行政行为"。行政行为的含义究竟为何，由于使用的标准不同，对行政行为的概念和范围的理解也就不一样。目前我国行政法学界对行政行为还没有形成统一的认识，我们此处介绍三种有代表性的定义。

1. 行政主体说

行政主体说以国家组织的主体身份为标准区分行为的性质。该学说认为，行政行为是行政机关所采取的全部行为，以区别于立法机关所采取的立法行为和司法机关所采取的司法行为。这种称为形式意义或机关意义的行政行为。形式意义的行政行为能够说明行政行为和立法行为及司法行为的不同的法律制度，因为它们分别属于不同的国家机关。依据行政主体说标准，我们可以从形式上很容易分辨出某种行为是否为行政行为，但是其弊端也是很明显的，因为我们无法区分行政机关内部行为的差别。事实上，在行政机关内部，其行为的差别很大，除了运用行政权实施的法律行为之外，还有运用行政权实施的准法律行为和事实行为，以及与行政权无关的私法行为。依照通说，行政机关的私法行为是不能划入行政行为的，行政事实行为是否能够划入还有待斟酌。

2. 行政权说

行政权说以行使行政权为标准区分行为的性质。该说认为，只有行使行政权的行为，即运用行政权所作的行为才是行政行为。行政行为包括行政法律行为、行政事实行为和准行政行为三类，而不包括行政机关没有运用行政权所作的私法行为。相较于行政主体说，行政权说抓住了"行政"这一概念的核心。该学说存在的问题在于我们是否能把行政权仅仅限于行政机关内部，非行政机关是否也可能行使行政权呢？这就涉及如何界定行政权了。事实上，在我国，法律授权的组织是可以行使行政权的，有一些事业单位实际上行使着行政权，如高等学校颁发毕业证书的行为。

3. 公法行为说

公法行为说以公法和私法的划分为标准区分行为的性质。行政行为是具有行政法（公法）意义或效果的行为。这种观点在德国和日本早期的行政法学界颇为盛行。20世纪初，日本学者美浓部达吉积极主张区分公法和私法的必要性，但是他本人也意识到如何区分公法和私法是一个棘手的事情。除完全否定公法和私法的区别也主张所谓法一元说的学者外，多数法律学者承认应将国法分为公法和私法。可是，关于区分公法与私法应以什么为标准这一问题，学说纷纭，莫衷一是。美浓部达吉分析了区分公法和私法的主要标准：主体说、法律关系说、利益说和社会说。因为各个标准各有利弊，难以简单选择，所以他主张：关于公法和私法的区别标准的学说纷然不一，既如前述。

回到我国关于行政行为的概念，我们不妨借鉴美浓部达吉的观点，不单纯采用一种观点，而是根据具体情境和现实需要，结合我国行政法理论和实践情况进行总结。在我国，行政法学界关于行政行为的通说更倾向于以行政权说为核心，结合行政主体和公法行为及其他标准糅合而成。

为了介绍和分析的需要，本书采用我国行政法学界的通说，将行政行为界定为：具有行政权能的组织通过一定的意思表示，行使行政职权或履行行政职责所实施的、能够产生法律效果的行为。

二、行政行为的分类

（一）抽象行政行为与具体行政行为

这是以行政相对人、行为的适用范围是否特定为标准对行政行为所作的一种分类。抽象行政行为是指由行政主体作出的针对特定相对人并且具有普遍适用范围的行政行为，一般表现为制定行政法规、行政规章和行政规范性文件的行为。具体行政行为是指行政主体针对特定相对人所作的并且不对其他人产生约束力的行政行为，如对某一自然人作出行政处罚决定、裁决一个复议案件等。我国现行的《行政诉讼法》规定，人民法院仅受理列举的各种具体行政行为，不受理行政法规、规章或者行政机关制定、发布的具有普遍约束力的决定、命令等抽象行政行为。

（二）依职权的行政行为和依申请的行政行为

这是基于行为是否由行政主体主动做出所作的一种分类。依申请的行政行为是指行政主体在相对人提出申请后才能对相对人申请的事项加以处理的行为，所以依申请的行政行为又被称为被动或消极的行政行为。依申请的行政行为大多涉及行政相对人的权利、利益的获得或者义务的减免等，如行政许可和行政奖励。依职权的行政行为是指行政主体无须行政相对人申请，而是依照法定职权主动处理行政管理事务的行为，所以又被称为主动或积极的行政行为。传统的行政行为大多属于依职权的行政行为，如行政处罚、行政强制、行政奖励等。

（三）内部行政行为与外部行政行为

这是基于相对人与行政主体是否有隶属关系对行政行为所作的一种分类。内部行政行为是行政主体对有隶属关系的人员、事务进行管理时所作的行为，如行政主体对内部人员的任免、奖惩等。外部行政行为是行政主体对社会事务进行管理时，对没有隶属关系的相对人作出的行政行为，如交通警察对违章驾驶人员的处罚行为、市场监督管理机关对筹建中的公司颁发营业执照的行为等。

（四）羁束行政行为与裁量行政行为

这是基于行政主体作出行政行为时受到行政法律规范约束的程度所作的一种分类。羁束行政行为是指行政主体作出行政行为受到行政法律规范的严格约束，缺少裁量余地的行政行为。裁量行政行为则是指行政法律规范具有弹性，行政主体在作出行政行为时可以根据具体情节进行裁量的行政行为。在法律适用上，羁束行政行为一般只存在合法与否的问题，而裁量行政行为不仅存在合法与否的问题，还存在合理与否的问题，从而给行政主体留下了（自由）裁量的空间。

（五）要式行政行为与不要式行政行为

这是基于法律对行政行为是否有特定形式的要求而对行政行为所作的一种分类。要式行政行为是指法律、法规对行政行为采用何种形式有特别要求。最简单，同时也是最典型的形式要求是书面形式。不过，行政行为内容复杂，对形式的要求不一，远不止书面形式那样简单，常常对某些行政行为有法定的特殊形式要求，如生产许可证的形式、营业执照的形式等。不要式行政行为是指法律、法规对行政行为采用什么形式没有特别要求。行政行为大多是要式的，这与行政行为的公开性、严肃性、权威性等特点相关。

除了上述分类外，行政行为还有其他许多种分类方法，如实体性行政行为和程序性行政行为；作为的行政行为和不作为的行政行为；主行政行为与从行政行为等。

三、行政行为的模式

（一）行政行为模式的含义

在不同学科和不同视域内，行政行为模式的内涵与外延并不相同。在行政管理视域内，行政行为模式从属于行政模式，是体系化的行政协调方式的抽象。综合政治学、管理学和社会心理学的理论，我们认为，从行政协调的中观视角看，对应三种类型的行政模式分别有三种行政行为模式，即服从行政行为模式、协作行政行为模式和合作行为模式。在行政法视域内，叶必丰教授认为，行政行为模式即行政行为的形态、模型、模式或类型，在行政法学上表现为行政行为的概念或范畴，指在理论或实务上对行政行为的内容和程序都已经形成固定的、共同的、典型特征的行为体系。

行政行为的模式，在行政法学上就是行政行为的概念或范畴，如抽象行政行为、具体行政行为、行政处罚、行政处分、行政许可、行政奖励、行政裁决、行政征收、行政给付、行政确认、行政强制措施和行政强制执行等。行政行为的模式是某类行政行为典型特征的理论化和固定化，是行政行为的体系化。一个行政行为模式，意味着许多行政性行为的组合，并意味着属于更大范围内更多行政行为的组成部分，是整个行政行为的"网上纽结"。也就是说一方面，它本身就是一个行为体系或系统，另一方面，它又是大系统中的子系统。例如，行政处罚这一行为模式，本身就包含了行政罚款、行政拘留、责令停产停业和吊销证照等众多行为模式，同时又隶属于具体行政行为这一行为模式，是具体行政行为中的一个特定的纽结。

（二）行政行为模式的价值

1. 沟通价值

沟通是人类社会存在的基础，良好的沟通才可能造就健康的人际关系，顺畅的沟通则必须有良好的方式和有效的工具。良好的方式表现为有效运作的机制，有效的工具则表现为达成共识的概念、原则和原理。行政行为的模式作为一种理论范畴或概念，就是这样一种避免发生不必要误会和无谓纷争的沟通工具。行政法学的研究和讨论、行政法知识的传授和普及、行政法学与其他部门法学及行政管理学学科的对话，都离不开这种概念性工具。行政法学著作中对各种行政行为的介绍和讨论，都是对行政行为模式的分析、概括和解释。行政行为模式化不仅在行政法学的理论研究中被广泛使用，在行政法实务中也是如此，缺失了行政行为模式这一概念性工具，行政立法、行政执法和行政司法活动都会因为不能有效沟通而难以开展。

2. 推理和定位价值

行政行为模式是一个体系，每一个特定的行政行为模式都能在该体系中找到相应的位置，即在行政行为体系的网络上找到其"纽结"。借助行政行为模式，我们就可以对一个特定的行政行为进行逻辑推理、归类和定位。例如，某交警对超载的运输车驾驶员做出责令停止违法的超载行为并处罚款 500 元的决定，该决定在行政行为体系中属于行政罚款——行政处罚——具体行政行为。如果该超载驾驶人员拒绝停止违法行为，仍然驾驶超载车上路，执法的交警对该抗拒执法的驾驶人员使用电警棍将其击倒，该行为在行政行为体系中属于行政强制措施——具体行政行为。通过这种认定、归类、推理和定位，可以了解该行政行为应具有的意思表示构成要素及应经过的程序。通过分析该行政行为是否已经符合该行政行为模式所要求的意思表示要素和程序，从而确定该行政行为的公定力、确定力、拘束力和执行力。简言之，某一行政行为被模式化之后，就与特定的法律效果相互勾连，便于我们对其进行推理和定位。

3. 规范价值

在法治社会中，行政主体应该依法行事，也就是按照法律规则行事。法律是对普遍社会现象的典型特征和已有规律的固定化和永久化。只有当千变万化和错综复杂的行政行为现象的典型特征和共同性素材被分析、提炼和概括出来并被固定下来和模式化后，才有可能制定法律来规范和约束行政行为。当步入行政国家阶段之后，行政主体众多，行政行为纷繁复杂，如何对行政行为进行法治化是行政法理论和行政法实务面临的重大课题。寻找行政行为内在的相似性，经过提炼并进行模式化是一个有效的途径。例如，只有当市场监督管理部门的吊销营业执照行为、公安部门的行政拘留行为、环境保护部门的责令停产治理行为、公安交通管理部门的罚款行为等的典型特征和一般规律被人们所认识和掌握之后，经过提炼和抽象，形成了行政处罚这一模式化的行政行为时，才有可能制定统一的行政处罚法来规定行政处罚的实施主体、管辖适用规则和处罚程序，从而规范行政处罚行为。

当然，我们也必须认识到，行政行为的模式也存在不足：其一是，行政行为的模式化是一个渐进的、长期的过程，有些行政行为是新产生的，不具有已经模式化了的行政行为的典型特征，就没有被纳入既有的模式化的行政行为系统中或者没有单独形成新的模式化的行政行为，这些行政行为就游离于法律和法规之外。其二是，行政行为模式具有固定性，从另一个意义上讲，行政行为模式就缺乏灵活性。行政行为模式的不足导致既有模式很难适应不断出现的新的需要，从而不断产生新的非模式化的行政行为，人们也易于关注已经被模式化了的行政行为，忽视未被模式化的行政行为。

第二节　行 政 立 法

一、行政立法的概念和分类

（一）行政立法的概念

从字面上看，行政立法是"行政"与"立法"的结合，按照传统的三权分立思想及其逻辑，既然国家权力分为立法、行政和司法三个部分，那么行政与立法是并列的，也就是相互排斥的，不应该结合在一起。然而，诚如美国联邦最高法院大法官霍尔姆斯的名言"法律的生命不在于逻辑，而在于经验"（the life of law doesn't lie in logic, but in experience）所揭示的，行政权与立法权结合而产生的行政立法权有其实践的需要。这种需要表现在：一方面，随着行政国家的到来，行政活动侵入到社会生活的方方面面，而根据行政法治原则的要求，行政行为又必须有法律依据，面对日渐增加的实践对法律的需求，立法机关无法满足，需要委托或授权行政机关进行立法以满足实践对法律的需要；另一方面，现代行政管理活动的技术性和专业性日渐增强，立法机关常常不具备足够的专业技术知识和专业技术能力满足立法需求，客观上也不得不把这些领域的立法权授予行政机关。

泛泛而言，行政立法是相对于立法机关的行为和文件而言的，但是究竟行政机关的哪些行为和文件可以被称为行政立法是一个颇令人费神的问题。各国由于政治体制、法律传统及法律形式不同，有关行政立法的称谓也大不相同，比如，德国有"法规命令"——包括政府、部长在内的行政机关颁布的法律规范，以及"规章"——公法人为了管理自己的事务而制定的法律规范，无论是法规命令还是规章都具有外部效力。日本则有"法规命令"——行政机关制定的，关于行政主体和私人关系中的权利、义务的一般性规范，以及"行政规则"——行政机关制定的规范，但与国民的权利、义务不直接发生关系，即不具有外部效果的规定。显然，日本的法规命令包含了德国的法规命令与规章。具体到我国，学术界对行政立法的看法与认识也众说纷纭，并没有形成统一的说法。在我国，广义上的行政立法指行政主体针对不特定人制定普遍性规范的抽象行政行为，既包括行政机关根据法定权限按照法定程序制定行政法规和行政规章的立法活动，亦涵盖行政机关在行政管理过程中制定具有法定效力和规范体式的其他规范性文件（行政规定）的活动。狭义上的行政立法仅指行政机关制定行政法规和行政规章的立法活动。本书也采用该种观点，这也是学界的通说。采用上述观点，我们认为行政立法具有以下几层含义。

（1）行政立法是行政主体的行为。行政立法并不是行政主体的主要职能，行政机关的主要职能是依据立法机关制定的法律对社会事务进行管理。当然我们必须认识到，行政立法职能与行政执行职能存在密切关系，行政立法职能是基于行政执法职能的需要产生的。尤其需要注意的是，并不是所有的行政机关都有行政立法权限。根据我国有关法律规定，行政立法主体包括国务院，国务院各部、各委员会，国务院直属机构，省、自治区、直辖市人民政府，省、自治区人民政府所在地的市级人民政府，国务院批准的较大的市的人民政府，经济特区所在地的市级人民政府。不同层次的人民政府的行政立法权的范围也存在差别，如国务院具有广泛的行政立法权，除了法律保留给全国人民代表大会及其常务委员会的立法外，国务院不仅享有对全国人民代表大会及其常务委员会制定的法律进行解释和适用的行政立法权，还享有包括对全国人民代表大会及其常务委员会没有进行立法情形下因管理社会事务的需要而先予进行行政立法的权限。设区的市、自治州人民政府的行政立法权限范围包括执行法律、行政法规、地方性法规的规定，以及对城乡建设与管理、环境保护、历史文化保护等方面的事项和属于该市、自治州区域的具体行政管理事项。

（2）行政立法属于次级立法，具有从属性。普通法系国家把行政立法称为授权性立法（delegated legislation）或者次级立法（subordinate legislation）。前者意指行政立法权来源于立法机关的授权，并非原始性的立法权，具有派生属性；后者是指行政立法在内容方面大多具有执行性质（executive），也就是说行政立法通常是指立法机关通过法定形式将某些立法权授予行政机关,行政机关得依据授权法（含宪法）创制行政法规和规章的行为。行政立法的这一属性决定了它不能和立法机关制定的上位法律冲突，否则该行政立法因与上位法冲突而无效。

（3）行政立法具有程序上的简便性和内容上的针对性、专业性。行政立法是为了适应行政管理活动的需要产生的，行政管理活动的一个重要特征是突发性、专业性。行政管理活动的突发性要求立法的简便与高效，但是受到立法程序的严格限制，立法机关的立法难以做到简便与高效。比如，立法机关在闭会期间不可能进行立法；立法机关的立法活动都有立法规划，没有列入立法规划的法案不可能进入立法议程。鉴于立法本身在程序上有严格要求，不能完全适应现代行政管理活动的需要，常常只能用行政立法的形式予以替代。相较于立法机关的立法行为，行政立法在本质上是行政行为，因而具有行政行为简便与高效的特征。行政管理活动的复杂性和具体性要求立法内容要具有针对性和专业性，这同样是立法机关的立法在内容上难以做到的。立法机关并不参与社会管理事务，这就很难了解行政管理活动的具体内容，其立法限于原则性、抽象性和程序性的规定，只能把内容非常具体和专业的管理规定留给行政机关自己去制定，从而给行政立法留下了巨大的空间。

（二）行政立法的分类

依照不同的标准，行政立法可以做多种分类，从而让我们对行政立法有更充分的认识和更好的理解。

（1）职权性立法和授权性立法。根据行政立法权限的来源，可以把行政立法分为职权性立法和授权性立法。相对于立法机关的立法而言，行政立法都是授权性立法，即delegated legislation。但是在行政立法的范畴内，行政立法权限依然有不同的来源。职权性立法是指特定的行政机关根据宪法和组织法赋予的职权，就其职权范围内的事项制定行政法规和规章的活动。在这个意义上，行政机关的立法权近似于立法机关的立法权。比如，国务院的职权性立法权限来源于《宪法》第八十九条第一项和《立法法》第七十二条，国务院各部委及其他有立法权的直属机构的立法权限则来源于《宪法》第九十条第二款和《立法法》第九十一条、第九十二条。授权性立法是指行政机关依照法律、法规授权或者立法机关的授权而进行的立法活动。

（2）执行性立法与创制性立法。根据行政立法的内容和功能，可以把行政立法分为执行性立法和创制性立法。执行性立法是指行政机关为了执行法律、法规并基于该法律、法规的规定而进行的行政立法活动。法律和法规的规定常常只是原则性的，不够具体明确，需要对其进行细化和解释。执行性立法强调行政立法是落实并执行法律和法规中的权利、义务、职权，不得创设新的权利、义务、职权。创制性立法是指行政机关根据宪法和组织法规定的职权或其他单行法律、法规的授权，在其授权的职权范围内，创制新的权利、义务、职权的活动。由于创制性立法与立法机关的立法权存在冲突，也与行政机关的主要职能冲突，创制性立法通常具有临时性和过渡性，当机会成熟时，就应该把该行政立法上升为法律。

（3）中央行政立法和地方行政立法。根据立法的主体及适用范围，行政立法可以分为中央行政立法和地方行政立法。中央行政立法是指国务院制定行政法规及国务院所属部门制定部门规章的活动。地方行政立法是指具有行政立法权的地方政府制定地方规章的活动。《立法法》对上述各种主体的行政立法权限有明确的规定，我们在此不再赘述。

二、行政立法的原则和程序

（一）行政立法的原则

行政立法的原则是指行政立法机关在制定行政法律规范时所应遵循的基本准则，它体现在行政立法过程之中，具有统一立法精神、思路，统率与指导立法活动，弥补立法条文不足等方面的意义和作用。行政立法原则的地位和作用毋庸置疑，也正因为如此，学界在论及行政立法问题时，大多都要提出几条关于行政立法的原则。有学者提出广义和狭义两个层次的行政立法原则，加上国家层次的立法原则，我国行政立法应当遵循三个层次的立法原则所组成的原则体系。其中，广义行政立法应当遵循行政主体与相对人权利（力）义务均衡配置、尊重行政活动科学规律、实体规范与程序规范并重等三项特有原则，狭义行政立法应当遵循法律保留、审慎立法、重在执行等三项特有原则。到目前为止，学术界对行政立法原则并没有达成统一的认识。我们认为以下三个原则是处于基础地位和不可缺少的原则，也是大部分学者认同的原则。

（1）民主立法原则。我国是社会主义民主国家，民主首先体现在政治和立法活动中。民主立法原则既体现在行政立法的内容中，也体现在行政立法程序上。立法中的民主首先要求法律应当体现人民的意志，在法规和规章的内容方面要尊重人权、真正反映和体现利益相关人的利益、愿望和要求。立法中的民主其次要求行政立法体现开放性，让人民参与到立法的过程中来，具体而言就是要确保利益相关人和其他社会公众对法案的提议权和讨论权，建立对所提意见、建议是否采纳的答复制度。《立法法》规定了保障人民通过多种途径参与立法活动。《行政法规制定程序条例》和《规章制定程序条例》具体规定了行政立法面向社会公开征求意见的时间、方式及程序，公众参与行政立法成为一种普遍现象。行政立法需加强公众参与：一方面，行政立法具有独特的价值和功能；另一方面，公众参与行政立法具有法律依据。公众参与行政立法有利于政务诚信建设，但在实践中公众参与行政立法仍然面临困境。因此，应当加强政务诚信建设，提高参与主体的地位和素质，完善参与途径，实现公众参与行政立法扩大化。

（2）法制统一原则。法制的统一是全体国民行动得到协调、社会各方面的效益得到充分发挥、社会得以和谐和稳定的前提，也是建立社会主义市场经济的必然要求。在立法主体多元化的格局下，法制统一原则显得尤为重要。法制统一原则要求：首先，行政立法的内容必须与法律的内容保持一致；其次，必须与上级行政机关的行政立法的内容保持一致；再次，不相隶属的行政立法之间内容必须协调一致；最后，同一个行政主体制定的多个行政法规、规章之间，一个行政法规或者规章的内部条款之间也必须保持一致。

（3）可操作性原则。如前所述，行政法规有执行性法规和创制性法规之分，无论是执行性的行政立法还是创制性的行政立法，就其规范的对象而言，都是对行政管理活动中的具体问题做出回应。因此，行政立法应该坚持可操作性原则，做到规则明确、内容完整、要求具体，适应性和针对性强。简而言之，要做到确实可行，具有可操作性。

（二）行政立法的程序

行政立法是一项影响范围广、影响力大的行政活动，因此必须通过严格的立法程序加以约束。为了规范行政立法活动，2001年国务院颁布了《行政法规制定程序条例》《规章制定程序条例》《法规规章备案条例》，对行政法规和规章的制定、备案程序等内容进行了统一规定。国务院于2017年12月22日以国务院令的形式对《行政法规制定程序条例》和《规章制定程序条例》进行了修订。为了落实党的十九大提出的必须把党的领导贯彻落实到依法治国全过程和各方面的精神，修订后的《行政法规制定程序条例》在"总则"部分强调了：制定行政法规，应当贯彻落实党的路线方针政策和决策部署，符合宪法和法律的规定，遵循立法法确定的立法原则；制定政治方面法律的配套行政法规，应当按照有关规定及时报告党中央；制定经济、文化、社会、生态文明等方面重大体制和重大政策调整的重要行政法规，应当将行政法规草案或者行政法规草案涉及的重大问题按照有关规定及时报告党中央。修订后的《规章制定程序条例》在"总则"部分有与《行政法规制定程序条例》类似的规定。行政规章的立法程序与行政法规的立法程序基本相同,我们此处主要以行政法规的立法程序为例进行介绍。《行政法规制定程序条例》规定,行政法规的立法程序主要分为立项、起草、审查、决定与公布等四个阶段。

(1)立项。国务院每年都会在年初编制本年度的行政法规的立法工作计划。国务院所属部门虽然只有制定规章的权限,但是它们如果认为需要制定行政法规,应当于每年初国务院编制年度行政立法工作计划前,向国务院报请立项。国务院法制机构则会根据国务院行政法规立法的总体部署,对部门报送的行政法规立项申请进行汇总,在进行充分审查和研究之后,拟定国务院年度的行政法规立法工作计划,上报国务院批准。为了体现和加强党的领导,修订后的《行政法规制定程序条例》要求行政法规立项申请应当说明立法项目所要解决的主要问题、依据的党的路线方针政策和决策部署;国务院法制机构则应当根据国家总体工作部署,对行政法规立项申请和公开征集的行政法规制定项目建议进行评估论证,突出重点,统筹兼顾,拟订国务院年度立法工作计划,报党中央、国务院批准后向社会公布。

(2)起草。行政法规由国务院组织起草,负责具体起草工作的可以是国务院法制机构,也可以是国务院所属的一个部门或者几个部门。负责起草行政法规的部门并没有对事关管理体制如何确立、管理机构如何设置等重大方针政策问题的决策权,仅仅有权对这些重大问题提出解决方案,最终报国务院决定。修订后的《行政法规制定程序条例》要求起草行政法规必须符合下列要求:贯彻落实党的路线方针政策和决策部署;弘扬社会主义核心价值观;体现全面深化改革精神,科学规范行政行为,促进政府职能向宏观调控、市场监管、社会管理、公共服务、环境保护等方面转变;符合精简、统一、效能的原则;切实保障公民、法人和其他组织的合法权益,在规定其应当履行的义务的同时,规定其相应的权利和保障权利实现的途径;体现行政机关的职权与责任相统一的原则。行政立法起草过程应当经过调查研究、协商协调、征求意见等环节,其中最为重要的是广泛地听取各方意见,尤其是利害关系人的意见。听取意见可以采用座谈会、论证会、听证会等形式,其中听证会是最为重要的形式。随着信息和网络技术的推广,通过互联网平台收集意见是不可或缺,也是不可多得的重要途径。起草行政法规时,起草部门应当将行政法规草案及其说明等向社会公布,征求意见,但是经国务院决定不公布的除外。向社会公布征求意见的期限一般不少于 30 日。

(3)审查。国务院法制机构负责对行政法规送审稿进行审查,审查的内容主要有:是否严格贯彻落实党的路线方针政策和决策部署,是否符合宪法和法律的规定,是否遵循立法法确定的立法原则;是否符合《行政法规制定程序条例》第十二条的要求;是否与有关行政法规协调、衔接;是否正确处理有关机关、组织和公民对送审稿主要问题的意见;其他需要审查的内容。国务院法制机构在审查完成后认为草案具备了提交国务院常务会议审议通过的条件,应该将该审查报告连同草案报送国务院决定。如果在审查后发现有以下情形的,则可以缓办或者退回起草部门:制定行政法规的基本条件尚不成熟或者发生重大变化的;有关部门对送审稿规定的主要制度存在较大争议,起草部门未征得机构编制、财政、税务等相关部门同意的;未按照本条例有关规定公开征求意见的;

上报送审稿不符合本条例第十五条、第十六条、第十七条规定的。

（4）决定与公布。行政法规草案由国务院常务会议审议，或者由国务院审批。国务院常务会议审议行政法规草案时，由国务院法制机构或者起草部门对草案的起草、审查作出说明。如果国务院常务会议认为需要进一步修改和完善，国务院法制机构应当根据上述审议意见对草案进行修改，形成草案修改稿，最后把修改稿报请国务院总理签署国务院令公布施行。行政法规签署公布后，及时在国务院公报和中国政府法制信息网以及在全国范围内发行的报纸上刊载。国务院法制机构应当及时汇编出版行政法规的国家正式版本。行政法规应当自公布之日起 30 日后施行；但是，涉及国家安全、外汇汇率、货币政策的确定以及公布后不立即施行将有碍行政法规施行的，可以自公布之日起施行。行政法规在公布后的 30 日内由国务院办公厅报全国人民代表大会常务委员会备案。

三、行政立法监督

行政立法属于抽象行政行为，其适用对象、效力所及的范围都要比具体行政行为广泛得多，因此产生的影响也比具体行政行为大得多。为了防止行政立法活动违法或者出现其他不合理之处，造成严重后果，必须加强对行政立法的监督。

对行政立法进行监督的途径和方法是多种多样的，基于监督主体的标准，我们认为有权对行政立法进行监督的机关包括立法机关、司法机关和上级行政机关，我们把这三个机关的监督分别称为立法机关的监督、司法机关的监督和行政机关的监督。

（1）立法机关的监督。其一是对行政法规的监督。根据宪法和有关组织法的规定，立法机关对行政立法的监督有多种形式，但是有法律效力的监督主要是《宪法》第六十七条和《立法法》第九十九条的规定，表现为全国人大常委会有权撤销同宪法和法律相抵触的行政法规。其二是对规章的监督。部门规章的监督主要由国务院进行，但是这不是立法监督，而是行政监督。立法机关对行政规章的监督主要是《立法法》第九十九条的规定，表现为地方人大常委会有权撤销本级人民政府制定的不适当的规章。

（2）司法机关的监督。在我国，司法机关对行政立法的监督主要体现在审判监督方面，而且监督的形式比较单一，监督的力度也不够大。人民法院对行政法规的监督主要限于对行政法规按照效力等级的原则和新法优于旧法的原则进行选择适用，并无对行政法规撤销、变更和废止的权限，不过 2017 年修订后的《行政诉讼法》尝试扩大司法机关的监督范围。首先，保留了人民法院审理行政案件，参照行政规章的规定。修订后的《行政诉讼法》第六十三条明确规定了"人民法院审理行政案件，参照规章"。该条成为司法机关对行政规章进行监督的主要依据。最高人民法院的司法解释则认为：人民法院在审理行政案件时，在裁判文书中对违法的行政规章可以不予适用，只适用合法有效的规章。换言之，人民法院通过有选择地适用规章，达到对违法的规章进行监督的效果。其次，增加了对不属于规章的规范性文件的审查。修订后的《行政诉讼法》第五十三条规定：公民、法人或者其他组织认为行政行为所依据的国务院部门和地方人民政府及其部门制定的规范性文件不合法，在对行政行为提起诉讼时，可以一并请求对该规范性文件进行审查。对于审查的结果，第六十四条明确规定：人民法院在审理行政案件中，经审查认为本法第五十三条规定的规范性文件不合法的，不作为认定行政行为合法的依据，并向制定机关提出处理建议。虽然该条没有明确赋予司法机关撤销或者废止该规范性文件的权限，但是实际上通过不认定其作为"行政行为合法的依据"变相赋予了人民法院对规范性文件的司法审查权。

（3）行政机关的监督。行政机关对行政立法的监督主要是上级行政机关对下级行政机关制定的行政规章的监督，属于行政系统内部的监督。国务院作为最高行政机关，可以撤销或变更其所属部门和地方政府的不合法或者不适当的规章；各省、自治区和直辖市人民政府可以撤销或变更下级人民政府不合法或者不适当的行政规章。监督的方式主要是采取规章备案制度。行政备案是指公民、法人或其他组织依法将与行政管理有关的具体事务的相关材料向行政主体报送，行政主体对报送材料收集、整理、存档备查的一种程序性事实行为和行政法律制度。规章备案制具体表现为下级行政机关制定的行政规章要报上级机关备案，上级行政机关内设的法制工作机构对报送的规章进行审查，审查的重点是：该规章是否超越立法权限、是否违反上位法的规定、规章制定的必要性、程序是否合法等。

第三节　行政规范性文件

一、行政规范性文件的概念和分类

（一）行政规范性文件的概念

行政规范性文件也称其他行政规范性文件，是指国家行政机关及授权的组织为满足执行法律、法规和规章的需要而制定的，除行政法规和规章之外的，具有普遍约束力的各种法律文件。制定行政规范性文件属于抽象行政行为，与行政立法具有相似性，一般采用决定、命令、通知、通告、批复等形式。从"其他规范性文件"这一称谓可知，行政规范性文件就是指行政法规和规章之外的"其他"规范性文件。

虽然行政规范性文件属于抽象行政行为，但是它不属于行政立法范畴。首先，行政规范性文件的制定主体比行政立法的主体广泛，不仅有权制定行政法规和规章的主体可以制定其他规范性文件，其他的行政机关也都有权在各自的职权范围内根据需要制定行政规范性文件。其次，行政规范性文件具有从属性和执行性。行政规范性文件虽然在内容上具有规范性，但是通常不能为相对人创设权利和义务，也不能设定法律后果。行政规范性文件中有关相对人的权利、义务及法律后果的规定，必须有更高层级的法律、法规或者规章作为依据，否则就属于越权或者与上位法抵触。

（二）行政规范性文件的种类

行政规范性文件是我国法学学术和法律实践用语，国外的用语与我国并不相同，如德国学者使用"行政规则"一词。德国学者哈特穆特·毛雷尔认为行政规则可以分为四类：组织规则和业务规则、解释性规则、裁量性规则及替代性规则。德国、日本关于行政规则的学理与实践倾向于把行政规则理解成内部活动规则，并不对外产生法律效果，但事实并不完全如此。行政规则的效力会产生外部化效果，进而需要进行审查和救济。

在我国，"行政规则"与"行政规范"、"行政规定"和"规范性文件"等概念在内涵上不完全相同，在外延上倒是大体相近，基本上是指除法律、行政法规和规章之外的规范性文件，不过范围比其他三个概念小，只涉及内部性规范性文件。换言之，规范性文件中有很多属于行政规则的范畴，与行政规则有很多交叉。

关于规范性文件的分类，学者研究不多，也没有形成较为一致的观点。根据发布主体分类，我们可以把行政规范性文件分为：有行政立法权的行政机关发布的规范性文件、不享有行政立法权的国务院部门发布的行政规范性文件、不享有行政立法权的地方人民政府发布的行政规范性文件。以法律效果为标准，我们可以分为行政创制性文件、行政解释性文件和行政指导性文件。我们将以后者为依据进行较为详细的介绍。

二、行政创制性文件

行政创制性文件是指行政机关未启动行政立法程序而制定的为不特定相对人创设权利义务的行政规范性文件。从创制性文件的法律依据看，它可以分为依职权的行政创制性文件和依授权的行政创制性文件两类。

（一）依职权的行政创制性文件

依职权的行政创制性文件是指行政机关为了行政管理的需要，根据宪法和有关组织法规定的职权而制定的并为相对人设定权利义务的行政规范性文件。一般而言，行政主体没有权限制定行政创制性文件，在极少数情况下需要制定的，应当符合以下四个条件。

（1）有职权上的依据。规范性文件首先必须合法，其合法性来源于行政机关的职权，也就是要具有宪法和组织法上的职权依据，不得超越自己的事务管辖权制定规范性文件。

（2）法律规范缺位。涉及权利义务的法律规范应当制定法律、行政法规和规章，一般不能通过制定规范性文件来创设权利义务。通过制定规范性文件来创设权利义务通常只发生在法律、行政法规和规章缺位的前提下。

（3）存在内容上的授益性。在一个倡导和保障权利本位的时代，行政机关不能随意通过规范性文件创设义务，而只能创设权利。因此，创制性规范性文件通常发生在授益性的行政给付领域，而不能发生在义务性的负担行政领域。不过这只是学术上的观点，并没有法律依据。

（4）不违反禁止性规定。根据下位规范不得与上位规范冲突的法律原则，行政机关创制规范性文件不得与上位的法律、行政法规和规章相冲突，否则，该规范无效。如果法律、行政法规和规章对某些行为和事项作了禁止性或限制性的规定，行政创制性文件则不得创设该方面的权利义务。

（二）依授权的行政创制性文件

依授权的行政创制性文件是指行政机关为了补充或者变通行政法规或上位行政规范性文件的规定，依据宪法和组织法以外的法律、法规、规章或上位行政规范性文件的专门授权而制定的，并为相对人设定权利义务的行政规范性文件。制定依授权的行政创制性文件必须具备以下三个条件。

（1）授权依据合法。首先，依授权的创制性文件必须有授权，否则就不应该纳入该范畴。其次，授权依据本身必须合法。行政法规、规章和上位规范性文件不得把依法不能转授的职权授权给下级的行政机关。

（2）行使所取得的权力合法。依授权的行政创制性文件的创制权来源于法律、行政法规、行政规章及上位行政法律规范的授权。判断一个行政创制性法律规范在职权上是否合法，必须依据授权的法律规范的条款进行确定。同时，得到授权的行政机关不得滥用取得的授权。实践中，由于有些授权比较笼统，被授权的行政机关常常会滥用授权。

（3）内容符合授权目的。依授权的行政创制性文件的内容，应当符合授权条款的目的要求。此外，假如授权的条款规定了创制内容的种类、幅度或范围，则该行政创制性文件还必须在该种类、幅度或范围内创设权利义务。

三、行政解释性文件和行政指导性文件

（一）行政解释性文件

行政解释性文件是指行政机关为了实施法律、行政法规和规章，统一各个行政机关及其公务员对法律、行政法规和规章的理解及执行活动，对法律、行政法规和规章进行解释而形成的规范性文件。

行政解释性文件又可以进一步划分为法定解释性文件和行政自主性文件两类。法定解释性文件是指具有法定解释权的行政机关对法律规范进行解释而形成的具有普遍约束力的行政规范性文件。在《立法法》《行政法规制定程序条例》《规章制定程序条例》颁布之前，对法律、行政法规和规章的解释权，行使主体缺乏明确规定，在上述三部法律和条例颁布之后，具有法定解释权的行政机关只有国务院和规章制定主体了。行政自主性解释性文件是指不具有法定解释权的行政机关为了统一所属行政机关及其工作人员对法律、行政法规和规章及其他规范性文件的认识，对其进行解释而形成的文件。行政机关在行政管理过程中，如果发现作为管理依据的法律、行政法规和规章及其他规范性文件中的某些规范，其内容不够具体、明确的，可以对这些规范进行细化以便于实施。没有法定解释权的行政机关对法律、行政规范和规章进行解释时，首先该行政机关必须具有管理和执行的职权，其次该行政机关的解释不得与上位的法律、行政法规和规章及其他规范性文件冲突，最后该行政机关的解释不得任意扩大或缩小规范本来的含义，通常只能将其具体化。

（二）行政指导性文件

行政指导性文件是指行政机关对不特定相对人实施书面行政指导时所形成的一种规范性文件。

行政指导性文件最大的特征是不具有强制性和约束力。它只能依赖于相对人的自觉接受，而不得强制相对人作为或不作为。行政指导性文件的另一个特征是具有抽象性，不针对特定的相对人。行政指导可以针对特定的相对人，也可以不针对特定的相对人，但是作为规范性文件则必须针对不特定的相对人，属于抽象行政行为。此外，作为一种

法律意义上的文件，行政指导性文件必须是以书面形式作出的。

四、行政规范性文件的监督

在行政立法部分，我们提出对行政立法的监督可以分为立法机关的监督、司法机关的监督和上级行政机关的监督。我们认为，对行政规范性文件的监督也应该从上述三个主体展开监督，鉴于监督的内容具有高度相似性，此处不再赘述。

第四节　具体行政行为

具体行政行为是指行政主体对具体的事务、具体的相对人所作的具体的行政处理行为。具体行政行为是相对于抽象行政行为而言的，同时，具体行政行为的作出要以抽象行政行为为依据，也就是说要以法律、行政法规、规章及其他规范性文件为依据。具体行政行为是我国行政法上的用语，最早在《行政诉讼法》中使用，后来逐步在行政法律实践与行政法学说中确立。在其他国家和地区，并不使用"具体行政行为"一词，《联邦德国行政程序法》上的"行政行为"大体上等同于我们所使用的具体行政行为。

一、具体行政行为的成立要件

在民法上，行为的成立与行为的合法、有效是两个不同的概念，在行政法上，我们持相同的观点。具体行政行为的成立要件是指构成一个具体行政行为所必须具备的条件。具体行政行为的成立是指被法律所认可的行政行为已经存在。具体行政行为的成立表现为一个客观事实，并不带有价值判断。分析具体行政行为成立的必要性在于区分行政行为与民事行为、事实行为等非行政行为。一般而言，行政行为成立的要件有三个。

（1）具体行政行为的主体是具有行政权能的组织。权能是法律主体作出某种行为的权利能力和行为资格，行政权能则是某一法律主体执行法律、作出行政行为的权利能力或行为资格。具有行政权能是行政行为区别于其他行为的主要特征。

（2）具有行政权能的组织作出了具体行政行为的意思表示。意思表示是行为人把所要作为的内在意思以一定形式表达出来以便于相对人知道的表现形式。具体行政行为是行政主体作出意思表示的行为，这种意思表示必须通过口头、书面或者其他形式为行政相对人所感知。

（3）具体行政行为的内容是能够产生行政法律效果的行为。法律效果是指通过具体行政行为设立、变更和终止特定权利义务关系，法律效果的存在是行政行为成立的内容要件。具体行政行为不仅仅表现为主体的意思表示，而且通过该意思表示实际上设立、变更或者终止了某项权利义务关系。

二、具体行政行为的错误和瑕疵

（一）具体行政行为的错误

错误与瑕疵在含义上具有共同之处，学术界关注和研究的对象大多集中在"瑕疵"

问题方面，很少研究"错误"问题。我们在此对这两个概念作出区分，我们把具体行政行为的错误界定为具体行政行为形式上的瑕疵，表现为具体行政行为外在表现形式上的错误，也就是其文本上的错误。通常而言，这种错误可以通过对文本本身进行更正或补充加以完善，如果无法通过文本本身进行更正或者补充，则应该重新发布或者提供新的文本进行更正。一般而言，经过形式上的补正，具体行政行为的效力不受影响。我们下面所讨论的具体行政行为的瑕疵则主要是指行为内容方面的瑕疵。

关于具体行政行为的错误，各国一般在行政程序法中作出解释和说明。比如，《联邦德国行政程序法》第 42 条"行政行为中的明显错误"规定：当局可以对行政行为中的书写错误、计算错误及类似的明显错误进行更正。涉及参加人合法权益的，必须予以更正，当局有权要求提交需进行更正的文书。

（二）具体行政行为的瑕疵

有瑕疵的具体行政行为是相对于合法、有效的具体行政行为而言的。具体行政行为的瑕疵是指具体行政行为不具备或者不完全具备合法有效的生效要件。

瑕疵的程度有大小之分，瑕疵的效力也就应该相应地进行区分。关于行政行为瑕疵及其效力，各国学者有不同的说法，莫衷一是。借鉴民法对民事行为效力的处理办法，一般根据瑕疵程度的大小把有瑕疵的具体行政行为分为无效的行政行为和可撤销的行政行为。在日本，一般把瑕疵重大且明显作为区分无效和可撤销的标准，我们也以此为标准介绍和分析有瑕疵的具体行政行为。

（1）无效的具体行政行为。行政行为的无效是指行为中具有重大、明显的违法情形，从一开始就不发生法律效力的状态。至于如何判断行为中具有重大、违法的情形，各国的规定并不一致。比如，《联邦德国行政程序法》第 44 条"行政行为的无效"规定了两大类无效行政行为。一类是具有特别严重错误，根据最普通情形下的理智判断，该错误也是显而易见的无效的行政行为。另一类是不具备上述第一款的条件，但也是无效的行政行为，具体包括：以书面形式发布，但是未能表明发布当局的；依法只能以交付证书发布，但是没有满足该形式要求的；当局在本法第 3 条第一款第一项所列管辖权以外发布，不具有对此所需授权的；由于事实上的原因，无人能够实施的；要求实施将导致刑事处罚或者罚款的违法行为的；违背善良风俗的。日本学者室井力认为重大且明显的瑕疵只是区分无效与撤销的一般性标准，究竟如何区分还需要视具体情况而定。他认为可以从以下几个方面进行判断：有关行为人的瑕疵，如无职权的行政厅实施的行为；有关形式的瑕疵，如应该以书面形式作出却以口头形式作出的行为；有关程序的瑕疵，如缺少相对人申请的行为；有关内容的瑕疵，如内容上不明确的行为和事实上或法律上不能实现的行为等。

在我国某些单行法律、法规中引入了行政行为无效的理论，如 2017 年修正的《行政处罚法》第三条规定：没有法定依据或者不遵守法定程序的，行政处罚无效。但是，我国还没有制定行政程序法，所以如何判断"不遵守法定程序"存在一定难度。因此，2021 年修订后的《行政处罚法》对原来的规定做了修订，其第三十八条规定：违反法定程序构成重大且明显违法的，行政处罚无效。也就是说，2021 年修订后的《行政处罚法》对程序性违法是否构成无效的判断，在"不遵守法定程序"的基础上，增加了"构成重大且明显违法"的要求。此外，2021年修订后的《行政处罚法》第三十八条规定：行政处罚没有依据或者实施主体不具有行政主体资格的，行政处罚无效。显然，最新修订的《行政处罚法》对行政处罚行为的无效判断标准有了更具体、更合理的认定，有助于帮助学术界对行政行为无效达成较为一致的认识。

有学者认为，行政行为无效的原因包括三个方面：主观瑕疵、内容瑕疵和程序瑕疵。另有学者综合了国外行政程序法的规定，认为无效行政行为的具体情形包括：行政行为具有特别重大的违法情形；行政行为具有明显的违法情形；行政行为的实施将导致犯罪；不可能实施的行政行为；行政主体受行政相对人胁迫或欺骗作出的行政行为；行政主体不明确或者明显超出相应行政主体职权的行政行为。

简而言之，无论是国外还是国内的行政法学理论与实践，基本上都认为无效的具体行政行为通常是重大的违法行为。

（2）可撤销的行政行为。行为的可撤销是指行为不具有重大、明显违法或者在行为不合理、不恰当的情形下，可以由特定的国家机关作出撤销决定而使之失去法律效力的状态。与无效行为的不同之处在于无效的行政行为自始无效、绝对无效、始终无效，而可撤销的行政行为只有在撤销之后才无效。行政行为在撤销之前处于有效状态，行政相对人受其约束，但是行政行为一旦撤销，其失效的效力具有溯及力，溯及行政行为作出之时。行政行为被撤销既可以是行政机关主动作出的，也可以是应行政相对人申请后撤销的。

行政行为无效或者被撤销之后，因此给行政相对人造成损失的，行政相对人可依据国家赔偿法提出赔偿申请。

三、具体行政行为的效力

具体行政行为的效力是指具体行政行为生效后对行政相对人、作出具体行政行为的机关及其他相关组织和个人的法律约束力。行政法学界通说认为行政行为的效力有四个。

（一）公定力

行政行为的公定力是指行政行为一经成立，除非有重大或明显的违法情形，原则上推定其合法有效，行政相对人及其他相关组织和个人必须尊重该行为的效力。关于行政行为公定力这一内涵，日本学者田中二郎有这样的描述：行政行为最重要的特色在于，尽管是有瑕疵的行为，但这种行为也有公定力，对方仍有服从的义务。公定力是一种推定的法律效力，如果某个具体行政行为确实存在违法或不当之处，相对人可以申请撤销该行政行为，作出具体行政行为的机关及其他有权的机关也可以主动撤销该行政行为。有争议的情形是：一个具体行政行为存在重大或者明显违法的情形，是否仍推定其具有公定力呢？我们认为不应该如此。无效的行政行为自始无效、绝对无效，也并不需要宣告其无效，假如推定其有公定力则意味着还要由某个组织去宣告其无效，这既不合逻辑，也与保障公民权利的宗旨相悖。按照《联邦德国行政程序法》第44条关于无效行政行为的规定"具有特别严重错误，根据最普通情形下的理智判断，该错误也是显而易见的无效的行政行为"可以看出，实践中也不需要尊重该具体行政行为，即不推定其有公定力。

（二）确定力

行政行为的确定力也称行政行为的不可改变力，是指已生效具体行政行为除非具有重大明显瑕疵，对作出具体行政行为的行政主体和相对人所具有的不得任意改变的法律效力。这里的改变，既包括撤销、重作，也包括废止和变更。行政行为的确定力以行政行为的公定力为前提，是公定力的派生效力。对行政相对人而言，具体行政行为的决定受领之后，立刻或者在指定的时间内生效，除非通过行政复议或者行政诉讼程序，行政行为的效力不得被改变；对行政机关而言，行政行为一经作出，即使有不当和不合理之处，除非通过法定程序，该行政行为不得随意变更或废止。

（三）拘束力

行政行为的拘束力是指行政行为一经成立并生效后，作出该行政行为的行政机关和行政行为指向的相对人都受该行政行为约束。行政行为的拘束力是行政行为效力最核心的内容，也是作出该行政行为的根本目的。行政行为的拘束力是针对行政机关和行政相对人而言的，其他人并不受该行为效力的拘束。对行政相对人而言，拘束力要求相对人不折不扣地遵守该行为设定的义务，不得违反；对行政机关而言，拘束力要求行政机关不折不扣地执行该行为，不得越权。值得注意的是，拘束力和确定力是不同的，拘束力强调的是行为人的行为应当与具体行政行为所要求的一致；确定力强调的是具体行政行为本身一经成立，行为人不得任意改变或任意请求改变该行政行为。

（四）执行力

行政行为的执行力是指行政行为一经成立并生效后，行政机关必须采取措施，积极实施该行为，保证该行为的目的得以实现。行政相对人有义务自觉履行该行政行为设定的义务，积极去为或者不为一定的行为，如果相对人不履行该义务，行政机关应该通过自己或者通过司法机关强制相对人履行该义务。执行力与拘束力有密切关系，拘束力强调行政行为的约束力，即行政机关和相对人都应该遵守，执行力强调行政行为的结果，即行政行为的目的得以实现。但是，具体行政行为具有重大明显瑕疵的，不具有执行力。这一制度是最高人民法院在探索强化司法审查中发展起来的，是在具体行政行为各种法律效力中率先予以探索并取得成就的领域，并已积极寻求无效行政行为学说的支持。2021年修订的《行政处罚法》第三十八条规定："行政处罚没有依据或者实施主体不具有行政主体资格的，行政处罚无效。违反法定程序构成重大且明显违法的，行政处罚无效。"《行政处罚法》的这一规定，实际上通过立法形式确认了具体行政行为无效及无效的具体行政行为不具有执行力这一学说和司法实践的成果。

第五节 行政处理——依申请行政行为

一、行政处理行为概述

在引入行政处理这个概念之前，有必要对与之相关的概念，以及它们的关系进行必要的解释并进行界定。行政处理是大陆法系国家的一个概念，与其有从属关系的概念是行政活动和行政行为。我国行政法学研究主要以行政行为为中心展开，我们到目前为止也是遵循了这样的思路。在"行政处理"概念之上，我们可以引入"行政活动"概念，把行政行为未能涵盖的其他与行政权的行使有关的内容尽数涵盖进来。申言之，行政活动涵盖了行政法上与行政权力行使有关的一切活动。但是，行政活动的外延过大，涵盖的范围过于广泛，因此需要对其进行型式化或者模式化。在行政法学界，有关行政行为模式化或者型式化的理论还处于研究的初级阶段，经过模式化或者型式化的概念有多个，如"具体行政行为""行政措施""行政处理"等，在国外则还有"行政决定""行政处分"等说法。

在我国的法律语境中，行政处分、行政决定都有其特定的含义，不宜再作型式化后的概念使用。具体行政行为不是一个符合语法规则的概念；行政措施虽可以使用，但是"措施"一词似乎更强调行为的方法、过程。相比较而言，行政处理从文意、逻辑等方面看，似乎更适合作为型式化后的概念使用，也正因为此，行政处理为越来越多的学者接受并使用。

行政处理作为型式化后的概念，其通常是指行政主体针对具体管理事项，单方面作出的对外直接产生法律效果的法律行为。行政处理不包括双方行政行为，如行政合同，也不包括非表意的行政行为，如行政事实行为，甚至也不包括不具有强制力的行政行为，如行政指导行为等。

按照行为由行政主体主动作出还是被动作出进行分类，可以把行政处理分为依申请的行政行为和依职权的行政行为，我们按此分类标准对行政处理行为中重要的并经过型式化后的行政行为进行介绍。

二、行政许可

（一）行政许可的概念和特征

对行政许可的含义，行政法学界虽有不同的理解，但是并没有太大的差别。有学者认为，行政许可是行政主体应行政相对方的申请，通过颁发许可证、执照等形式，依法赋予行政相对方从事某种活动的法律资格或实施某种行为的法律权利的行政行为。还有学者认为，行政许可是行政机关根据相对人的申请，以书面证照或其他方式允许相对人从事某种行为，确认某种权利、授予某种资格和能力的行为。2004 年实施的《行政许可法》也给行政许可下了类似的定义："本法所称行政许可，是指行政机关根据公民、法人或者其他组织的申请，经依法审查，准予其从事特定活动的行为。"立法机关对《行政许可法》的修订，包括 2019 年的修订，都保留了这一定义，没有对其进行任何修改。

但是，对为什么需要行政许可，也就是行政许可的本质为何，学者并没有一致的认识。对行政许可的本质如何理解涉及行政许可的范围问题，也就是哪些事项需要许可，哪些事项不需要许可。关于行政许可本质的理解观点较多，我们仅举其中两种有代表性的观点进行介绍。其一是赋权说。赋权说的代表性观点有行政许可的特征是赋予行政相对人从事某种行为的自由和权利，是一种权利性行政处理决定。赋权实质上强调行政机关的权力本位，充分反映了传统行政法的管制理念，行政相对人的权利不是本来就存在的，而是由行政机关赋予的，带有行政机关代表国家给予恩惠的色彩。其二是解禁说。解禁说认为，行政许可是建立在普遍禁止基础上的解禁行为。行政许可的内容是国家普遍禁止的活动，但为了适应社会生活和生产的需要，对符合一定条件者解除禁止，允许其从事某种特定活动，享有某种特定权利和资格。根据解禁说，行政许可是对禁止的解除，而不是权利的授予。应受许可的事项，在法律没有禁止以前，是任何人都可以自由从事的行为，但由于法律规定，自由受到了限制，而许可正是对自由的恢复。所以解禁说又被称为权利恢复说。赋权说与解禁说是两种对峙的观点，反映了它们背后所蕴藏的法治理念的差异，前一种观点是基于行政机关的立场，用它来解说行政许可的性质时仍然蕴含着"管人"的政府本位理念，其思考的路径是"权力—法律—权利"，即权力通过法律产生了权利。后一种观点是基于个人的立场，用它来解说行政许可的性质时是个人本位的理念，其思考的路径是"权利—法律—权力"，即权利通过法律获得确认，并通过权力保护权利。解禁说不否认公民享有原始的、基本的权利和自由，只不过基于公共利益和社会发展的考量，对某些行为作出一般性的禁止，当公民符合解除一般性禁止的条件时，这些权利和资格就应当恢复。基于人民主权和权利本位的理念，学说界的主流观点倾向于解禁说。

我们也可以这样理解有关行政许可本质不一致的学说现象，因为行政许可涉及的范围广泛，事项众多，种类多样，很难用一种学说概括所有行政许可的本质。虽然对于行政许可的本质为何，学说界还没有达成完全一致的认识，但是学说界普遍认为行政许可具有以下特征。①行政许可是一种依申请的行政行为。②行政许可存在的前提是法律的一般禁止，而许可是对该一般禁止的解除。③行政许可是一种授益性行政行为。④行政许可是外部行政行为。⑤行政许可是要式行政行为。前三个特征一目了然，无须过多解释。关于行政许可是外部行政行为这一说法，是指行政许可是对没有管理关系的外部申请人实施的许可，排除有管理关系的内部行政许可。我国在立法上明确了行政许可的外部行政行为特征，《行政许可法》第三条明确规定：有关行政机关对其他机关或者对其直接管理的事业单位的人事、财务、外事等事项的审批，不适用本法。关于行政许可是要式行政行为的说法，虽然《行政许可法》没有明确规定，但是行政许可通常采取许可证、执照的表现形式，表明了其具有严格的要式特征。

（二）行政许可的分类

根据不同标准，行政许可有不同的类别，下面介绍几种常见的分类。

（1）行为许可与资格许可。行为许可是行政机关根据相对人的申请，解除对某种活动或行为的一般禁止，允许相对人从事某种活动或实施某种行为的许可。生活中常见的许可，如工商企业的开业许可——颁发给工商企业营业执照的行为；生产、经营活动中的许可——颁发给药品生产许可证、排污许可证的行为。资格许可是行政机关根据相对人的申请，通过考试、考核等形式，对符合条件者发放证明文书，证明申请人具有从事某一职业或者进行某种活动的资格，如律师、注册会计师、医师等从业资格证明。资格许可的实质是制定行业准入门槛，排除不合格人员进入某些行业或从事某些活动，避免造成不必要的损害。

（2）普通许可和特别许可（特许）。普通许可是相对于特别许可而言的，从逻辑上讲，除了特许之外的行政许可全部属于普通许可。一般而言，普通许可是指由行政机关确认自然人、法人或者其他组织是否具备从事特定活动的条件、资格的许可。普通许可是运用最为广泛的一种许可，适用于除特许之外的所有事项。普通许可一般没有数量限制。特别许可是指由国家行政机关代表国家向被许可人授予某种特别权利的许可。各国由于国情不一样，对列入特别许可范围的权利规定也不一样，因此造成了对特许理解的困难。我国在制定行政许可法的过程中曾经在草案中对包括特许在内的行政许可的类型有过很大的争议，最后没有在《行政许可法》中专门规定哪些许可属于特许的范围。不过一般认为，对有限资源的开发利用、有限公共资源的配置、直接关系到公共利益的垄断性企业的市场准入等许可属于特许的范围。除此之外，国外一般把海域的使用、无线电频率的许可也列入特许的范畴。特许通常有数量的控制，从管制的角度看则有市场准入的严格限制。

（3）排他性许可和非排他性许可。排他性许可又称独占性许可，是指某个人或组织获得该项许可后，其他任何人或组织不能再申请获得许可，专利、商标许可中常采用该种许可形式。非排他性许可是指申请者只要符合授予许可的条件就能获得许可，如营业执照、从业资格证明等。

除此之外，还有权利性的行政许可与附义务的行政许可、社会许可和经济许可、长期许可和短期许可等分类。

（三）行政许可的范围与设定权

在《行政许可法》颁布前，行政许可领域存在无法可依和乱设许可、滥设审批的现象，严重妨碍了社会主义市场经济的发展和各项社会生活的开展。在 2001 年 12 月 11 日我国加入世界贸易组织以后，随着全球放松了对经济和社会的管制，我国进行了数轮行政审批改革，重点是规范行政审批行为，取消了一大批审批项目。为了让行政许可有法可依，2003 年 8 月 27 日全国人大常委会制定并颁布了《行政许可法》。在我国推进依法治国的进程中，行政许可领域是党和国家重点关注的领域，行政许可领域的改革和配套措施也在不断出台。中共中央、国务院印发的《法治政府建设实施纲要（2015—2020年）》（以下简称《纲要》）中，提出了"经过坚持不懈的努力，到 2020 年基本建成职能科学、权责法定、执法严明、公开公正、廉洁高效、守法诚信的法治政府"。《纲要》明确了"简政放权、放管结合、优化服务"（也就是俗称的"放管服"）的改革任务，提出了以"深化行政审批制度改革"为措施完成改革任务。

规范行政许可的重要途径是规范行政许可的设定权和行政许可事项的范围。规范行政许可的范围可以防止行政机关对没有必要设定行政许可的事项设定行政许可;规范行政许可的设定权可以防止行政机关在没有法律依据的前提下滥设行政许可。《纲要》提出要"全面清理行政审批事项,全部取消非行政许可审批事项。最大程度减少对生产经营活动的许可,最大限度缩小投资项目审批、核准的范围,最大幅度减少对各类机构及其活动的认定"。《纲要》实际上对行政许可的范围进行了宏观上的界定,但是微观和具体的界定还需要通过行政许可的法律制度予以确定。

1. 行政许可的范围

行政许可的事项首先必须在设定的事项范围内,超出该范围的无须设定行政许可。关于行政许可的范围,行政许可法从积极方面和消极方面分别做了规定。积极方面是指哪些事项需要设定行政许可;消极方面是指哪些事项不需要设定行政许可。

关于积极方面的事项,《行政许可法》第十二条作了规定,主要包括:直接涉及国家安全、公共安全、经济宏观调控、生态环境保护以及直接关系人身健康、生命财产安全等特定活动,需要按照法定条件予以批准的事项;有限自然资源开发利用、公共资源配置以及直接关系公共利益的特定行业的市场准入等,需要赋予特定权利的事项;提供公众服务并且直接关系公共利益的职业、行业,需要确定具备特殊信誉、特殊条件或者特殊技能等资格、资质的事项;直接关系公共安全、人身健康、生命财产安全的重要设备、设施、产品、物品,需要按照技术标准、技术规范,通过检验、检测、检疫等方式进行审定的事项;企业或者其他组织的设立等,需要确定主体资格的事项;法律、行政法规规定可以设定行政许可的其他事项。

关于消极方面的事项,《行政许可法》第十三条作了说明"第十二条所列事项,通过下列方式能够予以规范的,可以不设行政许可:(一)公民、法人或者其他组织能够自主决定的;(二)市场竞争机制能够有效调节的;(三)行业组织或者中介机构能够自律管理的;(四)行政机关采用事后监督等其他行政管理方式能够解决的"。

2. 行政许可的设定权

关于行政许可的设定权,《行政许可法》第十四条至第十七条有明确规定。具体而言,在第十二条所列的行政许可范围内,法律可以设定行政许可。尚未制定法律的,行政法规可以设定行政许可。尚未制定法律、行政法规的,地方性法规可以设定行政许可;尚未制定法律、行政法规和地方性法规的,因行政管理的需要,确需立即实施行政许可的,省、自治区、直辖市人民政府规章可以设定临时性的行政许可。临时性的行政许可实施满一年需要继续实施的,应当提请本级人民代表大会及其常务委员会制定地方性法规。行政法规可以在法律设定的行政许可事项范围内,对实施该行政许可作出具体规定。地方性法规可以在法律、行政法规设定的行政许可事项范围内,对实施该行政许可作出具体规定。规章可以在上位法设定的行政许可事项范围内,对实施该行政许可作出具体规定。法规、规章对实施上位法设定的行政许可作出的具体规定,不得增设行政许可;对行政许可条件作出的具体规定,不得增设违反上位法的其他条件。除上述的法律、行政法规和行政规章依法可以设定行政许可外,其他规范性文件一律不得设定行政许可。

尽管《行政许可法》试图通过行政许可的范围和行政许可权的设定来规范行政许可,

但是在我国这样一个行政权对社会运转具有较大影响力的国家，如何落实这些规范措施依然是我们面临的巨大挑战。中共中央、国务院先后印发了《法治政府建设实施纲要（2015—2020年）》和《法治政府建设实施纲要（2021—2025年）》。《法治政府建设实施纲要（2015—2020年）》提出了"经过坚持不懈的努力，到2020年基本建成职能科学、权责法定、执法严明、公开公正、廉洁高效、守法诚信的法治政府"，明确了"简政放权、放管结合、优化服务"的改革任务，提出了以"深化行政审批制度改革"为措施完成改革任务。在完成了《法治政府建设实施纲要（2015—2020年）》改革任务的基础上，《法治政府建设实施纲要（2021—2025年）》又提出了"深入推进'放管服'改革。分级分类推进行政审批制度改革。依托全国一体化政务服务平台等渠道，全面推行审批服务'马上办、网上办、就近办、一次办、自助办'。坚决防止以备案、登记、行政确认、征求意见等方式变相设置行政许可事项。推行行政审批告知承诺制"。规范行政许可的重要途径是规范行政许可的设定权和行政许可事项的范围。规范行政许可的范围可以防止行政机关对没有必要设定行政许可的事项设定行政许可；规范行政许可的设定权可以防止行政机关在没有法律依据的前提下滥设行政许可。《法治政府建设实施纲要（2021—2025年）》提出了要"深化投资审批制度改革，推进投资领域行政执法监督，全面改善投资环境。全面落实证明事项告知承诺制，新设证明事项必须有法律法规或者国务院决定依据"。上述两个纲要实际上对行政许可的范围进行了宏观上的界定，但是微观和具体的界定还需要通过行政许可的法律制度予以确定，未来需要对现行《行政许可法》进行修订，把包括两个纲要规定在内的行政许可改革精神落实到《行政许可法》中去。

三、行政给付

（一）行政给付的概念和特征

行政给付是伴随福利国家理念而产生的一个概念，最早由德国的行政法学家福斯多夫提出。现代福利国家理念下的公共行政与传统警察国家理念下的公共行政出发点大相径庭，现代国家把行政给付作为实现社会公平和正义的重要途径。行政给付不同于传统行政行为，具有下列特征。

（1）行政给付是授益性行政行为。传统的高权行政行为大多具有侵益性，如行政征收、行政处罚、行政强制等，行政给付则完全是一种授益性的行为。行政主体在赋予行政相对人物质利益时不为其设定任何义务。

（2）行政给付一般是应申请的行政行为。除了在自然灾害和突发性公共事件等紧急状态下由行政主体主动实施外，行政给付绝大多数情况下都是应行政相对人的申请启动的。一般来说，行政给付的对象、条件、标准、项目、数额等都需要由法律法规作出具体规定，行政主体无权任意实施行政给付。

（3）行政给付的对象是特定的行政相对人。与行政许可、行政奖励等授益性行政行为的申请人具有广泛性和平等性相比，行政给付的对象具有明显的倾向性和特定性。总体上看，行政给付的对象是那些由于自身原因难以通过自己的劳动获得生存所需物质资料的社会弱势群体，如抚恤金的发放对象是由战争、工伤导致伤残的人员，救灾物资的发放对象是遭受自然灾害的民众，社会福利金的发放对象是社会福利机构和经民政部门确认的残疾人、鳏寡孤独人员，城市居民最低生活保障金的发放对象是符合条件并经确认的城市低收入人员。

（4）行政给付的内容是授予特定相对人一定数量的物质或物质性利益。物质表现为行政主体直接给特定相对人发放财物及其他有形物质；物质性利益则不直接表现为一定的有形物质，而是通过特定的服务、优待、优惠等形式表现出来，有些可以用货币价值来衡量，有些则不能，但是行政相对人可以通过它们获得收入、物质性回报或生活便利。

（二）行政给付的形式

到目前为止，我国还没有制定统一的行政给付实体性法律，也没有统一的行政给付程序性法律，不同内容的行政给付分散在有关的法律、行政法规、规章甚至是政策性文件之中，名称也各异。目前我国的行政给付主要有以下几类。

（1）社会优抚。社会优抚是行政主体对那些为国家和社会作出了特殊贡献的群体给予的优待和抚助。优待和抚助的形式有：对牺牲、病故人员家属的抚恤金；对革命残疾军人的残疾抚恤金；对烈军属、复员退伍军人的生活补助费，对退伍军人的安置费；对复员、转业、退伍军人的安置等。《伤残抚恤管理办法》对可获得伤残抚恤金的对象有明确列举规定。

（2）社会救助。社会救助是对生活困难或者生活无着人员所实施的物质帮助。随着脱贫攻坚战的全面胜利，国家逐步构建起了完善的分级社会救助制度。党的二十大报告要求"健全分层分类的社会救助体系"，依据困难程度将群众划分入不同的救助圈层。一是以低保对象和特困人员为救助对象的核心圈层，纳入基本生活救助保障范畴并给予专项救助；二是以低收入家庭和支出型困难家庭为救助对象的中间圈层，根据实际困难程度给予基本生活救助或专项救助；三是涵盖所有社会公民的最外圈层，在遭遇灾难事故导致生活陷入困境时，给予急难社会救助。分层分类的社会救助体系使救助更为精准、高效、公平，确保资源得到合理分配，更好地保障困难群众的基本生活，促进社会稳定和谐，助力低收入群体实现共同富裕。

（3）救灾扶贫。救灾是对突发性的自然灾害和社会公共卫生事件或其他公共突发事件的受害者提供的物质帮助。我国是一个自然灾害多发的国家，每次灾害过后，国家都会通过财政拨款方式对灾民进行救助。扶贫则是全面脱贫后我国对暂时性返贫和长期性返贫两种不同情况的精准施策，为陷入该困境的群体提供足够的兜底性帮扶。

（4）城市最低生活保障费。城市最低生活保障费是指共同生活的家庭成员人均收入低于当地城市居民最低生活保障标准的非农业户口的城市居民，有权从当地人民政府获得最低生活标准的费用。这是国家为了保障部分低收入或无收入来源的城市居民能够维持最基本的生活而向他们提供的货币性物质帮助。

此外，行政给付还有其他多种多样的形式，如经济适用房、廉租房、购房补贴、专项补贴或救助等。至于劳动者由于年老、伤病、生育、死亡、失业等原因丧失劳动能力需要国家给予物质帮助的情形属于社会保险，应该归入更广义的行政给付范畴。

（三）我国行政给付的性质与依据

行政给付作为一项法律制度，国内外学者已经展开多方面的研究，就其性质与依据而言至少有以下三个方面。

（1）行政给付是公民的一项宪法权利。虽然每个人作为个体都应该通过自己的努力获得生活所必需的物质资料，但是当个人因为种种条件的限制而无法获得生存所需的物质资料时，国家有义务帮助个人获得这些必需的物质资料，这是国家存在的价值之一，德国宪法学者汉斯·皮特斯（Hans Peters）称之为"辅助性理论"。我国《宪法》第四十五条规定："中华人民共和国公民在年老、疾病或者丧失劳动能力的情况下，有从国家和社会获得物质帮助的权利。国家发展为公民享受这些权利所需要的社会保险、社会救济和医疗卫生事业。"《宪法》赋予公民享有国家生存照顾的权利，《宪法》的规定也成为国家建立行政给付制度的依据。

（2）行政给付是一种具体行政行为，具有公共行政的性质。从我国《宪法》的规定看，承担行政给付的主体有两种：一是国家，二是社会。由于国家和社会不能直接成为法律意义上的行政主体，从事行政给付活动，进而实现宪法规定的行政给付目的，因此只有通过法律、法规和政策设定的从事给付活动的行政主体进行。同时，这些法律法规也会成为行政主体从事行政给付管理活动的依据，从而满足法治国家的理念和依法行政的要求。就我国目前的行政给付体制看，行政给付的主体主要是行政机关，行政给付的物质来源主要是财政性支出，所以行政给付具有明显的公共行政性质。

（3）行政给付是以国家或社会的名义实施的行为，具有救助性质。行政给付的对象是暂时或永久无法通过自己的能力获得生活来源的公民，行政给付的目的是以国家和社会的力量给予他们帮助，以维持其基本的生活，所以行政给付是一种无偿的救济行为，具有明显的救助性质，这和行政奖励等授益性行政行为不同。

四、行政奖励

（一）行政奖励的概念和特征

法律意义上的奖励是指特定的国家机关或社会组织，依照法定的条件和程序，对为国家和社会作出重大贡献或者有其他值得颂扬的事迹的组织和个人给予物质的或精神的鼓励、表扬、表彰等专门的制度。行政奖励是上述奖励的一种，适用于国家行政管理领域，通常是指行政机关或法律法规授权的组织，依照法定的条件和程序，对为国家和社会作出突出贡献或者具有先进事迹的行政相对人，给予物质上或精神上的表彰、奖励的具体行政行为。实践中多表述为"表彰""奖励""表彰奖励"等。行政奖励具有以下几个特征。

（1）行政奖励的主体是行政主体，即行政机关和法律、法规授权的组织。各级人民政府及其工作部门，在实施行政管理活动中，依照职权对符合条件的行政相对人给予行政奖励，理所当然地成为行政奖励的主体。此外，法律、法规授权的组织，在法律、法规授权的范围内同样有权也有义务对符合条件的管理对象给予行政奖励，成为行政奖励的主体。

（2）行政奖励的对象具有广泛性。行政奖励的对象可以是国家行政机关及其工作人员、事业单位、公司、企业、社会团体、普通公民，乃至外国人，只要他们作出突出贡献或者有其他值得颂扬的先进事迹，都可以成为行政奖励的对象。给外国人授励，是国家对外交往的一种重要手段，也是国家巩固和发展与有关国家和人民传统友谊和友好关系的重要媒介之一，比如，我国政府授予为中国发展作出突出贡献的外国专家"友谊奖"，有些地方政府授予外国专家"荣誉市民"称号等。

（3）行政奖励是一种没有强制执行力的具体行政行为。首先，行政奖励是一种具体行政行为。行政奖励由行政主体依照法律、法规、规章授予特定的相对人，行政相对人因此获得了一种国家认可的资格、荣誉。换言之，行政奖励依法产生法律效力。其次，行政奖励不具有行政强制力。行政奖励是一种由行政主体单方面作出的、授益性的行政行为，行政主体不能也无须强迫相对人接受，行政相对人可以放弃接受行政奖励。

（4）行政奖励是一种法定的具体行政行为。行政奖励是一种法定行为。行政奖励的内容、方式、程序及条件等，都由国家的行政法律规范予以明确规定，行政主体必须依法实施行政奖励行为。行政相对人认为自己符合授予行政奖励的条件，而相关的行政主体不授予奖励的，可以依法提起行政复议或行政诉讼，请求复议机关或人民法院责令行政主体授予行政奖励。

（5）行政奖励的内容是一定的精神或物质利益。行政奖励包括物质奖励和精神奖励，前者如奖金、奖品；后者如荣誉称号。职位晋升兼有精神奖励和物质奖励两方面的内容。精神奖励和物质奖励在激励和调动人们积极性方面有不同作用，可以单独授予，也可以一并授予。

（二）行政奖励的内容和形式

行政奖励的内容是指行政主体通过行政奖励行为赋予被奖励人的物质或精神利益。行政奖励的内容通过一定的行政奖励形式反映出来，行政奖励的内容及其表现形式有如下三种。

（1）精神内容的利益。精神内容的利益通常表现为授予某种荣誉或称号，前者如通报表扬、通令嘉奖、记功、记大功；后者如授予"劳动模范""见义勇为先进个人""三八红旗手"等称号等。

（2）物质内容的权益。物质内容的权益通常表现为发给被奖励人一定的奖金或奖品。奖金的多少取决于贡献的大小或事迹的可颂扬度，奖金少的可以是数百元或数千元，多的可以是数万元或数百万元；奖品的形式多种多样，其价值小到数十元的纪念品，大到数十万元的汽车、住房。

（3）精神和物质内容兼具的权益。精神和物质内容兼具的权益主要表现为职位、职级的晋升，前者针对有行政职务的人，后者针对有技术、职称或者其他级别的人。职务或职级对应着一定的荣誉和工资，职务和职级的晋升意味着工资的提高，同时也意味着荣誉的提升，所以兼有物质和精神两方面的内容。

五、行政裁决

（一）行政裁决的概念和特征

从传统三权分立的角度看，裁决（裁判）权力专属于司法机关，也就是说裁决是指司法裁决，行政机关行使裁决职能是不合逻辑、不合道理的，在美国历史上也有关于行政机关行使裁决权是否违宪的争议。美国《宪法》第 3 条把司法权授予了法院，但是联邦最高法院在克罗威尔诉本森案中认为，虽然《宪法》第 3 条把司法权授予了法院，但是并不妨碍国会通过立法授权用行政方法审理私权案件。实践证明，行政方法在处理大量涉及私权的案件中发挥了重要作用。只要行政机关的裁决受司法审查的监督，《宪法》第 3 条规定的司法权的本质就已经保全。根据这个判决，司法权力的委任是否符合宪法的分权原则，以是否接受司法审查作为标准。国会制定的司法权力委任的法律，只要没有排除司法审查，就不违背分权原则。

我国行政法学界并没有对行政裁决的含义取得一致认识，也没有法律、法规对行政裁决的含义作出明确界定。在总结目前国内学者对行政裁决认识的基础上，我们把行政裁决定义为：行政裁决是行政主体依照法律法规的授权，对与行政管理活动密切相关的、属于平等主体之间的民事争议居中进行审查并作出裁决的具体行政行为。行政裁决具有以下特征。

（1）行政裁决的主体是行政主体。虽然我们对行政裁决的定义可以见仁见智，但是对哪些行政主体可以取得行政裁决权则是一个需要明确的问题。在美国主要是根据国会立法获得立法、行政和司法三种权力于一体的独立管制机构，其中有代表性的独立管制机构有：主管反不正当竞争和部分反垄断职能的美国联邦贸易委员会（Federal Trade Commission，FTC）、主管证券发行和交易的美国证券交易委员会（Securities and Exchange Commission，SEC）、主管通信的美国联邦通信委员会（Federal Communications Commission，FCC）。其他国家大多仿效美国的做法，成立了兼有立法、行政和裁判职能的独立管制机构，如日本的公平交易委员会、韩国的公正交易委员会等。我国同样通过法律授权某些行政机关行使行政裁决权，如国家知识产权局商标局依据《中华人民共和国商标法》的授权获得了商标争议裁决权，国家知识产权局专利局依据《中华人民共和国专利法》（简称《专利法》）的授权获得了专利争议裁决权，自然资源部门根据《中华人民共和国土地管理法》的授权获得了土地权属争议裁决权，公安机关道路交通管理部门依据《中华人民共和国道路交通安全法》的授权获得了交通事故争议裁决权。

（2）行政裁决的对象是特定的民事争议。对民事争议有普遍裁判管辖权的机构是法院，这是法治国家的通例，《中华人民共和国民事诉讼法》（简称《民事诉讼法》）第三条确立了人民法院对民事争议的普遍管辖权。行政机关裁决的民事争议具有特定性，具体表现为这些民事争议通常与行政管理活动有密切关系，行政主体在这些方面有技术优势或行政权威。

（3）行政裁决的效果具有强制力。行政裁决是行政机关行使国家授权的裁判权的行为，其本身是行使国家权力，因此，行政裁决具有国家权力的强制力特征。这里所说的强制力并不是说民事争议双方不能对行政裁决提出异议，而是说行政裁决一旦作出就具有行政法上的法律效力，民事争议双方除了可以依法向法院提出对行政决定的司法审查外，不能自行否定或改变行政裁决。

（4）行政裁决结果具有不可诉性。根据司法原理，司法权不能作为诉讼标的，司法机关也不能因其居中裁判的行为在后续程序中沦为被告，承担非主观性责任。比如，当事人如果对一审法院作出的裁判不服，可以向上级法院上诉。二审法院在审理过程中只能针对一审双方当事人及争议事项展开，不能将一审法院列为被告。

（二）行政裁决的种类

行政机关并不依据职权取得行政裁决的资格，行政裁决必须有法律的授权，目前我国法律授权行政机关行使的行政裁决权有以下三类。

（1）某些与权属有关的民事争议的行政裁决权。这是指行政机关对平等主体之间因与行政管理密切相关的某些财产所有权或使用权的归属发生争议所作的行政裁决。此类民事争议通常涉及土地、草原、森林、水面、滩涂、矿产资源等的所有权、使用权，《中华人民共和国土地管理法》《中华人民共和国森林法》等法律对相关行政机关行使行政裁决有明确授权。

（2）某些与侵权有关的民事争议的行政裁决权。这是指行政机关应取得平等主体的一方当事人的申请，当与行政管理密切相关的一方当事人的合法权益受到另一方当事人的侵犯时，依法责令侵权人停止侵权行为的行政裁决。此类民事争议通常涉及商标权、专利权和著作权等知识产权领域，此类裁决通常与损害赔偿裁决同时作出。

（3）某些与损害赔偿有关的民事争议的行政裁决权。这是指行政机关对在平等主体之间发生的因与行政管理相关的合法权益受到侵害而引起的赔偿争议所作的行政裁决。此类民事争议涉及食品卫生、环境保护、医疗卫生、产品质量、社会福利、自然资源利用等领域，当双方当事人对损害赔偿责任和赔偿数额等产生纠纷时，合法权益受损的一方可以请求法律授权的行政机关进行裁决。

关于劳动争议仲裁是否属于行政裁决的范围，我国学术界基本达成的一致认识是其不属于行政裁决。就法律性质而言，我国的劳动争议仲裁兼具有行政性和准司法性。一方面，我国劳动争议仲裁委员会按"三方原则"组建，劳动争议仲裁机构属于半官方性质。另一方面，劳动争议仲裁委员会也有准司法性，劳动争议仲裁机构虽然不是司法机关的组成部分，但劳动争议仲裁一般是劳动争议案件进入司法审理的前提和必经程序，不经劳动争议裁决不能向人民法院起诉，对于劳动争议仲裁所做的生效判决书和调解书，根据当事人的申请，人民法院应予强制执行。尽管主管劳动争议仲裁的劳动争议仲裁委员会归属人力资源和社会保障局管理，类似于商标局和专利局归属于国家知识产权局及国家市场监督管理总局管理，具有一定的行政属性，但是劳动仲裁有专门的仲裁机构及类似于民事仲裁和民事诉讼的法定程序，因而具有更明显的司法属性，所以，劳动争议仲裁难以归入行政裁决的范围。

第六节 行政处理——依职权行政行为

一、行政计划

（一）行政计划的概念

对于大多数中国人而言，"行政计划"应该说是一个比较新的名词，不过大多数人都熟悉"计划"一词及与计划相近的另一个概念——"规划"，为了让大家更清楚行政法上所讲的行政计划的含义及其展开的内容，我们有必要对相关的概念进行界定。

首先，关于计划和规划的关系。《辞海》中关于计划的解释为：人们为了达到一定目的，对未来时期的活动所作的部署和安排。可分为各种类别，如经济计划、军事计划、社会发展计划等。关于规划的解释为：亦作"规画"，谋划；筹划。后亦指较全面或长远的计划，如科研规划、十年发展规划。从时间上讲，计划有短期和长期之分，规划一般指比较长的期限，不过长期与短期是相对而言的，就计划和规划都属于对未来活动的安排这一内涵而言，两者并没有本质上的差别。

其次，行政计划和行政规划的关系。既然计划和规划没有本质上的差别，行政计划和行政规划当然也没有本质上的差别。在行政法上，学者在翻译和介绍国外的著作和法律法规时，多用"行政计划"一词，这或许与我们通常对英文"planning"一词的翻译习惯有关，我们通常把"planning"翻译为"计划"或"行政计划"，也正因为此，学理上多用"行政计划"一词。但是我国行政立法和政策文件中习惯使用的是"行政规划"一词，因此行政管理实务中也常常使用"行政规划"一词。因此我们认为行政计划和行政规划可以作为同义词来理解。

最后，行政法上行政计划的含义。计划的含义极为广泛，并不是行政管理中一切与计划相关的事项都称为行政计划，行政计划有其特定的含义。鉴于行政计划在我国尚属较新的概念，有关行政计划的理论多是从国外引进的，所以我们先看一看国外关于行政计划的定义。日本学者室井力认为，行政计划是指为了谋求行政计划化，规定应达到的目标及其实现的顺序及为实现目标所表示的必要手段的行政方针行为的总称。盐野宏教授认为，行政计划是指为了一定的公共目的而设定目标，综合地提出实现该目标的手段的活动。在德国，尽管因为行政计划在实践中有重要作用从而引起了行政法学、公法学的深入研究，但是关于什么是行政计划并没有达成一致的认识。德国学者认为，考虑到计划的多样性，表现在计划制定机关、相对人、内容、执行方式、持续时间长短、效果和法律约束力等方面，想要给"计划"下一个全面、系统的概念是不可能的。因此，计划只是一个集合概念，对计划应当根据其特性和相应的法律规定进行具体的判断。计划表现为一个行为过程，是指预先确定目标，设计为实现目标所需要的措施行为。

我国学者对行政计划的定义大同小异，基本上借鉴了国外的理论，我们在此不再一一列举。我们认为，行政计划是行政主体为了实现特定的行政目标，对未来一段时期所要完成的行政任务，以及完成该任务所采取的方法、步骤和措施等进行的设计与规划行为。

（二）行政计划的特征

（1）行政计划是单方行政行为。行政计划是行政主体依职权单独实施的行政行为，其目的是对经济、社会发展作出事先安排，对有利益冲突的社会各方进行协调并把协调的结果事先予以固定并公之于众。强调行政计划的单方行为性，并不否定在制定行政计划过程中应该广泛听取社会各方的意见和建议，从而保证行政计划的科学性、可执行性。

（2）行政计划具有法定性。行政计划一旦制定并公布，将对社会各方利益造成影响，因此，行政计划的制定必须在法律的控制之下依法进行。法定性具体表现为：首先，行政计划的制定主体必须合法，即行政主体在自己的法定职权范围内制定行政计划，如在我国，土地行政管理部门有权制定土地利用计划或规划，城市规划行政主管部门有权制定城市发展和布局的计划或规划等；其次，行政计划的内容必须合法，即行政计划的内容不违反宪法、法律的规定，宪法是一个国家的最高法律文件，而法律是在宪法框架下制定的法规，政府的行政计划内容必须符合这些法律文件的规定；最后，行政计划的程序合法，即行政计划不得违反法定的程序。

（3）行政计划具有综合性。行政计划的综合性表现在两个方面：一是行政计划不仅包括行政管理的具体目标，还包括实现该目标所采取的方法、步骤和措施，是一个集目标与方法、步骤和措施于一体的综合性的计划体系；二是行政计划涉及社会各方的利益，因此在制定行政计划的过程中需要综合考虑社会各方的利益。以城市规划为例，城市规划行政主管部门必须综合考虑土地征用、环境保护、市政建设、文化遗产保护所涉及的各方利益。

（4）行政计划具有可变动性。行政计划是基于制定计划时所掌握的资料、信息对未来行政管理目标，以及实现目标的方法、步骤和措施所做的计划，其不可能对将来可能发生的事态或情形作出完美的预测，因此，行政计划在实施过程中必须根据已经发生变化的事态或情形作出变更，这使得行政计划呈现可变性。当然我们不能以此为借口，夸大行政计划的可变性而忽视其稳定性，行政计划作为一项行政行为，一旦作出就具有行政行为的公定力、公信力等效果，利益相关的社会各方都会以此为规范制定并实施自己的行为，行政计划频繁变动将严重危及其利益。

（三）行政计划的程序

行政计划的程序是指行政主体在制定行政计划的过程中必须遵守的方法、步骤和顺序。行政计划影响范围非常广泛，需要依法予以规制，规制的方式不外乎实体性规制和程序性规制。因为不同行政计划的内容和形式差别巨大，立法机关难以制定统一的行政计划（实体）法，唯一可行的做法是通过程序法来控制。《联邦德国行政程序法》对所有行政计划程序的主要阶段作了明确规定。

我国目前没有对行政计划的程序作出统一规定，我们认为在未来的行政程序法典中应该对行政计划的程序作出统一规定。借鉴国内外有关的学理和立法观点，我们认为行政计划的程序通常应当包括以下几个阶段。

1. 调查阶段

在调查阶段，行政主体就行政计划所涉及的相关问题进行广泛深入的调查，获取全面、客观的资料和信息，为草拟行政计划打好基础。

2. 草拟阶段

在草拟阶段，行政主体根据已经掌握的资料和信息草拟出初步的计划草案，同时公布行政计划草案及制定计划的背景资料，以便于社会公众，尤其是利益相关人及时、全面了解行政计划草案的内容，以便于计划草案的修订和完善，使之更具有科学性。

3. 听取意见阶段

在听取意见阶段，行政主体应当将草案发送至各相关的政府部门及与行政计划有利益关系的行政相对人，听取他们的意见。对关系行政相对人和社会公众重大利益的行政计划，应该由草拟计划的行政主体召开听证会，公开听取他们的意见和建议。听证程序是听取社会公众及利益相关人意见和建议的最重要渠道，《联邦德国行政程序法》对行政计划的听证程序有详细规定。

4. 审定和审批阶段

在审定阶段，行政主体应当根据前期所获得的资料和信息，结合社会公众和利益相关人的意见和建议，就行政计划的科学性、可行性等进行审查，在此基础上最后确定行政计划。如果法律规定行政计划需要报上级主管部门批准，行政主体应该报送上级部门审查和批准。

5. 公布阶段

行政计划在完成所有前述程序之后，应当予以公布，从公布之日起或指定的日期起开始生效。公开或公告的方式可以是政府公报、报纸、政府网站等，涉及实物展示的（如城市规划），应当在规划拟定主体的办公场所加以陈列。

二、行政命令

（一）行政命令的概念和特征

行政命令的含义有通俗含义和行政法上的特定含义之分，同时行政命令的外延也有通俗范围和行政法上的特定范围之分。按照通俗含义来理解，行政命令泛指政府的一切决定或措施，其外延极为宽泛；而行政法上的行政命令是指行政主体依法要求行政相对人为或不为一定行为的意思表示，是一种强制性的具体行政行为。其中，要求行政相对人为一定行为的意思表示称为"令"，即狭义上的命令；要求行政相对人不为一定行为的意思表示称为"禁令"。判断一项行政行为是否为行政命令，不能仅仅从其形式上看有"令"或"禁令"的表述，更应该从其内容上看是否要求行政相对人为或不为一定行为，因为有的行政行为采用"令"的形式，如对某人的"嘉奖令"，但其实质上并不是行政法上所指的行政命令，嘉奖令属于行政奖励。

为了更好地理解行政命令的含义，准确区分行政命令与其他相关概念的差别，我们不妨对行政命令的特征进行总结。一般而言，行政命令具有以下特征。

（1）行政命令的主体是行政主体。行政命令是行政主体行使国家权力的一种方式，其他国家机关也可以采用命令的方式行使国家权力，如司法机关、立法机关都可以发布命令，但它们不同于行政命令。比如，普通法国家常见的一种司法命令形式是 injunction（禁令），法院通过签发 injunction 要求被申请人为或不为一定的行为，我国人民法院也可以签发命令要求相关诉讼当事人为或不为一定行为，如支付令。

（2）行政命令是国家意志的一种单方表示。首先，行政命令是行政主体的单方意思表示，行政命令一经作出即代表行政命令行为已经完成，行政相对人是否依照行政命令行事及行政命令的目的是否达到，不在行政命令行为中体现。其次，行政命令体现的是国家意志，除非有特殊情形，行政命令必须得到遵守，当行政相对人不遵守行政命令时，行政机关需要以行政处罚、行政强制及司法强制作为保障。

（3）行政命令是依职权、非授益性行政行为。依职权作出的行政命令包括两种情形：一是有明确法律依据的行政命令；二是没有明确的法律依据，由行政主体基于宪法和行政组织法所赋予的行政职权作出的行政命令。大量的行政命令属于后一种情形。行政命令为行政相对人设定了为或不为某种行为的义务，是非授益性的行政行为，这使得行政命令与行政给付、行政奖励区别开来。

（4）行政命令不以隶属关系为前提。行政系统的一元性和灵活高效运转要求行政部门采取行政首长负责制，实行统一指挥和集中领导，要求公务员服从命令。不可否认，在存在隶属关系的上下级政府之间及政府机构内部，按照行政组织法构建起来的行政层级管理体制主要是通过内部命令来运转的，不过这是从通俗的含义来理解行政命令的。行政法上的行政命令不以隶属关系为前提，而是以行政主体的行政职能为依据，行政相对人可以是内部相对人，但更多是外部相对人。

（二）行政命令与依法行政

1. 行政命令的作用

19 世纪末以前，西方资本主义国家尚处于自由竞争的资本主义阶段，与自由竞争相对应的政治、法律学说及行政、司法实践要求国家尽可能地远离市场与市民社会，在行政法上奉行的是警察行政的理念，即行政机关尽可能少地通过行政命令等形式干预市场与市民社会。19 世纪末以后，西方资本主义国家相继进入垄断资本主义阶段，不断激化的经济垄断和社会矛盾要求国家放弃"夜警"角色，采取积极的手段干预市场经济的运行，维护市民社会生活的稳定。第二次世界大战以后，随着科技的发展和社会分工的进一步深化，经济和社会生活之间的关系一方面呈现越发紧密和相互依赖的态势，另一方面呈现出紧张和矛盾的态势，需要国家权力及时介入并加以干预和调节。行政命令因为具有及时性、单方性、强制性等特征，在国家权力的运作中具有明显的优势，因而得到广泛使用。

2. 行政命令与依法行政的矛盾

如前所述，现代经济、科技、文化和社会的快速演化、不平衡发展和复杂多变使得法律很难适应实际生活的需要，法律的滞后性和原则性特征越来越明显，在立法机关制定的法律之外，不得不承认行政机关在职权范围内所发布的命令也具有法律规范的效力；

但是，现代国家治理的特征是依法治国，行政管理的特征是依法行政。依法行政要求权力配置、权力行使、权力监督三方面的法治化。行政权作为一种国家权力是基于宪法制定权而产生的受委托的权力，其存在和行使都必须有法律依据。行政权力以法律授予的范围为界限，法无明文规定不能存在，也不能行使，依法行政的原则又不容放弃，过分强调既定法律对行政的支配作用，会否定政府发挥积极主动创造作用的可能性，因此，行政命令和依法行政存在激烈的矛盾。

如何化解行政命令和依法行政的矛盾是法治政府面临的一道难题，化解这道难题的基本要求是：首先，行政主体必须树立依法行政的观念，不违背宪法、法律和行政法规的精神和基本原则；其次，为了履行行政管理职能，行政主体在不违反宪法、法律和行政法规的基本原则和具体规定的前提下，允许行政机关及其公务员按照法律的一般原则或公益需要，在法定职权范围内充分行使裁量权，通过行政命令的形式弥补法律法规的不足。

三、行政征收

（一）行政征收的含义与特征

行政征收是指行政主体基于公共利益的考量，以法律、行政法规的相关规定为依据，按照法定的程序，以强制方式取得行政相对人财产所有权的一种行政处理行为。行政征收具有下列特征。

（1）强制性。行政征收是一种依职权的单方行政行为。行政主体以国家强制力为后盾，在不与行政相对人协商的情形下单方面作出征收行为。如果相对人拒不履行行政征收的义务，行政机关可以采取强制措施迫使相对人履行义务。

（2）无偿性。行政征收是对相对人财产所有权的合法剥夺，不会向相对人支付对价，也不会向相对人支付补偿，这是行政征收与行政征用的主要区别，行政征用是需要给予合理补偿的。

（3）法定性。行政征收是对相对人财产权无偿和合法剥夺，涉及相对人的经济利益，因此必须有法律依据。这里所说的"法律"应该是指狭义的法律，即全国人民代表大会及其常务委员会制定的法律。国务院制定行政征收方面的行政法规应该限于执行有关征收的"法律"规定，也就是说，限于制定执行性的规定，而不能扩大到创制性的规定。

（二）行政征收的种类

1. 税收

税收是行政征收的主要形式，也是国家财政收入的主要来源。传统上认为，国家为了维持其存在，需要公民缴纳捐税。随着税收理论的发展，税收的调节职能和再分配职能受到了关注，税收也被视为国家干预经济运转和维护社会公平的重要工具。

税收的种类名目繁多，其中最主要的分类标准是按课税对象划分。各国的税制存在一定差别，同时一国的税制也会根据经济发展需要而进行改革，如我国进行了"营改增"的税制改革，自 2016 年 5 月 1 日起，在全国范围内全面推开营业税改征增值税试点，建筑业、房地产业、金融业、生活服务业等全部营业税纳税人，纳入试点范围，由缴纳营业税改为缴纳增值税。以我国税收为例，根据征税对象的不同，我国税收分为以下五类：一是流转税，是以商品生产、流通过程中发生的流转额及非商品交易的营业额为课税对象的一种税收，包括增值税、消费税、关税等；二是所得税，是以纳税人的所得额或收益额为课税对象的一种税收，包括企业所得税和个人所得税；三是财产税，是以特定财产的价值作为课税对象的一种税收，包括房产税、城市房地产税、车船税等；四是行为税，是国家为了对某些特定行为进行限制或开辟财源而开征的一种税收，包括车辆购置税、印花税、契税等；五是资源税，是国家为了调节资源开发过程中的级差收入，以自然资源为课税对象的一种税收，包括资源税、城镇土地使用税、耕地占用税等。

税收及围绕税收形成的税收法律实际上已经形成了两个内容庞大和体系严密的制度，在高等教育中则形成了税收与税法两个学科，税收和税法的内容庞大，限于篇幅，我们不在此过多介绍，建议大家阅读税收和税法相关的教材与书籍。

2. 行政收费

行政收费是国家基于特定目的而向特定相对人强制收取一定额度费用的行为。行政收费是国家在履行社会、经济、技术和自然资源的管理和监督职能时，为了调节收入与分配而依法设立收费项目。

目前，我国的行政收费类别有：一是行政许可收费，如排污许可费、土地使用许可费、烟草专卖许可费等；二是管理性收费，如出租汽车管理费、计划外演出管理费、民办医疗机构管理费、无线电管理费、公路（水路）运输管理费等；三是证照收费，如居民身份证工本费、专业技术资格证书工本费等；四是手续费、登记费，如社团登记费、收养登记费、企业注册登记费、船舶登记费、土地登记费等；五是审查检验费，如进出境动植物检疫费、新药审批费、进口音像制品审批费、中药品种保护审批费等；六是资源使用费，如城市排水设施有偿使用费、水资源费、矿产资源补偿费等；七是集资性收费，如港口建设费、车辆购置附加费、教育费附加、电力建设基金等。

改革开放以来，国家越来越重视利用税费手段干预和调节经济，履行管理社会职能，因此在税收之外，行政收费项目有不断扩大之势。

四、行政处罚

（一）行政处罚的概念与特征

行政处罚是最典型的模式化了的具体行政行为，在行政处理活动中占据重要的地位。在行政法学说中，行政处罚是行政法学者研究较多因而也相对而言最成熟的部分；在行政法实践中，行政处罚也是最早单独被立法的具体行政行为，《行政处罚法》也是行政行为相关立法中修正次数最多的法律。对行政处罚概念的界定，目前理论界分歧不大，比较一致的表述是：行政处罚是指行政机关或其他行政主体依照法定职权和程序对违反行政法规范的相对人给予行政制裁的具体行政行为。一般认为，行政处罚具有以下几个特征。

（1）行政处罚是制裁性的行政行为。制裁性是行政处罚不同于其他行政行为的首要特征。行政主体通过行政处罚，使行政相对人的某项权利被剥夺或者受到限制，或者强制要求行政相对人履行某种义务。行政处罚也正是凭借制裁来达到惩罚并警示行政相对人的目的。

（2）实施行政处罚的主体是有处罚权的行政主体。在我国的法律制度中，有权作出制裁行为的主体有多种，如法院有权根据刑法和刑事诉讼法的规定对某环境保护局作出判决，予以刑事制裁，但行政处罚的主体只能是行政主体。在国外，有不少国家把行政处罚权部分或者完全赋予法院，他们认为，行政处罚对相对人的影响重大，由法院来执行更具有可靠性和公平性，如美国、英国、德国等。

（3）行政处罚的对象是行政相对人，即公民、法人或其他组织。行政处罚是对违反行政管理秩序的相对人的一种法律制裁。这里所指的行政相对人并不包括内部行政相对人，因为行政处罚是外部行政行为，处罚的对象只能是基于行政管理活动的相对人。因此，行政处罚不同于行政机关基于行政隶属关系或监察机关依职权对公务员所作出的行政处分。

（4）行政处罚是对违反行政管理秩序行为的制裁。首先，行政相对人之所以受到行政处罚，是因为他破坏了行政管理秩序，违反了行政法律规范，而不是违反了刑事法律规范或民事法律规范。这使得行政处罚与民事制裁、刑事制裁相区别。其次，行政处罚所制裁的违反行政管理秩序的行为通常是情节不够严重，尚未构成犯罪的行为。需要注意的是，不是所有破坏行政管理秩序的行为都根据情节轻重分别予以行政处罚或刑事处罚，有些行政处罚并不能被刑事处罚所吸收，如吊销营业执照的处罚。换言之，在某些情况下，行政处罚可以与刑事处罚并存。

（二）行政处罚的原则

关于行政处罚的原则，学界的认识基本一致，普遍认为有以下五个原则。

（1）处罚法定原则。处罚法定原则是行政法合法性原则在行政处罚中的具体体现。行政处罚法定原则包括实施处的主体有处罚权；行政处罚有合法的依据；行政处罚的程序合法。比如，关于处罚程序法定，《行政处罚法》规定：行政主体"违反法定程序构成重大且明显违法的，行政处罚无效"。

（2）处罚公正、公开原则。处罚公正、公开原则是行政法合理性原则在行政处罚中的体现。处罚公正要求设定和实施行政处罚要与违法行为的性质、情节和社会危害程度相当，也就是"过罚相当"。国外行政法中有比例原则的说法，其实质就是"过罚相当"。公开原则就是对违法行为给予行政处罚的依据和程序必须公布。

（3）一事不再罚原则。一事不再罚原则是指对当事人的同一违法行为，不得给予两次以上罚款的行政处罚。在行政管理活动中，一个违法行为可能同时违反两个以上的法规，受到两个以上的行政处罚。但是，行为人的一个违法行为，不论其违反了几项法律、法规的规定，它只承担一次法律责任，对其可以同时给予几种处罚时，不得给予两次以上罚款的行政处罚，也不得以同一事实和理由再次给予处罚。

（4）处罚和教育相结合的原则。行政处罚的目的不仅仅是制裁违法的行政相对人，通过制裁还可以使其能够在将来自觉遵守秩序。换言之，通过制裁让相对人在未来主动守法也是行政处罚的目的之一。此外，行政处罚中对青少年从轻、减轻或者免予处罚的规定也是处罚与教育相结合原则的体现。

（5）保护当事人权利的原则。现代行政法强调对人身权和财产权的保护，排斥行政主体恣意和滥用行政处罚权。公民、法人或者其他组织对行政机关所给予的行政处罚，享有陈述权、申辩权，符合举行听证条件的，有权要求举行听证；对行政处罚不服的，有权依法申请行政复议或者提起行政诉讼；对因违法给予行政处罚受到损害的，有权依法提出行政赔偿。

（三）行政处罚的种类

《行政处罚法》第九条规定了行政处罚的种类，包括警告、通报批评；罚款、没收违法所得、没收非法财物；暂扣许可证件、降低资质等级、吊销许可证件；限制开展生产经营活动、责令停产停业、责令关闭、限制从业；行政拘留；法律、行政法规规定的其他行政处罚。法律、行政法规规定的其他行政处罚主要有三种：劳动教养、驱逐出境、通报批评。劳动教养制度已经被废除，驱逐出境是针对外国公民的行政处罚，我们不再介绍。习惯上，行政法学说上把行政处罚分为申诫罚、财产罚、行为罚、人身罚四种，我们把学说上的分类与法定分类结合起来介绍。

（1）申诫罚。申诫罚又称声誉罚或精神罚，是指行政主体向违法行政相对人发出警告，通过对其名誉、荣誉、信誉等施加影响，给予其精神上一定压力，使其不再违法的处罚形式。申诫罚的形式主要有警告、通报批评等。

（2）财产罚。财产罚是指行政主体依法强迫违法者缴纳一定数额的货币、实物，或者剥夺、限制相对人一定财产或课以财产给付义务的处罚类型。财产罚被广泛地运用到行政管理领域，有多种表现形式，最主要的形式是罚款、没收违法所得和没收非法财物。

（3）行为罚。行为罚也称资格罚，是指行政主体取消违法行政相对人从事某种活动的资格、剥夺或限制其某种行为的权利、责令其承担某种作为义务的处罚类型。《行政处罚法》规定了行为罚的主要形式：暂扣许可证件、降低资质等级、吊销许可证件；限制开展生产经营活动、责令停产停业、责令关闭、限制从业。

也有学者认为，吊销许可证件包括通常所说的"吊销营业执照"及降低资质等级等，应该单列出来，设立"资格罚"这样一个类别，我们认为有一定的道理。

（4）人身罚。人身罚又称自由罚，是指行政主体限制或剥夺违法者人身自由的处罚。人身罚是最为严厉的一种行政处罚，因此，《行政处罚法》规定，限制人身自由的行政处罚，只能由法律设定，必须由公安机关执行。人身罚的种类有行政拘留和劳动教养，不过后者已经被废除。行政拘留是公安机关对违反行政法律规范的行政相对人，在一定期限内限制其人身自由的处罚。

（四）行政处罚决定公开的功能

（1）强化监督是处罚决定公开的主要目的。公开行政处罚决定的主要目的是保障公众的知情权和监督权，从而强化对行政执法的监督。近年来，推进严格规范公正文明执法成为法治政府建设的关键环节，行政执法的法治化程度有所提高，但不作为、乱作为仍有发生，强化执法监督仍是推进法治政府建设的重要议题。

（2）风险警示是处罚决定公开的附带功能。从政府信息公开制度的发展趋势来看，在数字技术兴起后，信息生产、储存、传播的成本大幅降低，信息效用得到充分扩展，政府信息的透明开放也从维护民主权利、促进民主问责的基点拓展衍生出更多元的价值。

（3）声誉制裁并非处罚决定公开的法定目的。通过公布与当事人相关的负面信息来实施制裁，具有成本低、收效快、影响深刻等特点，因而颇受行政机关青睐。对于行政处罚决定公开是否带有制裁和惩戒的规范目的，学界存在不同看法。有观点从事实层面提出，处罚决定公开具有一定程度的惩戒性质，其对应的是当事人的名誉权、信用权，公开处罚决定直接影响到其名誉、商誉、信用乃至财产，甚至行政处罚决定公开的效果比处罚决定本身具有更大的制裁性。但是，如果将这种制裁效果作为行政处罚决定公开的制度功能，则可能导致行政处罚体系的功能性紊乱。

第七节 行政机关实施的其他行为

一、行政指导

（一）行政指导的概念和特征

行政指导本是一个学术上的概念，随着日本《行政程序法》引入该概念后，行政指导逐渐进入立法和司法领域。虽然近些年来学术界对行政指导已经有了一定研究，但是与行政许可、行政处罚等传统的行政行为相比较，对其研究尚不成熟。一般认为，行政指导的产生是基于现代行政管理理念的转型——传统的行政管理崇尚单向度的、命令式的管制，现代的行政管理则加入了民主与合作的因素，糅合了双向的、非权力性的、合作式的治理理念。

关于什么是行政指导，目前我国学术界并没有取得一致认识。目前，行政法学界基本的共识是：行政指导是行政主体为达到一定的行政目的，通过指示、劝告、希望、建议、鼓励、引导等非强制性的方法，谋求相对人协助、合作的行政活动。

通过对行政指导法律特征的分析我们可以更清晰地理解行政指导的含义，行政指导有以下特征。

（1）性质的行政性。行政指导与传统行政行为在性质上并没有根本不同，主要不同之处在于行为的方式。实施行政指导的主体是承担行政管理职能的行政机关和法律、法规授权的组织；行政指导是为了实现特定的行政目的，因此，行政指导在性质上是一种行政管理活动。

（2）效力的非强制性。非强制性是指行政相对人对行政主体实施的行政指导有接受与否的自由，当相对人不接受行政指导时，行政主体不能动用国家公权力强制相对人接受。这是行政指导与传统行政行为的最大区别，也是行政指导最典型的特征。日本学者盐野宏也认为，行政指导是行政主体为了实现一定的公共行政目的，期待行政客体的一定行为（行为或不行为），其本身没有拘束力，但是可以对行政客体直接起作用的一种行政行为形式。

（3）效果的导向性。行政主体在实施行政指导时与实施其他行政活动一样，是带有特定目的的，行政管理活动本身是目的性很强的活动。行政指导虽然不具有直接的强制性，但是当行政主体通过建议、劝告、引导的方式实施管理时，行政指导则强烈希望行政相对人积极协助，甚至参与到行政管理活动中来，实现行政管理的目的，达到行政管理的预期效果。

（4）方式的多样性。行政指导在大多数国家还停留在学术层面或者在实务的探索阶段，缺乏法律依据和法律规制。目前行政指导常见的方式有引导、劝告、建议、示范、鼓励、支持、制定导向性政策、发布官方信息、劝诫、警示、警告等。

（二）行政指导的分类

我国行政法学界目前对行政指导的研究还处于初级阶段，对行政指导的分类存在诸多不一致，有代表性的分类如下。

（1）法定的行政指导和非法定的行政指导。这是以行政指导是否有具体的法律依据为标准所做的分类。法定的行政指导是指行政主体实施的行政指导具有法律、法规和规章依据，如在我国宪法和其他法律法规中有关产业政策的指导性规定。非法定的行政指导是指没有制定法律上的依据，行政主体根据法律原则、国家政策及客观情况，在自己的行政职能范围内实施的行政指导。

（2）个别性行政指导和普遍性行政指导。这是以行政指导所针对的对象是否特定为标准所做的分类。个别性行政指导是行政主体针对个别或少数相对人实施的行政指导，一般具有短期性和局部性。普遍性行政指导是行政主体针对不特定多数行政相对人所做的行政指导，一般具有长期性和全局性。

（3）具体性行政指导和原则性行政指导。这是以行政指导的内容是否具体、是否特定为标准所做的分类。具体性行政指导是指行政主体对相对人将要实施的行为做了具体、详细的规定，相对人可以根据这些规定实施相应行为的行政指导。原则性行政指导只对相对人将要实施的行为做了原则性、方向性的建议或要求，相对人必须结合外部环境和自己的实际情况确定如何实施具体的行为。

（4）鼓励性行政指导和抑制性行政指导。这是以行政主体对相对人将要实施的行为所持有的期望或态度为标准所做的分类。鼓励性行政指导是行政主体通过行政指导表明自己的肯定态度并期望相对人积极依照指导实施行为，通常行政主体会设置奖励性的措施。抑制性行政指导是行政主体通过行政指导表明自己否定或不倡导的态度，并希望相对人不要实施所指导的行为，相对人如果不配合指导而实施了这一类行为，则不仅得不到行政主体的支持，甚至会在将来遭受损失，如把抑制性行政指导上升为否定性的立法。

（5）助成性行政指导和规制性行政指导。这是以行政指导的功能为标准所做的分类。助成性行政指导也称促进性行政指导，是指行政主体为保护和增进行政相对人的利益的行政指导，如提供信息、咨询、服务等。规制性行政指导也称管制性行政指导，是行政主体为了保护公共利益，对妨害社会公共秩序的行为加以规范、制约的行政指导。

（三）行政指导的作用

行政指导不是学术上的创造物，更不是立法上的创造物，而是行政管理实践的产物，它顺应了行政管理理念的创新和发展，即从传统的规制型政府到服务型政府的转变。

1. 创新行政管理手段

传统的行政管理采用单一的命令——服从模式，难以得到行政相对人和社会公众的配合，有时还遭到他们消极的抵制和反抗，难以实现行政管理的目标。行政管理的目标是多样的。因此，不同目标的实现手段也应该是多样的。在行政管理实践中，行政主体创造出了行政指导这一新的管理手段。行政指导通过建议、鼓励、劝诫等非强制性的手段，引导相对人和社会公众为或不为某种行为，具有灵活性、机动性特点。与强制性的行政手段相比，行政指导容易为他们理解和接受，得到他们的配合和协助，常常更容易实现行政管理目标。

2. 填补行政立法空白

当今社会，社会关系趋于复杂化、多元化，政府在行政管理的现实和依法行政的理想间常常难以进行选择：一方面，在复杂和多元的社会关系中，利益纠葛，冲突不断，利益冲突的当事人和社会公众希望借助政府公权力的介入来解决冲突，平衡利益；另一方面，冲突当事人和社会公众又害怕公权力的介入会侵犯自己的私权，持有"管得少的政府就是好政府"的信念和由此生成的依法行政原则，要求政府尽可能不介入私人事务。这个难题在传统行政法框架内是无解的。不过，行政指导这一非强制性的行政管理方式为破解这一难题提供了解决方案。首先，由于行政指导主要诉诸建议、希望、鼓励、劝诫等非强制性方式来实现行政目标，是否接受行政指导完全由行政相对人自己决定，因此不存在侵犯相对人合法利益的问题；其次，在不违反行政法治原则的前提下，通过行政指导的方式实现行政目标，解决了行政管理的现实和依法行政理想间的矛盾，发挥了填补行政立法空白的功能。

3. 节约行政管理成本

一种行政管理目标的实现总要支出一定的成本，不同的行政管理方式所支出的行政成本是不一样的，从经济学的角度看，行政主体应该对实现同一个管理目标的不同管理方式进行成本–效益分析，选择最经济的管理方式。在社会效益一定的前提下，和传统的强制性管理手段相比，行政指导的方式在决策成本、执行成本、监督成本方面都比较低：就决策成本而言，行政指导只不过是为行政相对人提供指导，最后的决策是由相对人自己作出的，相对人自己肯定会主动收集决策的信息，因此行政主体并不需要收集全面的信息，尤其不需要支出决策成本；就执行成本而言，行政指导一经作出，由行政相对人自己决定执行与否，没有或几乎没有执行成本；就监督成本而言，由于决策是由行政相对人自己作出的，基于理性人的假设，他的决策肯定是有利于自己的，其本人基于追逐利益的动机会主动执行决策，根本不需他人监督。

4. 促进行政管理民主化

行政指导与民主是相辅相成的两个概念，行政指导是民主的产物，同时又会大大地促进民主的发展。在传统的高度集权的行政管理体制和单纯的行政命令管理模式中，假设行政主体是高度理性的，他们不仅全心全意地为公共利益服务，而且掌握了决策的全面信息。行政公务人员将会不折不扣地执行行政决定，同时行政相对人会对行政决定言听计从。这种假设前提下的行政法律关系与市场经济和民主政治并不相容，有些方面甚至格格不入。市场经济要求参与法律关系的双方当事人享有平等的法律地位，这种平等地位不仅体现在市场交易当中，而且体现在市场管理当中；民主政治要求国家创造条件让公民参与到政治、经济、文化和社会事务的管理当中，把行政相对人和社会公众当作管理的主体而不是被管理的对象。行政指导创新了行政管理的手段，适应了经济体制和政治体制改革的需要，符合当代政治文明、民主法治建设的潮流。

二、行政合同

（一）行政合同的概念和特征

1. 行政合同的概念

行政合同也称行政契约，是大陆法系国家行政法上的概念，英美法系国家没有这样的说法，但有类似的概念，即政府合同（government contract）。作为一个非典型化的行政行为，行政合同在国内外行政法上并没有取得较为一致的认识，所以也就没有关于行政合同较为一致的定义。

合同或者契约，本是一个民法上的概念，是指平等主体之间为了设立、变更、终止民事权利义务关系的协议。行政法之所以引入合同方式，是因为行政主体认识到通过合同方式可以发挥行政主体和当事人双方的主动性和创造性，能更好地实现行政目的。在现代行政中，契约具有新的意义，即在行政对国民生活介入的增加或对经济活动过程介入的扩大中，多出现用契约形式的倾向。通过行政合同的方式进行公共投资、建设公共设施、给予行政救助比通过单方行政行为能取得更好的效果，也更有效率。

简而言之，行政合同是行政主体为了达到行政管理的目的，基于公共利益的需要，以自己为一方当事人与行政相对人签订的旨在设立、变更、终止行政法律关系的协议。德国行政程序法把这样的合同称为公法契约，并以专门的章节加以规定。提到公法契约，我们需要说明的是行政合同并不等同于公法契约。正如公法是行政法的上位概念一样，公法契约也是行政合同的上位概念，公法包括一切调整国家利益、公共利益的法律，除了行政法之外，还有宪法、刑法、诉讼法等，公法合同还包括除行政合同之外的其他公法上的合同，如宪法合同、司法合同等，尽管理论上我们很少这样说。

2. 行政合同的特征

仅就字面上看，行政合同是行政和合同的结合，所以行政合同的特征可以从契约性和行政性两个方面进行展开。

（1）契约性。民法对契约及其特征有详细的解释，行政合同也具有契约的主要特征，在此我们无须多加阐述。

（2）行政性。行政性是行政合同区别于民事合同的主要因素，至于说什么是行政性，换言之就是以什么标准来界定行政合同，在行政法学界并没有取得一致，这也是我国很多民法学者反对行政合同存在的理由之一。行政合同是一种行政法律关系，体现出行政权力的单方向和强制性。行政权力的单方向和强制性通过合同的权利义务体现出来，具体而言包括以下几点。

第一，行政主体对合同履行的监督权。行政主体在行政合同中具有两种身份：一是作为合同的一方当事人，基于此种身份，行政机关理应遵守合同的约定，切实履行合同义务；二是国家和社会公共利益的代表者及行政管理职权的行使者，基于此种身份，行政主体负有监督行政相对人履行合同的职责，在行政相对人不积极履行或不履行合同的情况下，可以提出批评和建议，并享有行政制裁权，体现出行政合同的强制性。

第二，行政主体对合同的单方变更和解除权。由于行政合同承载着公共利益，在合同的履行过程中，如果出现危及公共利益的特殊情势，行政机关可以基于公共利益的考量，单方作出变更或解除合同的决定，由此可能给相对人造成损失的，由行政机关给予合理补偿。

第三，行政制裁权。行政制裁权是行政机关基于其手中的行政权，对行政相对人不履行或不适当履行行政合同时采取的惩罚措施，有别于普通民事合同一方当事人只能求助于法院或仲裁机构进行救济。制裁方式包括强制行政相对人履行合同、代执行、行政处罚等。

对行政相对人来说，行政合同的行政性体现在行政合同是行政法律关系，当行政机关不履行行政合同时，其救济的途径是行政复议或者行政诉讼。

（二）行政合同的作用

行政合同概念的提出是和行政管理的方式变革相契合的，是行政管理变革在行政法上的具体表现。因此在各国的行政管理实践中，行政合同这一新的管理方式，在政府采购、基础设施建设、公共工程建设、国有自然资源的开采和利用等领域，得到了广泛运用，比如，近几年广泛实施的 PPP（public private partnership，政府和社会资本合作）模式。行政合同的作用可以从行政主体、行政相对人和社会三个角度进行分析。

（1）从行政主体的角度看，行政合同有利于行政管理目标的实现。行政合同的优点在于：它既可以通过合同的形式让相对人参与到行政管理活动中，充分利用民间的资本力量，调动了公众的积极性和创造性；又可以保留行政机关在合同中的特权，使得行政职能和社会公众权利义务有效结合，更有利于行政目的的实现。

（2）从行政相对人的角度看，行政合同有利于调动相对人的积极性和创造性，保护其合法权益。强调行政机关在行政合同中的主导地位并不意味着行政相对人在合同中必然处于弱势和不利地位，相对人在通过合同帮助行政机关达到行政管理目的的同时，享有从合同履行中获得稳定收益的权利，因为政府的信用不是普通市场主体能够达到的，而且行政合同的标的一般都特别巨大，对民间资本的吸引力也就特别大。

（3）从社会的角度看，行政合同有利于促进经济发展和民主法治进步。通过行政合同的订立和履行，不仅行政机关实现了管理目标，行政相对人取得了经济利益，而且对他们所立足的社会是大有裨益。通过行政合同的方式，政府筹集到了基础设施、公共工程建设的资金，学习到了企业化的组织管理和运营经验，调动了全社会的积极性和创造力，促进了经济的发展。社会公众通过行政合同参与到行政管理过程中来，找到了民主管理和依法参与社会公共事务的理想的途径，这对于培养和提升民主与法治理念有积极的作用。

三、行政事实行为

（一）行政事实行为的概念和特征

1. 行政事实行为的概念

事实行为是不以意思表示为要素，属于无关乎心理状态的行为，所以又叫非表意行为。在民法领域，事实行为是相对于法律行为而言的，民法学者对此有较充分的研究。在行政法学内，行政事实行为也引起了学者的注意。我国台湾学者陈新民认为：行政事实行为是与行政法之法律行为相对之行为。事实行为的结果并不涉及法律关系，不产生、变更或消灭一个行政法上的权利或者是义务关系，而仅仅是产生了事实效果。这种行政行为也不是行政机关所为的私法行为，而是属于公法行为，但和我们前面所讨论的抽象行为或行政决定不同，是另外一种不产生法律效果的行政行为。

行政事实行为概念的产生比较迟。德国行政法学之父奥托·迈耶也注意到了公务员或公共机构人员所作出的某些行为与行政法律行为不同，就行为的这些部分，奥托·迈耶认为它们是行政事实行为。直到 20 世纪 20 年代，德国著名学者耶律纳克（Jellinek）认为与市政有关的都市房屋、街道、公园、水库等的建筑，以及其他技术方面之行为，是与公权力无关的"非公权力之行政行为"。另外，行政机关印制与散发的"指导"（belehrung）文件，如公安为避免车祸所发行宣导的交通安全小册子，以及社会服务性质的工作指南、民众调解与法律咨询的说明书等，都属于这种类型的行为。由于这种行为不造成对公民的权利义务的直接效果，但又在行政机关的职权范围之内，耶律纳克遂特别取了一个新名词，称为"单纯公权力行政"（schlicht-hoheitliche verwaltung）。此"单纯"（schlicht）的意思是不具有法律关系，不像行政处理会产生法律效果。自此之后，行政事实行为成为一种新型的行政行为，正式纳入行政法学讨论的理论体系之内。

综上，行政事实行为是指行政主体动用行政职权作出的，但不具有法律效果的行为。它在主体和权力属性上与行政行为相同，它与行政行为区分的标准在于是否具有"法律效果"，这种法律效果既包括主观上是否以设定、变更或消灭相对人权利义务为目的，又包括客观上能否为相对人设定、变更或消灭一定的权利义务。这样既承认了行政事实行为存在的客观性，又将其与行政行为（行政法律行为）区分开来。

2. 行政事实行为的特征

1）行政性

行政事实行为的行政性是指行政事实行为尽管不属于行政行为的范畴，不具备行政行为的构成要件，但它仍然是行政主体借助行政职权实施的一种行为形式。因此，行政事实行为仍然受到行政法原理和原则的约束。这种约束主要体现在：其一，行政主体必须在自己的职权范围内实施行政事实行为。其二，行政主体实施行政事实行为必须具有法定依据，即使没有明确的法定依据，也要符合行政法的一般原理和原则。其三，行政事实行为对行政相对人合法权益产生不利影响时，应当提供必要的救济途径。

2）可致权益受损性

行政事实行为的可致权益受损性是指行政事实行为虽然不具有法律上的约束力，但是它对行政相对人的人身权、财产权等合法权益仍然可能产生事实上的损害。有些人认为行政事实行为不产生法律效果，就不会侵犯相对人的权益，这种认识是错误的。事实上，行政机关的事实行为，尤其是违法的事实行为，极有可能造成相对人权利的受损。如警察违规使用枪械，警械致人受伤；为了控制和消除禽流感疫情而扑杀未感染病毒的家禽等。

3）多样性

行政事实行为的多样性是指行政事实行为在客观上表现为多种行为样式。也有学者称为形态多样性，认为行政事实行为的形态多样，包括行政主体的非意思效果的意思表示行为、非观念效果的观念表示行为与非表意行为。行政事实行为之所以有多种行为样式，是因为行政事实行为涉及面广，加之目前对其缺少研究，更缺少对其进行模式化的研究。由于行政事实行为具有多样性这一特征，即使在行政法治比较完善的国家，在行政程序法上也难以将其纳入规范的范围。

（二）行政事实行为的分类

尽管行政事实行为较为繁杂，但是行政法学也尝试利用归纳法，将性质较类似的事实行为进行归类，大致分为下列几类。

（1）执行性的行为。这是将一个行政处理（行政决定、行政强制）付诸实现的行为。例如，行政机关依行政决定，对特定人民负有给付义务的行为；公安机关下达违法示威应解散的命令后所采取的驱离行为；对疫区人民强制接种疫苗的行为等。这种执行性行为是执行行政决定或行政强制的行为，这些事实行为本身不产生法律效果，而是由其所执行的内容依据行政处理来产生。

（2）通知性行为。这是指行政机关作出的无拘束力的意见表示行为。例如，行政机关提供给市民各种信息、法令咨询、说明等。这些行为属于单纯的事实通知，不具有法律效果，也不构成行政处理。

（3）协商性行为。其又称为"非正式之行政协商"，是行政机关与人民就某些观点及事实所作出的不具法律效力的协商行为。例如，行政机关在作出某一行政决定或缔结行政合同前，事先与行政相对人进行沟通性的洽商。

（4）其他建设、维持行为。这是行政机关设立、经营及维持公共机构、公共设施（道路、桥梁）的行为。这种行为有单纯对内效果及对外效果之分：前者如行政机关对内部作业的审核、运作等；后者会和行政相对人等产生事实上的关联，如设置路灯，设立公立学校、公共水电设施和医院等。

（三）事实行为的合法性及法律救济问题

事实行为既非法律行为，也不以产生法律效果为目的，但并非说事实行为产生的事实结果不牵涉到法律责任问题。耶律纳克之前提出"单纯公权力行政"的概念时就已指出，事实行为如果会造成不合法的后果，如国家工作人员在执行事实行为时造成了侵权的后果，仍不免有国家赔偿的责任与刑事制裁（公务员渎职）之问题。

耶律纳克所处时代仍是遵循"依法律行政"的思想，行政法对于事实行为的规范尚未清晰，只能着眼于行为后的国家赔偿或刑事责任，此外并无法律救济的可能，因为事实行为不是基于一个行政处理，所以无法提起行政诉讼。这种观念在我国《行政诉讼法》中有同样的反映，从《行政诉讼法》的受案范围可以看出，人民法院只受理具体行政行为，对于事实行为并无管辖权。

行政事实行为的可诉性依旧是一个值得研究的问题。有学者认为："司法审查是救济制度的核心内容，若将行政事实行为纳入司法审查制度的轨道，就必须对行政事实行为的可诉性问题进行研究。将行政事实行为纳入行政诉讼受案范围是行政诉讼实践发展的必然趋势，是依法行政的要求。"从现代社会的发展潮流是逐步加强对权利的保护来看，既然行政事实行为具有"可致权益受损"的特征，那么，行政事实行为就具有独立的诉讼价值了。确认行政事实行为是否违法，是归属侵权责任的前提，而司法审查确认，是最权威、最有效的手段。确认行政事实违法之后的赔偿或补偿，也可能通过诉讼程序解决。行政事实行为诉讼价值的集中体现，就在于行政诉讼确认程序的设定。

（四）行政事实行为与行政处理的区分

行政事实行为不同于行政法上的法律行为，后者包括行政处理、行政合同，以及法规、章程。与行政处理相比，行政事实行为不仅仅缺乏调整性，而且也并不限于个案性和单方性。同时，行政事实行为也不限于外部性，如记录和收银、现金审计、打扫办公楼等。其中的原因在于，行政事实行为并非与行政处理相对，而是与行政法律行为相对。行政处理只是行政法律行为中的调整、对外、单方、具体行为，自然与行政事实行为不在一个"量级"上。

行政事实行为与行政处理的关键区别在于缺乏调整性。比如，答复是否具有授予或者拒绝的意思，决定了它是行政处理还是行政事实行为。

第八节　行　政　程　序

一、行政程序的概念和特征

（一）行政程序的概念

行政程序是行政主体实施行政行为时所应遵守的方式、步骤、时限和顺序。一般来讲，行为的方式和步骤构成了行政行为的空间表现形式，行为的时限和顺序则构成了行政行为的时间表现形式。

在法律意义上，程序更多与实体相对应。人类的任何活动或行为都具有一定的过程、方法、步骤和次序，也就是具有一定的程序性，但具体到行政程序（当然也包括司法程序），尤其是现代社会的行政程序时，它们会体现出不同于传统行政程序的特征。

（二）行政程序的特征

（1）行政程序的客观性和目的性。行政程序的客观性是指行政程序的制定不是制定者的恣意妄为，而是必须符合行政管理的客观情况。博登海默说，历史表明，凡是在人类建立了政治或社会组织单位的地方，他们都曾经努力防止不可控制的混乱现象，也曾经试图建立某种适于生存的秩序形式。这种要求建立社会有序模式的倾向，绝不是人类所作的一种任意专断或违背自然的努力。行政程序的目的性是指在行政事务不断增多和行政权力不断扩大的客观形势下，国家通过立法要求行政主体在行使行政权力时必须遵守法定的程序，从而达到控制和规范行政权力的行使、保护行政相对人及其他利害关系人的合法利益不被侵犯的目的。在法学领域，英美法系国家特别强调程序及其价值。起源于英国的"自然正义"（natural justice）观念及在其基础上发展起来的美国的"正当程序"（due process of law）观念也极大地影响了大陆法系国家的行政和司法程序观念。

（2）行政程序的法定性。行政程序的法定性是指用于规范行政行为的程序必须通过预设立法程序使之法律化，使其具有控制行政行为的拘束力。当然并不是所有的行政程序都需要通过预设的立法程序法律化，那些能够对行政行为产生控制功能的程序才有必要法律化。从行政主体的角度看，需要法律化的行政程序通常情况下对行政相对人及其利害关系人的利益会产生不利影响，因此需要通过法律对其进行规范和控制；从行政相对人的角度看，需要法律化的行政程序为其参与行政行为的过程及其合法权益提供法律保障。

（3）行政程序的多样性和分散性。由于行政行为的形态具有多样性，行政程序也具有内容和形式的多样性。从学习和研究的角度看，多样性的行政程序意味着复杂性，增加了学习和研究的难度。行政程序的多样性决定了立法机关很难制定一部统一的、包含所有行政程序的行政程序法典。行政程序具有多样性和分散性特点并不排除其具有共性，在深入分析这些行政程序的基础上，完全可能制定出一部相对统一、综合性的行政程序法典。在法治比较成熟的国家，通常制定一部行政程序基本法作为职能不同、程序有异的行政主体的基本行为程序法律。

二、行政程序的基本原则

（一）程序公开原则

程序公开原则是指行政机关在实施行为时，除涉及国家机密、商业秘密和个人隐私外，其行为过程及行为作出的依据都应该向行政相对人和其他社会公众公开。行政程序公开至少包括三个方面的内容。

（1）行使行政权的依据公开。依法行政的基本要求是所有行政主体的一切行政行为必须有明确、合法的依据，因此，公开行政行为的依据是程序公开的首要程序。美国1946年制定的《联邦行政程序法》对行政程序的依据公开有明确的要求，其第552条对公共信息、机关规章、意见、裁决令、档案和程序的规定，不仅要求普遍实用性实体规章公开，而且要求行政机关制定并通过的一般政策性说明和普遍实用性解释公开。

（2）行政行为实施的过程公开。行政行为实施过程公开要求行政机关将其作出行政决定前的过程，尤其是涉及对利害关系人权利的处置或对其作出不利的决定的过程公开，以便于相对人在作出决定前有机会提出陈述和申辩，在决定作出后有机会提出行政和司法救济。我国《行政许可法》第四章"行政许可的实施程序"用专门的章节规定了行政许可行为的实施过程如何公开。

（3）行政行为实施的结果公开。行政行为实施的结果公开主要是通过行政决定来实现的，换言之，行政主体对行政相对人的合法权益作出有不利影响的决定时，必须向行政相对人公开，保证相对人在不服行政决定时能够及时行使行政救济和司法救济的权利。有学者论及行政审批的结果公开时也认为，行政审批决定要公开。行政审批机关必须向行政相对人公开审批决定书，从而使行政相对人在不服决定时及时行使行政救济权，不公开的行政审批行为不能产生法律效力，不具有行政执行力。

（二）程序公正原则

程序公正原则要求行政机关在实施行政行为时，排除各种可能造成不平等的因素，在程序上平等地、一视同仁地对待所有相对人。程序公正原则最基本的要求是在程序上平等地对待所有相对人，既包括在同一案件中对所有相对人同等适用行政程序，也包括在不同案件中尽可能地同等适用行政程序。

判断程序是否公正的标准通常有以下四个：一是当事人地位平等。行政主体在行政管理中应该平等地对待双方行政相对人，让他们有平等地发表意见的机会。二是权利和义务相适应。不允许出现无权利的义务或无义务的权利，对程序进行中力量对比明显失衡的一方，应该通过举证责任倒置或转移的方法使力量对比均衡。三是排除行政恣意和专横。行政主体应该对不同相对人及其意见平等对待，在不受外界力量干扰的情况下采用民主的方式作出行政行为，避免滥用行政权。四是程序合理。程序的合理与否首先表现在程序是否法定化，其次是有无严格按照程序实施行政行为，如步骤有无颠倒、各个角色作用发挥是否充分等。

（三）程序正当原则

正当程序原则是美国法上的说法，它起源于英国的自然正义原则。自然正义是指那些人们认为极其重要的、不应该事先预设的差别对待，并有助于实现正义的证据和程序规则，其核心是要求裁判者对裁判事项没有利益并保持中立地位（status of neutrality），同时要求给予当事人公正的听证权（hearing right）。正当程序原则是正义价值在行政程序法中的集中体现，而正义是每一个人及其所在的社会首要的和最高的价值追求。关于正义的价值，罗尔斯说，正义是社会制度的首要价值，正如真理是思想体系的首要价值一样。一种理论，无论多么精致和简洁，只要它不真实，就必须加以拒绝或修正；同样，法律和制度，不管它们如何有效率和有条理，只要它不正义，就必须加以改造或废除……作为人类社会的首要价值，真理和正义是绝对不妥协的。

行政法上的程序正当原则主要通过社会公众和相对人参与行政行为的实施过程来保证。社会公众参与行政行为的实施过程主要集中在行政立法程序过程中，而行政相对人参与行政行为的实施过程主要集中在具体行政行为的实施及行政司法的过程中。

（四）效率原则

行政程序法的效率原则源于经济学方法对法律领域的渗透，揭示出法律内在的经济属性，行政主体实施任何行政行为，都必须作一定的成本-效益分析。从行政管理的视角看，行政程序就是行政管理的过程。众所周知，行政管理的首要价值就是效率，它表现为公共组织及其工作人员从事公共行政管理工作的成果大小。行政程序法律制度要求行政主体要以尽可能小的经济耗费获取最大的社会和经济效益。

效率是一个抽象的概念，效率原则同样是一个原则性的规定，它必须通过具体的程序性制度和规定来实现。行政程序法的效率原则需要通过一系列程序性制度和规定来体现，如时效制度、简易程序或者非正式程序制度、行政复议和行政诉讼不停止行政行为的执行制度、代理制度等。

三、行政程序的基本制度

行政程序法的基本原则必定有相应的具体制度予以体现和保障，在介绍行政程序法的基础上，我们有必要通过具体的制度规定来进一步了解和掌握行政程序的理论及其法律规定，因为行政程序的主要制度有很强的规范性、明确性和可操作性，可以克服行政程序基本原则所特有的不确定性。

（一）信息公开制度

信息公开也称情报公开、情报自由，是指凡是涉及相对人权利、义务的行政信息资料，除法律规定应予保密的以外，有关机构均应依法向社会公开，任何公民或组织均可查阅或复制。这里的信息范围应该包括有关法律、法规、规章；行政决策、行政决定、行政机关据以作出相应决定的有关材料、行政统计资料、行政机关的相关工作制度、工作规则等。信息公开制度无疑是行政公开原则的具体体现，也是行政程序法律制度的首要制度。

从世界范围看，信息公开制度起源于欧洲。1776 年 12 月，瑞典通过了《出版自由法》，实行出版自由制度，规定普通市民和议员一样享有要求法院和行政机关公开有关公文书的权利，建立了最早的信息公开制度。美国 1946 年制定的《联邦行政程序法》要求行政依据公开，随后的 1966 年的《情报自由法》、1972 年的《联邦咨询委员会法》、1974 年的《隐私权法》及 1976 年的《阳光下的政府法》构成了美国信息公开立法的完整体系。美国的信息公开制度对其他国家产生了重要影响，我国 2007 年由国务院制定了《中华人民共和国政府信息公开条例》，2019 年对其进行了修订，但是该立法的层次还比较低，属于行政法规，未来需要上升到全国人大及其常务委员会进行立法的层次。

信息公开制度的具体内容主要包括：信息公开的法律依据、信息公开的适用范围、信息公开的形式和信息公开的例外等。

（二）听证制度

听证（hearing）也叫听证会，有广义和狭义之分。广义的听证，一般是指在国家机关作出决定之前，听取利害关系人的意见，对特定事项进行质证和辩论的程序，其内涵是听取当事人的意见，其外延则涵括立法、司法和行政三大领域，美国采用广义的听证含义。在美国，听证是指听取利害关系人意见的法律程序。狭义的听证是指行政机关公开举行由利害关系人参加的听证，以广泛听取各方面意见，保证行政机关的决定合法、适当。日本采用狭义的听证概念。在日本，听证指行政机关作出影响相对人权益的行政决定时，就与行政决定有关的事实及基于此的法律适用问题，提出申诉意见，提出证据的程序。我国也采用狭义的概念，听证程序仅仅在行政领域适用，目前主要适用于行政处罚程序中。

听证是正当程序的核心，承载着正义的法律价值，同时听证作为程序，会增加立法、司法和行政的环节，相应地会增加立法、司法和行政成本，降低行政效率。因此，我们也不能为了追求纯粹的正义价值而完全放弃效率价值，确定合理的听证范围是平衡正义和效率价值的合理途径。美国行政机关在制定行政规章时一般都召开听证会。日本、德国的听证程序限于行政领域，主要限于对相对人影响比较大的不利处分。我国听证的范围更为狭窄，目前主要限于行政处罚行为。修订前的《行政处罚法》规定可以申请听证的情形仅限于"行政机关作出责令停产停业、吊销许可证或者执照、较大数额罚款"，把没收违法所得、没收非法财物和行政拘留三种更严厉的行政处罚排除在听证之外。修订后的《行政处罚法》扩大了可以申请听证的范围，具体包括"较大数额罚款；没收较大数额违法所得、没收较大价值非法财物；降低资质等级、吊销许可证件；责令停产停业、责令关闭、限制从业；其他较重的行政处罚；法律、法规、规章规定的其他情形"。

（三）告知制度和说明理由制度

告知制度是指行政机关及其工作人员在行使行政权过程中，对影响行政相对人权利和义务的事项及相对人享有的权利，通过一定途径或采用一定的方式告诉相对人的程序制度。告知制度是行政公开原则的具体体现，是保护行政相对人合法权益不受行政主体侵犯的制度设计，同时也是行政机关的重要义务。一般来说，就告知行政相对人享有的权利而言，告知的主要内容包括：①陈述权、申辩权；②依法要求举行听证的权利；③依法申请行政复议或者提起行政诉讼的权利；④因违法给予行政处罚或者行政强制受到损害时可以依法要求赔偿的权利。

与告知制度紧密关联的是说明理由制度。说明理由制度是指行政主体在作出对相对人合法权益产生不利影响的行政行为时，除法律有特别规定外，必须向行政相对人说明其作出该行政行为的事实因素、法律依据及进行自由裁量时所考虑的政策、公益等因素。说明理由制度更多是程序正当原则的要求和价值体现。

（四）时效制度

时效制度是指行政法律关系的主体在法定期限内不作为，待法定期限届满后即产生相应不利的法律后果的程序性法律制度。具体而言，行政主体在法定期限内如不行使职权，在法定期限届满后不得再行使，同时应承担行政不作为的法律后果；行政相对人在法定期限内如不行使权利，其权利将逾越时效而不再获得法律的保护。各国行政程序法典和单行的行政程序法中都有大量有关时效的规定，我国《行政复议法》对时效设专节进行了规定，其他相关的法律中都有时效或期限的规定。简而言之，时效制度是行政效率最典型、最直接的体现。

除了以上的制度之外，行政程序法上还有一些其他的制度，如回避制度、禁止单方接触制度、证据制度等，它们由于含义和内容或为大家所熟知，或者是其他课程的重要内容，在此仅提及而不展开介绍。

思考与讨论

（1）行政行为的行政主体说、行政权说和公法行为说有什么不同？

（2）什么是行政行为的模式，行政行为模式的价值是什么？

（3）行政立法的原则和程序是什么？

（4）行政创制性文件、行政解释性文件和行政指导性文件的差别是什么？

（5）具体行政行为的效力有哪些？

（6）行政给付的形式有哪些？行政给付与传统行政行为有什么不同？

（7）行政裁决的种类有哪些，行政裁决与司法裁决有什么不同？

（8）行政指导的特征有哪些，它与传统行政行为有什么不同？

（9）行政事实行为是否能成为司法审查的对象？

案例分析题

陈某系个体工商户，是龙泉驿区大面街道办德龙钢化玻璃加工厂的业主，自 2011 年 3 月开始加工生产钢化玻璃。2012 年 11 月 2 日，成都市成华区环境保护局在陈某位于成都市成华区保和街道办事处天鹅社区的一处厂房检查时，发现陈某涉嫌私自设置暗管偷排污水的行为；并于当日向陈某送达了《环境保护行政执法约见通知书》。之后成都市成华区环境保护局对陈某的行为进行立案调查，经过调查取证，于 2012 年 11 月 5 日作出《四川省环境保护行政执法限期整改决定书》并于当日送达陈某，要求陈某在 2012 年 11 月 5 日前完成以下任务：①立即拆除私设暗管；②生产废水收集后循环利用，不能外排；③生活废水综合利用，加强厂内管理。2012 年 11 月 8 日，成都市成华区环境保护局作出《环境保护行政处罚案件调查终结审查表》，确认了陈某私设暗管排放污水的事实，并认为陈某属二次违法，建议罚款 10 万元。2012 年 11 月 14 日，成都市成华区环境保护局作出《环境处罚告知书》，告知陈某拟对其作出立即拆除暗管，并处罚金 10 万元的行政处罚，该告知书于当日送达陈某；同日，成都市成华区环境保护局向陈某送达了《环境行政处罚听证告知书》。2012 年 11 月 16 日，陈某向成都市成华区环境保护局提出听证申请。2012 年 11 月 20 日，成都市成华区环境保护局作出并于当日向陈某送达了《环境行政处罚听证通知书》，并于 2012 年 11 月 27 日举行了听证。2012 年 12 月 11 日作出《行政处罚决定书》，认为陈某私设暗管，其行为违反了《中华人民共和国水污染防治法》第二十二条第二款的规定，并根据《中华人民共和国水污染防治法》第七十五条第二款的规定，作出以下行政处罚：责令立即拆除暗管，并处罚款 10 万元。该处罚决定书于 2012 年 12 月 11 日送达陈某。后陈某不服，向我法院提起行政诉讼，请求撤销该处罚决定书。（案例来源：成都市成华区人民法院行政判决书（2014）成华行初字第 29 号，该案例已被最高人民法院作为指导案例（第 138 号）发布，发布时间为 2020-01-14。）

　　问题：

　　（1）陈某经营场所登记注册地为成都市龙泉驿区，成都市成华区环境保护局是否有行政执法权，其实施的行政处罚行为是否属于无效的行政行为？

　　（2）成都市成华区环境保护局顶格处罚陈某 10 万元罚款是否合理，为什么？

　　（3）成都市成华区环境保护局的行政处罚程序是否合法，为什么？

第七章　行　政　责　任

本章教学要求

　　行政问责是我国政治改革的重要组成部分，是提升政府能力，构建责任政府的重要途径。通过本章的学习，了解行政责任的含义、特征、构成要件及其与刑事责任、民事责任的区别。了解行政责任的承担方式；把握行政问责的原则与特点和我国行政问责的发展历程与发展趋势等内容。

重点问题
（1）行政责任的分类
（2）行政问责制度

难点问题
（1）行政责任的构成要件
（2）中国行政问责制度的发展现状

第一节　行政责任概述

一、行政责任的含义

　　1940 年，卡尔·弗里德里克（Carl Friedrich）在《公共政策》杂志上发表了《公共政策与行政责任的本质》，表达了自己对行政责任的理解，对于责任，卡尔·弗里德里克认为：一个负责任的人是一个就其行为对其他人或团体有所担当的人，是一个必须提交关于他的行为的信息的人①。卡尔·弗里德里克认为，管理中所面对的真正问题不是要控制行政人员的行为，而是应该确保行政人员的有效行为。现代政府行为的复杂性不可避免地会导致行政人员即将发生的行为或将要实现的目标与公众期待的结果只是相近似而不是完全一致，甚至也可能出现公众所认为的"不负责任的行为"。进而，卡尔·弗里德里克认为，行政责任所包含的负责任的内容绝不仅仅只是制定正确的政策，实际上，制定正确的政策和正确地执行政策是不可分离的。而且，行政官员必须是拥有职业化素质、专门化知识和专业化技术的专业人员。罗伯特·登哈特认为：承担责任并不简单，不是简单地平衡客观本性和主观本性之间的矛盾就能解决责任这个

---

① Friedrich C J. Public policy and the nature of administrative responsibility[J]. Public Policy, 1940, 1: 3-24.

行政问题的。

　　国内学者关于行政责任的研究和行政责任的概念，各有己见，从不同的角度进行了界定，有从行政学界角度进行界定的，也有从法学界角度进行界定的。行政学界从权力来源和本职职责出发对行政责任进行阐释，法学界则从"法律责任"的概念出发将行政责任作为与民事责任、刑事责任等同的下位责任进行了大量探讨。在行政学上，行政责任是政府及其构成主体——行政官员（公务员）因其公权地位和公职身份而对授权者和法律及行政法规所承担的责任[①]。行政责任是指行政主体及其执行公务的人员因违法行政或行政不当，违反其法定职责和义务而应依法承担的否定性的法律后果[②]。行政责任是指行政法律规范所规定的一种法律责任[③]。行政学范畴中行政责任的履行与追究：首先，除了依据法律的责任履行与追究，还包括在政治上、道义上的责任履行与追究，就行政领导者而言，包括"引咎辞职"政治后果的承担与追究；其次，行政学的行政责任是针对本职岗位职责的履行与承担；最后，法律责任不仅包括依据行政法的责任追究与承担，还包括依据其他法律的责任追究与承担[④]。

　　在法学领域，行政责任有广义和狭义之分。广义指行政法律关系的主体和相对人违反行政法规依法承担的责任；狭义指行政机关及其公务人员的违法行政责任，即行政主体的行政责任[④]。法学领域中行政主体行政责任的实现与追究：首先，在法学领域内，责任的追究指向违反法定本职职责后的否定后果；其次，该"否定后果"限于法定，是法律上应受谴责的责任，法无规定则无责任，不包括政治责任和道义责任；最后，违背行政法律规范应受谴责的责任，明确行政责任的承担方式和途径是其不可或缺的内涵，不同于民事责任、刑事责任[④]。

　　关于行政责任概念的界定，还有以下几种观点：一是行政法律关系主体说，即认为行政责任是指行政法律关系主体由于违反有关行政法律规范或不履行法律行政义务应依法承担的否定性法律后果[⑤][⑥][⑦]。二是行政主体说，即认为行政责任是指行政主体（包括行政机关和其他行政公务组织及其人员）因在行使行政权的过程中，违反行政法律规范而承担的法律责任[⑧]。三是行政相对人说，即认为行政责任是指行政相对人由于违反行政法律规范而应当承担的法律责任[⑤]。以上观点中对行政责任的区别主要在于行政责任主体方面，行政法律关系主体涉及的行政责任主体范围更广泛些。第二种观点俨然就是控权说的代表，第三种观点是说明行政责任主体不仅包括行政主体还有行政相对人。

　　综合学术界关于行政责任概念的界定，行政责任有广义和狭义之分，广义的行政责任主要是指行政责任主体（包括行政机关等）在行政权力的实施过程中违反行政法规范而应当承担的法律后果。狭义的行政责任主要是指行政机关及其工作人员在行使行政权

① 张创新，韩志明. 行政责任概念的比较分析[J]. 行政与法（吉林省行政学院学报），2004，（9）：24-26.

② 胡锦光. 行政法学概论[M]. 北京：中国人民大学出版社，2006.

③ 陈亚平. 行政法与行政诉讼法[M]. 北京：中国农业出版社，2005.

④ 李蕊，赵德铸. 行政主体行政责任阐释：源自责任追究视角[J]. 内蒙古社会科学（汉文版），2013，（5）：78-83.

⑤ 罗豪才. 行政法学[M]. 北京：北京大学出版社，1996.

⑥ 胡建淼. 行政法教程[M]. 北京：法律出版社，1996.

⑦ 方世荣. 行政法与行政诉讼法学[M]. 北京：中国政法大学出版社，1999.

⑧ 杨解君. 行政法学[M]. 北京：中国方正出版社，2002.

力过程中违反行政法规范而应当承担的法律后果。

二、行政责任的特征

（一）行政责任主体具有特定性

行政责任是针对行政组织及其工作人员而言的，不是行政相对人承担的责任。由于行政主体与行政相对方在行政法律关系中，享有和所承担的法律义务在性质上和内容上是不同的，因而所承担的法律责任也不同。行政主体所享有的是行政职权，承担的是行政责任；行政相对方享有的是一般法律权利，承担的是一般法律义务。行政法上的行政责任应当是与行政职权和行政职责相联系的法律责任。此外，行政主体授权的组织或个人作出行政行为时，由于以行政主体的名义作出，得到了行政主体的授权，与行政主体形成了委托代理关系，其行政行为也就等同于行政主体的行政行为，如果这种职权行为违法，那么产生的责任也属于行政主体的责任。

（二）行政责任源于行为的违法性或不当性

一般而言，行政责任包含两层含义，一是行政主体及其工作人员应当履行的职责和义务；二是行政主体及其工作人员不履行职责和遵守义务时应当承担的法律后果。但从行政法上看，行政责任主要是指它的第二层含义，是行政主体及其工作人员的违法行政或行政不当应承担的法律责任。

（三）行政责任形态具有法定性

行政法上的行政责任是以行政法律规范所规定的职责为基础，以法律规范所规定的责任方式和内容为依据，这样使得行政责任成为一种独立的法律责任，而非基于政治制度或道义及约定而产生的责任。

三、行政责任与其他法律责任的关系

民事责任、行政责任和刑事责任同属于法律责任的下位概念，它们在保障法律实施方面扮演着重要的角色，它们的区别在于所调整和保障的社会关系不同、严厉程度不同，而它们的联系则在于它们本质相同，它们的功能也基本一致[①]。以下作具体阐述。

（一）行政责任与民事责任、刑事责任的联系

行政责任与民事责任、刑事责任既有区别也有联系。三者的联系有这样几个方面：第一，三者本质相同，都是特定主体对于其特有义务的违反而应承担的法律评价和强制。第二，三者共同构成法律责任系统，法律责任制度系统对国家法律规范的有效实施起到了强制保障作用，使国家运行有法可依，有法必依。第三，在一定情况下，三者存在交叉现象，甚至可以相互转化。如赡养父母是子女必须履行的法定义务，而现实中存在许多子女不赡养父母的情况，这种情况可以通过三种途径解决，一是可以通过诉讼途径要

---

① 张旭. 民事责任、行政责任和刑事责任：三者关系的梳理与探究[J]. 吉林大学社会科学学报，2012，52（2）：54-60.

求其履行赡养父母的相应义务，承担相应民事责任；二是对于其不履行赡养义务行为可以根据情节给予治安拘留等行政处罚，承担相应行政责任；三是如若情节极其严重构成犯罪的，则要承担相应的刑事责任。

（二）行政责任与民事责任、刑事责任的区别

1. 行政责任与民事责任的区别

民事责任是民事主体在从事民事活动过程中，因违反民法规定或合法有效的民事约定而承担民事上的行为责任。民事责任与行政责任的不同主要表现在这几个方面：第一，存在的法律关系不同，民事责任形成于民事法律关系过程中，行政责任则发生在行政法律关系中。第二，违反法定义务和约定义务都要承担民事责任；而对于行政责任则是违反法定义务而承担的法律责任[①]。第三，承担的民事责任主要是补救性的，如赔偿损失、恢复原状、返还原物等；而行政责任的承担方式既有补救性的还有惩戒性的，补救性的承担方式主要有金钱赔偿、纠正不当等，惩戒性的主要有通报批评、停止违法行为、撤销违法行为等。第四，法院是民事责任的主要追究机关，适用于民事诉讼法的追究责任程序；而行政责任的追究机关除了法院以外，还包括国家权力机关、国家行政机关，责任追究程序也不统一。

2. 行政责任与刑事责任的区别

刑事责任是由实施犯罪行为产生的，由代表国家的司法机关追究的，由实施犯罪行为的人依法承担的接受刑法规定的处罚的法律责任[②]。刑事责任与行政责任的区别在于：第一，追究的违法行为不同，刑事责任追究的是犯罪行为，而行政责任追究的只是一般的行政违法行为或部分不当行政行为。第二，追究责任的机关不同，刑事责任只能由法院依照《刑法》的规定进行追究；而行政责任的追究机关除了法院以外，还包括国家权力机关、国家行政机关等。第三，承担的法律后果不同，刑事责任的惩罚和制裁力度较大，甚至可以判处死刑，比追究行政责任严厉得多。刑事责任包括两类问题：一是犯罪；二是刑罚。

实践中，必须把握好行政责任与民事责任和刑事责任的区别与联系，正确选择和运用法律，维护和保障公民、法人和其他社会组织合法权益，维持社会良好秩序。

四、行政责任的构成要件

关于行政责任构成，不同学者因其出发点和角度不同而有不同主张，较有代表性的是如下几种观点。行政法律责任的构成要件包括：①行为人有违反行政法行为存在；②行为人具有法定责任能力；③行为人违反行政法行为，必须在情节、后果上达到一定严重程度[③]。行政责任的构成要件包括：①行为人已构成违法（包括部分行政不当）；②行为人具有责任能力；③行为人的主观过错及其恶性程度；④行政违法的情节、后果[④]。行政责任的构成要件有以下三个：①存在违反行政法律义务的行为；②存在承担责任的

---

① 杨解君. 行政责任问题研究[M]. 北京：北京大学出版社，2005.
② 何立荣. 我国刑事责任立法研究[J]. 江西社会科学，2012，（6）：146-151.
③ 方世荣. 行政法与行政诉讼法学[M]. 北京：人民法院出版社，2003.
④ 应松年. 行政法学新论[M]. 北京：中国方正出版社，1998.

法律依据；③主观有过错①。在一般的行政责任中，只需要同时具备下列两个要件，行政责任即能构成：①行政违法行为的存在；②行政违法行为人具有主观的过错。但在法律有明文规定的情况下，行政违法行为人不具有主观过错只是实施了行政违法行为，也能构成行政责任（即无过错责任）②。

　　以上几种关于行政责任构成的观点存在一定的合理性，但也有可斟酌之处。行政责任构成是行政责任的必要条件，如果没有这些要素，行政责任就不能被确定，也就无法对行政责任进行追究。第一，责任是基于行为而产生的，没有行为，责任就无从谈起。因此，我们认为行政行为是行政责任构成的首要因素。第二，我们所说的行政责任是对于违反行政法规范的行为，而不是所有行政行为都要负行政责任，行政责任的承担要视具体情况而定。因此，行政责任的构成要件包括以下几点。

　　（一）行政责任的主体

　　行政责任的主体是行政组织及其行政人员③，行政责任的承担者必须是具有行政权利能力和行政行为能力的组织和个人。

　　1. 行政组织

　　行政组织是指享有国家行政权，能以自己的名义行使行政职权，并能独立地承担因此而产生的相应法律责任的组织。行政责任的主体包括行政机关，以及法律、法规授权的组织，行政主体委托其他组织行使行政职权的相关责任由委托组织承担。行政主体理论研究是与我国行政诉讼实践相适应的，有利于确定行政诉讼被告，保障相对人的合法权利。行政主体理论的出现不但对我国行政法学研究具有重要作用，而且为保障行政相对人的合法权利提供了依据。但是，随着中国社会结构的变迁，特别是公共行政改革的推进，现行行政主体理论与行政法制实践需求的矛盾不断加深，大量的行政性公司、事业单位、社会团体甚至企业组织都在行使部分行政管理职能，由于法律并未明确其行政主体地位，无法追究其公法上的责任，为受这类主体侵犯的相对人提供合法的救济④。

　　2. 行政公务人员

　　行政公务人员即执行公务的行政人员，行政职权由行政公务人员代表行政组织行使，由此产生的责任由行政主体承担。因此，行政公务人员不属于外部行政法律关系主体和外部行政责任主体。但由于行政公务人员与行政组织的关系特殊，其违法行政与不当行政行为所引起的相关责任主要是内部的、行政惩戒性的责任。

　　（二）违法行为的存在

　　行政违法行为（部分的行政不当行为）是承担行政责任的前提条件，是由于违反行政法律、法规及其他具有行政法律效力的规范性文件，或者违反行政执法主体的命令等

　　① 罗豪才. 行政法学[M]. 北京：北京大学出版社，1996.
　　② 陈耀祖. 行政复议与行政诉讼[M]. 成都：四川人民出版社，1991.
　　③ 张康之，李传军. 行政伦理学教程[M]. 北京：中国人民大学出版社，2004.
　　④ 孟楠. 论行政主体与行政分权[J]. 法制与社会，2011，（2）：168.

而由法律规范加以规定，应当承担相应行政责任的行为。承担行政责任的行政违法行为和行政不当行为较为复杂，主要包括这样几个方面：在实施行政行为过程中证据不足或实施不清，缺乏行为的法律依据或使用法律法规错误；超越法定的权限范围，缺乏充分的法定理由而拒不履行法定职责；违反法定程序和方式要求；违反法定要求而滥用职权；行为内容畸重畸轻而显失公正的行为；等等①。虽然行政责任与行政主体的行政行为密切相连，但这并不意味着行政主体行使行政职权，实施行政行为就要承担行政责任，行政责任作为一种否定性的法律后果，只有在行政主体及其工作人员的行政行为中出现了上述现象时，才会承担行政责任。但从目前我国的法律规定来看，行政不当所引起的法律责任追究范围比较窄，多数情况下也不会受到司法审查，所以只有部分不当行政能够成为行政责任产生的前提①。

（三）因果关系

因果关系主要是指违法行为与损害行为之间的联系。因果关系是认定法律责任的基本依据。法律中的因果关系包括三个方面的要素：一是行为与结果之间客观的因果关系；二是行为人的主观意志因素与客观结果之间的联系；三是法律的具体规定。

1. 行为与结果之间客观的因果关系

行为与结果之间的因果关系是一种事实的客观存在，法律与其他社会意识一样，也是对社会存在的客观反映，法律上的因果关系以客观存在的因果关系为前提。这种客观行为与结果之间因果关系的认定不以人的主观意志为转移，一般情况下对于事物之间因果关系的判断依据有如下几点：第一，因果关系的客观性，即因果关系的认定必须依据事实材料；第二，因果的顺序性，即指时间在先的事物引起时间在后的事物，否则客观因果关系不能认定；第三，内容的决定性，研究因果关系主要是为了确定法律责任的性质和范围，对行为人应承担的损害及其范围进行定性和量化②。

2. 行为人的主观意志因素与客观结果之间的联系

行政责任所要惩戒的是责任人的主观恶性而不是客观的必然因果关系，因此要作出行政责任的界定离不开行政责任人主观状态的认定。因此，需要把握人的心理、意志和思想等主观因素与外部行为之间的因果关系，弄清违法行为是否是行为人主观意志的结果。

3. 法律的具体规定

行政责任是一种法律明确规定的责任，因此行政责任认定在证明客观的因果关系和主观意志性之后，必须要看法律上是否有具体规定，如若法律没有明文规定，则不能追究相关人员和组织的行政责任。

（四）情节与后果

不同情节和后果所要承担的行政责任显然不同。例如，《中华人民共和国治安管理

① 陈亚平. 行政法与行政诉讼法[M]. 北京：中国农业出版社，2005.
② 许江伟. 浅论法律上的因果关系[J]. 沿海企业与科技，2005，（11）：156-157.

处罚法》第四十六条规定：“强买强卖商品，强迫他人提供服务或者强迫他人接受服务的，处五日以上十日以下拘留，并处二百元以上五百元以下罚款；情节较轻的，处五日以下拘留或者五百元以下罚款。”

五、行政责任的分类与表现形式

我国行政责任的分类包括以下几个方面。

（一）行政组织的行政责任及其表现形式

国家赋予行政组织相应的行政职权，行政组织就应当依法行政，履行法律规范规定的职责和义务，维护行政相对方的合法权益，不得滥用权力或懈怠行使，否则就要承担相应行政责任。行政组织承担的行政责任有：行政立法责任、行政执法责任、行政司法责任和行政合同责任等。所承担的行政责任既有补偿性的也有惩戒性的，其目的在于对已经造成权益损害的补偿和对于可能造成损害的预防。

根据我国的政治体制和法律制度，可对行政责任进行追究的机关主要有权力机关、行政机关和专门机关、人民法院等。国家权力机关依照宪法和法律的规定，对行政责任进行追究的形式有撤销违法行政和不当行政行为等。国家行政机关和专门机关追究行政主体的行政责任的形式有：纠正不当行政行为、撤销违法行政行为或撤销违法决定；还可以进入行政复议程序，以变更、撤销、返还权益，恢复原状、赔偿损失等形式追究行政主体的责任。人民法院对行政组织的责任追究形式是通过诉讼程序，对行政组织的具体行政行为的合法性进行审查，以撤销、责令履行职责、赔偿损失等方式，追究行政组织的行政违法责任，对有失公正的行政处罚，还可以直接予以变更。

（二）行政公务人员的行政责任及其表现形式

行政公务人员的行政责任既包括执行公务中的外部行政责任，也包括违反内部管理的内部行政责任。

执行公务中的外部行政责任是指行政公务人员在行政执行过程中因故意或过失而违反行政法规范所应当承担的行政责任。执行公务中的外部行政责任的主要形式是行政处分，即行政机关对具体实施行政行为的公务员所采取的惩戒措施。行政机关可采取的行政处分的种类有警告、记过、记大过、降级、撤职、开除等，这些处分可单独使用也可合并使用。给予国家公务员行政处分，依法分别由任免机关或者行政监察机关决定；而执行开除处分的，必须报上级机关备案。例如，县以下行政机关对公务员执行开除处分的，必须报县级人民政府批准。

当行政公务人员给国家和社会造成重大损失的时候，不但要承担外部的行政处分，而且要承担与之相对应的行政追偿责任，这是外部行政责任的特殊形式。对于行政追偿，《国家赔偿法》第十六条规定：“赔偿义务机关赔偿损失后，应当责令有故意或者重大过失的工作人员或者受委托的组织或者个人承担部分或者全部赔偿费用。对有故意或者重大过失的责任人员，有关机关应当依法给予处分；构成犯罪的，应当依法追究刑事责任。”对行政公务人员进行行政追偿的目的是对国家赔偿责任的分担和补偿。实质是要求行政公务人员依法行政，避免对国家和公共利益造成损失，最终实现行政效益的提高。另外，行政公务人员在违反行政内部管理规范的情况下，还应当承担内部行政责任，这主要是由《公务员法》等作出规定的。内部行政责任的表现形式主要是行政处分。此外，对于行政奖励的取消、晋升机会的丧失等也是行政公务人员违反行政内部管理所承担的特殊行政责任形式。由于内部行政责任与外部行政责任所处的行政关系不同，需要将内部行政责任单独列出，以示不同。

（三）行政相对方违反行政管理法律规范、应当接受行政处罚的行政责任及其表现形式

行政相对人承担的行政责任也称行政违法责任，是指作为行政相对一方的公民、法人或其他组织因违反行政法律规范而依法应承担的法律责任。对于违反行政法律规范的公民、法人或其他组织，由有管辖权的行政机关依据行政处罚程序处以行政处罚，或实施其他形式的制裁①。行政处罚的方式有：警告、罚款、拘留、吊销许可证照等。此外，除了行政处罚是公民对其违法行为所承担的责任，通常情况下公民承担行政责任的表现形式还有行政强制等。

（四）行政监督主体由于失职而应承担的监督不力的行政责任及其表现形式

行政监督主体承担的行政责任是行政公务人员承担行政责任的一种特殊表现，因此，它不属于外部行政法律关系，也不属于违反行政单位内部管理制度，而是由监督失职和不力所形成。一般学者在研究行政责任过程中很少会涉及行政监督主体的行政责任问题，实际上行政监督不仅是一种权力，更是一种职责，国家正是要通过行政监督主体的严格执法保障国家行政的廉洁、效能。行政监督主体因为隶属于行政体系之内，其本身及其行政公务人员的行政责任表现形式与一般行政主体及其行政公务人员基本相同。

六、行政责任的承担方式

行政责任是行政主体及其工作人员在行使行政职权的过程中发生的违法行政或行政不当所应当承担的法律后果。行政组织与行政公务人员在承担行政责任时，其方式稍有区别。

（一）行政组织承担行政责任的方式

（1）通报批评。通报批评是一种惩罚性行政责任，主要是指在确定行政主体的违法责任后，由上级行政机关或行政监察机关通过文件、通告、会议等正式文件的方式将行政主体的违法行政的事实、影响及处理结果予以公布，达到一种警示的作用。

（2）赔礼道歉，承认错误。这是一种补救性行政责任，也是行政主体责任承担中最轻微的，主要是指在确定行政主体的违法责任后，由行政主体的行政领导或主要责任人，

---

① 张焕光，胡建淼. 行政法学原理[M]. 北京：劳动人事出版社，1989.

通过口头或书面的形式向行政相对人表示歉意，承认错误。

（3）恢复名誉，消除影响。这是一种精神补救性行政责任，这种方式主要适用于行政主体的违法行政或行政不当对行政相对人的名誉造成了损害，给行政相对人带来了不良影响，在这种情况下采取该种方式，行政责任主体可以通过出公告、开会等方式帮助行政相对人恢复名誉，消除影响。

（4）返还权益，恢复原状。返还权益，恢复原状是行政主体承担的一种财产上的补救性行政责任。主要是行政主体的违法行政或行政不当造成了行政相对人对财产占有或使用的利益的损失，行政主体采取措施予以补救。具体情况有三种：①返还原物，这主要是指行政主体将违法行政收缴的财物返回给行政相对人；②恢复行政相对人的其他权益；③恢复原状，行政主体采取修理、拆除障碍、重新建造等方法使被毁损的财产恢复原状。

（5）停止违法行为。停止违法行为是一种惩戒性行政责任。它是指行政主体违法行政或不当行政具有持续性，甚至当行政相对人提出诉讼后，这种违法行政行为还在继续，行政机关有权责令其停止违法行政行为。

（6）撤销违法决定。撤销违法决定是一种惩戒性行政责任，是指有权机关通过法定的程序确定行政主体的决定违法后，作出禁止性命令，要求行政主体不得再以与原决定相同的理由作出与被撤销的决定相同的决定①。

（7）履行职务。该种行政责任是行政主体承担行为上的补救性行政责任。适用于当行政主体不履行或故意拖延履行职务时，由有权机关按照法定程序确认其构成了行为上的失职，要求其履行义务的形式。如不服行政处罚的当事人依法申请复议，行政复议机关置之不理，当事人有权要求行政复议机关履行法定职责、受理申请并作出决定。

（8）撤销违法行政行为。这是由行政主体承担的一种惩戒性行政责任形式，当行政主体所作的行政行为具有下列情形之一时，行政主体应该承担撤销违法行为的行政责任：主要证据不足；适用法律、法规错误；违反法定程序的；超越职权；滥用职权的。撤销违法行为包括撤销已完成的行为和正在进行的行为①。

（9）纠正不当行政行为。该种行政责任形式属于行为上的补救性责任，适用于行政主体的不当行政。当然不当行政也并非就是撤销行政行为，但行为人有义务对其不当行政的行为进行纠正，且上级行政机关或行政相对人有权利要求行政主体或行政公务人员对其行为进行纠正。

（10）金钱赔偿。金钱赔偿是一种财产补救性行政责任形式，它是指行政主体的违法行政或行政不当行为造成了行政相对人的财产上的损害，行政主体应当承担赔偿责任。

（二）行政公务人员承担行政责任的方式

行政公务人员承担行政责任的方式，主要是指行政主体公务人员在具体的行政行为过程中违反行政法规范时，所应当承担的法律后果的具体形式。我国行政立法中对行政

---

① 陈亚平. 行政法与行政诉讼法[M]. 北京：中国农业出版社，2005.

主体公务人员在行政管理活动中的违法责任的承担方式作出了明确规定，在确认行政主体对行政行为负有责任的前提下考察行政主体公务人员的主观态度，如存在故意或重大过失的情况，往往也确定由行政主体的负责人和直接责任人应当承担的行政责任①。行政主体公务人员承担行政责任的方式主要有以下几种。

（1）通报批评。这是由有权机关对行政主体公务人员的违法行政或不当行政行为通过开大会或文件的形式予以公布，达到惩戒、教育行政主体公务人员，警示他人的效果。

（2）赔偿损失。赔偿损失是行政主体公务人员不直接向受到利益损失的行政相对人进行赔偿，而是由相应的行政机关承担赔偿责任，再根据求偿权向有故意或重大过失的行政公务人员追偿已赔偿的款项的部分或全部。

（3）行政处分。这是行政组织公务人员承担违法行政责任的主要形式，是国家行政机关依照行政隶属关系对违法失职的公务人员予以的惩戒措施。

第二节　行政问责制

一、行政问责制概述

（一）行政问责制的内涵

"问责"（accountability）最早出现在于 1985 年杰·M. 谢菲尔茨主编的《公共行政实用词典》一书中，他认为问责是由法律或组织授权的高官，必须对其组织职位范围内的行为或其社会范围内的行为接受质问、承担责任②。他后来在《公共行政与政策国际百科全书》中，进一步将问责界定为委托方与代理方之间的一种关系，即获得授权的代理方（个人或机构）有责任就其所涉及的工作绩效向委托方作出回答③。英国责任内阁制的实践是行政问责制度的源泉。17 世纪英国资本主义快速发展，资产阶级力量日益强大，在政治上要求平等。主张以资产阶级民主来对抗封建专制，通过资产阶级革命，取得反对封建的胜利。1689 年《权利法案》的通过，标志着议会权力高于一切的君主立宪制在英国确立。

目前我国法律还没有对行政问责制度的内涵作出具体统一的规定，分歧主要在于对行政问责的主体、客体范围等构成要素有不同的理解，但其对于行政问责制度的本质含义已达成一致，认为行政问责制度的本质是对公权力的制约和责任追究，目的在于促使行政机关及其工作人员合法行使职权，依法履行职责。结合行政责任的内涵，本书认为，行政问责制度是指由特定的主体，依照规范性的程序，对行政组织及其工作人员的失职行为予以追究，并使其依法承担法律责任的规则和制度设计。

---

① 胡锦光. 行政法学概论[M]. 北京：中国人民大学出版社，2006.

② Shafritz J M. The Facts on File Dictionary of Public Administration[M]. New York: Facts On File Publications, 1985.

③ Shafritz J M. The International Encyclopedia of Public Policy and Administration[M]. Boulder: Westview Press, 1998.

（二）行政问责的层级与幅度

1. 行政问责层级

行政问责的层级是指，在行政问责过程中，由哪一级别的国家机关或领导启动问责，应当问责到哪一级别的行政机关或行政人员，体现的是一种纵向问责关系，主要表现为上级国家机关问责下级行政机关，本级机关领导问责本级政府各职能部门及其工作人员[①]。如 2003 年的"非典"事件，从行政问责的层级分析，即从纵向上分析行政问责，国家层面上由国务院对卫生部部长做出免职的处理；地方层面上，各地方政府对相应的卫生厅、卫生局的相关人员也都做出了一定的问责处理，在这起问责事件中，行政问责层级就政府机构而言包含上至国务院部委，下至地方各级卫生部门；就人员而言上至卫生部部长，下至卫生局局长、科长及基层工作人员的各级公务员，其行政问责层级较高。从这个案例来看，不难发现行政问责层级的高低体现出两个重要的信息，一是问责事件本身的严重程度；二是行政问责的力度大小，即对相关责任人的处理力度。行政问责的层级是衡量行政问责力度大小的重要尺度。所以行政问责层级与行政问责的力度之间是一种正相关关系，行政问责层级越高，行政问责的力度就越大，行政问责层级越低，行政问责的力度就越小，但这种关系不是必然的。在现实事件中，行政问责的力度不但与行政问责的层级有关，与最终的问责结果也密切相连。从被问责人员的直接与间接责任来看，行政问责的层级就能够表明被问责人员与被问责事件的关系，应当承担什么样的责任，一般情况下，直接责任人都是负责具体的实施工作的，间接责任人往往都是处于领导职位的，负责政策的制定。因而，行政问责的层级可以说明直接责任人与间接责任人承担责任的关系。

2. 行政问责幅度

行政问责过程中所涉及的某一级政府的职能部门数量、公务员的数量及所占的职位数量就是我们所讲的行政问责幅度。如 2015 年 8 月 12 日发生于天津市的天津港"8·12"特别重大火灾爆炸事故，事故造成 165 人遇难，8 人失踪，798 人受伤住院治疗，304 幢建筑物、12 428 辆商品汽车、7533 个集装箱受损，直接经济损失 68.66 亿元人民币，在对该事件的问责中，刑事立案 49 人，行政处理 123 人，其中给予党纪政纪处分的 74 名责任人员中，省部级 5 人[②]。与行政问责层级一样，行政问责幅度也是反映行政问责力度的一个重要标准，行政问责力度与行政问责幅度之间也存在一定的正相关关系，行政问责的幅度大说明行政问责的力度也大，行政问责幅度较小，说明行政问责的力度较小。通俗地讲，行政问责幅度就是在具体的问责事件中，问责到底涉及哪些部门、哪些职位和哪些人。通过行政问责幅度体现出来的是各政府部门之间的合作关系，反映的是他们的权力与责任关系。因此，要避免职责的推诿，就要明确政府各部门的职责权限划分，这也是行政问责制度要解决的重要问题。

① 闫宏伟. 行政问责层级内涵与价值探讨[J]. 改革与开放，2011，（14）：58-59.

② https://www.gov.cn/xinwen/2016-02/05/content_5039773.htm[2016-02-05].

（三）行政问责制的构成要素

行政问责制的基本构成要素是指一个完整的行政问责制度所应该包含的基本内容，从行政问责制的运作过程来看，行政问责的基本问题就是：由谁（问责主体）对什么事（问责事由）用什么样的方式（问责程序）对谁（问责客体）追究什么责任（责任形式）。为此，行政问责制的要素包括以下几点。

第一，行政问责主体，即问责的实施者，是指"谁来问"。行政问责的主体是多元化的，包括内部问责与外部问责，又称同体问责和异体问责。同体问责主体为上级行政机关或领导及审计和监察部门；异体问责主体包括国家机关问责（人大、监察机关问责，司法机关参与问责）、社会问责（公民及社会团体或组织、新闻媒体的舆论监督）等多个方面。

第二，行政问责客体，即问责的对象，是指"对谁问"。行政问责的客体是各级政府机关及其公务员，2018 年通过的《监察法》提出，加强对所有行使公权力的公职人员的监督，实现国家监察全面覆盖。但是目前我国行政问责实务中主要针对的是负有直接和间接领导责任的各级领导者。

第三，行政问责事由，即问责的内容，是指"问什么"。行政问责的内容较为广泛，涉及重大责任事故问责、错误决策问责、滥用职权、行政不作为等。总之，从管理不善、政绩平平到用人失误、决策失误、重大责任事故等都属于问责的范围之内①。

第四，行政问责程序，即法定问责程序，是指"如何问"。行政问责应当按照法定程序进行，解决有关于行政问责的时间、地点、方式、步骤等基本问题，主要包括立案、调查、决定、执行，以及对问责结果的申诉与救济等内容无实体健全的程序，它是保障制度运行的必要因素②。

第五，行政问责结果，行政问责的结果主要是指行政机关及其公务员承担相应的责任及承担责任的具体方式。一般来说，可以把责任划分为政治、道德、行政和法律责任四种，不同的责任类型有不同的责任追究方式和承担方式。《关于实行党政领导干部问责的暂行规定》第七条规定了，"对党政领导干部实行问责的方式分为：责令公开道歉、停职检查、引咎辞职、责令辞职、免职"。承担责任的主要方式包括公开道歉、书面检查、通报批评、公开谴责、诫勉、引咎辞职、撤职、免职等。行政问责制是各种问责主体对各级政府机关及其公务员违反法定职责和义务，行政不当等行政行为按照法律规定的程序实施问责，并要求其承担责任的制度。行政问责制是一个系统化的整体，既包括实体规范，也包括程序规范③。

二、行政问责制的理论基础

第一，人民主权理论。人民主权思想最早由 18 世纪法国著名思想家卢梭在《社会契约论》中正式提出，其内涵在于：国家是人民在身心自由的情况下达成契约所产生的，

① 雷水秀. 试论我国行政问责制度的完善[J]. 黑河学刊, 2007, (5): 73-74.
② 李华君, 王臻荣. 矿难行政问责中惩戒机制的运行逻辑研究[J]. 北京社会科学, 2020, (3): 4-20.
③ 崔彦平. 行政问责制度研究[D]. 太原: 山西大学硕士学位论文, 2007.

人民授予政府权力，从而产生公权力，即国家的主人不是君主，而是人民，治理者只是受人民委托，因而主权只能属于人民①。国家的一切权力属于人民，而人民作为一个整体不可能行使国家公共权力，因而有必要进行权力的转让，将权力转让给国家（被授权者），而国家（被授权者）必须对人民（权力的所有者）负责。

在社会主义国家的制度实践中，人民主权理论已成为无产阶级政权建设的基本原则，我国《宪法》第二条规定："中华人民共和国的一切权力属于人民。人民行使国家权力的机关是全国人民代表大会和地方各级人民代表大会。"因此根据人民主权理论可知，一切权力来源于人民，国家行政机关的一切权力是人民代表大会的授权，人民代表由人民选举产生，对人民负责，既然行政机关的权力来源于权力机关的授权，那么行政机关行使行政权力的行为必须对人民负责。如果被授权的行政机关及其工作人员未正确履职就应当受到人民的监督并接受相应惩罚，因此人民主权理论是行政问责制度的宪政理论基础。

第二，责任政府理论。美国库珀教授从 20 世纪 90 年代开始研究政府的伦理责任，在《行政伦理学：实现行政责任的途径》一书中，他把公务员的职责分为客观责任和主观责任，客观责任是源于法律、组织机构、社会对人员的角色期待，主观责任则根植于我们自己对忠诚、良知、认同的信仰，他主张行政伦理责任是政府责任的关键②。《布莱克维尔政治百科全书》认为责任政府是指一种需要通过其赖以存在的立法机构向全体选民负责，行使行政权力，证明自己的行为是合法、合理的，并且对自己的错误行为负责的行政机构③。马克思主义认为，政府责任是政府理论的主体和核心。无产阶级政府必须是对人民负责的政府④。

现代国家发展和社会治理的一个重要内容，就是建立对人民负责的政府。实现责任政府的关键便是问责制度⑤。因此责任政府不仅作为一种基本理念，而且应当体现在制度安排当中，这对我国行政体制改革具有重要意义。一个不断完善的问责制度，可以敦促行政机关及其工作人员恪守职业本分，牢固树立责任意识，履行职业责任，在深化行政体制改革的进程中，时刻将责任政府的建立作为重中之重。同时对由行政官员的错失造成的损害，应依法予以追究，使其承担道德、法律、政治上的责任，做到罚当其责，才能真正实现政府的社会担当。

第三，法治政府理论。法治政府理论是政府在行使权力履行职责过程中坚持法治原则，严格依法行政，政府的各项权力都在法治轨道上运行。政府在行使权力、履行职责时要坚持法治原则，严守依法行政的底线，确保政府行使各项权力都没有违背法治的初衷。要求各级人民政府执政的每一个环节都在法律的框架下有序进行，权利与责任紧密相连，集阳光政府、有限政府、诚信政府、责任政府于一身⑥。

① 卢梭. 社会契约论[M]. 何兆武，译. 北京：商务印书馆，1982.

② 库珀 T L. 行政伦理学：实现行政责任的途径[M]. 4 版. 张秀琴，译. 北京：中国人民大学出版社，2001.

③ 邓正来. 布莱克维尔政治学百科全书[M]. 北京：中国政法大学出版社，1992.

④ 赵洁. 政府的社会责任[M]. 太原：山西人民出版社，2015.

⑤ 谷志军，陈科霖. 当代中国决策问责的内在逻辑及优化策略[J]. 政治学研究，2017，（3）：52-62，126-127.

⑥ 史献之. 形式法治化与实质法治化：行政问责法治化的二维分析框架[J]. 中国行政管理，2016，（3）：103-108.

党的十九大报告指出,"健全党和国家监督体系。增强党自我净化能力,根本靠强化党的自我监督和群众监督。要加强对权力运行的制约和监督,让人民监督权力,让权力在阳光下运行,把权力关进制度的笼子"①。法治政府的建立离不开党内监督、人大监督、民主监督、行政监督、司法监督等制度建设,同时让权力受到法治这一"牢笼"的束缚,这是法治政府的基本标志。法治政府理论为行政问责提供制度建设指导,行政问责制度也为法治政府的建设保驾护航。

三、西方行政问责的实践及经验

他山之石,可以攻玉。西方许多国家都实施了行政问责制,并在长期实践中不断发展和完善,形成了一些行之有效的制度规范。

(一)西方行政问责的实践经验

1. 美国的行政问责制度

1)违宪审查权

美国行政问责制度中有一项特色,那就是有着两百多年历史的司法审查制度,是一种对行政权监督最有力的方式。联邦最高法院对联邦行政机关及州行政机关行使职权的行为进行违宪审查,违反宪法的行政行为将被宣布无效,包括抽象行政行为和具体行政行为,从而对相关当事人权利进行救济,而行政机关也由此承担相应的责任。

美国独创的审查制度具有下列特点:司法独立和三权分立是其实施的主要前提,此外它还是一项附带性审查、由普通法院行使等。司法审查制度的建立,有助于联邦法院公正地行使司法审判权和审查权,对防止总统滥用行政权力也起到了很好的效果。

2)罢免权

罢免权是指选民可在官员任期结束之前免除其职务。目前,美国已有 15 个州可以罢免州级官员,还有 36 个州可以罢免地方政府官员。其程序为:第一是提出罢免申请,发起人将罢免申请向州务卿提交,然后得到州务卿的批准。第二是支持者征集签名,面向全州的选民征集签名。如果可以征集到符合数量要求的签名,就可以决定罢免程序是否被启动。第三是进行罢免选举。当然该官员是否被免职依旧是由选民通过投票来决定的。

3)弹劾制

美国现行的弹劾制度是由 1787 年宪法所规定的。美国《宪法》第 2 条第 4 项对弹劾罪作了明确规定,总统、副总统及合众国的所有文职官员,因为叛国、贿赂或者其他重罪、轻罪受到弹劾并被定罪时,应予撤职。弹劾的对象包括上到总统级别和最高法院,下到所有文职官员。在弹劾的程序方面,弹劾的法律程序则为众议院提交弹劾申请,由参议院来负责投票表决。实践证明,弹劾制的建立极大加强了美国国会对总统及司法的制约。

---

① http://news.cctv.com/2017/10/27/ARTIw3x1nOMEAmnaiR1zWuUI171027.shtml[2017-10-27]。

2. 法国的行政问责制度

法国宪法的指导原则是必须严格区分立法权与行政权，只有这两权分立，才能充分实现政府和议会对自身的完全负责。当然，与此同时政府还必须对议会负责。根据法国宪法和相关法律的规定，其行政问责制度的主要内容有以下几点。

1）不信任案表决权

不信任案表决权是议会对一项议案是否通过所进行表决的权力。其具体内容有：对于由内阁会议经过讨论而通过的那些政府的纲领、政策都应该由总理来承担起政府的责任。同时议会可以根据已经通过的不信任案，来直接追究政府有关责任。当然，不信任案提出的条件也非常严格。必须要至少 1/10 国民议会的议员签字后，议会方能提出不信任案。同时，假如政府认为自己的决策是人民意志的体现，是无可挑剔的，这个时候可以向总统申请，要求解散议会，由此进行新一轮的议会大选。但是假若新的议会仍然对该决策表示反对，那么在这种情况下，国民议会全体人员就得无条件全部辞职了。

2）质询权

质询权是代议制机关的所有成员以书面或口头的形式对政府的各类活动提出自己的质疑，并要求其在法定期限内作出及时答复的一项权力。其基本内容是：在议会例会期间，每周都有一次会议专供议员来提出质询。质询主要分书面方式和口头方式两种。其中书面质询时，政府不能以"维护公共利益"为理由拒绝答复。

3）法院的监督权

法院主要是通过行政法院的系统及宪法委员会来对行政机关实现监督的。行政法院包括最高行政法院、上诉行政法院、地方行政法院三个等级，具有行政机关的性质。行政法院主要采用行政诉讼程序来行使对行政机关的监督权。虽然行政法院是属于行政系统内部的组织，但是这丝毫没有影响它成为被公认的能够完全公正、客观、有效地对行政部门实施司法控制的组织，从而促进行政水平的提高。宪法委员会则是一个国家机构，其成员一部分由任命产生，另一部分是卸任的总统充当宪法委员会的终身成员。它可以有效监督总统选举、议会选举及全民公决的相关合法性，还可以审查法律法规的合宪性。

3. 日本的行政问责制度

从政治制度的原则和特征来看，日本是议会制君主立宪制国家。日本主要的问责制度包括公务员纪律处分制度、司法官惩戒制度、公务员权利救济制度。

1）公务员纪律处分制度

日本于 1946 年 10 月颁布了《国家公务员法》，1949 年 12 月颁布了《地方公务员法》，这两部法律对公务员的录用、权利义务、奖惩等问题进行了严格规范。公务员承担责任的方式主要是惩戒责任，其次是赔偿责任和刑事责任。公务员如果因为违法行为给国家带来损害，那么其对国家就要承担赔偿责任。假如公务员在主观上有故意或者重大过失，那么国家对该公务员还有求偿权。日本惩戒存在争议时，坚持罪刑法定原则。公务员无论职务高低、权力大小，只要违反法律规定，违反职责义务，不作为或乱作为，或者有其他不正当行为，都要被追究责任。

2）司法官惩戒制度

以法官惩戒制度为例。法官惩戒指由日本高等法院或最高法院组成合议庭，对具有不良行为的，但又达不到弹劾程度的法官给予告诫或者罚款的法律制裁。法官除因身心故障经法院裁决为不适于执行职务者以外，非经正式弹劾不得罢免。法官的惩戒处分不得由行政机关行使之。进一步说，法官的罢免必须通过特设的弹劾法院进行审理。此外，对于违法违纪情节比较轻的法官，可由高等法院或最高法院作出惩戒处分。

3）公务员权利救济制度

日本的公务员有国家公务员和地方公务员两种。日本《国家公务员法》不仅规定必须交付"记载处分理由的说明书"，还专门设置了由人事院通过事后审查来纠正不当处分的救济制度。在日本，行政机关救济是司法机关救济的前置程序。也就是说，公务员在向人事院提出审查请求或异议前，不能因处分不服而直接向法院提起诉讼。

（二）西方行政问责的共同特点

1. 行政问责主体多元，注重异体问责

行政问责主体即由谁来问责，当问责客体出现问责事由时由谁来加以追究。根据行政问责主体与行政问责客体的关系，可以将行政问责主体分为"同体问责"和"异体问责"。同体问责是指上级行政部门或领导对下级的问责，也就是行政系统内部层级之间的问责。异体问责是指外部机构对行政责任客体的问责。"三权分立"是西方资产阶级代议民主政治制度的基本原则，西方诸国对行政权力的控制除了来源于行政权力内部的控制机制外，还来源于立法权和司法权的制约。体现在行政问责制上，西方国家的行政问责主体既有作为"同体"的行政机关，又有作为"异体"的立法机关。从西方国家行政问责制的实践看来，西方国家在责任政府构建中，除了建立起基于严格的等级官僚体制的等级问责外，在行政机关内部还设立了各具特色的专门问责机构来实现对行政机关及其各级公务员的问责。

2. 政府机构权责明晰，问责客体明确

西方发达国家由于责任政府建设历史悠久，加上公务员法、责任政府法等相关的法规制度较为完善，政府机构权责明晰，公务员个人岗位职责确定。因此问责的客体明确，各级行政机关及其公务员各司其职，各负其责，权责一致。其行政问责的客体可分为行政机关和公务员两大类。

3. 行政问责的事由（范围）广泛

在西方国家，针对政务官和一般公务员的问责事由或者说范围是不一样的，但总体而言，对两者的问责事由都规定得比较广泛。

1）对政务官的问责事由

从问责事由或范围来看，问责涉及的是责任主体职责范围内所有违反有关法律规定的行为。官员的责任源于政府责任。诚如古德诺所言，政府负责任这个特点，使得整个政治体制成了责任体制。现代法治行政也要求一切行政行为都必须合法，对不合法的行为可以通过司法程序予以处理。

2）对一般公务员的问责事由

西方各国法律往往对事务官（一般公务员）的问责范围作出概括性的规定。如法国1983年《国家和地方公务员一般地位法》第29条规定："公务员在公务执行中或和公务执行有关的情况中所犯的任何违法行为，应受纪律制裁。"日本法律指出除违反公务员法外，违反职务上的义务或玩忽职守时、作出与全体国民的服务者不相称的不良行为时，也应受到惩戒，但"任何违法行为"具体包括什么行为，何为"违反职务上的义务"，何为"作出与全体国民的服务者不相称的不良行为"，并无具体法律解释。

4. 针对不同的问责客体适用的问责方式不同

在西方国家，问责的方式也因政务官和文官的不同而有所不同。对政务官的问责主要是通过选民的选票罢免、议会的弹劾、不信任案投票、质询等方式进行追究。对于文官（一般公务员）主要是适用由公务员法律、法规有关纪律处分的规定所确立的公务员惩戒制度。

（三）西方行政问责制度对中国的启示

1. 借鉴西方国家引咎辞职事由

有责任的官员发生了引起政府合法性降低的重大事件而引咎辞职。如"9·11"事件后，因为所有劫机犯都是获得美国移民归化局（现为美国公民及移民服务局）的批准合法进入美国的，美国移民归化局遭受了广泛批评和巨大压力，该局局长詹姆斯·齐格勒宣布引咎辞职，相关责任官员也因发生了个人操守与所担任职务不相称的行为而引咎辞职。又如，2005年1月7日，韩国负责教育的副总理兼教育人力资源部长官李基俊担任汉城大学校长期间兼任公司职位、滥用办公经费和其儿子的双重国籍等问题被媒体曝光，被迫辞去刚刚上任两天的职务。

2. 借鉴国外行政问责主要模式

我国学者宋涛详细区分了国外行政问责的模式，把它们分为结果导向型问责模式、绩效评估问责模式、独立问责机构模式、行政程序法问责模式、参与式预算问责模式、公民报告卡问责模式、社区计分卡问责模式等不同模式，可作为我国行政问责的参考模式[1]。

3. 完善公民参与机制，发挥新闻舆论的监督和问责功能

一直以来，西方国家被视为现代民主的发祥地，"主权在民"的思想深入人心。强烈的权利意识和法制观念为行政问责和监督营造了良好的社会文化氛围。从政治制度来看，西方国家的议会民主制度、政党制度及选举制度等都为问责制的实施作了制度安排。为此，我国要充分调动普通民众对于政治监督和政治问责的热情和积极性，强化人民当家作主的意识，使民众像管理自己家庭一样来管理国家。同时，也要进一步加强舆论透明度和舆论监督。

4. 完善人大监督制度

西方主要通过议会或国会进行对政府的监督，议会或国会的质询权、调查权、弹劾权等因为有了专门的监督机构和具体机制而得到了很好的落实。在我国想要使人大权力落实

① 宋涛. 行政问责模式与中国的可行性选择[J]. 中国行政管理，2007，（2）：9-13.

到实处，就必须对人大制度进行改革，建立相应的特别质询委员会等；实行人大代表的专职化，公务员不得兼任人大代表等，以求彻底实现异体问责，使问责科学化、民主化。

5. 注重加强官员道德建设

1978 年美国国会通过了《政府道德法》，1989 年又通过了《政府道德改革法》。西方发达国家重视官员的道德建设并实行行政法治化，即将官员道德行为纳入法律与制度之中。

第三节　我国行政问责制度

一、问责制与行政问责制

（一）问责制

现代意义上的问责制是西方民主政治的产物。问责通常与公共行政相关联，指向的对象是掌握公权力的政府官员。政府的对内职能是按照国家意志管理国家和社会事务，国家意志主要是通过法律、政策、规定等体现出来的，因此政府责任源于授权过程。西方民主政治理论认为，政府及其所属政府官员的权力都来源于人民的授权，人民把管理国家事务的权力委托给了政府，政府再通过授权或委托的形式把管理国家和社会公共事务的行政权力委托给具体的政府官员行使。通过人民—政府—官员这样权力的授予与委托，为政府的合法性提供了依据，目的是要求政府提供更多更好的公共产品和高品质的公共服务或限制其作出某些有损公益的行为。如果政府及其工作人员的行为违法或产生严重过失的行为，人民有权对其问责。

目前，问责制是各国政府的重要管理体制之一，问责制是对公共权力的行使进行监督及对过失权力进行责任追究，它是现代构建"责任政府"的重要表现之一，是责任政府的具体表现形式，最终目的在于保证公权力的运作，使其遵循公共意志的表达和公共利益的诉求，这就要求政府不仅要考虑人民的利益，追求人民的福祉，而且要对其不当和违法的行政行为向公众作出合理性解释和政治交代。

（二）行政问责制

"非典"事件查处隐瞒疫情或防治不力的官员近千名[1]，之后问责制在国内产生了重大影响，掀起了一系列"问责风暴"。从此，行政问责制开始作为一种制度建设在全国范围内开启。但是，关于行政问责制的概念目前还没有统一的界定，也没有一部关于问责制的统一的法律法规。学界关于"行政问责"的理解有两种：一是制度说，二是规范说。关于制度说，国内学者大多将行政问责制视为行政责任追究制度的简称，黄健荣认为政府问责制是对政府一切行政行为及其后果都必须及能够追究责任的制度[2]。韩剑琴认

---

① http://m.bjnews.com.cn/detail/155148127014082.html[2014-08-20].

② 杜文娟. 依据法治理念加快构建政府问责制：与南京大学教授黄健荣谈政府问责与人大监督[N]. 人民日报，2004-07-07（006）.

为行政问责制就是指对现任各级行政主要负责人在所管辖的部门和工作范围内由于故意或者过失，不履行或者不正确履行法定职责，以致影响行政秩序和行政效率，贻误行政工作，或者损害行政管理相对人的合法权益，给现行行政机关造成不良影响和后果的行为，进行内部监督和责任追究的制度[1]。张成立和张西勇认为，行政问责作为一种制度表现为当行政机关及其工作人员履职不当或没有履行法定义务时，应承担责任并接受相应的处罚[2]。徐西光认为，行政问责是行政权力的委托者及其他合法监督者要求行政机关及其工作人员对其作为或不作为所造成的消极后果作出回应并承担责任的过程[3]。关于规范说，如周亚越在《行政问责制度研究》一书中指出，行政问责制是指特定的问责主体针对各级政府及其公务员承担的职责和义务的履行情况而实施的，并要求其承担否定性结果的一种规范[4]。顾杰认为行政问责制是指公众对政府作出的行政行为进行质疑，它包含明确权力、明晰责任和经常化、制度化的"问"——质询、弹劾、罢免等方面，是一个系统化的"吏治"规范；它不仅指犯了错，违了法要追究，甚至连能力不足、行为有损政府和官员形象等也要问责[5]。宋涛则认为，行政问责是指行政人员有义务就与其工作职责有关的工作绩效及社会效果接受责任授权人的质询并承担相应的处理结果[6]。

综上所述，本书认为，行政问责制度是指国家权力机关、行政机关、人民法院对行政主体或行政工作人员发生违法行政或部分不当行政时对其行政责任进行追究，使其承担相应责任的一种制度。通常来讲，行政问责制度主要由问责主体、问责客体（对象）、问责内容、问责程序、问责结果等要素构成。

二、中国行政问责制度的发展历程

中国行政问责制度经历了三个发展阶段。

（一）行政问责制度的提出与探索（1949年到20世纪80年代末）

我国的行政问责并不是近几年才开始出现的。1949年9月通过的《中国人民政治协商会议共同纲领》第十九条规定："在县市以上的各级人民政府内，设人民监察机关，以监督各级国家机关和各种公务人员是否履行其职责，并纠举其中之违法失职的机关和人员。人民和人民团体有权向人民监察机关或人民司法机关控告任何国家机关和任何公务人员的违法失职行为。"[7]1949年10月19日，中央人民政府政务院人民监察委员会正式成立。党的十一届三中全会以后，改革开放日益深化，为了加强对行政机关的监督监察，尤其是预防和惩治腐败问题，1986年12月，全国人大常委会通过了《关于设立中华人民共和国监察部的决定》，决定恢复并确立国家行政监察体制，设立监察部。1987

① 韩剑琴. 行政问责制：建立责任政府的新探索[J]. 探索与争鸣，2004，（8）：20-21.
② 张成立，张西勇. 异体行政问责法制完善研究[M]. 北京：中国社会科学出版社，2017：5.
③ 徐西光. 我国行政问责反思：成效、问题与改革思路论析[J]. 理论月刊，2017，（12）：171-176.
④ 周亚越. 行政问责制研究[M]. 北京：中国检察出版社，2006.
⑤ 顾杰. 论我国行政问责制的现状与完善[J]. 理论月刊，2004，（12）：5-9.
⑥ 宋涛. 行政问责概念及内涵辨析[J]. 深圳大学学报（人文社会科学版），2005，（2）：42-46.
⑦ 中央档案馆. 中共中央文件选集（1948—1949）[M]. 北京：中共中央党校出版社，1987.

年 7 月 1 日，中华人民共和国监察部正式成立。同年 8 月 15 日，国务院下发了《关于在县以上地方各级人民政府设立行政监察机关的通知》（国发〔1987〕74 号），地方各级人民政府开始逐步恢复设立行政监察机关。1987 年 5 月，大兴安岭发生特大森林火灾，林业部部长杨钟被撤职，其他相关责任人都受到组织处理；1988 年 1 月，发生了两次特大交通事故，铁道部部长丁关根引咎辞职，民航局局长受到行政记大过处分[①]。

（二）行政问责制的发展（20 世纪 80 年代末到 2003 年）

1989 年颁布的《行政诉讼法》，是我国民主法制建设史上的一个里程碑，标志着我国法制价值取向的重大转变。其第一条规定，为保证人民法院公正、及时审理行政案件，解决行政争议，保护公民、法人和其他组织的合法权益，监督行政机关依法行使职权，根据宪法，制定本法。行政诉讼俗称"民告官"制度，它为个人、法人、组织保障自身的合法权益提供了依据，也为法院审理行政案件提供了准则，是现代国家据以建立行政诉讼制度的法律依据。1996 年我国出台了《行政处罚法》，推动了行政程序法制化和我国行政问责制建设，有利于保护行政相对人的合法权益，进一步完善了我国的法律责任制度。1999 年我国颁布了《行政复议法》，减少了行政违法或行政不当行为的发生，保护公民、法人和其他组织的合法权益，督促行政机关依法行使职权。2007 年《中华人民共和国行政复议法实施条例》（简称《行政复议法实施条例》）出台，其第二十七条规定，公民、法人或者其他组织认为行政机关的具体行政行为侵犯其合法权益提出行政复议申请，除不符合行政复议法和本条例规定的申请条件的，行政复议机关必须受理。1999 年 3 月，第九届全国人大二次会议通过了宪法修正案，明确提出要依法治国，建设社会主义法治国家，进一步促进了我国行政问责制的发展。这些法律的出台为我国行政问责制度的建设提供了良好的制度环境，更完善了行政问责制度。

在问责制度化方面，2001 年我国第一个关于追究行政责任的规定——《国务院关于特大安全事故行政责任追究的规定》正式实施。2003 年国内首个政府行政问责办法——《长沙市人民政府行政问责制暂行办法》出台，随后重庆、成都、青岛、深圳等地方政府也以制度规定的形式先后出台并全面启动了行政问责制。

（三）行政问责制的全面推行（2003 年至今）

2003 年"非典"以后，我国从中央到地方高度重视行政问责，掀起了一场轰轰烈烈的"问责风暴"。但是"风暴"过后，行政问责并没有随着风暴的过去而消失，而且问责内容、责任承担方式等也开始丰富，行政问责逐渐趋于常态化。2004 年中共中央批准实施《党政领导干部辞职暂行规定》，详细列举了工作严重失误、失职造成重大损失或恶劣影响，对重大事故负有重要领导责任等九种应该引咎辞职的情形，为问责制度化提供了依据。问责制作为一个概念开始正式出现在中国的政治与学术活动之中。2005 年《公务员法》第十三章第八十二条规定，"领导成员因工作严重失误、失职造成重大损失或者恶劣社会影响的，或者对重大事故负有领导责任的，应当引咎辞去领导职务。领导成

① 王守国. 论中国行政问责制的建立和完善[J]. 经济研究导刊, 2011, (22)：222-223.

员应当引咎辞职或者因其他原因不再适合担任现任领导职务，本人不提出辞职的，应当责令其辞去领导职务"。这一法律将引咎辞职制度化，又进一步将行政问责法制化和规范化。2006年初，国务院正式把建立和推行行政问责制列入政府工作日程，并专门召开电视电话会议，温家宝总理再次要求加快建立以行政首长为重点的行政问责制度。2007年国务院第173次常务会议通过了《行政机关公务员处分条例》，条例共7章55条，分总则、处分的种类和适用、违法违纪行为及其适用的处分、处分的权限、处分的程序、不服处分的申诉、附则。《行政机关公务员处分条例》是问责法制化进程中一个非常重要的制度。进入2008年，国务院对行政问责制更加重视，在4月2日公布的《国务院2008年工作要点》中，行政问责制也位列其中；5月，《国务院关于加强市县政府依法行政的决定》（国发〔2008〕17号）中，更是强调加快实行以行政机关主要负责人为重点的行政问责；2008年9月初，三鹿事件爆发，国家质检总局局长李长江因此事引咎辞职，石家庄市委书记、市长被撤职[1]；9月20日，深圳市龙岗区一歌舞厅发生一起特大火灾，深圳龙岗区副区长被提名免职；9月21日，河南省登封市发生矿难，登封市委书记被党内警告，市长、副市长被建议免职。问责呈现以下特点：涉及官员数量多、级别高、直指党政正职；问责形式不一；问责范围广。2009年5月22日中共中央政治局召开会议，审议并通过了《关于实行党政领导干部问责的暂行规定》（中办发〔2009〕25号），《关于实行党政领导干部问责的暂行规定》指出，对决策严重失误造成重大损失或者恶劣影响的，对群体性、突发性事件处置失当，导致事态恶化，造成恶劣影响的等七种情形，将对党政领导干部实行问责；问责的形式有责令公开道歉、停职检查、引咎辞职、责令辞职、免职，问责最重的处罚为直接免职。《关于实行党政领导干部问责的暂行规定》的通过和施行，标志着中国行政问责制度基本建立起来。

2014年，随着党的十八届四中全会审议通过《中共中央关于全面推进依法治国若干重大问题的决定》（简称《决定》），"依法治国"方略出现在公众的视野中，也开启了中国特色社会主义事业发展的新局面。同时行政问责制度也进入了一个快速发展的新阶段。《决定》中提到，要"深入推进依法行政，加快建设法治政府"，"加强党内监督、人大监督、民主监督、行政监督、司法监督、审计监督、社会监督、舆论监督制度建设，努力形成科学有效的权力运行制约和监督体系，增强监督合力和实效"。这是党中央从建设法治政府的宏观角度提出的对行政权力进行制约和监督的路径，以构建多元问责体系为目标，只有将监督的方式和途径突破行政机关内部的限制，做到既有内部监督，又有外部监督的全方位监督模式，才能真正构建行政问责的坚实制度基础。随后，伴随着我国监察体制改革的推行，2018年3月颁布的《监察法》标志着我国行政问责制有了新的发展。从行政问责到监察问责的发展演进，解决了我国原来行政系统内同体问责的弊端，由监察机关行使问责权，可以充分利用其政治机关的优势。[2]《监察法》的出台同时也是对我国异体行政问责的完善，丰富了异体行政问责的问责主体，提升了问责效果。2018年国家监察委员会组建，2019年《中国共产党问责条例》修订颁布，标志着

① https://www.gov.cn/govweb/jrzg/2008-12/18/content_1181760.htm[2008-12-18]。
② 曹鎏. 论监察问责的基本法律问题：概念澄清与构成要件解析[J]. 中外法学，2020，（4）：1102-1119.

中国特色问责制度得到完善。①同时在 2019 年 1 月 31 日发布的《中共中央关于加强党的政治建设的意见》中也多次提及"问责"，其中包括完善督查问责机制、各级纪委全面监督执纪问责等，充分体现了中国特色的问责制度。

三、我国实行行政问责的必要性

（一）行政问责制是统一行政权力和行政责任的需要

行政问责制强调"问责制"要求的公共权力，即强调政府及其官员为其行为承担相应的责任，以改变过去那种不负责任的权力使用的情况，以确保统一的行政权力和行政责任。行政问责制在强调对行政机关权力进行监督的同时，也注重加强权力和责任的协调一致。例如，2019 年新修订的《中国共产党问责条例》中第三条就规定，党的问责工作应当坚持权责一致、错责相当的原则。行政问责制在本质上是对行政机关工作人员责任范围内出现的工作失职或其他问题的一种追究，问责的前提是有明确的责任划分。因此，要实现我国行政管理中权力和责任的统一，推行行政问责制是必要的。

（二）行政问责制是整肃吏治以优化公务员队伍的需要

封建君主专制统治中国 2000 多年，因而"官方标准"的思想是根深蒂固的。在"学而优则仕"的制度设计下，当官可以光耀门楣及获得丰厚俸禄的思想深入人心。"官本位"和"无为"等传统思想，显然对各级领导干部产生了巨大的影响，政府公务员也极力追求"经济人"利益。建立实施行政问责制可以实现从以人管人到以制度管人，从无序监督到有序监督，从内部监督到社会监督。问责追究的机制把权力与责任、能力与效力有机地统一起来，进而优化官员队伍，造就高素质的行政人才，防止权力滥用。

（三）行政问责制是完善干部选拔任用制度以建立有效淘汰机制的需要

在现代社会，行政问责制的建立是必要的。行政问责制作为一种重要的制度安排，旨在完善干部选拔任用制度，并建立有效的淘汰机制。其核心目的是通过行政问责机制，对干部的工作表现和责任履行进行评估和监督，以保证公务员队伍的素质和能力，提高政府的执行力和效能。加强行政问责制，是完善干部选拔任用制度的保障，促进解决"能上不能下，对上不对下"的问题。

（四）行政问责制是转变政府职能以构建责任政府的需要

政府应履行好社会管理、公共服务、市场的监管和宏观调控等职能，必须建立一个负责任的政府、有强烈责任感的政府。行政问责制不仅是政府实现法律或自我控制机制的一种方式，而且有助于深化行政体制改革，明确政府应承担的责任，强化权责统一的理念，克服政府职能的缺位或越位问题，起到了指引和定位的作用。

---

① 徐双敏. 坚持和完善中国特色的问责制度[J]. 学习与实践，2020，（3）：18-27.

（五）行政问责是体现政策的民意导向，更好服务于民的需要

政府作为公共事务的管理者，在行使权力的同时也要广泛地听取公众的意见，建立起完备的联系沟通社会公众的机制，只有这样才能使政策的出台和决策的落实更加科学、合理，公众也才会更加支持政府的各项工作。通过多种方式、多种途径开展行政问责，就是在社会公众和行政机关之间搭建起一个沟通的桥梁，使得行政机关能够真真切切地了解到什么是民众最关心的问题，什么是关切到民众日常生活的大事，在广泛听取民意的基础上制定下一步的工作方针，有利于赢得社会公众的信任，构建服务型政府。民意是行政机关各项工作开展的目标和方向，只有真正关注民意的政府才能更好地履行各项职责，做到服务于民。

四、中国行政问责制度的发展现状

行政问责制自引入中国以来，取得了较好的成效，对政府及公务员个人的行政执法行为起到了有效的监督和制约作用。然而，行政问责法制建设和具体实践中还存在一些缺陷。

（一）取得的成效

1. 问责理念深入人心在一定程度上破解了陈腐观念

受传统文化和计划经济时代的影响，官僚主义思想仍然在一定范围内存在。部分行政人员存在官本位、权力本位思想，处理问题脱离群众、脱离实际，忽视公民需求搞形象工程、面子工程和政绩工程侵害公民的合法权利。行政问责制实施后，政府官员不得不谨慎行使行政权力，思考自身行为可能带来的后果，因此，行政问责在一定程度上冲击了传统的陈腐观念，更正了行政人员的不当行为。行政问责制以刚性的手段迫使违法人承担责任，让各级政府及其行政人员有危机意识，不仅仅违法行为要承担相应的法律责任，如贪污受贿、决策失误、执行不力等要承担责任；也可以对行政不作为实施行政问责，在一定程度上减少了"一杯茶，一支烟，一张报纸看半天""不求有功，但求无过"等庸官现象。

2. 行政问责日趋规范化、常态化、制度化

2003 年过后，我国从中央到地方都加快了推行行政问责制的步伐，初步建立了行政问责法律制度。最初的行政问责主要是由党中央实施的，主要有《中华人民共和国行政监察法》《公务员法》《全面推进依法行政实施纲要》《中国共产党党内监督条例》《党政领导干部辞职暂行规定》《中国共产党纪律处分条例》《国务院关于特大安全事故行政责任追究的规定》《党政领导干部选拔任用工作条例》等，同时地方政府在中央的领导下也开始积极地制定有关行政问责的办法，长沙市于 2003 年 8 月率先出台了《长沙市人民政府行政问责制暂行办法》，四川省于 2003 年 11 月 20 日出台了《四川省党政领导干部引咎辞职暂行办法》，此后，天津市、重庆市、成都市等纷纷行动。这些法律、政府规章、政策文件等的颁布和出台推行，说明我国的行政问责正逐步走向制度化、规范化。

3. 行政问责制加强了政府的责任意识

责任政府要求树立服务理念和责任意识。"官本位"思想，以及违法行政、滥用职权、权钱交易现象对民众心理产生了消极影响，严重损害了党和政府的威信。行政问责制应运而生，表明了国家进行政治改革、提高执行力和治理水平、建立责任型政府的立场和决心，问责制的推行有效地增强了政府的责任意识，给政府行政运行注入了新的激情和新鲜血液，重塑了政府形象，极大地增加了人民对政府的信任度，同时也促使政府角色从"管理型政府"向"服务型政府"转变，从"权力型政府"向"责任型政府"转变。

4. 行政问责借助网络力量缩短了公民与政府的沟通距离

随着当下时代网络信息技术的不断发展，利用互联网实现公民与政府的沟通已成为现实。中国互联网络信息中心发布的第 48 次《中国互联网络发展状况统计报告》显示，截至 2021 年 6 月，我国网民规模达 10.11 亿，较 2020 年 12 月增长 2175 万，互联网普及率达 71.6%。互联网迅速发展，几乎成为现在年轻一代进行社会交往的必备工具，通过微博、论坛等网络媒介对政府部门的决策、执法等过程发表看法，监督政府的工作已经成为行政问责的一种新模式和新途径。网络行政问责在本质上还是公众通过监督的方式对政府的不当行为进行干预，作为行政系统以外监督主体的异体行政问责，利用网络手段对行使国家公权力的行政机关进行监督，是对异体行政问责的创新和完善，有利于全方位发挥社会公众对行政机关的监督作用，促进权力的正当行使。据报道，银川市金凤区就将党务政务微博作为政府同人民群众沟通的桥梁和纽带，建立以"@问政金凤"微博为核心的微博在线管理模式，解决网民诉求、回应网民关切，经统计，2021 年上半年，经"@问政金凤"转办事项 608 件，办结 598 件，办结率 98.35%①。网络行政问责的方式突破了以往公众参与问责的诸多限制，拉近了公民与国家行政机关之间的距离，网民通过网上微博就可以直接和政府部门进行沟通交流，这对于法治政府的建设、法治社会的推进无疑是一大裨益。

（二）发展现状

目前，我国行政问责制的实施取得了积极效果，如问责适用范围大，问责逐步规范化、制度化，提高了政府的公信力等。然而每一项制度的完善都不是一蹴而就的，行政问责制从实施以来，取得的成效不容置疑，但在实施过程中也出现了许多有待解决的难题。

1. 行政问责制实施过程中存在的主要问题

（1）权责模糊。行政问责实施的重要条件之一就是明确的职权划分和责任主体。只有责任主体明确，在发生重大事故、决策失误、执行不力等情况时，才能得到有效解决；只有清晰明了的制度才能确定承担责任的程度，推诿扯皮、推脱责任的现象才能够被避免。但由于诸多原因，我国政府的职权结构仍存在职责模糊、职能交叉、权限不明、有权无责、有责无权等问题。责任主体不明确导致在问责过程中，被问责对象应该承担什么样的责任，不同层级之间、正副职之间的责任该如何确定等问题非常模糊。权责的模

---

① http://www.nxnews.net/yc/jrww/202106/t20210607_7165386.html[2022-09-30]。

糊导致了责任主体的争论，从而影响了问责制实施的效果。因此，责任主体的不明确会导致问责制度的实际效果难以发挥，还可能成为权力斗争的工具。所以，为了问责制的顺利实施并达到问责的效果，必须界定权责，明确责任主体，对责任作明确划分。

（2）行政问责主体缺位。行政问责的主体即"谁来问责"，是行政问责必须解决的问题。根据问责主体的不同可分为同体问责和异体问责：同体问责是指行政系统对其行政干部的问责；异体问责主要是涉宪主体（政党、政府、立法代议机关、司法机关、民众）之间的问责，包括人大问责、民主党派问责、司法问责、新闻媒体问责、公众问责[①]。从行政问责实践来看，我国行政问责的实施以同体问责占主导，异体问责严重缺位。一方面，就同体问责而言，出现了监督乏力的问题。《中国法治政府评估报告（2016）》显示，只有43个市政府在2015年度向社会公布了较为详细的依法行政考核情况。其中，只有5个市政府公布了考核发现的针对具体单位的问题或向人大、党委报告了考核情况。大部分城市都未公布针对具体单位的问题、提出需要改进的地方，未就依法行政考核工作情况向同级人大或党委进行报告。[②]另一方面，就异体问责而言，处于异体问责主体地位的人大在历次的问责事件中，对政府的事前防范性监督力度不够，事后的质询权、调查权等法定权力发挥不足。这样一味施行同体问责很可能会使问责制流于形式，因为同体问责属于利益相关者的责任追究机制。因此，实施行政问责制必须强化异体问责的作用，尤其是加强人大的监督力度和问责手段。人大不仅要强化宪法赋予的质询权、调查权、罢免权和撤职权，还要进一步通过立法落实宪法和法律赋予的多项刚性监督问责手段，如特定问题调查、质询、罢免、投不信任票等，同时要加强媒体的舆论监督，强化公民参与监督等[③]。目前我国这些方面仍然比较薄弱，需要进一步完善。

（3）行政问责程序不完善。行政问责制度的构建和发展离不开相应的问责程序，行政问责制度要想真正发挥其应有的作用，需要依靠规范化的程序来为问责的展开提供保障。无论是行政系统内部的同体行政问责，还是行政系统外部的异体行政问责，只有明确问责如何启动、程序如何进行、结果如何反馈及责任如何承担等关键要点，才能避免问责流于形式的问题，让真正不当行使权力的行政机关及相应负责人承担其应有的责任。然而当前我国在行政问责程序的规定方面仍然有进一步完善的空间，主要体现在以下几方面。

一方面，当前法律规定的行政问责实施程序缺乏现实操作性。行政问责是行政机关及其他各类主体对行使国家权力的机构和相应负责人的监督和制约，行政问责不能仅仅停留在号召上和纸面上，而应当在实际中能够有效运用。反观我国当前实际，我国行政问责实施的主要问题是"法律缺失"，行政问责的监督力量发挥不足。首先，就行政系统的内部问责而言，上下级政府之间纵向事权划分不清，没有明确的责任界定，可能出现上级包庇下级的现象。如果问责仅仅是上级追究下级的责任，那么在上级需要承担连带责任的情况下，就难以保证问责结果的公正性。[④]行政系统内部的问责本来以效率高、程序便捷为问责的优势，但如果不能准确理清不同层级政府部门之间的责任界限，那么

① 丁长琴. 我国行政异体问责的现状及制度重构[J]. 国家行政学院学报，2012，（1）：47-50.
② 中国政法大学法治政府研究院. 中国法治政府评估报告（2016）[M]. 北京：社会科学文献出版社，2016.
③ 陈惠卿. 构建以人大为主导的异体问责体系[J]. 辽宁行政学院学报，2013，（9）：14-15，17.
④ 伍洪杏. 行政问责的伦理研究[M]. 北京：中国社会科学出版社，2016.

行政系统内部的问责就不能发挥其应有的功能。体制内自上而下的力量仍为行政问责触发的关键成因，这在一定程度上解释了在事件相对紧迫性不高、事发区域透明度有限时，地方政府内部为何极易出现上下共谋和暗箱操作等诸如此类的责任规避行为。①其次，权力机关的问责力度不够。我国《宪法》明确规定，全国人民代表大会是最高国家权力机关。根据"主权在民"的理念，全国人民代表大会代表着全体人民的意志，有权对权力机关的执行机关政府进行监督和问责。然而具体到地方各级人民代表大会，这种监督的力度还不能满足有效问责的需要。尽管《中华人民共和国地方各级人民代表大会和地方各级人民政府组织法》（2022 年修正）中规定了地方各级人民代表大会对行政机关问责的权力，例如，第十一条规定县级以上的地方各级人民代表大会可以改变或者撤销本级人民代表大会常务委员会的不适当的决议；撤销本级人民政府的不适当的决定和命令。第十三条规定："地方各级人民代表大会有权罢免本级人民政府的组成人员。县级以上的地方各级人民代表大会有权罢免本级人民代表大会常务委员会的组成人员和由它选出的监察委员会主任、人民法院院长、人民检察院检察长。"然而像罢免权、撤销权这些权力的规定都过于笼统，并没有配套的程序设计来加强问责的效力，如在什么情况下必须提起问责的程序、对于问责应当在什么期限内进行等都没有明确的规定，这就导致权力机关的问责力度仍待加强。

另一方面，社会公众参与问责缺乏法律保障。社会公众参与行政问责，依法享有对行政机关工作进行监督的权利，在相关法律法规中已经得到明确。例如，《关于实行党政领导干部问责的暂行规定》第三条就明确，对党政领导干部实行问责，坚持依靠群众、依法有序的原则。然而，相关法律法规更多地只是强调公众享有问责的实体权利，并没有对行政机关回应公众质疑的程序和责任承担方面作出规定。这就导致在公众监督政府机关权力运行的过程中不仅公民的监督权无法有效落到实处，问责程序的法律缺失也加重了重大事件的不确定性，在一定程度上会有损政府权威。

（4）行政问责制的配套制度不完善。问责范围和力度不断扩大，在全国范围内掀起了行政问责的实施浪潮，但是行政问责制与现行行政体制和干部人事制度方面还有不兼容的地方，行政问责制实施的制度环境还有待完善。行政问责制的实施，需要相关的配套制度加以巩固和保障，但目前在制度建设方面仍存在缺失。首先，如政务公开制度，政府要为群众提供监督评价的途径，从而规范并完善行政问责监督制度。此外，我国行政问责的法律制度、政府绩效评估制度、权力制约机制、引咎辞职制度、行政救济制度等亟须完善。行政问责制相关的配套制度不完善，会导致政府部门及其行政人员责任感弱化进而对行政责任追究乏力，从而制约行政问责制度的实施效果。

（5）网络行政问责制度规范缺位。针对新时期逐渐兴起的网络问政，在法律层面上缺乏对网络行政问责制度的规定，法律制度的完善滞后于实践中网络问政的现实发展。一方面，行政机关缺乏完善的事后反馈机制。近些年来，我国不少地方建立了网络民生服务平台，用网络手段回应民众关切。宁波市网络民生服务平台在对 2020 年工作进行回

---

① 汪大海，郑延瑾. 行政问责的触发机理：基于 20 例公共突发事件的模糊集定性比较分析[J]. 兰州大学学报（社会科学版），2018，（2）：139-146.

顾时发现少数单位或工作人员存在答非所问甚至敷衍塞责的作风问题，存在一些部门对市民的诉求不上心、不负责，避实就虚，流于形式的现象。[①]这些问题充分暴露出了当前在网络行政问责领域中政府有效反馈机制的缺乏。针对公众在网络平台发起的对政府责任的质疑和监督，行政机关并没有相关制度约束来保障有效的公众质疑得到反馈和解决。若长此以往，损害的则会是政府部门的公信力和权威度。另一方面，政府信息公开的制度保障仍然缺乏。公众有效网络问政的前提是获取足够的政府决策和执行信息，只有建立在充足、透明的信息之上，对于行政机关的监督才是高效和有针对性的。然而当前我国政府信息公开仍然不够，相关制度保障依然有待完善。部分城市仍未完全建立起常规化、长效性的政府信息主动公开机制，相关部门公开的信息碎片化严重，导致公民、组织从中获取有效资讯的难度较大。[②]在诸多的重大事件中，政府部门的决策失职、执行失当通常体现在行使权力的过程当中，若公众对于政府部门权力运行的具体过程不了解，那么必然会削弱监督的效力。当前政府信息公开制度的缺乏依然是制约网络行政问责发挥效用的重要因素。

2. 行政问责制实施过程中存在问题的原因

（1）行政问责文化相对滞后。行政问责文化是人们在问责实践过程中形成的对问责制的态度、情感和思想的综合体，是行政问责的灵魂。也有学者认为，行政问责文化是行政体系内部和外部人员对行政问责现象（理念、心理、行为、体制、机制）的价值判断。[③]行政问责文化的滞后在行政机关和公众两个主体中都有体现：从行政机关的角度而言，主要体现为在行政管理的过程中仍然存在着形式主义、官僚主义等不良的作风。一方面，一些行政机关在履行职责时，可能过于注重形式和程序，而忽视了实质和效果。这种形式主义导致了行政决策的效率低下，公共资源的浪费，以及对问题的回避和推诿。另一方面，官僚主义意味着行政机关过度依赖规章制度，刻板执行，缺乏灵活性和创新性。官僚主义的存在导致了行政机关对问题的处理缺乏针对性和灵活性，无法及时应对复杂多变的社会需求。从公众的角度而言，政治参与意识不强、民主观念缺乏等是其主要表现。一方面，公众可能对政府的工作和决策缺乏了解，对行政机关的权力行使存在着较大的不确定性。这种情况下，公众参与政府决策的意愿和能力都较弱，难以对行政机关的工作进行监督和评价。另一方面，在一些地区和社会群体中，民主观念的普及和树立仍然存在一定的困难。这种缺乏民主观念的现象使得公众对行政问责的重要性和价值缺乏充分的认识，对行政机关的不良行为容忍度较高。

（2）行政监督力度小。就目前的行政监督体系来看，存在着监督主体各自为政的现象，沟通与协调匮乏，整体功能优势无法显现。系统理论指出各系统按照自身规律运作的同时，还要与其他系统进行沟通与协调，以谋求自身的发展与完善。我国行政监督系统要发挥更大的整体性功能优势，必须突破自己时空范围内的系统边界，与其他子系统构成更大的行政监督系统，彼此互相沟通、协调与配合，取长补短，形成合力，相互监督。然而，鉴于官僚制的条块特征，我国行政主体习惯于本系统内的运转，现有的行政

① 徐根凯. "网络问政"当成为社会治理新亮色[N]. 宁波日报，2021-03-03（A6）.
② 王敬波，李帅. 我国政府信息公开的问题、对策与前瞻[J]. 行政法学研究，2017，（2）：77-93.
③ 施雪华. 当前中国行政问责文化的主要问题与解决思路[J]. 政治学研究，2012，（5）：23-32.

监督系统亦是如此，缺少沟通与协作，导致了缺位与错位现象的发生，削弱了行政监督体系的整体功能。究其原因主要是整个行政监督系统中的各子系统缺少信息沟通，资源共享机制尚未能形成；法律制度不健全，行政监督分离机制不完备，各行政监督主体的具体职能范围不明确。

（3）行政机关权责分配不清。权责一致是建设法治政府的基本要求，是有助于提高行政效率和实现公共行政公平、正义、民主、秩序等价值的重要原则[①]。只有保障政府各个部门在运行的过程中做到权责一致、有权必有责、用权受监督，才能在发现问题展开问责时确保问责的精准性、有效性。然而当前我国行政机关在行使权力时仍然存在权责不清、权力混乱的情况。具体而言，行政机关上下级之间、不同行政机关之间权力交叉、权力模糊的情况还时有发生，当行政职权的界定不够清晰时，问责很难起到应有的效果。

（4）法律制度建设滞后。行政问责制的实施需要相关制度的保障，包括法律制度和相关配套制度，配套制度有信息公开制度、绩效评估制度、问责救济制度等，然而这些制度还不完善。政府为人民服务，对人民负责，各种公共政策和法律法规是由行政人员通过行政执行活动予以完成的，即政府通过行政人员对人民负责，当人民对政府及其行政人员的工作不满时，有权提出质询并要求政府及行政人员作出回应。另外，问责制没有明确而具体的适用法规，尽管有政府法规、党的条例等，但这些规定中关于问责范围、处罚尺度等方面都不尽相同，有些规章在实践中不易操作。此外，许多必要的、重要的配套制度还没有真正建立起来，信息公开制度是实现公民参与问责的必要条件，是公民实行问责的基础。目前政府信息公开的范围、形式、时限等由政府决定，长期以来，政府部门掌握着社会信息资源当中的 80% 有价值的信息和 3000 个数据库。这就使得信息公开变得有限，公民因无法获取足够的信息，很难判断政府及其官员是否履行了责任、在多大程度上履行了责任，从而使公民问责可操作性降低。绩效评估机制是对政府问责的依据和手段，只有对政府进行绩效评估，才能知道政府是否履行了职责及履行职责的程度怎样，如果没有达到要求，没有让公众满意，就是对政府实施问责的时候。但是目前政府绩效评估仍存在困难，部分政府官员心理上的抵触，导致评价机制可能存在主观性影响考评结果的公平性；行政系统内部考评结果难以得到严格的执行等问题制约着行政问责的实施。此外，行政问责救济制度是否完善也决定了行政问责机制作用能否真正体现并实现民意。我国现行的行政救济法规中对受到行政处分的官员的救济办法尚处于薄弱的环节，这同样影响到了我国行政问责的推行。

（三）发展趋势

自 2003 年我国开始全面推行行政问责制开始，行政问责制有了较快发展，在实践过程中发挥了重大作用，同时也出现了一系列的问题。但从总体来看，我国行政问责制的发展也出现了一些积极态势。

① 李永福，何欣怡. 期望管理范式下特大安全事故行政问责研究[J]. 湘潭大学学报（哲学社会科学版），2019，43（6）：17-23.

（1）问责观念转变：由消极被动向积极主动转变。在过去的问责实践中，我国以消极被动问责为主导。通常情况下，只有在危机事件或重大事故发生并引起全社会的高度关注时，各级地方政府才会采取相应的措施，追究相关责任人的责任，这种问责方式相对被动。被动问责理念下，问责力度小，效果难以显现，引发了"假问责""问责秀"等不良现象。随着问责的不断实施，积极主动的问责理念逐步得到凸显。可以从以下几个方面加以证实：一是为了提高了危机应对能力，中央与地方政府注重危机应急机制的建设。二是为了规范各级领导干部及公务员的行为，出台了相应的规章制度。不仅对公务员的有过行为追究责任，对公务员"无为"行为同样追究相应的行政责任。三是提高了问责主体的独立性、主动性及权威性，大大增强了行政问责制的震慑力。四是问责范围拓宽，目前只要涉及公众利益的行政行为都将作为问责的内容，由此问责不仅仅是在事故发生之后进行的责任追究，问责制已经日趋常态化。

（2）问责主体转变：由同体问责向异体问责转变。根据问责主体的不同分为同体问责和异体问责。同体问责是指行政系统对其行政干部的问责，是同一系统的内部问责，即"上对下"的问责，问责主体是上级党委及政府部门；异体问责主要是涉宪主体（政党、政府、立法代议机关、司法机关、民众）之间的问责，包括人大问责、民主党派问责、司法问责、新闻媒体问责、公众问责等。目前我国行政问责主要是同体问责，同体问责遵循等级控制的制度逻辑，如果政府中的上级不能约束或控制下级，就不能创造秩序和效率，公共政策也将无法执行，因此，同体问责是必要的、可行的[①]。但是同体问责的弊端也是显而易见的，由于缺乏外部监督，问责的有效性、公开性和公正性难以保证，也难以促进问责制的常态化和制度化等，需要加强由同体问责向异体问责的转变。发达国家的实践说明，问责需要同体问责与异体问责结合。异体问责则是更加有效和民主的问责方式，既发挥了人大的主体作用，又通过司法机关、民主党派、新闻媒体、社会公众等主体进行多渠道、多方式的问责，使得问责更加有效[②]。

（3）问责方式：由权力问责向制度问责转变。以往的问责主要是通过权力问责的方式进行，这种问责方式易受行政首长或主管领导的意志的影响，不断暴露出我国行政问责的无序性、随意性和长官意志。事情发生了是否追究责任，谁来承担责任，由谁来追究，追究的范围如何，承担的责任的大小等，都由上级领导来决定。这样的问责方式有其存在的必要性，但从长远来看，权力问责并不能解决根本问题，只有通过制度的完善、法制的健全，在法治框架下构建行政问责制才能治本。中央自"非典"事件发生后，颁布了一系列制度规定，2004年颁布了《党政领导干部辞职暂行规定》，2005年通过了《公务员法》，2009年出台了《关于实行党政领导干部问责的暂行规定》。另外，各级地方政府也相继出台了行政问责的有关规章制度。2003年，长沙市出台了《长沙市人民政府行政问责制暂行办法》；同年，四川省公布了《四川省党政领导干部引咎辞职暂行办法》；2004年，重庆市公布了《重庆市政府部门行政首长问责暂行办法》，一系列法律法规和

---

① 韩志明. 制度的虚置与行动者的缺席：基于同体问责与异体问责问题的分析[J]. 天津社会科学，2011，（4）：56-59.

② 成娜. 当代中国行政问责制度研究：以湖北石首事件为例[D]. 济南：山东大学，2012.

办法的出台，使问责有了一定的法律依据，表明我国的行政问责制正在由权力问责向制度问责转变。

（4）问责形式：由意外事故问责向常规行为问责转变。行政问责制的实施开始于2003年，由于行政问责起步较晚，还处于发展的初级阶段。涉及的问责事件主要采取事后问责的方式，主要有重大生命安全事故、生产安全事故、突发性灾难事件、严重的食品卫生案件、政府官员及企业高管腐败案件、拆迁事件，以及严重的经济案件等。只对已发生的重大意外事故进行问责使得问责的范围非常狭窄，而且对政府官员决策失误等因素造成的公众利益的损害，难以追究责任。因此，只对重大安全事故等"非常态事件"进行问责，不符合行政问责制的初衷和问责的客观要求，同时也不利于问责制的推行。随着问责制的进一步发展，问责作为一种对公务员的道德约束机制，问责领域必将拓宽，不仅是重大灾难或是重大生命财产事故，还将官员的隐性失职造成的损失，都纳入问责的范围之内，也就是说一切涉及政府官员责任的失范行为都将成为问责的内容。

（5）问责范围：由追究有过向追究无为转变。在实施问责制开始阶段，问责对象主要是针对出问题的、有过错的官员，若政府官员不发生重大事故或灾难，便可以高枕无忧、安享太平。但随着公共服务、责任政府、绩效管理等公共管理理念在公共部门的不断发展，以及民众民主责任意识的不断增强，政府做了什么，做得怎么样逐渐成为人们热议的话题。因此，那些只求无过不求有功的、一杯茶一张报纸一天班的、碌碌无为的、平平庸庸的官员想要获得公民的信任和支持已是不易之事了。对于"在其位不谋其政""不作为"的官员，群众有权利对其进行问责，甚至可以责令其辞职。2003年7月，成都市开展了处级以上干部作风整顿建设活动，贯彻落实"无功即有过，无为即无位"工作理念，整顿活动开展一年后，有多名领导干部因工作"不在状态"而被免职。2004年，浙江实施了《浙江省影响机关工作效能行为责任追究办法（试行）》，从而在全国开了"庸官问责制"的先河。从横向上来看，当前在聚焦于行政责任和法律责任追究的同时，对政治责任和道德责任的追究也越来越重视。[①]由此可以看出，仅仅做到不贪污不腐败已经不是一名合格官员的评价标准，而"有所作为""能作为""在其位谋其政"才是评价的重要标准，这也将成为我国行政问责制的重要标准。

（四）我国行政问责制发展的路径选择

行政问责制作为我国政治体制改革的新亮点，从其诞生至今，在官场掀起了"问责风暴"，刮起了"新风"，有效地冲击了传统的行政管理理念，是政府从传统的管制型政府向管理型政府再到责任政府、服务政府迈进的重要一步。然而，任何一项改革措施都不是完美无缺的，都需要经过长期的实践，不断探索，从而达到最终目的。行政问责制的实施，必须解决制度保障和相关配套措施的问题，否则问责可能会存在扭曲、变形，甚至成为政治体制改革的重要阻碍。因此，从以下几个方面完善问责制度是必要的。

1. 培育问责文化，塑造良好的问责环境

文化环境直接影响人的行为，当前社会文化已经渗透到各个领域，行政问责也不例

---

① 徐西光. 我国行政问责反思：成效、问题与改革思路论析[J]. 理论月刊，2017，（12）：171-176.

外。如果缺少观念的支持，行政问责就无法充分发挥作用。因此，要完善行政问责制，首先必须从行政问责文化的培育开始。重塑行政问责文化不应仅仅着眼于问责公务员，应从更高、更广的角度着眼，从整体上提高全民的责任意识，为行政问责制的推行提供广泛而深厚的问责文化底蕴。[①]

在当前的环境下，首先是通过灌输问责理念，对政府公务员和公众进行教育的方式塑造问责文化。对此，一方面，要对民众进行教育，让民众充分利用其权利，对政府和公务员进行问责，激发公民的参政热情，改变以往民众对政治冷漠和无所谓的态度，在全社会形成问责的良好氛围。另一方面，对公务员进行教育，端正政府及公务员被问责的态度，形成自律，接受民众的监督。通过问责教育，塑造问责文化，实现政府与民众的良性互动。其次是培养公民参与公共事务管理的意识。通过公民广泛的政治参与促使政府真正向人民担当起自己的责任，只有公民的维权意识增强了，才能形成对政府的经常有效的监督，真正推动行政问责制度的健全与完善。最后是加强法制建设，以法治代替人治。要改变传统人治的色彩，必须加强法制建设，强化法治能力。树立法律至上、法律面前人人平等、严格依法行政的理念。将政府及公务员的权力限定在法律允许的范围内，对违法应承担的责任作出明确的规定，促使他们严格、公正、文明执法，做到有权必有责、用权受监督、侵权要赔偿。只有完善问责的法制建设，让公众、政府及官员的行为都有法可依，问责文化才能逐渐形成。

2. 制定统一的问责法律

问责文化对政府及官员起到的只是软约束作用。如果没有统一的法律制度，问责是难以发挥其实际效果的。行政问责的实践告诉我们，问责必须通过法律制度来加以规范。真正做到有法可依、有章可循，行政问责立法应当包括：第一，规范问责主体及其权力，解决好谁来问责，谁来监督的问题。第二，明确问责对象及其权责划分，按照"谁主管谁负责，谁负责谁承担责任"的原则，划清有责与无责的界限，理清中央政府与地方政府、政府各部门之间的关系，行政人员的岗位职责，以及党和政府的权责边界。第三，完善问责程序，包括人大问责程序与公民问责程序。第四，对问责事由和情形作明确规定。哪些事由、哪些情形应当被问责，除了重大事故与重大失误等内容外，立法还应该考虑政府官员在集体决策、管理、执行中出现重大失误等需要承担责任的状况，这是对政府官员所提出的特殊要求，也是在行政问责事件中容易被忽视的地方。

3. 完善行政问责的配套制度建设

行政问责文化是软件，制度是硬件，软件与硬件的共同实施才能够发挥巨大作用。完善行政问责配套制度至少包括：第一，政务公开制度。政务公开、信息透明化是公民等对政府进行监督的前提和基础，是公民知情权的体现，只有政务公开，公民等才能够对政府及官员进行监督和评价，从而给政府施加压力。第二，政府绩效评估机制，问责制的实施离不开对政府的绩效评估，只有了解政府及官员"做得怎么样"，问责才能更具针对性，所以从这个意义上来讲绩效评估是问责实施的前提和基础。实现评估主体的多元化、指标的科学化、结果的落实化，能够使问责有科学的依据，将问责落实到位。

① 朱婧婧，沈军斌. 以法制观念夯实行政问责的文化基础[N]. 消费日报，2010-08-24（A01）.

第三，行政问责的救济制度。行政问责的救济制度目前处于真空地带，可以通过立法，对被问责公职人员的救济作出明确详细的规定。

4. 加大异体问责的力度

行政问责包括同体问责与异体问责。同体问责是行政系统内部的上对下的问责，具有直接性、针对性和经常性特点。异体问责是行政系统外的问责。从长远发展的角度来讲，行政问责不能局限于上对下的问责，这不利于行政问责制的推行，也不利于责任政府的建设。因此，今后应当加大异体问责的力度，促进同体问责与异体问责共同发挥作用，可以从以下角度切入：一是人大问责，强化人大质询权、罢免权的行使，保证人大的问责权力。二是司法机关问责，改革司法制度，保证司法独立，扩大司法审查力度，使司法机关能够公正地行使监督权；健全检察院、纪检部门、监察部门的监督机制。三是新闻媒体问责，保障新闻自由，同时必须完善新闻媒体监督立法，使其在法律规定的范围内行使监督问责权。四是民众问责，提高民众民主与法律意识，实行政务信息公开，保障民众的知情权，畅通民众问责渠道，完善相关法律，保障民众问责权利的行使。

5. 进一步强化网络问责制度规范性

在网络问责方面，政府责任和程序设计的缺失使得网络问责没有能够充分发挥其应有的功能和效果。在当前网络技术日益发展的背景下，进一步加强网络问责的规范化、制度化发展，对于保障公众享有有效的监督权，畅通政府和社会民众之间的联系，提升政府的治理水平、树立政府权威发挥着不可替代的作用。建立起规范化的网络问政制度体系，需要社会公众、新闻媒体和政府部门各方面共同努力。首先，应当促进网络媒体形成较为统一的话语体系。拓宽渠道是赋予公众参与网络行政问责能力的充分条件，公民还需在正确价值导向的引导下通过各种方式提升参与的综合能力和关键能力。[①]形成统一的话语体系不是对网络空间自由、多元氛围的破坏，而是保障公民和行政机关之间有效沟通交流的必要方式。当前网络空间较为零散化、碎片化的发声方式不利于公众有效传达自己的声音，甚至在网络话语较为混乱的情况下极容易造成谣言和虚假消息的传播。因此，推动互联网媒体形成较为统一的话语体系，这不仅能够保障公民与行政机关对话的畅通，还可以更加高效地发挥网络问责的效能。其次，政府部门应当逐渐转变传统思维观念，加强与各界的及时沟通和回馈。与传统的官场文化相比，新的行政问责文化的核心是破除"官本位"思想、建立"以民为本"的新行政道德，其目标是"廉洁奉公、勤政为民"。[②] 行政机关在面对各类主体问责的情况下，应当抛弃传统的"管理"思想，秉持服务型政府的理念，及时将各政府决策、执行的各个关键环节有效公开，回应民众关切。最后，细化网络问责的政府责任。政府对于网络问责的有效回应与否，关系到问责的成效和民众意愿的表达，在当前法治政府建设的过程当中，应当将行政机关对于网络问责回应的现实状况作为行政负责人的主要考核指标之一，对于政府部门存在的部分敷衍、答非所问的情况，应当让其承担起相应的责任。

---

① 姚莉. 论网络行政问责：场域分析之视界[M]. 杭州：浙江大学出版社，2018.

② 周亚越. 行政问责制研究[M]. 北京：中国检察出版社，2006.

思考与讨论

（1）对于行政责任概念论述的主要观点有哪些？

（2）行政问责的特征是什么？

（3）行政责任的构成要件是什么？

（4）我国实行行政问责制度的必要性是什么？

案例分析题

2004年4月24日，国务院调查组在 A 省 F 市某县的 W 糖果厂发现一批劣质奶粉。当晚，某县工商局的党组会议决定辞退城东工商所市管员陈某、宋某。6月12日，新华社刊消息称，某县工商局被处理人员一直在正常上班、领工资。6月15日，国家工商总局领导要求 A 省工商局派员到某县了解劣质奶粉事件有关责任人处理决定未执行情况。6月17日，某县工商局党委向市工商局上报了《关于辞退公务员陈某、宋某的请示》。7月4日，F 市工商局根据 A 省监察厅的督办要求，作出《关于辞退公务员陈某、宋某同志的决定》。由此，两名公务员被第二次辞退。7月13日，陈某、宋某二人向 F 市工商局提出复核申请。7月23日，F 市工商局党组会议决定撤销对陈某、宋某的辞退决定，给予二人行政记大过处分。

问题：

运用行政问责的相关知识谈谈你对该案例的理解。

第八章 行 政 复 议

本章教学要求

  了解行政救济的概念及其主要途径；理解行政复议是解决"民告官"行政争议和行政系统自我纠错的重要行政法律制度，是中国特色社会主义行政法学的重要组成部分；熟悉行政复议制度运作规则和程序，以更深入地认识中国宏观政府法治的整体运行规律；掌握基于行政救济理论、行政复议相关法律规范开展具体的法律案例讨论方法，以提高学生运用相关法律概念、法律规范与法律原理分析和解决社会实际问题的能力。

重点问题
（1）行政救济概念及其主要途径
（2）行政复议的审理程序、复议决定及其执行
难点问题
（1）行政救济制度相互之间的关系
（2）可申请复议行政行为的范围

第一节 行政救济中的行政复议概述

  行政救济是现代行政法中解决行政争议的基本法律制度，它包括行政复议、行政诉讼、行政赔偿等内容。其中，行政复议是世界各国普遍存在的一种行政相对人保护自身合法权益的重要法律程序。在中国语境中，行政复议是解决"民告官"行政争议和行政机关自我纠错的基本机制，也是中国特色社会主义行政法学的重要组成部分。1950 年底，政务院政务会议通过了《税务复议委员会组织通则》，第一次在法规中正式出现了"复议"二字①。国务院于 1990 年 11 月 9 日就行政复议问题制定了《行政复议条例》，这标志着行政复议在我国作为一项自成体系、特征鲜明的重要的行政救济机制已经初步建立。1999 年 4 月 29 日，在总结行政复议条例实施经验的基础上，第九届全国人民代表大会常务委员会第九次会议通过了《行政复议法》②，该法自 1999 年 10 月 1 日起正式施行。

---

  ① 许安标. 行政复议法实施二十周年回顾与展望[J]. 中国法律评论，2019，（5）：23-28.

  ② 2009 年 8 月 27 日第十一届全国人民代表大会常务委员会第十次会议第一次修正，将第三十条第二款的"征用"改为"征收"，"根据国务院或者省、自治区、直辖市人民政府对行政区划的勘定、调整或者征收土地的决定，省、自治区、直辖市人民政府确认土地、矿藏、水流、森林、山岭、草原、荒地、滩涂、海域等自然资源的所有权或者使用权的行政复议决定为最终裁决"；2017 年 9 月 1 日第十二届全国人民代表大会常务委员会第二十九次会议第二次修正，在第三条中增加一款作为第二款，"行政机关中初次从事行政复议的人员，应当通过国家统一法律职业资格考试取得法律职业资格"。另外，2023 年 9 月 1 日第十四届全国人民代表大会常务委员会第五次会议对《行政复议法》进行了一些修订，以下具体内容中的法条均引用最新《行政复议法》，特此说明。

2007 年 5 月 23 日，国务院制定了《行政复议法实施条例》，对《行政复议法》作了进一步细化。2017 年 9 月 1 日发布了《中华人民共和国行政复议法（2017 修正）》，根据现实问题进行了进一步修正。2023 年 9 月 1 日第十四届全国人民代表大会常务委员会第五次会议修订并通过新的《行政复议法》。与行政复议法实施条例相比较，行政复议法不论在立法思想、体系结构，还是在具体内容、运行程序等方面都有了较大篇幅的改进和提高，进一步健全和完善了中国特色的行政复议制度，标志着我国行政复议工作迈入崭新的发展阶段，在中国民主法治建设史上具有非常重要的意义。

一、行政救济的概念

古罗马人说，有救济才有权利，公民只有在受到侵害后得到救济，才谈得上享有权利①。在当代社会治理中，建构适宜的纠纷解决机制是进行社会控制的基本思路。基于矛盾的普遍性、客观性原理，有社会活动就会有社会成员之间的各种纠纷。具体到行政法实践中，行政相对人与行政主体之间的行政纠纷、行政争议是难以避免、客观存在的。为此，寻找排解行政争议的方式和途径显得非常必要。

从人类社会发展的历史来看，社会冲突的解决不外乎三种形式。一是自决与和解，即冲突一方使用报复性手段来矫正冲突的后果，或者冲突主体双方达成某种形式的妥协，这是人类社会早期普遍存在的解决纠纷的形式。二是调解与仲裁，即寻求社会中具有权威性的机构和个人来解决纠纷，一般采取劝导的方式进行。调解与仲裁的共同特征在于：调解员和仲裁员均不属于司法人员，他们的活动也并无法定资格。不仅特殊冲突的解决，而且法律发展所引起的这样一种对冲突的解决在此均由社会代表而非国家机关进行。②三是行政救济与司法救济，即国家机关以公权力主体的身份解决相关争议或冲突。行政救济以行政争议为对象和内容，实践中正是通过对行政争议的解决来矫治行政主体违法或不当的具体行政行为，进而实现行政救济的权利保障功能的。

由此，行政争议是产生行政救济的前提和基础，是我们研究行政救济法律制度的逻辑起点。就发生学意义上，行政争议是指在国家行政活动中，行政主体在行使行政职权、履行行政职责时与行政相对人之间出现的，有关行政法上权利和义务意义方面的相关争执或冲突。这种争执或冲突具体表现为，行政相对人对行政主体基于职权和职责作出的行政行为的不服或可能产生的异议，在行政主体和行政相对人之间呈现出对抗状态。诚然，行政争议关涉公权力运行问题的争执，自决与和解、调解与仲裁等解纷方式难以适用于行政争议的解决，需要由代表国家意志的公权力机关对纠纷进行处理并作出公断。显然，在国家行政管理活动中发生的行政争执或冲突，所危及的不仅是个人的权益享有，同时也危及社会治理秩序。既然行政争议的存在不可避免，国家就必须设定解决争议的方式和途径。

从特质上来说，行政救济是法律救济的一种，是对外部行政相对人的救济，而非对行政机关内部公务员的救济，是针对行政侵权行为的救济，而非针对行政合同行为的救

---

① 夏勇. 中国宪法改革的几个基本理论问题[J]. 中国社会科学，2003，（2）：4-17.
② 埃尔曼 H W. 比较法律文化[M]. 贺卫方，高鸿钧，译. 北京：生活·读书·新知三联书店，1990.

济。学界一般在狭义、广义两种意义上使用和理解行政救济。狭义上的行政救济是指在行政系统内部，依据行政程序为行政相对人提供的权利救济，包括行政申诉、行政复议等。广义上的行政救济是指国家机关通过解决行政争议，为行政相对人因行政权的违法或不当运用而受到损害的合法权益予以恢复或补救的法律制度。广义上的行政救济，除了狭义行政救济外还包括行政诉讼、行政赔偿救济等。本章主要是在狭义上使用行政救济这一概念，具体来说是特指行政复议。

二、行政救济的途径

在现代社会，解决行政争议的途径不外乎两种情形：一为行政内救济，二为司法程序。因此，行政救济的途径是指行政相对人的合法权益受到具体行政行为损害时，请求相关机关依法对该具体行政行为进行审查并作出决定的法律制度，即通过何种渠道制止和矫正行政侵权行为。对于权益的维护和保障是行政救济法律制度的宗旨。从纠纷的最终解决机制来看，在这两种行政救济途径中，司法救济途径具有独特的优势，其监督行政权的力度是行政复议等行政内救济所无法代替的。在监督行政的各种方式中，司法审查是最主要的监督方式，因为它是一种经常性的、局外的、有严格程序保障的、具有传统权威性的监督。①不仅如此，诉讼程序以民主、公开作为基本制度，社会舆论及人民群众对案件审理的介入，无疑也会增强民众监督国家权力运行的法律意识，产生良好的社会效应。然而，在现代官僚国家里，行政机关和其他解决争议机关有可能比法院处理更多的请求和纠纷。②因此，行政救济是现代行政法中解决行政争议的基本法律制度。具体来说，我国目前行政救济的主要途径表现在以下几方面。

（一）行政申告救济

行政申告救济是狭义上的行政救济，也称诉讼外救济，主要是指行政相对人就行政侵权行为向政府系统的行政监察部门申诉或控告，请求其救济，由行政主体自身解决本系统内部的行政争议的制度或程序。在行政申告救济中，行政相对人只能向监察机关、审计机关等一般行政监督机关，就行政工作人员的行政违法、行政侵权等行为请求行政监督机关作出一定程度的处理，如行政纪律处分等，一般行政监督机关不能直接撤销、变更该具体行政行为，也不能裁决予以赔偿等。因此，行政申告救济属于行政系统内部的救济种类之一。

（二）行政复议救济

相对于司法救济而言，复议救济可称作行政上的救济。具体而言，行政复议救济是指行政相对人认为行政机关的具体行政行为侵犯其合法权益，由作出具体行政行为的上一级行政机关或者法律法规规定的其他机关，根据相对方的申请，依法对该具体行政行为进行审查并作出决定的法律救济制度。复议救济是功能较完备的救济途径，复议机

---

① 王名扬. 美国行政法[M]. 北京：中国法制出版社，1995：567.

② 小岛武司. 司法制度的历史与未来[M]. 汪祖兴，译. 北京：法律出版社，2000.

关在查明事实、判明责任的基础上，可以撤销一个违法的具体行政行为，恢复相对人的合法权益；可以变更一个不当的行政行为，使相对人获得合理的权益或消除相对人所承担的不合理的义务，使具体行政行为对相对人的影响回归正途；可以责令行政机关就损害给予经济赔偿，使相对人的物质损失或精神损害获得补救等。

（三）行政诉讼救济

行政诉讼救济是一种司法救济方式，也称行政外救济或诉讼内救济。一般认为，行政诉讼是指行政相对人认为行政机关的具体行政行为侵犯其合法权益，依法向人民法院提起诉讼，由人民法院依法定程序审查行政机关的具体行政行为并作出裁判的活动。[①]在行政诉讼救济中，法院可以运用诸多救济手段，如判决撤销违法的行政行为、判决变更不当的行政行为、判令行政机关履行法定职责和判令行政机关予以赔偿等，使行政相对人受到损害的权益得到恢复和救助。

（四）行政赔偿救济

应该指出的是，在我国行政救济中，还有一种很重要的途径是行政赔偿救济，但它不是一种独立存在的救济途径，因为我国立法并未设立一种专门的赔偿救济机关，赔偿救济的取得可以通过复议救济途径，也可以通过诉讼救济途径。因此，目前的行政赔偿救济是以一种特殊的救济手段而存在的。

需要说明的是，在行政争议或纠纷的多种解决机制中，司法救济的主要方式是行政诉讼。因此，以司法监控行政、以诉讼程序最终解决行政争议，是行政救济中最基本的模式。本章着重探讨行政复议救济，目的在于阐明行政复议在性质上属于行政救济的一种，以便明了行政复议与其他行政救济制度的关系，特别是行政复议与行政诉讼、行政赔偿的关系，阐述制度性救济与非制度性救济之间的区别、各自的价值及其在整个救济体系中的功能等。

三、行政复议和解

行政复议和解兼具实体与程序[②]、行政行为与契约行为的属性，是行政机关基于契约目的作出的职权行为，是相对人基于消除违法行为影响作出的契约行为，有变更行政法律关系、化解行政纠纷、终结复议程序的功能，是行政复议中的一种结案方式。与行政诉讼和解相比，行政复议和解有三个典型特征：首先，行政复议和解有法律依据。《行政复议法实施条例》第四十条规定，公民、法人或者其他组织对行政机关行使法律、法规规定的自由裁量权作出的具体行政行为不服申请行政复议，申请人与被申请人在行政复议决定作出前自愿达成和解的，应当向行政复议机构提交书面和解协议；和解内容不损害社会公共利益和他人合法权益的，行政复议机构应当准许。行政诉讼和解主要以撤诉制度为载体，以撤诉模式为依托，而行政复议和解有撤回申请与和解协议两种结案模

① 皮纯协，张成福. 行政法学（修订版）[M]. 北京：中国人民大学出版社，2012.
② 赵银翠. 行政复议和解制度探讨[J]. 法学家，2007，（5）：140-146.

式。其次，行政复议调解与和解有明确界定①，所以在行政复议领域，部分情形下可直接依据第三人标准界定行政复议和解与行政复议调解。最后，适用条件未加严格限制。德国立法也将"事实或法律不清，或非经重大投入不能查明"作为和解适用前提，我国《行政和解试点实施办法》也作出了类似规定，以至于我国大多数学者认为行政和解是为了消除不确定的状态，"法律或事实不清"是进行和解的必要条件。《行政复议法实施条例》第四十条却未作此要求，说明在各种条件适宜的情形下，行政和解可成为首选纠纷解决方式。

四、行政复议的本质

就本质来看，行政复议属于行政系统内部的救济。作为一种成本低廉、操作便捷的纠纷解决机制之一，行政复议被世界上大多数国家、地区广泛使用。纵观世界各国救济制度的发展经验，在正常的情况下，一个国家解决行政争议最主要的渠道应该是行政复议。②随着我国行政复议体制改革的全面推进，行政复议朝着习近平总书记所提出的"发挥行政复议公正高效、便民为民的制度优势和化解行政争议的主渠道作用"③的目标加速迈进。

作为一种行政救济程序，行政复议是在行政机关体系内，基于行政相对人请求而启动的一种"自我纠错"机制，这也是其与行政诉讼、行政赔偿的重要区别之一。关于行政复议的概念，尽管学界观点见仁见智，但总体上差别不大。通常认为，行政复议是指公民、法人或者其他组织不服行政机关所作出的具体行政行为，由上一级行政机关或者法律法规规定的其他机关，根据相对方的申请，依法对该具体行政行为进行审查并作出决定的制度。④从本质上说，行政复议是行政机关在行政系统内部自行解决行政争议、自我纠正错误的一种有效监督制度。

全面正确认识行政复议的本质，是进行制度设计和制度创新的前提。行政复议的性质，是指行政复议这一法律现象或法律制度与其他法律现象或法律制度相比较而具有的本质属性。关于行政复议的性质，学界认识不一，大致有六种观点：一是行政说，认为行政复议是行政机关行使管理职权时上级行政机关对下级行政机关进行层级监督的一种较为规范的活动，是一种行政行为，而且是一种具体行政行为。二是司法说，认为行政复议就其内容而言是司法活动，是形式上的行政行为、实质上的司法行为。三是行政司法说或准司法说，认为行政复议兼行政和司法的双重色彩，是介于一般行政行为与普通司法行为之间，具有特殊性质的行政行为。四是行政救济说，认为行政复议制度的基本功能在于对于违法行政或不良行政的矫正，对相对人受损的权益的补救。五是行政监督说，认为行政复议是行政系统内部的一种法律监督。六是三要素说或全方位说，认为行

---

① 《行政复议法实施条例》第五十条：有下列情形之一的，行政复议机关可以按照自愿、合法的原则进行调解：（一）公民、法人或者其他组织对行政机关行使法律、法规规定的自由裁量权作出的具体行政行为不服申请行政复议的；（二）当事人之间的行政赔偿或者行政补偿纠纷。

② 应松年. 把行政复议制度建设成为我国解决行政争议的主渠道[J]. 法学论坛，2011，（5）：5-9.

③ 全面提高依法防控依法治理能力　为疫情防控提供有力法治保障[N]. 人民日报，2020-02-06（01）.

④ 罗豪才. 行政法学[M]. 北京：中国政法大学出版社，1997：347.

政复议的性质应当全方位把握，主要由特殊的行政监督、特殊的行政救济和一种行政司法行为三个要素组成。①

由此，作为行政主体解决行政争议的一种重要方式，行政复议实质上是一种行政主体的具体行政行为。它既是一种行政内救济行为，又是一种监督行政行为；既是一种行政司法行为，又是对行政行为可能违法或不当的救济行为，同时也是行政系统内部的一种行政监督行为。总体上，行政复议是集行政性、司法性、监督性和救济性于一身的特殊行政活动，其最终目的是解决行政争议，正如学者指出的，要将行政复议打造成解决行政争议的渠道②。概言之，行政复议具有如下性质。

第一，行政复议是一种特殊的具体行政行为。

行政复议具有行政行为的一般特点，表现为行政主体依法行使行政权力，实施具有法律意义、产生法律效果的行为特征。

第二，行政复议是一种特殊的行政监督法律制度。

一方面，行政复议是我国行政法制监督体系中的一个重要环节或部分。另一方面，行政复议是行政相对人维护其合法权益的一种重要救济手段或途径。

第三，行政复议是一种行政救济的法律途径。

行政复议属于行政系统内部的救济。行政复议救济在独立性与可信度方面尽管逊色于司法审查或行政诉讼，但却被行政相对人广为采用。它通过国家行政机关制止和矫正违法及不当的行政侵权行为，从而使行政相对人的合法权益得到相应的补救。

第四，行政复议是一种兼有司法功能的行政裁判性质或准司法性的行政裁判制度。

解决争议是司法行为的基本功能之一。在行政复议进程中，行政复议机关是以相对中立的第三人身份，主持、解决行政主体具体行政行为因违法或不当引起的，行政相对人与行政机关间的行政争议或纠纷。因此，作为行政争议解决路径、行政救济运行机制，以及行政法制监督方式之一的行政复议制度，是一种兼有司法功能的行政裁判性质或准司法性的行政裁判制度。

五、行政复议的主要特征

行政复议是解决"民告官"行政争议和行政系统内部自行解决行政争议、自我纠正错误的一种监督制度，是行政相对人凭借公法保护自身合法权益的重要法律程序之一，也是中国特色社会主义行政法学的重要组成部分，其呈现出如下特征。

第一，就行政复议性质来说，它是行政机关内部的层级监督。层级监督是行政机关依据领导和被领导、指导和被指导关系所形成的监督形式。依据启动条件的不同，行政机关内部的层级监督体现为积极的、主动的层级监督与消极的、被动的层级监督。积极的、主动的层级监督是指行政机关依据职权主动地对下级机关实施的监督；消极的、被动的层级监督是指这种监督需要依据公民、法人和其他组织的申请才能启动与发挥作用。行政复议就是一种被动的层级监督形式。

---

① 王成栋. 行政法律关系基本理论问题研究[J]. 政法论坛，2001，（6）：86-97.

② 张晓炯，王力康. 将行政复议打造成解决行政争议的主渠道[N]. 民主与法制时报，2021-09-30（06）.

第二，行政复议的审查对象，主要是行政活动中具体行政行为的合法性与适当性，并附带审查部分抽象行政行为。因此，作为一种解决行政争议的途径，行政复议只能由作为行政相对人的公民、法人或其他组织提起，行政主体不能主动提起行政复议。

第三，行政复议是一种行政争议发生后的具体救济措施。从公正解决行政争议的要求出发，行政复议具有司法功能的行政裁判性质或准司法性。对行政管理相对人来说，如果其合法权益已经受到行政机关违法或不当的具体行政行为的侵害，可以通过行政复议对其予以补救；对行政机关来说，这种补救的过程也是挽回自身影响的过程。

第四，行政复议必须按照法定的程序进行。行政复议程序属于行政程序之一，通常是指行政复议机关审理行政复议案件过程中所遵循的法定形式、顺序、时限与步骤等。根据《行政复议法》①的相关规定，行政复议程序大体上可以分为申请、受理、审理、决定、执行等五个阶段，我们将结合行政复议过程的一般要求，在后文中加以论述。

六、行政复议的基本原则

行政复议的基本原则是指贯穿于行政复议过程中，对行政复议具有基础性、概括性指导功能的基本准则。其中，基础性表征基本原则构成其他具体规范的缘由与根据；概括性体现具体规则的共同性与关联度。关于行政复议的基本原则，根据《行政复议法》第三条规定，可以归纳为以下方面，即合法、公正、公开、高效、便民、为民的原则。

（一）合法原则

合法原则是处理复议活动与法律相互关系的基本准则，具体要求行政复议机关必须严格按照宪法、法律规定的职责权限，依照法定程序受理公民、法人或者其他组织的行政复议申请，对申请行政复议的具体行政行为进行审查并作出行政复议决定。具体来说，这一原则包括以下内容。

第一，履行行政复议职责的主体及其职权应当合法。行政复议机关应当是依法成立并享有法律、法规赋予的层级监督权的行政机关；其受理行政复议申请、作出行政复议决定，必须符合行政复议法关于受理行政复议申请、作出行政复议决定的规定，否则就构成越权。

第二，行政复议的依据应当合法。行政复议作为一项行政权力，应当以现行有效的法律、法规和其他规范性文件为依据，凡是自然失效、被明令废止或者与上层次法律规范相抵触的法律、法规或者其他规范性文件，不能作为行政复议的依据，否则就构成实体违法。

第三，受理行政复议申请、作出行政复议决定的程序应当合法。行政复议法对行政复议机关受理申请、作出决定作了许多程序规定，行政复议机关在履行行政复议职责时，

---

① 现行《行政复议法》制定于1999年，并于2009年、2017年和2023年分别对部分条款作了修订。

应严格遵守这些程序规定。

合法原则要求复议活动对法律的服从，具有与法律的一致性，以克服行政复议中可能的袒护和取得公众信任。合法原则是其他基本原则的基础，如果没有合法原则，则公正、公开、高效、便民、为民等原则便失去根据。

（二）公正原则

复议机关的复议活动不仅应当合法，也应当公正。公正就其词义来说，是指公平正直、没有偏私。公正原则是对行政复议活动过程和结果的基本要求，是评价行政复议正当性的重要准则，也是一种实质意义上的合法性要求，覆盖面大且应用灵活。无论是在程序权利上，还是在对实体权利的处理上，它要求禁止对任何一方当事人的偏私袒护，应当平等地对待申请人和被申请人。实体公正是指复议决定认定的案件事实与客观事实相一致，进而正确适用法律；程序公正是指形成复议决定的过程公正。[①]诚然，行政复议中的公正原则，是一个复杂的法律问题，行政复议的公正性很大程度上依赖于程序的公正，既涉及行政复议本身的公正问题，又涉及对原具体行政行为是否公正地评判、认定等问题。特别是，需保证行政复议全过程与行政复议结果的公正性。

（三）公开原则

公开就是指不加隐蔽。行政复议中的公开原则，是指复议机关在复议活动中，除了涉及国家秘密、商业秘密与个人隐私信息外，整个复议过程与结果应当向复议参加人和社会公开。行政复议活动应当为公众所了解，接受当事人和公众的监督。公开原则是对行政复议活动的基本规定，它从原则上否定了行政秘密。作为行政复议机关的基本义务，应当满足和保障当事人和公众的了解权、监督权。

（四）高效原则

高效原则是处理行政复议与行政效率相互关系的基本准则，其基本含义是行政复议机关处理案件应当尽量程序简单、时间短暂，以使行政争议较快得到解决，行政关系得到较快确定，行政秩序得到较快恢复。高效原则是行政复议程序简单化的基本根据。从某种意义上说，高效原则是对公正原则的必要补充。因此，出于对公正与高效平衡的需要，公正原则的运用应当与高效原则有机结合起来。

（五）便民原则

便民原则是指行政复议机关应当在行政复议过程中，尽可能地以减少行政复议当事人的讼累或支出作为基本活动准则。行政复议应当尽量使当事人在复议中以最少的付出获得最有效的权利救济。例如，不收费、当事人选择复议机关、结案时间比较短等都是这一原则的体现。

---

① 应松年. 行政诉讼法与行政复议法的修改和完善[M]. 北京：中国政法大学出版社，2013.

（六）为民原则

在 2023 年 9 月修订的《行政复议法》中，一方面，将分散在诸多部门的行政复议职责进行有机整合，让公民、法人和其他组织第一时间"找对门"，方便申请行政复议；另一方面，由地方各级人民政府统一行使行政复议职责，便于优化行政复议资源配置，将行政复议的制度优势转变成为民服务的制度效能。

总之，根据行政复议的功能与性质，以及行政复议法规定，探讨行政复议的基本原则，总体来说是一种义务性规则，即规定了行政机关复议活动必须履行的基本法律义务。行政复议工作应当坚持中国共产党的领导，遵循合法、公正、公开、高效、便民、为民的原则，坚持有错必纠，保障法律、法规、规章的正确实施。

七、行政复议的基本制度

行政复议的基本制度是指行政复议机关在行政复议过程中应当遵守的，行政复议基本原则在行政复议活动的某一阶段或方面具体体现与逻辑展开的办事规程或行动准则。行政复议基本制度主要包括一级复议制度、书面复议制度、复议不停止执行制度、被申请人承担举证责任的制度等。

（一）一级复议制度

一级复议制度也称一次复议制度，是指公民、法人或者其他组织对行政机关作出的具体行政行为不服，可以向该行政机关的上一级行政机关或者法律、法规规定的行政机关申请复议；对复议决定不服，只能依法向人民法院提起行政诉讼，不得再向复议机关的上一级行政机关申请复议[①]。

另外，如果法律、行政法规规定了两级或多级复议的，从其规定。如德国、日本、西班牙等，在当事人对复议机关的复议决定不服时，还可以向上一级行政机关或者法律规定的其他行政机关申请再复议，即实行二级复议制度。

（二）书面复议制度

《行政复议法》第二十二条规定：申请人申请行政复议，可以书面申请；书面申请有困难的，也可以口头申请。书面申请的，可以通过邮寄或者行政复议机关指定的互联网渠道等方式提交行政复议申请书，也可以当面提交行政复议申请书。行政机关通过互联网渠道送达行政行为决定书的，应当同时提供提交行政复议申请书的互联网渠道。

由此，书面复议制度是指行政复议机关针对行政复议申请人提出的申请和被申请人提交的答辩，以及有关被申请人作出具体行政行为依据的规范性文件、证据等进行非公开对质性的审查，并在此基础上作出行政复议决定的制度。

书面复议制度充分体现了行政复议制度的便民原则，既可以提高行政复议的效率，及时解决行政争议，减少行政复议的成本；又可以减轻行政复议中申请人与被申请人的对抗情绪，有利于行政争议在行政程序中获得解决。

① 胡锦光. 行政法学概论（修订版）[M]. 北京：中国人民大学出版社，2010.

（三）复议不停止执行制度

1. 一般性规定

复议不停止执行制度是指具体行政行为不因行政相对人申请行政复议而停止执行。复议不停止执行是行政法上的一项重要制度，其理论基础在于国家意志先定力理论、公权力优先理论或公务优先理论。复议不停止执行制度是保证国家行政管理的连续性、有效性的重要手段。

其中，国家意志先定力是指行政机关代表国家进行行政管理，具体行政行为一经作出即具有法律上的确定力、拘束力和执行力。在有权机关撤销它之前，都应认为它是合法有效的。对于具体行政行为，行政相对人有义务履行，而无权裁判具体行政行为的合法性、有效性。公权力优先理论或公务优先理论的基本观点是：行政权力是一种公共权力，行政权力的行使是为了维护公共利益。当行政相对人对行政权力的行使产生异议，即私权利与公权力发生冲突时，应优先使公权力得到实现。

2. 复议不停止执行制度的例外规定

《行政复议法》第四十二条规定："行政复议期间行政行为不停止执行；但是有下列情形之一的，应当停止执行：（一）被申请人认为需要停止执行；（二）行政复议机关认为需要停止执行；（三）申请人、第三人申请停止执行，行政复议机关认为其要求合理，决定停止执行；（四）法律、法规、规章规定停止执行的其他情形。"

（四）被申请人承担举证责任的制度

举证责任是指承担该责任的当事人必须对自己的主张举出主要的事实根据，以证明其确实存在，否则将承担败诉后果的法定义务。举证责任通常是诉讼中的证据规则之一。在行政诉讼中，举证责任是指原、被告等当事人之间发生争议的事实，在没有证据或证据不足以证明的情况下，由谁承担败诉责任，即后果责任[1]。

就行政复议与行政诉讼的共性来说，其都涉及第三方居间解决行政机关与相对人争议。因此，行政复议也存在举证责任问题。《行政复议法》第四十四条规定："被申请人对其作出的行政行为的合法性、适当性负有举证责任。有下列情形之一的，申请人应当提供证据：（一）认为被申请人不履行法定职责的，提供曾经要求被申请人履行法定职责的证据，但是被申请人应当依职权主动履行法定职责或者申请人因正当理由不能提供的除外；（二）提出行政赔偿请求的，提供受行政行为侵害而造成损害的证据，但是因被申请人原因导致申请人无法举证的，由被申请人承担举证责任；（三）法律、法规规定需要申请人提供证据的其他情形。"被申请人承担对具体行政行为合法性和适当性的举证责任。被申请人举证范围不只限于具体行政行为的事实证据，还包括行政机关作出具体行政行为的规范性文件。《行政复议法》第四十八条规定，行政复议机构应当自行政复议申请受理之日起七日内，将行政复议申请书副本或者行政复议申请笔录复印件发送被申请人。被申请人应当自收到行政复议申请书副本或者行政复议申请笔录复印件之日起十日内，提出书面答复，并提交作出行政行为的证据、依据和其他有关材料。因

① 刘善春. 行政诉讼举证责任分配规则论纲[J]. 中国法学，2003，（3）：69-75.

此，如果被申请人不按照规定提交作出具体行政行为的全部证据、依据和其他有关材料，视为该具体行政行为没有证据、依据，复议机关有权撤销该具体行政行为。另外《行政复议法》第四十六条规定，行政复议期间，被申请人不得自行向申请人和其他有关单位或者个人收集证据；自行收集的证据不作为认定行政行为合法性、适当性的依据。

对于申请人与第三人的举证责任问题，《行政复议法》没有具体规定。毋庸讳言，申请人和其他复议参加人也必须承担一定的举证责任。例如，在履行法定职责的行政复议案件中，如果申请人对自己主张的事实不承担任何举证责任，具体行政行为的合法性就无从判断；再如，申请人如果不能证明自己符合申请许可证的法定条件，复议机关就无法判断被申请人拒发许可证的行为是否正确等。当然，与被申请人承担的举证责任相比，申请人的举证责任是次要的、第二位的。

八、行政一体原则

行政一体原则与行政复议体制改革方向互相契合。行政一体原则要求将原行政行为和复议决定视为一个整体对待，由复议机关统一对外表达行政系统的意志，接受司法审查。行政复议体制改"条块结合"为"以块为主"，主要由县级以上地方人民政府作为复议机关以政府名义对外作出复议决定，并以政府名义接受司法审查。行政一体原则的三个分析维度如下。

（一）组织一体

传统的行政一体被严格限定为组织上的一体，为了确保组织整体的意思统一，法律设定了金字塔式的科层行政体系，上级行政机关借由组织人事、财政预算及个案中行为的直接命令等强制性协调手段，确保行政系统内权力行使的统一性、连贯性和一体性[①]。因此，政府对下级政府或所属部门所作决定加以改变或者撤销，被视为行政权之当然权力[②]。我国同样遵循行政一体的组织原则，在权力结构上，国务院统一领导各部和各委员会工作，统一领导全国地方各级国家行政机关工作；地方各级政府则领导所属工作部门和下级人民政府工作，有权改变或者撤销所属各工作部门和下级人民政府的不适当的决定。作为行政组织体系中正式的内部监督方式，行政复议制度的根本组织原则即为行政一体原则。

（二）责任一体

现代代议制民主理论认为，国家本身并不是最终目的，而为民主的"传送带"[③]。为了体现对立法的遵从，行政组织必须借由科层制结构搭建的垂直通道，将代议制机关所代表的"公意"传递到组织的细枝末节，赋予行政权以民主正当性。因此，"硬币"的另一面是"责任一体"，政府拥有行政事务的最终决定权，同时也要对职能部门的行为向权力机关（立法机关）负最终的政治责任。

① 张运昊. 行政一体原则的功能主义重塑及其限度[J]. 财经法学, 2020, （1）: 115-131.
② 南博方. 行政法[M]. 杨建顺, 译. 北京: 中国人民大学出版社, 2009.
③ 斯图尔特 R B. 美国行政法的重构[M]. 沈岿, 译. 北京: 商务印书馆, 2011.

（三）功能一体

功能主义认为，为了更好地实现行政机能，各类行政组织的创设都必须建立在行政任务的考量之上，行政机关应当主动调整组织目标和结构，协调分散的权力，通过各种手段维持整体的统一性。我国行政复议法律制度的变迁，无疑具有明确的功能主义指向。行政复议法制定之初，行政复议仅定位于行政机关内部自我纠正错误的一种监督制度，长期以来，复议机关以行政行为合法性审查为核心内容，而非同时对行政行为的合法性与合理性进行审查，既不关注也不回应申请人的利益诉求。与行政诉讼相比较，如果行政复议程序空转，带来的问题更为复杂。行政复议程序空转不仅不能化解原行政争议，还会在原争议的基础上增加新的行政争议。①

第二节　行政复议的范围

在当前《行政复议法》中，行政复议的范围由四个条款构成，即第二条、第十一条、第十二条、第十三条，分别为概括性规定、肯定式列举、否定性的排除事项列举，以及对行政规范性文件附带审查的规定。行政复议的范围，是指法律规定公民、法人或其他组织，认为行政机关作出的行政行为侵犯其合法权益，依法可以向行政复议机关申请行政复议的案件种类、事项范围。

行政复议范围的大小，直接关系到对行政机关进行监督及对行政管理相对人进行救济的深度和广度，它是行政复议制度的核心问题之一。只有列入行政复议的案件种类、事项范围，行政相对人才可以申请行政复议，行政复议机关才能进行行政复议活动。否则，公民、法人或其他组织就不能求诸行政复议的救济渠道。

作为一种行政内救济途径，行政复议在解决行政争议上具有局限性。换言之，行政复议机关不可能受理、排解所有的行政争议。因此，通过立法规定行政复议范围就是必要的。行政复议受案范围的立法模式，总体上有概括式、列举式和混合式三种。我国《行政复议法》既概括了行政复议调整原则范围，也列举了行政复议的具体事项，同时也排除了不宜提出复议的事项，即我国在确定行政复议范围的基本模式上体现出概括、列举再加排除相结合的混合式特质。

一、可以申请行政复议的事项

针对下列行政行为，公民、法人或者其他组织可以申请行政复议。

（一）行政处罚行为

行政处罚是指行政主体对违反行政法律规范、实施违反行政管理秩序行为的行政相对人，依法给予的一种法律制裁。对于行政主体作出的、影响相对人权益的行政处罚，如警告、罚款、没收违法所得、没收非法财物、责令停产停业、暂扣或者吊销许可证、

---

① 王万华. 行政复议法的修改与完善：以"实质性解决行政争议"为视角[J]. 法学研究，2019，41（5）：99-117.

暂扣或者吊销执照、行政拘留等，行政相对人不服，可以提起行政复议。

（二）行政强制措施

行政强制措施是行政主体对拒不履行法定义务或者违反法定义务的行政相对人，或者为了维护公共利益的需要而对特定行政相对人实施的一种具体行政行为。行政强制措施一般包括对人身采取的行政强制措施，如限制人身自由的扣留；对财产采取的行政强制措施，如对财产采取的查封、扣押、冻结等。

（三）行政许可的变更、中止、撤销行为

行政许可证书是指有权行政机关根据行政相对人的申请，依法核发的准予其从事特定活动的证明文件。行政许可在类型上有证照式（以许可证件或者执照为表现形式）的许可和非证照式的许可，无论哪种类型，只要行政许可具有实质性的内涵，就应当属于行政许可的范围。行政机关如果在许可事项或许可证书载明的有效期限内作出变更、中止或者撤销的决定，许可权人有权申请复议，寻求法律救济。对行政机关作出的有关许可证、执照、资质证、资格证等证书变更、中止、撤销的决定不服的，可提起行政复议。

（四）行政确认行为

自然资源的确认是有权行政机关对行政相对人的法律地位或者权利义务关系的确定、认可和证明。所有权是指所有人依法对自己的财产享有占有、使用、收益和处分的权利。使用权是指权利主体按财产的性能对财产进行事实上利用的权利。对行政机关作出的关于确认土地、矿藏、水流、森林、山岭、草原、荒地、滩涂、海域等自然资源的所有权或者使用权的决定不服的，可提起行政复议。

（五）侵犯经营自主权的行为

侵犯经营自主权是指限制或剥夺公民、法人或其他组织在法律、法规规定的范围内拥有的调配使用自己的人力、物力、财力，自主组织生产、经营活动的权利。行政相对人认为行政机关侵犯其合法的经营自主权而申请行政复议，须具备下列条件：①侵权主体必须是国家行政机关，包括法律、法规授权或行政机关委托行使行政职能的组织；②行政机关所侵犯的确属法律、法规赋予的合法经营自主权。

（六）变更或者废止农业承包合同行为

农业承包合同依法订立之后，受国家法律保护。如果基于公共利益考虑，行政机关在国家政策发生改变或当事人情况有所变化时，可以对农业承包合同进行相应的变更，即对合同的主要条款进行修改以适应新的变化，在某些情况下，行政机关甚至可以废止农业承包合同，使农业承包合同完全失去法律效力。公民、法人或者其他组织认为行政机关变更或者废止农业承包合同侵犯其合法权益的，均可依法申请行政复议。

（七）违法要求行政相对人履行义务

违法集资、摊派费用或者违法要求履行其他义务的，是《行政复议法》列举的最具代表性的行政机关违法要求履行义务的常见形式之一。除此之外，行政机关其他没有合法依据而让公民、法人或其他组织出钱、出工、出物等行为都属于违法要求履行义务的行为。公民、法人或者其他组织对这些违法要求，不仅可以拒绝执行，而且可以申请行政复议。

（八）不依法办理行政许可的行为

申请行政机关颁发许可证、执照、资质证、资格证等证书，或者申请行政机关审批、登记有关事项，只要符合法定条件，行政机关应当依法办理。公民、法人或其他组织认为自己符合法定条件，即可依法向有权行政机关提出申请。有权行政机关对申请人的申请要认真审查，符合条件的应依法予以批准。如果申请人认为符合法定条件，申请行政机关颁发许可证、执照、资质证、资格证等证书，或者申请行政机关审批、登记有关事项，行政机关没有依法办理的，或者对申请既不拒绝也不肯定，不予答复的，公民、法人或者其他组织都可以申请复议。

（九）不履行保护人身权、财产权、受教育权法定职责的行为

公民、法人或者其他组织的人身权利、财产权利、受教育权利受到侵犯，有权申请行政机关给予保护。申请行政机关履行保护人身权利、财产权利、受教育权利的法定职责，负有法定职责的行政机关如果没有依法履行，即拒绝履行或未予答复的，当事人可以申请行政复议。

（十）行政给付行为

行政机关对因公或因病致残、死亡的行政相对人本人或者家属依法发放抚恤金，是行政机关的法定职责。公民参加了社会保险，符合条件的可以领取社会保险金，或依法申请行政机关发放社会保险金。公民只要证明其收入未达到最低生活保障线，均可依法向有关行政机关申请最低生活保障费等。因此，行政相对人申请行政机关依法发放抚恤金、社会保险金或者最低生活保障费的，行政机关如果应该发给而没有发给，或没有按时、按规定数量发给等，都是对行政相对人合法权益的侵犯，行政相对人或受领人都可以依法申请行政复议。

（十一）其他具体行政行为

这是概括性的规定，对于保护公民、法人或者其他组织的合法权益具有重要的意义。只要相对人认为行政机关的其他具体行政行为侵犯其合法权益，都可以据此向行政复议机关提出申请，复议机关应当受理。

二、可以附带申请复议的抽象行政行为

可以附带申请复议的抽象行政行为即公民、法人或者其他组织在对具体行政行为申请复议时，可以一并提出审查抽象行政行为的要求，具体是指行政机关依法制定和发布除行政法规、行政规章以外的其他规范性法律文件的行为，属于抽象行政行为的范畴①。《行政复议法》赋予行政相对人主动提起行政复议监督的权利，只要行政相对人认为行政机关的具体行政行为所依据的抽象行政行为不合法，在对具体行政行为申请行政复议时，可以一并向行政复议机关提出对该抽象行政行为的审查申请。

《行政复议法》第十三条规定："公民、法人或者其他组织认为行政机关的行政行为所依据的下列规范性文件不合法，在对行政行为申请行政复议时，可以一并向行政复议机关提出对该规范性文件的附带审查申请：（一）国务院部门的规范性文件；（二）县级以上地方各级人民政府及其工作部门的规范性文件；（三）乡、镇人民政府的规范性文件；（四）法律、法规、规章授权的组织的规范性文件。前款所列规范性文件不含规章。规章的审查依照法律、行政法规办理。"

由此，公民、法人或者其他组织在申请一并复议上述行政规定时，应当符合一定法定条件，遵循相应法定程序，具体来说应当具备以下条件。

第一，复议范围上，只能对部分行政规范性文件提起行政复议的审查申请，不含国务院部委规章、地方政府规章。根据全国人大制定的《立法法》，国务院颁布的《法规规章备案条例》《规章制定程序条例》，对规章审查只能依照相关法律、行政法规的具体规定。

第二，复议内容上，行政复议机关在审查行政行为时，依据原则是合法性与合理性；在附带审查抽象行政行为时，只是审查行政规范性文件的合法性问题。

第三，复议时间上，《行政复议法》第五十六条规定，申请人依照本法第十三条的规定提出对有关规范性文件的附带审查申请，行政复议机关有权处理的，应当在三十日内依法处理；无权处理的，应当在七日内转送有权处理的行政机关依法处理。

总之，《行政复议法》规定可以对抽象性文件进行审查是该法的一大特色，这一重大进步必将推动其他法律制度的向前发展②，被学术界与实践部门寄予厚望。另外，行政相对人认为行政机关的具体行政行为所依据的行政规范性文件的规定不合法，在对具体行政行为申请行政复议时，只能一并提出对该规定的审查申请，而不能单独提起对行政规范性文件规定的行政复议申请。

三、不可以申请行政复议的事项

除了国防、外交等国家行为，《行政复议法》还排除了行政复议的事项包括以下几方面。

（一）行政法规、规章或者具有普遍约束力的决定、命令等规范性文件

《行政复议法》第十二条第二项规定行政法规、规章或者行政机关制定、发布的具有

---

① 袁明圣. 行政规定的若干问题[J]. 江西社会科学, 2001, （10）: 87-89.

② 杨建顺. 日本行政法通论[M]. 北京: 中国法制出版社, 1998: 17.

普遍约束力的决定、命令等规范性文件不属于行政复议范围。因此，国务院制定的行政法规，国务院各部、委员会和地方人民政府制定的规章，以及行政机关制定的一些规范性文件不属于行政复议的范围。如果行政相对人对抽象行政行为中的行政法规、规章、规范性文件不服的，可以向有关国家机关提出，由有关国家机关依照法律、行政法规的有关规定处理。

（二）内部行政行为

《行政复议法》第十二条第三项规定行政机关对行政机关工作人员的奖惩、任免等决定不属于行政复议范围。换句话说，不服行政机关作出的有关行政奖励、行政处分、其他人事处理决定等内部行政行为的，当事人不能申请行政复议，可以依照有关法律、行政法规的规定提出申诉。从目前我国法律、行政法规的规定来看，我国行政机关工作人员不服行政处分决定申诉都是由行政机关（原行政机关、上级行政机关、行政监察机关）来解决的。如果将其纳入行政复议范围，会形成某些机关职权的交叉与重复，不利于解决这类问题。

（三）行政居间行为

《行政复议法》第十二条第四项规定行政机关对民事纠纷作出的调解不属于行政复议范围。就是说，不服行政机关对民事纠纷作出的调解或者其他处理，不可以申请复议，可以依法申请仲裁或者向人民法院提起诉讼。

因此，行政居间行为是指行政机关对民事纠纷作出的调解或者其他处理。具体言之，行政调解是指行政机关主持的，以国家法律为依据，以自愿为原则，通过说服教育的方法促进双方当事人友好协商、互谅互让、达成协议、消除纷争的行政司法活动。其他行政处理是指法律规定的由行政机关对当事人之间发生的、与行政管理活动密切相关的特定民事纠纷进行审查，并作出裁决的行为，包括权属纠纷的裁决和损害赔偿纠纷的裁决等。

从我国行政复议制度的总体发展情况来看，行政复议范围是不断扩大的。自新中国成立起到 20 世纪 80 年代末，多数法律、法规将行政复议范围局限于行政处罚行为。1990年 12 月国务院发布了《行政复议条例》，从当时的实际情况出发，参照《行政诉讼法》规定的行政诉讼受案范围，规定行政复议范围主要是法律、法规规定的涉及人身权和财产权的具体行政行为。随着实践的发展，这个范围已不完全适应需要，比如，有关发放资质证书、资格证书和进行审批、登记的违法和不当的具体行政行为，变更或废止农村承包合同的具体行政行为，不依法发放社会保险金或最低生活保障费的具体行政行为等，本来是适宜通过行政复议解决的，但因为没有纳入行政复议范围，有关公民、法人或其他组织不能要求行政复议机关审查处理。针对这种情况，1999 年第九届全国人民代表大会常务委员会第九次会议通过的《行政复议法》大大拓宽了行政复议范围，凡是可能侵犯公民、法人或其他组织自身合法权益，又可以通过行政复议解决的问题，不论是作为，还是不作为，只要行政相对人认为这些行为是违法的或者不当的，侵犯了自己的合法权益，都可以依法申请复议。

为了进一步完善行政争议解决机制，进一步增强行政复议制度的可操作性，修补复议制度在纠纷解决机制方面的不足，2007年5月29日国务院颁布了《行政复议法实施条例》（自2007年8月1日起施行），以充分发挥行政复议制度在构建和谐社会中的作用为取向，其体系与我国基本国情相结合，体现了落实国家基本行政救济制度和保护人民利益并重的精神[①]。行政复议法制在维护公众合法权益、化解各种行政争议、促进社会和谐稳定、加快法治政府建设等方面发挥了重要作用。同时，随着经济社会的加速发展，社会运转的复杂性、不确定性不断增强，一些新的行政争议现象开始涌现。为了回应现实的需求，2023年9月1日第十四届全国人民代表大会常务委员会第五次会议修订并通过新的《行政复议法》。

2014年11月1日，第十二届全国人民代表大会常务委员会第十一次会议通过了《关于修改〈中华人民共和国行政诉讼法〉的决定》。2017年6月27日，第十二届全国人民代表大会常务委员会第二十八次会议决定对《中华人民共和国行政诉讼法》作出修改。其中，扩大了行政诉讼的受案范围，如将"具体行政行为"修改为"行政行为"，在第十二条中增加了"对征收、征用决定及其补偿决定不服的""认为行政机关不依法履行、未按照约定履行或者违法变更、解除政府特许经营协议、土地房屋征收补偿协议等协议的"等条款内容。由此，在实践中尽管有些行政争议案件属于行政诉讼受案范围，但却不属于现行《行政复议法》规定的行政复议范围。有学者提出，行政复议作为行政机关内部监督制度，其受理范围理应宽于诉讼范围，应当在诉讼范围的基础上，进一步扩大行政复议范围。[②]令人欣慰的是，新修订的《行政复议法》在一定程度上扩大了受案范围，以最大限度地吸附行政争议。

四、行政复议决定

新修订的《行政复议法》将"行政复议决定"内容单独编为一章，即第五章。该章对行政复议审查方式，行政复议审查期限，行政复议决定程序，行政复议决定种类、形式、送达和执行，以及证据制度等方面都作出了较规范、全面的规定。如对于行政复议机关的审理期限，《行政复议法》第六十二条规定："适用普通程序审理的行政复议案件，行政复议机关应当自受理申请之日起六十日内作出行政复议决定；但是法律规定的行政复议期限少于六十日的除外。情况复杂，不能在规定期限内作出行政复议决定的，经行政复议机构的负责人批准，可以适当延长，并书面告知当事人；但是延长期限最多不得超过三十日。"该规定表明立法的本意要求审理期限尽量缩短，以体现行政复议"便捷"的特点，不能把时间拖得过长，否则不利于及时保护申请人权益。对于决定种类，《行政复议法》则规定得更加全面、规范，将变更决定、撤销决定和确认违法决定的适用规则进行明确细化，并将变更决定放在首位。其中的确认违法决定可以灵活地应对案件具体情况，对于一些不必变更、撤销的违法行为只要确认其违法，就可以充分保护申请人合法权益。对于补正决定，原本适用的是行政复议程序上存在瑕疵但不影响案件公正的情况，但实践证明，影响案件公正与否的尺度很难把握，不利于保护申请人及对行政

① 王雅丽.《行政复议法实施条例》的制度创新[J]. 河南教育学院学报（哲学社会科学版），2007，（5）：120-121.
② 许安标. 行政复议法实施二十周年回顾与展望[J]. 中国法律评论，2019，（5）：23-28.

机关的监督，而且法律对于程序方面的规定越来越完善，违反法定程序就应认定为违法，规定补正决定已失去意义，应当取消①。事实上，新修订的《行政复议法》中已经没有补正决定的相关规定了。

对于行政复议决定的执行，《行政复议法》规定了申请人逾期不起诉又不履行行政复议决定的，或者不履行最终裁决的行政复议决定的处理办法②；《行政复议法》在此基础上还有对被申请人执行行政复议决定义务的规定③。并强化了对不履行或者无正当理由拖延履行行政复议决定的，直接负责的主管人员和其他直接责任人员应承担相应的法律责任。总之，《行政复议法》增强了对行政机关的监督，既有利于防止和纠正行政机构不履行复议决定的行为，也有利于保障申请人的合法权益。

第三节　行政复议法律关系主体

作为一种法律救济途径，行政复议制度体现了司法审查的一般特质。正如行政诉讼法律关系一样，行政复议法律关系主体通过参与行政复议法律活动，实现行政复议法律制度的目标④。其中，行政复议法律关系主体包括行政复议机关与主管机构、行政复议参加人及其代理人等。

一、行政复议机关与主管机构

（一）行政复议机关的内涵与类型

行政复议机关是指享有和行使行政复议权的行政主体。《行政复议法》第四条第一款规定，县级以上各级人民政府以及其他依照本法履行行政复议职责的行政机关是行政复议机关。换言之，行政复议机关是依法有权受理行政复议的申请，并依法对被申请的行政行为进行合法性、适当性审查并作出裁决的行政机关。

其具体内涵包括以下几点。

首先，行政复议机关是法定的行政机关组织。行政复议机关只能是履行行政复议职能的行政机关，法律法规授权的组织不能成为行政复议机关。

其次，行政复议机关是具有行政复议职权的行政机关。不是所有的行政机关都具有行政复议权，只有法律赋予行政复议职能的行政机关才能称为行政复议机关。此外，乡、镇人民政府等行政机关也不具有行政复议权。

---

① 马萍. 从立法角度论我国行政复议制度的发展与完善[D]. 郑州：郑州大学，2003.

② 《行政复议法》第七十八条规定："申请人、第三人逾期不起诉又不履行行政复议决定书、调解书的，或者不履行最终裁决的行政复议决定的，按照下列规定分别处理：（一）维持行政行为的行政复议决定书，由作出行政行为的行政机关依法强制执行，或者申请人民法院强制执行；（二）变更行政行为的行政复议决定书，由行政复议机关依法强制执行，或者申请人民法院强制执行；（三）行政复议调解书，由行政复议机关依法强制执行，或者申请人民法院强制执行。"

③ 《行政复议法》第七十七条规定："被申请人应当履行行政复议决定书、调解书、意见书。被申请人不履行或者无正当理由拖延履行行政复议决定书、调解书、意见书的，行政复议机关或者有关上级行政机关应当责令其限期履行，并可以约谈被申请人的有关负责人或者予以通报批评。"

④ 张胜利. 试论行政复议法律关系主体基本结构：基于三角形理论分析[J]. 陕西行政学院学报，2012，26（4）：98-101.

最后，行政复议机关是独立行使职权的行政主体。行政复议机关能以自己的名义行使行政复议权，并能对其行为后果独立承担法律责任。

根据我国现行法律法规的规定，行政复议机关的结构主要有两种类型。

行政复议复合主体指作出行政行为的行政主体和审查该行政行为的行政主体是同一法律主体。如根据《行政复议法》第二十四条第二款、第二十五条第一项的规定，对省、自治区、直辖市人民政府作出的行政行为和国务院所属部门作出的行政行为引起的行政复议，省、自治区、直辖市人民政府和国务院所属部门是行政复议机关。

由作出被申请行政行为的行政主体作为行政复议机关，此种规定可能违背"自己不得裁决自己案件"的公正原则，容易引起行政复议申请人对行政复议公正性的质疑。

行政复议分离主体指行政复议机关是作出被申请的行政行为的行政主体的上一级行政机关。任何人不能充任自己为当事人的案件的"法官"，这是公认的自然公正原则的基本要求。如《行政复议法》第二十四条第一款规定："县级以上地方各级人民政府管辖下列行政复议案件：（一）对本级人民政府工作部门作出的行政行为不服的；（二）对下一级人民政府作出的行政行为不服的；（三）对本级人民政府依法设立的派出机关作出的行政行为不服的；（四）对本级人民政府或者其工作部门管理的法律、法规、规章授权的组织作出的行政行为不服的。"因此，在制度设计上把行政复议机关与行政复议机构分离，体现了自然公正原则，这也是我国行政复议主体的基本模式。

诚然，由作出被申请行政行为的行政主体的上一级行政机关作行政复议机关，会给行政复议的申请人增加不便，但可以尽可能地确保行政复议的公正性，可以利用上一级行政机关的领导权、监督权提高行政复议的权威性。

（二）行政复议机构的概念与职责

行政复议机构是在享有行政复议权的行政机关内部设立的，一种专门负责行政复议案件受理、审查和裁决工作的办事机构。就其性质而言，行政复议机构不是行政主体，不能以自己的名义对外行使职权，且上下级行政复议机关的行政复议机构间没有领导和监督的关系，它们各自对所属的行政复议机关负责。

《行政复议法》第四条第二款规定："行政复议机关办理行政复议事项的机构是行政复议机构。行政复议机构同时组织办理行政复议机关的行政应诉事项。"一般来说，行政复议机构主要履行下列职责。

（1）受理行政复议申请。

（2）向有关组织和人员调查取证，查阅文件和资料。

（3）审查申请行政复议的具体行政行为是否合法与适当，拟订行政复议决定。

（4）处理或者转送对本法第十三条所列有关规定的审查申请。

（5）对行政机关违反本法规定的行为依照规定的权限和程序提出处理建议。

（6）办理因不服行政复议决定提起行政诉讼的应诉事项。

（7）法律、法规规定的其他职责。

（三）共同被告制度

2014 年我国《行政诉讼法》修改有一个重要内容，即行政复议机关作共同被告制度[①]。该制度目前取得了一定的成效，行政复议纠错率和调解和解率都有所上升；但从成本收益分析的角度来看，该制度可能会导致大量行政资源空耗、成本过高等问题[②]，甚至可能对我国行政复议制度的发展带来危害，进一步加剧行政复议的公信力危机。2023 年新修订的《行政复议法》对程序标的和复议决定效力的改变否定了共同被告制度。从我国行政诉讼被告的确定路径上而言，原行政行为机关必然是不可或缺的被告，但行政复议机关并非必须是被告，并且从行政复议的性质上而言，作为裁判者的行政复议机关也不应当是被告。行政复议机关在不作共同被告后，可以有效降低行政复议机关的成本，从而可以有更多的精力投入行政复议工作，提高行政复议机关的工作实效，而不是在复议工作与应诉工作之间疲于奔命。此外，行政复议机关不作行政诉讼的被告，更有利于提升行政复议机关的公信力。如果行政复议机关与复议被申请人作共同被告，则容易强化"行政复议机关与行政复议被申请人是一家"的印象，从而有损行政复议的公信力。行政复议机关不作共同被告，则可以起到提升行政复议机关公信力的作用，从而更有利于行政纠纷的实质性化解[③]，以便将行政复议打造为化解行政争议的主渠道。

二、行政复议管辖

管辖通常是指机关内部审理案件的分工。行政复议管辖是指不同行政复议机关之间受理行政复议案件的法定权限及其具体分工，即公民、法人或其他组织提起行政复议申请之后，行政复议机关依据法律规定的行政复议职责确定行使行政复议权主体的行为。它解决的是每一个具体行政争议应该由哪一个行政机关进行复议的问题。一般来说，复议机关是指作出行政行为的上级业务主管部门或者同级政府[④]。

从新修订前的《行政复议法》的相关规定中可以看出，我国行政复议的管辖体制主要为"条块管辖"，严重制约了行政复议制度的发展。总体来看，旧的管辖体制主要存在以下问题。

第一，复议资源过于分散，影响行政复议作用的发挥。现行管辖体制下，复议机关众多且分散，复议资源配置严重不合理。在这种情况下，有些机构无案可办，有些机构却无人办案，严重影响办案质量，难以有效化解争议。

第二，案件审理标准不统一，导致"同案不同判"。受管辖权分散的影响，对同一案件，往往有两个机关有权管辖。不同机关对法律适用、事实认定、程序选择等做法不同，易导致"同案不同判"。

---

① 2014 年修改前我国《行政诉讼法》第二十五条第二款中的相关规定是："经复议的案件，复议机关决定维持原具体行政行为的，作出原具体行政行为的行政机关是被告；复议机关改变原具体行政行为的，复议机关是被告。" 2014 年修改后的我国《行政诉讼法》第二十六条第二款中的相关规定是："经复议的案件，复议机关决定维持原行政行为的，作出原行政行为的行政机关和复议机关是共同被告。"

② 王青斌. 反思行政复议机关作共同被告制度[J]. 政治与法律, 2019,（7）: 122-135.

③ 杨欣雅. 论行政复议共同被告制度的困境与未来[J]. 行政法学研究, 2021,（4）: 134-146.

④ 应松年. 对《行政复议法》修改的意见[J]. 行政法学研究, 2019,（2）: 3-10.

第三，"多头共管"，不便于群众找准复议机关。依据现行管辖体制，复议机关林立，"多头共管"现象普遍，可能找不准、找不到复议机关。

第四，部门利益影响行政复议的公正性。实践中，涉及政府部门的案件多由上级部门管辖，但部门利益会影响甚至破坏复议的公正性。下级部门做出行政行为有时事先请示上级部门，或经过上级部门批准，上下级部门之间在政绩考核等方面的关联性等，容易导致上级部门偏袒下级部门，作出不公正的复议决定。相对集中复议管辖能够统一办案标准、实现"同案同判"；增强复议公正性，发挥行政复议化解行政争议的主渠道作用①。

针对以上"条块管辖"导致的问题，新修订的《行政复议法》修改了之前"条块结合"的管辖体制，确立了相对集中的管辖体制，这些主要体现在第二章第四节的法条中。换言之，行政复议管辖包括以下几种情况。

（一）县级以上地方人民政府管辖

《行政复议法》第二十四条规定，县级以上地方各级人民政府管辖下列行政复议案件：①对本级人民政府工作部门作出的行政行为不服的；②对下一级人民政府作出的行政行为不服的；③对本级人民政府依法设立的派出机关作出的行政行为不服的；④对本级人民政府或者其工作部门管理的法律、法规、规章授权的组织作出的行政行为不服的。

除前款规定外，省、自治区、直辖市人民政府同时管辖对本机关作出的行政行为不服的行政复议案件。

省、自治区人民政府依法设立的派出机关参照设区的市级人民政府的职责权限，管辖相关行政复议案件。

对县级以上地方各级人民政府工作部门依法设立的派出机构依照法律、法规、规章规定，以派出机构的名义作出的行政行为不服的行政复议案件，由本级人民政府管辖；其中，对直辖市、设区的市人民政府工作部门按照行政区划设立的派出机构作出的行政行为不服的，也可以由其所在地的人民政府管辖。

（二）国务院部门管辖

《行政复议法》第二十五条规定，国务院部门管辖下列行政复议案件：①对本部门作出的行政行为不服的；②对本部门依法设立的派出机构依照法律、行政法规、部门规章规定，以派出机构的名义作出的行政行为不服的；③对本部门管理的法律、行政法规、部门规章授权的组织作出的行政行为不服的。

（三）择一管辖

《行政复议法》第二十六条规定，对省、自治区、直辖市人民政府依照本法第二十四条第二款的规定、国务院部门依照本法第二十五条第一项的规定作出的行政复议决定不

① 马怀德. 论我国行政复议管辖体制的完善：《行政复议法（征求意见稿）》第30-34条评介[J]. 法学，2021，（5）：18-33.

服的，可以向人民法院提起行政诉讼；也可以向国务院申请裁决，国务院依照本法的规定作出最终裁决。

（四）垂直领导机关管辖

《行政复议法》第二十七条规定，对海关、金融、外汇管理等实行垂直领导的行政机关、税务和国家安全机关的行政行为不服的，向上一级主管部门申请行政复议。

（五）双重管辖

《行政复议法》第二十八条规定，对履行行政复议机构职责的地方人民政府司法行政部门的行政行为不服的，可以向本级人民政府申请行政复议，也可以向上一级司法行政部门申请行政复议。

另外，《行政复议法》第二十九条规定，公民、法人或者其他组织申请行政复议，行政复议机关已经依法受理的，在行政复议期间不得向人民法院提起行政诉讼。公民、法人或者其他组织向人民法院提起行政诉讼，人民法院已经依法受理的，不得申请行政复议。

三、行政复议参加人

行政复议参加人是指行政复议申请人、被申请人，以及与行政复议当事人地位相类似的人。根据《行政复议法》第二章第二节的相关规定，行政复议参加人通常包括行政复议申请人、被申请人，在某些情况下还包括行政复议中的第三人及代理人。

（一）行政复议申请人

1. 行政复议申请人的概念与特征

《行政复议法》第十四条第一款规定，依照本法申请行政复议的公民、法人或者其他组织是申请人。因此，行政复议申请人是指认为行政机关的行政行为侵犯其合法权益，依法以自己的名义向行政复议机关提出行政复议申请，要求对该行政行为复查并依法作出裁决的公民、法人或者其他组织。作为行政复议申请人，具有以下特征。

（1）行政复议申请人是以自己的名义进行行政复议活动的当事人。在行政复议过程中，不是以自己名义而是受他人之托、以他人名义参加行政复议的人，因为其所表达的意志不属于自己的意志，所代表的利益也不属于自己的利益，因此不能作为行政复议申请人。

（2）行政复议申请人与被申请行政复议的行政行为有利害关系，即在法律上存在利益牵连。与行政行为没有利害关系的人，未经有利害关系者授权，即便他对该行政行为有不同意见，也不能作为行政复议申请人。

（3）行政复议申请人是行政管理相对人。行政机关的工作人员认为有关行政行为有错误的，可以通过内部监督程序提请有权机关予以纠正，但是不作为行政复议案件处理，除非利害关系人依法提出行政复议申请。

（4）行政复议申请人是依法向行政复议机关递交了行政复议申请或口头申请行政复议的行政相对人。如果行政相对人只有不服有关行政行为的内心意愿，但并未依法向行政复议机关提出行政复议申请，则不能实际取得行政复议申请人的地位。

2. 行政复议申请人的范围

1）公民

本处所讲的公民，是指具有中华人民共和国国籍的自然人。公民如果不服与其存在利害关系的行政行为，可以申请行政复议，从而成为行政复议申请人。如果有权申请行政复议的公民在申请行政复议期限内死亡，其近亲属继受其行政复议申请人的地位，以自己的名义（而不必以死者的名义）直接申请行政复议①。根据有关法律的规定，可以取代死亡的行政复议申请人申请行政复议的近亲属包括：配偶、父母、子女、兄弟姐妹、祖父母、外祖父母、孙子女、外孙子女和其他与死者具有抚养、赡养关系的亲属。

此外，外国人、无国籍人在我国境内，对我国有关行政机关作出的行政行为不服，认为侵犯其合法权益的，也可以作为行政复议申请人在我国申请行政复议。但是，如果该外国人所在国的法律对我国公民在其国内申请行政复议的权利进行限制，我国对该外国人也应当给予同等的限制。

2）法人

法人是指具有民事权利能力和民事行为能力，依法独立享有民事权利和承担民事义务的组织。在我国，法人包括企业法人、机关事业单位法人和社会团体法人。它们作为组织，是与公民相互区别的具有自己独立利益的一类法律主体。在它们认为合法权益受到具体行政行为的侵害时，与公民一样有权申请行政复议。这里需要注意的是，国家行政机关作为机关法人，具有双重的身份。一方面，它们是行使某行政管理职权的行政主体，可能成为违法的或者不当的具体行政行为的实施者；另一方面，它们又是具有法人地位的民事主体，相对于其他行政机关而言，在日常生活中又经常处于被管理对象的位置，并可能受到其他行政机关违法的或者不当的具体行政行为的侵害。因此，在它们居于被管理对象的地位时，它们也可以成为行政复议申请人，并以行政管理相对人的身份向行政复议机关申请行政复议。

3）其他组织

其他组织是指不具备法人资格的所有组织。实践中法人以外的其他组织很多，如根据《中华人民共和国合伙企业法》成立的合伙企业、根据《中华人民共和国企业法人登记管理条例》成立的法人分支机构、未办理法人登记的集体所有制企业等。这类组织虽然没有法人资格，但与法人同样具有自己相对独立的利益，是社会主义市场经济条件下一类特殊的民事主体，也可以作为行政复议申请人。对于法人或者其他组织来讲，如果它们受到违法的或者不当的具体行政行为的侵害，未及申请行政复议主体即告终止的，承受其权利、义务的法人或者其他组织可以作为行政复议申请人提出行政复议申请。在我国境内的外国法人或者其他组织，也可以依法申请行政复议。

3. 行政复议申请人资格的转移

1）公民死亡的资格转移

《行政复议法》第十四条第二款规定，有权申请行政复议的公民死亡的，其近亲属可

_____

① 具体参照《行政复议法》第十四条。

以申请行政复议。其中，近亲属包括配偶、父母、子女、兄弟姐妹、祖父母、外祖父母、孙子女、外孙子女和其他与死者具有抚养、赡养关系的亲属。

2）行为能力受限的资格转移

《行政复议法》第十四条第三款规定，有权申请行政复议的公民为无民事行为能力人或者限制民事行为能力人的，其法定代理人可以代为申请行政复议。

3）组织终止的资格转移

《行政复议法》第十四条第二款规定，有权申请行政复议的法人或者其他组织终止的，其权利义务承受人可以申请行政复议。

（二）行政复议的被申请人

1. 行政复议被申请人的概念

《行政复议法》第十九条第一款规定，公民、法人或者其他组织对行政行为不服申请行政复议的，作出行政行为的行政机关或者法律、法规、规章授权的组织是被申请人。因此，行政复议被申请人是指其行政行为被行政复议申请人指控违法侵犯其合法权益，并由行政复议机关通知其参加行政复议的行政主体。其基本内涵主要有以下几点。

第一，行政复议被申请人是行政主体，包括行政机关或者法律、法规、规章授权的组织。

第二，行政复议被申请人是实施行政行为的行政主体。

第三，行政复议被申请人是行政相对人的行政复议申请所指向的，作出行政行为的行政机关或者法律、法规、规章授权的组织。

2. 行政复议被申请人的资格认定

（1）一般行政行为的被申请人资格认定。申请人对行政机关作出的行政行为不服，直接申请复议的，该行政机关是被申请人。

（2）共同行政行为的被申请人资格认定。两个以上行政机关以共同的名义作出同一行政行为的，共同作出行政行为的行政机关是被申请人。如市场监督管理局和烟草专卖局共同查处违法行为，如由此引起行政复议，则市场监督管理局和烟草专卖局作为共同行为主体，都是行政复议的被申请人。

（3）授权行政行为的被申请人资格认定。对于法律、法规、规章授权的组织作出的行政行为不服申请行政复议的，应当以该被授权的组织为行政复议被申请人。

（4）委托行政行为的被申请人资格认定。行政机关委托的组织作出行政行为的，委托的行政机关是被申请人。

（5）撤销主体行政行为的被申请人资格认定。作出行政行为的行政机关被撤销或者职权变更的，继续行使其职权的行政机关是被申请人。具体还可包括以下几种情形：一是行政机关被撤销后，其职权与其他行政机关的职权合并，在此基础上形成了一个新的行政机关，此时应当以该新的行政机关为行政复议被申请人；二是行政机关被撤销后，其职权被另一个行政机关接管，此时应当以接管其职权的行政机关为行政复议被申请人；三是如果行政机关被撤销后，没有确定接管其职权的行政机关或者原职权不再存在的，此时应当以撤销该行政机关的行政机关作为行政复议被申请人。

　　总之，行政复议人员不同于一般的政府公务员，在审理行政复议案件时具有"准法官"的性质，在接待申请人时承担信访员的任务，在行政应诉中履行政府律师的职责①。因此，新修订的《行政复议法》特别强调了行政复议人员队伍建设的重要性与具体要求，如《行政复议法》第六条规定："国家建立专业化、职业化行政复议人员队伍。行政复议机构中初次从事行政复议工作的人员，应当通过国家统一法律职业资格考试取得法律职业资格，并参加统一职前培训。国务院行政复议机构应当会同有关部门制定行政复议人员工作规范，加强对行政复议人员的业务考核和管理。"简而言之，当前我国必须建立统一的行政复议人员资格制度，确定行政复议人员职业化的发展定位。

（三）行政复议第三人

　　《行政复议法》第十六条规定："申请人以外的同被申请行政复议的行政行为或者行政复议案件处理结果有利害关系的公民、法人或者其他组织，可以作为第三人申请参加行政复议，或者由行政复议机构通知其作为第三人参加行政复议。第三人不参加行政复议，不影响行政复议案件的审理。"因此，行政复议第三人具有以下特征。

　　第一，在法律关系上，行政复议第三人是同被申请行政复议的行政行为或者行政复议案件处理结果有利害关系的公民、法人或者其他组织。当复议程序之中的行政行为可能影响到该公民、法人或者其他组织的合法权益时，其有必要参加行政复议活动。

　　第二，在复议阶段上，行政复议第三人是在行政复议过程中加入该行政复议活动的。如果行政复议活动没有启动、复议申请未被受理或者行政复议活动已经结束，则行政复议第三人没有存在的必要与可能了。当然，如果可能成为第三人的公民、法人或者其他组织，以自己的名义适时提出行政复议申请，则其是行政复议申请人。

　　第三，在加入方式上，行政复议第三人可以由行政复议机关通知其参加行政复议，也可以自己提出申请，要求作为第三人参加行政复议。

　　第四，在法律地位上，行政复议第三人是为了维护自己的合法权益，加入正在进行中的行政复议活动。其法律地位具有相对独立性，可以提出独立的权利主张。如果行政复议第三人以维护其他当事人的法律权益为目的而参加复议活动，其法律地位或者身份则是证人或者代理人，没有独立权利主张的当事人不具备第三人资格要件。

　　行政复议第三人参加行政复议，是正确开展行政复议的需要，也是保护各方当事人合法权益的需要，对促进行政复议活动的正常进行具有重要作用。首先，行政复议第三人的参与，有利于行政复议机关及时查清案件的全部事实真相，有利于准确地把握和分析有关法律问题，正确地作出行政复议决定。其次，避免对于同一问题产生新的行政复议，妥善处理好各方面的利益关系。由于行政复议第三人参与到了正在进行的行政复议活动中，行政复议决定的作出是建立在广泛听取包括行政复议第三人在内的各方当事人的意见基础上的，这也有利于避免行政复议第三人提起新的行政复议，减少人力、物力的浪费，促进社会稳定。

（四）行政复议的代理人

《行政复议法》第十七条第一款规定，申请人、第三人可以委托一至二名律师、基层法律服务工作者或者其他代理人代为参加行政复议。因此，行政复议代理人，是指接受行政复议申请人、第三人的委托，并在其代理权限内进行行政复议活动的人。作为行政复议代理人，具有以下特征。

第一，行政复议代理人只能以被代理人的名义参加到行政复议当中，而不能直接以自己的名义进行行政复议活动。

第二，行政复议代理人只能在代理权限范围内进行活动，其在代理权限范围内进行活动的法律后果，包括对被代理人有利的以及不利的法律后果，都由被代理人承担；如果代理活动超出了代理权限范围，超出代理范围的部分，应当由代理人自己承担相应的法律责任。

行政复议代理人包括以下两种。

（1）法定代理人。行政复议的法定代理人，是指根据法律的规定，代替无民事行为能力人或者限制民事行为能力人进行行政复议活动的人。法定代理人一般都是对被代理人负有监护责任的人，即监护人。根据《中华人民共和国民法典》（简称《民法典》）有关规定，对未成年人、精神病人需要设立监护人。具体来说，不满18周岁的未成年人，父母是未成年子女的监护人。未成年人的父母已经死亡或者没有监护能力的，由下列有监护能力的人按顺序担任监护人，即祖父母、外祖父母，兄、姐，以及经过经未成年人住所地的居民委员会、村民委员会或者民政部门同意的其他愿意担任监护人的个人或者组织①；不能辨认、控制或者不能完全辨认、控制自己行为的无民事行为能力或者限制民事行为能力的成年人，其监护人可以是配偶，父母、子女，其他近亲属，以及经过被监护人住所地的居民委员会、村民委员会或者民政部门同意的其他愿意担任监护人的个人或者组织②。

从法律地位上讲，行政复议的法定代理人享有被代理人的全部权利和义务，但其不得作出损害被代理人利益的行为，更不能利用代理权为自己的个人利益谋取私利。由于法定代理人只适用于被代理人属于无民事行为能力人或者限制民事行为能力人的情况，只有行政复议申请人或者行政复议第三人是自然人时，才可能会有行政复议的法定代理人出现。

（2）委托代理人。行政复议的委托代理人是指受行政复议申请人、第三人的委托，并在其代理权限内代为参加行政复议活动的人。由于行政复议是一种比较严谨的法律活动，参加行政复议需要履行一系列法律手续，如行政复议申请人申请行政复议，要向行政复议机关递交行政复议申请书，申请书必须写明相应的内容等。因此，参加行政复议活动要耗费有关人员相当的时间和精力，而且要具备一定的文化水平和法律知识。在这种情况下，为了更好地行使自己的行政复议权利，更充分地维护自己的合法权益，有些行政复议申请人和第三人需要求助于具有专门知识或者相应能力的人，作为自己的委托代理人进行行政复议。

① 具体参照《民法典》第二十七条。
② 具体参照《民法典》第二十八条。

四、行政复议委员会制度

在行政救济途径不畅通，社会矛盾化解机制低效，行政纠纷解决乏力的背景下，为解决长期以来行政复议运行效果不佳的问题，实践中比较早地推行了行政复议委员会制度。自试点以来，该机制已取得了一些成绩，积累了一些经验。然而，一些学者认为，在制度试点中也暴露了一些问题，如法律依据不足、全部集中模式与部分集中模式与现行复议机构设置相冲突、剥夺复议申请人的选择管辖权利、运行程序不规范、与行政诉讼的衔接不顺畅等，并从功能定位、运行机制、审理决定的作用等几个方面进行改革①。因此，新修订的《行政复议法》充分汲取了地方试点中的宝贵经验与学界研究成果，以实质性解决行政纠纷为宗旨，构建起兼具实践性和有效性的行政复议委员会制度，以便提高行政复议公信力，充分发挥行政复议解决行政纠纷、实现权利救济的重要功能。

《行政复议法》第五十二条规定，县级以上各级人民政府应当建立相关政府部门、专家、学者等参与的行政复议委员会，为办理行政复议案件提供咨询意见，并就行政复议工作中的重大事项和共性问题研究提出意见。行政复议委员会的组成和开展工作的具体办法，由国务院行政复议机构制定。审理行政复议案件涉及下列情形之一的，行政复议机构应当提请行政复议委员会提出咨询意见：①案情重大、疑难、复杂；②专业性、技术性较强；③本法第二十四条第二款规定的行政复议案件；④行政复议机构认为有必要。行政复议机构应当记录行政复议委员会的咨询意见。

第四节　行政复议的程序

行政复议程序属于行政程序之一，通常是指行政复议申请人向行政复议机关申请行政复议，行政复议机关作出复议决定过程中所遵循的法定形式、顺序、时限与步骤等。只有行政复议程序正常、有序、高效运转，才能实现行政复议的功能定位，发挥化解行政争议的主渠道作用②。否则，行政复议程序空转，不仅不能化解原行政争议，还会在原争议的基础上增加新的行政争议③。根据《行政复议法》的相关规定，行政复议程序大体上依次经过申请、受理、审理、决定、送达与执行等五个阶段，本节将以行政复议的流程为主线，介绍行政复议过程的一般要求与规定。

一、行政复议申请

行政复议申请是指行政相对人不服行政主体的具体行政行为，向复议机关提出要求撤销或变更该具体行政行为的请求。因此，行政复议是一种依申请的行政行为，如果没有行政相对人的申请，就不能启动行政复议机关受理、审理的程序。简言之，作为行政复议程序的一部分，复议申请是行政复议的出发点或启动机制。

① 黄学贤. 行政复议委员会机制新论[J]. 苏州大学学报（法学版），2021，8（2）：1-8.

② 王万华. "化解行政争议的主渠道"定位与行政复议制度完善[J]. 法商研究，2021，38（5）：19-32.

③ 王万华. 行政复议法的修改与完善：以"实质性解决行政争议"为视角[J]. 法学研究，2019，41（5）：99-117.

（一）申请复议的具体条件

1. 申请人适格

一般情况下，申请人必须是认为具体行政行为侵犯其合法权益的公民、法人或者其他组织。当然，在特殊情况下申请人资格可以发生转移，具体参见第三节"行政复议法律关系主体"部分。

2. 有明确的被申请人

公民、法人或者其他组织申请行政复议必须指明被申请人，即作出具体行政行为侵犯其合法权益的行政主体。没有明确的被申请人，复议机关可以拒绝受理。如果复议机关受理后认为被申请人不合格，则可依法予以更换。

3. 有具体的复议请求和事实根据

具体的复议请求是申请人申请复议所要达到的目的，具体是指申请人申请复议的主张和要求复议机关审理和决定的具体内容，主要有四种情况：其一，请求撤销违法的具体行政行为决定；其二，请求变更不适当的具体行政行为决定；其三，请求责成被申请人限期履行法定职责；其四，请求确认具体行政行为违法或责令被申请人赔偿损失。诚然，任何一种复议请求，必须以一定的事实根据为基础，否则不能得到法律支持。这里的"事实根据"，既包括能够证明行政机关已作出某种具体行政行为的材料，如行政处罚决定书、行政处理决定书、罚没款收据等，也包括申请人认为能够证明行政机关已作出的具体行政行为侵犯其合法权益，能够支持其诉讼请求的书面材料和其他材料。

4. 属于受理复议机关管辖

复议管辖范围是相关法律法规规定的，申请人必须向有法定管辖权的复议机关提出复议申请。同时，行政复议机关对不属于自己管辖的复议案件，应当及时告知申请人向有管辖权的复议机关提起申请。

5. 法律法规规定的其他条件

例如，在法定的期限内提出申请，不属于人民法院已经受理的行政案件。

（二）行政复议申请期限

根据《行政复议法》的相关条款和其他法律的规定，行政复议申请期限是指复议申请人提出复议申请的法定有效期限。我国申请行政复议的期限，可以分为一般期限和特殊期限两种。

1. 申请复议的一般期限

一般期限是指由《行政复议法》统一规定的期限，通常为六十日，并从申请人知道具体行政行为之日起计算，即《行政复议法》第二十条规定，公民、法人或者其他组织认为行政行为侵犯其合法权益的，可以自知道或者应当知道该行政行为之日起六十日内提出行政复议申请；但是法律规定的申请期限超过六十日的除外。因不可抗力或者其他正当理由耽误法定申请期限的，申请期限自障碍消除之日起继续计算。需要明确的是，原《行政复议条例》规定申请期限为十五日，考虑到期限太短不利于保护公民、法人和其他组织的复议申请权，同时与《行政诉讼法》规定的三个月起诉期限也相差太多，故

《行政复议法》延长了申请期限。同时，废除了其他法律法规关于复议期限短于六十日的规定，仅规定其他法律规定的申请期限超过六十日的仍然适用该规定，这实际上大大延长了行政复议的申请期限。

2. 申请复议的特殊期限

特殊期限是指法律规定超过六十日申请复议的期限。如《专利法》第四十一条规定，专利申请人对国务院专利行政部门驳回申请的决定不服的，可以自收到通知之日起三个月内，向专利复审委员会请求复审。《行政复议法》第二十条第一款关于法律规定的申请期限超过六十日的除外的规定，有利于申请人行使复议申请权。申请复议期限以六十天为基本期限，超过者则从其规定。同时，《行政复议法实施条例》第十五条规定，行政机关作出具体行政行为时未告知公民、法人或者其他组织，事后补充告知的，自该公民、法人或者其他组织收到行政机关补充告知的通知之日起计算。这些都体现了法律保护公民、法人或其他组织复议申请权，利民便民。

（三）行政复议申请方式

《行政复议法》第二十二条第一款规定，申请人申请行政复议，可以书面申请；书面申请有困难的，也可以口头申请。口头申请的，行政复议机关应当当场记录申请人的基本情况、行政复议请求、申请行政复议的主要事实、理由和时间，并交申请人核对或者向申请人宣读，由申请人签字确认。《行政复议法实施条例》第十九条规定，申请人书面申请行政复议的，应当在行政复议申请书中载明下列事项。

（1）申请人的基本情况，包括：公民的姓名、性别、年龄、身份证号码、工作单位、住所、邮政编码；法人或者其他组织的名称、住所、邮政编码和法定代表人或者主要负责人的姓名、职务。

（2）被申请人的名称。

（3）行政复议请求、申请行政复议的主要事实和理由。

（4）申请人的签名或者盖章。

（5）申请行政复议的日期。

另外，复议申请书需要有正本和副本，正本递交给复议机关，并按被申请人人数提出副本，由复议机关送达被申请人。复议机关发现复议申请书中应记明的事项有欠缺的，应通知申请人补正。

关于行政复议申请的管辖，是指行政复议机关受理复议申请的权限和分工，请参见本章第三节相关内容，本处不再赘述。

二、行政复议受理

行政复议受理是指行政复议机关基于审查公民、法人或者其他组织所提出的行政复议申请是否有正当理由而决定是否收案并依法处理的过程。该阶段的运作，直接关系到公民、法人和其他组织能否进入行政复议程序，并获得相关权利救济。

（一）对申请书的审查和处理

1. 期限与审查

《行政复议法》第三十条规定，行政复议机关收到行政复议申请后，应当在五日内进行审查。对符合下列规定的，行政复议机关应当予以受理：①有明确的申请人和符合本法规定的被申请人；②申请人与被申请行政复议的行政行为有利害关系；③有具体的行政复议请求和理由；④在法定申请期限内提出；⑤属于本法规定的行政复议范围；⑥属于本机关的管辖范围；⑦行政复议机关未受理过该申请人就同一行政行为提出的行政复议申请，并且人民法院未受理过该申请人就同一行政行为提起的行政诉讼。

对不符合前款规定的行政复议申请，行政复议机关应当在审查期限内决定不予受理并说明理由；不属于本机关管辖的，还应当在不予受理决定中告知申请人有管辖权的行政复议机关。

行政复议申请的审查期限届满，行政复议机关未作出不予受理决定的，审查期限届满之日起视为受理。

2. 审查材料的补正

《行政复议法》第三十一条规定，行政复议申请材料不齐全或者表述不清楚，无法判断行政复议申请是否符合本法第三十条第一款规定的，行政复议机关应当自收到申请之日起五日内书面通知申请人补正。补正通知应当一次性载明需要补正的事项。

申请人应当自收到补正通知之日起十日内提交补正材料。有正当理由不能按期补正的，行政复议机关可以延长合理的补正期限。无正当理由逾期不补正的，视为申请人放弃行政复议申请，并记录在案。

行政复议机关收到补正材料后，依照本法第三十条的规定处理。

3. 对申请书的处理

《行政复议法》第三十三条规定，行政复议机关受理行政复议申请后，发现该行政复议申请不符合本法第三十条第一款规定的，应当决定驳回申请并说明理由。

《行政复议法》第三十五条规定，公民、法人或者其他组织依法提出行政复议申请，行政复议机关无正当理由不予受理、驳回申请或者受理后超过行政复议期限不作答复的，申请人有权向上级行政机关反映，上级行政机关应当责令其纠正；必要时，上级行政复议机关可以直接受理。

4. 对行政复议受理的监督

《行政复议法》第三十五条规定，公民、法人或者其他组织依法提出行政复议申请，行政复议机关无正当理由不予受理、驳回申请或者受理后超过行政复议期限不作答复的，申请人有权向上级行政机关反映，上级行政机关应当责令其纠正；必要时，上级行政复议机关可以直接受理。

（二）受理的法律效果

受理是复议机关的一种法律行为，只有复议机关决定受理申请人的申请后，标志着复议申请的成立与复议程序正式开始，从而带来以下的法律效果。

（1）申请人、被申请人与行政复议机关都成为该行政复议法律关系的主体。提出复议请求人取得了复议申请人的资格，享有申请人的权利，承担申请人的义务。被申请的行政机关也明确了其被申请人的地位，享有被申请人的权利，承担被申请人的义务。行政复议机关作为行政争议的裁判者，对所受理的复议案件，有进行审理的权利和义务。

（2）复议机关、申请人和被申请人都必须严格按照行政复议程序进行行政复议活动，否则就要承担相应的法律责任。

（3）行政复议法律关系非经法定程序，不得随意中止或终结。如果申请人要求撤回复议申请，需由行政复议机关决定是否准许。

（4）行政复议期间行政行为不停止执行，但《行政复议法》第四十二条规定，行政复议期间行政行为不停止执行；但是有下列情形之一的，应当停止执行：①被申请人认为需要停止执行；②行政复议机关认为需要停止执行；③申请人、第三人申请停止执行，行政复议机关认为其要求合理，决定停止执行；④法律、法规、规章规定停止执行的其他情形。

（5）对行政复议机关发生法律效力的决定，申请人与被申请人都必须执行。实践中，如果申请人对复议决定不服，可以在法定期限内向人民法院起诉。如果被申请人拒绝履行发生法律效力的复议决定，复议机关可以直接或者建议有关部门对其法定代表人给予行政处分。逾期不起诉又不履行复议决定的，原行政机关或复议机关可以申请人民法院强制执行，或者依法强制执行。

三、行政复议审理

（一）行政复议审理准备

《行政复议法》第四十八条规定，行政复议机构应当自行政复议申请受理之日起七日内，将行政复议申请书副本或者行政复议申请笔录复印件发送被申请人。被申请人应当自收到行政复议申请书副本或者行政复议申请笔录复印件之日起十日内，提出书面答复，并提交作出行政行为的证据、依据和其他有关材料。

因此，行政复议审查的准备一般包括以下几点。

（1）送达申请书。行政复议机构应当自行政复议申请受理之日起七日内，将行政复议申请书副本或者行政复议申请笔录复印件发送被申请人。

（2）提供证据和答辩。被申请人应当自收到行政复议申请书副本或者行政复议申请笔录复印件之日起十日内，提出书面答复，并提交当初作出行政行为的证据、依据和其他有关材料。

（3）查阅证据材料。申请人、第三人及其委托代理人可以按照规定查阅、复制被申请人提出的书面答复、作出行政行为的证据、依据和其他有关材料，除涉及国家秘密、商业秘密、个人隐私或者可能危及国家安全、公共安全、社会稳定的情形外，行政复议机构应当同意。

（二）行政复议审理方式与期限

《行政复议法》第四十九条规定，适用普通程序审理的行政复议案件，行政复议机构应当当面或者通过互联网、电话等方式听取当事人的意见，并将听取的意见记录在案。因当事人原因不能听取意见的，可以书面审理。因此，适用普通程序审理的行政复议案件，原则上要向有关组织和人员调查情况，听取申请人、被申请人和第三人的意见，或者采取听证方式，通过双方对争议事实、法律依据进行质证、辩论，最后由复议机关作出决定。这种审理方式适用于较为复杂、影响较大的行政复议案件。书面审理方式是指复议机关仅就双方所提供的书面材料进行审查后作出决定的一种审理方式。这种审理方式较为简便，具有较高的效率，符合行政效率的要求。

适用普通程序审理的行政复议案件，行政复议机关应当自受理申请之日起六十日内作出行政复议决定；但是法律规定的行政复议期限少于六十日的除外。情况复杂，不能在规定期限内作出行政复议决定的，经行政复议机构的负责人批准，可以适当延长，并书面告知当事人；但是延长期限最多不得超过三十日。①

（三）行政复议中的举证责任

《行政复议法》第四章第二节规定了行政复议证据，对行政复议中的举证责任作出一些规定。我们认为，可以在此基础上参照《行政诉讼法》中行政诉讼举证责任的相关规定进行总结②。因此，行政复议举证责任的基本制度包括以下内容。

（1）举证责任分配。在行政复议中，行政行为违法或者不当的主张是由行政复议申请人提出的，但是举证责任由否定该主张的被申请人承担，被申请人应当提供作出该行政行为的证据及所依据的规范性文件。

（2）举证范围。作出具体行政行为的被申请人，应当提交作出具体行政行为所依据的事实材料、规范性文件及其他有关材料等。

（3）举证限制。作出具体行政行为的被申请人，不按照法律规定提出书面答复、提交当初作出具体行政行为所依据的事实材料、规范性文件及其他有关材料等，视为该具体行政行为没有证据、依据，决定撤销该具体行政行为。具体包括以下限制。

第一，时间上的限制。根据《行政复议法》第四十八条、第五十四条、第七十条：一是被申请人应当自收到行政复议申请书副本或者行政复议申请笔录复印件之日起十日内，提出书面答复，并提交作出行政行为的证据、依据和其他有关材料；二是被申请人应当自收到行政复议申请书副本或者行政复议申请笔录复印件之日起五日内，提出书面答复，并提交作出行政行为的证据、依据和其他有关材料；三是被申请人不按照本法第四十八条、第五十四条的规定提出书面答复、提交作出行政行为的证据、依据和其他有关材料的，视为该行政行为没有证据、依据，行政复议机关决定撤销、部分撤销该行政行为，确认该行政行为违法、无效或者决定被申请人在一定期限内履行，但是行政行为涉及第三人合法权益，第三人提供证据的除外。

---

① 具体参照《行政复议法》第六十二条。
② 迟威娜. 行政诉讼中的举证责任[J]. 法制博览，2021，（25）：41-42.

第二，形式上的限制。被申请人应当提出书面答复，即根据《行政复议法》第四十八条，被申请人应当自收到行政复议申请书副本或者行政复议申请笔录复印件之日起十日内，提出书面答复。

第三，内容上的限制。根据《行政复议法》第四十八条，被申请人应当提交当初作出行政行为的证据、依据和其他有关材料。

第四，补证上的限制。《行政复议法》第四十六条规定，行政复议期间，被申请人不得自行向申请人和其他有关单位或者个人收集证据；自行收集的证据不作为认定行政行为合法性、适当性的依据。行政复议期间，申请人或者第三人提出被申请行政复议的行政行为作出时没有提出的理由或者证据的，经行政复议机构同意，被申请人可以补充证据。

因此，只有当被申请人作出行政行为时已经收集证据，但因不可抗力等正当理由而不能提供的，行政复议机关才能有权力要求被申请人补充证据；或者申请人或者第三人在复议过程中，提出了行政行为过程中没有提出的反驳理由或者证据的，得到行政复议机关许可的被申请人可以补充。

对于申请人的举证责任，主要体现在《行政复议法》第二十条中，该条规定了行政复议申请的要求，申请人只要讲清主要事实即可，无须承担初步证明责任。《行政复议法实施条例》第二十一条则补充规定了申请人的初步证明责任。

行政复议法律、法规确定了由申请人主张，被申请人举证的举证责任倒置原则。但是，行政复议的当事人有被申请人、申请人及有利害关系的第三人，举证责任的主体不应局限于被申请人，而应是行政复议的当事人。因此，举证责任在当事人中的合理分配应是：行政机关作为被申请人承担主要的举证责任，申请人及第三人在特定的事项及复议案件的推进过程中也需承担一定的举证责任，或者说是一种举证权利。

（四）行政复议中的和解与调解

和解、调解、仲裁、诉讼等方式是在我国被广为运用的社会纠纷或社会冲突解决途径。然而，和解、调解是否适用于行政复议过程，一直是学界、实践部门争论的焦点。2007 年国务院出台的《行政复议法实施条例》着眼于提高行政复议质量和结案效率，在立法上进行了制度创新，明确规定了行政复议和解、调解制度，使得运用和解、调解方法成为一条解决行政争议的重要渠道，这对于化解行政争议、保障公民合法权益、实现社会公正、推进依法行政有着十分重要的意义。

1. 行政复议中的和解

《行政复议法实施条例》第四十条规定，公民、法人或者其他组织对行政机关行使法律、法规规定的自由裁量权作出的具体行政行为不服申请行政复议，申请人与被申请人在行政复议决定作出前自愿达成和解的，应当向行政复议机构提交书面和解协议；和解内容不损害社会公共利益和他人合法权益的，行政复议机构应当准许。《行政复议法》第七十四条规定，当事人在行政复议决定作出前可以自愿达成和解，和解内容不得损害国家利益、社会公共利益和他人合法权益，不得违反法律、法规的强制性规定。因此，行政复议和解制度的内涵和要求包含以下方面。

第一，行政复议和解并非适用所有行政复议案件。只有当事人在行政复议决定作出前可以自愿达成和解，并由申请人向行政复议机构撤回行政复议申请的行政复议案件才适用。

第二，行政复议和解必须符合法定形式。行政复议申请人与被申请人自愿达成和解的，应当向行政复议机构提交书面和解协议，达成和解必须经行政复议机构准许，而不是仅仅将要求达成和解意思告知行政复议机构。

第三，行政复议和解必须在法定时间内达成。行政复议申请人与被申请人自愿达成和解的，必须发生在行政复议机关的行政复议决定作出前。

第四，行政复议和解内容不得损害国家利益、社会公共利益和他人合法权益，不得违反法律、法规的强制性规定。

第五，行政复议申请人与被申请人依法经准许达成和解的，导致行政复议终止，即行政复议机构不再继续审理。

2. 行政复议中的调解

行政复议中的调解主要指行政复议机关运用沟通技巧协调和解决行政争议问题，以便促进行政复议参与人之间共识的达成。其中，调解的过程伴随着各种各样的协商，在协商过程中，调解人可以整理出各种争论点并提出解决问题的建议，协助当事人进行符合实际的、有效的沟通，寻求分歧中的共同点，并在协商可能破裂的情形下使各方保持克制[①]。因此，行政复议中的调解，实质是行政复议参与人的自由意志的体现。

《行政复议法》第五条规定，行政复议机关办理行政复议案件，可以进行调解。调解应当遵循合法、自愿的原则，不得损害国家利益、社会公共利益和他人合法权益，不得违反法律、法规的强制性规定。因此，行政复议案件哪些可以调解，哪些可以审查裁决，要根据案件的实际情况来决定，作出适度选择。一味地追求调解，盲目地崇尚调解，或者一味地反对调解、强调裁决，都是不可取的。《行政复议法》第七十三条规定，当事人经调解达成协议的，行政复议机关应当制作行政复议调解书，经各方当事人签字或者签章，并加盖行政复议机关印章，即具有法律效力。调解未达成协议或者调解书生效前一方反悔的，行政复议机关应当依法审查或者及时作出行政复议决定。因此，把握行政复议调解制度，需要注意以下几方面。

第一，行政复议调解是行政复议机关处理行政复议案件的重要方式之一，只能发生在行政复议案件审查过程之中。只有当事人的协商行为处于行政复议机关的主持和监督之下，才能确保行政复议机关对行政争议调解的正确行使。

第二，行政复议调解必须符合法定形式。当事人经调解达成协议的，行政复议机关应当制作行政复议调解书，调解书应当载明行政复议请求、事实、理由和调解结果，并加盖行政复议机关印章。

第三，行政复议调解必须在法定时间内达成。行政复议申请人与被申请人经行政复议机关调解达成协议的，必须发生在行政复议机关的行政复议决定作出前。

第四，行政复议调解书经双方当事人签字，即具有法律效力，导致行政复议终止，行政复议机构不再继续审理。

① 王锡锌. 规则、合意与治理：行政过程中 ADR 适用的可能性与妥当性研究[J]. 法商研究，2003，（5）：67-76.

（五）行政复议中止与终止

行政复议是行政机关通过实施层级监督，保障依法行政及维护管理相对人合法权益的一项重要法律制度。行政复议程序一经启动，复议机关必须在法定期限内完成对涉案具体行政行为的审查并作出相应决定，非因法定事由不得随意中止或终结上述程序。然而，实际工作中不可避免会出现申请人死亡、没有继承人或继承人放弃复议权利等情况，导致复议不能进行或者没有必要再继续进行，从而必须或需要中止或终止复议程序。

1. 行政复议中止

行政复议中止指在行政复议活动中，因一些特殊情形出现而使正在进行的复议程序暂时停止，当中止复议程序的情形消除后，再恢复行政复议程序。其中，中止前已进行的复议行为仍然有效。

《行政复议法》第三十九条规定，行政复议期间有下列情形之一的，行政复议中止。

（1）作为申请人的公民死亡，其近亲属尚未确定是否参加行政复议。

（2）作为申请人的公民丧失参加行政复议的行为能力，尚未确定法定代理人参加行政复议。

（3）作为申请人的公民下落不明。

（4）作为申请人的法人或者其他组织终止，尚未确定权利义务承受人。

（5）申请人、被申请人因不可抗力或者其他正当理由，不能参加行政复议。

（6）依照本法规定进行调解、和解，申请人和被申请人同意中止。

（7）行政复议案件涉及的法律适用问题需要有权机关作出解释或者确认。

（8）行政复议案件审理需要以其他案件的审理结果为依据，而其他案件尚未审结。

（9）有本法第五十六条或者第五十七条规定的情形。

（10）需要中止行政复议的其他情形。

另外，行政复议中止的原因消除后，应当及时恢复行政复议案件的审理。行政复议机关中止、恢复行政复议案件的审理，应当书面告知当事人。《行政复议法》仅对中止事由进行了详细规定，而对如何启动行政复议中止及恢复案件审理的规定不够明晰，仅仅在该法的第四十条规定，即"行政复议期间，行政复议机关无正当理由中止行政复议的，上级行政机关应当责令其恢复审理"。这种原则性规定，使得实践中极易引发行政复议中止方面的纠纷。归根结底，《行政复议法》的主要目的之一是解决我国社会转型期所形成的司法供给与社会需求之间的尖锐矛盾与冲突。因此，只有必须实质性地解决行政争议，才能发挥行政复议的首要作用、发挥行政诉讼的辅助作用及发挥行政检察的补充作用[1]。

2. 行政复议终止

行政复议终止指在行政复议活动中，因一些特殊情形出现而使正在进行的复议程序不能继续或者继续进行毫无意义，在此情况下结束正在进行的复议程序，行政复议机关无须再对当事人的行政争议作出任何的行政复议决定。

《行政复议法》第四十一条规定，行政复议期间有下列情形之一的，行政复议机关决定终止行政复议：①申请人撤回行政复议申请，行政复议机构准予撤回；②作为申请人

---

[1] 张琦. 行政复议中止的纠纷化解路径——以"实质性解决行政争议"为视角[J]. 财经法学，2021，（6）：147-160.

的公民死亡，没有近亲属或者其近亲属放弃行政复议权利；③作为申请人的法人或者其他组织终止，没有权利义务承受人或者其权利义务承受人放弃行政复议权利；④申请人对行政拘留或者限制人身自由的行政强制措施不服申请行政复议后，因同一违法行为涉嫌犯罪，被采取刑事强制措施；⑤依照《行政复议法》第三十九条第一款第一项、第二项、第四项的规定中止行政复议满六十日，行政复议中止的原因仍未消除。

需要说明的是，尽管行政复议中止和行政复议终止皆因出现一些特殊情形而使复议程序停止，但二者具有不同的性质与法律后果。一方面，复议中止只是复议程序的暂时停止，在复议机关或有关机关对法律规范处理，或者中止复议程序的情形消除后，必须立即恢复复议程序，而行政复议终止是结束复议程序，其效力同案件审结相同；另一方面，在影响行政复议中止的特殊情形消除后，行政复议机关仍应当对当事人的行政争议作出行政复议决定，而影响行政复议终止的特殊情形即使消除后，也不再进行行政复议程序，行政复议机关也无须对当事人的行政争议作出任何的行政复议决定。

四、行政复议决定

行政复议决定是行政复议制度的核心问题之一，主要是指复议机关对行政复议案件进行审查、提出意见，经行政复议机关的负责人同意或者集体讨论通过后所作出的具有法律效力的评价。《行政复议法》第六十二条规定，适用普通程序审理的行政复议案件，行政复议机关应当自受理申请之日起六十日内作出行政复议决定；但是法律规定的行政复议期限少于六十日的除外。情况复杂，不能在规定期限内作出行政复议决定的，经行政复议机构的负责人批准，可以适当延长，并书面告知当事人；但是延长期限最多不得超过三十日。适用简易程序审理的行政复议案件，行政复议机关应当自受理申请之日起三十日内作出行政复议决定。

（一）行政复议决定的法律属性

我国的行政复议制度建立以来，理论界和实务界对其法律属性一直争议不断，至今关于行政复议决定的本质属性众说纷纭。对行政复议决定的法律属性没有清晰的定位，一方面会导致行政复议制度具体细节的设置之间相互不协调甚至冲突；另一方面也导致与之相关的制度呈现出相互不协调的状况。在长时间的制度发展过程中，出现了以下三种学说①。

（1）行政复议决定就是行政行为。1991年《行政复议条例》的实施标志着统一复议制度的正式建构，自行政复议制度成立之日起，其定性就为行政行为。众学者从不同方面论证了行政复议决定是行政行为，理由如下：第一，行政复议决定的作出主体一定是行政机关；第二，作出行政复议决定的权力本质上是行政权的运用；第三，作出行政复议决定的活动本质是行政活动，适用的程序属于行政程序；第四，行政复议决定的效力和传统行政行为的效力是一样的。

（2）行政复议决定是司法行为。有学者认为行政复议更接近于司法性质，它从形式上看属于行政行为，却是本质上的司法行为：第一，行政复议决定的目的是适用法律解

---

① 崔梦豪. 行政复议决定的法律属性[J]. 重庆理工大学学报（社会科学），2021，35（1）：110-119.

决行政纠纷，具有司法性质；第二，行政复议机关的定位具有近似于法院的特殊地位；第三，在行政复议过程中，申请人与被申请人处于平等的位置；第四，行政复议的程序具有司法程序的特质；第五，行政复议的特殊性和重要性使之与一般的行政行为严格区别开来，突出其司法性也符合我国立法实践的发展方向。总体而言，认为行政复议决定是司法行为的最根本原因是行政复议决定是实质意义上司法权运用的结果，其最根本的理由在于行政机关可以行使司法权。

（3）行政复议决定是行政司法行为。行政复议决定之所以是行政司法行为，其核心可以归纳为以下三点：第一，行政复议决定表面上依旧是行政机关作出的行为，但是权力属性却不是行政执行权而是类似于法院的居间裁判权①；第二，行政复议决定的根本目的是解决行政争议，和行政诉讼的目的相似，与行政行为的目的不相同；第三，行政复议程序比一般行政程序更为完备，但是比司法程序更为简洁、快捷，处于两种程序中间。

总之，对于行政复议决定法律属性的分析，首先得从宪法及宪法性法律入手，结合行政复议制度规范，具体分析行政复议决定的各个构成要件，从而在规范层面对其有一个清晰的认识。必须在理念上坚持和重视行政复议制度的行政性，强调行政复议决定的行政行为属性。对于行政复议决定法律属性的明确将会使行政复议的受案范围、行政复议权的行使、行政复议程序的设置、行政复议决定类型的完善、行政复议决定的监督等问题更加协调，最终体现中国行政复议制度的特色。

（二）行政复议决定的类型

《行政复议法》第六十一条规定，行政复议机关依照本法审理行政复议案件，由行政复议机构对行政行为进行审查，提出意见，经行政复议机关的负责人同意或者集体讨论通过后，以行政复议机关的名义作出行政复议决定。

（1）维持决定。行政复议机关对行政复议案件进行审查，发现复议被申请人行政行为认定事实清楚，证据确凿，适用依据正确，程序合法，内容适当的，行政复议机关应当作出决定维持该行政行为的法律效力。

（2）履行决定。行政复议机关对行政复议案件进行审查，发现复议被申请人不履行法定职责的，行政复议机关应当作出决定，要求其在一定期限内履行，即行政复议机关责令被申请人履行某种法定职责的决定。

（3）撤销或者部分撤销该行政行为，并可以责令被申请人在一定期限内重新作出行政行为。《行政复议法》第六十四条规定，行政行为有下列情形之一的，行政复议机关决定撤销或者部分撤销该行政行为，并可以责令被申请人在一定期限内重新作出行政行为：①主要事实不清、证据不足；②违反法定程序；③适用的依据不合法；④超越职权或者滥用职权。行政复议机关责令被申请人重新作出行政行为的，被申请人不得以同一事实和理由作出与被申请行政复议的行政行为相同或者基本相同的行政行为，但是行政复议机关以违反法定程序为由决定撤销或者部分撤销的除外。

其中，行政复议机关决定撤销或者确认该行政行为违法的，可以责令复议被申请人

---

① 程程. 论行政复议决定的法律效力[J]. 新经济, 2021, （11）: 67-71.

在一定期限内重新作出行政行为。从当前有关行政复议的法律规范来看，责令重作决定附随于撤销决定或者确认违法决定，行政复议机关对是否作出责令重作决定拥有完全的自由裁量权[①]。显然，行政复议机关责令被申请人重新作出行政行为的，被申请人不得以同一的事实和理由作出与原行政行为相同或者基本相同的行政行为。同时，责令履行决定更具有实效性，必须完善责令履行决定，这有利于整个行政复议决定类型的完善[②]。

如果被申请人作出的行政行为侵犯了申请人的合法权益，申请人请求赔偿，行政复议机关应当按照《国家赔偿法》的有关规定[③]，在作出撤销、变更或确认行政行为违法的决定的同时，作出被申请人依法赔偿的决定。

（4）变更决定。《行政复议法》第六十三条规定，行政行为有下列情形之一的，行政复议机关决定变更该行政行为：①事实清楚，证据确凿，适用依据正确，程序合法，但是内容不适当；②事实清楚，证据确凿，程序合法，但是未正确适用依据；③事实不清、证据不足，经行政复议机关查清事实和证据。在行政复议决定的诸种类型中，变更决定在所有改变原行政行为的决定中具有优先适用权，是实质性化解行政争议的必然需求，也是提高复议制度实效性的根本所在[④]。另外，行政复议机关不得作出对申请人更为不利的变更决定，但是第三人提出相反请求的除外。

（5）确认判决。《行政复议法》第六十五条规定，行政行为有下列情形之一的，行政复议机关不撤销该行政行为，但是确认该行政行为违法：①依法应予撤销，但是撤销会给国家利益、社会公共利益造成重大损害；②程序轻微违法，但是对申请人权利不产生实际影响。行政行为有下列情形之一，不需要撤销或者责令履行的，行政复议机关确认该行政行为违法：①行政行为违法，但是不具有可撤销内容；②被申请人改变原违法行政行为，申请人仍要求撤销或者确认该行政行为违法；③被申请人不履行或者拖延履行法定职责，责令履行没有意义。

另外，《行政复议法》第六十七条规定，行政行为有实施主体不具有行政主体资格或者没有依据等重大且明显违法情形，申请人申请确认行政行为无效的，行政复议机关确认该行政行为无效。

（6）驳回判决。《行政复议法》第六十九条规定，行政复议机关受理申请人认为被申请人不履行法定职责的行政复议申请后，发现被申请人没有相应法定职责或者在受理前已经履行法定职责的，决定驳回申请人的行政复议请求。

（三）行政复议中的行政赔偿问题

《行政复议法》第七十二条规定，申请人在申请行政复议时一并提出行政赔偿请求，行政复议机关对依照《中华人民共和国国家赔偿法》的有关规定应当不予赔偿的，在作出行政复议决定时，应当同时决定驳回行政赔偿请求；对符合《中华人民共和国国家赔

① 沈福俊，崔梦豪. 行政复议责令重作决定的反思与完善[J]. 法治现代化研究，2019, 3（3）：35-45.
② 崔梦豪. 行政复议责令履行决定的反思与重构：基于法规范和典型案例的考量[J]. 中国法律评论，2021,（4）：191-201.
③ 具体参加《国家赔偿法》第七条.
④ 崔梦豪. 行政复议变更决定的异化与回归[J]. 法学，2021,（4）：180-192.

偿法》的有关规定应当给予赔偿的，在决定撤销或者部分撤销、变更行政行为或者确认行政行为违法、无效时，应当同时决定被申请人依法给予赔偿；确认行政行为违法的，还可以同时责令被申请人采取补救措施。

申请人在申请行政复议时没有提出行政赔偿请求的，行政复议机关在依法决定撤销或者部分撤销、变更罚款，撤销或者部分撤销违法集资、没收财物、征收征用、摊派费用以及对财产的查封、扣押、冻结等行政行为时，应当同时责令被申请人返还财产，解除对财产的查封、扣押、冻结措施，或者赔偿相应的价款。

因此，行政复议制度中涉及行政赔偿的实现方式，主要有两种情形。

（1）申请赔偿。申请人在申请行政复议时可以一并提出行政赔偿请求，行政复议机关对符合《国家赔偿法》的有关规定应当给予赔偿的，在决定撤销或者部分撤销、变更行政行为或者确认行政行为违法、无效时，应当同时决定被申请人依法给予赔偿。

（2）责令赔偿。申请人在申请行政复议时没有提出行政赔偿请求的，行政复议机关在依法决定撤销或者部分撤销变更罚款，撤销或者部分撤销违法集资、没收财物、征收财物、摊派费用以及对财产的查封、扣押、冻结等行政行为时，应当同时责令被申请人返还财产，解除对财产的查封、扣押、冻结措施，或者赔偿相应的价款。同时，根据《国家赔偿法》有关规定，赔偿请求人要求赔偿，应当先向赔偿义务机关提出，也可以在申请行政复议或者提起行政诉讼时一并提出[1]。

五、行政复议决定的送达与执行

（一）行政复议决定的送达

《行政复议法》第七十五条规定，行政复议机关作出行政复议决定，应当制作行政复议决定书，并加盖行政复议机关印章。行政复议决定书一经送达，即发生法律效力。其中，行政复议决定的法律效力，是指能够促成行政复议决定依其内容和形式发生一定法律效果的特殊作用力[2]，其本质是对行政复议决定的一种法律保护。因此，如果当事人逾期不起诉又不履行行政复议决定的，或者不履行最终裁决的行政复议决定的，复议决定即具强制执行的法律效力。

（二）行政复议决定的执行

《行政复议法》第七十七条规定，被申请人应当履行行政复议决定书、调解书、意见书。被申请人不履行或者无正当理由拖延履行行政复议决定书、调解书、意见书的，行政复议机关或者有关上级行政机关应当责令其限期履行，并可以约谈被申请人的有关负责人或者予以通报批评。《行政复议法》第七十八条规定，申请人、第三人逾期不起诉又不履行行政复议决定书、调解书的，或者不履行最终裁决的行政复议决定的，按照下列规定分别处理：①维持行政行为的行政复议决定书，由作出行政行为的行政机关依法强制执行，或者申请人民法院强制执行；②变更行政行为的行政复议决定书，由行政复

---

① 具体参照《国家赔偿法》第九条、第十四条、第三十九条。
② 曹鎏. 行政复议决定的法律效力研究[J]. 行政法学研究，2007，（1）：91-96.

议机关依法强制执行，或者申请人民法院强制执行；③行政复议调解书，由行政复议机关依法强制执行，或者申请人民法院强制执行。

六、法律责任

《行政复议法》第六章规定了法律责任，即针对违反《行政复议法》的行为，该法具体规定了违反者要承担的相应的法律责任。行政复议机关、行政复议机关工作人员和被申请人在行政复议活动中，有违反该法律的行为或没有正当理由不履行应尽义务时，视情节严重与否决定给予警告、记过、记大过的行政处分或降级、撤职、开除的行政处分；如有犯罪行为的，依法追究其刑事责任等①。

（一）行政复议机关不依法履职的法律责任

《行政复议法》第八十条规定，行政复议机关不依照本法规定履行行政复议职责，对负有责任的领导人员和直接责任人员依法给予警告、记过、记大过的处分；经有权监督的机关督促仍不改正或者造成严重后果的，依法给予降级、撤职、开除的处分。

（二）行政复议机关工作人员法律责任

《行政复议法》第八十一条规定，行政复议机关工作人员在行政复议活动中，徇私舞弊或者有其他渎职、失职行为的，依法给予警告、记过、记大过的处分；情节严重的，依法给予降级、撤职、开除的处分；构成犯罪的，依法追究刑事责任。

（三）被申请人不书面答复等行为的法律责任

《行政复议法》第八十二条规定，被申请人违反本法规定，不提出书面答复或者不提交作出行政行为的证据、依据和其他有关材料，或者阻挠、变相阻挠公民、法人或者其他组织依法申请行政复议的，对负有责任的领导人员和直接责任人员依法给予警告、记过、记大过的处分；进行报复陷害的，依法给予降级、撤职、开除的处分；构成犯罪的，依法追究刑事责任。

思考与讨论

（1）什么是行政救济？行政救济有哪些方式和途径？

（2）什么是行政复议？行政复议有什么特征？

（3）行政复议遵循哪些基本原则？

（4）复议机构与复议机关是什么关系？复议机构履行哪些职责？

（5）行政复议申请人和第三人应具备什么资格条件？

（6）什么样的行政机关、组织可以作为行政复议的被申请人？

（7）行政复议机关收到申请人的复议申请后应怎样处理？

（8）行政复议的决定有哪些种类？作出各种复议决定的条件分别是什么？

---

① 具体参照《行政复议法》第八十条至八十六条。

案例分析题

案例一：2016 年 10 月，M 县 N 村村委会经 J 镇政府同意，在 N 村荒山上创办一个采石场，随后承包给了 N 村村民王五、刘六经营。由于王、刘二人没有按规定缴纳第二年的承包费，N 村村委会在请 J 镇政府出面协调未果的情况下，又请 M 县地质矿产局进行干预，M 县地质矿产局调查后认为，该采石场未依法办理采矿许可证，N 村村委会不具备发包采矿权的主体资格，其所收承包费属非法所得，故作出了行政处罚决定，责令王五、刘六停止开采，并没收已经采出的产品，没收 N 村村委会及王、刘二人的违法所得。

问题：

（1）如果王五、刘六申请行政复议，谁可作为本案的行政复议机关？

（2）如果行政复议机关认为 M 县地质矿产局的处罚决定应该撤销，但王五、刘六并未提出赔偿请求，对于王、刘二人的财产损失，行政复议机关应如何处理？

案例二：黄某向 H 市自然资源局提出信息公开申请，要求公开其所在地的某项征收土地批准文件信息。H 市自然资源局向黄某作出《信息公开告知书》。黄某不认可该告知书，又向 H 市人民政府申请行政复议。H 市人民政府于 2019 年 8 月 17 日收到黄某的《行政复议申请书》，黄某请求撤销 H 市自然资源局作出的《信息公开告知书》。8 月 20 日，H 市人民政府向 H 市自然资源局作出《行政复议答复通知书》，通知 H 市自然资源局已依法受理黄某的复议申请，并要求该局对此行政复议申请提出书面答复。8 月 25 日，黄某向 J 省自然资源厅提交《行政复议申请书》，请求确认 H 市自然资源局作出的《信息公开告知书》违法。

问题：

（1）黄某的做法对吗？请说明理由。

（2）J 省自然资源厅应如何处理？

第三部分　行政诉讼法

第九章　行 政 诉 讼

本章的教学要求

　　本章教学除了使用教科书外，每部分都应结合和对照学习、研究《行政诉讼法》及最高人民法院关于行政诉讼法司法解释的相关规定。教员要选择行政诉讼的相应实际案例，通过案例分析阐释行政诉讼法的原理，学生在课后可去法院旁听相关行政诉讼案件审判，也可联系相关律师事务所，通过个案了解我国"行政诉讼"法律制度的实际运作情况。

重点问题
（1）行政诉讼的受案范围
（2）行政诉讼的程序
（3）行政诉讼判决、裁定和决定
难点问题
（1）行政诉讼当事人资格的认定
（2）行政诉讼举证责任的分配及证据规则

第一节　行政诉讼概述

一、行政诉讼的概念

　　行政诉讼是行政相对人认为行政主体的具体行政行为侵犯其合法权益，依法向人民法院提起诉讼，人民法院依照法定程序对被诉具体行政行为进行审查并作出裁判，从而解决行政争议的法律活动。作为解决行政争议的重要途径，行政诉讼与民事诉讼、刑事诉讼并列成为国家司法审判制度的三大诉讼类型，但是，行政诉讼具有其区别于其他诉讼形态的自有特征。

　　（1）行政诉讼是为解决行政争议而进行的诉讼活动。行政争议是行政主体与行政相对人在行政管理关系中产生的矛盾与纠纷，范围非常广泛，而行政诉讼解决的仅仅是行政争议的一部分，主要指由行政主体的具体行政行为引起的行政争议。

　　（2）行政诉讼的原告与被告具有恒定性。原告只能是认为行政主体的具体行政行为侵犯了自己合法权益的公民、法人和其他组织，即行政相对人。被告则只能是作出具体行政行为的行政机关或法律、法规授权的组织。据此，行政相对人与行政主体在行政法律关系领域发生纠纷后，只有行政相对人享有起诉权。

（3）行政诉讼的审查范围有限。《行政诉讼法》第六条规定：人民法院审理行政案件，对行政行为是否合法进行审查。因此，在行政诉讼中，人民法院对被诉具体行政行为的审查仅限于合法性问题，而合理性问题原则上不属于人民法院的审查范围。

二、行政诉讼的基本原则

行政诉讼的基本原则是指贯穿整个行政诉讼活动中，对行政诉讼的各个环节起主导和支配作用的基本行为准则，它体现着行政诉讼法的基本精神和价值取向，是建立各项具体诉讼制度的基础。我国《行政诉讼法》中采用了列举的方式对行政诉讼的基本原则予以规定，一方面，这些原则直接指导和约束行政诉讼法律关系主体的诉讼行为；另一方面，这些原则有助于弥补法律规范抽象概括所导致的不足。

（一）行政诉讼一般性原则

一般性原则即与民事诉讼、刑事诉讼共有的原则，包括人民法院独立行使审判权原则；以事实为根据，以法律为准绳原则；合议、回避、公开审判和两审终审原则；当事人诉讼法律地位平等原则；使用本民族语言文字进行诉讼原则；辩论原则；人民检察院实行法律监督原则；等等。

（二）行政诉讼特有原则

在行政诉讼中，人民法院对具体行政行为进行合法性审查原则是行政诉讼区别于其他诉讼的特有原则。该原则具体要求有以下几点。

（1）行政诉讼直接审查的对象仅限于具体行政行为。因此，人民法院在审理行政诉讼案件过程中只能就被诉的具体行政行为进行审查，而不能直接审查抽象行政行为及内部行政行为等其他行为。当然，有观点认为，该原则并不是完全排除对抽象行政行为的监督，依据《行政诉讼法》第六十三条有关参照规章审理行政案件的规定，人民法院在一定程度上可以间接对规章行使审查监督权[①]。

（2）行政诉讼原则上只审查具体行政行为的合法性，不涉及合理性问题。一般而言，违法的和不合理的具体行政行为都有可能侵害行政相对人的合法权益，但是根据我国现有法律的规定，对于具体行政行为的合理性问题，法院原则上不能审查。通常认为，法院是法律的适用者，对于具体行政行为合法与否的审查，是法院的根本任务所在；而具体行政行为是否合理则属于行政主体自由裁量的范围，司法权不能随便干预，对于由具体行政行为合理性问题所引发的行政争议，应由行政复议等其他方式解决。因此，人民法院在审理行政诉讼案件时要遵循合法性的限度，原则上对行政主体依法行使自由裁量权所作的具体行政行为不予以审查。但是该原则也有例外情形，《行政诉讼法》第七十条规定，对明显不当的行政行为，法院可以判决撤销或者部分撤销，并可以判决被告重新作出行政行为。

---

① 胡建淼. 行政法与行政诉讼法[M]. 北京：清华大学出版社，2008.

长期以来，该原则对保障法律的实施、指导行政审判活动起到了重要的作用。然而，随着司法改革的深化，行政诉讼受案范围的扩展已是大势所趋，包括抽象行政行为在内的更多行政行为将被纳入法院的审查范围，这必将打破现有基本原则的规定。同时，大量行政自由裁量权在现代行政中肆意蔓延，而依据合法性审查的基本原则，行政相对人的众多合法权益不断受到威胁、侵害却无法得到司法救济，这一现象使得行政诉讼法"保护行政相对人合法权益"的立法目的无法得到充分体现。因此，对"合法性审查原则"进行重新解读，从实质意义拓展"法"的内涵，在妥当设计法院审查的方式与限度基础上，对行政行为进行合法与合理的全面审查，将是行政诉讼法基本原则改革的方向所在。

第二节 行政诉讼的受案范围

行政诉讼受案范围是指人民法院受理行政争议案件的范围。该范围决定了行政相对人的合法权益受到人民法院救济的范围以及他们诉权的范围，也决定了人民法院对行政行为行使司法审查权的范围，因此该制度是行政诉讼制度最重要的构成要素之一。事实上，行政诉讼受案范围历来是行政诉讼法学研究的重点内容，这也是行政诉讼法与其他诉讼法相区别的重要方面。

一、影响和制约行政诉讼受案范围的因素

从权力相互监督的角度而言，所有的行政行为都应当受到司法审查，但是受行政权效率理论、现代诉讼效益理论和分权与制约理论的限制，司法对行政的监督是有限的[1]。无论是大陆法系国家还是英美法系国家，虽然在行政诉讼受案范围的表述上有所不同，但实质内容都体现了同样的理念，即法院不可能审查所有的行政行为、不可能解决所有的行政争议。现代法治国家在行政诉讼立法中都将一些行政行为排除在了受案范围之外。所以，法院能够解决的行政争议范围是特定的、有限制的。当然，行政诉讼受案范围也并非一成不变。随着社会的变化发展，每个国家在不同的时期都会根据政治、经济、文化等各方面的需求，及时调整行政诉讼的受案范围。一般而言，影响和制约行政诉讼受案范围的因素主要包括以下几点。

（1）行政诉讼目的。本质上说，确定行政诉讼受案范围不是一个法律性问题，而是一个政策性问题，但它不能偏离行政诉讼的立法目的，政策性的平衡使行政诉讼的受案范围更有助于实现行政诉讼的立法目的。[1]如果是以维护行政相对人的合法权益、监督行政机关依法行政为立法目的，行政诉讼的受案范围必然会相对较为宽泛。

（2）法院解决行政争议的能力。通常情况下，法院解决行政争议的能力要受到人力、财力、物力，以及法院在整个国家机构中的地位、法官的素质等各方面因素的影响。法院解决行政争议能力较强，则行政诉讼的受案范围会较大，反之则反是。在我国行政诉讼制度建立初期，法院行政审判的能力相对较弱，考虑到法院的承受能力，我国《行政诉讼法》对受案范围的规定较为有限。然而，随着法院审理行政案件经验的不断积累和行政诉讼制

---

① 章剑生. 论司法审查有限原则[J]. 行政法学研究, 1998, （2）: 70-77.

度的不断发展，以及司法体制改革的逐渐推进，扩大行政诉讼受案范围已势不可挡。

（3）国家权力之间的关系。从权力地位而言，在行政权占主导地位的国家，司法权对行政行为的审查范围必然是受到很大限制的；而在立法权较为强势的国家，立法机关往往会授予司法机关较大的司法审查权，以监督、制约行政权。同时，司法权与行政权是两种截然不同的国家权力，不能相互替代。实践中有一些行政争议的解决需要专业的技术支持，因此行政机关的裁决会比司法审查更专业、更方便；也有一些行政机关的行为属于政治性问题，如国家行为，或者对国家利益具有明显影响的行为所引发的争议，它在理论上即使是相当于法律上的争讼，也不应依无政治责任的法院诉讼程序来解决，应将此排除在司法审查之外。①此外，影响和制约行政诉讼受案范围的因素还包括国家政治体制、国家经济体制、国家机关间的权力机构、法律体系及法律传统、法律观点、民主法治建设程度、公民行政法律意识等。

二、行政诉讼受案范围的确定方式

行政诉讼受案范围的确定方式直接决定了各个国家行政诉讼受案范围的大小和发展趋势。总体而言，世界各国的确定方式主要包括三种：概括式、列举式、折中式。

（一）概括式

概括式是法律对行政诉讼的受案范围进行抽象、概括的规定。这种制定法的表达形式往往具有提纲挈领的作用，形式简单、全面。一般而言，使用这种方式确定的行政诉讼受案范围会相对较广，有利于充分保护行政相对人的合法权益。德国采用这种模式。但是，概括式存在过于笼统、不容易把握的缺点。这种模式往往采用不确定的法律概念，而一旦对法律概念的内涵与外延存在不同理解，就会导致对受案范围理解的不一致，反而给具体适用带来困难。

（二）列举式

列举式是指法律对可以纳入行政诉讼受案范围的行政案件进行逐一列举，包含肯定性列举和否定性列举。相比概括式，列举式的优点在于简单明了，无论是法院还是诉讼当事人都能一目了然地确定行政诉讼的受案范围，便于操作。但是，其缺点也是显而易见的。行政行为是多样化的，由此产生的行政争议更是纷繁复杂，列举的方式往往难以穷尽可以或不可以纳入行政诉讼受案范围的行政争议，当出现列举漏洞时，无法通过法律解释的方式予以弥补，这使得部分行政行为被排除在受案范围之外，不利于对行政相对人合法权益的保护。在现代，很少有国家直接采用列举的方式，列举式经常被用作概括式的补充，以否定性的列举方式确定行政诉讼的排除范围。

（三）折中式

折中式也称混合式，即采用概括式与列举式混合的模式确定行政诉讼的受案范围。

---

① 室井力. 日本现代行政法[M]. 吴徽，译. 北京：中国政法大学出版社，1995.

这种模式能够在一定程度上避免概括式与列举式的缺陷，有利于更全面、更准确地确定行政诉讼的受案范围。因此，多数国家采用折中式的方式确定行政诉讼的受案范围，即首先对行政诉讼的受案范围进行概括性规定，然后以列举的方式明确规定行政诉讼的受案范围。当然，概括之后的列举可以分为肯定性列举与否定性列举，而实践中采用概括加否定性列举的国家较多[1]。

三、我国行政诉讼受案范围的立法规定

（一）我国行政诉讼受案范围的具体内容

1. 概括性规定

《行政诉讼法》第二条规定："公民、法人或者其他组织认为行政机关和行政机关工作人员的行政行为侵犯其合法权益，有权依照本法向人民法院提起诉讼。"同时，最高人民法院《关于适用〈中华人民共和国行政诉讼法〉的解释》（简称《解释》）第一条又作了规定："公民、法人或者其他组织对行政机关及其工作人员的行政行为不服，依法提起诉讼的，属于人民法院行政诉讼的受案范围。"

2. 行政诉讼法列举的受案范围

根据《行政诉讼法》第十二条的规定，行政诉讼的受案范围总体包括以下几种类型：①对行政拘留、暂扣或者吊销许可证和执照、责令停产停业、没收违法所得、没收非法财物、罚款、警告等行政处罚不服的；②对限制人身自由或者对财产的查封、扣押、冻结等行政强制措施和行政强制执行不服的；③申请行政许可，行政机关拒绝或者在法定期限内不予答复，或者对行政机关作出的有关行政许可的其他决定不服的；④对行政机关作出的关于确认土地、矿藏、水流、森林、山岭、草原、荒地、滩涂、海域等自然资源的所有权或者使用权的决定不服的；⑤对征收、征用决定及其补偿决定不服的；⑥申请行政机关履行保护人身权、财产权等合法权益的法定职责，行政机关拒绝履行或者不予答复的；⑦认为行政机关侵犯其经营自主权或者农村土地承包经营权、农村土地经营权的；⑧认为行政机关滥用行政权力排除或者限制竞争的；⑨认为行政机关违法集资、摊派费用或者违法要求履行其他义务的；⑩认为行政机关没有依法支付抚恤金、最低生活保障待遇或者社会保险待遇的；⑪认为行政机关不依法履行、未按照约定履行或者违法变更、解除政府特许经营协议、土地房屋征收补偿协议等协议的；⑫认为行政机关侵犯其他人身权、财产权等合法权益的；⑬人民法院受理法律、法规规定可以提起诉讼的其他行政案件。

3. 行政诉讼法列举的不可诉行为

根据《行政诉讼法》第十三条及《解释》第一条的规定，下列行为不属于人民法院行政诉讼的受案范围：①国防、外交等国家行为；②行政法规、规章或者行政机关制定、发布的具有普遍约束力的决定、命令；③行政机关对行政机关工作人员的奖惩、任免等决定；④法律规定由行政机关最终裁决的行政行为；⑤公安、国家安全等机关依照刑事

① 胡建淼. 行政诉讼法教程[M]. 杭州：杭州大学出版社，1990.

诉讼法的明确授权实施的行为；⑥调解行为以及法律规定的仲裁行为；⑦行政指导行为；⑧驳回当事人对行政行为提起申诉的重复处理行为；⑨行政机关作出的不产生外部法律效力的行为；⑩行政机关为作出行政行为而实施的准备、论证、研究、层报、咨询等过程性行为；⑪行政机关根据人民法院的生效裁判、协助执行通知书作出的执行行为，但行政机关扩大执行范围或者采取违法方式实施的除外；⑫上级行政机关基于内部层级监督关系对下级行政机关作出的听取报告、执法检查、督促履责等行为；⑬行政机关针对信访事项作出的登记、受理、交办、转送、复查、复核意见等行为；⑭对公民、法人或者其他组织权利义务不产生实际影响的行为。

（二）对我国行政诉讼受案范围的思考

1. 受案范围的确定方式不宜采用肯定性列举

从上述规定可以看出，我国行政诉讼受案范围的确定方式采用的是折中式，即概括性规定加肯定性列举与否定性列举。这种确定方式在行政诉讼制度起始阶段有利于诉讼当事人与法院的实际操作，但是随着行政诉讼司法实践的逐步发展，这种模式也逐渐显现出弊端。当今大部分国家在确定行政诉讼受案范围时采用的是概括加否定性列举的模式，这种模式下确定的范围较为广泛。我国的这种模式将应受理的案件与不应受理的案件都作了明确的规定，相对比较封闭，但两者之间的衔接并不紧密，这种立法容易产生两边都不搭的空白地带，部分行政争议案件会被排除在受案范围之外，不符合行政诉讼的立法目的。实践中，列举的规定被过分放大，而概括性规定的作用根本没有受到重视。因此，对《行政诉讼法》受案范围确定方式进行修改已迫在眉睫，而在行政法学界，认为行政诉讼受案范围应采取概括式的肯定规定加排除式的列举规定已经成为共识。

2. 行政诉讼予以救济的权利范围不宜限定在"人身权、财产权"

根据《行政诉讼法》第十二条的列举性规定，行政相对人的合法权益能够通过行政诉讼予以保护的仅限于"人身权、财产权"。然而，行政相对人的合法权益是一个较广的概念，包括人身权、财产权，也必然包括诸如公民的政治权利、宗教信仰权、教育权、休息权、劳动权等其他权利，这些权利同样会受到来自行政权力的侵害。"有权利必有救济"，理论上，只要是未被排除在行政诉讼受案范围之外的情形，都应当可诉。但依据第十二条的规定，这些权利的救济被排除在行政诉讼之外，导致行政相对人的很多权利无法得到救济，也为行政机关逃避司法的监督创造了条件，这显然违背了行政诉讼法的立法宗旨。虽然司法解释的规定在一定程度上对这个问题进行了补救，但是这种立法上的不完全衔接，以及《行政诉讼法》对行政诉讼受案范围进行控制的立法本意，导致法院在受理行政案件时依然无法找到明确的法律依据。因此，应当明确将受案范围的确定标准扩展至行政相对人的各项合法权益，并且放弃肯定性列举的方式，而直接采用概括性的规定。

3. 受案范围应当扩展

我国《行政诉讼法》于20世纪80年代末颁布并开始实施，限于当时的立法水平、公民的权利意识水平，考虑到我国法院在整个国家机构中的地位、法院的人财物配置状况等状况，人民法院解决行政争议的能力较为有限，因此，行政诉讼受案范围在确定时受到了一定程度的限制，将行政机关制定具有普遍约束力的行政决定命令的抽象行政行为纳入司法受案范围。

　　然而，随着法治建设的推进，我国行政法律体系更加完备，行政相对人的权利意识逐渐强化，法院的行政审判能力也随着司法实践经验的积累而逐渐增强。与此同时，行政执法的方式与手段更加丰富，新类型的行政争议案件不断涌现却无法寻找到申请司法救济的法律依据。面对这一系列的现实情况，学者对诸如抽象行政行为、内部行政行为、行政合同、行政指导等行政行为的可诉性[①]问题一直未停止过探讨，学术界与司法界要求扩大行政诉讼受案范围的呼声越来越强烈。尽管在行政诉讼受案范围扩大的方式及程度上并未达成共识，但是对现有的规定予以突破，进行拓展性的修改将是必然趋势，这也是在立足于行政诉讼目的的前提下，不断完善行政诉讼制度的需求。

第三节　行政诉讼的管辖

一、行政诉讼管辖概述

　　行政诉讼管辖是指在人民法院系统内部，确定法院之间受理第一审行政案件的权限和分工，其作用在于明确第一审行政案件具体由何级、何地、何种法院受理与审判。

　　它与行政诉讼受案范围不同。受案范围解决的是人民法院对哪些行政案件拥有审判权，即人民法院可以受理哪些行政案件，行政相对人对哪些行政案件可以提起诉讼。管辖制度是解决上下级法院之间、同级法院之间对行政案件受理与审判的分工问题，对行政相对人而言，则是解决了行政争议发生后去哪一个法院提起诉讼的问题。

　　明确行政案件的管辖，能够避免人民法院之间为案件互相争执或推诿的现象，保证法院正确、及时地审理案件，同时，也方便诉讼当事人的起诉或应诉，有利于保护当事人的合法权益。因此，行政诉讼管辖的确定要遵循以下几点原则：①便于当事人进行诉讼的原则；②便于法院公正、及时行使审判权原则；③法院之间合理分工、均衡负担原则；④原则性与灵活性相结合原则。

　　依据不同的分类标准，行政诉讼管辖可以划分为不同的种类。以管辖是否由法律明确规定为标准，可以分为法定管辖和裁定管辖。

　　（1）法定管辖是指由法律规定直接确定的诉讼管辖。在法定管辖中，依据法院对行政案件的上下级权限分工、地域权限分工，又可以分为级别管辖和地域管辖。

　　（2）裁定管辖是指在特殊情况下，法院依照行政诉讼法相关规定，自由裁定具体行政案件的诉讼管辖，包括移送管辖、指定管辖和管辖权转移。

二、行政诉讼的级别管辖

　　级别管辖又称审级管辖，是指上下级人民法院之间受理第一审行政案件的分工和权限。根据我国《行政诉讼法》的规定，行政诉讼的级别管辖划分仅涉及最高人民法院和

---

　　① 白云锋. 论行政黑名单制度的法律属性及其可诉性：基于规范结构的实证分析[J]. 重庆大学学报（社会科学版），2020：1-11.

地方各级人民法院、军事法院等，专门人民法院不受理行政案件。综合案件涉及范围和影响大小、案件的专业性质、各级法院工作分担均衡、诉讼当事人级别等因素，我国行政诉讼的级别管辖具体划分为以下几点。

（一）基层人民法院管辖的第一审行政案件

《行政诉讼法》第十四条规定："基层人民法院管辖第一审行政案件。"这表明除了法律规定由其他法院管辖的案件以外，一般第一审行政案件都是由基层人民法院管辖。之所以作出这样的规定，主要是因为：①基层人民法院是我国最低层级的审判机关，它们的数量众多，分布与我国的行政区划相一致，有能力承担大量的行政审判工作；②基层人民法院辖区一般位于当事人所在地、行政行为发生地或行政争议发生地，由基层法院审理第一审行政案件，有利于诉讼当事人起诉或应诉，也便于诉讼活动的进行。

（二）中级人民法院管辖的第一审行政案件

《行政诉讼法》第十五条及《解释》第五条规定，中级人民法院管辖下列第一审行政案件。

（1）对国务院部门或者县级以上地方人民政府所作的行政行为提起诉讼的案件。

（2）海关处理的案件。

（3）本辖区内重大、复杂的案件，主要指：①社会影响重大的共同诉讼案件；②涉外或者涉及香港特别行政区、澳门特别行政区、台湾地区的案件；③其他重大、复杂案件。

（4）其他法律规定由中级人民法院管辖的案件。

（三）高级人民法院管辖的第一审行政案件

《行政诉讼法》第十六条规定，高级人民法院管辖本辖区内重大、复杂的第一审行政案件。高级人民法院的主要任务是对本辖区内基层和中级人民法院的审判工作进行指导、监督，并且审理不服中级人民法院裁判而提起上诉、抗诉的案件，任务繁重，不适宜承担太多的第一审行政案件。因此，只有在案情复杂、难度较大、涉及面广、影响重大的情况下，才由高级人民法院行使管辖权。

（四）最高人民法院管辖的第一审行政案件

《行政诉讼法》第十七条规定，最高人民法院管辖全国范围内重大、复杂的第一审行政案件。最高人民法院是我国最高的审判机关，其主要任务是指导和监督地方各级人民法院、专门人民法院的审判工作，审判对高级人民法院和专门人民法院判决和裁定的上诉案件和抗诉案件、最高人民检察院按照审判监督程序提出的抗诉案件，同时，也要对各级人民法院在审判中的法律适用问题进行司法解释。因此，只有在全国范围内有重大影响的行政案件、在国际上有重大影响的涉外行政案件才由最高人民法院管辖。

三、行政诉讼的地域管辖

地域管辖也称区域管辖，是指同级人民法院之间受理第一审行政案件的分工和权限。它是以辖区为标准进行的管辖划分，因此，首先得确定级别管辖，然后再确定地域管辖。

所以，级别管辖是确定地域管辖的前提。一个行政案件管辖的最终确定，必须首先明确级别管辖，再通过地域管辖进一步落实具体的管辖法院。地域管辖的确定要综合考虑人民法院辖区与行政诉讼当事人、行政诉讼标的、行政区划的关系。根据《行政诉讼法》的规定，我国行政案件的地域管辖可分为一般地域管辖与特殊地域管辖。

针对一些特殊的被告所在地情况，《最高人民法院关于适用〈中华人民共和国民事诉讼法〉若干问题的意见》作出了补充性规定。

（一）一般地域管辖

一般地域管辖也称普通地域管辖，是根据诉讼当事人的所在地划分管辖法院。根据行政诉讼法的规定，地域管辖的一般规则是：行政案件原则上由最初作出具体行政行为的行政机关所在地人民法院管辖。因此，行政诉讼一般地域管辖的标准与民事诉讼一样，都是"原告就被告"。之所以这样规定，主要是因为行政机关的职权行使有地域的界限，通常行政机关所在地即具体行政行为的发生地、行政争议的发生地，当事人及法院进行诉讼活动比较便利。

（二）特殊地域管辖①

特殊地域管辖是相对于一般地域管辖而言的，具体包括以下几种情形。

1. 经复议的选择管辖

经过复议机关复议的行政案件，如果复议机关改变了原行政行为②，既可以按一般地域管辖的方式选择管辖法院，也可以由复议机关所在地的法院管辖，这个选择权属于原告。

2. 对限制人身自由的行政强制措施不服而提起诉讼的选择管辖

对限制人身自由的行政强制措施不服而提起诉讼的行政案件，可以由被告所在地法院管辖，也可以由原告所在地③法院管辖。如果行政机关基于同一事实既对人身又对财产实施行政处罚或者采取行政强制措施的，被限制人身自由的公民、被扣押或没收财产的公民、法人或者其他组织对上述行为均不服，既可以向被告所在地人民法院提起行政诉讼，也可以向原告所在地人民法院提起行政诉讼，受诉人民法院可以一并管辖。

3. 因不动产提起诉讼的专属管辖

因不动产提起诉讼的行政案件，由不动产④所在地人民法院专属管辖。之所以这样规定，主要是为了便于法院对现场进行勘验、调查、收集证据，也便于判决的执行。

①　2023年修正的《民事诉讼法》第二十三条至第三十二条规定的是10种。
②　根据最高人民法院《解释》第二十二条的规定，《行政诉讼法》第二十六条第二款规定的"复议机关改变原行政行为"，是指复议机关改变原行政行为的处理结果。复议机关改变原行政行为所认定的主要事实和证据、改变原行政行为所适用的规范依据，但未改变原行政行为处理结果的，视为复议机关维持原行政行为。复议机关确认原行政行为无效，属于改变原行政行为。复议机关确认原行政行为违法，属于改变原行政行为，但复议机关以违反法定程序为由确认原行政行为违法的除外。
③　原告所在地包括原告户籍所在地、经常居住地和被限制人身自由所在地。经常居住地是指公民在其户籍所在地之外最后连续居住满一年以上的地方。被限制人身自由所在地指被告行政机关对原告实施收容、拘禁、强制治疗、强制戒毒等被限制人身自由的场所所在地。
④　不动产指位置不能移动或移动后会改变其使用价值的财产，包括土地及其地面附着物。

四、行政诉讼的移送管辖

移送管辖是指人民法院已经受理了行政案件后,发现该案件不属于自己的管辖范围,将案件移送给有管辖权的法院审理的一种法律制度,且只能移送一次。

根据行政诉讼法的规定,移送管辖必须同时具备三个条件:①移送案件的人民法院已经受理该案件;②移送案件的人民法院发现本院对该案件无管辖权;③接受移送的人民法院对该案件有管辖权。

移送管辖是针对诉讼中管辖出现的错误进行的纠正活动,以保护诉讼当事人的合法权益,并促使人民法院公正、有效地审理案件,其实质是案件的转移,而不是管辖权的转移。需要强调的是,受移送的法院如果认为本院也无管辖权,不得再自行移送或是退回移送的法院,必须报请上级人民法院指定管辖。

五、行政诉讼的指定管辖

指定管辖是指由于某些特殊原因,有管辖权的人民法院不能行使管辖权,或者两个以上的人民法院对同一个行政案件的管辖发生争议,由上级人民法院以裁定的方式决定案件管辖的法律制度。

根据行政诉讼法的规定,指定管辖主要有下列两种情形。

(1)由于特殊原因,有管辖权的人民法院不能行使管辖权,由上级人民法院指定管辖。此处的"特殊原因"包含了事实原因和法定原因。事实原因是指有管辖权的人民法院遇到了无力抗拒、无法避免的原因,如地震、水灾、火灾、动乱等自然灾害或事故,因此客观上无法行使管辖权。法定原因是指法律规定的某些情形出现,如当事人申请回避导致合议庭无法组成,法院无法行使管辖权。

(2)人民法院之间对管辖权发生了争议又无法协商解决,由上级人民法院指定管辖。根据行政诉讼法的规定,人民法院对管辖权发生争议,首先应当由争议双方协商解决,协商不成的,报请他们的共同上级人民法院指定管辖。

六、管辖权的转移

管辖权的转移是指经上级人民法院决定或同意,对第一审行政案件有管辖权的下级人民法院将该案件移交给上级人民法院审理,或者有管辖权的上级人民法院将案件移交给下级人民法院审理。

从形式上看,管辖权的转移和移送管辖都是将行政案件从一个法院移送到另一个法院,但两者还是有着本质的区别:①管辖权的转移是有管辖权的人民法院将行政案件移交给本来没有管辖权的人民法院,使其取得该案件的管辖权,该转移在实质上重新确定了管辖权,因此,必须经上级人民法院决定或同意,否则不能转移,而移送管辖是受案法院发现自己对某行政案件无管辖权而移送给有管辖权的法院,不需要经过上级人民法院的批准,也不需要经过其他法院决定或同意;②管辖权的转移是发生在上下级人民法院之间,是级别管辖的一种变通方式,其目的主要是调整不同级法院对具体案件的管辖,而移送管辖一般是发生在同级人民法院之间,它是地域管辖的一种补充,其目的主要是解决管辖权有无的问题。

七、行政诉讼的管辖异议

管辖异议是指行政诉讼当事人认为受诉人民法院对已经受理的行政案件没有管辖权，向受诉人民法院提出不服该法院管辖的主张，并要求受诉人民法院将该案件移送有管辖权的法院。

根据规定，行政诉讼当事人提出管辖异议，应当在接到人民法院应诉通知之日起 15 日以内以书面形式提出。经人民法院审查，异议成立的，裁定将案件移送有管辖权的人民法院；异议不成立的，裁定驳回。对裁定驳回管辖异议不服的，可以在法定期限内提出上诉。逾期不提出上诉和二审人民法院裁定驳回上诉、维持原裁定的，原审人民法院应当继续本案的审理。当事人就原审人民法院有无管辖权问题提出再审的，不影响原审人民法院对案件的审理。

八、我国行政审判组织模式和管辖制度的改革

由于政治体制、司法体制的区别，各国的行政审判组织模式也不尽相同。从世界范围而言，行政审判组织的模式主要有两种：单轨制和双轨制。单轨制主要为英美法系国家采用，在这种模式下，行政案件由普通法院审理；双轨制一般在大陆法系国家采用较多，在这种模式下，行政案件由专门的行政法院审理，与普通法院相分立。

我国《行政诉讼法》第四条规定："人民法院依法对行政案件独立行使审判权，不受行政机关、社会团体和个人的干涉。人民法院设行政审判庭，审理行政案件。"因此，我国没有设立专门的行政法院，行政诉讼案件由普通法院受理，选择的是单轨制模式，只是在法院内部设立了专门的行政审判庭，并在法院内部进行了级别和地域上的管辖分工。这种模式的选择由我国行政诉讼制度建立之初的司法状况所决定。然而，经过多年的司法实践，我国行政审判组织体制的各种弊端逐渐显现。因此，对行政审判组织模式和管辖制度进行改革也是大势所趋。然而，对于如何改革的问题，学界与司法界的观点却有所区别。很多学者倾向于移植双轨制的审判组织模式，认为我国应当以德国为借鉴蓝本，建立起独立的行政法院，以减少行政审判中的非正常干预，进而以期推动我国司法体制的全面改革。司法机关则更倾向于从提高行政审判的级别与推行异地管辖制度等方面进行改革，即在维持现有的行政审判组织模式基础上进行管辖制度的改革。

第四节　行政诉讼当事人

一、行政诉讼当事人的概念

行政诉讼当事人是指以自己的名义参加到行政诉讼中，与被诉具体行政行为有利害关系，并受法院判决拘束的有关人员。在行政诉讼一审阶段，当事人包括原告、被告和诉讼第三人。行政诉讼当事人与行政诉讼参加人、行政诉讼参与人不同。行政诉讼参加人包括行政诉讼当事人和诉讼代理人；而行政诉讼参与人的范围更广，不仅包括行政诉

讼参加人，还包括证人、勘验人、鉴定人、翻译人员。

在行政诉讼其他阶段，诉讼当事人还有不同的称谓：在二审程序中，称为上诉人和被上诉人；在审判监督程序中，称为申诉人和被申诉人；在执行程序中，称为申请执行人和被申请执行人。在不同诉讼阶段的不同称谓，直接表明了当事人在行政诉讼中的诉讼地位及其法律权利、义务。

二、行政诉讼原告

（一）行政诉讼原告的概念及其资格[①]的确认

行政诉讼原告是指认为自己的合法权益受到了行政主体及其工作人员的侵害，而以自己的名义向人民法院提起诉讼的公民[②]、法人或其他组织。

与其他诉讼中的原告相比，行政诉讼中原告资格的确定相对严格，主要基于两点原因：一方面，我们要充分利用司法资源，为当事人的合法权益提供有效的司法保障；另一方面，为防止滥诉现象，避免司法权对行政权的不当干预，只有具备一定法律条件的主体才可以作为原告向法院请求救济。

《行政诉讼法》第二条规定："公民、法人或者其他组织认为行政机关和行政机关工作人员的行政行为侵犯其合法权益，有权依照本法向人民法院提起诉讼。"第二十五条规定，行政行为的相对人以及其他与行政行为有利害关系的公民、法人或者其他组织，有权提起诉讼。由此可见，公民、法人或者其他组织必须同时具备以下条件时才可以享有行政诉讼原告的资格：①原告必须是被诉具体行政行为的相对人，包括直接相对人，也包括其他受行政行为影响的相对人；②原告必须是认为其合法权益受到具体行政行为侵犯的行政相对人，即原告必须与被诉具体行政行为有法律上的利害关系；③原告必须是以自己的名义依法向人民法院提起行政诉讼的行政相对人，即相对人必须具备相应的诉讼能力。

从立法可以看出，将"有利害关系"作为确定行政诉讼原告资格的标准，实际上是扩大了原告资格的范围，从另一个角度而言，根据"利害关系"标准，只要认为其法律上的利益受到了具体行政行为的侵害，那么公民、法人和其他组织都可以提起诉讼。

然而，我国《解释》关于"利害关系"的范围并未明确规定，这种"利害关系"究竟是直接利害关系还是间接利害关系依然是学界争论的焦点。从行政诉讼的目的来看，扩展相对人申请救济的范围是必然的趋势，因此，不宜将这种利害关系完全限定在直接利害关系，但是间接利害关系也是一个复杂的范围，无限度的间接会导致行政诉讼原告资格范围的过度扩展，导致滥诉现象出现，浪费司法资源。所以，如何正确界定"法律上的利害关系"是一个亟须解决的问题。

针对司法实践中的具体情况，《解释》第十二条对"与行政行为有利害关系"的几

---

① 即原告资格也称起诉资格。

② 姜明安认为，公民这个概念不能涵盖外国人、无国籍人，所以将行政诉讼原告的范围界定为"个人或者组织"，"个人"包括公民、外国人、无国籍人，"组织"包括法人和其他组织（资料来源：姜明安. 行政法与行政诉讼法[M]. 5 版. 北京：北京大学出版社，高等教育出版社，2011）。

种情况做了明确规定："（一）被诉的行政行为涉及其相邻权或者公平竞争权的；（二）在行政复议等行政程序中被追加为第三人的；（三）要求行政机关依法追究加害人法律责任的；（四）撤销或者变更行政行为涉及其合法权益的；（五）为维护自身合法权益向行政机关投诉，具有处理投诉职责的行政机关作出或者未作出处理的；（六）其他与行政行为有利害关系的情形。"

此外，《解释》第十三条至第十八条针对特殊情形中的原告资格问题作了明确的规定。

（二）行政诉讼原告资格的转移

原告资格一般是不能转移的，但是为了充分保障公民、法人和其他组织的合法权益，及时有效地纠正违法行政行为，促使行政机关依法行政，在法定的特殊情况下，行政诉讼的原告资格可以转移。依照《行政诉讼法》第二十五条的规定，行政诉讼原告资格转移有两种情形。

（1）有权提起诉讼的公民死亡，其近亲属可以提起诉讼。在此种情况下，提起诉讼的近亲属是原告而不是诉讼代理人。近亲属的范围包括配偶、父母、子女、兄弟姐妹、祖父母、外祖父母、孙子女、外孙子女和其他具有抚养、赡养关系的亲属。

（2）有权提起诉讼的法人或者其他组织终止，承受其权利的法人或者其他组织可以提起诉讼。

三、行政诉讼被告

（一）行政诉讼被告的概念及被告资格认定的法律规则

行政诉讼被告是指被原告起诉指控其具体行政行为侵犯原告合法权益，并由人民法院通知其应诉的行政机关和法律、法规、规章授权的组织。

《行政诉讼法》第二十六条及《解释》第十九条至第二十五条对被告认定规则作了具体的规定。

（1）公民、法人或者其他组织直接向人民法院提起诉讼的，作出行政行为的行政机关是被告。

（2）经过复议程序的案件，有以下几种情况：①复议机关决定维持原行政行为，作出原行政行为的行政机关和复议机关是共同被告；②复议机关改变原行政行为的，复议机关是被告；③复议机关在法定期间内不作复议决定，当事人对原具体行政行为不服而起诉的，作出原行政行为的行政机关为被告；④复议机关在法定期间内不作复议决定，当事人对复议机关的不作为不服而提起诉讼的，复议机关为被告。

（3）两个以上行政机关作出同一行政行为的，共同作出行政行为的行政机关是共同被告。

（4）行政机关委托的组织所作的行政行为，委托的行政机关是被告。没有法律、法规或者规章规定，行政机关授权其内设机构、派出机构或者其他组织行使行政职权的，属于行政诉讼法第二十六条规定的委托。当事人不服提起诉讼的，应当以该行政机关为被告。

（5）行政机关被撤销或者职权变更的，继续行使其职权的行政机关是被告。行政机关被撤销或者职权变更，没有继续行使其职权的行政机关的，以其所属的人民政府为被告；实行垂直领导的，以垂直领导的上一级行政机关为被告。

（6）当事人不服经上级行政机关批准的行政行为，向人民法院提起诉讼的，以在对外发生法律效力的文书上署名的机关为被告。

（7）行政机关组建并赋予行政管理职能但不具有独立承担法律责任能力的机构，以自己的名义作出行政行为，当事人不服提起诉讼的，应当以组建该机构的行政机关为被告。

（8）法律、法规或者规章授权行使行政职权的行政机关内设机构、派出机构或者其他组织，超出法定授权范围实施行政行为，当事人不服提起诉讼的，应当以实施该行为的机构或者组织为被告。

（9）当事人对由国务院、省级人民政府批准设立的开发区管理机构作出的行政行为不服提起诉讼的，以该开发区管理机构为被告；对由国务院、省级人民政府批准设立的开发区管理机构所属职能部门作出的行政行为不服提起诉讼的，以其职能部门为被告；对其他开发区管理机构所属职能部门作出的行政行为不服提起诉讼的，以开发区管理机构为被告；开发区管理机构没有行政主体资格的，以设立该机构的地方人民政府为被告。

（10）当事人对村民委员会或者居民委员会依据法律、法规、规章的授权履行行政管理职责的行为不服提起诉讼的，以村民委员会或者居民委员会为被告。当事人对村民委员会、居民委员会受行政机关委托作出的行为不服提起诉讼的，以委托的行政机关为被告。当事人对高等学校等事业单位以及律师协会、注册会计师协会等行业协会依据法律、法规、规章的授权实施的行政行为不服提起诉讼的，以该事业单位、行业协会为被告。当事人对高等学校等事业单位以及律师协会、注册会计师协会等行业协会受行政机关委托作出的行为不服提起诉讼的，以委托的行政机关为被告。

（11）市、县级人民政府确定的房屋征收部门组织实施房屋征收与补偿工作过程中作出行政行为，被征收人不服提起诉讼的，以房屋征收部门为被告。征收实施单位受房屋征收部门委托，在委托范围内从事的行为，被征收人不服提起诉讼的，应当以房屋征收部门为被告。

（二）对我国被告资格认定的反思

从立法中可以看出，我国行政诉讼被告资格的认定是以行政主体理论为确定标准的，能否成为行政诉讼的被告，主要看其在被诉具体行政行为中是否是行政主体。由于我国行政主体理论自身的先天不足，行政诉讼被告资格的确定缺乏理论基础，只能依靠法律的烦琐规定，然而，行政行为在作出的过程中，行政主体与实际的行为主体经常是不一致的，这往往给行政相对人行使起诉权带来一定的困难。

同时，根据我国传统的行政主体理论，行政主体的范围一般都被界定为行政机关和法律、法规、规章授权的组织，因而行政诉讼的被告也仅局限于这两种形式。随着行政的发展、政府职能的不断转变，更多的政府行政职能将逐渐从政府中分离出来，大量的具有社会管理职能的非政府组织和机构将承担越来越多的行政任务，而这些社会公权力组织并非完全可以用"法律、法规、规章授权的组织"来涵盖，对于它们的行为，行政相对人是否可以提起行政诉讼，谁将成为行政诉讼的被告，这都是不可忽视的问题。

四、行政诉讼第三人

行政诉讼第三人是指与被诉具体行政行为有利害关系，为维护自己的合法权益，申请参加或者由人民法院通知参加行政诉讼的公民和组织。因此，行政诉讼第三人是原告与被告之外具有独立诉讼地位的诉讼参加人，享有诉讼当事人的诉讼权利，其可以根据自己所受具体行政行为影响的情况来确定诉讼请求。

我国立法上对行政诉讼第三人的规定相对简单，根据《行政诉讼法》第二十九条与《解释》第三十条，界定行政诉讼第三人的重要标准是与被诉行政行为有"利害关系"。然而，对"利害关系"的认定，在立法上相对比较模糊，学界也有不同的理解。我国传统行政诉讼法理论认为，第三人与被诉具体行政行为有利害关系，仅限于直接利害关系，即该具体行政行为直接调整或涉及第三人的权利义务，而并非通过其他法律关系作为中介予以调整。因此，与被诉具体行政行为认定的事实有利害关系、与判决结果有利害关系等的间接利害关系人均被排除在了行政诉讼第三人范围之外，这样的理解没有体现充分保护第三人合法利益的立法目的，也不利于人民法院查明案情，提高办案效率。其实，从《行政诉讼法》及其司法解释来看，我国立法虽未明示，但对第三人制度的设计并未将"利害关系"限定在直接利害关系之内。面对错综复杂的司法实践，为了实现对第三人合法权益的充分保护，应当对"利害关系"作扩充性解释，包括直接利害关系，也包括前述的间接利害关系。

根据立法及实践的总结，行政诉讼第三人主要有以下几种情形。

（1）行政处罚案件中的受害人或者被处罚人。被处罚人不服行政处罚提起诉讼的，受害人可以作为第三人参加诉讼；受害人不服行政处罚提起诉讼的，被处罚人可以作为第三人参加诉讼。

（2）行政处罚案件中的共同被处罚人。行政机关就同一违法事实处罚了两个以上共同违法的人，其中一部分被处罚人不服处罚提起诉讼的，没有起诉的其他被处罚人可以作为第三人参加诉讼。

（3）行政裁决案件中的民事争议当事人。行政机关就某项民事争议作出裁决后，争议一方当事人不服裁决提起行政诉讼的，另一方当事人可以作为第三人参加诉讼。

（4）在行政确权案件中，行政机关对法律事实、法律关系进行认定，其他主张权利的人可以成为行政诉讼第三人参加诉讼。

（5）两个或两个以上行政机关作出相互关联或相互矛盾的具体行政行为时，一个行为被诉，其他行为作出的主体应当作为第三人参加诉讼。

（6）行政机关与非行政机关共同署名作出具体行政行为，相对人对处理结果不服提起诉讼，行政机关是被告，非行政机关作为第三人参加诉讼。

（7）应当追加被告而原告不同意追加的，人民法院应当通知其以第三人的身份参加诉讼。

第五节　行政诉讼证据制度

行政诉讼证据是指由当事人提交给人民法院，或者由人民法院依照职权调查、收集的，用以证明行政诉讼案件事实情况的材料，包括书证、物证、视听资料、证人证言、当事人陈述、鉴定结论，以及勘验笔录、现场笔录①。2002 年《最高人民法院关于行政诉讼证据若干问题的规定》（简称《行政诉讼证据规定》）颁布、实施，对行政诉讼的证据制度作了明确的规定。行政诉讼证据制度主要包括举证责任的分配以及证据的相关规则。

一、行政诉讼举证责任的分配

举证责任最早出现在罗马法中，它所确立的原则即"谁主张，谁举证"。随着世界各国对这一制度的使用和发展，举证责任的内容不断发生变化，从"谁主张，谁举证"演进到"在案件事实真伪不明时的证明责任"，在其定性与概念界定上也是众说纷纭。然而，不论对举证责任的理解有何偏差，两大法系的学者一致认为：举证责任的本质是证明责任，而提供证据责任则是举证责任的派生现象。②我国 1989 年颁布《行政诉讼法》时首次在法律上使用了"举证责任"这一概念，但该法自身及立法机关、司法机关均未对此概念加以界定。目前，我国学术界对举证责任的理解主要包含三方面：①当事人应当对其主张的事实提供证据；②当事人提供的证据要能够证明其主张；③当事人如果不能提供证据证明其主张，则要承担败诉的后果。因此，行政诉讼的举证责任是指在行政案件的真实情况难以确定时，由一方当事人提供证据加以证明，如其无法提供证据证明相应的事实情况，则将承担败诉的风险及不利的法律后果的制度。

我国行政诉讼立法在举证责任的分配上，着重强调了被告行政机关的举证责任，并未将被告的举证责任与原告、第三人的举证责任置于同等地位。

（一）被告的举证责任

《行政诉讼法》第三十四条规定："被告对作出的行政行为负有举证责任，应当提供作出该行政行为的证据和所依据的规范性文件。"因此，在行政诉讼中，由被告对被诉具体行政行为的合法性承担举证责任，这意味着，在行政诉讼中，被告必须提出事实根据和法律依据来证明其具体行政行为合法，否则将承担败诉的法律后果；原告无须提供证据证明被诉具体行政行为违法，法院更没有义务收集证据证明具体行政行为合法。

行政诉讼立法之所以将此举证责任负担于被告，主要是基于以下两点考虑：①根据依法行政的要求，任何行政行为的作出必须有事实根据和法律依据，否则只能是一种恣意行为；而且，行政行为的作出必须遵循基本的程序规则，即"先取证，后裁决"。因此，被告行政机关应当有能力提供充分的事实根据及行为作出的法律依据，以证明其行

---

① "现场笔录"是行政诉讼中特有的法定证据。

② 王学辉. 行政诉讼制度比较研究[M]. 北京：中国检察出版社，2004.

为的合法性，否则，该行为是违法或无效的。这也是司法权对行政权进行审查、监督的核心基础。②正是基于依法行政的要求，被告在作出具体行政行为的过程中，凭其主导和支配的地位，已收集了全部的事实根据，并掌握了所适用的法律规范；而作为原告的行政相对人在行政法律关系中则处于被动消极的地位，并受到自身知识、能力、精力等各方面的限制，无法对行政管理行为的事实根据和法律依据全面掌握。因此，被告的举证能力要强于原告，由被告承担举证责任，既体现了负担公平原则，也有利于保护原告的诉权。

在被告承担的举证责任中，需要注意以下两点。首先，被告举证的范围不仅限于事实根据，还包括作出具体行政行为的法律依据，即被告要全面地证明被诉具体行政行为的合法性。其次，被告除了要对具体行政行为的合法性进行证明，还要对其他一些事实承担举证责任，《行政诉讼证据规定》第四条规定："被告认为原告起诉超过法定期限的，由被告承担举证责任。"

（二）原告的举证责任

在行政诉讼中，被告对被诉具体行政行为的合法性负有举证责任，但并不意味着行政诉讼中所有问题的举证责任都由被告承担，原告在某些情况下也要承担部分举证责任。对此，《行政诉讼证据规定》第四条、第五条作了明确规定。

（1）原告向人民法院起诉时，应当提供其符合起诉条件的相应的证据材料，但被告认为原告起诉超过起诉期限的，由被告承担举证责任。

（2）在起诉不作为的案件中，原告还应当提供其提出申请的证据材料，但依职权被告应主动履行行政行为和被告受理申请的登记制度不完备等情形除外。

（3）在行政赔偿诉讼中，原告应当对被诉具体行政行为造成损害的事实提供证据。

上述规定将部分举证责任归为原告，主要因为：这些事实的证明对于原告而言，在其举证能力范围内，而且原告也有提供相应证据的便利和可能。当然，根据《行政诉讼证据规定》第六条的规定："原告可以提供证明被诉具体行政行为违法的证据。原告提供的证据不成立的，不免除被告对被诉具体行政行为合法性的举证责任。"此处原告向法院提供证据证明被诉具体行政行为违法，仅仅是推动法院的审判，而不是原告的法定责任。

二、行政诉讼证据规则

《行政诉讼证据规定》根据行政案件的特殊性，针对收集证据、提供证据、认定证据等过程中的一系列规则作了明确规定，以便于证据制度的实践操作。

（一）取证规则

取证规则即在行政诉讼过程中，收集和调取证据的基本准则。取证包括当事人收集证据与法院调取证据。

1. 被告收集证据

《行政诉讼法》第三十五条规定："在诉讼过程中，被告及其诉讼代理人不得自行向原告、第三人和证人收集证据。"《解释》和《行政诉讼证据规定》又进一步将被告诉讼代理人自行收集证据的行为同样列入禁止之列。之所以这样规定，主要是为了防止被告弄虚作假，在具体行政行为被诉后再补充证据以证明其行为的合法性。

当然，被告并不是在任何情况下都不能收集证据。在诉讼过程中，原告或者第三人提出其在行政程序中没有提出的反驳理由或者证据的，经人民法院准许，被告可以在第一审程序中补充相应的证据。

2. 原告与第三人收集证据

行政诉讼立法中没有对原告和第三人收集证据的行为进行限制，这意味着他们有权在诉讼过程中收集证据，只是提交证据必须在法定的期限内。

3. 法院调取证据

行政诉讼证据一般应当由当事人主动向法院提供，但是，在某些特殊情况下，当事人提供证据有困难，需要申请法院调取。然而，法院毕竟是中立的裁判者，其调取证据的权力如不加以限制，必然会导致双方当事人诉讼力量的失衡。因此，法律对人民法院在行政诉讼中可以调取证据的两种情形作了规定。

（1）依职权调取证据，主要涉及国家利益、公共利益或者他人合法权益的事实认定的；涉及依职权追加当事人、中止诉讼、终结诉讼、回避等程序性事项的。

（2）根据原告或第三人的申请调取证据，主要适用于如下情形：由国家有关部门保存而须由人民法院调取的证据材料；涉及国家秘密、商业秘密、个人隐私的证据材料；确因客观原因不能自行收集的其他证据材料。

同时，《行政诉讼证据规定》也明确规定，人民法院不得为证明被诉具体行政行为的合法性，调取被告在作出具体行政行为时未收集的证据。

（二）举证期限规则

在行政诉讼过程中，各方当事人都有权向法院提交证据，但为了防止当事人不及时举证，影响案件的审理进程，行政诉讼法对当事人提交证据的时间作了限制。

根据《行政诉讼法》的规定，被告应当在收到起诉状副本之日起十五日内向人民法院提交作出行政行为的证据和所依据的规范性文件，被告不提供或者无正当理由逾期提供证据的，视为没有相应证据。当然，被告在作出行政行为时已经收集了证据，但因不可抗力等正当事由不能提供的，或者原告或者第三人在诉讼过程中，提出了其在被告实施行政行为过程中没有提出的反驳理由或者证据的，经法院准许，被告可以在行政诉讼程序中补充相应的证据。

原告或者第三人应当在开庭审理前或者法院指定的交换证据之日提供证据；因正当事由申请延期提供证据的，经人民法院准许，可以在法庭调查中提供。逾期提供证据的，视为放弃举证权利。原告或者第三人在第一审程序中无正当事由未提供而在第二审程序中提供的证据，法院不予接纳。

另外，根据《行政诉讼法》的规定，在诉讼过程中，法院有权要求诉讼当事人提供或补充证据。但是，在实践中，法院更倾向于鼓励当事人自己积极提供证据，法院原则上仅对当事人提供的证据进行审查，进而作出裁决。因此，《行政诉讼证据规定》进一步规定："对当事人无争议，但涉及国家利益、公共利益或者他人合法权益的事实，人民法院可以责令当事人提供或者补充有关证据。"

（三）质证和认证规则

行政诉讼中的质证是指在庭审过程中，对当事人收集及法院调取的证据当庭出示并进行相互对质、辨认、核实的证明活动。依据诉讼公开的原则，未经庭审质证的证据不能作为定案的依据。当然，涉及国家秘密、商业秘密和个人隐私或者法律规定的其他应当保密的证据，不得在开庭时公开质证。当事人在庭前证据交换过程中没有争议并记录在卷的证据，经审判人员在庭审中说明后，可以作为认定案件事实的依据。另外，《行政诉讼证据规定》针对不同种类的证据规定了不同的质证规则。

在举证、质证之后，法院要对证据的关联性、合法性、真实性进行审查核实，在此基础上对证据的证明资格、证明力大小予以认定，并最终完成对案件事实的认定。《行政诉讼证据规定》同样对证据的认证规则作了详细的规定。

2002 年《最高人民法院关于行政诉讼证据若干问题的规定》颁布、实施，我国有关行政诉讼证据的立法日益健全。然而，在司法实践中依然存在证据规则缺漏的现象。诸如"国家利益和公共利益""正当事由"等不确定概念往往会给被告可乘之机，使其违反举证规则的行为合法化，并且在某些规则的制定上未细化，法官在运用过程中自由心证的空间过大，为行政干预创造了条件。因此，有必要对行政诉讼证据规则进一步细化、完善。

第六节　行政诉讼程序

诉讼程序是诉讼制度的核心，是人民法院公正审理行政案件的保障。我国行政诉讼程序同民事、刑事诉讼程序一样，都实行两审终审制，但是程序中具体的制度规定有所不同。

一、起诉与受理

（一）起诉

行政诉讼的起诉是指公民、法人和其他组织认为行政机关的具体行政行为侵犯了其合法权益，依法请求人民法院对具体行政行为进行审查，以保护自己合法权益的一种法律行为。

起诉是行政相对人行使诉权的行为，是诉讼活动的起点。遵循"不告不理"的原则，没有行政相对人的起诉，人民法院不能主动开启对行政机关行政行为的审查。但是，为了防止行政相对人滥用诉权，《行政诉讼法》第四十九条规定了起诉条件：①原告是符合本法第二十五条规定的公民、法人或者其他组织；②有明确的被告；③有具体的诉讼请求和事实根据；④属于人民法院受案范围和受诉人民法院管辖。

除此之外，人民法院还必须对行政相对人的起诉进一步进行审查，查明其是否遵循了法律关于行政复议与行政诉讼关系的规定，以及是否符合法律对于起诉期限的规定。

行政复议与行政诉讼的关系是行政诉讼制度中非常重要的一个问题。我国《行政诉讼法》第四十四条规定："对属于人民法院受案范围的行政案件，公民、法人或者其他组织可以先向行政机关申请复议，对复议决定不服的，再向人民法院提起诉讼；也可以直接向人民法院提起诉讼。法律、法规规定应当先向行政机关申请复议，对复议决定不服再向人民法院提起诉讼的，依照法律、法规的规定。"据此，行政复议和行政诉讼由行政相对人自由选择是处理两者关系的一般原则，而行政复议前置、行政复议裁决终局是例外，需要有法律、法规的明确规定。从总体的法治发展趋势来看，遵循"司法最终救济"原则，这些例外情形将不断减少，而复议诉讼自由选择的立法模式正不断扩大其适用范围。

行政诉讼的起诉期限是行政相对人向人民法院提起诉讼、请求人民法院保护其合法权益的法定期限。行政相对人只有在法定期限内提起诉讼才能被法院受理，否则法院应裁定不予受理，已经受理的案件也应裁定驳回起诉。根据《行政诉讼法》和《解释》的规定，起诉的期限分为以下几种情况。

（1）公民、法人或者其他组织不服行政行为而直接向人民法院提起诉讼的，应当在知道作出具体行政行为之日起 6 个月内提出。法律另有规定的除外。

（2）公民、法人或者其他组织不服行政行为而向复议机关申请行政复议，对复议决定不服的，可以在收到复议决定书之日起 15 日内向人民法院提起诉讼。复议机关逾期不作决定的，申请人可以在复议期满之日起 15 日内向人民法院提起诉讼。法律另有规定的除外。

（3）公民、法人或者其他组织申请行政机关履行法定职责，行政机关在接到申请之日起 2 个月内不履行的，公民、法人或者其他组织可以向人民法院提起诉讼，人民法院应当依法受理。法律、法规、规章和其他规范性文件对行政机关履行职责的期限另有规定的，从其规定。公民、法人或者其他组织在紧急情况下请求行政机关履行保护其人身权、财产权的法定职责，行政机关不履行的，可以立即起诉。

（4）行政机关作出具体行政行为时，未告知公民、法人或者其他组织起诉期限的，起诉期限从公民、法人或者其他组织知道或者应当知道诉权或者起诉期限之日起计算，但从知道或者应当知道具体行政行为内容之日起最长不得超过 1 年。

（5）公民、法人或者其他组织不知道行政机关作出的具体行政行为内容的，其起诉期限从知道或者应当知道该具体行政行为内容之日起计算。对涉及不动产的具体行政行为从作出之日起超过 20 年、其他具体行政行为从作出之日起超过 5 年提起诉讼的，人民法院不予受理。

（二）受理

受理是指人民法院对原告的起诉进行审查，对符合起诉条件的案件决定立案审理的诉讼行为。

原告必须以书面形式向人民法院提起诉讼，受诉法院在收到起诉状后对起诉进行审查，并作出处理决定：①符合起诉条件的，法院应登记立案。②对当场不能判定是否符合行政诉讼法规定的起诉条件的，应当接收起诉状，出具注明收到日期的书面凭证，并在七日内决定是否立案。③不符合起诉条件的，作出不予立案的裁定。裁定书应当载明不予立案的理由。原告对裁定不服的，可以提起上诉。④起诉状内容欠缺或者有其他错误的，应当给予指导和释明，并一次性告知当事人需要补正的内容。不得未经指导和释明即以起诉不符合条件为由不接收起诉状。

人民法院一旦受理原告的起诉即发生一定的法律后果。

（1）该人民法院取得此案的管辖权，必须在法定期限内依照法定程序审结案件。因此，其他任何国家机关，包括其他人民法院都无权再受理此案。

（2）双方当事人取得原告与被告的资格，开始享有法定的诉讼权利并承担法定的诉讼义务。与此同时，其他诉讼参与人也取得相应的诉讼地位。

（3）诉讼不停止具体行政行为的执行。基于行政行为的公定力和执行力，也是出于维护公共利益的需要，被诉具体行政行为在被法院撤销或变更之前，一般不停止其执行，除非出现了法定的特殊情况。然而，在实践中，很少有行政机关在行政诉讼中主动停止具体行政行为的执行，人民法院也不能主动停止执行，即使原告提出申请，法院也不一定作出停止执行的裁定。因此，该制度过分强调了对行政机关具体行政行为的维护，不利于对行政相对人合法权益的保护。随着司法改革的推进，在不损害社会公共利益的前提下，诉讼过程中停止具体行政行为的做法将会越来越普遍。

二、一审程序

一审程序是指从人民法院裁定受理到作出一审判决的诉讼程序，是所有行政案件基本的、必经的程序阶段，也是整个行政诉讼程序中体系最完整的阶段。

（一）审前准备

在正式开庭审理前，为保证开庭审理的顺利进行，审判人员要进行一系列的准备工作，包括组成合议庭、向当事人发送起诉状和答辩状副本、决定是否公开审理、审核诉讼材料、调查收集证据、确定诉讼当事人、确定开庭的时间和地点并通知诉讼当事人及其他诉讼参与人。

（二）庭审程序

开庭审理是人民法院合议庭在诉讼当事人、诉讼参与人的参加下，依照法定程序对当事人之间的行政争议案件进行审理，在查明事实的基础上，依据法律、法规对争议作出裁判的活动。除了涉及国家秘密、个人隐私和法律另有规定的案件，行政案件一般应当公开审理。开庭审理一般必须经过以下五个阶段：预备阶段、法庭调查阶段、法庭辩论阶段、合议庭评议阶段和宣判阶段。

行政诉讼一审的审理期限原则上是六个月，有特殊情况需要延长的应该报请高级人民法院批准，高级人民法院审理的第一审案件需要延长应当报请最高人民法院批准。

在一审判决宣告前，原告可以申请撤诉，这是原告处分自己诉权的具体体现，是原告在行政诉讼中依法享有的一项重要的诉讼权利。当然，原告撤回起诉的申请必须得到人民法院的准许，人民法院对申请进行审查后未准许撤诉的，案件应当继续审理。出现以下三种情况时视为原告申请撤诉：①原告经人民法院两次合法传唤，无正当理由拒不到庭的；②未经法庭许可中途退庭的；③原告在法定期限内未缴纳诉讼费用且又未提出缓交、减交、免交诉讼费用的申请，或者提出申请未获批准的。原告撤回起诉的申请经人民法院裁定准许后，一审诉讼程序即终结，原告不得以同一事实和理由重新起诉。准予撤诉的裁定确有错误的，原告可以申请再审，人民法院应当通过审判监督程序撤销准予撤诉的裁定，重新对案件进行审理。如果是因为诉讼费用问题按自动撤诉处理的，原告在起诉期间内再次起诉，并依法解决诉讼费用问题的，人民法院应当受理。

三、二审程序

二审程序也称上诉审程序或终审程序，是上一级人民法院根据当事人的上诉，对下一级人民法院未发生法律效力的判决、裁定依法进行审理并作出裁判的活动。一审程序是二审程序的前提和基础，行政案件是否经历二审程序，主要取决于当事人是否上诉。二审程序是一审程序的延续，是上级人民法院对下级人民法院的审判监督。

根据《行政诉讼法》的规定，当事人不服人民法院第一审判决的，有权在判决书送达之日起十五日内向上一级人民法院提起上诉。当事人不服人民法院第一审裁定的，有权在裁定书送达之日起十日内向上一级人民法院提起上诉。逾期不提起上诉的，人民法院的第一审判决或者裁定发生法律效力。

二审程序与一审程序基本相同，但在以下几方面有所区别。

（1）审理方式。一审以开庭审理为原则；二审对于事实清楚的行政案件可以实行书面审理，但是当事人对原审人民法院认定的事实有争议的，或二审人民法院认为原审人民法院认定事实不清楚、证据不足的，应当开庭审理。

（2）审理对象。一审法院只审理被诉具体行政行为的合法性及相关问题；二审法院应当贯彻全面审理的原则，既要对一审法院的裁判是否合法进行审查，也要对被诉具体行政行为的合法性进行审查，不受上诉人上诉范围的限制。

（3）审判组织。人民法院审理行政案件时，必须采用合议制。但是一审的合议庭成员可以都是审判员，也可以由审判员和陪审员共同组成合议庭；二审的合议庭成员必须都是审判员。

（4）审理期限。一审的审理期限是六个月；而二审的审理期限是三个月。

二审法院依法审查后，可以根据具体情形作出维持判决、直接改判、撤销或变更原判、发回原审人民法院重审等裁决。

已经发生法律效力的判决、裁定确有错误的，人民法院可以根据当事人的申请、检察机关的抗诉或者法院自行发现来依法对行政案件进行再审，该程序即行政诉讼的审判监督程序或再审程序。

四、再审程序

审判监督程序也称再审程序，是指人民法院认为已经发生法律效力的行政诉讼判决或裁定确有错误，依法定程序对案件再次进行审理的程序。并不是所有的行政案件都一定要经过审判监督程序，只有确实有错误而且已经发生法律效力的判决和裁定才适用该程序，所以，审判监督程序是一种特别的诉讼程序，该程序的目的是纠正判决或裁定可能存在的错误，维护当事人的合法权益。

与第一审程序、第二审程序相比，审判监督程序的启动较为严格，主要包括人民检察院的抗诉、人民法院发现错误后自行启动及当事人的申诉。对于当事人的申诉，并不能直接引起审判监督程序的启动，它只是法律赋予当事人的一种诉讼权利，是否启动再审程序，还是由受理法院审查后决定。并且，当事人的申请必须在判决、裁定或者调解书发生法律效力后六个月内提出。

人民法院决定按照审判监督程序再审的案件，应当中止原判决和裁定的执行。根据《解释》第一百一十九条的规定，人民法院按照审判监督程序再审的案件，发生法律效力的判决、裁定是由第一审法院作出的，按照第一审程序审理，所作的判决、裁定，当事人可以上诉；发生法律效力的判决、裁定是由第二审法院作出的，按照第二审程序审理，所作的判决、裁定，是发生法律效力的判决、裁定；上级人民法院按照审判监督程序提审的，按照第二审程序审理，所作的判决、裁定是发生法律效力的判决、裁定。

第七节　行政诉讼的判决、裁定与决定

一、行政诉讼判决

行政诉讼判决是指人民法院依据当事人的诉讼请求，在查明事实的基础上，依法就被诉行政行为的合法性及相关争议作出的实体性处理决定。它是人民法院针对原告的诉讼请求作出的回应，是行政审判程序的结果，具有司法程序保障的权威性。

（一）一审判决的种类及其适用条件

行政诉讼一审判决体现了行政诉讼的特点，反映了司法权与行政权在行政诉讼中的关系。依据《行政诉讼法》的规定，主要分为六种判决。

（1）驳回诉讼请求判决。驳回诉讼请求判决指人民法院经过审理，对原告的诉讼请求直接予以驳回的判决。它是对原告诉讼请求的否定，实质上是对被诉具体行政行为的间接肯定。驳回诉讼请求判决主要适用于行政行为证据确凿，适用法律、法规正确，符合法定程序的，或者原告申请被告履行法定职责或者给付义务理由不成立的，人民法院判决驳回原告的诉讼请求。

（2）确认判决。行政行为有下列情形之一的，人民法院判决确认违法，但不撤销行政行为：①行政行为依法应当撤销，但撤销会给国家利益、社会公共利益造成重大损害的；②行政行为程序轻微违法，但对原告权利不产生实际影响的。行政行为有下列情形之一，不需要撤销或者判决履行的，人民法院判决确认违法：①行政行为违法，但不具有可撤销内容的；②被告改变原违法行政行为，原告仍要求确认原行政行为违法的；③被告不履行或者拖延履行法定职责，判决履行没有意义的。

（3）撤销判决。撤销判决是人民法院经过审理，认为被诉具体行政行为部分或全部违法，从而部分撤销或者全部撤销具体行政行为，并可以责令被告重新作出具体行政行为的判决。撤销判决是人民法院对被诉具体行政行为的否定性评价，是司法机关对行政机关行使监督权的最集中体现。行政行为有下列情形之一的，人民法院判决撤销或者部分撤销，并可以判决被告重新作出行政行为：①主要证据不足的；②适用法律、法规错误的；③违反法定程序的；④超越职权的；⑤滥用职权的；⑥明显不当的。

（4）无效判决。行政行为有实施主体不具有行政主体资格或者没有依据等重大且明显违法情形，原告申请确认行政行为无效的，人民法院判决确认无效。

（5）变更判决。行政处罚明显不当，或者其他行政行为涉及对款额的确定、认定确有错误的，人民法院可以判决变更。人民法院判决变更，不得加重原告的义务或者减损原告的权益。但利害关系人同为原告，且诉讼请求相反的除外。

（6）履行判决。履行判决是人民法院经过审理，对拒不履行或者拖延履行法定职责的情形，责令行政主体在一定期限内履行法定职责的判决。被告不依法履行、未按照约定履行或者违法变更、解除政府特许经营协议、土地房屋征收补偿协议等协议的，人民法院判决被告承担继续履行、采取补救措施或者赔偿损失等责任。

自我国《行政诉讼法》实施以来，行政判决的种类不断在改进。然而，结合司法实践并与国外行政判决种类相比，我国行政判决的种类依旧存在诸多问题亟待完善，例如，维持判决的合理性问题、禁令判决和中间判决的欠缺，都值得去探讨。

（二）二审判决的种类及其适用条件

二审判决又称终审判决，是二审人民法院依法对上诉案件所作的判决。依据《行政诉讼法》的规定，二审判决包括维持原判和依法改判两种形式。

1. 维持原判及其适用条件

维持原判是指二审人民法院通过对上诉案件的审理，确认一审判决认定事实清楚，适用法律、法规正确，从而驳回上诉人的上诉，维持一审判决的判决。适用该判决必须同时具备以下条件：①原判决认定事实清楚；②原判决适用法律、法规正确。

2. 依法改判及其适用条件

依法改判是指第二审人民法院通过对上诉案件的审理，确认一审判决认定事实清楚，但适用法律、法规错误，或确认一审判决所根据的事实不清楚，而作出的直接改变一审判决内容的判决。依法改判适用于以下几种情况。

（1）原判决认定事实清楚，但适用法律、法规错误。这种情况下，二审法院应在正确适用法律、法规后，依法更正一审判决的内容。

（2）原判决认定事实不清，证据不足，或者原审理违反法定程序可能影响案件正确判决。一般而言，一审判决认定事实不清应该发回一审法院重审，但是有时一审法院由于主、客观的原因，很难或者不可能查清事实，二审法院则可以在查清事实后，依法对一审判决作出改判。

二审人民法院在对一审判决进行改判时，应当对被诉具体行政行为的合法性重新进行认定，依法判决维持、撤销或者变更被诉具体行政行为。

二、行政诉讼的裁定和决定

（一）行政诉讼的裁定

行政诉讼裁定是人民法院在行政案件的审理过程中，为解决特定的程序问题依法所作出的司法处理决定。行政诉讼裁定可以在行政诉讼的任何阶段作出，既可以是书面的，也可以是口头的，在形式上比行政诉讼判决更灵活。

行政诉讼裁定主要适用于以下几种情形：①不予受理；②驳回起诉；③管辖异议；④终结诉讼；⑤中止诉讼；⑥移送或指定管辖；⑦诉讼期间停止具体行政行为的执行或驳回停止执行的申请；⑧财产保全；⑨先予执行；⑩准许或不准许撤诉；⑪补正裁判文书中的笔误；⑫中止或终结执行；⑬提审、指令再审或发回重审；⑭准许或不准许执行行政机关的具体行政行为；⑮其他需要裁定的事项。

行政诉讼裁定的法律效力与行政诉讼判决相同。对一审法院作出的不予受理裁定、驳回起诉裁定和管辖异议裁定，当事人可以在一审法院作出裁定之日起十日内向上一级人民法院提出上诉，逾期不提出上诉的，一审人民法院的裁定即发生法律效力。以上三类裁定之外的其他所有裁定，当事人无权提出上诉，一经宣布或送达，即发生法律效力。

（二）行政诉讼的决定

行政诉讼决定是指人民法院为保证行政诉讼的顺利进行，依法对诉讼过程中的某些特殊事项所作的处理决定。

行政诉讼决定主要有以下几种：①有关回避事项的决定；②对妨害行政诉讼的行为采取强制措施的决定；③审判委员会启动再审监督程序的决定；④有关诉讼期限事项的决定；⑤审判委员会对重大、疑难行政案件的处理决定；⑥有关执行程序事项的决定。

行政诉讼决定一经作出即发生法律效力，义务人必须履行相关法律义务，使决定内容得以执行。对影响当事人权益的决定，当事人可以申请复议一次，但复议期间不停止决定的执行。决定发生法律效力后，如果发现认定事实或者适用法律确有错误，可由作出决定的人民法院撤销或变更，但不能提出上诉或依照审判监督程序再审。

思考与讨论

（1）什么是行政诉讼？

（2）行政诉讼有哪些基本原则？

（3）我国行政诉讼法规定哪些具体行政行为可诉？哪些事项不可诉？

（4）我国行政诉讼级别管辖、地域管辖和裁定管辖各遵循什么规则？

（5）行政诉讼原告有什么资格条件要求？哪些个人、组织可以成为行政诉讼原告？

（6）人民法院受理行政案件后产生哪些法律后果？

（7）行政诉讼一审程序与二审程序的区别有哪些？

（8）行政诉讼判决有哪些种类？各自的适用条件是什么？

（9）行政诉讼裁定适用于哪些情形？其效力如何？

案例分析题

甲某与乙某发生争执，甲某打了乙某致其皮肤多处擦伤。乙某的哥哥丙某得知后，找甲某理论，并用开水将甲某烫伤，致甲某轻微伤。

甲某向公安机关报警，而乙某也要求公安机关处理甲某打其的事情。公安机关给予丙某行政拘留的处罚。甲某与丙某对此均不服，向上级公安机关申诉。上级公安机关认为，甲某打乙某的事实与丙某伤害甲某的事实不可分割，应当同时处理，认为原公安机关作出的处罚决定明显不当，决定撤销原行政处罚。

甲某对此不服提起行政诉讼。一审法院支持原公安机关的行政处罚决定，裁定撤销上级公安机关的撤销处罚决定。丙某不服一审裁判，提出上诉。二审法院认为上级公安机关的处理决定正确，一审法院的裁决不当，因此撤销一审判决。

问题：

（1）人民法院如何审查此案中上级公安机关的申诉裁决？

（2）人民法院可否受理甲某的起诉决定？

第十章　行政赔偿和行政补偿

本章教学要求

　　行政赔偿和行政补偿是我国行政救济的重要途径，也是保障自然人、法人和其他组织合法权益的重要手段。通过本章学习，了解行政赔偿的含义、特征和意义，把握行政赔偿责任的归责原则、构成要件、范围、主体、程序、方式与计算标准，掌握行政补偿的概念、特征、范围、方式、标准与程序，通过对它们的了解，正确理解和运用行政赔偿与行政补偿的基本理论和原理。

重点问题

（1）我国建立国家赔偿责任制度的理论依据

（2）国家赔偿法确立的侵犯人身权的行政赔偿范围

（3）生命健康权损害的赔偿标准

难点问题

（1）行政赔偿诉讼的程序

（2）精神损害赔偿的意义和作用

第一节　行政赔偿概述

一、行政赔偿的含义及特征

　　行政赔偿是指行使行政职权的机关（简称行政主体）及其工作人员在进行行政管理活动中，违法行使行政职权侵害自然人、法人或其他组织的合法权益并造成损害的，由国家承担赔偿责任的制度。

　　行政赔偿作为一种救济方式，与其他救济制度相比，具有如下特征。

　　首先，行政赔偿是由行政主体及其工作人员行使职权的行为引起的。在这里，行政主体包括国家行政机关、法律法规授权的组织。至于行政机关委托的组织，在受委托的范围内行使行政权造成自然人、法人和其他组织权益受到损害时也会导致行政赔偿发生。在我国，国家行政机关和法律法规授权的组织统称为行政主体，它们能对自己的行为独立承担法律责任。行政机关委托组织是指受国家行政机关委托行使一定行政职权的非国家机关组织，受委托的组织只能以委托组织的名义行使职权，行为后果也由委托组织来承担，因此，受委托的组织造成的损害也应该由国家承担赔偿责任。

其次，行政赔偿是由于行使行政职权的机关在进行行政管理活动中，违法行使行政职权发生侵权行为而引起的。凡不是行政主体行使行政职权的行为发生的侵权损害如行政主体的民事侵权损害，都不能引起行政赔偿。但应当指出的是，只有违法的具体行政行为和违法的事实行为才能引起行政赔偿责任。同时，根据我国《国家赔偿法》的规定，抽象行政行为不能直接引起行政赔偿责任，即自然人、法人和其他组织不能直接对抽象行政行为提起诉讼，请求赔偿。

再次，享有行政赔偿的请求人是合法权益受到行政侵权行为损害的自然人、法人和其他组织。行政赔偿的请求人是在行政管理活动中处于被管理地位的自然人、法人和其他组织，但并不局限于具体行政行为所指向的对象，凡是合法权益受到行政主体及工作人员行政行为侵害的人都有权请求赔偿。

最后，行政赔偿由国家承担赔偿责任。根据我国《国家赔偿法》的规定，虽然行政赔偿的义务机关为致害的机关，当然，受委托组织致害时的赔偿义务机关为委托的国家行政机关，但不管哪种形式，行政赔偿最后都是由国家承担赔偿责任，赔偿费用是由国家来承担的。

二、行政赔偿与司法赔偿的区别

从我国的国家赔偿立法来看，行政赔偿与司法赔偿同属于国家赔偿的组成部分，两者有许多相同之处。例如，两者都只能在违法行使职权造成自然人、法人和其他组织损害的情况下才能产生，两者的赔偿方式、赔偿的计算标准、赔偿费用的负担等也是相同的。但行政赔偿与司法赔偿毕竟是两种不同性质的国家赔偿，因此二者也存在一些区别，主要表现在以下几点。

（一）侵权行为的性质不同

行政赔偿中的侵权行为是由行政主体及其工作人员违法行使行政职权而引起的，是行使国家行政权的结果；而司法赔偿中的侵权行为是由司法机关及其工作人员在刑事诉讼中违法行使侦查权、检察权、审判权、监狱管理权，以及在民事、行政审判中人民法院违法采取强制措施、保全措施而引起的，是行使国家司法权的结果。

（二）侵权行为的主体不同

行政侵权行为的主体是行政主体及其工作人员，包括国家行政机关及其工作人员、法律法规授权的组织及其工作人员，以及受委托的组织及其工作人员；而司法侵权行为的主体是司法机关，即行使侦查、检察、审判、监狱管理职权的机关及其工作人员，具体包括公安机关（包括国家安全机关、军队保卫部门）、检察机关、审判机关、监狱管理机关及其工作人员。

（三）赔偿义务机关不同

行政赔偿与司法赔偿虽然都是由国家来承担赔偿责任，但具体承担赔偿义务的机关不同。行政赔偿的赔偿义务机关是违法行使行政职权的行政主体，而司法赔偿的赔偿义务机关是应当承担赔偿责任的行使侦查、检察、审判、监狱管理职权的机关。

（四）赔偿处理程序不同

行政赔偿的请求人可以先向赔偿义务机关提出申请，对行政主体的行政处理决定不服，可以向法院提起诉讼，也可以在申请行政复议和提起行政诉讼时一并提起赔偿申请；而司法赔偿的请求人只能先向赔偿义务机关提出赔偿申请，不服的可以申请复议，但不能通过诉讼途径解决。

（五）追偿条件不同

依照《国家赔偿法》的规定，行政赔偿和司法赔偿后都实行追偿制度，追偿制度是指国家在履行了赔偿义务后，可以责令有关责任人员承担部分或全部赔偿费用。但在行政赔偿中，追偿的条件是行政主体及其工作人员主观上有故意和重大过失，采用的是主观标准。在司法赔偿中，追偿的条件是：司法机关工作人员实施了刑讯逼供者以殴打、虐待等行为，或者唆使、放纵他人以殴打、虐待等行为造成公民身体伤害或死亡；违法使用武器和警械造成公民身体伤害或死亡；在审理案件中有贪污受贿、徇私舞弊、枉法裁判等行为。可见，司法赔偿的追偿采用的主要是客观标准，其追偿范围比行政赔偿的追偿范围要窄。究其原因，主要是司法活动的情况比较复杂，要判断司法人员主观上是否存在故意或重大过失比较困难，故追偿的范围不能过宽，否则很容易挫伤司法工作人员的积极性。

三、建立行政赔偿制度的重要性

考查各国的国家赔偿法，我们发现各国的国家赔偿均包含行政赔偿与司法赔偿两部分，其中行政赔偿具有重要的作用，在国家赔偿中占有重要地位。如法国被誉为国家赔偿的母国，其国家赔偿制度甚为完善，但法国的国家赔偿，起始于行政职能领域，以后拓宽到立法、司法职能领域，其赔偿范围才有了很大发展。[①]行政赔偿制度对完善一个国家的民主政治和保障自然人的基本权益具有积极意义，特别在我国目前阶段，要发挥国家赔偿制度对社会的积极效用，必须建立完善的行政赔偿制度。

首先，建立行政赔偿制度是自然人、法人和其他组织的合法权益得到充分有效救济的需要。"有权利必有救济，有损害必有赔偿"的古老谚语反映了人民对正义的向往与追求。在现实中，对自然人权益的侵害很大程度上来源于国家行政权的行使。因此从一定程度上说，权利救济的程度如何，已经成为评价一国的行政赔偿制度最重要的标准。行政赔偿制度的建立正好使行政主体及其工作人员侵犯自然人、法人和其他组织的合法权益而产生的行政赔偿纠纷的解决有了完善的制度保障，有利于对自然人、法人和其他组织的合法权益实施充分有效的救济。

其次，建立行政赔偿制度是促使和监督行政主体依法行使行政权力的需要。行政权

---

① 薛刚凌. 国家赔偿法教程[M]. 北京：中国政法大学出版社，1997.

具有两面性，一方面正确行使能为人民带来福利，但另一方面积极扩张又很容易侵犯人民的利益。为了防止滥用国家行政权力，损害自然人、法人和其他组织的合法权益，国家必须以法律的形式规定行政权力的范围、行使行政权力的条件和程序等，使各行政主体在法定的范围内行使其权力，不能越权或滥用。除此之外，还必须对行政主体及其工作人员所造成的损害进行事后救济，促使其依法行使行政职权。

最后，建立行政赔偿制度是协调国家行政机关同人民群众之间的关系、实现社会公平和正义的需要。在我国《国家赔偿法》没有颁布实施以前，虽然宪法规定了自然人的合法权益受到损害，有取得赔偿的权利，但由于没有具体规定行政赔偿的范围、标准、方式等，容易引发行政赔偿争议。行政赔偿制度的建立使自然人、法人和其他组织的合法权益在行政主体违法行使职权受到损害时能够得到公平合理的赔偿，为实现社会的公平正义奠定了法律基础。

四、国家赔偿工作状况

（一）国家赔偿案件有限

据统计，2014 年至 2019 年 6 年间，各级人民法院受理国家赔偿案件 35 917 件，平均每年全国法院国家赔偿案件 6000 件，如果扣除自赔案件和委赔案件重复计算的情形，全国法院国家赔偿案件实际只有 4000 件左右。与法院受理庞大数量民商事案件相比，国家赔偿案件几乎可以忽略不计。以浙江法院为例，1995 年至 2019 年 25 年间，全省法院共受理国家赔偿案件 1547 件，平均每年 60 件。[①]司法赔偿并不同于行政赔偿，一方面由于司法机关普遍比行政机关法治意识强，真正违法行使职权的案件不多，造成损害符合本章第二节行政赔偿责任的归责原则与构成要件需要赔偿的案件更少。为了拓展司法赔偿案源，最高人民法院司法解释尽可能对司法赔偿范围作扩大解释，将尽可能多的案件纳入赔偿范围。但由于司法机关面临追偿追责的压力，国家赔偿工作阻力重重。另一方面实践中大量存在赔偿请求人权益受损害而无法申请赔偿的问题，如刑事拘留赔偿案件，侦查机关决定并实施刑事拘留的行为是合法的，但最终排除嫌疑的当事人无辜被拘留却无法得到赔偿。又如，在法院诉讼保全和执行过程中，赔偿请求人财物自然折旧、减损，尽管法院行使职权是合法的，而赔偿请求人权益受损是实实在在的，其特别牺牲的权益无法得到赔偿。《国家赔偿法》关于非刑事司法赔偿的规定只有第三十八条，但近年来非刑事赔偿案件数量超过刑事赔偿案件，执行错误赔偿数量显著增加，但由于非刑事赔偿是我国独创的一项制度，国外没有先例，境外可供借鉴的资料也比较少，实务问题普遍缺乏经验。

（二）国家赔偿工作研究匮乏

国家赔偿工作是一项横跨刑事、民事、行政、执行等各项法院业务，涉及侦查、检察、审判、监狱管理等多项司法职权的审判工作。这些年重大刑事冤错案件赔偿问题，引起全社会的普遍关注，但因国家赔偿案件数量稀少，在法院内外并未受到应有的重视。

---

① 中华人民共和国最高人民法院. 中国法院的司法改革 2013-2018[M]. 北京：人民法院出版社，2019.

全国研究国家赔偿工作的专家寥寥无几，撰写的国家赔偿专著和论文较少，行政法学界和刑事诉讼法学界均有所忽视。1984 年，刘新熙在《法学研究》上发表了第一篇国家赔偿主题的论文——《国家赔偿责任刍议》。20 世纪 80 年代中期，国家赔偿和行政诉讼的学术关注度旗鼓相当，但由于行政诉讼法的颁布，两者的差距在 20 世纪 80 年代后期迅速拉开。到了 1994 年《国家赔偿法》颁布前后，国家赔偿的学术关注度曾一度追上行政诉讼。但与行政诉讼在法典颁布后持续的学术关注度不同，国家赔偿法一经施行，其学术关注度在 1995 年后便陡然降低。此后尽管在 2010 年《国家赔偿法》修订前缓慢爬升至一个顶峰，但再也没能追上行政诉讼的学术关注度。

（三）诉讼化改造方向有待重新审视

有的学者始终将法院赔偿部门审理案件作为中心工作，并把国家赔偿诉讼化改造作为发展方向，建议设立国家赔偿庭。笔者认为，国家赔偿案件诉讼化改造和国家赔偿庭的设立不是国家赔偿工作的发展方向。司法赔偿案件包括自赔案件和委赔案件。自赔和委赔案件的关系，类似于法院一审与二审的关系，一审显然比二审更重要。近几年，政法工作越来越推崇"枫桥经验"，强调矛盾消灭在基层，纠纷解决在当地。国家赔偿争议从自赔案件发展成为委赔案件，显然属于矛盾激化的产物，不应当鼓励和提倡，其导向存在问题。从国外制度和实践来看，无论是刑事赔偿还是非刑事赔偿，更多需要补偿而不是赔偿，特别是许多重大冤错案件的善后处理，需要解决住房、社保、就业和融入社会等一系列问题，这显然不是诉讼化所能解决的。诉讼化的国家赔偿需要国家补偿制度作为基础，单独将司法赔偿进行诉讼化改造，可能面临意想不到的困难。有人建议，不要严格区分赔偿和补偿，但区分赔偿与补偿的司法理念已经约定俗成，修正这一理念不仅需要修改一系列法律，而且与国际通行做法不符。在美国，法官和检察官通常享有非常广泛的侵权责任豁免权。刑事错案的受害人，要追究法官和检察官的刑事赔偿责任非常困难。如今，美国已有超过半数的州颁布了刑事补偿法案，为刑事错案的受害人提供补偿救济。这种救济不适用诉讼程序，不要求审判或追诉过程中存在违法或过错行为，通常只需受害人被证明无罪即可申请补偿，但同时这种补偿未必足以填补受害人的全部损失。倘若受害人认为补偿不足以弥补其损失，可以选择另行起诉法官或检察官，以诉讼的方式谋求更完备的救济。然而，这种诉讼成功的案例少之又少。主要原因在于美国的法治文化对于司法独立有非常强烈的执念，不愿意让法官或检察官面临可能的侵权赔偿进而在执行职务时有所顾虑，因此大部分情况下，刑事错案受害人寻求救济的脚步止于刑事补偿。

日本的国家赔偿制度中，刑事赔偿与行政赔偿一样，均适用诉讼程序。但和美国的情况类似，刑事赔偿责任的成立要求法官或检察官被确认有过错，而要受害人证明这一点是极为困难的。单就针对检察官提起的国家赔偿诉讼，除了少数案例，几乎所有的判决都认为检察官的司法行为没有违法性。与美国多数州的情况类似，日本 1950 年便出台了施行至今的《刑事补偿法》，其补偿程序不似诉讼程序那样烦琐。刑事错案的受害人一般会先申请刑事补偿，然后就不足额部分，运用国家赔偿求得填补。但因为刑事赔偿责任的条件颇为严格，所以几乎找不到刑事赔偿诉讼的胜诉案例。

　　我国国家赔偿法关于刑事赔偿和非刑事赔偿的规定，包含了不少司法补偿的内容。以无罪赔偿为例，其以司法结果而非司法行为的违法来确定赔偿，实质上主要是补偿而非赔偿。我国法院赔偿部门，其实承担起了上述美、日刑事补偿制度的功能。这种非诉讼化的制度功能使得刑事错案的受害人在昭雪之后便捷地获得救济，迅速地回归到正常生活，而无须再花时间精力进行举证和质证，追究侵权赔偿责任。此外，在审理国家赔偿案件过程中，区分赔偿和补偿，还牵涉到对司法机关、检察机关职务行为的合法性评价。由于赔偿通常与违法挂钩，在实质为刑事补偿的情况下，若一概将毫无违法情形的审判行为和追诉行为都适用赔偿，将审判机关或检察机关置于诉讼化的被告席，无疑会对审判机关、检察机关及其工作人员工作积极性造成不良影响。因此，在解决好国家赔偿法体系内部的矛盾之前，诉讼化的改造可能需要非常谨慎。

　　（四）集中管辖颇具争议

　　近几年，有些学者一直在推广集中管辖经验，其初衷是通过集中管辖推动国家赔偿案件审理专业化。集中管辖源自行政诉讼的集中管辖制度，系建立在诉讼化基础上，法院内部存在争议。主要存在以下几方面的问题：一是不便民。行政诉讼绝大部分涉及民生案件，部分案件争议标的额较小，涉及权益不大。异地管辖作为摆脱地方干预的途径对部分案件是可以适用的，但作为普遍实施的制度，显然有违便民原则。司法赔偿也具有类似问题，据不完全统计，80%以上的国家赔偿案件的诉讼结果是不予赔偿，从诉讼经济角度看，显然增加了当事人和人民法院的司法成本。二是不利于实质性化解纠纷。我国行政审判并不是一种判决型的审判方式，而是一种协调型的审判方式，专业化要求并不迫切。"熟人社会"具有天时、地利、人和的优势，案件在当地法院处理，可以实质性化解行政争议。异地管辖的"陌生人社会"虽有利于依法办事，却不利于案件的协调和调解。司法赔偿案件集中管辖不仅在一定程度上增加了协调和调解的困难，而且将矛盾从当地转移到异地，不利于纠纷的及时解决。三是不利于提升被集中法院的专业化水平。从案件分布而言，集中管辖固然可以增加集中法院的行政案件，提高其审理案件的专业化水平，但被集中法院却面临案件锐减的处境，导致不少基层法院行政审判庭陷入撤销的境地，不利于行政审判力量的壮大和发展。并且，当地法院仍然负责审查非诉行政案件，其数量远远超过行政诉讼案件，诉讼案件锐减不利于被集中法院专业化水平的提高。国家赔偿审判工作同样面临类似问题，将案件集中管辖后，被集中法院没有委赔案件，但仍有自赔案件，如何提升专业化水平仍是问题。四是有损被集中法院的司法公信力。行政诉讼法实施，人民法院通过对行政行为的审查，大大提高了法院的地位。一旦当地法院不再管辖当地的行政案件，不仅会强化当事人的"官官相护"的观念，而且影响当地法院在当地党政部门心目中的地位。从司法实践看，基层法院解决不了的问题，中、高级法院也难以解决，依靠异地法院解决更不现实。司法赔偿是公、检、法机关相互监督、制约的途径之一，集中管辖后，会导致当地法院丧失这一重要抓手。近年来，人民法庭撤并引发的"后遗症"应引以为戒，此前撤销的人民法庭，现在又开始着手恢复，司法改革演变为耗费人力物力的反复。

第二节　行政赔偿责任的归责原则与构成要件

一、行政赔偿责任的归责原则

"归责"一词最早是在民法学中提出的，是指行为人因其行为或物件致他人损害的事实发生以后，应依据何种根据使其负责……因此，归责原则实质上是一种根据，是确立和判断行为人侵权责任的根据。行政赔偿的归责原则即判断国家对行政主体及其工作人员的侵权行为是否应当承担法律责任的依据和标准。从世界各国的立法和实践来看，行政赔偿的归责原则有代表性的有三种：法国采用的以过错责任原则为主，以危险责任原则为辅的归责原则体系；德、意、英、美等国采用的过错责任原则和以瑞士和中国为代表的违法责任原则。

（一）过错责任原则

过错责任原则是行政主体及其工作人员行使行政职权时，因过错给受害人的合法权益造成损失，国家才承担赔偿责任。一般来说，采用过错责任原则的国家，在适用这一原则时，往往从行政法的特点出发，对过错责任原则进行修正和补救，如减轻受害人的举证责任或引入危险责任原则等。

（二）无过失责任原则

无过失责任原则也称"危险责任原则"或"严格责任原则"，指不论行政主体及其工作人员是否有过失，只要其行使职权侵犯了受害人的合法权益，国家就应当承担赔偿责任。无过失责任原则是一种基于结果的国家责任，它加重了国家的责任，因此，承认无过失责任的国家在适用该原则时，都避免将其一般化，而仅作为过错责任原则的补充。该原则在归责原则体系中一般处于辅助和从属地位。

（三）违法责任原则

违法责任原则是指行政主体及其工作人员违法行使职权侵犯了受害人的合法权益造成损害时，国家应当承担赔偿责任。该原则以职务违法行为作为归责标准，不考虑行为人主观上是否有过错。违法责任原则虽然不像无过失责任原则那样有利于最大限度地保护受害人，但违法责任原则标准客观，在审判实践中容易把握。

我国《国家赔偿法》第三条规定："行政机关及其工作人员在行使行政职权时有下列侵犯人身权情形之一的，受害人有取得赔偿的权利：（一）违法拘留或者违法采取限制公民人身自由的行政强制措施的；（二）非法拘禁或者以其他方法非法剥夺公民人身自由的；（三）以殴打、虐待等行为或者唆使、放纵他人以殴打、虐待等行为造成公民身体伤害或者死亡的；（四）违法使用武器、警械造成公民身体伤害或者死亡的；（五）造成公民身体伤害或者死亡的其他违法行为。"第四条规定："行政机关及其工作人员在行使行政职权时有下列侵犯财产权情形之一的，受害人有取得赔偿的权利：（一）违法实施罚款、吊销许可证和执照、责令停产停业、没收财物等行政处罚的；（二）违法对财产采取查封、扣押、冻结等行政强制措施的；（三）违法征收、征用财产的；（四）造成财产损害的其他违法行为。"

因此，目前我国行政赔偿适用的是违法责任原则。关于什么是"违法"，国家赔偿法没有作出进一步的解释，但从行政诉讼法等有关法律的规定来看，这里的"违法"应当包括违反全国人大及其常委会制定的法律，国务院制定的行政法规、有地方性法规制定权的地方人大及其常委会制定的地方性法规。此外，国务院部委规章和有规章制定权的地方人民政府制定的规章也应属于这里的"法"的范围。

综合来看，学者主要将我国国家赔偿的违法要件分为四种基本类型。

第一，公权力行为违法，但对于受害人所主张的权益损失，公权力机关并不承担职务上的注意义务，不具有可责性。在其他要件均已满足的情况下（即无法通过其他构成要件的缺失来否定责任的成立，下同），法院可以损失与公权力行为违法不存在利害关系为由，否定国家赔偿责任的成立，可称为"无利害关系的违法"。

第二，公权力行为违法，但对于受害人所主张的权益损失，公权力机关并未违反职务上的注意义务，不具有可责性。法院可以受害人所主张的损失与公权力行为违法之间缺乏因果关系为由，或在有法律依据的前提下以公权力机关已尽职务上的注意义务（没有过错）为由，否定国家赔偿责任的成立，可称为"已尽合理注意的违法"。

第三，公权力行为在形式上是合法的，但对于受害人所主张的权益损失，公权力机关违反了职务上的注意义务，具有可责性。法院可以以违反职务上的注意义务而违法为由（构成明显不当、滥用职权的自不待言），认定国家赔偿责任成立，此即学理和实践均已普遍接受的"未尽合理注意的违法"。

第四，公权力行为违法，且对于受害人所主张的权益损失，公权力机关违反了职务上的注意义务，具有可责性。成立这种类型的违法要件时，国家赔偿责任的成立没有任何法律解释上的障碍，可称为"纯正的违法"。

由此可见，尽管都叫"违法"，但只有后两种违法类型才能成为国家赔偿责任成立的基础。就行政赔偿而言，以上四种违法的基本类型作为侵权责任意义上的违法，与《行政诉讼法》第七十条所规定的司法审查意义上的六种违法类型，相互之间有所交错；在整体上，应当将两者相结合来看，才能观察到行政法上的违法概念更加完整的面貌。

我国现行的行政赔偿归责原则优势体现在以下几方面：一是违法责任原则和行政诉讼法、行政复议法的规定相协调，与依法行政和法治原则相一致。行政复议法、行政诉讼法中都有国家行政机关及其工作人员违法侵犯公民合法权益的强调，而没有规定国家行政机关及其工作人员是出于过失还是故意。二是违法责任原则简单明确，较容易被理解，具有较强的可实施性。若采用双重甚至多重标准来认定国家的赔偿责任，很可能导致主观上的判断困难。三是违法责任原则中，国家负赔偿责任的前提为行政机关及其工作人员执行公务时违法，即如果是合法的行政行为致使损害发生，国家则不需要负赔偿责任，这就有效地把国家赔偿责任和国家补偿责任区分开来。

虽然违法归责原则具有以上优势，但是随着法治社会、民主法制建设进程的发展，有关违法归责原则不足之处的讨论在理论界逐渐升温。概括而言，违法归责原则不足之处包括以下几方面：第一，行政赔偿的本质是赔偿，而不是违法性评价，按照违法责任原则，首先需要解决的是国家机关或其公务人员行为的合法性问题，这很容易导致国家赔偿司法实践忽视受害人遭受的损失。第二，违法责任原则在现行《国家赔偿法》中适用于积极的行使职权行为，对于消极行政行为、不作为的形式导致的受害人的损害是否可以违法责任原则进行判定在司法实践中容易引起争议，从而使这类不作为导致的损害可能被排除在国家赔偿责任之外。第三，对于不当的行政行为或者是滥用自由裁量权的行政行为，采取违法责任原则则意味着这类行为因其自身并无违法要素，无法以违法加以评判，因此无法追究行政赔偿责任，受害人就有可能遭受不公平结果。第四，根据违法责任原则，国家承担赔偿责任的前提是行政机关及其工作人员的职权行为违法，但并不是所有的职权行为都能用合法或违法来衡量，对于经济行为、事实行为、公共设施等造成的损害也都有可能发生国家赔偿责任，而违法责任原则实际上难以解决这些情形的行政赔偿问题。

当前我国行政赔偿归责原则应当在尽量遵循既定法治框架的前提下，继续发挥违法归责原则相较于其他归责原则的优势。以疏通行政诉讼节点、推进公民基本权利保障为视角，对违法归责原则进行适度的扩大解释，同时，以司法的自主规制和案例指导制度的辅助防范归责原则解释边界扩张可能带来的负面效应。

同时，即便在《国家赔偿法》施行以后，民法规范尚有适用空间。鉴于民法典将执行法人职务的民事责任细化为法定代表人的代表责任、法定代表人以外执行法人工作任务人员的委托代理责任、职务侵权责任，分别规定在总则的法人、代理章节和侵权责任编当中，在《民法通则》宣告失效后，仍然存在《国家赔偿法》与民法典侵权责任编的法条竞合问题。因此，有必要考察当前实务中民法规范在国家赔偿中的适用范围。在赔偿范围上，《国家赔偿法》仅承认行政赔偿和司法赔偿。为了落实立法目的，对于《国家赔偿法》以外的国家侵权，或是已经由民法规范提供了损害赔偿的请求权基础，或是逐渐被司法纳入民事案件中进行认定，实现民法规范的全案适用。

1. 公共设施的致害赔偿

公共设施致害赔偿尽管在赔偿责任的性质上存在争议，但一直被视为国家赔偿制度的组成部分。制定《国家赔偿法》时，因认为公共设施因设置、管理欠缺发生的致害，不属于违法行使职权所导致的后果，全国人大常委会没有将其纳入赔偿范围。司法实践中，大多数公共设施致害赔偿仍置于民事诉讼中解决。但主张将其适用国家赔偿程序的声音不绝于耳，其理由集中在公共设施相关法律关系的不平等性和特殊侵权责任赔偿范围、归责原则的局限性。事实上，虽然财政负担能力、经济和社会发展水平在20多年间都有显著提高，但支持公共设施致害赔偿适用民法规范的理由也随之发生了变化，并对既有局限和惯性思维进行了纠正。

2. 行政登记的致害赔偿

除负担行政行为以外，行政登记在特定情况下也会产生损害赔偿的问题。行政登记的法律性质是行政确认，用以确定财产权利或民事关系，原则上不产生损害。然而，行政机关的工作人员在审查登记的过程中如果存在过错，致使行政判断的结果在受调整的法律关系、期限、空间范围等事项上存在瑕疵，便存在致害乃至产生国家赔偿的可能性。

行政登记机关及其工作人员行使职权，侵犯申请人的合法权益并造成损害的，事实上属于国家赔偿的范畴。只不过，与传统的负担行政行为相比，国家在行政登记中的作用是相对有限的。一方面，登记机构以国家的公信力为登记信息的准确性和真实性背书，有助于解决权属冲突，提高民事活动的效率；另一方面，国家对登记信息进行监控，维护公共安全和秩序。本质上，行政登记的目的是公示申请人在人身权和财产权方面的法律事实，错误登记赔偿的目的是保护受害人的财产权和人格权等民事权益，行政登记错误引起的国家赔偿更适宜在民事诉讼中处理。

3. 瑕疵行政行为的致害赔偿

2010 年《国家赔偿法》修改后，删去了上一版第二条"违法"的表述，承认了归责原则的多元化。但现行法律规范仍然反映出以违法责任原则为主的归责原则体系。存在瑕疵的行政行为尚未达到违法程度，但如果该瑕疵造成了损害，仍然产生赔偿问题。由于《国家赔偿法》集中规定行政赔偿责任的第三条各项，都以违法为前提，当存在瑕疵的合法行政行为造成损害时，法院无法依据《国家赔偿法》确定国家的赔偿责任，而是适用民法规范使受害人得到赔偿。

二、行政赔偿责任的构成要件

行政赔偿责任的构成要件是指国家承担行政赔偿责任所应具备的条件。归责原则解决的问题是国家承担赔偿责任的标准，它是赔偿责任的基础和前提，而构成要件则是归责原则的具体体现。考虑行政赔偿责任的特殊性，有以下构成要件。

（一）主体要件

在我国，按《国家赔偿法》的规定，行政赔偿责任的侵权行为主体为以下几类。

1. 国家行政机关及其工作人员

国家行政机关是国家机关的一种，是由国家依法设立并代表国家依法行使国家行政权力的机关，在我国主要是指各级人民政府及其设立的机关，原则上，只要是国家行政机关，无论是常设机构还是非常设机构，无论是依法设置还是违法设置，都可以成为行政侵权行为主体。

需要指出的是：第一，国家行政机关内部机构侵权的，视为所属国家行政机关侵权；第二，各级地方人民政府及其职能部门在没有法律依据的情况下自行设立的行政机构侵权的，视为设立该机构的政府或机关侵权；第三，两个以上的国家行政机关共同行使职权造成损害的，共同致害的国家行政机关是共同的行政侵权行为主体。

2. 法律、法规授权的组织

在我国，除了国家行政机关依法享有行政职权外，根据行政管理的需要，国家行政机关以外的组织也可能因法律、法规的授权而享有部分行政权力，因而法律、法规授权的组织也可以成为行政侵权行为的主体，国家对其在行使行政职权时的侵权行为应承担赔偿责任。

3. 国家行政机关委托的组织

国家行政机关委托的组织是指受国家行政机关委托行使一定行政职权的非国家机关

组织。在行政委托中，国家行政机关将自己行使的行政职权的一部分委托给另一个机关或组织以代替自己行使，与被授权组织不同的是，被授权的组织能以自己的名义行使行政职权，引起的法律责任也由自己承担。而受委托的组织只是因为有了国家行政机关的委托才行使特定的行政职权，并且要以委托机关的名义行使职权，行为后果也由委托的机关承担。

另外，由于行政主体的行政行为是靠其工作人员完成的，行政主体的工作人员是代表其所在的机关进行管理活动，因此行政主体的工作人员在行使职权过程中侵权的，或以执行职务为名侵权的，国家应当承担行政赔偿责任，因而行政主体的工作人员也可以成为行政侵权行为的主体。除此之外，还应包括事实上（或客观上）执行公务的人员，这主要是指自愿协助公务的人员，例如，一日，警察正追赶小偷，这时自然人甲正好路过，就趁小偷忙于逃窜，无暇顾及行人之际，从地上捡起一块石头向小偷砸过去，正好击中小偷头部，结果小偷被击中身亡。此案中自然人甲击中小偷是为了协助警察完成抓小偷的公务行为，应视为侵权主体，对小偷的死亡，应由国家负赔偿责任。

（二）侵权行为要件

首先，构成行政赔偿责任的行为必须是行政主体及其工作人员行使行政权的行为，这是各国赔偿理论中普遍承认的原则。行使行政职权的行为是指行政主体及其工作人员行使职务上的权力所实施的行为，或实施的与其行政职权相关联的行为。如卫生局的工作人员检查卫生、警察值勤、税务人员收税、公安人员制止违法行为等均属于行使行政职权的行为。在我国，按《国家赔偿法》的规定，国家对以下几种行使行政职权的行为承担行政赔偿责任：①具体行政行为；②事实行为；③行政不作为。

其次，从我国《国家赔偿法》的规定来看，国家承担行政赔偿责任的前提是行政行为违法。对于何为行政违法，一般认为只要行政主体及其工作人员有下列行为之一，都属行政违法：①违反明确的法律规定；②违反诚信原则、尊重人权原则以及公序良俗原则，干涉他人权益；③滥用或超越行使自由裁量权，提供错误信息、指导、批准，造成其他人权益受损；④没有履行对特定人的法律义务或没有尽到合理关注的责任。

在行政不作为的损害后果基础上，过错推定原则更多是把行政机关的主观过错作为其承担赔偿责任的主要标准，而行政机关的主观过错是一种推定，行政不作为赔偿责任需要从损害后果来推定行政机关的主观过错。

（1）行政机关知道或者应当知道其具有作为义务。

（2）行政机关具备履行作为义务的可能性。

（3）行政机关主观过错的认定。

（三）损害结果要件

损害事实的发生是行政赔偿责任产生的前提条件。只有行政主体及其工作人员的职务违法行为损害了相对人的合法权益，国家才承担赔偿责任。根据我国《国家赔偿法》的规定，构成行政赔偿责任的损害有以下几个方面的特点。

第一，国家仅赔偿对人身权和财产权造成的损害。其中，人身权的损害包括人身自由权的损害和生命健康权的损害；财产权的损害仅限于直接损失，而不包括可得利益损失。

第二，损害必须是实际上已经发生或者一定会发生的损害。作为行政赔偿责任构成要件的损害事实必须是现实的、确定的、已经发生的损害，而不是主观臆想的或将来不确定的损害，损害包括既得利益的损害和现实可得利益的损害。

第三，损害必须是对受害人合法权益的损害。非法利益不受法律保护，因而非法利益的损失不会导致行政赔偿责任。

第四，损害必须是特定的损害。首先，损害必须是针对一个人或少数人的损害，而不是普遍的一般人所共有的损害，共有的损害不引起行政赔偿。其次，损害必须是法定的损害，必须是达到了一定程度的损害，国家才予以赔偿。

（四）因果关系要件

因果关系是联结责任主体与损害事实的纽带，是责任主体对损害承担责任的基础。具备一定的因果关系，是任何一种归责原则下都应具备的赔偿责任的构成要件。行政赔偿责任作为国家赔偿责任的一种，其因果关系的确认适用于国家赔偿责任因果关系确认的一般原理。

我国国家赔偿的违法要件在事实上已经吸收了过错要件，因此，违法性的判断包含两种逻辑：行为因缺少合法要件而违法和行为因未尽合理注意而违法。两种逻辑共同发挥作用，塑造了违法性的四种基本类型：无利害关系的违法，已尽合理注意的违法，未尽合理注意的违法和纯正的违法。虽然都属于国家赔偿意义上的违法，但只有后两种能够成为责任成立的基础。将过错要件独立出来的唯一意义就是为了否定责任的成立，但否定责任成立未必需要过错要件。无利害关系的违法可以通过否定原告资格来否定责任的成立；已尽合理注意的违法往往发生在间接侵害行为的场合，可以通过否定因果关系来否定责任成立，但从根本上应当通过改造责任限制条款来解决。

第三节　行政赔偿的范围

一、行政赔偿范围的含义

行政赔偿范围，指国家承担行政赔偿责任的范围。关于赔偿范围，可以从两种意义上来界定：一是引起赔偿责任的原因行为的范围；二是赔偿义务机关应当赔偿的损害的范围。我国《国家赔偿法》是从第一种意义上界定行政赔偿范围的，即国家应对行政主体的哪些行为承担赔偿责任。具体来说，行政赔偿的范围可从以下几个方面来理解：第一，行政赔偿范围是受害人行使行政赔偿请求权的范围；第二，行政赔偿范围是行政赔偿义务机关履行赔偿义务的范围；第三，行政赔偿范围是人民法院对行政赔偿案件行使审判权的范围。

二、行政赔偿范围的立法方式

行政赔偿是国家赔偿的重要组成部分，在立法方式上适用于《行政诉讼法》与《国家赔偿法》规定的类型。从世界各国国家赔偿法关于赔偿范围的规定来看，大体有三种立法类型。

一是概括式。概括式是指国家赔偿法对于行政赔偿范围采取概括规定的方式，不具体列举赔偿事项。这种立法例所规定的赔偿范围很广，凡是符合国家赔偿法规定的行政赔偿事项，都可以要求赔偿。日本的国家赔偿法即采取概括式这种立法方式。

二是列举式。列举式是指国家赔偿法对于行政赔偿范围采取列举式的规定方式，具体规定行政赔偿的事项。凡是没有列举的事项，不在行政赔偿范围之内。法国等判例式的国家赔偿法是通过行政法院判例汇编而成的，因而行政赔偿的范围采取列举式。

三是并用式。并用式是采用概括式与列举式并用的方式规定行政赔偿范围，这是世界上大多数国家都采用的方式。就是说，在国家赔偿法规定行政赔偿范围时，既有列举性条文的详细规定，又有概括性规定条款。美国、英国、瑞士等国家都是采用这种立法方式。

以上三种立法例，第一种立法例规定的赔偿范围过广。由于法律没有规定具体的赔偿事项，所以，关于行政赔偿范围的事项，完全要依靠从概括性条文中提炼出来的责任构成要件来衡量。第二种立法例规定的赔偿范围不够全面，采取列举式规定赔偿事项，很难穷尽赔偿事项。第三种立法例规定的赔偿范围比较全面，又不至于"挂一漏万"。

我国《国家赔偿法》规定的行政赔偿范围，结合我国的具体国情，采取了列举式的立法方式。具体来说，《国家赔偿法》第三条和第四条采取列举式规定了行政赔偿事项。同时，《国家赔偿法》第五条对国家不承担行政赔偿责任的事项也作了列举式规定。我国采取这种列举性规定的好处在于以下两点。

第一，可以明确具体赔偿事项的范围，便于实际操作，以减少纷争。

第二，将行政赔偿范围仅限定在侵犯人身权和财产权的违法行政行为上。

这说明，我国《国家赔偿法》在确定行政赔偿范围时考虑到了我国行政赔偿制度处于初创阶段。随着我国民主法制建设的发展，自然人的法律意识的进一步提高，今后国家行政赔偿范围必将会逐渐扩大。

三、行政赔偿的担责范围

行政赔偿的范围界定了国家对哪些行政行为造成的损害予以赔偿，以及国家承担赔偿责任的领域。关于行政赔偿的范围到底应该多大，各国规定不尽一致。这是因为行政赔偿不仅要保护行政行为相对人的合法权益，而且往往受到一国的政治体制、理论因素、法律体系及国家财力的制约。

具体来说，我国《国家赔偿法》规定的行政赔偿的范围主要有以下几类。

（一）侵犯人身权、财产权的行政处罚行为

行政处罚是行政主体依法对违反行政法律规范的行政相对人实施的一种惩戒性法律制裁。根据我国法律的规定，侵犯人身权、财产权且能纳入《国家赔偿法》规定的行政赔偿范围内的行政处罚行为主要有以下几种。

1. 违法拘留

违法拘留主要有以下情形：①执法主体不合格；②适用对象错误；③缺乏事实根据的拘留；④行政拘留所针对的行为不是违反治安管理的行为；⑤违反法定程序实施拘留；⑥超期拘留。

2. 违法罚款

违法罚款主要有以下情形：①罚款的主体违法；②巧立名目、越权罚款；③超越法定的数额幅度实施罚款；④重复罚款；⑤违反法定程序的罚款。

3. 违法吊销许可证和执照

行政许可制度是世界各国普遍重视的宏观调控的重要手段之一，是对社会经济、文化等进行行政管理的重要制度。行政主体在吊销许可证和执照的时候，必须严格按照法律规定的条件和程序实施，否则行政主体就有可能违法侵权并承担行政赔偿责任。

4. 违法责令停产停业

按照我国《行政处罚法》的规定，责令停产停业要告知当事人有要求举行听证的权利。如果行政主体违反法律的规定，责令行为人停产停业，造成行为人损害的，国家理应承担行政赔偿责任。

5. 违法没收财物

行政主体没收财物必须严格依照法律、法规的规定进行。没有没收处罚权，或者虽然有没收权但没有依照法定的条件对应该没收的财物执行没收处罚，都属于违法没收。由此造成的损失，国家就要承担行政赔偿责任。

（二）违法采取限制人身权、财产权的行政强制措施行为

行政强制措施是指行政主体为了保证行政管理活动的正常进行，对不履行法定义务的行政相对人，或者为防止违法犯罪、排除危险，或者实施教育改造，依照法律、法规赋予的职权所采取的强制性手段。根据我国法律的规定，侵犯人身权、财产权且能纳入《国家赔偿法》规定的行政赔偿范围内的行政强制措施行为主要有以下几种。

1. 违法采取限制人身权的行政强制措施行为

从实践的情况看，限制人身权的强制措施主要有以下几种：①强行留置；②强制传唤；③强行约束；④强制带离；⑤强制戒毒；⑥隔离治疗；⑦即时强制。为了防止行政主体滥用这项权力，行政主体在采取这些措施时，必须遵守法律规定的具体适用条件和程序，否则，即属于违法采取限制自然人人身自由的行政强制措施，由此造成自然人的人身权损害，国家就要承担赔偿责任。

2. 违法采取限制财产权的行政强制措施行为

限制财产权的行政强制措施主要包括查封、扣押、冻结等方式。对这些措施的采取，法律一般都规定了严格的条件和程序。如果行政主体违反了国家法律规定，造成自然人、法人和其他组织财产权受损的，受害人有权请求国家赔偿，国家要承担行政赔偿责任。

（三）非法拘禁或者以其他方法非法剥夺自然人人身自由的行为

非法拘禁或者以其他方法非法剥夺自然人人身自由的行为，是指行政主体及其工作

人员在行使行政职权的过程中，不具有行政拘留或行政强制措施的职权，或者行政主体虽有上述职权但在法律规定的制度以外，非法限制或者剥夺自然人人身自由的行为。其主要表现为非法拘禁、非法扣留、非法强制禁闭、绑架等。对于非法剥夺自然人人身自由的行为，只要是行政主体行使职权的行为，无论时间长短，都构成对自然人人身自由权的损害，由此造成的损害都应当由国家承担赔偿责任。

（四）与职务相关的事实行为

事实行为是指行政主体的工作人员在执行职务的过程中自觉或不自觉地作出的不以创设新的行政法律关系为目的的行为。根据我国《国家赔偿法》的规定，行政赔偿的范围不仅包括行政职务行为，还包括与职务相关的事实行为。在事实行为中，最受关注的就是以殴打、虐待等行为或者唆使、放纵他人以殴打、虐待等行为造成自然人身体伤害或者死亡的，以及违法使用武器、警械造成自然人身体伤害或者死亡的。这些行为严重侵犯了公民的生命权和身体健康权，造成的损害当然由国家来赔偿。

（五）违法征收、征用财产的行为

违法征收、征用财产的行为严重地侵犯了自然人、法人和其他组织的财产权，与我国法律规定的依法行政原则相违背，其主要表现有：一是没有依照法律、法规的规定征收财产；二是没有法律依据征用财产。对违法征收、征用财产的行为，当事人有权拒绝。如果当事人支付了财产，可以要求行政主体作出赔偿。

（六）造成人身权、财产权损害的其他违法行为

为了充分保护自然人、法人和其他组织的合法权益，国家赔偿法分别对侵犯人身权和侵犯财产权的其他违法行为作出兜底的规定。这样，随着行政赔偿范围的拓展，只要造成自然人身体伤害或死亡的违法行为和侵犯财产权的违法行为符合行政赔偿责任构成要件，就应当纳入可赔偿的行政侵权行为范围。

四、行政赔偿的免责范围

行政赔偿的免责范围又称行政赔偿责任的例外或限制，是指在某些特殊情况下，尽管有损害，但有法定的可以免除赔偿责任的事实和理由存在，可以免除国家行政赔偿责任。在我国，《国家赔偿法》和《行政诉讼法》都有关于行政赔偿免责的规定，主要包括国家行为、抽象行政行为、内部行政行为、自由裁量行政行为、行政主体工作人员与行使职权无关的个人行为、因相对人自己的行为致使损害发生的、法律规定的其他情形。

（一）国家行为

国家行为又称政府行为或统治行为，是指行政机关以国家名义实施的与政治、军事和国家安全有关的行为。它涉及国家与国家之间的关系、国家安全和其他重大问题，主要包括国防行为和外交行为。

（二）抽象行政行为

抽象行政行为是行政机关制定普遍性行为规则的行为，其特点是不直接针对特定的人或事。我国《行政诉讼法》和《国家赔偿法》基本上将行政机关的抽象行政行为侵害相对人合法权益的情形排除在行政赔偿范围之外。

（三）内部行政行为

内部行政行为是指行政机关在行政组织内部管理中所作的只对行政组织内部产生法律效力的行政行为。内部行政行为可分为两类：一是公务行为；二是人事方面的行为。

（四）自由裁量行政行为

自由裁量行政行为是指行政主体及其工作人员在法律、法规规定的范围和幅度内基于对自己行为的范围、方式、种类和幅度等的选择权所作出的行政行为。自由裁量行政行为是行政机关行使自由裁量权的结果，它仅存在当与不当的问题，而不存在严格意义上的违法问题。一般认为，行政机关的自由裁量行政行为违反了合理性原则，就构成行政行为滥用职权及显失公正，造成了行政相对人的损害，国家应当承担赔偿责任。

（五）行政主体工作人员与行使职权无关的个人行为

与行使职权无关的个人行为是指行政主体工作人员实施了与其职权无关的行为。对与行使职权无关的个人行为所致损害，国家不承担赔偿责任。对于如何判断行政主体工作人员的行为是职务行为还是个人行为，主要看其行为是否与行使职权有关联，同时还要从该行为发生的时间、地点、名义和行政职权的内容等方面一一考查，综合分析。

（六）因自然人、法人和其他组织自己的行为致使损害发生

"谁损害，谁赔偿"，这是赔偿法的一般原则。因自然人、法人和其他组织自己的行为致使损害发生的，与行政主体及其工作人员的执行职务行为没有直接的因果关系，因此，尽管行政行为可能违法，但国家不承担行政赔偿责任，而应由受害人自负其责。

（七）法律规定的其他情形

这里的法律仅指全国人民代表大会及其常委会制定的法律，法规和规章均不包括在内，国家不承担赔偿责任的情形有多种情况，法律不可能详尽列举，只能采取概括式规定。目前，关于法律规定不承担行政赔偿的事由主要包括：不可抗力、正当防卫和紧急避险以及第三人过错等。

第四节　行政赔偿关系的主体

一、行政赔偿请求人

行政赔偿请求人是指因行政主体及其工作人员违法行使职权，侵犯了其合法权益造成损害，有权请求国家给予行政赔偿的自然人、法人和其他组织。在我国，按照《国家

赔偿法》的规定，确认行政赔偿请求人应具备以下条件。

第一，行政赔偿请求人总是为行政管理相对一方。既包括行政行为直接指向的对象，也包括合法权益受到行政行为影响的利害关系人。

第二，行政赔偿请求人是其合法权益受到行政侵权行为侵犯并造成实际损害的人。行政侵权行为既包括行使行政职权的行政行为，也包括与行使行政职权相关的事实行为。

第三，行政赔偿请求人必须是以自己的名义请求赔偿的人。凡不是以自己的名义，而是以他人的名义提出赔偿请求的人，是赔偿请求或赔偿诉讼的委托代理人，不是赔偿请求人。

第四，行政赔偿请求人是受赔偿义务机关或者人民法院赔偿决定以及人民法院就赔偿问题所作的判决或裁定拘束的人。

第五，作为行政赔偿请求人，其请求事项必须符合《国家赔偿法》规定。我国《国家赔偿法》规定的行政赔偿只限于对人身权、财产权的损害赔偿，并且只对物质损害进行赔偿，对精神损害则不予赔偿。因此只有当其所受损害属于《国家赔偿法》规定的赔偿事项时，该受害人才具有行政赔偿请求人的资格。

行政赔偿请求人行使赔偿请求权时，除了要满足上述实体资格要件外，还须具备一定的程序资格。关于程序资格，《国家赔偿法》与《行政诉讼法》没有规定，可以参照《民法典》和《民事诉讼法》的有关规定。一般来说，18 周岁以上的正常人可以自己亲自行使请求权；16 周岁以上不满 18 周岁的自然人，以自己的劳动收入为主要生活来源时，也可以自己亲自行使请求权；其他未成年人、精神病患者和没有行为能力或没有完全行为能力者，其行政赔偿请求权只能由其法定代理人代为行使。

一般来说，行政赔偿的范围越宽，行政赔偿请求人的范围也就越大。从世界范围来看，行政赔偿请求人的范围大多取决于国家法律的规定和司法判例。

（一）受害的自然人、法人和其他组织

我国《国家赔偿法》第六条第一款规定："受害的公民、法人和其他组织有权要求赔偿。"这里的"受害"一般理解为受到直接损害，分为两种情况：一是作为直接相对人而受到的损害。如某自然人被违法处以罚款，有权请求赔偿。二是作为直接相对人以外的第三人所受到的损害。例如，某县市场监督管理部门没收了一个个体户的违法财产，但却将某自然人在该个体户处代售的合法财产也予以没收，该自然人也有权请求赔偿。从种类来看，直接受害人包括自然人、法人和其他组织三种。

（二）受害的自然人死亡的，赔偿请求人为其继承人和其他有扶养关系的亲属

受害的自然人可作为行政赔偿请求人，当受害的自然人死亡时，赔偿请求人资格便转移到其继承人和其他有扶养关系的亲属。《国家赔偿法》第六条第二款规定："受害的公民死亡，其继承人和其他有扶养关系的亲属有权要求赔偿。"这里的继承人包括法定继承人和遗嘱继承人。

（三）受害的法人和其他组织终止的，赔偿请求人为其权利承受人

我国《国家赔偿法》第六条第三款规定："受害的法人或者其他组织终止的，其权

利承受人有权要求赔偿。"

（四）外国人、外国企业和组织

在我国，外国人、外国企业和组织可以成为行政赔偿请求人。如果其合法权益受到行政侵权行为的损害，国家应予赔偿。我国《国家赔偿法》第四十条规定："外国人、外国企业和组织在中华人民共和国领域内要求中华人民共和国国家赔偿的，适用本法。"

二、行政赔偿义务机关

行政赔偿义务机关是指代表国家接受行政赔偿请求；支付赔偿费用、参加赔偿诉讼的机关。

根据我国《国家赔偿法》第七条和第八条的规定，可以将我国的行政赔偿义务机关分为两类：一类是一般情况下的行政赔偿义务机关；另一类是特殊情况下的行政赔偿义务机关。

（一）一般情况下的行政赔偿义务机关

《国家赔偿法》第七条第一款规定："行政机关及其工作人员行使行政职权侵犯公民、法人和其他组织的合法权益造成损害的，该行政机关为赔偿义务机关。"这是对一般情况下的行政赔偿义务机关的规定。这一规定包括两种情况。

一是在没有特殊规定的情况下，侵权损害行为是由哪一个行政机关实施的，则该行政机关就是行政赔偿义务机关。如某市税务局违法对某企业作出吊销营业执照的决定，造成该企业财产损害，该企业要求赔偿，那么该税务局就是赔偿义务机关。

二是行政机关工作人员所在的机关为行政赔偿义务机关。行政机关工作人员违法行使职权，侵犯自然人、法人和其他组织的合法权益从而造成损害的，该工作人员所在的机关就是赔偿义务机关。

（二）特殊情况下的行政赔偿义务机关

在实践中，侵权行为人比较复杂，有的致害行为由法律、法规授权组织所为，有的由两个以上行政机关共同所致，为了方便受害人求偿，国家赔偿法对于如何确定特殊情况下的行政赔偿义务机关作了规定。

1. 共同侵权时的行政赔偿义务机关

《国家赔偿法》第七条第二款规定："两个以上行政机关共同行使行政职权时侵犯公民、法人和其他组织的合法权益造成损害的，共同行使行政职权的行政机关为共同赔偿义务机关。"共同的赔偿义务机关之间存在连带责任，赔偿请求人有权向其中任何一个行政机关提出赔偿要求，该赔偿义务机关应当先予赔偿，然后要求其他有责任的行政机关负担部分赔偿费用。当然，如果引起行政赔偿诉讼，共同赔偿义务机关为共同被告，各自按其在损害中所起的作用承担责任。

2. 法律、法规授权的组织行政侵权时的赔偿义务机关

《国家赔偿法》第七条第三款规定："法律、法规授权的组织在行使授予的行政权力

时侵犯公民、法人和其他组织的合法权益造成损害的，被授权的组织为赔偿义务机关。"法律、法规授权的组织取得授权后，即可以自己的名义独立地行使法律、法规赋予的行政职权，并独立地承担因行使授权所产生的法律后果。发生行政赔偿时，这些被授权组织就是赔偿义务机关。

3. 受委托组织或个人作出行政侵权行为时的赔偿义务机关

我国《国家赔偿法》第七条第四款规定："受行政机关委托的组织或者个人在行使受委托的行政权力时侵犯公民、法人和其他组织的合法权益造成损害的，委托的行政机关为赔偿义务机关。"但需要注意的是，如果受委托的组织或个人所实施的致害行为与委托的行政职权无关，则该致害行为只能被认定为个人行为，由致害人员承担民事侵权赔偿责任，不能以委托机关为赔偿义务机关向其请求赔偿。

4. 赔偿义务机关被撤销后的赔偿义务机关

在行政体制运行过程中，行政机关的撤销、分立、合并是经常发生的。《国家赔偿法》第七条第五款规定："赔偿义务机关被撤销的，继续行使其职权的行政机关为赔偿义务机关；没有继续行使其职权的行政机关的，撤销该赔偿义务机关的行政机关为赔偿义务机关。"

5. 经过行政复议情况下的赔偿义务机关

对自然人、法人和其他组织在行政活动中所受的违法损害，经复议程序后可能出现三种情况：第一种是加重损害；第二种是减轻损害；第三种是维持原状。在行政复议的情况下，究竟由原致害行政机关作为赔偿义务机关，还是由复议机关作为赔偿义务机关？我国《国家赔偿法》第八条规定："经复议机关复议的，最初造成侵权行为的行政机关为赔偿义务机关，但复议机关的复议决定加重损害的，复议机关对加重的部分履行赔偿义务。"根据这一规定，经过行政复议的赔偿案件，赔偿义务机关有以下两种情况：一是经过行政复议机关复议，复议机关未改变原具体行政行为，即维持原行政机关的决定，受害人请求行政赔偿的，最初作出侵权损害行为的行政机关应为行政赔偿义务机关。二是经过行政复议机关复议，复议机关的复议决定加重损害的，复议机关对加重的部分履行赔偿义务。需要指出的是，复议机关与原侵权机关不是共同赔偿义务机关，不负连带责任，而是各自对自己侵权造成的损害承担责任。

6. 临时机构、派出机构实施侵权行为的赔偿义务机关

在我国，临时机构和派出机构不是一级政府，也不是国家行政机关，在行使职权时只能以派出机关的名义，对外不能独立承担法律责任。因此，临时机构和派出机构在行使职权时发生侵权行为，给自然人、法人和其他组织的合法权益造成损害的，只能由设置或派出该机构的行政机关为赔偿义务机关。

第五节 行政赔偿程序

一、行政赔偿程序概述

行政赔偿程序，是指行政赔偿请求人向行政赔偿义务机关请求行政赔偿，行政赔偿义务机关给予行政赔偿以及通过法院解决行政赔偿纠纷的方式、步骤和时限。从广义上

讲，行政赔偿程序还包括行政赔偿义务机关对有故意或者重大过失的国家行政机关工作人员行使追偿权的程序。

在我国，按照《行政诉讼法》和《国家赔偿法》的规定，行政赔偿程序也包括两部分：一是行政程序，即赔偿义务机关对受害人单独就损害赔偿提出请求的先行处理程序；二是行政赔偿诉讼程序，即通过人民法院解决行政侵权损害赔偿的程序。

行政赔偿争议不管是通过行政主体自行处理还是通过司法机关最终解决，行政赔偿程序的功能都主要体现在以下两个方面：第一，确认行使职权的行为是否应当承担国家赔偿责任；第二，确认国家赔偿的金额的多少。

我国《国家赔偿法》第九条规定："赔偿义务机关有本法第三条、第四条规定情形之一的，应当给予赔偿。赔偿请求人要求赔偿，应当先向赔偿义务机关提出，也可以在申请行政复议或者提起行政诉讼时一并提出。"根据这一规定，在自然人、法人或其他组织的合法权益受到行政机关及其工作人员侵犯时，除了行政机关主动依据《国家赔偿法》给予赔偿外，受害人还可通过以下方式获得国家赔偿。

（1）通过行政程序和行政赔偿诉讼解决。受害人单独就赔偿提出请求的，首先应向赔偿义务机关提出赔偿请求，由赔偿义务机关决定赔偿或不予赔偿，对赔偿义务机关不予赔偿或请求人对赔偿数额等有争议的，可再向人民法院提起行政赔偿诉讼。

（2）通过行政复议一并解决赔偿。受害人在申请复议的同时，可以一并提出赔偿请求。复议机关复议后，确认该行政主体侵犯了自然人、法人或其他组织的合法权益，在作出复议决定的同时，对造成损害的，可以责令该行政主体按照《国家赔偿法》予以赔偿。

（3）通过行政诉讼一并解决赔偿。受害人在提起行政诉讼的同时，一并提出赔偿请求，人民法院在审理案件时，一并解决赔偿问题。

二、行政赔偿的先行处理程序

行政赔偿的先行处理程序是指行政赔偿请求人请求损害赔偿时，须先向有关的赔偿义务机关提出赔偿请求，双方就有关赔偿的范围、方式、金额等事项进行自愿协商或由赔偿义务机关决定，从而解决赔偿争议的一种制度。先行处理程序适用于单独提起赔偿请求时，是行政赔偿诉讼程序的前提与基础。

（一）提出行政赔偿的要件

在行政赔偿程序中，受害人提出赔偿请求，赔偿义务机关受理请求均须符合一定条件。这些要件包括以下几点。

（1）实质要件。具体包括：①赔偿请求必须具有请求权。赔偿请求人不是受害人本人的，应当说明与受害人的关系，并提供相应证明。②被请求人是赔偿义务机关。③赔偿请求事项必须符合法律规定的范围。④赔偿请求必须在法律规定的期限内提起。如果向赔偿义务机关提出赔偿请求，必须在规定的两年时限内提出。自其知道或者应当知道国家机关及其工作人员行使职权时的行为侵犯其人身权、财产权之日起计算，但被羁押等限制人身自由期间不计算在内。超过法定期限，请求权即告消灭。

（2）形式要件。请求人向赔偿义务机关提出行政赔偿请求，应以书面形式申请。如果赔偿请求人书写确有困难的，可以委托他人代书，由本人签名或盖章，也可以口头申请，由赔偿义务机关记入笔录。申请书必须记载下列事项：①受害人的姓名、性别、年龄、工作单位、职业和住所。如果是由受害人的继承人、法定代理人或者有扶养关系的亲属代为行使请求权，还应写明相关情况。②具体的行政赔偿请求。如要求赔偿的数额，是否恢复原状或返还财产等。③要求行政赔偿的理由和事实根据。④赔偿义务机关。

（二）行政赔偿先行处理程序的提起方式

赔偿请求人向行政赔偿义务机关提出赔偿请求的方式一般有两种：单独提出赔偿请求和附带提出赔偿请求。单独提出赔偿请求指不涉及其他要求仅要求赔偿。赔偿义务机关接受这类请求只需就侵权事实成立与否、赔偿数额等问题与受害人协商，达成一致意见。附带提出赔偿请求是指请求人在提出行政复议或其他审查行政行为合法性要求的同时请求对其所受损害予以赔偿。

（三）行政赔偿义务机关的处理

赔偿请求人当面递交申请书的，赔偿义务机关应当当场出具加盖本行政机关专用印章并注明收讫日期的书面凭证。申请材料不齐全的，赔偿义务机关应当当场或者在五日内一次性告知赔偿请求人需要补正的全部内容。

行政赔偿义务机关应当自收到申请之日起两个月内，作出是否赔偿的决定。赔偿义务机关作出赔偿决定，应当充分听取赔偿请求人的意见。行政赔偿义务机关的处理方式有两种：①协议式处理，即请求人向赔偿义务主体提出赔偿，由双方互相协商，达成协议，解决赔偿。②决定式处理，即请求人要求国家赔偿，向赔偿义务机关提出请求，由赔偿义务机关直接作出决定是否予以赔偿。对决定不服的，再向法院起诉。

行政赔偿义务机关对于已经受理的行政赔偿请求经过审查，一般有如下处理结果：①给予赔偿。可以决定书形式作出，也可以协议书形式作出。赔偿义务机关决定赔偿的，应当制作赔偿决定书，并自作出决定之日起十日内送达赔偿请求人。协商或决定的内容主要是：赔偿方式、金额以及计算数额的依据和理由、履行期限等。②不予赔偿。赔偿义务机关经审查，认为赔偿请求人的申请不符合法律规定的赔偿条件的，应予以拒绝，不予赔偿。赔偿义务机关决定不予赔偿的，应当自作出决定之日起十日内书面通知赔偿请求人，并说明不予赔偿的理由。

（四）先行处理程序存在的问题

1. 作出不予赔偿决定的期限规定不合理

从我国现行的《国家赔偿法》相关规定可知，在行政赔偿先行处理程序中赔偿义务机关作出不予赔偿决定的期限是两个月。在大多数情况下，如果赔偿义务机关作出不予赔偿决定，赔偿请求人必然会提起赔偿诉讼。如果赔偿义务机关有意拖延处理期限，那么赔偿义务机关即使在很早就发现了不予赔偿的情形也会等到两个月的处理期限届满再作出不予赔偿的决定。在这种情况下，制度不仅没有保障赔偿请求人的合法权益，还可能为不正当的目的服务，背离了设计的初衷。另外，作出赔偿决定的过程可以被分解为两个部分：一是判断赔偿与否；二是决定赔偿方式、项目、金额。由此可知，作出不予赔偿决定的过程仅仅是赔偿决定过程的一部分，甚至是很小的一部分，后面还有决定如何赔偿、赔偿什么、赔偿多少等过程。即使这两个程序之间的差别如此之大，法律却对作出赔偿决定与作出不予赔偿决定规定了同样的期限。这样不仅是不合理的，还可能会服务于不正当、违法的目的。

2. 行政赔偿先行处理程序中责任规则缺位

修正后的国家赔偿法从内容上看，行政赔偿先行处理程序中对行政赔偿义务机关的违法作为或者不作为均没有法律规范来制约。虽然国家赔偿法要求行政赔偿义务机关对行政赔偿请求人的请求依法进行处理，不允许行政赔偿义务机关在处理过程中故意或过失损害赔偿请求人的利益。但从实践来看，部分行政机关对行政赔偿不够重视，甚至有些行政赔偿义务机关在行政赔偿过程中为了减轻自己的责任或者为逃避在诉讼中的责任，而在行政赔偿先行处理过程中人为地设置阻力。另外，在行政赔偿先行处理过程中，行政赔偿义务机关的工作人员为了照顾关系户或者是避免工作中的麻烦，也有可能置国家的利益不顾，将国家不该赔偿的部分赔偿给赔偿请求人，从而以牺牲国家的利益来达到自己不当的目的。修正后的国家赔偿法对行政赔偿义务机关的行为如果没有规定相应的责任规则和处罚措施，行政机关的不当行为就不能受到法律的有效控制。

（五）完善先行处理程序的建议

我国先行处理程序的关键在于责任规则。先行处理必须具有规范性，必须对不积极遵守先行处理规范与精神的当事人施加相应不利后果，否则它对双方当事人就没有约束力，就无法激励双方当事人积极寻求通过先行处理来解决问题。这种规范性不仅体现为行政赔偿诉讼环节的先行处理制度对赔偿请求人系列规范性约束，还应该体现为赔偿诉讼对行政机关的外在激励与内在约束。

（1）外在激励主要表现为行政赔偿诉讼对行政机关所带来的种种不利后果。实际上，对赔偿义务机关来说唯一激励他们利用先行处理来解决赔偿纠纷的手段只能是行政赔偿诉讼。因此，为了避免行政赔偿诉讼的种种麻烦，行政机关就只能主动、积极地寻求通过先行处理"私下"了结纠纷。

（2）内在约束则表现为行政机关在先行处理环节中的种种不规范行为会导致行政赔偿诉讼中的不利后果。其主要内容是行政机关应当在收到行政赔偿诉讼起诉状后相应期限内提交证据，在无正当事由的情况下，其未在这一时间之前提交但在行政赔偿诉讼庭审程序中提交的证据，法院得拒绝承认其证据效力。之所以这样做，是为了让行政机关在先行处理环节认真对待赔偿纠纷，切实根据赔偿请求及其依据来搜集相应证据。如果在行政赔偿诉讼中，行政机关没有正当理由而提出没有在先行程序中应当出示的证据，这就说明行政机关没有充分认真对待先行程序。对此，若是不以否定该证据效力的方式来进行制裁，那行政机关仍然可能会不认真对待先行处理，先行处理仍然会被虚置而无法发挥效用。

三、行政赔偿诉讼程序

行政赔偿诉讼程序是指自然人、法人和其他组织认为其合法权益受到行政主体及其工作人员违法行使职权的侵害，受害人向人民法院提起的要求赔偿义务机关给予行政赔偿的程序。国家赔偿法规定，赔偿义务机关在规定期限内未作出是否赔偿的决定，赔偿请求人可以自期限届满之日起三个月内，向人民法院提起诉讼。赔偿请求人对赔偿的方式、项目、数额有异议的，或者赔偿义务机关作出不予赔偿决定的，赔偿请求人可以自赔偿义务机关作出赔偿或者不予赔偿决定之日起三个月内，向人民法院提起诉讼。

行政赔偿诉讼程序完全适用行政诉讼程序，但行政赔偿诉讼也具有自身的一些特征。

（1）行政赔偿诉讼可以适用调解。行政案件的审理不适用调解，但行政赔偿诉讼则可以调解。因为行政赔偿诉讼所要解决的是自然人的人身权、财产权的损害赔偿问题，而权利是可以自由处分的。因而，围绕着赔偿问题则适用调解。人民法院在坚持合法、自愿的前提下，可以就赔偿范围、赔偿方式和赔偿数额进行调解。人民法院主持调解，达成协议的应当制作调解书，调解书应当写明赔偿请求、案件事实和调解结果。调解书经双方当事人签收后即具有法律效力，并可作为执行根据。

（2）行政赔偿诉讼中原告负有初步证明责任。《国家赔偿法》规定，"人民法院审理行政赔偿案件，赔偿请求人和赔偿义务机关对自己提出的主张，应当提供证据"。行政诉讼中证据规则的突出特征是由被告负担举证责任。但在行政赔偿诉讼中，则要先由原告证明损害事实的存在，以及该损害系由行政主体的行政行为所造成，继而证明责任转移到被告。被告可提供不予赔偿或者减少赔偿数额方面的证据。

但是，如果赔偿义务机关采取行政拘留或者限制人身自由的强制措施期间，被限制人身自由的人死亡或者丧失行为能力的，赔偿义务机关的行为与被限制人身自由的人的死亡或者丧失行为能力是否存在因果关系，赔偿义务机关应当提供证据。

第六节　行政赔偿方式与计算标准

一、行政赔偿方式概述

行政赔偿的方式是承担赔偿责任的各种形式。根据侵权行为的性质、情节以及程度的不同，赔偿的方式也有所区别。一般来说，赔偿方式主要有金钱赔偿、恢复原状、返还财产等。

《国家赔偿法》规定："国家赔偿以支付赔偿金为主要方式。能够返还财产或者恢复原状的，予以返还财产或者恢复原状。"由此确立了行政赔偿方式以金钱赔偿为主，以返还财产、恢复原状为辅。

行政赔偿之所以以金钱赔偿为主，以恢复原状、返还财产等其他方式为辅，主要是为了解决这样一个矛盾：既要对自然人的损害予以赔偿，同时又不至于因为赔偿而对国家活动带来消极影响。这就要求国家采取的赔偿方式应简便易行。

二、行政赔偿的几种方式

（一）金钱赔偿

金钱赔偿是指以货币支付的形式，在计算或估算损害程度后，给予受害者适当额度的赔偿。金钱赔偿是行政赔偿中主要的赔偿方式。

采用金钱赔偿方式，主要适用于下列情况。

（1）人身损害的金钱赔偿。一般而言，对人身造成的损害是无法用金钱来赔偿的，因为人身不能用金钱来衡量，但是如果侵权行为既已发生，侵权结果也已产生，除了对仍在继续的损害停止侵害外，还没有比金钱赔偿更为恰当的方式。

（2）财产损害的金钱赔偿。对于财产损害的金钱赔偿，一般都可将被损害的财产折算成一定的金额，再予以相应的赔偿。如查封财产所造成财产损失或灭失的，可以在计算损失或灭失财产的金额后支付相应的赔偿金。

（3）精神损害的金钱赔偿。因侵犯人身权致人精神损害的，不仅要在侵权影响的范围内为受害人消除影响、恢复名誉、赔礼道歉；造成严重后果的，应当支付相应的精神损害抚慰金。

（二）返还财产

返还财产又称返还原物，是指赔偿义务机关将非法占有的财产归还所有人、经营管理人或者其他合法占有人，以回复到合法占有状态。返还财产只能适用于物质损害，如行政机关违法收缴的罚款、违法没收的财物、摊派的费用等。返还财产是一种比较便捷易行的赔偿方式，当事人双方均易接受。但如果原财产已经用于公务活动，返还财产将会影响到公务的实施，则不应以返还财产方式赔偿，而应采用金钱赔偿。

（三）恢复原状

恢复原状是指国家机关的行为侵害他人财产，对受到损害的财产进行修复，使之恢复到受损害前的形状和性能的赔偿方式。同返还财产方式一样，恢复原状也是作为一种辅助赔偿方式存在，而且是作为返还财产的附加方式存在。按照国家赔偿法的规定，被查封、扣押的财产，应当予以返还；应予返还的财产受到损害，能够恢复原状的，应恢复原状后返还。

三、行政赔偿的计算标准

行政赔偿的计算标准是指法律所规定的在受害人人身权、财产权或者其他合法权益受到行政主体及其工作人员违法侵权行为侵害并造成损害的，国家进行赔偿时据以计算赔偿金数额大小的尺度。我国国家赔偿法在规定赔偿标准时的立法原则是，既要使受害人所受到的损失能够得到适当弥补，又要考虑国家的经济和财力的负担状况。我国国家赔偿法对于不同程度的侵权损害，给予不同形式的赔偿。

（一）侵犯人身权的赔偿标准

人身权是自然人最基本的权利，其具体内容包括人身自由权、身体健康权、生命权。对不同的权利造成损害，赔偿标准亦有所不同。

1. 侵犯人身自由权的赔偿标准

侵犯人身自由的赔偿标准是采取支付日赔偿金的方式。国家赔偿法规定，侵犯自然人人身自由的，每日的赔偿金按照国家上年度职工的日平均工资计算。适用此标准需要注意以下问题：①该项标准所指的是侵犯自然人的人身自由，不包括因侵犯自然人人身自由造成自然人身体伤害、劳动能力丧失或者死亡；②侵犯自然人人身自由的赔偿金按日计算，标准为国家上年度职工日平均工资，即限制人身自由的时间乘以日平均工资；③日平均工资以国家统计局公布的数字为准。

2. 侵犯身体健康权的赔偿标准

身体健康权是自然人依法享有的其肉体不受非法伤害的权利。身体伤害可以分为一般伤害、部分丧失劳动能力和全部丧失劳动能力三种。对于不同的伤害，赔偿标准也有所不同。

造成身体伤害的，应当支付医疗费，护理费，以及赔偿因误工减少的收入。医疗费一般包括：①因直接治疗伤情而支出的全部必要的医疗费，包括诊查费、医药费、治疗费、住院费、手术费等；②必要的交通费和住宿费；③必要的伙食补助费和营养费。

误工费是指受害人因受伤而不能参加工作或劳动因而损失的收入。受害人误工工期，应当按其实际损害程度、恢复状况并参照治疗医院出具的证明或法医鉴定等认定。误工收入以国家上年度职工日平均工资计算，其最高额为上年度职工年平均工资的 5 倍。

造成部分或者全部丧失劳动能力的，应当支付医疗费、护理费、残疾生活辅助费、康复费等因残疾而增加的必要支出和继续治疗所必需的费用，以及残疾赔偿金。残疾赔偿金是国家支付给受害人的赔偿金。包括因伤残所失去的收入和解决致残后生活困难所需要的费用。残疾赔偿金根据丧失劳动能力的程度，按照国家规定的伤残等级确定，最高不超过国家上年度职工年平均工资的二十倍。至于丧失劳动能力的标准，可参照最高人民法院等制定的《人体重伤鉴定标准》和《人体轻伤鉴定标准》确定。残疾的程度可分为三种情况：①某一器官丧失功能或基本丧失，但不影响从事生产劳动的；②只能从事与其身体条件相适应的简单劳动的；③不能再从事任何劳动的。

造成全部丧失劳动能力的，对其扶养的无劳动能力的人，还应当支付生活费。受害人扶养的无劳动能力的人一般是指依照婚姻法规定其有法定义务扶养的不具有劳动能力的对象，包括未成年子女，无劳动能力的父母，父母已经死亡的未成年的孙子女、外孙子女，子女已经死亡的无劳动能力的祖父母、外祖父母，以及无劳动能力的配偶。凡被扶养的人是未成年人的，生活费给付至 18 周岁止；其他无劳动能力的人，生活费给付至死亡时止。生活费的发放标准，参照当地最低生活保障标准执行。

3. 侵犯生命权的赔偿标准

侵犯生命权即意味着造成死亡。造成死亡的，应当支付死亡赔偿金、丧葬费和生活费。适用此标准应注意以下问题：①国家对死亡自然人的家属支付死亡赔偿金及丧葬费，两者的总额不得超过国家上年度职工年平均工资的 20 倍。法律规定的"总额"即意味着不论受害人的家属在丧葬上花费多少，丧葬费与死亡赔偿金之和不得超过国家上年度职工年平均工资的 20 倍。②国家除支付死亡赔偿金、丧葬费外，还应对死者生前扶养的无劳动能力的人支付生活费。生活费的发放标准，参照当地最低生活保障标准执行。

（二）侵犯财产权的赔偿标准

侵犯财产权的损害主要有以下几种：没收、扣押、查封、变卖财物；罚款、罚金、冻结财物；吊销许可证、执照，责令停产、停业；损坏财物等。而就财产权受到损害的状态而言，有物之失去控制，物之灭失，物之功能或性能减弱等几种状态。针对不同的损害方式所造成的不同的损害状态，我国国家赔偿法规定了不同的赔偿方式和不同的标准。

（1）罚款、罚金、追缴、没收财产或者违法征收、征用财产的，应当返还财产，包括对金钱和其他财产的返还。返还执行的罚款或者罚金、追缴或者没收的金钱，应当支付银行同期存款利息。

（2）查封、扣押、冻结财产的，解除对财产的查封、扣押、冻结，造成财产损坏的能够恢复原状的恢复原状，不能恢复原状的给付相应的赔偿金。若财产灭失的，给付相应的赔偿金。解除冻结的存款或者汇款的，应当支付银行同期存款利息。

（3）财产已经拍卖或者变卖的赔偿。国家机关对财产违法采取强制措施后，如果对财产已经进行了拍卖或者变卖，原物已经不存在或已为他人所有，恢复原状已不可能，这时只能将拍卖或者变卖所得的价款给付请求人。变卖的价款明显低于财产价值的，应当支付相应的赔偿金。

（4）吊销许可证和执照责令停产停业的损害赔偿。吊销许可证和执照责令停产停业的，赔偿停产期间必要的经常性费用开支。所谓"必要的经常性"费用开支是企业、商店等停产停业期间用于维持其生存的基本开支，如房租、水电费、职工基本工资、仓储费用等，而不赔偿可能取得的收益或者营业利润等。职工基本工资是按国家统一规定的劳保工资的平均数来计算的。

（5）财产权其他损害赔偿。对财产权造成其他损害的，按照直接损失进行赔偿。这里包括两层含义：第一，这条概括性条款表明我国的国家赔偿对于财产权损害原则都给予救济；第二，在赔偿财产权损害方面以赔偿直接损失为原则。"直接损失"是指因遭受不法侵害而使现有财产直接减少或消灭。其中并不包括间接损失，即不考虑受害人的可得利益或可期待性利益。

第七节　行政补偿

一、行政补偿概述

（一）行政补偿的历史发展

行政补偿制度，从其历史看，在各国都比国家赔偿制度更早地发展起来。这是因为，曾经称为国家赔偿制度发展障碍的主权免责的法理和违法行为不能归属于国家的信条，在该领域不曾存在。例如，在德国，作为规定伴随土地征用的损失补偿的法律，有1874年普鲁士的土地征用法。在美国也一样，对于公用征收的损失补偿，远远早于国家赔偿制度的创立而成为宪法保障的制度。

行政补偿制度最早确立的国家当数行政法之"母国"——法国。1799年，法国根据《人权和公民权宣言》，颁布了第一个行政机关对因实施公共事业而受到损失的人给予补偿的法律，进而建立以无过错责任为特征的损失补偿制度。之后，这项制度有了迅速发展。世界各国纷纷仿效法国，于20世纪初或稍后的时间里建立了行政损失补偿制度。

我国的行政补偿制度是随着新中国成立而逐步确立起来的。早在民主革命时期，解放区边区政府的政策、条例中已经有了关于行政补偿的规定。新中国成立后的20世纪50年代初期，我国在对私营工商业进行公私合营改造时付给私营工商业者的定息，也是一种行政补偿。新中国的第一部宪法就规定："中华人民共和国公民对于任何违法失职的国家机关工作人员，有向各级国家机关提出书面控告或者口头控告的权利。由于国家机关工作人员侵犯公民权利而受到损失的人，有取得赔偿的权利。"该条规定不仅为我国奠定了行政赔偿的宪法基础，也为我国奠定了行政补偿的宪法理论基础。2004年宪法修正案第十三条规定，"国家为了公共利益的需要，可以依照法律规定对公民的私有财产实行征收或者征用并给予补偿"，这就在宪法中正式确立了补偿制度。应该看到，在80年代以后，我国的行政补偿立法已经进入了一个蓬勃发展的新时期。虽然我国目前尚没有统一的行政补偿立法，但是分散于各个具体法律法规中的行政补偿规范已经使得我国的行政补偿制度得到了空前的发展。20世纪80年代颁布的《中华人民共和国矿产资源法》《中华人民共和国外资企业法》《中华人民共和国土地管理法》《中华人民共和国森林法》《中华人民共和国草原法》《中华人民共和国渔业法》等法律都在各自管辖领域内不同程度地规定了行政补偿的问题。

（二）行政补偿的概念与特征

行政补偿是指行政主体在行使行政职权的过程中，因其合法行为给行政相对方的合法权益造成损害，由行政主体依法与行政相对方在平等协商的基础上，给予其相应补偿的制度。

行政补偿是相对于行政赔偿而言的。但二者所产生的基础不同，行政赔偿是以行政主体违法行政行为为基础，行政补偿则是以行政主体的合法行政行为为基础。基于合法行政行为的行政补偿是可以宽容的，而基于违法行为的行政赔偿是不可宽容的。故此，行政赔偿和行政补偿的救济程度应当有所不同。具体说来，行政补偿的范围和程度应当小于行政赔偿的范围和程度。基于对行政补偿概念的界定，行政补偿具有以下特征。

（1）行政补偿以合法行政行为为基础。行政主体的合法行为也可能对自然人、法人或其他组织造成损害。在这种情况下，如果由行政相对方承担所遭受的损失是不公平的、不合理的，而由公共利益的代表者——国家承担全额责任也是不恰当的。因此从世界范围看，各国对这类事项都倾向采取行政补偿的方式。

（2）行政补偿的形式多样性。行政补偿由于所依据的法律、法规的不同，所适用的领域也千差万别，这就决定了行政补偿除了直接的经济补偿外，还可以在生产、生活和就业等方面，由国家或行政机关通过提供优惠政策或条件来予以间接补偿。而行政赔偿则多以经济赔偿的形式来实现。

（3）行政补偿的协商程序前置性。在我国，行政补偿多以行政征收或征用为前提。而行政征收或行政征用则是通过行政合同来实现的。行政合同的签订过程则充分体现了当事人双方的协商性与平等性。在这种情况下，只有在行政主体与行政相对人达成一致意见时，行政补偿才能实现。所以，从这个角度说行政补偿以协商为前置程序。

（4）行政补偿数额的有限性。由于行政补偿为行政主体的合法行政行为所引起，补偿的额度则以行政相对人所受的直接损失为限。合法权益受到损失的自然人、法人或其他组织不得根据其受到损失的权益大小或国家、社会收益的大小而提出超过现实损失之外的补偿要求。

（5）行政补偿发生的先行性。由于国家补偿责任多涉及合法行为、无过错行为或危险行为，国家在损害发生前就通过法律形式确定了补偿责任，因而，补偿很可能发生在损害行为实施之前。比如，国家征收或征用土地、房屋等个人财产时，则经常采用事前支付补偿金的方式弥补被征用人的损失。

二、行政补偿的范围与方式

（一）行政补偿的范围

我国目前没有法律、法规统一规定行政补偿范围。一般认为，既然行政补偿责任是一种行政合法性行为所引起的行政责任，则当属一种例外责任。那么行政补偿的损失范围就应该受到限制，否则就会和行政赔偿混同，对行政机关可能会起到负面作用。从我国的实际出发，我国多数学者认为以下几方面应该给予补偿。

（1）土地征用的补偿。我国宪法规定，农村和城市郊区的土地，除由法律规定属于国家所有的以外，属于集体所有。这样，国家为公共利益，一旦需要征用属于集体所有的土地时，必然会给集体带来经济损失。为此，我国的相关法律应该规定行政补偿制度。如《中华人民共和国土地管理法》第四十八条规定："征收土地应当给予公平、合理的补偿，保障被征地农民原有生活水平不降低、长远生计有保障。征收土地应当依法及时足额支付土地补偿费、安置补助费以及农村村民住宅、其他地上附着物和青苗等的补偿费用，并安排被征地农民的社会保障费用。"

（2）公用征调的补偿。行政机关为了公共利益，在国家处于紧急状态或者紧急需要的情况下，依照法律、法规或政策的规定，依法征用行政相对人的财物或者劳务。这种征用必然损害行政相对人的合法权益，应在事后给予补偿。如当国家处于紧急状态时，为了满足某种军事目的，军事机关可以依法征调财物或劳务。如《中华人民共和国国防法》第五十一条规定："国家根据国防动员需要，可以依法征收、征用组织和个人的设备设施、交通工具、场所和其他财产。县级以上人民政府对被征收、征用者因征收、征用所造成的直接经济损失，按照国家有关规定给予公平、合理的补偿。"军事机关依法征调财物或劳务后，对被征调人给予的补偿，称为军事征调补偿，这也属于广义上的行政补偿范畴。除此之外，《中华人民共和国外资企业法》和《中华人民共和国中外合资经营企业法》也有类似的规定。

（3）房屋征收的补偿。房屋征收本身是由于公共利益的需要，并由行政主体以强制的手段来实现。因此，因征收而引起的补偿，应当是行政补偿。根据《国有土地上房屋征收与补偿条例》的规定，市、县级人民政府负责本行政区域的房屋征收与补偿工作；市、县级人民政府确定的房屋征收部门组织实施本行政区域的房屋征收与补偿工作。房屋征收部门应当对被征收人给予补偿和安置。

（4）公务协助的行政补偿。该种情况是指为协助国家公职人员执行公务，行政相对人遭受损失，国家应当给予行政补偿。我国的这种公务协助补偿表现在《中华人民共和国人民警察法》的规定中。该法规定，公民和组织因协助人民警察执行职务，造成人身伤亡或者财产损失的，应当按照国家有关规定给予抚恤或者补偿。

当然，随着行政法治的不断发展，我国行政补偿的范围也应该予以拓宽，补偿的额度也应该更加充分，以真正起到保护行政相对人合法权益的作用。

（二）行政补偿的方式

行政补偿主要是针对行政相对人的财产损失而制定的，这就决定了行政补偿的方式与行政赔偿的方式基本相同。尽管我国的行政补偿没有统一的规定，但比照行政赔偿的方式而言，我国的行政补偿多以金钱补偿为主。除金钱补偿外，还可以采取返还财物，恢复原状，安排就业，减免税收，在人、财、物上给予优惠政策等多种多样的灵活形式。

如我国2011年1月19日国务院令第590号发布施行的《国有土地上房屋征收与补偿条例》第二十一条规定："被征收人可以选择货币补偿，也可以选择房屋产权调换。被征收人选择房屋产权调换的，市、县级人民政府应当提供用于产权调换的房屋，并与被征收人计算、结清被征收房屋价值与用于产权调换房屋价值的差价。因旧城区改建征收个人住宅，被征收人选择在改建地段进行房屋产权调换的，作出房屋征收决定的市、县级人民政府应当提供改建地段或者就近地段的房屋。"

就行政补偿的方式看，我国采取的有对个人的补偿，也有对单位的统一补偿。有直接补偿，也有间接补偿。总之，就目前情况而言，行政补偿的方式呈现多样性。

三、行政补偿的标准及程序

（一）行政补偿的标准

如前文所述，由于我国目前没有一部统一的行政补偿法，行政补偿的标准则由各个单行的法律、法规和规章规定。目前我国法律中较为完整的规定行政补偿制度的法律当数《中华人民共和国土地管理法》。该法第四十八条规定："征收土地应当给予公平、合理的补偿，保障被征地农民原有生活水平不降低、长远生计有保障。征收土地应当依法及时足额支付土地补偿费、安置补助费以及农村村民住宅、其他地上附着物和青苗等的补偿费用，并安排被征地农民的社会保障费用。征收农用地的土地补偿费、安置补助费标准由省、自治区、直辖市通过制定公布区片综合地价确定。制定区片综合地价应当综合考虑土地原用途、土地资源条件、土地产值、土地区位、土地供求关系、人口以及经济社会发展水平等因素，并至少每三年调整或者重新公布一次。征收农用地以外的其他土地、地上附着物和青苗等的补偿标准，由省、自治区、直辖市制定。对其中的农村村民住宅，应当按照先补偿后搬迁、居住条件有改善的原则，尊重农村村民意愿，采取重新安排宅基地建房、提供安置房或者货币补偿等方式给予公平、合理的补偿，并对因征收造成的搬迁、临时安置等费用予以补偿，保障农村村民居住的权利和合法的住房财产权益。县级以上地方人民政府应当将被征地农民纳入相应的养老等社会保障体系。被征地农民的社会保障费用主要用于符合条件的被征地农民的养老保险等社会保险缴费补贴。被征地农民社会保障费用的筹集、管理和使用办法，由省、自治区、直辖市制定。"

关于土地征用的补偿，在我国比较普遍。而土地征用的补偿多涉及广大人民的切身利益，因此土地管理法规定较为详细。由于我国幅员广阔，各地经济发展水平差别较大，土地管理法在作出具体规定的同时也通过专门的授权，由各省、自治区、直辖市人民政府以行政规章作进一步规定。除此之外，为了进一步实施国家《国有土地上房屋征收与补偿条例》，全国各个地方相继制定并通过了地方的城市房屋拆迁管理条例或实施细则。在这些条例或实施细则中，对行政补偿的标准也有些规定。如《广州市城市房屋拆迁管理办法》第二十五条规定："被拆迁房屋的货币补偿金额，根据房屋的区位、用途、建筑面积等因素，以房地产市场评估价格确定。本市历史旧城区范围内被拆迁住宅房屋的补偿金额，按照房地产市场价格增加百分之二十确定。历史旧城区范围以附图的标示为准。被拆迁房屋补偿金额达不到最低补偿标准的，按照最低补偿标准支付。最低补偿标准由市人民政府另行制定。"第二十六条规定："拆迁执行政府规定租金标准的公有住宅房屋，被拆迁人实行房屋产权调换的，拆迁人应当提供使用面积不少于被拆迁房屋使用面积，并且与被拆迁房屋价格相当的房屋给被拆迁人，产权调换的房屋仍由原承租人继续承租；被拆迁人对房屋承租人进行安置的，安置用房的使用面积不少于被拆迁房屋的使用面积。"

又如 2002 年通过的《江苏省城市房屋拆迁管理条例》第十条规定："货币补偿的金额，根据被拆迁房屋的区位、用途、建筑面积等因素，以房地产市场评估价确定。对被拆迁房屋进行房地产市场价评估，应当遵守本条例第四章的规定。实行房屋产权调换的，拆迁人与被拆迁人应当依照前款规定，计算被拆迁房屋的补偿金额和所调换房屋的价格，结清产权调换的差价。对所调换房屋应当进行房地产市场价评估，并应当遵守本条例第四章的规定。"

从以上所列情况不难看出，我国行政补偿的计算标准可以分为中央和地方两个级别，特别是我国相应法律赋予了地方在补偿标准上有较大的自由裁量权。不可否认，地方上过大的自由裁量权及法律法规的规范不到位，不可避免地会导致损害行政相对人合法权益的现象。而实际上，现实中产生的一系列有关行政补偿的纠纷，其争议的焦点就是补偿的标准问题。

（二）行政补偿的程序

根据程序正义原则，行政补偿也应该有其正当的程序。从我国现有的法律来看，目前我国行政补偿的程序主要在土地征用和房屋征收补偿上表现较为健全。纵使有这两方面的行政补偿程序，也还是不能令人满意的。因为，这些程序的制定并没有完全按照程序正当原则来设计，而更多的是依照行政补偿发生的事实来顺其自然地设定的或者过多考虑某一方的利益，而忽略另一方面的利益。因此，尚不能称为一种正当而完善的程序。我国有的学者将行政补偿的程序分为主动补偿程序和被动补偿程序两种。我们认为，一个合法而正当的补偿程序至少应具备以下步骤。

（1）行政主体应该充分履行告知义务。行政主体应该通过行政相对人所能接受的形式，充分履行告知详情的义务。

（2）行政主体与行政相对人应该通过协商，并达成书面协议。行政主体和行政相对人在平等的基础上，就补偿的有关具体事宜通过书面协议的形式表现出来。

（3）行政补偿争议的解决途径。行政补偿争议的解决途径是一个完善的补偿程序所必须具备的。该解决途径不仅包括可以通过行政复议来解决，更重要的是还必须有司法的救济途径。《国有土地上房屋征收与补偿条例》第十四条规定："被征收人对市、县级人民政府作出的房屋征收决定不服的，可以依法申请行政复议，也可以依法提起行政诉讼。"明确规定行政补偿纠纷属于行政诉讼的受案范围，行政补偿争议的解决应该包括行政诉讼的途径，这是一大进步。

行政补偿程序是确保行政补偿能否依法而公正进行的必备条件。尤其在我国行政补偿程序还不尽完善的今天，我们更应该关注行政补偿的救济途径。应该说，我国的行政补偿目前以单行法律、法规方式确定，过于简单，也缺乏具体实施程序的规定，尤其是缺乏救济程序的规定。因此，如何完善我国行政补偿的救济途径将是我国行政补偿制度建设的一个重要课题。

四、行政补偿制度的问题

（一）行政补偿制度的立法不完善

我国关于行政补偿的立法情况虽然已经有了很大的进步，但是现有的行政补偿制度立法无法适应复杂多变的社会情况，这些问题主要体现在：①行政补偿制度没有一套成体系的立法。虽然我国宪法第五修正案以及其他的一些相关的法律法规中都作了有关行政补偿的规定，但是法条分布分散，没有形成一个综合的体系。②关于行政补偿制度的单行法律法规规定得不够全面完整。各单行法之间存在着冲突，存在着不可调和的矛盾。缺乏在实体程序方面的规定，没有具体的救济程序。③行政补偿程序规定欠缺。一方面，相对于行政补偿制定而言行政补偿程序性的规定更为缺乏，没有一部专门的关于行政补偿制度的程序性法律规定；另一方面，对于行政补偿制度的救济程序也并没有完善的法律规定，这就需要对这些救济制度的法律适用问题进一步进行完善。

（二）行政补偿制度的范围过窄，标准不统一

现阶段，我国没有统一的行政补偿标准。在宪法中补偿原则尚未确立的情形下，补偿标准的规定经常脱离实际，不同领域相互冲突的现象时有发生。并且现在仍旧有一些被公共利益所侵犯的行为未纳入行政补偿的范围，现有的一些行政补偿的范围还需进一步加深和扩展，如信赖利益补偿应当将行政指导和合同行为涵括在内。

（三）行政补偿制度的程序的相关问题

现有的行政补偿的程序中还存在许多问题需要完善，主要体现在：①行政听证程序待完善。行政补偿额度大多以政府为主导，政府单方定价，听证程序对补偿额度影响有限。②行政补偿救济程序的设定不够合理。在行政补偿程序的设定中，行政裁决是进行其他救济程序的先决途径，对裁决不服的才可以申请行政复议或者进行行政诉讼，这一制度的设立将行政补偿程序复杂化，浪费行政资源，似无必要。③行政补偿程序中的评估程序不够公正。评估机关的地位不独立，评估的标准方面，往往没有适应现实生活的变化和市场的要求，比较滞后。

五、行政补偿制度的完善

（一）完善行政补偿的法律体系

采取基本法与单行法共同进行的方式进行立法。首先，在宪法上，在公民的财产权保障方面，弥补补偿条款缺失的情况，从宪法的角度对行政补偿的相关法律进行补充。其次，要制定关于行政补偿制度的基本法，对于行政补偿的范围、标准、程序等进行统一的规定，做到行政补偿制度的统一；在单行法的立法上，要对具体的行政补偿范围进行规范，制定特定的程序和标准。最后，在行政补偿程序的立法上，进一步完善行政补偿的程序性立法。

（二）扩大行政补偿的范围

将一些被忽略的或者新出现的应当补偿的情况纳入到法律规范中来，同时从补偿的范围来看，不仅要弥补由财产权的侵害所造成的损失，也应该涵盖人身权受到的损失，不仅应该补偿合法的具体行政行为造成的损失，还要补偿由其他事实行为等造成的损失，不仅要补偿直接损失，对于间接损失也要作一定的考量。

（三）细化行政补偿的程序

首先，我国行政补偿程序在制度设计上应当公开透明，充分保证行政相对人的参与权和知情权。其次，在行政补偿的救济程序中，我国应当借鉴一些国家不将裁决作为必经程序从而防止时间上的拖延和法院直面行政机关的压力，开启多种争议解决手段并存的模式。最后，在行政补偿的评估中，要提高评估机构的中立性，进一步完善评估的标准，对于应当予以考虑的因素进一步地规范，同时，对于评估的价格要进一步适应市场化的进程。

思考与讨论

（1）什么是行政赔偿？行政赔偿与民事赔偿、司法赔偿有什么区别？

（2）什么是国家赔偿？建立国家赔偿制度有什么意义、作用？

（3）行政主体哪些侵犯人身权的行为应承担赔偿责任？

（4）行政主体哪些侵犯财产权的行为应承担赔偿责任？

（5）行政行为导致受害人精神损害应否赔偿？为什么？在何种情况下可请求精神赔偿？

（6）行政赔偿有哪些方式？

案例分析题

1997 年 1 月，某县公安局、工商行政管理局、劳动局、质量技术监督局四家单位组织了联合检查组，对全县的安全生产、安全销售情况进行大检查。检查中，联合检查组于 1 月 8 日发现个体户张某的个体手工绣花车间存在着火灾的安全隐患。在没有详细调查了解的情况下，对张某作出当场处以 2000 元的行政罚款，责令张某的手工绣花车间必须停止生产，否则将加重处罚，并当场下达行政处罚决定书。该决定书署名的处罚机关为公安局、工商行政管理局、劳动局和质量技术监督局四家单位。而此时，正赶上手工绣花产品的销售旺季，由于被迫停工，张某遭受了较大的经济损失。为此，张某向县人民法院提起行政赔偿的诉讼。

问题：

（1）该案中的行政赔偿义务机关如何确定？

（2）行政赔偿责任是如何构成的？

（3）该案中的行政赔偿责任如何承担？

后　记

  我国宪法与行政法研究进程是诸多学者参与立法、推动执法、形成反馈的互动过程。不间断的实践探索推动我国宪法与行政法学走向成熟，并已逐步明晰自身特色的研究领域与学科体系，形成鲜明的知识框架。

  宪法与行政法学兼具开放性、民主性和实践性，既能兼容并蓄，引鉴西方的法治理念与实践经验，又能与时俱进推陈出新，动态回应中国新时代背景下面临的现实问题，呈现出浓厚的中国特色。本书在上一版的基本框架上补充了学界关于宪法与行政法研究的最新成果，更新了相关法条，以求与时俱进地追踪宪法与行政法的研究动态，增强本书语言表达的科学性与时效性。

  本书是紧密围绕党中央提出的依宪执政、依法行政的时代要求，创新汲取学界最新研究成果后进行的二次完善，更是全国十余所高校教师合力奉献的结果。参与本教材编写的教师如下：第一章，孙永军（南京农业大学）；第二章，侯菁如（南京师范大学）、李海峰（江苏师范大学）；第三章，许才明（浙大城市学院）、李敏（江苏海洋大学）；第四章，于水（南京农业大学）、张峰（江苏师范大学）；第五章，李栗燕（河海大学）；第六章，陈恩才（扬州大学）、朱广忠（南京财经大学）；第七章，范炜烽、刘水（南京理工大学）、王春业（河海大学）；第八章，杨建国（南京农业大学）；第九章，张乐乐（中国药科大学）、余孝东（中国矿业大学）；第十章，徐军（南京农业大学）、王有强（西北农林科技大学）。主编于水教授对全书的主要内容和知识体系进行了审核，并负责全书的统稿工作。

  编委们通过加强合作，相互间交流探讨，使本书在思考方式及研究方法上更加多样化。希望通过我们的努力，对推进我国宪法与行政法学科的建设和发展有所助益。此外，我的研究生陈永强、范德志、杨行、罗珞峻、李凯乐、方娟、武晗晗、刘悦等为本书的注释、文献整理以及格式规范等做了许多工作，张倩倩、范德志还负责了本书编写过程中的诸多联络事宜。最后，本书也得益于国内外众多学者的最新研究成果，参考借鉴的论著及文献已在本书列明，在此一并表示衷心的感谢。

于　水

2024 年 3 月于南京